€ 49,—

D1718140

Udo Steinbach

Die arabische Welt im 20. Jahrhundert

Aufbruch – Umbruch - Perspektiven

Verlag W. Kohlhammer

2., aktualisierte Auflage 2017

Alle Rechte vorbehalten
© W. Kohlhammer GmbH, Stuttgart
Gesamtherstellung: W. Kohlhammer GmbH, Stuttgart

Print:
ISBN 978-3-17-032541-8

E-Book-Formate:
pdf: ISBN 978-3-17-032542-5
epub: ISBN 978-3-17-032543-2
mobi: ISBN 978-3-17-032544-9

Inhaltsverzeichnis

Vorwort

Die arabische Welt vom Atlantik bis zum Indischen Ozean ist ein Raum von enormer politischer, gesellschaftlicher, kultureller und wirtschaftlicher Vielfalt und Komplexität. Sprache, Geschichte und Religion der arabischen Völker machen es gleichwohl statthaft, von einem arabischen Raum (Kontext) zu sprechen. Mit der nationalstaatlichen Differenzierung aber sind zahlreiche unterschiedliche Ausprägungen (Subtexte) innerhalb desselben entstanden. Diese haben im Verlauf des 20. Jahrhunderts – definitiv mit dem Ende des Zweiten Weltkriegs – zu einzelstaatlicher Existenz gefunden. Die hier vorgelegte Darstellung macht den Versuch, den gesamtarabischen Kontext zu den Subtexten der einzelnen arabischen Staaten in Beziehung zu setzen.

Angesichts des dafür zur Verfügung stehenden – begrenzten – Platzes muss sich die Präsentation des Geschichtsverlaufs auf die wesentlichen Grundlinien beschränken. Sie muss sich auf die Ergebnisse der Forschung stützen; auf die Arbeit mit Quellen und auf die Ausbreitung kontroverser Standpunkte musste verzichtet werden. Deshalb erschien es auch nicht zwingend erforderlich, Aussagen jeweils im Einzelnen zu belegen. Eine umfassende Bibliographie soll dieses Manko ersetzen.

Der Zwang zu gestraffter Darstellung ließ es auch geraten erscheinen, die namentliche Erwähnung auf die wichtigsten Akteure zu begrenzen. Nur in wenigen Fällen (z. B. im Falle des ägyptischen Präsidenten und panarabischen Protagonisten Gamal [Dschamal] Abd an-Nasir [Nasser]) werden sie mehrfach genannt. In den allermeisten Fällen tauchen die Namen der Akteure (sowie Ortsnamen) lediglich dort auf, wo der Leser sie nach dem Inhaltsverzeichnis vermuten wird. Ein Index schien deshalb entbehrlich.

Die Darstellung des Geschichtsablaufs vollzieht sich auf beiden Ebenen: der übergeordneten regionalen und internationalen sowie der Ebene der einzelnen Länder als Mitglieder der Arabischen Liga. Diese Anlage machte es notwendig, beide Ebenen mit Querverweisen auf einander zu beziehen. Erst die komplementäre Lektüre ergibt ein abgerundetes Bild der geschichtlichen Wirklichkeit.

Problematisch ist die Umschrift der zahlreichen arabischen Eigen- und Ortsnamen, Sachbegriffe, Parteien sowie Institutionen und Organisationen. Es war unvermeidbar, Kompromisse zu machen. Die Eigen- und Ortsnamen werden in der Regel so wiedergegeben, wie sie der Leser aus den Medien und anderen verbreiteten Publikationen kennt; nur in Ausnahmefällen werden sie transskribiert. Dabei musste den Unterschieden zwischen Lautständen der deutschen, englischen und französischen Sprache Rechnung getragen werden. Wenn arabische Begriffe umschrieben werden, wird eine stark vereinfachte – und dem Leser, der der arabischen Sprache nicht mächtig ist, nachvollziehbare – Variante der von der *Deutschen Morgenländischen Gesellschaft*

(DMG) erarbeiteten Transkription verwendet. So kommt es z. B. zum Nebeneinander von Muhammad, Mohammed und Mohamed oder von Hassan und Hasan; auch die Kenntlichmachung der Abstammung durch das arabische »Sohn des« kann – je nach Lese- und Hörgewohnheit – sowohl als »ibn« als auch als »bin« auftauchen. Im Falle politischer Parteien, die – neben ihren arabischen – im Raum französischen Einflusses in der Regel französische, im Raum britischen Einflusses englische Bezeichnungen tragen, wurden die Namen unübersetzt und untranskribiert stehen gelassen, wo diese für den deutschen Leser ohnehin verständlich sind. Uneinheitlichkeiten mussten mit Bezug auf den deutschen Artikel in Kauf genommen werden – so etwa bei der Verwendung von Begriffen wie »Front« (im Englischen ohne Geschlecht, im Französischen maskulin, im Deutschen feminin) oder »Partei« (*party, le parti*). Dem dem deutschsprachigen Leser vertrauten Sprachgebrauch wurde in zahlreichen Fällen Vorrang vor philologischer Korrektheit gegeben.

Berlin, im Juli 2015 Udo Steinbach

8

Einleitung

Für den Gang der Geschichte menschlicher Gesellschaften ist ein Jahrhundert nur selten identisch mit einem Jahrhundert der laufenden Zeitrechnung. Zeiteinheiten umfassen nicht notwendigerweise geschichtliche Ereignis- und Sinnzusammenhänge. Dies gilt auch für die arabische Welt »im 20. Jahrhundert«. In der hier vorgelegten Darstellung beginnt das 20. Jahrhundert mit dem Ende des Ersten Weltkrieges; d. h. mit dem Zusammenbruch des Osmanischen Reiches. Es endet 2010/11 mit dem Ausbruch der »dritten arabischen Revolte«.

Über Jahrhunderte gehörten weite Teile des arabischen Raumes – hier: zwischen dem Atlantik und dem Indischen Ozean – wenn auch mit unterschiedlicher Intensität – zu einem Großreich, innerhalb dessen eine spezifisch »arabische« Dimension kulturell nur bedingt und politisch nur marginal in Erscheinung trat. Im 16. Jahrhundert hatte die Expansion des Osmanischen Reiches den arabischen Raum erreicht. 1516/17 wurden Syrien und Palästina sowie Ägypten, im zweiten Viertel des 16. Jahrhunderts das Zweistromland und die Arabische Halbinsel samt dem Jemen dem Reich eingegliedert. 1574 hatte die osmanische Seemacht Tunis erobert. Nur der äußerste Westen Nordafrikas, in etwa das heutige Marokko, blieb außerhalb der Herrschaft der Sultane in Konstantinopel. Auch wenn eine sprachliche und kulturelle Vielfalt fortbestand, so lagen die Herrschaft, die Verwaltung sowie das Militär- und Rechtswesen im Prinzip in der Hand der Osmanen.

Erst im 19. Jahrhundert wurden Kräfte wirksam, »die Araber« zunächst als kulturellen später auch als politischen Raum wieder sichtbar zu machen. Die europäische Expansion setzte Bewegungen frei, die eine arabische geistig-kulturelle Eigentümlichkeit gegenüber dem politischen Zentrum in Konstantinopel betonten. Teile Nordafrikas und des Vorderen Orients wurden im Verlauf des 19. Jahrhunderts direkter oder indirekter Kontrolle vor allem Frankreichs und Englands unterworfen. Mit dem Untergang des Osmanischen Reiches am Ende des Ersten Weltkriegs standen die Araber vor der doppelten Herausforderung: In einer radikal veränderten internationalen Ordnung ihren politischen Platz zu suchen; zugleich galt es – hier teilten sie die Herausforderung mit der Gemeinschaft der islamischen Völker insgesamt –, eine Antwort auf eine kulturelle und zivilisatorische Moderne zu finden, deren wesentliche Elemente von Europa (später auch den USA) vorgegeben waren.

Dieses 20. Jahrhundert lässt sich in zwei übergreifende Zeitabschnitte aufteilen: Der erste umfasst die Auseinandersetzung mit den europäischen Mächten, insbesondere Großbritannien und Frankreich (aber auch Italien und Spanien); eine Auseinandersetzung, die sich wesentlich als Streben nach Unabhängigkeit darstellt. Nahezu flächendeckend war der arabische Raum zwischen dem Atlantik und dem Indischen Ozean unter die Herrschaft dieser Mächte geraten.

Diese geschichtliche Epoche ist seit den 1950er Jahren des 20. Jahrhunderts nahezu abgeschlossen. Neue Eliten, die sich unter der Herrschaft der europäischen Mächte entwickelt hatten, strebten nunmehr nach politischen und gesellschaftlichen Ordnungen, die in der sich ausprägenden neuen internationalen Ordnung einen eigenständigen Platz finden würden. Auch diese Suche freilich vollzog sich nicht allein gemäß innerstaatlichen und innergesellschaftlichen Dynamiken. Sie war zugleich geprägt durch das Vordringen des Einflusses der USA und dem sich ausbildenden Konflikt mit der Sowjetunion. Das Streben beider »Supermächte« nach globaler Vorherrschaft hat die innere und äußere Entwicklung der jungen arabischen Staaten nachhaltig geprägt.

Diese Epoche endet zwar mit der Auflösung der Sowjetunion im Jahr 1991. Noch immer aber lastet das Erbe sowohl des europäischen Imperialismus als auch des Ost-West-Konflikts auf den arabischen gesellschaftlichen und politischen Strukturen. Der Prozess politischer und geistiger Selbstfindung und Selbstbestimmung ist bis heute noch nicht abgeschlossen. Namentlich die Kräfte, die aus dem Islam heraus eine politische und gesellschaftliche Erneuerung anbieten, müssen – sofern sie sich nicht von vornherein durch gewalthafte Strategien ins Abseits manövrieren – erst noch beweisen, ob sie in der Lage sind, einen Platz innerhalb der komplexen Gemengelage politischer, wirtschaftlicher und kultureller Kräfte, die global wirksam sind, zu definieren.

Unter der »arabischen Welt« wird im vorliegenden Band der Raum verstanden, der durch die Mitglieder der Arabischen Liga abgebildet wird. So werden auch jene Länder einbezogen, die am Rande des arabisch geprägten Raumes liegen und deren ethnische, gesellschaftliche und kulturelle Strukturen zum Teil im Kontext des subsaharischen Afrika zu verorten sind. Ihre Arabisierung ist z. T. oberflächlich; die arabische Sprache ist eher Fremdsprache. Ihr Beitritt zur Arabischen Liga war im Wesentlichen politischen bzw. wirtschaftlichen Interessen geschuldet.

Neben dem formalen Kriterium der Mitgliedschaft in der Arabischen Liga definiert sich die »arabische Welt«, wie sie in der vorliegenden Arbeit verstanden wird, wesentlich durch die arabische Sprache. Sie ist die Muttersprache der weitaus größten Zahl der Bewohner des hier dargestellten Raumes. Jenseits der zum Teil tief greifenden Unterschiede der in den jeweiligen Gesellschaften gesprochenen Dialekte existiert eine arabische Hochsprache. Sie steht zur Sprache des Korans in einem engen Verhältnis. Mit der Vertiefung der Alphabetisierung, der Ausbreitung der allgemeinen Schulbildung sowie insbesondere der Medien, vor allem des Radios und des Fernsehens, bis in die letzten Winkel der arabischen Welt während der letzten Jahrzehnte ist das Hocharabische – jenseits der Dialekte – eine *lingua franca* panarabischer Kommunikation quer durch alle gesellschaftlichen Schichten geworden.

Die Zugehörigkeit zur arabischen Welt wird auch durch die Wahrnehmung gestärkt, Teil einer arabischen Kultur zu sein. Zwar ist der Koran eine Botschaft Allahs an alle Menschen; allein die Tatsache, dass Gott diese in der arabischen Sprache kommuniziert hat, verleiht das Bewusstsein, einem ausgezeichneten Volk anzugehören. Auf vielen Gebieten der Kunst und der Wissenschaft haben Araber (und Nicht-Araber in arabischer Sprache) zu einer Kultur der islamischen Welt insgesamt beigetragen. Auf zahlreichen Gebieten aber, namentlich der Dichtkunst und der Literatur, haben die Araber kulturelle Leistungen geschaffen, die tatsächlich in einer spezifischen Weise arabisch sind.

Die »arabische Welt« stellt sich – wie in der Geschichte so in der Gegenwart – alles andere als einheitlich dar. Nicht von ungefähr hat der bedeutende britische Historiker Albert Hourani von einer *Geschichte der arabischen Völker* gesprochen. Die Unterschiede liegen in den Strukturen und Verfasstheiten der politischen Systeme, in den Traditionen und Strukturen der Gesellschaften sowie in der Ausstattung mit ökonomischen Ressourcen. Tief greifend unterschiedlich ist die Rolle der Religion in Politik und Gesellschaft.

Im 20. Jahrhundert lassen sich drei Großräume der arabischen Welt erkennen: Nordafrika, der Raum zwischen dem östlichen Mittelmeer (Libanon/Palästina) bis zum Persischen Golf (den arabische Nationalisten als Arabischen Golf bezeichnen) und der Arabischen Halbinsel. Ägypten bildet gleichsam die Schnittstelle aller drei Räume. Von der Entwicklung dieses Landes sind deshalb zeitweilig besonders starke politische und kulturelle Impulse auf die Entwicklung des arabischen Raumes insgesamt ausgegangen. Zugleich aber haben vor dem Hintergrund dieser geopolitischen Dreiteilung panarabische Impulse eine zumeist nur begrenzte Tragweite gehabt. Dem gegenüber lassen sich immer wieder intraregionale Zusammenhänge und Interaktionen konstatieren.

Wie eingangs bemerkt, beginnt das 20. Jahrhundert der »arabischen Welt« mit dem Ende des Ersten Weltkriegs. Es endet mit dem Ausbruch der Revolten, Umbrüche und Revolutionen, die im Dezember 2010 in Tunesien ihren Ausgang genommen haben. Kein Platz in der arabischen Welt, an dem die Erschütterungen, die sich im Jahr 2011 in Ägypten, Jemen, Libyen, Syrien, Bahrain (und weniger dramatisch und weitreichend in anderen arabischen Ländern) fortsetzten, nicht gespürt worden wären. Sie werden als dritte arabische Revolte verstanden. Die erste Revolte arabischer Völker – beginnend mit dem Aufstand gegen die Osmanen im Ersten Weltkrieg – wurde nach dessen Ende u. a. in Libyen, Ägypten, Syrien, Palästina und dem Irak von den europäischen Kolonialmächten niedergeschlagen (s. die jeweiligen Länderdarstellungen). Die zweite Revolte beginnt mit der Revolution in Ägypten im Juli 1952; sie erfasst in unterschiedlicher Weise und mit unterschiedlichen Ergebnissen weiteste Teile der arabischen Welt und zieht sich bis Ende der 1960er Jahre hin. Auch sie scheitert aus zahlreichen Gründen; sie werden im Einzelnen Gegenstand der Darstellung sein. Dazu gehören der maßlose Ehrgeiz einzelner politischer Führer, rivalisierende und widerstreitende Ideologien, trügerische Entwicklungskonzepte, der Konflikt mit Israel und auswärtige Einmischung aus wirtschaftlichen und politischen Interessen – zunächst im Rahmen des Ost-West-Konflikts, nach dessen Ende begründet mit »Sicherheitsinteressen« der großen Mächte. Am Ende der zweiten arabischen Revolte stehen autokratische und korrupte Regime.

Ende 2010/Anfang 2011 beginnt die dritte Revolte; ein Aufstand diesmal getragen von den Bürgern und Bürgerinnen selbst und geleitet durch die Forderung nach Würde und Gerechtigkeit. Die sozialen Medien sind ein entscheidendes Instrument beim Zustandekommen der Proteste. Wieder haben sie einen arabischen Zusammenhang (Kontext), zugleich aber zahlreiche Ausprägungen (Subtexte); jede arabische Gesellschaft stellt einen solchen dar. Die Proteste nehmen unterschiedliche Formen an; sie

11

haben einen eigenen Rhythmus und Verlauf und zeitigen sehr unterschiedliche Ergebnisse. Wie die neuen Ordnungen in den einzelnen arabischen Subtexten am Ende aussehen werden, wird sich erst in den kommenden Jahren erkennen lassen. Mit dem Ausbruch der Revolte 2010/11 hat für die arabischen Völker das 21. Jahrhundert begonnen; er markiert das Ende des 20. Jahrhunderts, welches Gegenstand der hier vorgelegten Darstellung ist. Nur mit wenigen Strichen wird der Beginn dieses 21. Jahrhunderts in den jeweiligen Länderkapiteln umrissen.

1 Der lange Weg ins 20. Jahrhundert – die Vorgeschichte

1.1 Europäische Vorherrschaft

1.1.1 Ägypten

Auch wenn das 20. Jahrhundert für die arabische Welt mit dem Ende des Osmanischen Reiches beginnt, so bedeutet diese Zäsur doch keineswegs eine Stunde Null. Durch das 19. und das beginnende 20. Jahrhundert hindurch haben sich die Rahmenbedingungen und Dynamiken herausgebildet, innerhalb derer sich die Geschichte der arabischen Welt im 20. Jahrhundert zu entfalten begann. Diese hatten sowohl eine äußere, die internationale Mächtekonstellation betreffende als auch eine innere Dimension, die sich aus der Auseinandersetzung der Eliten mit dem von Europa ausgehenden Modernisierungsdruck ergab.

Die neuere Geschichte Arabiens beginnt im Jahre 1798. Sie wird von Europa aus eingeläutet. Es war ein Kalkül im Kontext innereuropäischer machtpolitischer Auseinandersetzungen im Gefolge der französischen Revolution, das das »Direktorium« in Paris bestimmte, General Napoleon Bonaparte im Sommer eben dieses Jahres mit einer militärischen Expedition nach Ägypten zu betrauen. Politisches und strategisches Ziel des Unternehmens war es, die Verbindungen Englands, das sich seit 1793 mit dem revolutionären Frankreich im Kriegszustand befand, zu stören. Wie in den nachfolgenden zwei Jahrhunderten bis in die Gegenwart aber waren es zugleich von machtpolitischem Kalkül nicht zu trennende wirtschaftliche Interessen, die das Handeln europäischer Regierungen leiteten: Im Falle der napoleonischen Expedition ging es wesentlich um die Sicherung u. a. der Weizenlieferungen aus Ägypten an Frankreich und die Erschließung des Landes als Absatzmarkt für französische Produkte.

Mit der Einnahme Alexandrias am 2. Juli 1798 und der Besetzung Kairos nach der *Schlacht bei den Pyramiden* drei Wochen später beginnt der Einbruch Europas in den arabischen Raum, der damals fast vollständig noch Teil des Osmanischen Reiches war. Der Tross von Wissenschaftlern im Gefolge Napoleons, dessen Hauptaufgabe in einer umfassenden Bestandsaufnahme der altägyptischen Kultur bestand, manifestierte aber zugleich das erwachende Interesse an Geschichte und Kultur. Obwohl das militärische Unternehmen 1801 abgebrochen werden musste und Napoleon unter Zurücklassung seiner Truppen bereits Anfang November 1799 nach Paris zurückkehrte, war damit für den arabischen Raum der Beginn eines neuen Abschnitts seiner Geschichte eingeläutet. Die Araber waren nicht nur mit den kolonialen und imperialen Interessen Europas konfrontiert, sie mussten sich auch im Inneren mit politischen und kulturellen Ideen und Triebkräften auseinandersetzen, die an der Wurzel der unabweisbaren Überlegenheit Europas standen. Diese Auseinandersetzung führte sie Jahrzehnte später auch zur Wiederentdeckung ihrer eigenen, arabischen Identität. Angesichts der unumkehrbaren Schwächung des Osmanischen Reiches würde sich schließlich – nach dem Ende des Ersten Weltkriegs – die Frage nach dem Platz der Araber im internationalen Kontext stellen.

In Ägypten brachte der französische Militärschlag die Jahrhunderte alte Herrschaft der Mamluken zum Einsturz. Als Mehmet (Muhammad) Ali nach internen Machtkämpfen 1805 vom Sultan zum Statthalter Ägyptens ernannt wurde, war dies der Beginn einer de facto Unabhängigkeit Ägyptens. Völkerrechtlich verblieb das Land bis 1914 unter osmanischer Oberhoheit. Mehmet Ali Pascha regierte bis 1848; die von ihm gegründete Dynastie sollte das Land bis zur Revolution im Jahre 1952 beherrschen.

In seiner langen Regierungszeit legte Mehmet Ali die Grundlagen eines modernen Staates. Besondere Aufmerksamkeit richtete er zunächst auf den Aufbau der Armee. Sie sollte die Sicherheit und Unabhängigkeit des jungen Staates gewährleisten. Zugleich war sie das Instrument des Herrschers, ehrgeizige Pläne territorialer Expansion durchzusetzen. Die Grundlage der Eigenständigkeit und Selbstbehauptung Ägyptens wurden wirtschaftliche Entwicklung und technische Erneuerung. Der Staat selbst forcierte die Industrialisierung. Zugleich übernahm er die Kontrolle über die landwirtschaftliche Produktion und die daraus erzielten Einnahmen. Dafür freilich mussten erst die innenpolitischen Voraussetzungen geschaffen werden. Dies geschah durch die Entmachtung der einheimischen Notabeln, die, soweit sie nicht ins Ausland flohen, zum Teil liquidiert wurden. An ihre Stelle sollte eine auf systematischer Aushebung basierende Armee treten, die europäischen Vorbildern nachgebildet war.

Für Mehmet Ali verbanden sich die wirtschaftliche Modernisierung und die Verwirklichung ehrgeiziger militärischer und politischer Ziele miteinander. Der Aufbau von Fabriken seitens des Staates diente zum einen den Bedürfnissen des militärisch-industriellen Komplexes. Zum anderen sollte sich die ägyptische Wirtschaft gegen den wachsenden Druck ausländischer Importe behaupten können. Dieser erwuchs namentlich aus England Konkurrenz, dessen industrielle Produktion nicht nur im kontinental-europäischen Maßstab an der Spitze lag, sondern zunehmend Märkte außerhalb Europas zu erschließen suchte.

Die Politik der Importsubstitution betraf vor allem den Sektor der Textilproduktion. Durch die Geschichte hindurch bis zum Beginn der 19. Jahrhunderts war Ägypten Agrarland gewesen. Ziel der Wirtschaftspolitik war es nunmehr, ihre Potenziale auf die Bedürfnisse eines auf Export ausgerichteten staatswirtschaftlichen Industrieapparates, aus dem der Staat Einnahmen erzielen würde, auszurichten. Die Vernichtung der mamlukischen Machtstrukturen, die nicht zuletzt auf der Steuerpacht beruht hatten, bot die Chance der Zentralisierung der aus Steuern in die Staatskasse fließenden Einnahmen.

Um die wirtschaftliche Entwicklung und technische Modernisierung voranzutreiben, bedurfte Mehmet Ali europäischer Erkenntnisse und Produktionsmethoden. So war der Herrscher in Kairo aufgeschlossen für die Potenziale des Wissens und der technischen

Fertigkeiten, die in Europa entwickelt worden waren. Sie hatten einen entscheidenden Anteil an der Überlegenheit der Europäer, die sich im Verhältnis zur außereuropäischen Welt und nicht zuletzt auch zum Osmanischen Reich herausgebildet hatte. Unter den Experten, die er ins Land holte, dominierten Franzosen. Als Berater aber saßen sie zugleich an maßgeblichen Positionen in jenen Bereichen, die vom Reformeifer Mehmet Alis erfasst waren. So stand ein Franzose an der Spitze der Ausbilder der Armee; man fand Franzosen in den entstehenden Industriebetrieben und in der Verwaltung. Eine besondere Rolle spielten sie auch bei der Ausbildung einheimischer Fachkräfte. In Bereichen wie Technik, Medizin, Pharmazie, Veterinärmedizin, Landwirtschaft und Verwaltung entstanden Fachschulen, die von Ausländern geleitet wurde. Besondere Aufmerksamkeit galt auch dem Erlernen von Fremdsprachen, namentlich des Französischen.

Zugleich wurden junge Ägypter zum Studium ins Ausland geschickt. Der ersten Studentenmission, die zum Studium technischer Fertigkeiten und Fachgebiete sowie der Sprache nach Frankreich geschickt wurde, war ein junger Mann beigeordnet, der in den kommenden Jahrzehnten in vielen Bereichen des Erziehungswesens und der Verwaltung eine nachhaltige Rolle spielen sollte, Rifa'a at-Tahtawi (1801–1873). Der Delegation, die u. a. aus 19 gebürtigen Ägyptern, acht Türken, je vier Armeniern und Tscherkessen sowie drei Georgiern bestand, war der junge an der traditionsreichen *al-Azhar*-Hochschule ausgebildete Theologe als Imam und geistlicher Betreuer zugeteilt. Über seinen Aufenthalt in der französischen Hauptstadt (1826–1831) hat Tahtawi einen berühmten Bericht veröffentlicht. Eindrucksvoll bringt er darin seine Wissbegier und Aufgeschlossenheit zum Ausdruck, mit der er einer ihm völlig fremden Welt gegenübertritt. At-Tahtawi steht früh für jene Strömung in der arabischen Welt, die – bis weit ins 20. Jahrhundert für die Begegnung mit Europa offen war und keine grundsätzliche Unvereinbarkeit der Werte Europas und der islamischen Welt sah.

Die rigorose, ja gewaltsame Modernisierung, der Mehmet Ali die ägyptische Gesellschaft unterwarf, ist im Zusammenhang mit ehrgeizigen außenpolitischen Zielen zu sehen. Sie konzentrierten sich auf drei Schwerpunkte: die Erschließung von Märkten und Rohstoffquellen sowie die Kontrolle von Handelswegen. Der erste Schauplatz, auf dem sich die nach europäischen Vorbildern neu aufgestellte Armee bewähren sollte, war die Arabische Halbinsel. Dort hatte sich seit der Mitte des 18. Jahrhunderts unter der politischen und militärischen Führung der Familie Sa'ud die religiöse Bewegung der Wahhabiten ausgebreitet. Ihr Gründer, Muhammad ibn Abd al-Wahhab (1703–1793), hatte zu einem wortgetreuen Verständnis des Korans und der frühen Überlieferung des Propheten Muhammad (*sunna*) aufgerufen. In Muhammad ibn Sa'ud (starb 1766) hatte dieser nicht nur extrem konservative, sondern auch unduldsame Theologe gleichsam sein weltliches Schwert gefunden, das die Lehre der *wahhabiyya* gegen Mitte des 18. Jahrhunderts in den zentralen Teilen der Arabischen Halbinsel durchgesetzt hatte. Als die Wahhabiten zwischen 1803 und 1806 Mekka und Medina eroberten, bedeutete dies eine Herausforderung für den Sultan in Konstantinopel. Angesichts der Gefahr, radikale Wahhabiten könnten die ordnungsgemäße Ausrichtung der religiösen Pflicht der Pilgerfahrt gefährden, beauftrage der Sultan seinen – de jure noch immer – Statthalter in Kairo, die Wahhabiten aus den heiligen Städten zu vertreiben. Dies gelang in den Jahren 1812/13. 1818 eroberten die Truppen Mehmet Alis auch Dir'iyya, den Stammsitz der Familie Sa'ud und zerstörten ihn. Damit gewann Mehmet Ali die Kontrolle über den Transithandel auf dem Roten Meer und über dessen östliche Küste.

Nach den militärischen Erfolgen auf der östlichen machte sich Mehmet Ali, nunmehr auf eigene Faust, an die Expansion auf der westlichen Seite des Roten Meeres. Von 1820 bis 1823 wurde der Sudan erobert (s. S. 74). Es waren hauptsächlich wirtschaftliche Interessen, die die Expansion leiteten. Für seine Armee suchte Mehmet Ali sudanesische Söldner; daneben ging es um die Kontrolle des Afrikahandels. Während letzteres gelang, stellte sich ersteres als undurchführbar heraus; die Afrikaner erwiesen sich als den physischen Anforderungen eines Militärdienstes in Ägypten nicht gewachsen.

Die militärischen und politischen Interessen des Sultans und wirtschaftspolitische Hintergedanken seines Statthalters in Kairo konvergierten wiederum, als dieser aus Konstantinopel den Befehl erhielt, den griechischen Aufstand niederzuschlagen, der 1821 auf der Peloponnes begonnen hatte. Wenn sich Mehmet Ali darauf einließ, dann war das weniger der Entschlossenheit geschuldet, den Sultan dabei zu unterstützen, Machtpositionen des Reiches an seinen gefährdeten Rändern zu konsolidieren. Selbst im heute griechischen Teil Makedoniens gebürtig, spekulierte Mehmet Ali vielmehr darauf, eine ägyptische Machtposition in Griechenland zu errichten, von der aus er den Handel im östlichen Mittelmeer würde kontrollieren können. Tatsächlich konnten die ägyptischen Truppen zwischen 1825 und 1827 militärische Erfolge erzielen, die dieses Ziel in greifbare Nähe zu rücken schienen. Zum ersten Mal aber zogen europäische Mächte der ägyptischen Expansion eine rote Linie: Nicht nur hatten sich England, Frankreich und Russland 1827 auf die Unabhängigkeit Griechenlands verständigt; vielmehr erschienen die wirtschafts- und handelspolitischen Ziele Mehmet Alis in einer Reihe europäischer Hauptstädte, insbesondere in London, als Bedrohung eigener Wirtschaftsinteressen. Im Oktober 1827 kam es vor Navarino zu einer Seeschlacht, in der sich die ägyptisch-türkische Flotte auf der einen und ein Flottenverband Englands, Frankreichs und Russlands auf der anderen Seite gegenüber standen. Von Ibrahim Pascha (1789–1848), einem Sohn Mehmets kommandiert, endete die Schlacht mit der vollständigen Niederlage des osmanischen Flottenverbandes.

Die Niederlage von Navarino und der Eintritt Griechenlands in die Unabhängigkeit bedeuteten eine weitere militärische Schwächung der Stellung des Sultans in Konstantinopel gegenüber seinen europäischen Rivalen. Mehmet Ali sah darin eine Chance, die Machtstellung Ägyptens gegenüber dem Reich weiter auszubauen. Seit langem hegte er Pläne, Syrien zu erobern. Für seine Industrieprojekte benötigte er syrische Rohstoffe, namentlich Holz für den Schiffbau sowie Seide und Öl für den Export. Unter einem relativ belanglosen Vorwand ließ Mehmet Ali 1831 seine Truppen, wiederum unter der Führung Ibrahim Paschas, in Syrien einmarschieren. Die Truppen überschritten das Taurusgebirge und drangen tief nach Anatolien ein. Bei Konya fügten sie Ende 1832 der im Neuaufbau befindlichen Armee des Sultans eine schwere Niederlage zu.

Auch wenn Mehmet Ali die Fortsetzung der Kampagne stoppte, so bedeuteten seine Forderungen, die Unabhängigkeit Ägyptens sowie die Annektierung Kilikiens, Syriens (gemeint ist immer der groß-syrische Raum [arab. *bilad asch-Scham*], der das heutige Syrien, den Libanon, Palästina und Jordanien umfasst) und Zyperns, doch eine tief greifende Veränderung der machtpolitischen Gewichte im Raum des Vorderen Orients und östlichen Mittelmeers. Noch nachhaltiger als im Falle der Zukunft Griechenlands fühlten europäische Mächte ihre eigenen politischen, aber zunehmend auch wirtschaftlichen Interessen in dem Raum herausgefordert. Das Ziel Mehmet Alis, die ökonomischen Ressourcen des neuen Machtbereichs auszubeuten und auf diese Weise die militärische Macht und das politische Gewicht Ägyptens zu stärken, musste die Pläne europäischer Mächte durchkreuzen: Zwar war die Zeit für einen Untergang des Osmanischen Reiches noch nicht gekommen – zu unkalkulierbare Rückwirkungen hätte ein solcher zu diesem Zeitpunkt auf das europäische Machtgefüge, d. h. das prekäre Gleichgewicht der Mächte gehabt. Das Interesse in den europäischen Hauptstädten aber lag an einer kontrollierten Schwächung des Reiches. Eine neue Macht, gestützt auf eine monopolwirtschaftliche Ausbeutung der Ressourcen der Untertanen, war definitiv nicht in ihrem Interesse. So begleitete Ibrahim Pascha zwar seine ägyptischem Vorbild entlehnten drakonischen Maßnahmen forcierter wirtschaftlicher Entwicklung mit Reformen, die in Europa auf positive Resonanz stoßen sollten – unter ihnen war die völlige Gleichstellung von Christen und Muslimen die weitestreichende. Gleichwohl wurde der Druck auf Kairo stärker, sich europäischen wirtschaftlichen und politischen Interessen willfährig zu zeigen. Dabei wiesen die Interessen Englands bereits über den Mittleren Osten hinaus; zunehmend sah London den politischen und strategischen Stellenwert der Region im Lichte des Ausbaus der britischen Herrschaft auf dem indischen Subkontinent. Vor diesem Hintergrund sollte der Festigung der britischen Positionen im östlichen Mittelmeer und Indischen Ozean der Ausbau der britischen Präsenz am Persischen Golf und an den Rändern der Arabischen Halbinsel einhergehen.

Die Bedrohung der Interessen sowohl des Sultans als auch der europäischen Mächte, allen voran Englands, führte zu einer vorübergehenden Konvergenz der Entschlossenheit Konstantinopels und Londons, den eigenwilligen und machtbewussten Konkurrenten in Kairo in die Schranken zu weisen. Unter dem Druck der osmanischen und insbesondere britischen Regierung musste Mehmet Ali die eroberten Gebiete aufgeben; seine Armee wurde drastisch verkleinert und die Flotte aufgelöst. Politisch und militärisch in die Schranken gewiesen, musste er sich darüber hinaus einem Handelsabkommen unterwerfen, das die wirtschaftliche Stellung Ägyptens gegenüber den europäischen Mächten schwächte (1841). Wichtigste Punkte waren die Aufhebung der Monopole, das Verbot protektionistischer Maßnahmen und die Festlegung von Zollsätzen zugunsten europäischer Waren.

Damit war ein Experiment gescheitert, das dem einsetzenden europäischen Imperialismus im arabischen Raum ein Gegengewicht hätte entgegen setzen sollen. Immerhin aber war Arabien im Kontext des ägyptischen Strebens nach einer tatsächlichen Unabhängigkeit, wenn es dies auch noch nicht so deutlich gemacht hatte, als ein eigener geopolitischer Raum sichtbar geworden. Kairo war bei allen Einschränkungen, die mit der formalen Anerkennung der Oberhoheit des osmanischen Sultans seitens des Herrschers am Nil gegeben waren, zum Gegenpol Konstantinopels geworden. Hatten die osmanische Metropole und London für einen Augenblick am selben Strang gezogen, so sollte Ägypten für die verbleibende Zeit des Fortbestehens des Osmanischen Reiches von England zur Basis seiner politischen Ambitionen zwischen dem Mittelmeer und dem Indischen Ozean und schließlich auch seiner militärischen Operationen gemacht werden, die spätestens mit dem Ausbruch des Ersten Weltkrieges darauf gerichtet waren, das Osmanische Reich endgültig zu Fall zu bringen. Die britische Dominanz über Ägypten, die sich in den letzten Jahren der Herrschaft Mehmet Alis abzuzeichnen begann, sollte erst 100 Jahre später ihr Ende finden. Dann würde ein junger Offizier, namens Gamal Abd an-Nasir die Macht in Kairo übernehmen. Dieser aber würde nicht mehr landfremden, nämlich turko-tscherkessischen Ursprungs sein wie die Dynastie, die er 1952 stürzen sollte. Er würde Ägypter sein, von dem Ehrgeiz und der Vision beseelt, von Kairo aus der gesamten arabischen Welt nach 150 Jahren des europäischen Imperialismus einen von den Arabern selbst zu bestimmenden Platz in der internationalen Ordnung zu schaffen.

Die Nachfolger Mehmet Alis, Sa'id (1854–1863) und Isma'il (1863–1879) waren entschlossen, den Weg der Modernisierung Ägyptens fortzusetzen. Während sie die geistige und kulturelle Ausrichtung nach Europa vertieften, öffneten sie Ägypten zugleich den Einflüssen und Interessen europäischer Wirtschafts- und Finanzkreise. Der Baumwollexport wurde die Grundlage des Außenhandels. Aus den Einnahmen wurden ehrgeizige Entwicklungsvorhaben, insbesondere beim Ausbau der Infrastruktur und der Verwirklichung spektakulärer Bauvorhaben, finanziert. Da die Einnahmen nicht ausreichten, begannen sich die Herrscher zu verschulden; ausländisches Kapital strömte ins Land. Europäische Investoren engagierten sich in nahezu allen Bereichen des Wirtschaftslebens. Mit dem Einbruch beim Baumwollexport nach dem Ende des Bürgerkrieges in den USA, der hohe Gewinne erbracht hatte, (1865) ging die Schere von Staatseinnahmen und -ausgaben immer weiter auseinander. Der Bau des Suezkanals (1859–1869) liefert auf drastische Weise Anschauungsmaterial für den Prozess, der Ägypten immer tiefer in die Abhängigkeit von ausländischen Finanzinteressen brachte. Machenschaften englischer und französischer Gläubiger ließen die Baukosten explodieren. Am Ende saß Isma'il auf einem Schuldenberg, den er – am Ende vergeblich – 1875 durch den Verkauf der Anteile Ägyptens an der Suezkanalgesellschaft an die britische Regierung abzutragen hoffte. Damit aber war die Wasserstraße unter die Kontrolle Großbritanniens geraten. Sie sollte erst 1956 beendet werden.

Der Suezkanal war nur das spektakulärste Beispiel für die verhängnisvolle Wechselwirkung zwischen herrscherlichem Ehrgeiz, finanzpolitischer Misswirtschaft und dem Interesse ausländischer Kapitalgeber. Für den Herrscher selbst sollten spektakuläre Bauprojekte nicht zuletzt auch Eigenständigkeit und Ebenbürtigkeit gegenüber dem osmanischen Rivalen in Konstantinopel manifestieren. Tatsächlich erhielt Isma'il 1867 vom Sultan die Würde eines Vizekönigs und trug fortan den der persischen Sprache entlehnten Titel *Khedive*. Immer tiefer freilich geriet Isma'il in die Schuldenfalle. In immer neuer Folge kurzfristiger Schulden und langfristiger Staatsverschuldungen vertiefte sich die Abhängigkeit nicht nur von privaten Kapitalgebern, sondern auch von europäischen Regierungen. Diese gründeten im Mai 1876 die *Caisse de la Dette Publique*, die die Gesamtverschuldung Ägyptens auf 91 Millionen Pfund festsetzte. Mit der Aufsicht über die Finanzverwaltung wurden im November desselben Jahres je ein britischer und französischer Generalkontrolleur beauftragt. Ägypten stand nun unter Zwangsschuldenverwaltung. Damit hatte auch der Prozess der politischen Entmachtung des Khediven begonnen. Er begehrte auf, als 1878 auf Druck aus London und Paris je ein Brite – als Finanzminister – und ein Franzose – als Minister für öffentliche Arbeit – in das Kabinett aufgenommen werden mussten. Daraufhin setzten England und Frankreich beim Sultan seine Absetzung durch. Isma'il wurde ins Exil geschickt; er ging nach Konstantinopel. Sein Sohn Taufiq (1879–1892) wurde zu seinem Nachfolger gemacht. Mit der Unterwerfung unter internationale Schuldenverwaltung aber war der Khedive seinem nominellen Oberherrn, dem Sultan in Konstantinopel, gefolgt, der sich bereits im Oktober 1875 zu diesem Schritt gezwungen gesehen hatte.

Die Entwicklungen brachten eine Protestbewegung ins Rollen, wie sie Ägypten bis dahin noch nicht erlebt hatte. An ihre Spitze traten mittlere Ränge des Offizierskorps; ihr führender Kopf war Oberst Ahmad Orabi (1839–1911). Darin wurden die Veränderungen erkennbar, die sich in der ägyptischen Gesellschaft in den vergangenen zwei Jahrzehnten vollzogen hatten. Das Motto der Orabi-Bewegung: »Ägypten den Ägyptern«, war nicht nur gegen die Einmischung des Auslands gerichtet; es war auch ein Protest gegen eine politische und gesellschaftliche Oberschicht, die in Teilen noch immer nicht-ägyptischer, insbesondere turko-tscherkessicher Herkunft war. Großgrundbesitz sowie die Spitzenpositionen in der Verwaltung und der Armee waren die Grundlagen ihres Einflusses. Das Interesse am Erhalt von Wohlstand und Macht verflocht sie zum einen eng mit dem Herrscherhaus. Zugleich teilten sie das Interesse ausländischer Finanzakteure, den finanziellen Zusammenbruch Ägyptens zu verhindern, der ihre eigene Machtstellung erschüttert hätte. Vor diesem Hintergrund waren sie bemüht, gesellschaftliche Kräfte, namentlich aus dem Mittelstand, die nach politischer Mitbestimmung strebten, von der Teilhabe an der Macht fern zu halten. Mit der Absetzung Isma'ils hatte auch das ihn umgebende Netzwerk der Machterhaltung Risse bekommen. Ein politisches Vakuum schien sich aufzutun. Für eine Allianz politisch liberaler Kräfte, religiöser und intellektueller Persönlichkeiten sowie hoher Offiziere, die nach der Einführung einer Verfassung strebten, schien der Augenblick gekommen, ihre politischen und gesellschaftlichen Vorstellungen, deren Umsetzung das an der Macht befindliche System bislang blockiert hatte, zu verwirklichen. Indem ausländische Kontrolleure de facto die Macht übernahmen, sahen sie sich abermals blockiert.

Dass sich mit Orabi, ein Offizier an die Spitze des Protestes setzte, war kein Zufall. In den vergangenen Jahrzehnten waren autochthone Ägypter in der Armee aufgestiegen. Sie waren von den jüngsten Entwicklungen doppelt betroffen. Zum einen sahen die ausländischen Finanzkontrolleure die Existenz einer Armee, die nicht zuletzt auch ein Statussymbol des Khediven war, als überflüssig an und verordneten hier drakonische Sparmaßnahmen. Zum anderen hatten Offiziere turko-tscherkessicher Abstammung den Aufstieg ägyptischstämmiger Offiziere in die militärischen Spitzenpositionen jahrzehntelang blockiert. Ganz natürlich traten diese jetzt an die Spitze einer Bewegung, deren treibende Männer die Zeit gekommen sahen, Ägypten ein nationales Profil zu geben und das politische System auf den Prinzipien von Konstitutionalismus und Parlamentarismus zu gründen.

1881 wurde ein Gesetz zur Einberufung einer Deputiertenkammer verabschiedet. Als diese zusammentrat, wurde bald deutlich, dass sie eine eigenständige Politik anstrebte. Die Aussicht auf eine Regierung, die ausländischen Interessen gegenüber weniger nachgiebig sein würde, ließen in Europa die Entscheidung reifen, sich militärisch einzumischen. Im Juli besetzten die Briten Alexandria und begannen mit dem Vormarsch ins Landesinnere. Orabi war zu dieser Zeit Chef einer unbotmäßigen Regierung und Oberbefehlshaber der ägyptischen Armee. Fünf Wochen benötigten die Briten, bis sie gegen den heftigen, letztlich aber erfolglosen militärischen Widerstand im September 1882 in Kairo und die Suezkanalzone einrückten. Orabi wurde verhaftet und schließlich in die lebenslange Verbannung in die britische Kolonie Ceylon (heute Sri Lanka) geschickt. Nach 18 Jahren konnte er in die Heimat zurückkehren, wo er noch weitere zehn Jahre – als unpolitischer Beobachter – verbrachte.

Die Entscheidung militärisch einzugreifen war nicht ohne offizielle Rechtfertigung gefallen. Sie schien mit einem »Hilferuf« des Khediven Muhammad Taufiq gegeben, der fürchten musste, von der Protestbewegung abgesetzt zu werden. Die Wirklichkeit war jedoch komplexer. Zum einen erfolgte die Besetzung Ägyptens ein Jahr nach der Besetzung Tunesiens durch Frankreich (1881). Das Ringen europäischer Mächte um Einfluss im Mittelmeerraum und Nahen Osten hatte eine weitere Eskalation erfahren. Wichtiger aber war zum anderen, dass man in London befürchten musste, dass das Gebäude der finanziellen und wirtschaftlichen Kontrolle einstürzen würde; der Druck von Seiten der Repräsentanten der britischen Finanz- und Handelsinteressen wuchs, dieser Gefahr entgegen zu wirken. Und noch ein dritter Faktor bestimmte schließlich den Entschluss in London: Angesichts des Ausbaus der britischen Handelsinteressen und politischen Macht in Süd- und Ostasien hatte der Suezkanal eine rasch wachsende im weitesten Sinn strategische Bedeutung gewonnen. In Verbindung mit der Übernahme Zyperns – 1878 hatte das Osmanische Reich die Insel an Großbritannien verpachtet; mit Kriegsausbruch 1914 sollte sie annektiert werden – wurde Ägypten ein Stützpunkt, von dem aus England die Kontrolle über das östliche Mittelmeer und den Nahen Osten ausüben konnte. Damit war auch ein wichtiger Schritt zur Absicherung britischer Interessen auf dem indischen Subkontinent und darüber hinaus getan.

Mit der Herrschaft über Ägypten war England auch die Herrschaft über den Sudan zugefallen, welcher von den Truppen Mehmet Alis in den 1820er Jahren erobert worden war. Nach dem Ende des Staates, den der Mahdi (s. S. 74 f.), der Führer einer religiösen Erweckungsbewegung, 1885 gegründet hatte, wurde der Sudan 1899 Teil eines ägyptisch-britischen Kondominiums, das bis 1955 Bestand haben sollte.

Bis 1907 war Sir Evelyn Baring, der spätere Lord Cromer, als britischer Generalkonsul der wahre Herrscher über Ägypten. Er errichtete ein System indirekter Herrschaft, gleichsam ein verschleiertes Protektorat. Er und britische Berater, die fortan in den wichtigsten Ministerien in Kairo das Sagen hatten, regierten Ägypten durch den Khediven und Marionetten-Minister. Neben der britischen Dominanz aber bestand die – legale – Oberhoheit des Sultans in Konstantinopel fort.

Anders als die nationalen Bewegungen in Südosteuropa, die zur Entstehung expandierender Nationalstaaten geführt hatten, war der Versuch Mehmet Alis und seiner Nachfolger, Ägypten zu einer eigenständigen Macht zu emanzipieren, gescheitert. Die Gründe dafür sind vielfältig: Sie reichen von unzureichend bedachten, auf Nachahmung Europas beruhenden Konzepten namentlich wirtschaftlicher Erneuerung über den

Widerstand europäischer Mächte, die das Land sehr bald vor allem finanzpolitisch unter ihre Kontrolle zu bekommen verstanden (während sich die Nationalbewegungen in Südosteuropa der Unterstützung europäischer Mächte erfreuten), bis zu der Tatsache, dass trotz des teilweise rücksichtslosen Vorgehens Kairos gegen die Machtinteressen des Sultans islamisch begründete Loyalitäten fortbestanden, die die Handlungsspielräume der Herrscher in Kairo einschränkten.

1.1.2 Nordafrika

Die eingehendere Darstellung der Entwicklung Ägyptens im 19. Jahrhundert soll paradigmatisch auch für andere Teile des weitesthin noch immer unter osmanischer Herrschaft stehenden arabischen Raumes gelesen werden. Bestrebungen zu politischer Emanzipation, wirtschaftlicher Entwicklung, politischer, gesellschaftlicher und kultureller Modernisierung waren auch andernorts sichtbar. Soweit diese den Interessen der in ihrem Machtanspruch expandierenden europäischen Mächte entsprachen, wurden sie darin unterstützt. Bald aber kam der Punkt, an dem dies nicht mehr der Fall war. Dann wurden alle Hebel politischer, wirtschaftlicher, finanzpolitischer und am Ende militärischer Natur in Bewegung gesetzt, eine umfassende europäische Kontrolle durchzusetzen.

Der Besetzung Ägyptens war die Besetzung von Tunis durch Frankreich (1881) vorangegangen. Diese wiederum war die Fortsetzung eines radikalen Kolonisierungsprojekts, das 1830 mit einer militärischen Operation Frankreichs gegen Algier seinen Anfang genommen hatte. Die nordafrikanische Küste, mit der Ausnahme des heutigen Marokko, war im 16. Jahrhundert unter der Herrschaft Sultan Süleyman des Prächtigen (1520–1566) unter osmanische Herrschaft gekommen. Die lokalen Machthaber in Tunis, Tripolis, Algier und anderen Küstenstädten standen in der Folgezeit zwar unter der Kontrolle Konstantinopels; die lokalen Allianzen aber zwischen osmanischen Militärs, einheimischen Korsaren – die Piraterie machte über Jahrhunderte einen erheblichen Anteil der Einnahmen aus – und herkömmlichen städtischen Eliten genossen aber zugleich ein weithin wirtschaftliches und politisches Eigenleben. An den Handelsverbindungen der nordafrikanischen Stadtstaaten hatten Portugal, Spanien und Frankreich einen erheblichen Anteil.

So bestanden am Ende des 18. Jahrhunderts zwischen Frankreich und Algier rege Handelsbeziehungen. Ein Disput zwischen Paris und Algier über die Zahlung lang fälliger französischer Schulden eskalierte zu einer militärischen Auseinandersetzung. Was genau geschah, ist umstritten: Hat Dey Husain (1818–1830; *dey*: Titel des osmanischen Regenten in Algier) den französischen Konsul anlässlich einer Audienz 1827 mit seiner Fliegenklappe nur berührt oder geschlagen? – jedenfalls blockierten die Franzosen daraufhin den Hafen von Algier. Den Ausschlag für eine regelrechte militärische Expedition zur Absetzung des Deys gaben innenpolitische Erwägungen in Paris. In seiner Auseinandersetzung mit der Opposition bedurfte König Karl X. eines außenpolitischen Erfolges. Ihn suchte er sich gegen den Dey zu gewinnen. Am 5. Juli 1830 streckte dieser vor dem Expeditionsheer die Waffen. Die französischen Eroberer stürzten sich auf den auf 150 Millionen Franc geschätzten Staatsschatz. Karl X. überlebte Dey Husain politisch nur um einen Monat. Im August musste er dem »Bürgerkönig« Louis-Philippe Platz machen.

Eher zögerlich begann die Ausbreitung der Besatzung über das Gebiet der Stadt Algier hinaus. Dagegen freilich erhob sich bald ein Widerstand im Lande: Seine Träger waren die örtlichen politischen Führungsschichten und angesehene religiöse Persönlichkeiten. Je härter der Kampf geführt wurde und je länger er sich hinzog, umso nachhaltiger festigte sich auf französischer Seite die Entschlossenheit, das Land flächendeckend zu unterwerfen. Ein Jahrzehnt nach der eher beiläufigen und in Paris keineswegs unumstrittenen militärischen Eroberung der Stadt Algier fiel die Entscheidung. In den folgenden Jahren wurde das Land von französischen Truppen erobert.

Die Unterwerfung Algeriens erfolgte mit großer Härte. Legendärer Träger des Widerstandes wurde zunächst Abd al-Qadir (1808–1883). Mit seinem religiösen Charisma als führendes Mitglied der religiösen Bruderschaft der Qadiriyya verband Abd al-Qadir militärisches Führungsgeschick. Es gelang ihm, die Ausrüstung seiner Stammesverbände zu verbessern. Zeitweilig schienen die Franzosen auch bereit, die Macht in Algerien mit ihm zu teilen. Dies aber war nur ein kurzes Atemholen auf dem Weg der totalen Okkupation. Am 23. Mai 1847 musste er schließlich kapitulieren. Er ging ins Exil nach Damaskus, wo er sich hoch angesehen bis zu seinem Lebensende religiösen Studien widmete.

Zahlreiche weitere, meist örtliche Erhebungen vermochten den Vormarsch der Franzosen nicht zu stoppen. Mit besonderer Grausamkeit reagierten die Franzosen auf die Revolte Muhammad al-Hadsch al-Muqrani's, des Führers eines Stammes westlich von Constantine. Nach seiner Niederschlagung im Januar 1872 kam es zu umfassenden Enteignungen einheimischen Landbesitzes. Er wurde französischen Siedlern (*colons*) zum Kauf angeboten. Diese Entwicklung war vom Ausbau einer französisch dominierten Zivilverwaltung begleitet. Zur Zeit der Niederschlagung des Aufstandes al-Muqrani's betrug die Zahl der Siedler rund 225 000. Der Landnahme ging der Ausbau der Infrastruktur einher.

Bereits 1848 waren Algerien zum französischen Staatsgebiet und die Provinzen Oran, Algier und Constantine zu *Départements* erklärt worden. Ein Senatsbeschluss von 1865 hatte alle Bewohner Algeriens zu Franzosen erklärt. Sie unterstanden einem speziell geschaffenen muslimischen Rechtsstatut (*statut musulman*), das sie von öffentlichen Ämtern ausschloss und ihnen das Wahlrecht verweigerte - es sei denn, sie gaben ihren muslimischen Rechtsstatus (besonders im Ehe- und Erbrecht) zugunsten des *Code Napoléon* auf; andererseits aber unterlagen sie der allgemeinen Wehrpflicht. Der Unterricht in der arabischen Sprache war ebenso verboten wie die Bildung von Gewerkschaften. Die französischen Siedler waren im Parlament in Paris vertreten, während die einheimischen Muslime als »Untertanen« Bürger zweiter Klasse blieben. Am Ende des Ersten Weltkrieges war die Zahl der Einheimischen, die einen gleichberechtigten bürgerlichen Status wie die französischen Siedler hatten, zwar gestiegen; noch immer aber war es schwer, den Schritt der Gleichstellung und Gleichberechtigung zu vollziehen. Zu diesem Zeitpunkt betrug die Fläche des französischen Siedlern gehörenden Landes im Norden Algeriens 2,3 Millionen Hektar, etwa 39 % der gesamten agrarisch nutzbaren Fläche.

Der Beschluss der Expedition gegen Algier war noch nicht einem kolonialistischen Design entsprungen. Im Gegenteil, in Teilen der französischen Öffentlichkeit war er sogar auf Ablehnung gestoßen. Erst im Zuge der kontinuierlichen territorialen Expansion festigte sich die Idee der systematischen Unterwerfung des gesamten Landes. Die nach und nach ins Land kommenden Siedler übten Druck auf die Armee und die Regierung in Paris aus, Verwaltungsstrukturen zu schaffen, die ihre Präsenz und eine koloniale Vorherrschaft der Franzosen dauerhaft absichern würden. Mit der zugunsten der *colons* erfolgenden Verteilung weiter Ländereien nahm die französische Herrschaft unübersehbare Züge eines Siedlerkolonialismus an.

Auf der anderen Seite kann nicht davon gesprochen werden, der Widerstand gegen die Franzosen sei von einem national-algerischen Geist getragen gewesen. Persönlichkeiten wie Abd al-Qadir und spätere Führer von Aufständen standen in der Tradition lokaler und regionaler Herrschaftsausübung, die sie durch die Franzosen bedroht sahen. Nicht zuletzt war die wirtschaftliche und finanzielle Grundlage ihrer Machausübung durch den Ausbau der französischen Verwaltung gefährdet. Gegebenenfalls war man bereit, sich mit Frankreich zu arrangieren; doch hielten entsprechende Vereinbarungen nur so lange, wie die Verwaltung der Siedler dies im eigenen wirtschaftlichen Interesse für opportun ansah.

Mit der Festigung kolonialer Strukturen in Algerien war in Paris freilich der Appetit geweckt; nun bot sich Tunesien als nächster Schauplatz an, einverleibt zu werden. Wie Ägypten besaß auch Tunesien im Osmanischen Reiche im 19. Jahrhundert ein hohes Maß an Selbständigkeit und konnte eigene Entwicklungsprojekte in die Wege leiten. Ahmad Bey (1837–1855) war ein Reformer, der sich in seinen Maßnahmen an Muhammad Ali in Ägypten orientierte. Diesem kam er in seinem Ehrgeiz, eine neue Armee aufzubauen, nahe. Er richtete eine Militärakademie ein und gründete Betriebe für die Produktion von Waffen und Uniformen. Aus Frankreich importierte er die erforderliche Technik und holte von dort die Fachleute, um die unterstützenden Gewerbezweige, Waffen- und Textilfabriken aufzubauen. Ehrgeizige Bauvorhaben, die zum Teil niemals fertig ausgeführt wurden, taten ein übriges, Tunesien in die Schuldenfalle zu treiben. Seine Nachfolger folgten diesem Kurs. Zu den aufwändigen Infrastrukturprojekten gehörte der Bau einer Eisenbahnlinie von Tunis zum Hafen La Goulette, für den eine britische Firma die Konzession erhielt. 1869 führte der Anstieg der Verschuldung zum Bankrott Tunesiens. Der Bey musste seine Souveränität an eine internationale Finanzkommission abtreten. Er war der erste Herrscher auf dem Boden des Osmanischen Reiches, vor dem Sultan in Konstantinopel und dem Khediven in Kairo, der zu diesem Schritt gezwungen war.

In den 1870er Jahren verständigten sich die europäischen Mächte Zug um Zug über die Aufteilung von Gebieten des Osmanischen Reiches im Mittelmeerraum. Auf dem Berliner Kongress (1878) war schließlich diesbezüglich Einvernehmen erzielt worden. Nachdem Zypern unter britische Herrschaft geraten war, suchte Frankreich, das seinen Einfluss im Mittelraum zu stärken bemüht war, gleichsam eine Entschädigung. Angesichts des ohnehin bereits bestehenden Einflusses und der praktizierten Schuldenverwaltung lag es aus Pariser Sicht nahe, den Blick auf Tunesien zu richten. Dort freilich war der Bey peinlich bemüht, seinen Verpflichtungen nachzukommen; das 1879 an ihn herangetragene Ansinnen, ein französisches Protektorat über Tunesien zu errichten, lehnte er ab. Um in der Angelegenheit voran zu kommen, musste der mittlerweile eingeübte Trick einmal mehr Anwendung finden. Den Konkurs eines französischen Staatsangehörigen nahm der Konsul in Tunis 1880 zum Anlass, um drastisch überhöhte Entschädigungsforderungen geltend zu machen. Als das nichts fruchtete, verstärkte Frankreich den unmittelbaren Druck. Auf die Beschuldigung hin, Angehörige eines Stammes seien plündernd von Tunesien aus auf algerisches Gebiet vorgedrungen, überquerte im März 1881 eine französische Kavallerieeinheit die Grenze und rückte auf Tunis vor. Als die Franzosen auch von See aus angriffen, wurde die Lage für den Bey unhaltbar. Am 12. Mai 1881 sah er sich gezwungen mit den Franzosen einen Vertrag zu unterzeichnen, in dem er seine Bindungen an das Osmanische Reich aufgeben und die Souveränität Tunesiens an Frankreich abtreten musste. Tunesien war unter Fremdherrschaft geraten. Anders als im Falle Algeriens aber, das als Siedlungskolonie Frankreich einverleibt wurde, behielten der Bey und seine Verwaltung Spielräume formaler Eigenständigkeit. Gleichwohl lag die eigentliche Macht ausschließlich beim französischen Generalresidenten und seiner Verwaltung.

Marokko war das nächste nordafrikanische Land, das ins Fadenkreuz europäischer kolonialistischer Ambitionen geriet. Über nahezu zwei Jahrzehnte feilschten Frankreich, England, Italien, Spanien und am Schluss auch Deutschland um die Machtverteilung im westlichen Mittelmeer. Erst das im April 1904 zwischen London und Paris geschlossene Abkommen, das als *entente cordiale* in die Geschichte einging, bestätigte den Anspruch Frankreichs »vornehmlich weil es auf einer langen Strecke Marokkos Grenznachbar ist«, so in dem Abkommen, »über die Ruhe in diesem Land zu wachen und ihm bei allen Verwaltungs-, Wirtschafts-, Finanz- und Militärreformen, deren es bedarf, Beistand zu leisten«. Nachdem auch Spaniens Ansprüche mit der vertraglichen Überlassung eines Teils der marokkanischen Mittelmeerküste erfüllt waren (Oktober 1904) und schließlich auch Deutschland, durch die Überlassung eines Teils von Französisch-Kongo, abgefunden werden konnte, war der Weg frei, Marokko dem Herrschaftsanspruch Frankreichs zu unterwerfen.

Auch der marokkanische Sultan hatte gegen Ende des Jahrhunderts begonnen, das Land im Ausland zu verschulden; entsprechend verstärkte sich die europäische Einflussnahme. 1907 kam es zu Übergriffen gegen ausländische Unternehmen. Als die Franzosen zur Vergeltung dafür darangingen, marokkanische Städte zu besetzen, erzwang eine Rebellion die Absetzung des Sultans. Das Unheil aber war nicht mehr abzuwenden. Paris verstärkte nun den militärischen Druck und setzte die schrittweise Besetzung von Teilen des Landes fort. Dem hatte der marokkanische Herrscher schließlich nichts mehr entgegen zu setzen. In Fes musste Moulay Abd al-Aziz am 30. März 1912 einen Vertrag unterschreiben, der Marokko zu einem Protektorat Frankreichs erklärte.

Schließlich war auch Spanien bemüht, die mit den europäischen Mächten vereinbarten Ansprüche umzusetzen. Die Wurzeln der Interessen Madrids an der nordafrikanischen Küste lassen sich lange vor der Errichtung der alawidischen Dynastie in

Marokko festmachen. Bereits im 15. Jahrhundert hatten sich die Spanier in Ceuta und Melilla festgesetzt. Im kolonialistischen europäischen Ringen um politischen Einfluss und wirtschaftlichen Profit beanspruchten sie nun ihren Part. Um freie Hand zu haben, die eigenen Pläne zu verwirklichen, erklärte sich Frankreich bereit, einen Teil der marokkanischen Mittelmeerküste der spanischen Einflusssphäre zu überlassen. Der Vertrag von Fes schrieb die Teilung Marokkos in drei Teile fest. Die Nordzone sowie das in Südmarokko gelegene Ifni und der Gebietsstreifen von Tarfaya (zwischen Marokko und der »Spanischen Sahara«) wurden unter spanisches, der Rest des Landes unter französisches Protektorat gestellt. Tanger erhielt einen Sonderstatus und unterstand französischer und spanischer Polizeikontrolle (bis es 1923 einen »internationalen« Status erhielt). Gemäß dem Vertrag von Fes übernahm Frankreich die Verantwortung für die Verteidigung, die Außenpolitik, die wirtschafts- und finanzpolitischen Angelegenheiten sowie für innenpolitische Reformen.

Als der erste französische Generalresident Marschall Hubert Lyautey (1854–1934) eintraf, befanden sich Teile des Landes im Aufstand gegen die Politik des Sultans, die das Land an Frankreich ausgeliefert hatte. Lyautey's Antwort war eine doppelte: Auf der einen Seite ging er militärisch gegen die Aufständischen vor; auch zwang er Sultan Moulay Abd al-Hafiz, den er für unzuverlässung hielt, zum Rücktritt und ernannte an seiner Stelle mit Moulay Youssef (reg. 1912–1927) einen gefügigeren Herrscher. Auf der anderen Seite ließ er überkommene politische und gesellschaftliche Strukturen bestehen und war bemüht, über sie die Macht auszuüben. Die französische Kolonialpolitik sollte auf diese Weise einen Firnis von Akzeptanz erhalten. Gleichwohl war der Widerstand stark. Bis zum Ende des Ersten Weltkrieges kontrollierten die Franzosen ein Gebiet, das sich von Fes nach Marrakesch erstreckte, einschließlich der Küstenstädte Rabat, Casablanca und des neuen Hafens Kénitra. Die Tatsache freilich, dass im Ersten Weltkrieg 34 000 marokkanische Soldaten an den Fronten Frankreichs – einschließlich in Syrien – eingesetzt wurden, lässt erkennnen, das sich Paris der Gefolgschaft der Marokkaner in den »befriedeten« Teilen des Landes sicher war.

Zuvor bereits war es auch Italien gelungen, einen Teil seiner Ansprüche durchzusetzen. Im Ringen um die Beherrschung der nordafrikanischen Mittelmeerküste fand sich Rom in den vergangenen Jahrzehnten deutlich zu kurz gekommen. Dies galt besonders mit Blick auf Tunesien, wo zum Zeitpunkt der Besetzung durch Frankreich die Italiener den größten Anteil an der nicht-tunesischen Bevölkerung hatten; auch hatten sie dort erhebliche wirtschaftliche Investitionen getätigt. Das italienische Interesse an Marokko war eher gering gewesen; und so war es Paris relativ leicht gefallen, die Zustimmung Roms zu seiner Politik in Marokko mit der Versicherung zu erkaufen, dass es einer Besetzung Libyens keinen Widerstand entgegensetzen würde. Dort hatte das Osmanische Reich erst in den 1840er Jahren wieder eine direkte Verwaltung über die Provinzen Tripolitanien und Cyrenaika eingeführt, die sich freilich auf die Unterhaltung eines zahlenmäßig schwachen militärischen Kontingents beschränkte. Nach der jungtürkischen Revolution 1908 hatte Konstantinopel Maßnahmen ergriffen, die Niederlassung namentlich italienischer Siedler zu unterbinden. Rom entschied sich nun für militärische Gewalt und erklärte den Osmanen im September 1911 den Krieg, den es angesichts des osmanischen Widerstands bald auf das östliche Mittelmeer ausdehnte. Im April/Mai 1912 besetzten die Italiener Rhodos und andere Inseln der Dodekanes. Um eine Ausweitung des Krieges zu verhindern, intervenierten die europäischen Mächte diplomatisch: Im Oktober 1912 wurde ein Friedensvertrag unterzeichnet; Libyen wurde wie Algerien unter direkte koloniale Verwaltung gestellt.

Ende 1912 befand sich die gesamte nordafrikanische Küste, von der Straße von Gibraltar bis zum Suezkanal, unter europäischer Kolonialherrschaft. Dies trifft auch für die südlich an Marokko und südwestlich an Algerien entlang der Atlantikküste angrenzenden Gebiete der Sahara zu. Im 19. Jahrhundert waren sie zu französischem bzw. spanischem Kolonialbesitz gemacht worden. Durch die Geschichte hatten diese Gebiete nicht zuletzt den berberischen und arabischen Herrschaften unterstanden, die auf dem Gebiet des heutigen Marokko errichtet worden waren. Seit dem Beginn des 16. Jahrhunderts gerieten vor allem die mauretanischen Küstengebiete in den Machtbereich Portugals. In den folgenden Jahrhunderten gewannen nacheinander dort auch Spanien, Holland und Großbritannien wirtschaftliche Positionen. Um eine Sicherheitszone zwischen seinen west- und nordafrikanischen Besitzungen zu errichten, unterwarf Frankreich im 19. Jahrhundert Mauretanien von Süden aus und band es administrativ an seine schwarzafrikanischen Kolonien. 1903 wurde Mauretanien Protektorat; bis 1912 gelang es Frankreich, den größten Teil des Landes unter seine Kontrolle zu bringen. 1920 gliederte es Mauretanien gegen den Widerstand der arabischen und berberischen Stämme in seine Kolonie Französisch-Westafrika ein.

Bereits 1884 hatte Spanien das zwischen Marokko und Mauretanien gelegene Gebiet der »Westsahara« zum Protektorat erklärt und drei Jahre später der Generalregierung der Kanarischen Inseln unterstellt. Die faktische Herrschaft beschränkte sich zunächst auf einzelne Plätze an der Küste.

Deutschland hat an den Entwicklungen im arabischen Raum bis zum Ausbruch des Ersten Weltkriegs nur einen marginalen Anteil gehabt (s. S. 338 ff.). Auf der Berliner Friedenskonferenz von 1878 war Reichskanzler Bismarck bemüht gewesen, bei der Aufteilung erheblicher Gebiete des Osmanischen Reiches die Rolle eines »ehrlichen Maklers« zu spielen. Eigene Ansprüche hatte Deutschland damals nicht angemeldet. Als Kaiser Wilhelm II. auf seiner zweiten Orientreise im Jahre 1898 Konstantinopel und anschließend Palästina und den heutigen Libanon besuchte, war dies dann freilich Ausdruck des wachsenden deutschen Interesses an politischer und wirtschaftlicher Durchdringung des Osmanischen Reiches. Auf wirtschaftlichem Gebiet wurden der Bau der Bagdad-Bahn, auf politischem Gebiet die systematisch ausgebaute preußische Militärmission Symbole dieser Allianz. Sie war auch die Grundlage dafür, dass maßgebliche Kräfte in der osmanischen Regierung, allen voran der Kriegsminister Enver Pascha als Mitglied des herrschenden jungtürkischen Triumvirats, schließlich den Eintritt des Osmanischen Reiches in den Krieg an der Seite Deutschlands betrieben. Nur im Falle Marokkos suchte das Reich – letztlich vergebens – mit zu mischen. Um die französischen Pläne zu durchkreuzen, erklärte Wilhelm II. 1905 bei einem Besuch in Marokko Respekt für die Souveränität des Landes. Erst 1909 gab die Regierung in Berlin ihren Widerstand auf. Mit der Entsendung des Kanonenboots »Panther« im Juni/Juli 1911 (»Panthersprung nach Agadir«) suchte die deutsche Regierung Druck auf Frankreich auszuüben, das Reich für seinen Verzicht auf Marokko durch Überlassung eines Teils seines Besitzes in Äquatorial-Afrika zu entschädigen.

1.1.3 Vorderer Orient

Während die Länder Nordafrikas flächendeckend unter unmittelbare europäische Herrschaft gerieten und – teils de facto, teils de jure – aus dem osmanischen Staat ausschieden, blieb der wachsende europäische Einfluss im Raum östlich des Mittelmeers, d. h. im Raum (Groß-)Syriens, namentlich im Libanon und in Palästina, indirekter Natur. Zur vollständigen Neuordnung dieses geopolitischen Raums kam es erst mit dem Ende des Ersten Weltkriegs. Als Folge der ägyptischen Eroberung Groß-Syriens war die Koexistenz von christlichen Maroniten und Drusen im Libanon-Gebirge zerbrochen. Die Osmanen versuchten, ihre Stellung dort wieder zu festigen, was jedoch in Europa auf Widerstand stieß. Insbesondere Frankreich war bemüht, auf dem Boden des drusisch beherrschten Emirats im *Mont Liban* ein eigenständiges maronitisches Fürstentum zu rekonstituieren. Nach der Einrichtung einer maronitischen und einer drusischen Verwaltungseinheit (unter einem osmanischen Gouverneur in Sidon) kam es 1841 zu einem regelrechten Bürgerkrieg zwischen beiden Seiten. Mit den Bemühungen um seine Beilegung geriet der Libanon zugleich verstärkt in den Strudel der Schutzmachtpolitik der europäischen Mächte: der Schutzmächte Frankreich für die Maroniten und England für die Drusen. Die *Hohe Pforte*, die Regierung des Osmanischen Reiches, musste nun immer stärker mit den europäischen Mächten um die Kontrolle des Vorderen Orients konkurrieren.

Die 10-jährige ägyptische Besetzung (1831–1840) des Vorderen Orients und die Öffnung des Suezkanals hatten das internationale Interesse an der »Levante« geweckt: Die wirtschaftlichen Potenziale, namentlich landwirtschaftliche Erzeugnisse und die Seidenproduktion waren ins Fadenkreuz europäischer Interessen gerückt. In Palästina rivalisierten die europäischen Mächte um Einfluss; 1841 gründeten Preußen und England gemeinsam das protestantische Bistum Jerusalem. Russland und Frankreich nahmen ihre traditionellen Rollen als Schutzmächte der orthodoxen respektive katholischen Christen wahr. Preußen entsandte 1842 einen Konsul nach Jerusalem. Treibende Kräfte und Motive waren eine Mischung aus Bestrebungen um eine Restauration des Judentums, der Vorstellung vom friedlichen Kreuzzug, europäischen Kolonisierungsinteressen sowie präzionistischen und zionistischen Aspirationen auf Palästina. Aber auch Konstantinopel war bestrebt, Palästina fester an das Reich zu binden: Telegraphenverbindungen wurden gebaut und 1872 wurde »Südpalästina« zum reichsunmittelbaren Distrikt (Sandschak von Jerusalem) erhoben. 1882 begann mit der ersten Einwanderungswelle (*aliya*) die Besiedlung Palästinas, die schließlich zur Gründung des Staates Israel führen sollte.

Im Libanongebirge (*Mont Liban*) war gegen Ende der 1850er Jahre die im Jahrzehnt zuvor eingerichtete Balance im Zusammenleben von Drusen und Maroniten zusammengebrochen. Die Drusen setzten sich gegen die maronitische Expansion zur Wehr, die unter dem Dach französischer Protektion unaufhaltsam schien. Auch in anderen Teilen des Reiches wuchsen die Ressentiments gegen den Aufstieg der Nicht-Muslime im Gefolge der osmanischen Reformdekrete (s. S. 29 f.) und gegen europäische Einmischung und Durchdringung. Die Massaker an Maroniten und andere Ausbrüche von Gewalt, namentlich in Damaskus, im Jahr 1860 führten zu einer Neuordnung des Status des Libanon: Der osmanische Gouverneur, ein katholischer Christ, würde vom Sultan ernannt werden, aber der Zustimmung der europäischen Mächte bedürfen. Die konfessionelle Zusammensetzung des ihm zur Seite stehenden Verwaltungsrats war nach einem festen Schlüssel zwischen Christen, Muslimen und Drusen festgeschrieben. Das System des »Konfessionalismus«, das die libanesische Innenpolitik künftig prägen sollte, war geboren. Die Regelung bedeutete aber zugleich auch die Stärkung der Stellung Frankreichs in der Levante.

An den östlichen Grenzen des Osmanischen Reiches, das Mitte des 19. Jahrhunderts bemüht war, seine Positionen auch dort wieder zu festigen, war England bestrebt, seinen Einfluss auszubauen. In Mesopotamien gerieten die Provinzen Basra, Bagdad und Mosul immer stärker unter den wirtschaftlichen Einfluss Londons. Bereits 1839 hatte die *East India Company* Aden besetzt. Für das Königreich war die freie Schifffahrt im Persischen Golf, an der östlichen Küste der Arabischen Halbinsel sowie am Horn von Afrika und am Ausgang des Roten Meeres mit Blick auf den britischen Handel zwischen dem östlichen Mittelmeer und dem Indischen Ozean sowie den britischen Besitzungen auf dem indischen Subkontinent von größtem Interesse. Mit dem »Ewigen Waffenstillstand« von 1853, der jegliche feindselige Handlung auf See zwischen allen Staaten im Persischen Golf ächtete, begann die »Piratenküste« zur »Vertragsküste« (*Trucial Coast*) zu werden. Spätere Abkommen gingen noch weiter: So unterschrieb der Scheich von Bahrain im Jahr 1880 ein Abkommen, das de facto die auswärtigen Beziehungen seines Emirats unter britische Kontrolle stellte. Ähnliche Abmachungen mit anderen Scheichtümern folgten in den nächsten Jahren. Sie sollten nicht zuletzt sicherstellen, dass nicht andere Mächte, namentlich das Osmanische Reich, die britische Kontrolle gefährdeten. 1899 bzw. 1916 traten Kuwait und Katar in ein Schutzverhältnis mit Großbritannien ein. Zu dem Interesse an ungestörtem Handel trat zunehmend das Interesse am Zugang zu den Ölressourcen der Region hinzu. 1907 begann die *Royal Navy*, die Flotte von Kohle auf Erdöl umzustellen. Damit erfuhr die Region eine strategische Aufwertung. Nachdem im Mai 1908 ein erstes großes Erdölvorkommen in Iran entdeckt worden war, erteilten die Herrscher von Kuwait und Bahrain in den Jahren 1913 und 1914 Konzessionen; diese waren mit der Zusage verbunden, nur Personen oder Firmen, die von der englischen Regierung die Genehmigung hatten, zu gestatten, auf ihren Gebieten nach Erdöl zu suchen.

1.2   Reformbestrebungen

Die zunehmende Abhängigkeit der arabischen Länder und der osmanischen Herrschaft insgesamt von europäischen Mächten ließ Impulse zu vielfältigen Reformbestrebungen entstehen. Sie erfassten auch die Grundlagen der politischen Machtausübung. Die Erfolge der Europäer beruhten nicht nur auf ihrer Überlegenheit in Wissenschaft und Technik sowie auf ihrer militärischen Stärke, sondern auch auf der konstitutionellen und repräsentativen Regierungsform. Diese Überlegungen waren der Ausgangspunkt für

Verfassungsbewegungen in einer Reihe von Hauptstädten. In Tunesien sind diese eng mit dem Namen von Khayr ad-Din Pascha (1822/23–1890) verbunden. Er war als Mamluk, d. h. als kaukasischer (abchasischer) Militärsklave, nach Konstantinopel gekommen, hatte eine islamische Erziehung erhalten und war 1839 in die Dienste des Bey von Tunis getreten. Schockiert über die ungehemmte Verschwendung, die zu wachsender Abhängigkeit führte, kam er zu der Überzeugung, dass es notwenig sei, die Machtausübung des Herrschers zu begrenzen. 1861 wurde eine Verfassung proklamiert. Sie schrieb u. a. die Gleichheit aller Tunesier vor dem Gesetz und der Steuer sowie die Abschaffung der Monopole fest und schuf die Grundlage für einen *Obersten Rat* mit Beratungs- und Rechtsprechungskompetenzen. Dieser sollte aus 60 vom Herrscher zu bestimmenden Persönlichkeiten bestehen. Die exekutiven Befugnisse des Beys freilich wurden kaum eingeschränkt; er besaß weiterhin das Recht, seine Minister zu ernennen und zu entlassen. Khayr ad-Din, der zum ersten Präsidenten des Rates ernannt wurde, erkannte bald ernüchtert, dass dieser nur über sehr begrenzte Spielräume der Kontrolle verfügte und eher instrumentalisiert wurde, die Entscheidungen des Bey abzusegnen. 1877 war der Graben zum Herrscher so tief, dass er seine Entlassung beantragte.

Einer der geistigen Väter der Verfassungsentwicklung war der Ägypter Rifa'a at-Tahtawi (1801–1873). Er hatte die französische Verfassung von 1830 ins Arabische übersetzt und kommentiert. In seiner Schrift *Programm der ägyptischen Herzen für die Freuden der zeitgenössischen Bildung* (1869) hatte er u. a. die Beratung des Herrschers nicht nur durch die Geistlichen (*ulama*), sondern auch durch Repräsentanten der neuen Wissenschaften gefordert. 1866 hatte Isma'il Pascha den ersten Konsultativrat der Deputierten eingerichtet. Er setzte sich aus 75 Mitgliedern zusammen, die indirekt für drei Jahre gewählt wurden. Wie in Tunesien freilich verfügte auch das ägyptische Pendant nur über begrenzte Beratungskompetenzen; an der Gesetzgebung war es nicht beteiligt. Gleichwohl entwickelte es sich zu einem Forum der gesellschaftlichen Eliten Ägyptens, auf dem Kritik an der Politik des Herrschers und der Regierung zum Ausdruck gebracht werden konnte.

Die Entwicklung zu Ansätzen einer konstitutionellen Regierung war nicht zuletzt ein Reflex umfassender Reformanstrengungen seitens der osmanischen Staatsführung selbst. In den beiden Reformedikten, die unter dem Namen *Tanzimat* geschichtliche Bedeutung bekommen haben (1839 und 1856), schrieb Sultan Abdülmecit I. grundlegende Rechte der Bürger fest: ihre Gleichheit vor dem Gesetz (ohne Ansehen der Religion), die Sicherheit des Lebens und der Ehre aller Osmanen sowie ihres Besitzes, das Ende der Steuerpacht und ihrer Missbräuche sowie gerechte und öffentliche Gerichtsbarkeit für alle Angeklagten. Die anhaltende Kritik an der Politik und der Ausübung der Macht durch den Sultan führte 1876 zur Verkündung der osmanischen Verfassung und zur Einberufung des ersten osmanischen Parlaments. Wie auch in Tunesien und Ägypten aber war auch der osmanische Sultan nicht bereit, die Einschränkungen seiner Regierungsbefugnisse zu akzeptieren. Bereits 1878 suspendierte Abdülhamit II. die Verfassung und löste das Parlament auf. Erst mit der jungtürkischen Revolution von 1908 sollte das Reich wieder zu einer konstitutionellen Herrschaft zurückkehren.

Die wirtschaftliche Entwicklung im Nahen Osten und Nordafrika in den letzten Jahrzehnten des 19. Jahrhunderts und in der Vorkriegszeit war durch ihre zunehmende

Ausrichtung auf europäische Wirtschafts- und Handelsinteressen gekennzeichnet. Ein Instrument unmittelbarer Einflussnahme war die Verwaltung der öffentlichen Schulden Tunesiens, Ägyptens und des Osmanischen Reiches. Der Ausbau der Infrastruktur und der Beginn der Industrialisierung lagen zumeist in den Händen von Europäern. Im Maghreb nahmen die Siedler und europäisches Kapital in der Agrarwirtschaft, der Agroindustrie und der Gewinnung von Rohstoffen bestimmende Funktionen ein. Die ägyptische Wirtschaft wurde zunehmend auf die spezifischen Interessen Englands ausgerichtet. Der Trend zum Großgrundbesitz verstärkte sich; rasch bewegte sich die ägyptische Wirtschaft in Richtung auf eine Baumwollmonokultur. Am Vorabend des Ersten Weltkriegs war der Anteil der Exporte von Baumwolle am Gesamtexport auf 92 % gestiegen. Der Import von in England produzierten Textilien lag bei 30 % der Einfuhren des Landes. Von einem klassischen Getreideexportland wandelte sich Ägypten zu einem Land, das Getreide importieren musste, um seine wachsende Bevölkerung ernähren zu können.

Im Mont Liban war die Ökonomie auf die Seidenproduktion ausgerichtet. In den neunziger Jahren nahmen Maulbeerpflanzungen etwa die Hälfte des kultivierbaren Bodens ein. 50 % des Exports über Beirut bestand aus Rohseide. Eine Besonderheit der Wirtschaft des Mont Liban stellten die Überweisungen von seit den neunziger Jahren nach Übersee ausgewanderten Libanesen (zumeist Maroniten) dar. In Palästina wurde die wachsende Zahl der Europäer im Lande zunehmend zu einem die wirtschaftliche Entwicklung bestimmenden Faktor. Die landwirtschaftliche Nutzfläche wurde ausgedehnt; damit konnte die Produktion insbesondere von Oliven und Zitrusfrüchten ausgeweitet werden. Vom wirtschaftlichen Aufschwung blieb auch Innersyrien nicht unberührt. Auch hier wurde die landwirtschaftliche Produktion ausgeweitet. Neben der Getreideproduktion nahm insbesondere die Textilherstellung einen Aufschwung. In Mesopotamien, wo die Briten nicht zuletzt die Wassewege mit Blick auf ihre Anbindung an Indien kontrollierten, konnte die landwirtschaftliche Produktion intensiviert werden: Datteln, Getreide, Wolle, Häute und Pferde waren die wichtigsten Handelsgüter.

Neben der Auseinandersetzung mit europäischen politischen Institutionen war die Epoche des Aufbruchs schließlich auch durch die Aneignung europäischer Lebensformen gekennzeichnet. Die Oberschicht der Gesellschaft in Kairo und Alexandria sowie in den Städten der Levante und Nordafrikas begann, sich europäisch zu kleiden und europäischen Lebensformen zu folgen. Die Zusammensetzung der Bevölkerung war multiethnisch und multireligiös. Neben den Einheimischen bevölkerten vornehmlich Engländer, Franzosen, Italiener sowie Griechen die Städte. Große jüdische Kolonien spielten eine erhebliche Rolle im Wirtschaftsleben. Außerhalb der Wohnviertel der Einheimischen entstanden neue Stadtteile im Stil europäischer Architektur. Auch das öffentliche kulturelle Leben zeigte europäische Züge. In diesem Sinne besonders bemerkenswert war der Betrieb einer Oper in Kairo. Sie wurde am 1. November 1869 anlässlich der Eröffnung des Suezkanals mit Verdis *Rigoletto* – die Première der »ägyptischen« Oper *Aida* hatte nicht verwirklicht werden können – eingeweiht. Dem Ereignis wohnten Österreich-Ungarns Kaiser Franz Joseph sowie Frankreichs Kaiserin Eugénie, Gattin Napoleons III., bei. Am 24. Dezember 1871 kam dann doch noch die Erstaufführung der »Aida« – mit ungeheurem Erfolg – in Kairo zustande.

2 Die geistige und gesellschaftliche Erneuerung bis 1914

Die geistige, kulturelle und gesellschaftliche Entwicklung weiter Teile des arabischen Raums im 19. Jahrhundert ist durch die Auseinandersetzung der Eliten mit Ideen, Ideologien, kulturellen Strömungen und politischen Institutionen bestimmt, die ihren Ursprung in Europa haben. Das gilt in hohem Maße für die Räume Nordafrikas und des *Fruchtbaren Halbmondes*, also der Teile der arabischen Welt zwischen der östlichen Küste des Mittelmeers und dem Persischen Golf. Demgegenüber blieb der Raum der Arabischen Halbinsel zunächst davon weitgehend unberührt. Erst nach dem Ende des Ersten Weltkriegs erfasste die Auseinandersetzung mit einer Moderne, die ihren Ursprung in Europa hatte, auch diesen Raum.

Die Ablösung der überkommenen politischen, gesellschaftlichen und wirtschaftlichen Ordnung Ägyptens durch die Reformen Mehmet Alis ging der Öffnung des Landes für die Ideen des postrevolutionären Europa einher. Die Entsendung von Studenten vor allem nach Frankreich (s. S. 15) sowie die rasch zunehmende Anwesenheit europäischer Berater im Lande selbst ließen intensive Kontakte auch der geistigen Eliten entstehen. Impulse zu Wandel und Anpassung an die europäische Moderne waren bald auch in Nordafrika und im *Fruchtbaren Halbmond* zu spüren. Sie waren umso nachhaltiger, als sie auch von Konstantinopel, dem Zentrum des Reiches, in den Reformdekreten des Sultans, den *Tanzimat-i Khayriyye* (s. S. 29), starke Impulse erfuhren.

Von der *Wahhabiyya*, die etwa ein halbes Jahrhundert, bevor westliche Ideen unwiderstehlich Eingang in die arabischen Gesellschaften fanden, im Herzen der Arabischen Halbinsel (die wenigstens de jure der osmanischen Herrschaft unterstand) entstanden war, war bereits im vorigen Kapitel die Rede gewesen. Ausgehend von einer konservativen, wortwörtlichen Interpretation des Korans widersetzte sich die Lehre jeder Neuerung (*bid'a*; pl. *bida'*). In ihrem Mittelpunkt steht die Einheit Gottes (*tauhid*; was u. a. die Rückweisung des Sufismus, aber auch der Schi'a beinhaltet). In Teilen der islamischen Welt, auch außerhalb des arabischen Raumes (vor allem in Indien), wo der europäische Imperialismus besonders spürbar war, vermittelte der Wahhabismus eine religiöse Legitimation des Widerstandes. Insgesamt aber blieb diese Facette der islamischen »Erneuerung« bis ins 20. Jahrhundert eine Randerscheinung.

Akuter, weil »vor Ort« entstanden, reflektierte das Geschichtswerk des Abd ar-Rahman al-Dschabarti (1753–1825) die Dramatik des Zusammenstoßes der Kulturen sowie das Ausmaß an Verwirrung und Staunen der Ägypter über die von den Franzosen nach dem Sieg Napoleons unter den Pyramiden im Juli 1798 ergriffenen Maßnahmen. Weitreichende Weichenstellungen für die geistige Entwicklung gingen von Rifa'a at-Tahtawi (1801–1873) aus. Er hatte noch eine klassische religiöse Erziehung an der al-

Azhar Universität erhalten. Als Imam begleitete er die erste ägyptische Studiendelegation nach Paris. Hier las er u. a. Montesquieu, Rousseau, Voltaire, Racine und Condillac. Das Tagebuch, das er während seines Pariser Aufenthalts führte, wurde auf Anordnung von Mehmet Ali in hoher Auflage gedruckt und zur Pflichtlektüre für Staatsbeamte bestimmt. Es spiegelt die Konfrontation des stagnierenden Orients mit dem dynamischen Fortschritt in Europa wider. Zugleich aber ist es ein Dokument geistiger Offenheit eines Vertreters der ägyptischen Elite für die Auseinandersetzung mit Europa, die als unerlässlich auch für den Fortschritt der arabischen Gesellschaften betrachtet wurde. Damit markiert sie den Gegenpol zu der Abwehrhaltung gegenüber einer aus Europa kommenden Moderne, wie sie im Extrem von der wahhabitischen Bewegung eingenommen wurde. Zwischen Ablehnung und Nachahmung bewegen sich in unzähligen Facetten die Reaktionen der arabischen geistigen und politischen Eliten seither.

Starke Impulse auf das geistige Leben der Araber im Vorderen Orient gingen von dem Wirken christlicher Missionen seit der Mitte des Jahrhunderts aus. Die von ihnen gegründeten Institute (u. a. das *Syrian Protestant College* [1866], heute Amerikanische Universität Beirut; die Jesuiten-Universität *Saint Joseph* [1875]; die allerdings erst 1919 gegründete Amerikanische Universität Kairo) brachten zahlreiche führende Persönlichkeiten des geistigen und öffentlichen Lebens hervor. Auch der Erziehung und Bildung von Mädchen und Frauen wurde Aufmerksamkeit zugewandt. Staatliche Mädchenschulen wurden gegründet. Frauenzeitschriften widmeten sich der sozialen Rolle der Frau und der Verbesserung der Bildungsmöglichkeiten.

Eine besondere Bedeutung kam den Bemühungen um die Wiederbesinnung auf die kulturelle und geschichtliche Größe des Arabertums zu, die bereits das Wirken at-Tahtawis gekennzeichnet hatten. Zentrum der Bewegung wurden der syrisch-libanesische Raum und – namentlich in den letzten Jahrzehnten des 19. Jahrhunderts – Ägypten. Gefördert durch die Einrichtungen protestantischer Missionare, die das Christentum in der nationalen Sprache zu verankern trachteten, wurde dem Arabischen eine neue Bedeutung verliehen. Damit waren Impulse für eine Renaissance der arabischen Kultur gegeben; eine Epoche, die rückschauend als *nahda* (Renaissance) bezeichnet wurde. Zugleich war der Grundstein für den Arabischen Nationalismus gelegt, der spätestens vom Ende des Ersten Weltkriegs an zu einer politischen Bewegung werden sollte. Dass an der Bewegung arabische Christen einen großen Anteil gehabt haben, ist angesichts der Hintergründe nicht verwunderlich.

Kann Nasif al-Yazidschi (1800–1871) als Vater der kulturellen Renaissance der Araber bezeichnet werden, so ist Butros al-Bustani (1819–1883) der Gelehrte und Publizist mit der breitesten Wirkung. Sein Wirken war auf die Erneuerung der arabischen Sprache, die Neubelebung der arabischen Kultur und die Wiedererweckung eines Bewusstseins von der Größe der arabischen Kultur und Geschichte gerichtet. Aus seinen philologischen Arbeiten ragt sein Wörterbuch *muhit al-muhit* (Der Umfang des Ozeans) besonders hervor, in dem er eine erneuerte und moderne Terminologie des Arabischen ausarbeitete. Sein eigentliches Lebenswerk ist eine arabische Enzyklopädie *da'irat al-ma'arif* (Der Kreis des Wissens).

Das zentrale Anliegen von Butros al-Bustani war die kulturelle Wiedererweckung seiner arabischen Landsleute. In diesem Sinne ist auch das Motto der von ihm gegründeten Zeitschrift *al-Dschinan* (Die Gärten) zu verstehen: *hubb al-watan min al-iman* (Die Vaterlandsliebe ist Teil des Glaubens). Er wünschte sich Syrien gestärkt und innerlich geeint, um den beiden größten Gefahren, die er voraussah, religiösem Fanatismus und europäischem Expansionismus, zu begegnen. Wenn er auch weit davon entfernt war, die Errichtung eines Nationalstaates zu fordern, so formulierte er doch Ideen, die in die Zukunft weisen sollten. Kulturell wies er den Weg zum Arabismus, politisch zum Osmanismus, d. h. zu einem Bürgertum der Osmanen. Im Kern aber legte er auch die Grundlage für einen syrischen Nationalismus.

Hatte at-Tahtawi eine Synthese zwischen der westlichen und islamischen Kultur herzustellen gesucht, so stellte sich die Frage nach der Stellung der Religion nicht weniger dringend. Glaubensinhalte des Islams waren weithin die Grundlage der politischen und gesellschaftlichen Ordnungen in der islamischen Welt. Die wahhabitische Zurückweisung aller »Neuerungen« konnte auf der Arabischen Halbinsel als Antwort Bestand haben. Dies war aber dort nicht der Fall, wo die Muslime mit der westlichen Dominanz auf nahezu allen Gebieten unausweichlich konfrontiert waren. Suchte der Perser Dschamal ad-Din al-Afghani (1838/39–1897) aus dem Islam heraus eine antiimperialistische Dynamik zu entfachen, so ging sein Freund und Schüler Muhammad Abduh (1849–1905) in der religiösen Reform weiter. Im Zusammenhang mit seinem Engagement in der Bewegung al-Orabis (s. S. 19 f.) war er nach Paris verbannt worden, wo er mit al-Afghani eng zusammenarbeitete. Nach seiner Rückkehr nach Ägypten (1888) und schließlich (seit 1899) als oberster Richter (*mufti*) widmete er sich der Reform der Azhar-Universität und der religiösen Gerichtsbarkeit. Der Islam bleibt die unumstößliche Grundlage des individuellen Lebens wie des Fortbestehens der Gemeinschaft. Breiten Raum aber wurde dem Prinzip des *idschtihad* gewidmet. Der auf diese Weise wiederentdeckte »wahre Islam« enthalte auch die Grundlagen der neuen, aus Europa kommenden Gesetze und Einrichtungen; die Werte der bürgerlichen Gesellschaft in Europa seien auch die Werte des Islams.

Die Breitenwirkung der reformistischen Theologen sollte allerdings nicht überschätzt werden – weder konnten sie unter den traditionalistischen städtischen und ländlichen Schichten nennenswerte Bewegung hervorrufen noch fanden sie bei der Mehrheit der Geistlichen (*ulama*) Gehör. Wo die Massen durch reformistische und/oder gegen die »Fremden« gerichtete Bewegungen mobilisiert wurden, handelte es sich um militant-messianistische oder sufisch geführte Bewegungen wie diejenige Abd al-Qadirs (s. S. 22) in Algerien gegen Frankreich, die Schamilen im Kaukasus gegen Russland, die libyschen Sanusi gegen Italien (s. S. 228 ff.) oder die Mahdisten im Sudan gegen England (s. S. 74 f.).

Das facettenreiche und kontroverse Ringen um die Stellung des Islams vor dem Hintergrund des geistig-kulturellen und politisch-institutionellen Drucks aus Europa und später den USA hält bis in die Gegenwart an. Es ist ein zentrales Thema bei der Modernisierung der arabischen als Teil der islamischen Welt. Die Spaltung in Modernisten, Traditionalisten und religiös motivierte Aktivisten charakterisiert auch in der Gegenwart das Erscheinungsbild des Islams. Die unterschiedlichen Reformansätze kamen in der Bewegung der *Salafiyya* (abgeleitet von *salafa*: »vergangen sein«, »vorangehen«; bzw. von *al-aslaf*: die »Vorgänger«, die »Ahnen«) zusammen, die um die Wende vom 19. zum 20. Jahrhundert entstand. Die Wiederherstellung des reinen Glaubens (eben der »Altvorderen«) sollte als das leitende Prinzip in religiösen wie in weltlichen Belangen gelten, für den Staat ebenso wie für die ganze islamische Gemeinschaft.

Für die Zeit bis zum Ausbruch des Ersten Weltkriegs wurde Ägypten das Zentrum kultureller und intellektueller Erneuerung im arabischen Vorderen Orient und Nordafrika. Die nach der Schließung des Parlaments in Konstantinopel 1878 durch Sultan Abdülhamit II. einsetzende politische und geistige Unterdrückung in den Gebieten unter osmanischer Herrschaft ließ Ägypten zu einem Freiraum für geistige Strömungen werden, die sich die Erneuerung des religiösen, kulturellen, politischen und intellektuellen Lebens angelegen sein ließen. Das Land stand zwar bis 1914 weiterhin unter osmanischer Oberhohheit, doch war die Machtausübung Konstantinopels angesichts der de facto britischen Herrschaft nur sehr eingeschränkt wirksam. Von seiner Rückkehr nach Ägypten bis – über seinen Tod hinaus – zum Ersten Weltkrieg hatte Muhammad Abduh auf die geistige Entwicklung Ägyptens einen bestimmenden Einfluss. Der Kreis ihm nahe stehender Intellektueller folgte ihm in seinem Anliegen, das Verhältnis des Islams zu der durch Europa bestimmten Zivilisation und Kultur neu zu bestimmen. Einer der bekanntesten und wirkungsmächtigsten unter ihnen war Qasim Amin (1865–1908). Sein Buch über die Emanzipation der Frau (*tahrir al-mar'a*) ist bezeichnend für das Bemühen, die Essenz der islamischen Religion zu bewahren, diese aber zugleich in einer Weise zu öffnen, dass sie nicht länger im Widerspruch zu wesentlichen Elementen einer westlich verstandenen Modernität stehen würde. In seinem 1901 veröffentlichten Buch *al-mar'a al-dschadida* (Die neue Frau) richtet er sich auch gegen den Anspruch der Religion, das gesellschaftliche Leben umfassend zu bestimmen. Das trug ihm die Opposition konservativer Kreise ein.

Um die Jahrhundertwende beginnt der Nationalismus politische Dimensionen anzunehmen. Begleitet vom Entstehen politischer Parteien und Printmedien – 1828 war die erste arabische Druckerei im Kairiner Stadtteil Bulak gegründet worden; 1876 kam die erste Nummer der auch heute noch erscheinenden Zeitung *al-Ahram* (Die Pyramiden) heraus - melden sich Stimmen, die Ägypten jenseits der Zugehörigkeit zur *umma*, der Gemeinde der Muslime, als eigenständige Nation verstehen. Ahmad Lutfi as-Sayyid (1872–1963), Herausgeber der einflussreichen Zeitschrift *al-Dscharida* (Die Zeitung) bringt die Überzeugung zum Ausdruck, dass jedes Volk – auch unabhängig von der Religion – einen nationalen Charakter, d. h. eine spezifische Konstitution, nicht weniger ausgeprägt als eine physische, habe. Im Mittelpunkt seines an europäischen Vorbildern orientierten Denkens steht die Freiheit. Liberalismus nach innen und Unabhängigkeit nach außen waren seine weit reichenden politischen Ziele. Die Befreiung von britischer Herrschaft hielt er – in seiner Zeit – für Illusion. Stattdessen solle man die britische Macht instrumentalisieren und dem Khediven eine verfassungsmäßige Ordnung abringen.

Zum politischen Repräsentanten eines neuen Typs von Nationalisten wurde Mustafa Kamil (1874–1908). Im Unterschied zu vielen seiner Zeitgenossen hatte er nicht die religiös geprägte Ausbildung an der al-Azhar genossen, sondern war durch das neue, vom Khediven Isma'il geschaffene Bildungssystem gegangen. So wurde er zum Sprecher einer säkularistischen Strömung. Anders als andere ägyptische Politiker und Intellektuelle, die mit England zu einem Kompromiss zu kommen suchten, forderte er die Beendigung der britischen Herrschaft. Tief durchdrungen von einem ägyptischen Nationalgefühl, sah er das Land doch zugleich als Teil größerer Kreise: des osmanischen, islamischen bzw. »östlichen« insgesamt. Die Zeitschrift *al-Liwa* (Die Fahne) wurde zum Sprachrohr der Verbreitung seiner Ideen.

Um 1906 kam es zu einer Reihe von Parteigründungen; unter ihnen waren die *hizb al-umma* (Volkspartei) Lutfi as-Sayyids und des Kreises um Abduh sowie die *hizb al-watani* (Nationalpartei) Mustafa Kamils die bemerkenswertesten Gruppierungen. Dessen Tod (1908) machte seinem Aufstieg zu einem Führer der ägyptischen Nation ein frühes Ende.

Auch im syrischen Raum entwickelten sich nationalistische Strömungen, die sich zunehmend politisierten. Mit der Übernahme der Macht in Konstantinopel durch das jungtürkische Triumvirat (1913) und als Antwort auf dessen drastische Maßnahmen der Türkisierung in der Verwaltung und im Bildungssystem wurde Damaskus das Zentrum einer nationalen arabischen Bewegung. In ihr umfasste der Anspruch auf die Zugehörigkeit zur arabischen Nation über Syrien hinaus den Raum zwischen dem Mittelmeer und dem Zweistromland und, wenn auch zunächst eher am Rande, der Arabischen Halbinsel, namentlich des Hedschaz (mit den heiligen Städten Mekka und Medina). Die Geistesverwandten trafen sich in Klubs, deren Mitglieder und Träger vor allem aus Studenten, Offizieren, Intellektuellen und Publizisten bestanden. Genannt seien hier der 1909 gegründete Arabische Klub (*al-muntada al-arabi*) sowie die ebenfalls 1909 von Offizieren in Konstantinopel gegründete Qahtaniyya Gesellschaft (*al-dscham'iyya al-qahtaniyya*), aus der 1914 die Geheimgesellschaft Der Bund (*al-ahd*) hervorging. Ziel war zunächst nicht die Gründung eines eigenständigen arabischen Staates. Diskutiert wurde lediglich die politische Autonomie der arabischen Provinzen unter dem Schirm einer türkisch-arabischen Doppelmonarchie nach österreichisch-ungarischem Vorbild. Radikaler war das Programm der ebenfalls 1909 von arabischen Studenten in Paris gegründeten Jungarabischen Gesellschaft (*al-dscham'iyya al-arabiyya al-fatat*). Sie trat für die Unabhängigkeit der Araber und den Bruch mit dem Osmanischen Reich ein. Andere suchten dem gegenüber föderative Lösungen; die Verwaltung des Reiches sollte bei Wahrung einer arabischen Identität dezentralisiert werden.

Auch auf dem Gebiet der Literatur wurde europäischer Einfluss in wachsendem Maße spürbar. An der von at-Tahtawi 1837 gegründeten Übersetzerschule in Kairo wurden Werke der europäischen Literatur ebenso ins Arabische übertragen wie in Beirut. Dabei standen zunächst die Werke zeitgenössischer französischer Autoren – Romane, Novellen, Kurzgeschichten, literarische Gattungen, die für das arabische Publikum neu waren – im Vordergrund. Später kamen russische, amerikanische und englische Autoren hinzu. Auch mit dem Theater wurde das Publikum vertraut gemacht. Arabische Autoren begannen, ihrerseits die europäischen literarischen Formen zu übernehmen. Erste Schritte in Richtung auf eine zeitgenössische arabische Literatur wurden namentlich in Ägypten und im Libanon getan.

Mit der Ausweitung des Bildungssektors und dem Entstehen unterschiedlicher politischer Strömungen, die nach Mitgestaltung der Zukunft ihrer Gesellschaften strebten, fanden auch Printmedien wachsende Verbreitung.

3   Der Erste Weltkrieg und europäischer Imperialismus

3.1   Das Ende der alten Ordnung

Als das Osmanische Reich am 30. Oktober 1914 an der Seite Deutschlands in den Ersten Weltkrieg eintrat, sollten sich neue Perspektiven für die Zukunft der ganzen arabischen Welt eröffnen. Im Falle einer Niederlage des Reiches würde sich – das war die Erwartung vieler Araber vor allem im Vorderen Orient – die Aussicht auf die Unabhängigkeit der arabischen Völker und die Gründung eines oder mehrerer arabischer Staaten auftun.

In der Wirklichkeit freilich waren die Planungen für die Zeit nach dem Ende des Osmanischen Reiches in den Kriegsjahren von widersprüchlichen Zielen und Erwartungen geprägt. Die europäischen Großmächte waren entschlossen, das Osmanische Reich unter sich aufzuteilen; die Araber des *Fruchtbaren Halbmondes* und des Hedschaz hofften auf ihre Unabhängigkeit; die Ägypter strebten das Ende der britischen Besatzung an; libanesische Christen setzten auf die Schaffung eines französisch protegierten Staates Libanon; die Zionisten arbeiteten auf ein Bündnis mit den wahrscheinlichen Siegern hin, um ihre Pläne in Palästina verwirklichen zu können. Gemeinsam war den Erwartungen und Planungen, dass mit dem Ende des Krieges eine Epoche an ihr Ende gekommen sein würde; für die arabischen Völker würde – mit neuen Formen ihrer politischen Existenz – das 20. Jahrhundert beginnen.

Bis zum Ausbruch des Krieges war das Vordringen europäischer Mächte, insbesondere Englands und Frankreichs, im Raum südlich und östlich des Mittelmeers (sowie im Falle Englands an den Rändern der Arabischen Halbinsel) nicht einem vorgefassten imperialistischen Plan gefolgt. Die Einfluss- bzw. Machtübernahme ergab sich eher Zug um Zug als Konsequenz sich über Jahrzehnte ausbildender macht- bzw. wirtschaftspolitischer Interessen. Das änderte sich mit dem Ausbruch des Ersten Weltkriegs.

Der Eintritt Englands in den Krieg gegen das Osmanische Reich war das Ergebnis einer tief greifenden Umkehrung der Interessen des Landes im internationalen System auf Seiten der Regierung in London. Durch das 19. Jahrhundert waren britische Regierungen bemüht gewesen, sicher zu stellen, dass die Schwächung des Osmanischen Reiches das Gleichgewicht der europäischen Mächte nicht nachhaltig beeinträchtigen würde. Im besonderen Interesse Großbritanniens lag es zu verhindern, dass der kontinuierliche Niedergang des »Kranken Mannes am Bosporus« zu einer Stärkung des Einflusses Russlands auf dem Balkan und im östlichen Mittelmeer führen würde. Der Gewährleistung der Kontrolle über die Meerengen der Dardanellen und des Bosporus durch die osmanische Regierung kam dabei besondere Bedeutung zu. Diese britische

Interessenlage hatte London seinerzeit dazu gebracht, Druck auf Mehmet Ali auszuüben, sich aus den eroberten syrischen Gebieten wieder zurück zu ziehen (1841; s. S. 17 f.). Auch im Pariser Frieden (1856), der den Krimkrieg beendete, und auf dem Berliner Kongress (1878) hat diese Interessenlage die Verhandlungsführung Londons bestimmt. Erst das Scheitern der Bündnisverhandlungen zwischen Deutschland und Großbritannien (1901) und die seitdem in London als Bedrohung wahrgenommene Herausforderung durch das deutsche Flottenprogramm führten zu einer folgenreichen Umkehrung der Allianzen. In der *Entente Cordiale* mit Frankreich (1904), in der sich die beiden Mächte ihre kolonialen Besitzungen und Ansprüche gegenseitig bestätigten, überwand London seine über ein Jahrhundert gehegte *splendid isolation* (»wunderbare Isolation«). Als ihr in demselben Jahr Russland zur *Triple Alliance* beitrat, hatte sich die Mächtekonstellation in Europa nachhaltig verändert. Die Tragweite dieser Veränderung sollte sich ein Jahrzehnt später nach Ausbruch des Ersten Weltkriegs erweisen.

Am 1. August 1914 trat Deutschland mit der Kriegserklärung an Russland in den Krieg ein, der mit der Kriegserklärung des Habsburgischen Kaiserreichs an das Königreich Serbien am 28. Juli ausgebrochen war. Die Kriegserklärung Deutschlands an Frankreich erfolgte am 3. August; einen Tag später richtete England ein Ultimatum an Deutschland, das einer Kriegserklärung gleichkam. Deutschland drängte das Osmanische Reich zum Kriegseintritt; die Regierung in Konstantinopel aber zögerte, denn nach dem Krieg mit Italien in Nordafrika und den Balkankriegen war das Reich kriegsmüde. Erst als geheime Gespräche mit England und Frankreich zu keinem Ergebnis führten, entschloss sich die osmanische Führung am 29. Oktober 1914 in den Krieg einzutreten. Damit hatte sich die von Enver Pascha angeführte pro-deutsche Fraktion durchgesetzt; ein Ergebnis auch der engen militärischen und wirtschaftlichen Beziehungen, die sich in den letzten zwei Jahrzehnten herausgebildet hatten (s. S. 338 f.). Am 11. November 1914 erklärte die osmanische Regierung der *Entente* offiziell den Krieg. Zugleich rief der Sultan-Kalif die Muslime auf der ganzen Welt auf, sich dem heiligen Kampf (*dschihad*) gegen Großbritannien, Russland und Frankreich anzuschließen.

Mit dem Eintritt des Osmanischen Reiches in den Krieg begannen in den Hauptstädten der *Entente* die Planungen betreffend die Zukunft des Reiches im Falle ihres Sieges. Am 27. März 1915 überreichte der britische Botschafter in Petersburg dem russischen Außenminister ein Memorandum, das die grundsätzliche Zustimmung der britischen Regierung zur Angliederung Konstantinopels und der Meerengen an Russland enthielt. Paris erhob Ansprüche auf Teile des Südostens Anatoliens sowie Syriens, einschließlich der Heiligen Stätten in Palästina. In London, wo bis dahin noch keine klaren Kriegsziele formuliert worden waren, berief Premierminister Herbert Asquith Anfang April 1915 ein Komitee ein, das unter Leiter von Sir Maurice de Bunsen Optionen der britischen Politik untersuchen sollte. Ende Juni stellte Bunsen die Ergebnisse vor: Das Papier markierte die Teile des Osmanischen Reiches, auf welche Großbritannien Anspruch erheben sollte; die Küste des Persischen Golfes von Kuwait bis Oman, Mesopotamien, d. h. die osmanischen Verwaltungsgebiete (*vilayetler*) Basra, Bagdad und Mosul sowie eine Landbrücke, die Mesopotamien mit dem Hafen von Haifa, nicht zuletzt als Endpunkt einer Ölpipeline (s. S. 317 f.), verbinden würde.

Bereits am 18. Dezember 1914 war Ägypten, das seit Kriegsausbruch zum Frontstaat geworden war, zu einem britischen Protektorat erklärt worden. Damit war die auch nach 1882 fortbestehende formale Oberhoheit des Sultans über Ägypten beendet.

In London war anfangs umstritten, wie hoch der militärische Einsatz an der osmanischen Front sein würde. Zunächst hatten sich diejenigen durchgesetzt, die die Konzentration britischer Streitkräfte auf die europäischen Kriegsschauplätze forderten. Das änderte sich zu Beginn 1915, nachdem eine im November 1914 einsetzende osmanische, von deutschen Truppen unterstützte Offensive gegen den Suezkanal im Februar 1915 nach heftigen Kämpfen zurückgeschlagen worden war. Damit war den Briten das Ausmaß der Bedrohung dieser für sie strategisch wichtigen Wasserstraße deutlich geworden. Die britischen Truppen in Ägypten wurden nun schrittweise erheblich verstärkt. 1916 waren dort nahezu 400 000 Soldaten konzentriert. Nach wechselvollen Kampfhandlungen hatten sich die osmanischen Truppen vom Kanal zurückgezogen; britische Truppen befanden sich jetzt dauerhaft auf seinem Ostufer und begannen, ihre Operationen in Richtung auf Palästina und Syrien auszuweiten. Ägypten aber hatte für den Rest des Kriegsverlaufs im Nahen Osten und im Raum des östlichen Mittelmeers als Versorgungszentrum (*supply center*) eine zentrale Bedeutung erhalten.

Angesichts der militärischen Stagnation an der Westfront, gewannen Pläne an Gewicht, von Südosten aus eine weitere Front gegen die Mittelmächte zu eröffnen. Das bedeutete zugleich, den Krieg gegen das Osmanische Reich möglichst bald zu beenden; deshalb sollte ein Durchbruch an den Meerengen erzwungen werden, um Konstantinopel zu besetzen. Im April 1915 begannen Landungsoperationen auf der Halbinsel Gallipoli; unter dem Feuerschutz der Kanonen einer überlegenen Flotte suchten die Alliierten Fuß zu fassen. Das militärische Unternehmen geriet zur Katastrophe. Nach großen Opfern auf Seiten der Türken, an deren Seite deutsche Militärberater standen, und der *Entente*, wurde die *Dardanellenschlacht* im Januar 1916 abgebrochen.

Auch an einer anderen osmanischen Front verliefen die militärischen Entwicklungen zu diesem Zeitpunkt für die *Entente* nicht erfolgreich. In Mesopotamien machten die Briten den Versuch, vom Persischen Golf gegen Bagdad vorzudringen. Ziel dieser Operationen war es, in den Besitz der dort vermuteten Erdölquellen zu kommen. Die Türken leisteten entschlossenen Widerstand. Es gelang ihnen, die britisch-indischen Truppen einzukesseln und am 29. April 1916 bei Kut el-Amara zur Kapitulation zu zwingen. Damit war auch der beabsichtigte Zusammenschluss mit den in Persien operierenden russischen Truppen vorerst vereitelt. Erst in einer neuerlichen Offensive konnte der britische Vorstoß fortgesetzt und Bagdad am 11. März 1917 erobert werden.

Während das Kriegsgeschehen an der osmanischen Front nicht zu dem erhofften raschen Durchbruch führte, suchte Kriegsminister Lord Kitchener nach neuen Verbündeten im Kampf gegen den Sultan. Dabei sollte dem Herrscher über den Hedschaz, den westlichen Teil der Arabischen Halbinsel mit den heiligen Städten Mekka und Medina sowie der Hafenstadt Dschedda, eine besondere Rolle zukommen. Die Herrschaft im Hedschaz war seit Generationen durch eine doppelte Führung gekennzeichnet: Dem *Scherifen*, d. h. dem lokalen Herrscher aus der traditionsreichen Familie der Haschemiten, der Sippe des Propheten Muhammad, stand der Statthalter zur Seite, der aus Konstantinopel als offizieller Vertreter des Sultans entsandt war.

Die unter Abdülhamit II. (1876–1909) unternommenen Anstrengungen einer stärkeren Zentralisierung des Reiches hatten Befürchtungen des haschemitischen Herrschers genährt, in engere Abhängigkeit vom osmanischen Machtzentrum zu geraten. Nicht zuletzt der Bau der Hedschazbahn zwischen Damaskus und Medina, der 1900 begonnen worden war, sollte den unmittelbaren Einfluss des Sultans stärken. Die diesbezüglich entstandenen Divergenzen zwischen Mekka und Konstantinopel hatten sich in der Person von Husain bin Ali verschärft. Er war zwar 1908 von den Jungtürken als Scherif eingesetzt worden, den europäisch inspirierten Reformen der Jungtürken freilich stand er ablehnend gegenüber. Nicht erst bei Kriegsausbruch machten Gerüchte die Runde, der Scherif könne abgelöst werden. Vor diesem Hintergrund nahm Husain Kontakte sowohl zu Kreisen der arabischen Nationalisten in Syrien als auch zu den Briten in Kairo auf. Dabei spielte sein Sohn Faisal eine aktive Rolle. Dessen Beratungen und Vertretern der nationalistischen Bünde *al-fatat* und *al-ahd* in Damaskus fanden in einem Protokoll Niederschlag, in dem diese ihre Unterstützung für eine arabische Erhebung gegen die Türken zusagten. Ziel würde die Errichtung eines arabischen Staates innerhalb von Grenzen sein, die in dem Damaskus-Protokoll umrissen waren. Davon ausgehend ließ Faisal Bruder Abdallah die Briten wissen, »die Araber« seien zu einer Revolte gegen den Sultan bereit.

Für die Briten war der Haschemit ein willkommener Spieler. Da sie fürchten mussten, der Sultan in Konstantinopel könnte in seiner Würde als Kalif die religiöse Karte gegen sie ausspielen – bei Kriegsbeginn hatter er auf Anraten der Deutschen tatsächlich zum »Heiligen Krieg« (*dschihad*) aufgerufen–, suchten sie nun ihrerseits diese zu bedienen. Die Anspielung auf ein arabisches Kalifat in Mekka aus dem Hause des Propheten sollte die Legitimität des osmanischen Amtsinhabers herausfordern. Husain ließ sich auf diese Intrige ein. Er verband das Feilschen um seinen eigenen Status mit Plänen der Errichtung eines großen selbstständigen arabischen Staates im Vorderen Orient unter seiner Herrschaft. Im April 1915 erteilte Kriegsminister Lord Kitchener dem britischen Büro in Kairo die Vollmacht, mit dem Scherifen von Mekka in Verhandlungen über die Errichtung eines arabischen Staates nach dem Ende des Krieges einzutreten. Die Arabische Halbinsel mit den Heiligen Städten Mekka und Medina sollte künftig in der Hand eines unabhängigen Herrschers liegen.

Nach diesem Auftakt nahm der britische Hochkommissar in Kairo, Sir Henry McMahon, die weitere Verhandlungsführung in die Hand. Husain ließ nun erkennen, dass das britische Angebot nicht seinen Vorstellungen entspreche: Über die Arabische Halbinsel hinaus müsse der arabische Staat auch die Territorien Mesopotamiens, Syriens und Palästinas umfassen. Aus dem sich von Juli 1915 bis März 1916 hinziehenden Briefwechsel geht hervor, dass die Interessen und Standpunkte beider Seiten grundlegend unvereinbar waren. Während Husain eine klare und bindende territoriale Festlegung forderte, waren die britischen Angebote schwammig, widersprüchlich und hinhaltend. Großbritannien war an der Schaffung eines starken und vereinigten arabischen Königreiches nicht wirklich interessiert; nicht zuletzt überschnitten sich die Forderungen des Scherifen mit britischen territorialen Interessen, die bereits von der Bunsen-Kommission definiert worden waren. London ging es im Wesentlichen darum, die Araber auf die Seite Großbritanniens zu ziehen und sie zum Abfall vom osmanischen

Sultan-Kalifen zu bewegen. Am Ende kam London Husains Vorstellungen scheinbar weit entgegen. In einem Brief vom 24. Oktober 1915 bestätigte Sir Henry McMahon die vom Scherifen vorgeschlagenen Grenzen. Ausgenommen wurden Kilikien sowie die Teile Syriens westlich der osmanischen Verwaltungsdistrikte Damaskus, Homs, Hama und Aleppo. Unter Berücksichtigung dieser Ausnahmen versicherte McMahon dem Scherifen, Großbritannien sei bereit, die Unabhängigkeit der Araber in allen Gebieten innerhalb der vom Scherifen geforderten Grenzen anzuerkennen und zu unterstützen.

Bei der Formulierung seiner Angebote war London auch durch die Notwendigkeit bestimmt, den Interessen seines Bündnispartners Frankreich im Nahen Osten Rechnung zu tragen. Auch dieser hatte territoriale Ambitionen im arabischen Raum; dabei stand Groß-Syrien im Mittelpunkt, wo Frankreich gleichsam ein Widerlager gegen den britischen Einfluss im Nahen Osten zu errichten gesucht hatte. Schließlich hatte Paris bereits in der zweiten Hälfte des 19. Jahrhunderts begonnnen, seinen Einfluss dort zu verstärken. Noch während Briefe zwischen Kairo und Mekka gewechselt wurden, in denen es um den unabhängigen arabischen Staat ging, wurden in London und Paris Kommissionen mit dem Auftrag eingesetzt, die Einfluss- und Herrschaftsgebiete im Nahen Osten in der Ära nach dem Ende des Krieges gemäß britischen und französischen Interessen aufzuteilen. England war durch Sir Mark Sykes, Lord Kitcheners Berater für den Nahen Osten, Frankreich durch den Diplomaten François Georges-Picot vertreten. Er war über die Verhandlungen zwischen England und dem Scherifen informiert, als er im Dezember 1915 zum Beginn von Gesprächen nach London reiste.

Das Ergebnis der Verhandlungen ist als *Sykes-Picot-Abkommen* in die Geschichte eingegangen. Es wurde am 15. Mai 1916 geschlossen und hat die Entwicklung des arabischen Raums im Vorderen Orient zwischen dem Ende des Ersten und des Zweiten Weltkriegs wesentlich geprägt. Die ihm zugrunde liegende Karte teilte die arabische Welt zwischen den Küsten des östlichen Mittelmeers und des Persischen Golfs/Indischen Ozeans in eine rote und blaue Zone. Die rote umfasste die Provinzen von Bagdad und Basra; in ihr würden die Briten – unter dem Status eines Protektorats – das Recht haben, eine direkte oder indirekte Verwaltung und Kontrolle zu errichten. Die blaue Zone umfasste Kilikien und die Gebiete der (groß-)syrischen Küste; dort würde Frankreich dieselben Rechte und Vollmachten genießen. Palästina sollte unter internationale Verwaltung gestellt werden; über den abschließenden Status sollte zu einem späteren Zeitpunkt entschieden werden. Darüber hinaus markierten beide Seiten weitere Ansprüche: London beanspruchte eine Zone informeller Kontrolle über den nordarabischen Raum von Kirkuk im Irak bis Gaza. Paris fiel die Kontrolle über den Raum im Dreieck von Damaskus, Aleppo und Mosul zu. In diesen Gebieten sollte unter der Kontrolle Englands und Frankreichs ein arabisches Herrschaftsgebiet entstehen – allerdings nur, wenn die Araber zu dessen Eroberung einen wesentlichen Beitrag leisteten. Sollte es ihnen gelingen, die Städte Homs, Hamah, Aleppo und Damaskus in ihren Besitz zu bringen, würde Großbritannien keine Einwände gegen diese Regelung erheben. Im Übrigen sollte die Bucht von Haifa als britische Enklave einen Sonderstatus erhalten und über eine Eisenbahnlinie mit Bagdad verbunden werden. Haifa selbst würde Endpunkt einer Ölpipeline aus dem Irak sein.

Auch russische Ansprüche im östlichen Anatolien wurden bestätigt. Das Abkommen war geheim; erst nach dem Ausbruch der russischen Revolution wurde es durch die revolutionäre Regierung im Dezember 1917 als Beweisstück für das imperialistische Komplott veröffentlicht. Zwar waren die Araber irritiert; und der Scherif erwog ernsthaft, sich wieder auf die Seite des Sultans zu schlagen. Doch standen zu diesem Zeitpunkt die Zeichen des Kriegsverlaufs an der palästinensisch-syrischen Front bereits unwiderruflich gegen die Osmanen.

Es liegt auf der Hand, dass die britisch-französischen Vereinbarungen mit den Zusagen Londons an den Scherifen unvereinbar waren. Eine dritte Facette britischer Nachkriegsplanung sollte die Widersprüchlichkeit der Ausgangslage nach Kriegsende weiter verschärfen. Palästina war in England in der zweiten Hälfte des 19. Jahrhunderts zunehmende Aufmerksamkeit zuteil geworden. Die Gründe waren zum Teil religiöser Natur: Mit dem Rückzug Ägyptens aus dem Heiligen Land im Jahr 1841 und der Schwächung der osmanischen Kontrolle war christlichen Kreisen in Europa die Wiedererrichtung eines jüdischen Staates erstrebenswert erschienen. Nach der Eröffnung des Suezkanals 1869 und der britischen Besetzung Ägyptens (1882) wurde in London die Bedeutung Palästinas als eines Brückenkopfes britischer Interessen – wenn auch kontrovers – diskutiert. Einflussreiche Kreise sahen in Palästina nicht nur ein Widerlager zu dem wachsenden Einfluss Frankreichs im Libanon. Über Palästina würde es auch möglich sein, eine Landbrücke zu der unter britischem Einfluss stehenden Vertragsküste (*Trucial Coast*) am Persischen Golf (s. S. 28) zu schlagen. Palästina würde also zum Baustein eines britischen Empire zwischen dem Mittelmeer und Indien werden.

Pogrome in Osteuropa hatten eine Welle der Auswanderung von Juden nach Palästina in Gang gesetzt (s. S. 121 ff.). Unter jüdischen Intellektuellen verband sich damit der Traum, eben dort eine jüdische Heimstätte zu errichten. 1896 hatte Theodor Herzl, ein Wiener Jude, seine Schrift *Der Judenstaat* veröffentlicht und damit diesem Traum institutionelle Konturen verliehen. Ein Jahr später wurde auf dem ersten zionistischen Kongress in Basel die Zionistische Weltorganisation (*World Zionist Organisation*) gegründet. Damit war der Grundstein für die zionistische Bewegung, die jüdische Nationalbewegung, gelegt.

Bei Kriegsausbruch zog das Hauptquartier der zionistischen Bewegung von Berlin nach London um. Wenn auch noch eine kleine Minderheit unter den Juden Europas, fanden die Zionisten in England doch eine Stimmungslage, die ihre Lobbyisten zu nutzen wussten. Namentlich der Vorsitzende der Organisation, Dr. Chaim Weizmann, hatte Zugang zu den führenden Kreisen der britischen Politik – einschließlich Premierminister David Lloyd George und Außenminister Arthur Balfour. Beide waren von der Nützlichkeit einer dauerhaften Stärkung britischer Präsenz in Palästina in der Zeit nach dem Kriege überzeugt. Am 1. Mai 1917 hatte das Kriegskabinett entschieden, dass Palästina unter allen Umständen unter alleinige britische Kontrolle gebracht werden müsse. Dies sei die einzige Möglichkeit, Ägypten und den Suezkanal zu schützen. Jede andere Macht in Palästina müsse zu einer Bedrohung für das britische Weltreich werden. Weizmann bestärkte sie mit dem Argument, dass eine jüdische Heimstätte diesen britischen Interessen entgegen kommen würde.

Die gewünschte Unterstützung kam am 2. November 1917 in Gestalt eines Schreibens Außenminister Balfours an den Präsidenten der Zionistischen Föderation in Großbritannien, Lord Lionel Walter Rothschild. In dieser »Sympathieerklärung für die jüdisch-zionistischen Bestrebungen« an den »lieben Lord Rothschild« heißt es: »Die Regierung seiner Majestät betrachtet die Errichtung einer nationalen Heimstätte für das jüdische Volk in Palästina mit Wohlwollen und wird keine Mühe scheuen, um die Erreichung dieses Zieles zu erleichtern.« Dieser positiven Unterstützung fügt das Schreiben dann aber einschränkend hinzu: »wobei allerdings von der Voraussetzung ausgegangen wird, dass dabei nichts geschieht, was die bürgerlichen und religiösen Rechte der in Palästina bestehenden nicht jüdischen Gemeinden […] beeinträchtigen könnte.« Die Beweggründe für diesen Schritt sind vielfältig diskutiert worden: Würde man den Zionismus fördern, so eine der Überlegungen auf britischer Seite, würde dies möglicherweise die russischen Juden dazu zu bringen, nach dem Sturz des Zaren die neue russische Führung zu bewegen, den Krieg gegen Deutschland weiter zu führen. Wichtig war ferner, die amerikanischen Juden zu gewinnen. Man hoffte, Juden mit Einfluss auf Präsident Woodrow Wilson könnten diesen überzeugen, die britische Besatzung Palästinas zu akzeptieren.

Der Krieg und die Nachkriegszeit im Nahen Osten waren durch diese drei Eckpunkte politischer Vereinbarungen – die Versprechungen an den Scherifen Husain, das *Sykes-Picot-Abkommen* und die *Balfour Declaration* (Erklärung) – gekennzeichnet; sie brachten die kurz- und langfristigen Interessen Großbritanniens im Raum zwischen Ägypten und dem Indischen Ozean auf den Punkt. Zuvor freilich musste das Osmanische Reich mit seinem Bündnispartner Deutschland im Nahen Osten militärisch besiegt werden.

Auf der Grundlage der vermeintlichen Übereinkunft mit Großbritannien rief der Scherif von Mekka, Husain bin Ali, am 5. Juni 1916 die Araber auf, sich gegen die osmanische Herrschaft zu erheben. Die arabische Revolte begann mit Angriffen auf Militärposten der osmanischen Regierung im Hedschaz. Mekka fiel am 12. Juni an die haschemitischen Truppen; die Hafenstadt Dschedda kapitulierte vier Tage später. Die starke osmanische Garnison in Medina konnte den Angriffen der Araber standhalten und wurde über die Hedschaz-Bahn mit Nachschub versorgt, auf deren Sabotage sich die militärischen Operationen im Folgenden konzentrierten. Führer der »arabischen« Armee war Husains Sohn Faisal.

Zu den Beratern Faisals gehörte Thomas Edward Lawrence (1888–1936). Er hatte jahrelang als Archäologe im arabischen Raum gearbeitet. Mit den sozialen Verhältnissen der Araber und der arabischen Sprache vertraut wurde er im Dezember 1914 als Nachrichtenoffizier in das britische Büro in Kairo entsandt. Mit dem Ausbruch der Revolte wurde er in den Stab Faisals, mit dem ihn bald eine persönliche Freundschaft verband, abkommandiert. An den militärischen Operationen Faisals hatte er erheblichen Anteil. Mit seinem Buch: *Die sieben Säulen der Weisheit* (1926), in dem er seine Rolle dichterisch überzeichnet, prägte er als Lawrence von Arabien wesentlich die Mythenbildung um den »arabischen Aufstand in der Wüste«. Im Juli 1917 nahmen die arabischen Truppen Faisals die osmanische Festung in der Hafenstadt Aqaba ein; ein entscheidender Durchbruch aber blieb ihr verwehrt, nicht zuletzt deshalb, da viele arabische Stämme an ihrer Loyalität zum osmanischen Sultan festhielten. Erst nachdem sich im Spätsommer 1918 die arabische Armee, die zu diesem Zeitpunkt etwa 8000 Mann umfasste, mit den britischen Truppen unter General Allenby vereinigte, konnte Damaskus erobert werden. Am Morgen des 1. Oktober 1918 ritt eine Abordnung des Scherifen begleitet von Lawrence in die Stadt ein. Damit war das wichtigste Kriegsziel des arabischen Aufstands erreicht. Bereits im Dezember 1917 war Jerusalem an die britischen Truppen gefallen.

Am 3. Oktober trafen Allenby und Faisal in Gegenwart des französischen Generals Chauvel – ein französisches Kontingent hatte die Briten militärisch unterstützt – in Damaskus zusammen. In der Unterredung eröffnete Allenby Faisal, dass Frankreich die künftige Schutzmacht Syriens sei; stellvertretend für seinen Vater könne er, Faisal, daher das Land – allerdings unter Ausschluss des Libanon und Palästinas – unter der Kontrolle und mit der Unterstützung Frankreichs verwalten. Scheinheilig suchten die Führer der Siegermächte gleichwohl, die Araber von ihren ehrlichen Absichten zu überzeugen. Nach der osmanischen Kapitulation am 30. Oktober 1918 richteten sich Briten und Franzosen in einer Proklamation am 9. November an die arabischen Völker. Darin stellten beide Mächte u. a. noch einmal die Befreiung von dem türkischen Joch und die Schaffung unabhängiger nationaler Regierungen in den Vordergrund.

Mit dem Ende des Ersten Weltkriegs wurden die Völker Arabiens Objekt europäischer Machtausübung – sei es dass der politische und völkerrechtliche Status bereits vor dem Krieg fixiert war; sei es dass er in den Verhandlungen nach dem Ende des Krieges, an denen die arabischen Vertreter allenfalls marginalen Anteil hatten, beschlossen wurde. *A Peace to End all Peace* (Ein Frieden, der jeden Frieden beendet), ist der Titel eines Buches des amerikanischen Historikers David Fromkin, das die Vorgeschichte und das Zustandekommen der Nachkriegsordnung im arabischen Raum beschreibt. Tatsächlich ist damit das Paradox gekennzeichnet, das diese von Beginn an kennzeichnet: Während die europäischen Mächte die letzten Pflöcke ihrer Machtausübung einschlugen, waren bereits Kräfte im Aufbruch, die sie im Namen nationaler Emanzipation herausfordern sollten. Es begann ein Ringen, das die Zeit bis zum Ende des Zweiten Weltkriegs und darüber hinaus bestimmte. Erst mit der Unabhängigkeit Algeriens (1962) sollte es abgeschlossen werden, auch wenn die Scheichtümer am Persischen Golf erst Anfang der 1970er Jahre ihre Unabhängigkeit (für die sie nicht gekämpft haben) erhalten haben. Zu diesem Zeitpunkt war Großbritannien in einer Weise politisch und wirtschaftlich geschwächt, dass es sich die Herrschaftsausübung über die Region buchstäblich nicht mehr leisten konnte.

Zunächst freilich sollten die arabischen Nationalisten den imperialistischen Intentionen europäischer Mächte unterliegen. Die von ihnen gezogenen Grenzen steckten die Schauplätze ab, auf denen sich die Auseinandersetzung um die Freiheit und Selbstbestimmung der Araber abspielen sollte. Nach dem Ende des Zweiten Weltkrieges entstanden dann arabisch-nationalistische Kräfte, die die Zukunft der arabischen Völker in einer »pan«-arabischen Dimension verorteten und – in der zweiten arabischen Revolte – zu gestalten suchten. Sie sollten auf ein doppeltes Dilemma stoßen: mit den Jahren verfestigten sich lokal-nationale Identitäten sowie die Teilung der arabischen Welt im Rahmen des Ost-West-Konflikts. Seit dem Ausbruch der dritten arabischen Revolte

2010/11 spekulieren Beobachter über das Ende der »Ordnung Sykes-Picot« und über eine mögliche Neuordnung des arabischen Staatensystems.

3.2　Die Nachkriegsordnung

Der Sieg der *Entente* bedeutete eine weltpolitische Zäsur. Das gilt auch für jenen Raum, der noch zu Beginn des 20. Jahrhunderts Teil des Osmanischen Reiches gewesen war. Neben Anatolien und Teilen des Balkans umfasste er die arabischen Völker von Libyen bis auf die Arabische Halbinsel. Die Frage würde sein, welche neue Ordnung auf den Trümmern des zusammengebrochenen Reiches entstehen würde. Für die arabischen und die nicht-arabischen Völker zwischen dem Atlantik und dem Indischen Ozean begann mit dem Ende des Ersten Weltkrieges das 20. Jahrhundert.

In den städtischen Gesellschaften waren nationalistische Bewegungen entstanden. Sie hatten zwar unterschiedliche Vorstellungen von der Beschaffenheit und der Ausdehnung der Nation und noch war die panarabische Idee eher ein Ideal als eine politische Agenda. Auch bestanden divergierende Konzepte darüber, in welcher Weise sich das Verhältnis zu der jeweils dominierenden europäischen Macht gestalten würde. Sollte der Weg zu Selbstbestimmung und schließlich zur Unabhängigkeit konfrontativ oder kooperativ gegangen werden? Nationalistisch gesinnte Araber des Maschrek, also aus dem Gebiet der Levante, hatten seit 1916 aktiv am Kampf gegen das Osmanische Reich teilgenommen. Auch wenn ihr Beitrag an der arabischen Front nicht kriegsentscheidend gewesen war, so erwarteten sie doch, dass die Versprechungen, die namentlich von England gemacht worden waren, eingehalten würden. Zwar war der Inhalt des Sykes-Picot-Abkommens bereits im Dezember 1917 von der revolutionären bolschewistischen Regierung in Moskau öffentlich gemacht worden. Aber die Regierungen in London und Paris hatten alles darangesetzt, den Schaden auf Seiten der arabischen Nationalbewegung einzudämmen und insbesondere einen Stimmungsumschwung zugunsten der Osmanen zu verhindern.

Der Optimismus auf arabischer Seite wurde durch die Töne verstärkt, die aus Washington zu vernehmen waren. Zum ersten Mal in ihrer Geschichte waren die USA seit April 1917 Kriegsteilnehmer auf einem Kriegsschauplatz außerhalb Amerikas. Und zum ersten Mal begab sich ein amerikanischer Präsident nach Europa, um am Verhandlungstisch über die Zukunft des alten Kontinents und der Völker, die nach dem Zusammenbruch überlebter Großreiche nach einer neuen Ordnung suchten, mit zu entscheiden. Bereits am 8. Januar 1918 hatte Präsident Woodrow Wilson in einer Rede vor beiden Häusern des Kongresses, in der er in *Vierzehn Punkten* die Richtlinien für den künftigen Weltfrieden absteckte, unter Punkt 12 (neben der Forderung nach der Öffnung und internationalen Garantie der Meerengen von Bosporos und Dardanellen) die nationale Autonomie der nicht-türkischen Völker des Osmanischen Reiches in Aussicht gestellt. Damit hatte er bei den arabischen Nationalisten die Hoffnungen auf eine unabhängige und von Einmischung freie Neuordnung der arabischen Welt beflügelt.

London und Paris aber (Rom und Madrid schwammen in diesem Fahrwasser) waren entschlossen, die Herrschaft über Nordafrika und den Vorderen Orient nicht mehr aus der Hand zu geben. Im Sykes-Picot-Abkommen von 1916 hatten sie den arabischen Raum im Nahen Osten untereinander aufgeteilt. Im Mai 1917 fiel zudem in London die Entscheidung, die Kontrolle über Palästina auszuüben; und mit der Erklärung Außenminister Lord Balfours vom 2. November 1917 (s. S. 42 und S. 121 ff.) war Großbritannien eine Verpflichtung gegenüber der zionistischen Bewegung eingegangen, die eine unmittelbare Einflussnahme auf die Entwicklungen im Vorderen Orient notwendig machte.

So stand die Pariser Friedenskonferenz, auf der im Zeitraum von Januar bis Juni 1919 über die Friedensbedingungen für die unterlegenen Gegner – Deutschland, Österreich-Ungarn und das Osmanische Reich – und somit auch über die Zukunft des Vorderen Orients entschieden wurde, von Beginn an unter dem Vorzeichen der Bemühungen der Siegermächte, in der Nachkriegsordnung die Verwirklichung ihrer politischen, strategischen und wirtschaftspolitischen Interessen sicher zu stellen. Dabei war die Ausgangslage widersprüchlich und unklar. Unbestreitbar waren die der arabischen Nationalbewegung gemachten Versprechungen, die in der Korrespondenz zwischen McMahon und dem Scherifen Husain von Mekka in großen, allerdings der Interpretation seitens der Verhandlungsparteien offenen, Grundzügen gemacht worden waren, mit den Vereinbarungen des Sykes-Picot-Abkommens und der Balfour-Erklärung unvereinbar.

Auch zwischen England und Frankreich bestand Klärungsbedarf. Zum Zeitpunkt des Abschlusses des Waffenstillstandsabkommens von Moudros (30. Oktober 1918) war die militärische und politische Ausgangslage nur bedingt mit den Entwürfen des Sykes-Picot-Abkommens kompatibel. Am 1. Oktober 1918 waren die Truppen Faisals in Damaskus eingezogen. Den entscheidenen militärischen Beitrag aber hatten die Briten geleistet. Auch in Mosul, nach dem Sykes-Picot-Abkommen Teil der französischen Zone, waren britische Truppen eingezogen. Paris und London standen also vor der Notwendigkeit, die Verteilung ihrer Einflussgebiete gemäß den im Krieg entstandenen Realitäten zu adjustieren. Dies geschah im Spätherbst 1918: Während London den Anspruch Frankreichs auf Syrien bestätigte, anerkannte Paris die Oberhoheit Englands über ganz Mesopotamien, einschließlich Mosuls, und über Palästina. Die Haltung beider europäischer Mächte jedoch stand im Widerspruch zu den Forderungen, die von Präsident Woodrow Wilson in seinen *Vierzehn Punkten* zum Ausdruck gebracht worden waren. Diese aber waren die Grundlage der politischen Bestrebungen der arabischen Nationalisten.

Deren Hoffnungen, die mit dem Ausgang des Krieges verknüpft waren, sollten sich nicht erfüllen. Bis zum Ende des Mandatsregimes (s. S. 49) im arabischen Osten Ende des Zweiten Weltkriegs (im Maghreb wurde die französische Herrschaft definitiv erst mit der Unabhängigkeit Algeriens 1962 beendet) war die politische Großwetterlage wesentlich durch die Wechselwirkung zwischen dem Herrschaftsanspruch Großbritanniens und Frankreichs (im Maghreb auch Italiens und Spaniens) auf der einen und den Bestrebungen der arabischen Nationalisten auf der anderen Seite gekennzeichnet. Dabei ging es diesen, insbesondere im arabischen Osten, wesentlich um die Befreiung ihrer jeweils eigenen Länder. Differenzen bestanden darüber, auf welche Gebiete sich die Nationalbewegungen bezogen, welche Prioritäten zu setzen, welche Strategien zu verfolgen seien und wie sich das Verhältnis zu der jeweiligen Mandats-(Protektorats-) macht nach der Erringung der Unabhängigkeit gestalten würde.

Wie auch im Falle der Nachkriegsplanungen zur Zukunft des europäischen Kriegsschauplatzes wurde Paris die Bühne, auf der sich die Zukunft des arabischen Raumes zwischen Nordafrika und dem Persischen Golf entschied. Auf die Auswirkungen der Verhandlungen für die arabischen Völker, die sich im Verlauf der folgenden Jahrzehnte in eigenständigen nationalen Staaten organisieren sollten, wird im jeweils einschlägigen Kapitel eingegangen. An dieser Stelle sei nur zusammenfassend festgestellt, dass sich die aus den arabischen Ländern entsandten Delegationen mit ihren Vorstellungen und Forderungen nicht durchsetzen konnten. Sie fanden vielfach nicht einmal Gehör. Besonders hartnäckig gestalteten sich die Verhandlungen mit Faisal ibn Husain, der im Januar 1919 nach Paris angereist war. Er kam stellvertretend für seinen Vater, den Scherifen Husain von Mekka, der ja von London Zusagen für die Gründung eines arabischen Staates erhalten hatte. Tatsächlich wurde die Frage nach der Zukunft (Groß-) Syriens, d. h. Syriens, des Libanon, Palästinas und Jordaniens, der am leidenschaftlichsten umkämpfte Zankapfel zwischen den arabischen Nationalisten auf der einen und England und Frankreich auf der anderen Seite. Die Tatsache, dass die arabischen Nationalisten am Ende unterlagen und eine von jenen oktroyierte Staatenwelt ins Leben trat (innerhalb derer 1948 der Staat Israel entstand), bedeutete ein unheilvolles Vorzeichen für die künftige Geschichte des gesamten arabischen Raumes im 20. Jahrhundert.

Faisal hatte noch im Herbst 1918 mit dem Aufbau einer arabischen Verwaltung in Syrien, soweit er es kontrollierte, begonnen. Er war sich bewusst, dass eine weit reichende territoriale Auslegung der britischen Zusagen gegenüber seinem Vater, wie sie in der McMahon Korespondenz gegeben war, nach Lage der Dinge nicht zu erreichen sein würde. In einem Memorandum, das er in Paris vorlegte, beschränkte er seine Forderungen auf Groß-Syrien und den Hedschaz. Mit Blick auf Palästina war seine Position pragmatisch: Er akzeptierte eine britische Verwaltung dort im Rahmen Groß-Syriens, um die Beziehungen zwischen Arabern und Juden zu regeln. Bekannt geworden ist sein Treffen mit Chaim Weizmann, damals Leiter der Zionistischen Delegation (ab 1921 Präsident der *Zionistischen Weltorganisation*), im Januar 1919. Unter der Voraussetzung, dass die Zionisten auf die Gründung eines Staates verzichten und die Araber einen unabhängigen Staat gründen würden, zeigte er sich zur Zusammenarbeit mit der zionistischen Bewegung bereit. Alle seine Zugeständnisse aber an die realen Machtverhältnisse können nicht verdecken, dass er die arabischen Ansprüche nicht aus dem Auge verloren hatte. So heißt es am Schluss des besagten Memorandums: »Wenn uns die Unabhängigkeit gewährt wird und wir unsere kommunalen Angelegenheiten selbst regeln können, werden die natürlichen Einflüsse der Abstammung, der Sprache und der Interessen uns bald zu einem einheitlichen Volk werden lassen.«

Briten und Franzosen ließen Faisal in Paris spüren, dass ihnen seine Anwesenheit lästig war; er stand der Verwirklichung ihrer Pläne im Wege. Nichts desto weniger war die Frage nicht von der Hand zu weisen, wie eine europäische Dominanz mit dem Prinzip nationaler Selbstbestimmung in Übereinstimmung zu bringen sein würde, das der amerikanische Präsident in seinen *Vierzehn Punkten* verkündet hatte und auf das sich die in Paris anwesenden arabischen Nationalisten hartnäckig beriefen. Auf

Vorschlag Wilsons wurde deshalb im März 1919 eine Kommission gegründet, die – nach Auffassung des amerikanischen Präsidenten – die arabische Unabhängigkeit Schritt für Schritt vorbereiten sollte.

Die Arbeit der Kommission stand von Beginn an unter ungünstigen Vorzeichen. Ihre beiden Vorsitzenden, Henry Churchill King, der Leiter des *Oberlin College* (Ohio), und der Chicagoer Geschäftsmann Charles R. Crane waren mit den Verhältnissen im Nahen Osten vertraut und bemüht, ihre Aufgabe im Sinne unabhängiger Makler zu lösen. Als die Kommission im Juni 1919 in Jaffa (das Teil der osmanischen Provinz [*vilayet*] Syrien [*asch-Scham*] gewesen war) ihre Arbeit aufnahm, fand sie sich einer Woge arabischen Nationalgefühls gegenüber. Faisal selbst hatte sie nach seiner Rückkehr aus Paris durch zahlreiche öffentliche Auftritte ins Rollen gebracht. In ihnen hatte er seine erniedrigenden Erfahrungen eher klein geredet und stattdessen die Hoffnung geweckt, die Einsetzung der Kommission bedeute einen wesentlichen Schritt in Richtung auf die Unabhängigkeit Syriens. Über Flugblätter hatten seine Botschaften auch die ländlichen Gebiete Palästinas, des Libanon, Transjordaniens und (des heutigen) Syriens erreicht.

Als Vertretung eben dieser »nationalen« Öffentlichkeit hatten Faisal und seine Berater nach ihrer Rückkehr aus Paris ein provisorisches Parlament, den *Syrischen Nationalkongress*, einberufen, ein erster Schritt in Richtung einer vom modernen Europa vorgezeichneten Verfassungsordnung. In den Städten Syriens konnten die Abgeordneten nach dem noch von den Osmanen übernommenen Wahlsystem bestimmt werden. Im Libanon und in Palästina, wo die Franzosen und Briten keine Wahlen zuließen, musste anders verfahren werden. Führende Angehörige der großen Familien und Stämme wurden nach Damaskus eingeladen, wo sie in den Kongress aufgenommen werden sollten. Nicht alle der 100 auf diese Weise bestimmten Abgeordneten erreichten rechtzeitig Damaskus, als die King-Crane-Kommission am Ende ihrer Rundreise am 25. Juni 1919 in Damaskus eintraf. Dort legten ihr die Delegierten eine Entschließung vor, welche die politischen Eckpunkte der künftigen Existenz des Landes benannte: Gefordert wurde die vollständige Unabhängigkeit für das Land zwischen der Türkei, dem Irak, dem Hedschaz und Ägypten. Der Emir Faisal würde den Staat als konstitutioneller Monarch regieren. Ein Mandat im Sinne der Satzung des Völkerbundes (s. S. 49) wurde ebenso abgelehnt wie eine Abtrennung des Libanon und Palästinas. Der zionistischen Einwanderung nach Palästina wurde eine Absage erteilt.

In ihrem Abschlussbericht, den King und Crane im August 1919 der amerikanischen Delegation in Paris übergaben, folgten sie in den entscheidenden Punkten den Beschlüssen des *Syrischen Nationalkongresses*. In der Mandatsfrage sollte ein Kompromiss gefunden werden: Syrien würde in einer mandatsähnlichen Variante vornehmlich Aufbauhilfe erhalten. In der Palästinafrage sprach sich die Kommission für eine Begrenzung der jüdischen Einwanderung aus. Damit schien das zionistische Konzept, gleichermaßen aber auch die diesbezüglichen britischen Pläne, in Frage gestellt. Die Kommission trug also der massiven Ablehnung einer »jüdischen Heimstätte« Rechnung, der sie sich in Palästina seitens der einheimischen Bevölkerung, aber auch in den anderen Teilen (Groß-)Syriens gegenüber gesehen hatte. In London und Paris wurden die Ergebnisse der Kommission ignoriert. Der Bericht verschwand sang- und klanglos in den Akten; erst 1923 wurden seine Ergebnisse öffentlich bekannt.

Zu diesem Zeitpunkt aber waren die Weichen bereits gestellt. Im November 1919 hatte Großbritannien seine Truppen aus dem Libanon und Syrien zurückgezogen und damit der Durchsetzung der Pläne Frankreichs den Weg frei gemacht. Im Gegenzug erhielt London grünes Licht, die Kontrolle über Palästina (einschließlich Transjordanien) sowie über die Region von Mosul auszuüben. Der dadurch alarmierte *Syrische Nationalkongress* suchte nunmehr seinerseits, Fakten zu schaffen. Am 8. März 1920 proklamierte er die Unabhängigkeit Syriens – einschließlich des Libanon und Groß-Palästinas – und rief Faisal zum König aus. Nach der gleichzeitig verkündeten Verfassung war Syrien eine konstitutionelle Monarchie; sie garantierte die Gleichheit vor dem Gesetz, die individuelle Gleichstellung der Bürger sowie die Freiheit der Glaubensausübung.

Paris zeigte sich unbeeindruckt und bereitete die Machtübernahme vor. Mit dem Sieg der französischen Truppen (zu denen auch Soldaten aus den von Frankreich beherrschten Gebieten Nord- und Westafrikas gehörten) über einen Haufen eilig zusammengestellter etwa 2000 syrischer Freiwilliger am 24. Juli 1920 bei Maysalun begann die Mandatsherrschaft Frankreichs, die mehr als ein Vierteljahrhundert dauern sollte.

Faisal hatte zu diesem Zeitpunkt bereits viel an politischem Boden unter der syrischen Bevölkerung verloren. Nun vertrieben ihn die Franzosen aus Damaskus. Für die arabischen Nationalisten bedeuteten die Entwicklungen eine abgrundtiefe Enttäuschung. Zwar bildeten sie keine einheitliche Strömung; im Zeitraum zwischen dem Ende des Krieges und der französischen Besatzung waren politische und gesellschaftliche Gruppen und Parteien wie Pilze aus dem Boden gesprungen. Ihre Aktivitäten ließen erkennen, wie pluralistisch die arabische Elite – keineswegs nur Syrer, sondern auch Palästinenser, Libanesen und Iraker – über die Frage stritten, wie die Zukunft des arabischen Raumes aussehen würde. Eine besondere Rolle spielten Aktivisten jener arabisch-nationalistischen Vereine und Klubs, die sich bereits vor dem Beginn des Krieges zusammengefunden hatten (s. S. 35); unter ihnen verdienen *al-Fatat* in der syrischen und *al-Ahd* in der irakischen Politik besondere Erwähnung. Mitglieder von *al-Fatat* gründeten im Feburar 1919 mit der *Arabischen Unabhängigkeitspartei* (*hizb al-istiqlal al-arabi*) eine der ersten politischen Parteien. Der bereits im November 1918 gegründete *Arabische Klub* (*an-nadi al-arabi*) verstand sich – als Nachfolger des Klubs gleichen Namens in der Vorkriegszeit – eher als Forum für intellektuelle Diskussionen. In der Ablehnung der europäischen Herrschaftskonzepte über den arabischen Raum stimmte eine überwältigende Mehrheit der politischen Öffentlichkeit ebenso überein wie im Wunsch nach Unabhängigkeit. Übereinstimmung bestand auch in der Ablehnung der britischen Pläne für Palästina, namentlich der jüdisch-zionistischen Einwanderung in das Land.

Zwar vom Gang der Dinge enttäuscht, aber gleichwohl noch immer darauf setzend, dass die Briten wenigstens zum Kern ihrer Zusagen an die arabische Nationalbewegung stehen würden, hatte Faisal Kompromisse insbesondere in der Palästinafrage gemacht – ohne freilich die Forderung nach der Souveränität eines unabhängigen (groß-)syrischen Staates aufzugeben. Dass er auch ein zeitlich und inhaltlich begrenztes Mandat seitens der Briten über Syrien akzeptieren würde, hatte ihn bei der kompomisslosen Fraktion der Nationalisten an Boden verlieren lassen. Mit der Machtübernahme der Franzosen in Damaskus und der Abspaltung des Libanon und Palästinas – unter Einbeziehung von

Transjordanien – von (Groß-)Syrien war die den arabischen Nationalisten widrigste »Lösung« der arabischen (syrischen) Frage Wirklichkeit geworden. Widerstand erhob sich: In Syrien und Palästina kam es zu gewalttätigen Protesten. Zur Auflehnung gegen die britische Politik kam es auch im Irak, der in der Konferenz von San Remo im April 1920 Großbritannien zugeteilt wurde. Bereits 1919 hatte sich in Ägypten ein breiter Widerstand gegen die Entscheidung Londons erhoben, Ägypten die erhoffte Unabhängigkeit vorzuenthalten und das Protektorat über das Land fortzusetzen.

Der arabische Osten wurde Teil eines Herrschaftssystems das als »Mandate« in die Nachkriegsgeschichte des Ersten Weltkrieges eingegangen ist. Sie wurden vom »Völkerbund« beschlossen. Aufbauend auf Entwicklungen des europäischen Völkerrechts – nicht zuletzt auch auf der Idee von einer »durchgängig friedlichen Gemeinschaft der Völker«, die Immanuel Kant in seiner Schrift *Zum ewigen Frieden* (1795) vorgetragen hatte, und vorangetrieben durch die *Vierzehn Punkte* Woodrow Wilsons, war die Satzung des Völkerbundes am 28. April 1919 von der Vollversammlung der Friedenskonferenz von Versailles angenommen worden. Am 10. Januar 1920 nahm er in Genf seine Arbeit auf; sie sollte dem Ziel verpflichtet sein, den Frieden in der Welt zu sichern. Der Völkerbund würde »fortgeschrittenen« Nationen die Vormundschaft über solche Völker einräumen, die einstweilen noch nicht instande seien, sich selbst zu leiten. So heißt es in Artikel 22 des Völkerbundpaktes: »Gewisse Gemeinwesen, die ehemals zum Türkischen Reiche gehörten, haben eine solche Entwicklungsstufe erreicht, dass sie in ihrem Dasein als unabhängige Nationen vorläufig anerkannt werden können, unter der Bedingung, dass die Ratschläge und die Unterstützung eines Mandatars ihre Verwaltung bis zu dem Zeitpunkt leiten, wo sie imstande sein werden, sich selbst zu leiten.« Auf der Konferenz in San Remo im April 1920 wurden Syrien und der Libanon Frankreich, Palästina und der Irak England als Mandate zugeteilt.

Mit Blick auf den Maghreb lässt die Tatsache, dass die französischen Besatzungstruppen, die in Syrien zum Einsatz kamen, zu einem erheblichen Teil aus marokkanischen, algerischen und senegalesischen Soldaten bestanden, erkennen, wie gefestigt die französische Position war. Im Norden Marokkos hatte Spanien seine Herrschaft eingerichtet. Libyen war erst 1911 von Italien besetzt worden; aber während des Krieges hatte der hartnäckige, namentlich von dem religiösen Orden der Sanusi getragene Widerstand weite Teile des Landes wieder zurück erobert. Nur einige Küstenstädte waren von den Italienern gehalten worden. In Paris waren die italienischen Ansprüche bestätigt worden und die Regierung in Rom begann erneut, das Land zu unterwerfen. Während also – wie im Vorderen Orient - die Positionen und Ansprüche europäischer Mächte nach dem Krieg international gesichert erschienen, begann sich auch im Maghreb auf lokaler Ebene Widerstand gegen die fremde Herrschaft zu regen. Dessen politische Erscheinungsformen waren uneinheitlich und von den lokalen Gegebenheiten abhängig: Sie reichten von der Auflehnung gegen die Unterwerfung in Libyen über die Forderung nach Gleichberechtigung von Einheimischen und Franzosen in Algerien und stärkerer Beteiligung an Regierung und Wirtschaft bis zu ersten Forderungen auf Selbstbestimmung.

1920 war die Aufteilung des gesamten arabischen Raumes in Herrschafts- und Einflusszonen europäischer Mächte nahezu vollendet. Im Jahr darauf aber sah sich

London vor der Notwendigkeit, eine politische Feinabstimmung vorzunehmen, die neueren Entwicklungen Rechnung tragen sollte: Im Juli 1920 war Faisal aus Damaskus vertrieben worden; im Herbst desselben Jahres tauchte sein Bruder Abdallah in Transjordanien auf, entschlossen die Ansprüche Faisals in Syrien doch noch durchzusetzen (s. S. 118 f.). Abdallahs Anwesenheit östlich des Jordan berührte die Frage nach dem Geltungsbereich der seitens der Briten zugesagten Unterstützung der zionistischen Bewegung bei der Errichtung einer »jüdischen Heimstätte« in Palästina. Die Balfour-Erklärung war Teil des in San Remo vergebenen Mandats für Palästina. So war die Frage zu klären, für welche Teile Palästinas – westlich und/oder östlich des Jordan – die Balfour-Erklärung Geltung haben würde.

Die offenen Fragen wurden auf einer Konferenz geregelt, die am 12. März 1921 in Kairo begann. Unter Leitung des seit wenigen Monaten im Amt des Kolonialministers waltenden Winston Churchill nahm an ihr teil, wer in England in Sachen Naher Osten Rang und Namen hatte. Die Beschlüsse waren weit reichend: Der Haschemit Faisal sollte für den Verlust der Herrschaft in Damaskus mit dem Thron in Bagdad entschädigt werden. Die kurdischen Gebiete im Nordwesten des Zweistromlandes wurden irakischem Territorium zugeschlagen. Eine »haschemitische Lösung« sollte es auch für Jordanien geben; das bedeutete, den Weg für die Machtübernahme Abdallahs in Amman zu ebnen. Entgegen der Einschätzung anderer Konferenzteilnehmer hoffte Churchill, auf diese Weise nicht nur die Kontrolle Englands über das Ostjordanland sicher zu stellen, sondern auch die Herrschaft Faisals in Bagdad, die dort alles andere als unumstritten war, zu stabilisieren. Voraussetzung für die Implementierung war, das Mandat über Palästina zu teilen: Im Ostjordanland würde der Haschemit Abdallah ein unter britischer Kontrolle stehendes Emirat errichten; auf dem Westjordanland – und nur dort – würden die Zionisten mit Unterstützung der Briten eine jüdische Heimstätte in Palästina aufbauen können. Mit dieser Entscheidung ignorierte Chuchill den Widerstand zionistischer Protagonisten, die sich um die Besiedelung des Ostjordanlandes (als Teil des Mandats Palästina) gebracht sahen, und Frankreichs, das in einer haschemitschen Achse Bagdad-Amman eine Bedrohung seiner Herrschaft in Syrien sah.

Gleichwohl, für die Nachkriegsordnung hatten sich England und Frankreich den Löwenanteil gesichert; Italien und Spanien hatten ihre Ansprüche auf Libyen bzw. Teile von Marokko durchgesetzt. Lediglich den Völkern Anatoliens, namentlich Türken und Kurden, sollte es gelingen, die Pläne der Alliierten zu vereiteln, die im Vertrag von Sèvres, den zu unterschreiben der noch in Konstantinopel regierende Sultan am 11. April 1920 gezwungen wurde, eine weitgehende Aufteilung Anatoliens vorsahen. Nach ihrem Sieg im Befreiungskrieg (1919–1922) und dem Abschluss eines neuen Vertragswerkes mit der internationalen Gemeinschaft in Lausanne im Juli 1923 konnte die anatolische Widerstandsbewegung, geführt von der charismatischen Persönlichkeit Mustafa Kemals (seit 1934 Atatürk), daran gehen, die *Türkische Republik* als ein sich nach innen wie nach außen selbst bestimmendes Staatswesen aufzubauen.

Eine solche Staatsgründung ist den arabischen Nationalisten nicht gelungen. Das Ergebnis der Revolte gegen den Sultan (seit 1916) sollte sich für den ostarabischen Raum als Pyrrhussieg erweisen. Die Protest- und Widerstandsbewegungen zwischen Nordafrika und dem Irak, die die Jahre nach dem Ende des Krieges kennzeichnen, sind als

Revolte gegen die Pläne der europäischen Mächte zu verstehen. Die Konturen eines arabischen Kontextes werden erkennbar. Die unterschiedlichen Entwicklungen von Land zu Land sowie von Gesellschaft zu Gesellschaft können – im Sinne des in der Einleitung Ausgeführten - als Subtexte eben dieses Kontexts verstanden werden. Die Geschichte der folgenden Jahrzehnte sollte wesentlich im Zeichen des Kampfes der nationalistischen Eliten um Unabhängigkeit und Selbstbestimmung stehen. Zwar wurden die Aufstände nach dem Ersten Weltkrieg, insbesondere in Ägypten, Libyen, Syrien und dem Irak niedergeschlagen; aber sie ließen erkennen, wie stark die Spannungen zwischen den Vorstellungen der Eliten der arabischen Völker auf der einen und dem institutionalisierten und international oktroyierten Machtgefüge auf der anderen Seite waren. Es ist folgenschwer, dass sich in dem Augenblick, da das System der Protektorate und Mandate beschlossen bzw. implementiert wurde, bereits die Kräfte zu regen begannen, die entschlossen waren, eben dieses System zugunsten der Unabhängigkeit der arabischen Völker zu überwinden.

In diesen Jahrzehnten prägte sich auch das Gefühl der Gemeinsamkeit der Geschicke »der Araber« aus. Die panarabische Dimension der politischen Zukunft gewann an Anziehungskraft. Nach dem Ende des Zweiten Weltkriegs waren zwar wesentliche Schritte in Richtung auf die formale Unabhängigkeit getan worden; gleichwohl musste der Weg weiter gegangen werden. Er war verbunden mit der Frage nach der politischen, gesellschaftlichen und wirtschaftlichen Modernisierung. Die Antwort auf sie – die zweite arabische Revolte – sollte unter gewandelten Rahmenbedingungen des internationalen Systems angegangen werden, das sich als Ost-West-Konflikt auszubilden begonnen hatte.

Zunächst freilich waren die europäischen Mächte anhaltend bemüht, ihren Einfluss auf die politischen Entwicklungen in den von ihnen dominierten arabischen Staaten zu wahren. Auch wenn sie zunehmend in die Defensive gerieten und nicht verhindern konnten, dass einige arabische Staaten die formale Unabhängigkeit erreichten bzw. ihr näher kamen, suchten sie ihre wirtschaftlichen und sicherheitspolitischen Interessen durchzusetzen. Der Preis dafür war hoch, denn dies ließ sich in der Regel nur durch Repression und/oder Manipulation der politischen Akteure erreichen. Nahezu überall zwischen dem Atlantik und dem Indischen Ozean tat sich ein Widerspruch zwischen den hehren Werten der Demokratie, der Bürger- und Menschenrechte, die die europäischen Hauptstädte verkündeten, und der politischen Praxis der europäischen Kolonialmächte auf. Es kann deswegen nicht verwundern, dass die zwischen den beiden Weltkriegen entstehenden neuen politischen Eliten, die nach dem Ende des Zweiten Weltkriegs in politische Führungspositionen einzutreten begannen und einen neuerlichen Anlauf nahmen, die Geschicke der arabischen Welt in eigene Hände zu nehmen, von dem liberalen Paradigma Abstand nahmen. Das *Liberal Age* (liberale Zeitalter) der Araber, wie es der britische Historiker Albert Hourani (1915–1993) in seinem 1962 (also zehn Jahre nach der Revolution Nassers in Ägypten) erschienenen Klassiker genannt hat, war an sein Ende gekommen. Erst mit dem Beginn der dritten arabischen Revolte sollte die Frage des Stellenwerts liberaler politischer Ordnungsvorstellungen mit Blick auf die konkret anstehende Gestaltung der Zukunft der arabischen Völker wieder auf die politische Agenda kommen.

Die Auseinandersetzungen zwischen den europäischen Kolonialmächten – Deutschland hat in der Zwischenkriegszeit im arabischen Raum nur eine marginale Rolle gespielt (s. S. 338 ff.) und den Forderungen der arabischen Nationalisten, die mit wachsendem Nachdruck nach vollständiger Unabhängigkeit ihrer Staaten strebten, haben das politische Gesamtbild des arabischen Raums nach dem Ende des Zweiten Weltkriegs bestimmt. Neben der Forderung nach Unabhängigkeit war in der Zwischenkriegszeit und während des Krieges die Palästinafrage zu einem Politikfeld geworden, das die Dilemmata namentlich der britischen Politik im Nahen Osten kontinuierlich verschärfte. Davon wird unten zu sprechen sein. Das Palästinaproblem sollte bis in die Gegenwart eine Herausforderung an das internationale System in seinen seit 1945 unterschiedlichen Konfigurationen bleiben.

Zwar hat die von den europäischen Mächten nach dem Ersten Weltkrieg geschaffene staatliche Landschaft, insbesondere im Maschrek, historisch gewachsene geopolitische und kulturelle Gegebenheiten zerstört. Gleichwohl hat sie bis in die Gegenwart Bestand. Abgesehen von Palästina, wo mit der Entstehung Israels auf der einen und der Ignorierung der nationalen Ansprüche und Rechte der Palästinenser auf der anderen Seite ein bis heute ungelöstes Problem geschaffen wurde, hat sich innerhalb der entstandenen Grenzen ein jeweils lokaler Nationalismus als dominierende Kraft durchgesetzt und konsolidiert. Versuche, diese Ordnung durch panarabische Bestregungen zur Vereinigung aller Araber zu überwinden, sind gescheitert. Sie waren aber durchaus virulent. Unter der charismatischen Führung Gamal (Dschamal) Abd an-Nasirs (Nassers) sollte die arabische Einigung in den 1950er und 1960er Jahren durch den Einsatz propagandistischer, politischer, finanzieller und militärischer Mittel herbeigeführt werden. Und auch in der Politik der *Ba'th*-Partei, die in den 1960er Jahren in Syrien und im Irak die Macht übernahm (s. die jeweiligen Länderkapitel), dienten Versatzstücke panarabischer Ideologie der Rechtfertigung eines außenpolitischen Ehrgeizes, der in den ganzen arabischen Raum ausstrahlte. Der Überfall des irakischen Diktators Saddam Husain auf Kuwait im August 1990 war ein letztes Wetterleuchten des verführerischen Traumes von der Einheit der Araber. Wiederholt kam es durch die Jahrzehnte zu – ephemeren – Vereinigungen einzelner arabischer Staaten. Auch die Außenpolitik des libyschen Diktators Mu'ammar al-Qadhafi war zeitweise durch panarabische Visionen geleitet.

4   Die arabischen Länder in Einzeldarstellungen

Ägypten hat als erstes unter jenen arabischen Ländern, die europäisch dominierten Herrschafts- und Vertragssystemen unterworfen waren, 1922 seine völkerrechtlich formale Unabhängigkeit erhalten. Die Vereinigten Arabischen Emirate (1971), die Komoren (1975) und Dschibuti (1977) waren die letzten Teile der arabischen Welt, die nach dem Rückzug Großbritanniens und Frankreichs aus ihren Herrschaftsgebieten in eigenstaatliche Existenz eintraten. Am Ende des Zweiten Weltkriegs hatten sich sieben arabische Staaten, die zu diesem Zeitpunkt souverän waren, in der Arabischen Liga zu einem Verbund zusammengeschlossen. Zum Zeitpunkt des Ausbruchs der dritten arabischen Revolte Ende 2010/Anfang 2011 hatte die Arabische Liga 22 Mitglieder.

Die Gründung der Arabischen Liga im März 1945 ist ein für das Verständnis der »arabischen Welt« signifikantes Ereignis. Nicht Panarabismus, d. h. das Streben nach der Vereinigung aller Araber in einem Staat, war die treibende Kraft hinter diesem Schritt gewesen. Vielmehr waren Unabhängigkeit und Eigenstaatlichkeit Voraussetzung für die Schaffung einer Plattform mit dem Ziel der Festigung der Beziehungen zwischen den arabischen Staaten, ihrer politischen Koordination und Zusammenarbeit, des Schutzes ihrer Unabhängigkeit und ihrer Souveränität sowie der Verfolgung gemeinsamer arabischer Belange. Nicht zuletzt die Herausforderung, die der Politik der arabischen Regierungen aus der Palästinafrage erwachsen war (s. S. 130 ff.), ließ eine wirkungsvollere Abstimmung geraten erscheinen. Im Übrigen konnten die Gründer an Föderationsbestrebungen der frühen 1930er Jahre anknüpfen, deren Ziel es gewesen war, die Position der arabischen Nationalisten gegenüber Großbritannien zu stärken.

Auch in der Palästinafrage galt es, sich zuvorderst mit London auseinanderzusetzen. Mit dem Ausbruch des Zweiten Weltkriegs hatte die Idee eines arabischen Staatenverbundes die Unterstützung der britischen Regierung gefunden. Damit suchte London den Achsenmächten entgegen zu wirken, die arabischen Staaten gegen die Mandatsherren auszuspielen. Nach Lage der Dinge fiel Ägypten bei diesen Bemühungen um die Schaffung einer Plattform gemeinsamer arabischer Politik eine führende Rolle zu. Ab 1943 gaben sich arabische Staatsmänner zu Konsultationen und Sondierungen in Kairo die Klinke in die Hand. Am 25. September 1944 berief der ägyptische Ministerpräsident an-Nahhas eine *Allgemeine Arabische Konferenz* nach Alexandria ein. Da außer Ägypten kein arabisches Land Nordafrikas unabhängig war, beschränkten sich die anreisenden Delegationen auf die ostarabischen Länder Irak, Syrien, Libanon, Transjordanien, Saudi-Arabien und Jemen. Auf Drängen der letzteren wurde auch ein Delegierter Palästinas eingeladen. Am 7. Oktober 1944 wurde mit dem *Alexandria-Protokoll* das Gründungsdokument der Liga unterzeichnet; die Gründungskonferenz selbst wurde am 8. Februar

1945 in Kairo eröffnet. Als offizielles Datum der Gründung ist der 22. März 1945 in die Geschichtsbücher eingegangen. Exekutivorgan wurde der *Rat*, der sich aus Delegierten aller Mitgliedstaaten zusammensetzt. Die Stimmen eines jeden Mitglieds sind gleichwertig. Die Außenpolitik der Mitgliedstaaten sollte sich im Einklang mit der Satzung bzw. den nationalen Zielen der Liga befinden. In der Schlussklausel wurde festgeschrieben, dass sich die Mitgliedstaaten für die Verwirklichung eines unabhängigen arabischen Palästina einsetzen würden. Die Zusammenarbeit in den Bereichen Wirtschaft, Kultur und Soziales war dagegen unbestimmter definiert.

Die *Arabische Liga* (AL) hat in der Wahrnehmung der Araber die erste große Herausforderung, die sich mit der Staatsgründung Israels im Mai 1948 verband, nicht bestanden. Sie hat auch später keine die »arabische Welt« prägende Rolle zu spielen vermocht; zu unterschiedlich waren die Interessen der Regierenden in ihren Mitgliedstaaten. Gleichwohl war mit ihr ein arabischer Kontext symbolisiert, der in der Politik der arabischen Hauptstädte stets mitgesehen werden muss. Die Interaktion zwischen der vor allem durch Sprache und Religion konstituierten »arabischen Nationalität« auf der einen und den einzelstaatlich eigentümlichen politischen, gesellschaftlichen und wirtschaftlichen Gegebenheiten auf der anderen Seite ist die Wurzel der Komplexität der Entwicklungen im arabischen Raum. Das damit in der »arabischen« Politik gleichsam strukturell gegebene Spannungsverhältnis ist eine der Hauptursachen dafür, dass die arabischen Völker bis in die Gegenwart von tragfähigen Lösungen ihrer politischen, gesellschaftlichen und wirtschaftlichen Herausforderungen so weit entfernt zu sein scheinen. Das ist in der Palästinafrage immer wieder mit besonderer Deutlichkeit hervorgetreten.

Die Geschichte der heutigen Mitgliedstaaten der *Arabischen Liga* (Palästina ist seit 1976 Mitglied) soll im Folgenden dargestellt werden. Der Darstellung der einzelnen Länder liegt kein einheitliches Schema zugrunde; vielmehr wurde versucht, sich beim Gang der Erörterung von jeweils gegebenen Eigenheiten der geschichtlichen, politischen, gesellschaftlichen, wirtschaftlichen und kulturellen (sowie religiösen) Situation leiten zu lassen. Der Umfang der Darstellungen richtet sich, wiederum nicht streng systematisch, nach dem »Gewicht« des Landes im regionalen und internationalen Kontext – ein zugegebenermaßen subjektives Kriterium.

4.1 Der arabische Kernraum: Ägypten und der *Fruchtbare Halbmond*

Die nachfolgende Darstellung der geschichtlichen Abläufe in den arabischen Ländern folgt einer Logik, die sich aus der geographischen Lage, aber auch aus der Abfolge der Entwicklungen im 20. Jahrhundert ergibt. Definitiv seit 1952 hat Ägypten für den Rest des Jahrhunderts die Rolle einer Vormacht angenommen, in der die politischen, gesellschaftlichen und kulturellen Vorzeichen für das Geschehen im arabischen Kontext gesetzt wurden. Die Entwicklungen im Raum zwischen Ägypten und dem *Fruchtbaren Halbmond*, d. h. zwischen der östlichen Mittelmeerküste und dem Persischen Golf, sind

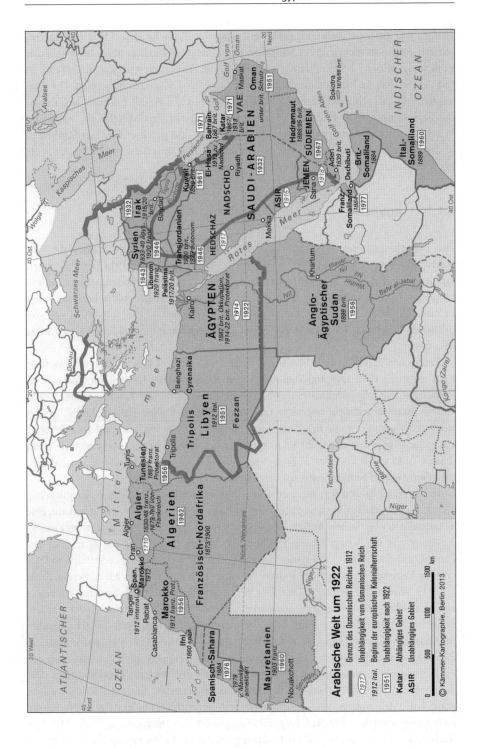

Arabische Welt um 1922

⌢1917⌣ Grenze des Osmanischen Reiches 1912

Unabhängigkeit vom Osmanischen Reich

1912 ital. Beginn der europäischen Kolonialherrschaft

1951 Unabhängigkeit nach 1922

Katar Abhängiges Gebiet

ASIR Unabhängiges Gebiet

0 500 1000 1500 km

© Kammer-Kartographie, Berlin 2013

vielfach mit einander verbunden. Das gilt trotz der Tatsache, dass Pläne und Bestrebungen zu Zusammenschlüssen zwischen den Staaten dieser Region letztlich ephemer geblieben sind. Der Maghreb, im Wesentlichen die Staaten Nordafrikas umfassend, ist mit der Ausnahme Libyens durch die nachhaltige Rolle Frankreichs geprägt. Die Arabische Halbinsel schließlich lag im Schatten der arabischen Politik, bis Erdöl und Erdgas die Region nach dem Ende des Zweiten Weltkriegs in den Mittelpunkt weltweiter Wirtschaftsinteressen katapultierten. Die politischen und gesellschaftlichen Strukturen in den meisten Ländern dieses Teils der arabischen Welt unterscheiden sich auch heute noch erheblich vom Rest des arabischen Raumes.

4.1.1 Ägypten

Die Erwartungen der Ägypter, nach dem Ende des Ersten Weltkrieges die Unabhängigkeit zu erlangen, erfüllten sich nicht. Am 8. Dezember 1914 hatte Großbritannien Ägypten zum Protektorat erklärt und somit erkennen lassen, welche Bedeutung man in London dem Land am Nil im Rahmen seiner geopolitischen Interessen beimaß. Zugleich war damit die osmanische Herrschaft – die spätestens seit der britischen Besetzung 1882 nur noch formal fortbestanden hatte – definitiv an ihr Ende gekommen.

Bereits am 27. Oktober 1914 war das Parlament aufgelöst worden. Am 6. November hatte Ägypten dem Osmanischen Reich den Krieg erklärt. Unter dem Vorwurf, er konspiriere mit dem osmanischen Sultan gegen England war der Khedive Abbas II., der sich in Istanbul aufhielt, abgesetzt und durch seinen Onkel, Husain Kamil, ersetzt worden. Dieser führte nun den Titel eines »Sultans«. Er war seit Jahrhunderten der erste Herrscher Ägyptens, der nicht in Konstantinopel offiziell bestallt worden war. Nach dessen Tode am 9. Oktober 1917 trat sein Bruder Ahmad Fu'ad die Herrschaft an, nachdem Husain Kamels Sohn auf den Thron verzichtet hatte.

In den Kriegsjahren war Ägypten eine Schlüsselrolle in der britischen Kriegführung *East of Suez* zugefallen. Anfang 1916 nahm in Kairo das *Arab Bureau* die Arbeit auf, eine Schaltstelle der britischen Aufklärung, Logistik und politischen Aktivitäten im Zusammenhang mit der Kriegführung Englands im Nahen Osten. Für die Wirtschaft des Landes und das Leben der Ägypter hatte dies enorme Belastungen bedeutet. Großbritannien hatte seine militärische Präsenz in Ägypten nachhaltig verstärkt. Bereits Ende 1914/15 wurde eine türkische Offensive gegen den Suezkanal auf der Sinai-Halbinsel zurück geschlagen; von Ägypten aus waren die Soldaten an die Front geschickt worden. Britische Truppen mussten im Lande versorgt werden; und mit fortschreitenden militärischen Operationen, erst in der Meerenge von Gallipoli (1915/16) sowie später in Palästina und Syrien wuchs die Notwendigkeit, die Truppen über sich ausdehnende Entfernungen zu versorgen. Ägypten wurde dafür der zentrale Umschlagplatz. Die notwenigen Arbeitskräfte wurden im Lande ausgehoben; am Ende des Krieges waren anderthalb Millionen Ägypter zu Zwangsarbeit verpflichtet. Die gesteigerte Nachfrage nach Lebensmitteln hatte Nahrungsmittelknappheit und Inflation zur Folge. Mit dem wachsenden Druck der britischen Besatzung wuchs die Entfremdung breiter Teile der ägyptischen Bevölkerung von der Macht, deren Verwaltung seit der Besetzung 1882 dem Land durchaus auch positive Errungenschaften beschert hatte.

Kerndaten Ägyptens

Name des Landes (deutsch/arabisch/ englisch/französisch)	Arabische Republik Ägypten / Dschumhuriyyat Misr al-Arabiyya / Egypt / L'Egypte		
Bevölkerung in Mio.	87,2	Datum der Unabhängigkeit	28.02.1922
Einwohner pro km²	87	Datum des Beitritts zur Arabischen Liga	1945
Fläche in Mio. km²	1,0	Staatsform	Republik
Landessprache (offizielle [Staats-]Sprache)	Arabisch	BIP in Mrd. US-Dollar	235,7
häufig gebrauchte Sprachen	—	BIP pro Einwohner in US-Dollar	6540
Konfessionen	Muslime 90 % (99% Sunniten)	Lebenserwartung in Jahren	73
religiöse Minderheiten	koptische Christen 10%	Zusammensetzung der Bevölkerung (ethnisch)	—

Bereits zwei Tage nach der Beendigung des Krieges durch den Waffenstillstand in Europa wandte sich eine Gruppe ägyptischer Nationalisten an den britischen Hochkommissar, Sir Reginald Wingate. Eine Delegation (arab.: *wafd*) sollte nach London reisen, um dort mit der britischen Regierung über das Ende des Protektorats und die Unabhängigkeit des Landes zu verhandeln. Auch in Ägypten waren diesbezügliche Erwartungen nicht zuletzt vor dem Hintergrund der *Vierzehn Punkte* Präsident Wilsons weit gespannt. Wingate lehnte ab und suchte auch in den folgenden Monaten, eine Teilnahme von Vertretern Ägyptens an den Pariser Verhandlungen zu verhindern. Auf dem Höhepunkt dieser Auseinandersetzungen ließen die Briten im März 1919 die führenden Köpfe dieser Agitation – unter ihnen Sa'd Zaghlul – verhaften und nach Malta deportieren.

Dieser Gewaltakt war das Fanal zu einer Revolte, die auf ihrem Höhepunkt breite Teile der ägyptischen Bevölkerung erfasste. Die Proteste richteten sich gegen die britische Präsenz im Lande; ihre Anführer forderten die Unabhängigkeit. Zugleich waren sie mit sozialen Forderungen verbunden. Streiks sollten britische Wirtschaftsinteressen treffen; Anschläge auf öffentliche Einrichtungen wurden verübt, die als Symbole britischer Machtausübung im Lande galten. Die geistlichen Führer von Muslimen und Kopten befeuerten den Aufstand. Für einen Augenblick trat in der Revolte eine nationale Gemeinschaft jenseits der gesellschaftlichen Unterschiede, religiösen Differenzen und weltanschaulichen Verwerfungen hinaus in Erscheinung.

Bemerkenswert war die starke Rolle der Frauen in den Protesten. Ihre Führung lag in den Händen von Huda Scha'rawi. Früh hatte sie an der Unterordnung der Frau in einer von Männern dominierten Gesellschaft gelitten. Die arrangierte Eheschließung mit ihrem wesentlich älteren Vetter Ali Pascha Scha'rawi hatte sie zunächst schockiert; später wurde sie zu seiner engen politischen Weggefährtin. In den Jahren ihrer Trennung hatte sie begonnen, das Thema der Emanzipation der Frau in die ägyptische Gesellschaft zu tragen. Es entstanden intellektuelle, künstlerische und publizistische Zirkel; die Revolte von 1919 schließlich ließ diese zur politischen Kraft werden. Am 16. März fand die erste Frauendemonstration statt, und die *Wafd*-Partei begann, die Frauen bewusst für den Unabhängigkeitskampf zu mobilisieren. Durch Kundgebungen und Protestzüge hielten diese – über gesellschaftliche Grenzen hinweg – den Druck aufrecht. Mit dem Aufbau eines Zentralausschusses der Frauen in der *Wafd*-Partei Ende 1919 schufen Huda und ihre Mitstreiterinnen die erste politische Vereinigung von Frauen in der arabischen Welt. 1923 war Huda schließlich auch Mitbegründerin der ägyptischen Union für Frauenrechte. Indem sie und andere Frauen in einer spektakulären Geste im selben Jahr – bei ihrer Rückkehr von einer Konferenz für Frauenrechte in Rom – am Bahnhof von Kairo öffentlich ihre Schleier ablegten, brachen sie demonstrativ mit traditionellen Verhaltensregeln. Auch in den Protestbewegungen in anderen arabischen Ländern in den kommenden Jahren, namentlich in Syrien und im Irak, sollten Frauen eine sichtbare Rolle spielen.

Die Protestbewegung hatte den Aufstieg der Mitglieder der *Wafd* (»Delegation«) zur führenden politischen Kraft in Ägypten und zum politischen Gegenspieler Großbritanniens in der Auseinandersetzung um die Unabhängigkeit des Landes beschleunigt. Bereits im November 1918 hatte sich diese als *al-Wafd al-Masri* als politische Partei konstituiert. Der Führer der *Wafd*-Partei war Sa'd Zaghlul. 1859 geboren hatte er zunächst eine juristische Karriere absolviert. Politisch und weltanschaulich gehörte er zur Gruppe jener liberalen und zugleich säkularen Köpfe, die sich im Umfeld der Zeitung *al-Dscharida* (s. S. 34) seit Beginn des Jahrhunderts konstituiert hatte. 1906 war er zum Erziehungsminister, 1910 zum Justizminister ernannt worden. Als Mitglied der bereits vor dem Krieg entstandenen *Volkspartei* war er zum Führer der nationalistischen Opposition gegen die britische Präsenz in Ägypten aufgestiegen. Nunmehr historischer Führer der *Wafd*-Partei, stand der Kampf um die vollständige Unabhängigkeit mit allen rechtlichen und anderen friedlichen Mitteln im Mittelpunkt seines Programms.

Angesichts des Drucks der Revolte ließ sich die völlige Ausgrenzung ägyptisch-nationalistischer Kreise bei der Gestaltung der Zukunft des Landes von Seiten des britischen Hochkommissars nicht länger aufrechterhalten. Bereits im April 1919 kehrte Zaghlul aus der Verbannung zurück. Als die von ihm angeführte Delegation in Paris eintraf, musste sie freilich erfahren, dass der amerikanische Präsident, Träger der Hoffnung auf Selbstbestimmung und Unabhängigkeit, der Aufrechterhaltung des Protektoratsstatuts Ägyptens bereits zugestimmt hatte.

Großbritannien war von der Wucht der Erhebung überrascht worden. Ein Ausweg aus der Sackgasse musste gefunden werden; er konnte nur in einem Kompromiss zwischen England und den Nationalisten liegen. Der Krieg hatte London den hohen Stellenwert Ägyptens für die Interessen Großbritanniens im östlichen Mittelmeer, im Nahen

Osten sowie mit Blick auf die britischen Besitzungen in Südasien und darüber hinaus gezeigt. Ein Kompromiss musste folglich darin bestehen, den Anliegen der ägyptischen Nationalbewegung zwar entgegen zu kommen, zugleich aber eine Präsenz im Lande zu erhalten, die es gestatten würde, eben diese Interessen zu wahren. Die Verhandlungen mit beiden Seiten, d. h. mit der Regierung in London und den ägyptischen Nationalisten, führte nunmehr Edmund Henry Allenby, der sich 1917/18 als Oberkommandierender der britischen Truppen in Palästina und Syrien ausgezeichnet hatte. Er hatte den unbeweglichen Wingate als britischer Hochkommissar in Kairo abgelöst. Das Ergebnis verkündigte er einseitig am 22. Februar 1922 in seiner *Erklärung an Ägypten*: Das Protektorat werde beendet und Ägypten künftig ein unabhängiger und souveräner Staat sein. Zugleich aber beinhaltete die *Erklärung* vier Punkte, die einseitig britische Interessen markierten und mithin die gewährte Souveränität einschränken würden: Bei ihnen handelte es sich um die Sicherheit der Verbindungswege des britischen Imperiums durch Ägypten; die Verteidigung Ägyptens gegen direkte oder indirekte ausländische Angriffe oder Einmischung; den Schutz der ausländischen Interessen und der Minderheiten sowie die britische Vorherrschaft im Sudan (s. S. 76). Großbritannien würde des weiteren Stützpunkte im Lande unterhalten und den Suezkanal kontrollieren. Der Vorbehalt Allenbys den Sudan betreffend ließ erkennen, dass Großbritannien auch künftig Ägypten weiterhin zu dominieren entschlossen war. In der politischen Praxis würde dies zur Folge haben, dass sich London künftig nicht weniger in die Angelegenheiten des Landes einmischen würde als dies unter dem Protektorat geschehen war.

Am 28. Februar 1922 wurde Ägypten offiziell in die Unabhängigkeit entlassen. Sie war freilich in der Praxis erheblich eingeschränkt. Für die Nationalisten war es ausgemachte Sache, dass sie die vier Punkte der *Erklärung* kompromisslos ablehnten; sie forderten deren Streichung. Die Auseinandersetzung würde also weitergehen. Zunächst aber war die Proklamation einer Verfassung im April 1923 ein wichtiger Schritt in Richtung auf die Gestaltung eines eigenständigen politischen Lebens. Sie war die Grundlage des nun entstehenden Mehrparteiensystems; in ihr wurden politischer Pluralismus, regelmäßige Wahlen zu einer Legislative mit zwei Kammern, das uneingeschränkte Wahlrecht (für Männer) und eine freie Presse eingeführt. Auf der anderen Seite gewährte sie dem Monarchen, der sich nunmehr als »König« bezeichnete, umfassende Machtbefugnisse; über sie war der Monarch instand gesetzt, der Autorität von Parlament und Regierung entgegen zu wirken, ja diese zu unterminieren. Davon haben König Fu'ad (reg. 1917–1936) und seine Nachfolger ausgiebig Gebrauch gemacht.

Aus den ersten Wahlen im Januar 1924 ging die *Wafd*-Partei mit überwältigender Mehrheit hervor. Umgehend begann Sa'd Zaghlul, Verhandlungen mit den Briten um die Aufhebung der umstrittenen vier Punkte aufzunehmen. Dabei zeigte sich bald das Dilemma, das die ägyptische Politik in den folgenden Jahren in die Sackgasse führen, die junge Demokratie belasten und schließlich ad absurdum führen würde: die Rivalität zwischen dem Palast und der *Wafd*-Partei um die Vorherrschaft in der Politik Ägyptens sowie die Strategie der Briten, diese Rivalität von Fall zu Fall für ihre Interessen zu instrumentalisieren. Vorrangiges Ziel der Politik des Königs war es, sich in eine Position zu manövrieren, von der aus es ihm gestattet sein würde, das Parlament zu dominieren;

dieses Anliegen überwog die Entschlossenheit, gemeinsam auf die Erringung der Unabhängigkeit von den Briten hinzuarbeiten. Die *Wafd*-Partei schwankte zwischen dem Kampf um die Unabhängigkeit von Großbritannien und der Ausweitung der parlamentarischen Befugnisse über die Monarchie. Die Briten schließlich arbeiteten mit dem König zusammen, um die *Wafd* einzuhegen, wenn diese an der Macht war; und sie stützten das Parlament, um den König zu schwächen, wenn die *Wafd* an Einfluss eingebüßt hatte. Angesichts dieser Konstellation kamen die Verhandlungen mit den Briten, die Sa'd Zaghlul unmittelbar nach seinem Wahlsieg aufnahm, nicht voran. Die Ermordung des Generalgouverneurs des anglo-ägyptischen Sudan, Sir Lee Stack, durch eine Gruppe ägyptischer Nationalisten am 19. November 1924 führte zum Showdown: am 24. November wurde Zaghlul zum Rücktritt gezwungen. Der König beauftragte nun einen Royalisten, Isma'il Sidqi, mit der Regierungsbildung. Zaghlul starb im August 1927; sein Nachfolger wurde Mustafa an-Nahhas. 1879 als Sohn eines Kaufmanns geboren, hatte er zunächst eine juristische Laufbahn eingeschlagen, bevor er sich der *Wafd*-Partei anschloss und zu einem engen Weggefährten Zaghluls wurde. Bis zur Machtübernahme durch das Militär 1952 sollte er als Vorsitzender der *Wafd* fünf Mal das Amt des Ministerpräsidenten ausüben.

Die Versuche Sidqis in den folgenden Jahren, mit Unterstützung des Königs (und der Briten) die *Wafd*-Partei auszuschalten und autokratisch zu regieren, scheiterten schließlich an einem breiten Widerstand demokratischer Kräfte und der Medien. Ende 1935 musste Fu'ad die zeitweise außer Kraft gesetzte Verfassung von 1923 wiederherstellen. Am 28. April 1936 starb er. Sein noch jugendlicher Sohn Faruq folgte ihm nach.

Aus den im Mai abgehaltenen Wahlen ging die *Wafd*-Partei wiederum als Siegerin hervor. Damit war der Weg für die Wiederaufnahme von Verhandlungen mit den Briten um vollständige Unabhängigkeit frei. Angesichts der zunehmenden Anziehungskraft faschistischen Gedankenguts und des Einmarschs Italiens in Äthiopien1935 hatte bei diesen ein Umdenken stattgefunden; eine Übereinkunft mit Ägypten schien nun wünschenswert. Im August 1936 trat ein neuer Bündnisvertrag in Kraft. Abermals war sein Inhalt zwiespältig: Auf der einen Seite war Ägypten jetzt insbesondere im Bereich der Außenpolitik souverän; der britische Hohe Kommissar war zum Botschafter Seiner Majestät herabgestuft worden und britische politische wie wirtschaftliche Privilegien wurden abgeschafft. 1937 wurde Ägypten als zweites arabisches Land nach dem Irak in den Völkerbund aufgenommen. Auf der anderen Seite aber sicherte der Vertrag Großbritannien eine militärische Präsenz von im Lande stationierten Soldaten, namentlich in der Suezkanalzone, zu. Der Sudan blieb unter britischer Kontrolle. In der Bevölkerung stieß das Abkommen auf Ablehnung. In der Summe hatten die ersten anderthalb Jahrzehnte der Erfahrung mit liberaler Demokratie zu Ernüchterung geführt. Während der 15 Jahre zwischen 1923 und 1938 hatten sieben allgemeine Wahlen stattgefunden; kein Parlament überstand die verfassungsmäßige 4-jährige Amtsperiode.

Wirtschaftliche Probleme hatten den ohnehin schwierigen demokratischen Anlauf belastet. Die Weltwirtschaftskrise hatte zum Verfall der Preise für Baumwolle und andere landwirtschaftliche Produkte geführt; viele Bauern mussten sich verschulden. Mit der Gründung der *Landwirtschaftlichen Kreditbank* 1931 suchte die ägyptische Regierung zu verhindern, dass Bauern in Abhängigkeit privater ägyptischer oder ausländischer

Kreditgeber fielen. Andererseits war es die Krise der Baumwollwirtschaft, die potentielle Investoren nach anderen Kapitalanlagen Ausschau halten ließ. Sie sollten im Ausbau der bis dahin eher rudimentären industriellen Produktion liegen. Das beschleunigte Bevölkerungswachstum hatte ein Angebot an billigen Arbeitskräften entstehen lassen. Zugleich sah das ägyptische Unternehmertum im industriellen Aufbau eine wichtige Voraussetzung für die staatliche Unabhängigkeit. Bereits 1920 war die *Misr-*(Ägypten-) Bank gegründet worden; als ägyptische Nationalbank wurde sie in den nächsten 20 Jahren mit einer Vielzahl von Unternehmensgründungen zum wichtigsten Träger der Industrialisierung. Die neuen Industrien, die neben Baustoffen vor allem technologisch einfache Güter des Massenkonsums produzierten und damit deren Import ersetzten, sollten sich während des Zweiten Weltkriegs besonders gut weiter entwickeln, weil die britischen Truppen viele Waren des alltäglichen Bedarfs nur bedingt aus der Heimat beziehen konnten.

Das geistige und kulturelle Leben war lebendig geblieben. 1921 war in Kairo die erste säkulare Universität mit sieben Fakultäten gegründet worden, aber auch in den Lehrbetrieb der altehrwürdigen *al-Azhar* waren moderne Fächer eingeführt worden. Mit der Abschaffung des Kalifats in der Türkei im März 1924 setzte eine Diskussion über »islamische« Regierungsformen ein, die sich zwischen den Polen einer »islamischen Ordnung« – mit oder ohne Kalifat – und einer säkularen Verfasstheit, d. h. einer Trennung von Staat und Religion bewegte. 1928 gründete ein Lehrer in Isma'iliyya, Hasan al-Banna, die Organisation der *Muslimbruderschaft* (*al-ikhwan al-muslimun*). Al-Banna war gleichsam die Antwort auf die säkulare Bewegung in der Türkei unter Mustafa Kemal (Atatürk). Er bekämpfte die westlichen Einflüsse, die seiner Ansicht nach die islamischen Wertvorstellungen in Ägypten untergruben. Säkulare Kräfte, darunter nicht wenige Kopten, suchten die nationale Identität Ägyptens aus der pharaonischen Tradition heraus zu begründen. In den 1930er Jahren schließlich fand auch faschistisches Gedankengut aus Europa Eingang in die politischen Auseinandersetzungen. 1930 wurde die *Gesellschaft Junges Ägypten* (*dscham'iyyat Misr al-fatat*) nach Muster der faschistischen Bewegung gegründet. Mit ihrem Slogan: »Ägypten über alles«, wandte sie sich nicht nur gegen die britische Präsenz, sondern darüber hinaus gegen jeden westlichen Einfluss. Das hinderte sie nicht daran, sich – wie ihre Miliz der *Grünhemden* (*al-qumsan al-khadra*) erkennen lässt – am nationalsozialistischen Deutschland zu inspirieren. Auf dem Reichsparteitag der NSDAP 1936 in Nürnberg war sie mit einer Delegation vertreten. Nach einem Attentat auf an-Nahhas im November 1937 wurde die *Gesellschaft* verboten. 1938 erstand die Bewegung als politische Partei unter dem Namen *Junges Ägypten* von neuem; Kernpunkt des Programms war die Rückkehr Ägyptens zu alter Glorie – nicht zuletzt als Führungsmacht in der islamischen Welt. Diesen geistigen und politischen Debatten bot eine lebendige Presse publizistische Foren.

Ausbruch und Verlauf des Zweiten Weltkriegs hatten nachhaltige Auswirkungen auf Ägypten. Die pro-faschistische Grundströmung in Teilen der ägyptischen Gesellschaft erhielt Rückwind, als 1940 der Afrikafeldzug der Achsenmächte begann. Effektvoll unterstützte die italienische und deutsche Propaganda nationalistische und antibritische Kräfte. Indem der Krieg an die Westgrenze Ägyptens getragen wurde, keimte die

Hoffnung auf, die italienischen und deutschen Truppen würden Ägypten von britischer Herrschaft befreien.

Großbritannien war herausgefordert. Die militärische Präsenz wurde massiv aufgestockt; und London begann, sich intensiver und unmittelbarer in die ägyptische Politik einzumischen als je zuvor. Chef der Regierung in Kairo war Ali Maher geworden, ein Politiker, dessen Laufbahn zwar in der *Wafd*-Partei begonnen, der sich aber später dem Palast angenähert hatte und seit 1935 Chef des königlichen Kabinetts war. Auch ihm wurden Sympathien für die Achsenmächte unterstellt. In Übereinstimmung mit dem ägyptisch-britischen Vertrag von 1936 erklärte er zwar im September 1939 den Ausnahmezustand; auch wurden die Beziehungen zu Deutschland abgebrochen. Doch weigerte sich der Ministerpräsident, Deutschland den Krieg zu erklären. Im Juni 1940 wurde er auf britischen Druck hin entlassen. Diese direkte Einmischung in die inneren Angelegenheiten des Landes brachte weite Teile der Öffentlichkeit noch stärker gegen Großbritannien auf. Ausgerechnet die nationalistische *Wafd*-Partei, die seit 1937 nicht mehr in der Regierung vertreten war, war es, die sich den Briten als Partner im Kampf gegen Deutschland anbot; als einzige Partei hatte sie ein klar antifaschistisches Profil. Am 4. August 1942 legte der britische Botschafter König Faruq ein Ultimatum vor, in dem dieser aufgefordert wurde, entweder Mustafa an-Nahhas zur Bildung einer neuen Regierung aufzufordern oder abzudanken. Britische Panzer umstellten derweil den Abdin-Palast im Zentrum Kairos. An-Nahhas übte das Amt ein weiteres Mal bis Oktober 1944 aus.

Mit dieser Intervention im imperialistischen Stil sollte das Ende der Epoche eingeleitet werden, die mit dem Ausgang des Ersten Weltkriegs in Ägypten begonnen hatte. Denn alle Säulen des Systems waren beschädigt worden: die Monarchie, die *Wafd*-Partei und die Briten selbst. König Faruk war zum Verräter seines Landes geworden, indem er britischen Drohungen nachgegeben und zugelassen hatte, dass eine fremde Macht dem Land eine Regierung aufzwang. Die *Wafd*-Partei, also eben jene Partei, welche die Unterstützung des ägyptischen Volkes im Kampf gegen den Imperialismus gewonnen hatte, hatte sich angeboten, mit Hilfe der britischen Bajonette an die Macht zu gelangen. Und die Briten hatten durch ihr Ansinnen erkennen lassen, wie schwach und gefährdet sie angesichts des Vormarsches der Achsenmächte wirklich waren. Es sollte noch zehn Jahr dauern, bis die angeschlagene Ordnung vollständig zusammenbrach.

Das Kriegsende ließ für die Zukunft Ägyptens nichts Gutes erwarten. Am 24. Februar 1945 hatte das Parlament seine Zustimmung zur Kriegserklärung an Deutschland gegeben, eine Maßnahme, die notwendig geworden war, um unter die Gründungsmitglieder der Vereinten Nationen aufgenommen zu werden. Auf den Gängen des Parlaments wurde der Ministerpräsident durch einen Fanatiker erschossen. Das Parteiensystem war zerfallen; eine führende Gruppierung, wie sie die *Wafd* zeitweise gewesen war, gab es nicht mehr. Die wirtschaftlichen Probleme hatten namentlich Angehörige der unteren Schichten der Gesellschaft bewogen, sich radikaleren Gruppierungen auf der Linken und Rechten zuzuwenden. Nach der Gründung von Gewerkschaften in der Zwischenkriegszeit waren jetzt Arbeitskämpfe angesagt; angesichts des sich ausprägenden Ost-West-Konflikts erhielten sie Unterstützung aus der Sowjetunion. Zugleich begann Moskau, »antiimperialistische« Kräfte zu unterstützen, die sich gegen die Stellung Englands wandten, das seinerseits mit der Entlassung Indiens in die

Unabhängigkeit 1947 unübersehbar Schwäche gezeigt hatte. Zahlreiche studentische Gruppen unterschiedlicher Couleur beteiligten sich an den Protesten, die mehr und mehr auf die Straße getragen und gewalttätig wurden. Ein Vakuum war also im politischen und gesellschaftlichen Raum Ägyptens entstanden; insbesondere Kräfte auf der Rechten sollten es im Zeitraum zwischen Kriegsende und der Revolution füllen. Unter ihnen waren die *Muslimbruderschaft* und die Partei *Junges Ägypten* besonders aktiv.

Neben sozialen Anliegen stand die Forderung nach Aufhebung des ägyptisch-britischen Vertrages von 1936 im Vordergrund der politischen Agitation. Großbritannien reagierte 1946/47 mit einer lediglich teilweisen Umgruppierung seiner Streitkräfte im Lande. Derweil zog ein neues Gewitter am politischen Himmel Ägyptens, ja des ganzen Nahen Ostens herauf, das nachhaltigen Einfluss auf den Gang der Dinge nehmen sollte. Am 29. November 1947 hatte die Vollversammlung der UNO die Teilung Palästinas beschlossen. Ägypten hatte dagegen votiert und begann, sich in die kollektiven Bemühungen der Arabischen Liga, die Verwirklichung des Beschlusses zu verhindern, einzureihen. Im Lande selbst hatten politische Gruppen begonnen, die Palästinafrage zu instrumentalisieren, um ihren Einfluss zu stärken. Unter ihnen war die *Muslimbruderschaft* besonders aktiv; sie hatte den Krieg in Palästina zum *dschihad* erklärt Politische Morde ließen ein Klima der Einschüchterung entstehen; am 15. Mai, dem Tag der Staatsgründung Israels, verhängte die Regierung den Ausnahmezustand. Am 8. Dezember wurde die *Muslimbruderschaft* verboten. Die Antwort erfolgte postwendend: 20 Tage später wurde Ministerpräsident Mahmud Fahmi an-Nuqraschi ermordet. Die Gewalt hielt auch nach dem Abschluss des Waffenstillstandsabkommens mit Israel im Februar 1949 an. Jetzt wurde das ganze Ausmaß der Niederlage der arabischen Armeen, nicht zuletzt eine Folge des Versagens der politischen Führungen, sichtbar. Tatsächlich hatte die ägyptische besondere Demütigungen hinnehmen müssen.

Die Ereignisse in Palästina heizten die Proteste und Gewalttätigkeiten weiter an. Die Ermordung von Hasan al-Banna, dem Gründer und Vorsitzenden der *Muslimbruderschaft*, am 12. Februar 1949 signalisierte eine Eskalation der Gewaltspirale. In der Öffentlichkeit weit verbreitet war der Verdacht, dass das Attentat von der Regierung mit Biligung des Palastes angeordnet worden war. Nach den Wahlen am 3. Januar 1950 hatte die *Wafd* abermals ein Kabinett gebildet. Umgehend wurden die Verhandlungen mit Großbritannien um vollständige Unabhängigkeit wieder aufgenommen. Als sich auch nach 19 Monaten kein Ergebnis abzeichnete, kündigte die Regierung einseitig den anglo-ägyptischen Vertrag von 1936. Auf die Weigerung der Briten hin, die Kündigung anzuerkennen, formierten sich junge Männer: Anhänger der *Muslimbruderschaft*, Studenten, Bauern und Arbeiter zu einer Guerillaeinheit, die unter dem Namen *fida'iyyun* (zum Selbstopfer bereite Kämpfer) bekannt wurden. Vor allem in der Suezkanal-Zone kam es zu bewaffneten Zusammenstößen mit den Briten. Im Januar 1952 stürzte das öffentliche Leben ins Chaos ab. Am *Schwarzen Samstag*, dem 26. Januar, zogen Provokateure und Brandstifter durch Kairo und setzten zahlreiche Gebäude in den wohlhabenden Vierteln der Stadt in Brand. Verschwörungstheorien schossen ins Kraut; die Vermutungen über die Urheber richteten sich vor allem gegen die Muslimbrüder, aber auch gegen den König. Dieser entließ Mustafa an-Nahhas als Ministerpräsidenten und schien sich auf eine Palastherrschaft einzurichten. Das

Vertrauen in die Monarchie und die Demokratie, zuvor bereits schwer beschädigt, brach vollständig zusammen.

In dieser Situation extremer innerer Spannungen übernahm am 23. Juli 1952 eine Gruppe von Offizieren die Macht. Sie bezeichneten sich als *Freie Offiziere* (*ad-dubbat al-ahrar*). Ihr Führer war ein junger Oberstleutnant, Gamal (Dschamal) Abd an-Nasir (Nasser). 1918 geboren, entstammte er einer Angestelltenfamilie, kam also aus kleinen Verhältnissen. Er trat in die Armee ein, absolvierte die Militärakademie in Kairo sowie die Stabs- und Führungsakademie. 1948/49 hatte er am Krieg gegen Israel teilgenommen; und wie viele seiner Kameraden war er vom Versagen der arabischen Führer enttäuscht, einen wirkungsvollen Widerstand gegen das Entstehen des jüdischen Staates zu organisieren. Auch in ihm beförderte die arabische Niederlage die Einsicht, dass die Probleme der arabischen Welt nur durch tiefgreifende Erneuerung zu lösen sein würden. Der Sturz der alten Ordnung durch eine von Militärs eingeleitete Revolution war nicht die Erfindung der *Freien Offiziere*; bereits 1949 hatte in Syrien die Armee die Macht übernommen. Aber von Ägypten und namentlich von Nasser sollten die Schockwellen ausgehen, die in den nächsten zwei Jahrzehnten große Teile der arabischen Welt nachhaltig veränderten.

Nicht zu Unrecht kann mithin festgestellt werden, dass mit der nasseristischen Machtübernahme die »zweite arabische Revolte« eingeleitet wurde. Mit der Abreise Faruqs ins italienische Exil am 26. Juli 1952 und der Ausrufung der Republik am 18. Juni 1953 begann für Ägypten eine neue Epoche. Der Machtwechsel sollte die ganze arabische Welt in der einen oder anderen Weise berühren.

Der Putsch war über Jahre sorgfältig vorbereitet worden. Die Vorbereitungen hatten sich zunächst auch mehr auf den Kampf gegen die britische Herrschaft als auf die Abschaffung der bestehenden Ordnung gerichtet. Und zum Zeitpunkt des Putsches war Nasser auch nicht die Nummer Eins in der Hierarchie der Akteure gewesen; diese Rolle spielte der ältere (geb. 1901) und ranghöhere General Ali Muhammad Naguib. Nach der Machtübernahme durch einen Revolutionsrat war er seit dem 7. September 1952 Minister- und seit dem 19. Juli 1953 Staatspräsident. Erst 1954, nach einem Machtkampf mit Naguib, wurde Nasser der mächtige Mann, der die Ämter des Vorsitzenden des Revolutionsrates und des Staatspräsidenten innehatte. Als solcher wurde er 1956 und 1964 vom ägyptischen Volk bestätigt. Alle Offiziere aber waren Ägypter. Sie entstammten ländlichen Gegenden und waren über die Armee in verantwortungsvolle Positionen aufgestiegen. Hierin berühren sich die Ereignisse von 1952 mit dem Protest, der 70 Jahre vorher von den Männern um Oberst Orabi ausgegangen war.

Zwar war der Umsturz, wie Nasser immer wieder betonte, von Beginn an sowohl als politische wie auch als soziale Revolution in Gang gesetzt worden; sie hatte die Unabhängigkeit Ägyptens und die Wohlfahrt des Bürgers gleichermaßen zum Ziel. Aber ein klares Programm hatte es am Anfang nicht gegeben. Gleichwohl erfolgten bald tiefgreifende Einschnitte. Nur sechs Wochen nach dem Umsturz wurde ein Landreformgesetz verabschiedet, mit dem die wirtschaftliche und damit zugleich die politische Macht der Großgrundbesitzer gebrochen, andererseits durch die Verteilung von Land an Kleinbauern auch eine politische Basis für das neue Regime geschaffen werden sollte. Grundbesitz wurde zunächst auf 84, im Jahr 1961 auf 42 Hektar pro Eigentümer und wenig später pro Familie begrenzt. Die Entscheidungen zum Bau eines Eisen- und

Stahlwerkes in Heluan und eines großen Staudamms bei Assuan ließen die Entschlossenheit erkennen, die Industrialisierung zu forcieren und die Struktur auch der Landwirtschaft zu diversifizieren. Einsetzende Verstaatlichungen sollten den ausländischen Einfluss in der Wirtschaft zurückdrängen. Bis Anfang der 1960er Jahre hatte der Staat weite Teile des Wirtschaftslebens unter seine Kontrolle gebracht.

Um die drakonischen Maßnahmen durchsetzen zu können, galt es, die Macht in der Hand der *Freien Offiziere* zu konzentrieren. Parlament und Parteien wurden aufgelöst; politische Rivalen verfolgt. Nach Lage der Dinge waren dies insbesondere die Kommunisten und die Muslimbrüder, die in einem kurzen Machtkampf 1954 ausgeschaltet wurden. Über die *Nationale Union* (1956 gegründet) und seit 1962 über die Einheitspartei *Arabische Sozialistische Union* sollten die Bevölkerung mobilisiert und dem gesellschaftlichen Umgestaltungsprozess Impulse gegeben werden. Tatsächlich waren die Erfolge zunächst beachtlich: Bis Mitte der 1960er Jahre wuchs die Wirtschaft ständig. Der Anteil der Industrieprodukte an den Exporten stieg bis 1970 auf 30 %.

Die Außenpolitik sollte die auf Unabhängigkeit ausgerichtete Wirtschaftspolitik absichern. In seiner 1954 veröffentlichten programmatischen Schrift: *Die Philosophie der Revolution*, träumte er von Ägypten als einem neuen machtvollen Akteur auf regionaler und internationaler Bühne. 1955 hatte im indonesischen Bandung die erste Konferenz der Blockfreien Staaten stattgefunden. Nasser wurde zu einem ihrer Wortführer und die Außenpolitik Ägyptens stand von nun an unter dem Vorzeichen des »positiven Neutralismus«. Dem amerikanischen Druck, sich einem von den USA geführten und gegen die Sowjetunion gerichteten Sicherheitssystem, dem *Bagdad-Pakt* (s. S. 166 und 319 ff.), anzuschließen, suchte sich Nasser durch eine Politik der Äquidistanz zu den beiden von den Supermächten geführten Blöcken zu entziehen. Waffenlieferungen aus der Sowjetunion und die Zusage Moskaus, den Bau des Assuanstaudamms zu finanzieren – im Juni 1956 hatten sich die USA und die Weltbank verärgert über die nasseristische Neutralitätspolitik aus dem Projekt zurückgezogen – vergrößerten die Kluft zum Westen, öffneten das Land zugleich in wachsendem Maße sowjetischem Einfluss.

Sein politischer »Triumph« im Oktober/November 1956 machte Nasser für das folgende Jahrzehnt zum bestimmenden Akteur auf der gesamtarabischen Bühne. Was war geschehen: Als Reaktion auf die Aufkündigung der Finanzierungszusage für den Assuanstaudamm hatte Nasser am 26. Juli 1956 in einer dramatischen Geste die Verstaatlichung der Suezkanal-Gesellschaft verkündet und den Abzug der britischen Truppen gefordert. Seit 1882 unterhielten die Briten am Kanal eine Militärbasis. Die einseitige Maßnahme Nassers schien für London eine Gelegenheit zu eröffnen, den »Hitler am Nil«, wie er dort (und in Paris) genannt wurde, los zu werden. Im Bündnis mit Frankreich, dem Nassers Unterstützung für die algerische Befreiungsbewegung ein Dorn im Auge war, und mit Israel, das die von ägyptischem Boden operierenden palästinensischen Guerillagruppen auszuschalten suchte und über die sowjetischen Waffenlieferungen an Ägypten beunruhigt war, wurde ein politisches und militärisches Komplott in Gang gesetzt, an dessen Ende der Sturz Nassers stehen sollte. Während Israel am 29. Oktober begann, über die Sinai-Halbinsel auf den Suezkanal vorzurücken, konfrontierten London und Paris Nasser mit einem Ultimatum, binnen 10 Stunden die Suezkanal-Zone zu räumen und die ägyptischen Truppen in einen Raum 10 Kilometer westlich des Kanals zu dislozieren. Als dieser erwartungsgemäß ablehnte, begannen Briten und Franzosen Ziel in der Kanalzone mit Bombardements. An diesem Punkte intervenierte, von den drei Verschwörern nicht erwartet, Washington, das über die Pläne nicht informiert gewesen war. Auch Moskau schloss sich diesem Druck an. Die USA brachten die Angelegenheit in den Sicherheitsrat der UNO. Der diplomatische Druck von Seiten der internationalen Gemeinschaft zwang die Dreier-Allianz schließlich zum Rückzug. Ende Dezember war die Zone wieder geräumt; und im März 1957 verließ der letzte israelische Soldat ägyptisches Territorium.

Nasser machte daraus einen politischen Triumph; er wurde zum Held der arabischen Straße. Gestützt auf den Propagandaapparat der staatlichen Medien, namentlich die Sendungen des Rundfunks *Stimme der Araber*, trug er seine Botschaft von der Einheit der Araber und dem revolutionären Wandel im Namen des »arabischen Sozialismus« in alle Winkel der arabischen Welt. Spätestens zu diesem Zeitpunkt war die panarabische Dimension des »arabischen Nationalismus« zu einer politischen Kraft geworden. Die aktive Unterstützung von gleichgesinnten Kräften und Gruppen brachte Nasser in Konflikte sowohl mit den konservativen Regimes wie mit rivalisierenden modernistischen Strömungen, insbesondere der *Ba'th*- und der *Kommunistischen Partei*. Staatsstreiche der Militärs, so im Irak (1958), im Sudan (1958), im Jemen (1962) und in Libyen (1969) inspirierten sich an der nasseristischen Revolution. Mit dem Zusammenschluss Ägyptens mit Syrien zur *Vereinigten Arabischen Republik* (VAR; 1958 [s. S. 95 f.]) schien der Weg zur arabischen Einheit, von der die panarabischen Nationalisten träumten, beschritten.

Mit dem Zerbrechen eben der *Vereinigten Arabischen Republik* im Jahr 1961 traten Symptome einer Krise des »Nasserismus« zutage. In Syrien verschworen sich Unternehmer, deren Betriebe nationalisiert worden waren, mit Offizieren, die sich nicht länger von ägyptischen Militärs bevormunden lassen wollten, zu einem Staatsstreich, durch den Syrien wieder aus der Union herausgebrochen wurde. Im Jemen waren – auf dem Höhepunkt der Intervention – 70 000 ägyptische Soldaten in einen Krieg verstrickt, dem sie keine entscheidende Wende zu geben vermochten. Und in König Faisal von Saudi-Arabien (1964–1974) erwuchs Nasser ein Gegenspieler, dem es gelang, die konservativen arabischen Monarchien gegen die von Nasser geführten Kräfte zu einen.

Im Inneren verlor der sozialistische Entwicklungsweg an Glanz. Nicht nur traten Finanzierungsengpässe auf, da die Entwicklungshilfe aus dem »westlichen« Lager, nicht zuletzt seitens der USA erheblich reduziert, wenn nicht eingestellt worden war. Vielmehr band auch die Konzentration auf einige Großprojekte (u. a. den Assuan-Staudamm) Mittel, die für den Ausbau der Nahrungsmittel- und Konsumgüterindustrie benötigt worden wären. Die staatliche Arbeitsplatzgarantie führte zur Aufblähung des öffentlichen Dienstes und der Bürokratie. Die Militärausgaben belasteten den Haushalt zu Ungunsten produktiver Investitionen. Nicht zuletzt aber waren auch Korruption und Nepotismus die Ursache zahlreicher Fehlentwicklungen in der Wirtschaftsplanung. In Wirtschaftsdingen unerfahrene Offiziere und ihre Umgebung übernahmen in zahlreichen verstaatlichten Betrieben die Spitze des Managements. Planungsschwächen, Fehlentscheidungen bei der Projektauswahl und unzureichende Vernetzung der einzelnen Industrien und Wirtschaftssektoren waren die Folge. Das starke Bevölkerungswachstum ließ das Pro-Kopf-Einkommen nur langsam wachsen. Die Einkommensunterschiede traten immer deutlicher zutage.

Am 5. Juni 1967 löste Israel durch einen Vernichtungsschlag gegen die ägyptische Luftwaffe den dritten Nahostkrieg aus. Wie im Falle des ersten (1948/49) sollte sein Ergebnis, der vollständige Sieg der israelischen Armee über die Armeen Ägyptens, Jordaniens und Syriens sowie die Eroberung der Sinai-Halbinsel und des Westjordanlandes und Ost-Jerusalems, über Jahrzehnte tiefstgreifende Auswirkungen auf die politische Lage im Nahen Osten insgesamt, weit über die Krieg führenden Parteien hinaus, haben. Wenn man nach Prüfung der Entwicklungen zu dem Ergebnis kommt, dass Nasser den Krieg nicht gewollt habe, so hat er doch hoch gepokert und die Entscheidung der politischen und militärischen Führung Israels, einem von ägyptischer Seite angezettelten Krieg durch einen Präventivschlag zuvor zu kommen, nachvollziehbar gemacht. Ausgangslage war tatsächlich die zuvor geschilderte: Nassers Ansehen war im Niedergang begriffen, was seine politischen Gegner in Syrien, Jordanien und Saudi-Arabien propagandistisch ausschlachteten; sie machten sich über die »lahme Ente« in Kairo lustig. Die Instrumentalisierung der palästinensischen Sache, eine Angelegenheit von panarabischer Dimension, schien Nasser geeignet, verlorenes Terrain wieder zurück zu gewinnen.

Meldungen aus Moskau am 13. Mai 1967 über beträchtliche israelische Truppenverstärkungen an der Grenze zu Syrien – tatsächlich hatte die links orientierte Regierung in Damaskus militante Aktionen der Palästinenser gegen Israel unterstützt – bildeten den Ausgangspunkt des Verhängnisses. Nasser glaubte, dem bedrohten Regime in Damaskus an die Seite treten zu müssen, um so sein eigenes Engagement in Sachen Palästina zu manifestieren. Seine Forderung an die UNO am 18. Mai, die Blauhelme, die nach dem Krieg von 1956 auf der Sinai-Halbinsel stationiert worden, abzuziehen, und die am 22. Mai verfügte Schließung der Straße von Tiran (was zugleich eine Blockade des israelischen Hafens von Eilat bedeutete) verband er mit einer militanten, gegen Israel gerichteten Rhetorik. Die in seiner Rede am 29. Mai vorgeschobene Palästinafrage rüttelte an den Fundamenten des jüdischen Staates. Bereits im November 1966 war ein Verteidigungsbündnis zwischen Ägypten und Syrien geschlossen worden; am 30. Mai bzw. 4. Juni 1967 kamen ähnliche Abmachungen mit Jordanien und dem Irak zustande. Am 2. Juni beschloss das israelische Kabinett einen Präventivschlag.

Der israelische Sieg war vollständig. Nach dem Luftschlag am Morgen des 5. Juni, der fast die ganze ägyptische Luftwaffe zerstörte, wandte sich Israel gegen Jordanien; am Ende stürmten israelische Truppen die syrischen Golan-Höhen und kamen erst bei Abschluss eines Waffenstillstands am 10. Juni unweit Damaskus zum Stehen. Für die arabische Seite war der Krieg politisch und militärisch zum falschen Zeitpunkt ausgebrochen: Politisch, weil sich zeigte, dass ein arabischer Verbund auch dann nicht wirklich funktionierte, wenn ihm Verträge zugrunde lagen; Rivalität überlagerte weiterhin diese. Und militärisch, weil die Armeen auf den Krieg nicht vorbereitet waren. Ägypten war noch immer im Jemen gebunden (s. S. 277 f.); und der Aufbau einer schlagkräftigen jordanischen Armee noch nicht abgeschlossen.

Die militärische Katastrophe besiegelte nach innen wie nach außen das Ende des Nasserismus. Am 9. Juni freilich hatten die Massen Nasser noch einmal zurückgerufen. Über den Rundfunk hatte er seinen Rücktritt erklärt. Daraufhin strömten Millionen auf die Straßen und demonstrierten für seinen Verbleib im Amt. Es überwogen Trotz und

Solidarität mit einem Mann, der ihnen nach Jahrzehnten der Erniedrigung in der Kolonialzeit Hoffnung und Würde gegeben hatte. Als Nasser am 28. September 1970 starb, war dennoch unübersehbar, dass sich die Hoffnungen der durch ihn eingeleiteten »zweiten arabischen Revolte« in Ägypten nicht erfüllt hatten. Außenpolitisch hatte ihn sein panarabischer Ehrgeiz in Konflikte mit politischen Rivalen unterschiedlicher Couleur geführt; unter einander zerstritten hatten sich die arabischen Staaten nicht von auswärtiger Dominanz freimachen können, sondern in den Fallstricken des Ost-West-Konflikts verfangen. Innen- und gesellschaftspolitisch hatten die Nachahmung des sozialistischen Entwicklungsparadigmas für die breiten Massen zwar zu einem bescheidenen Zuwachs an Lebensqualität geführt. Zugleich aber war ein staatswirtschaftliches System entstanden, in dem Korruption und Netzwerke an die Stelle von Kompetenz und Eigenverantwortung getreten waren. Die auf diese Weise hervorgebrachten neuen, meist militärischen, Eliten rivalisierten mit herkömmlichen Führungsschichten, die durch die sozialistischen Maßnahmen zwar geschwächt, aber nicht vollständig entmachtet worden waren.

Auch Nassers Nachfolger Anwar as-Sadat gehörte zur Gruppe der *Freien Offiziere*. Am 15. Oktober 1970 wurde er in einer Volksabstimmung mit 90 % der Stimmen als Staatspräsident bestätigt. Da er eher im zweiten Glied der nasseristischen Führungsriege gestanden hatte, musste er sich zunächst in Machtkämpfen behaupten. Das gelang ihm im Mai 1971 durch einen Staatstreich »von oben« in der sogenannten *Korrektiv-Revolution*. Dieser war zugleich der Auftakt eines Prozesses der Ent-Nasserisierung von Politik und Gesellschaft. Während das Idol Nasser unangetastet blieb, wurden viele seiner Vertrauten und Mitarbeiter wegen Machtmissbrauchs und Korruption zu langen Haftstrafen verurteilt. Als Gegengewicht gegen Nasseristen und links von ihnen stehende Kräfte, insbesondere die Kommunisten, rehabilitierte Sadat die *Muslimbruderschaft*. Ihre Anhänger wurden aus den Gefängnissen entlassen; diejenigen, die ins Ausland geflohen waren – viele von ihnen waren zu Wohlstand gekommen –, durften nach Ägypten zurückkehren. Damit näherte er sich zugleich den konservativen Staaten auf der Arabischen Halbinsel, auf deren finanzielle Unterstützung Ägypten angewiesen war. Die Großwetterlage veränderte sich zugunsten einer Hinwendung an das westliche Lager. Hatte er noch – um die Linke zu besänftigen – im Mai 1971 einen Freundschaftsvertrag mit Moskau unterzeichnet, verwies er im Juli des folgenden Jahres alle – etwa 15 000 – sowjetischen Militärberater des Landes. Damit war auch der Weg der Wiederannäherung an die USA frei.

Mit dem außenpolitischen Kurswechsel ging eine innenpolitische Liberalisierung einher. Noch 1971 ließ Sadat durch Volksabstimmung eine Verfassung billigen, die die Menschen- und Bürgerrechte erweiterte und die Unabhängigkeit der Justiz stärkte. Indem der *Arabische Sozialismus* durch den »Demokratischen Sozialismus« ersetzt wurde, begannen sich politische Freiräume zu öffnen. Es konstituierten sich drei politische und weltanschauliche »Foren«, die im November 1976 mit eigenen Kandidaten an ersten halbwegs freien Wahlen seit der Revolution teilnahmen. Ein 1977 erlassenes Gesetz ließ politische Parteien zu, die das gesellschaftspolitische Spektrum reflektieren sollten. Zu echter demokratischer Pluralität sollte es freilich auch unter Sadat – wie auch unter seinem Nachfolger – nicht kommen. Um Herr des Spiels zu bleiben, gründete Sadat

1978 die *Nationaldemokratische Partei* (NDP), die sehr bald die Rolle einer Staatspartei zu spielen und die politische Bühne in Ägypten zu dominieren begann. Als sich insbesondere auf der Linken mit der *Tagammu'-Partei* eine echte Opposition zu behaupten suchte, löste Sadat im Frühjahr 1979 das Parlament auf. Nach Änderung des Wahlgesetzes gewann die NDP in den nachfolgenden Wahlen knapp 80 % der Sitze. In der Verfassung von 1980 schließlich standen Prinzipien von Rechtsstaatlichkeit und Pluralität der absoluten Machtfülle des Präsidenten gegenüber. Diese Ambiguität sollte das System bis zu seinem Ende im Januar 2011 charakterisieren.

Auch in der Wirtschaftspolitik leitete Sadat eine Kehrtwende ein: Deregulierung und Liberalisierung ließen Kapital in das Land strömen; investiert wurde in Banken und Handel, in Hotels und Tourismusprojekte sowie im Wohnungsbau. Weitere Staatseinnahmen flossen aus dem 1975 wieder geöffneten Suezkanal (er war seit dem Juni-Krieg 1967 geschlossen) und dem expandierenden Erdölsektor. Das rasche Wirtschaftswachstum freilich war zugleich Ursache sozialer Probleme. Eine Inflation von 25–30 % setzte gesellschaftliche Schichten unter Druck, die die Inflationsrate nicht durch Einkommenszuwächse auszugleichen vermochten. Die Verschlechterung der Lebensverhältnisse machte sich im Januar 1977 in Unruhen Luft, bei denen etwa 80 Menschen ums Leben kamen. Damit begann ein Prozess der Erosion des Ansehens und der Legitimität des Präsidenten.

Während sich Sadats Stellung im Inneren verschlechterte, gewann er außerhalb Ägyptens in der internationalen Gemeinschaft an Ansehen. Der Krieg gegen Israel im Oktober 1973 (s. S. 135 f.) hatte nicht nur neue Perspektiven für Verhandlungen mit Israel eröffnet. Diesmal war Ägypten nicht als offenkundige Verliererin aus dem Waffengang hervorgegangen; man konnte sich also als auf gleicher Augenhöhe mit Israel betrachten. Dieses Selbstbewusstsein erlaubte es Sadat auch, in Abkehr von der panarabischen Ausrichtung der Politik seines Vorgängers eine Politik des *Egypt first* zu verfolgen. Sie spiegelte sich in der Umbenennung der »Vereinigten Arabischen Republik« in die »Arabische Republik Ägypten« wider. Spektakulärer Ausdruck dieses Politikwandels war die Entscheidung Sadats, die Initiative zu einer Lösung des Konflikts mit Israel zu ergreifen. Zu den Gründen, die den ägyptischen Präsidenten zu diesem Schritt bewogen haben, gehört auch die Erwartung, dass ein Friedensschluss Ägypten finanziell entlasten und frei werdende Mittel zu Maßnahmen der sozialen Stabilisierung würden eingesetzt werden können. Angesichts der engen Anlehnung an die USA war er darüber hinaus sicher, die Unterstützung Washingtons zu haben und ausgehend von einer Initiative Kairos zu einem umfassenden Frieden gelangen zu können.

Seine Reise nach Jerusalem sollte eine Zeitenwende im Konflikt der Araber mit Israel bedeuten. In einer historischen Rede verkündete er am 20. November 1977 seine Friedensbereitschaft in der Knesset; und im September 1978 gab sich der amerikanische Präsident Jimmy Carter in Camp David große Mühe, ein Vertragswerk zustande zu bringen. Aber mehr als ein bilateraler Vertrag kam nicht heraus; Ministerpräsident Menachem Begin war nicht bereit, neben der bilateralen über eine zweite wichtige Agenda zu verhandeln: die Lösung der Palästinafrage. So konnte im März 1979 lediglich ein bilaterales Abkommen unterschrieben werden. Als sich Israel im Verlauf der 1980er Jahre von der Sinaihalbinsel Zug um Zug zurückzog (und dort sogar jüdische Siedlungen zerstörte), hatte Sadat einen Pyrrhussieg errungen. International war sein Ansehen auf dem Höhepunkt. Das »arabische Lager« aber, angeführt von der PLO, Syrien und dem Irak, denunzierte den Vertrag als »Separatfrieden«. Ägypten wurde aus der Arabischen Liga ausgeschlossen; ihr Sitz von Kairo nach Tunis verlegt. Erst zehn Jahre später ist er von dort in die ägyptische Hauptstadt zurückgekehrt.

Auf die sozialen und politischen Spannungen reagierte Sadat zunehmend repressiv. Die seit 1974 schrittweise gewährte Presse- und Meinungsfreiheit und der Handlungs-spielraum der neu geschaffenen politischen Parteien wurden wieder eingeschränkt. Als auch dies die wachsende Opposition nicht zum Schweigen brachte, ließ Sadat im Sep-tember 1981 1500 führende Muslimbrüder, linke und nasseristische Politiker und Intellektuelle, ja selbst engagierte koptische Geistliche verhaften. Während der Parade zum 6. Oktober, dem Jahrestag der Suezkanalüberquerung 1973, wurde er ermordet. Die Mörder waren Angehörige einer extremistischen islamischen Organisation, die unter dem Namen *al-dschihad* bereits zuvor politische Morde begangen hatten. Die Tat war auch ein Racheakt für den »Verrat von Camp David«.

Nachfolger des ermordeten Präsidenten wurde sein Stellvertreter Husni Mubarak. Am 4. Mai 1928 geboren hatte er eine militärische Laufbahn in der ägyptischen Luftwaffe eingeschlagen. In den frühen 1960er Jahren hatte er am Krieg im Jemen teilgenommen und sich im Oktober-Krieg 1973 ausgezeichnet. Nachdem er im Rang eines Marschalls aus der Armee ausgeschieden war, war er 1975 von as-Sadat zum Vizepräsidenten ernannt worden. In einer Volksabstimmung am 14. Oktober 1981 wurde er mit 98,5 % als neuer Präsident Ägyptens bestätigt. Er sollte das Amt bis zum 11. Februar 2011 innehaben.

Die Ausgangslage seiner Präsidentschaft nach innen und außen war schwierig. Vor dem Hintergrund der Repression der letzten Jahre der Ära Sadat musste er sich wieder der Unterstützung der Bevölkerung versichern. »Demokratie und Pluralismus« war das Motto, mit dem er warb. Und tatsächlich waren die ersten Jahre durch eine relative Offenheit des Systems, nicht zuletzt auch in den Bereichen der Meinungs- und Pres-sefreiheit sowie der politischen Institutionen gekennzeichnet.

Die anfängliche Offenheit aber mutierte nach und nach zu autokratischer Macht-ausübung. Sie war gekennzeichnet durch repressive Maßnahmen gegen jede Form der Opposition auf der einen und kontrollierte Offenheit auf der anderen Seite. Kritik war erlaubt, solange sie sich nicht gegen den Präsidenten und seine Familie richtete und das System in Frage stellte. Da Mubarak selbst über keine politische Machtbasis verfügte, wurde die Armee die Grundlage seiner Machtausübung; der 1981 nach der Ermordung Sadats verhängte Ausnahmezustand sollte über Jahrzehnte fortbestehen. Der Vorsitz über die NDP bemäntelte die in der Wirklichkeit Realität praktizierte autokratische Machtausübung. Periodische Urnengänge sowohl zu den Parlaments- wie Präsident-schaftswahlen sollten dem System demokratische Legitimität vermitteln. Politische Parteien bestanden, waren aber in der Wirklichkeit politisch irrelevant; häufig boykot-tierten sie die Wahlen. Der *Muslimbruderschaft* war die Bildung einer Partei verboten; einzelne Persönlichkeiten kandidierten, wenn auch unter strenger Kontrolle, als Unabhängige. Mit der Bekämpfung der unter Sadat grassierenden Korruption konnte Mubarak in seinen ersten Herrschaftsjahren Sympathie gewinnen. Vordringliches wirtschaftspolitisches Ziel musste es sein, nach dem Konsumboom der späten 1970er

Jahre die Investitionen in den produktiven Bereich umzulenken, ohne die Grundprinzipien der wirtschaftlichen Öffnung zu gefährden.

In der Außenpolitik galt es, einen Spagat zu machen: auf der einen Seite die Isolierung im arabischen Lager zu überwinden, in die der Separatfrieden mit Israel geführt hatte. Auf der anderen Seite an eben diesem Frieden fest zu halten, was wiederum die Grundlage enger, freilich nicht zu enger Beziehungen zu den USA bedeutete, die sich in Camp David zu erheblichen jährlichen Zahlungen an Wirtschafts- und Militärhilfe verpflichtet hatten. Die militärische Intervention Israels im Libanon im Juni 1982 (s. S. 112) bot die Möglichkeit, ein Zeichen zusetzen: Die Beziehungen wurden eingefroren. Damit waren zugleich Vorzeichen für die kommenden Jahrzehnte gesetzt. Auch wenn sich die Beziehungen später, namentlich im Rahmen des Friedensprozesses im Nahostkonflikt (s. S. 140 f.), enger gestalteten, blieb der Vertrag zwischen Ägypten und Israel nur Grundlage eines »kalten Friedens«. Im Übrigen bot der Krieg zwischen dem Irak und Iran Mubarak 1988 die Gelegenheit, Solidarität mit dem »arabischen Lager« zu zeigen. 1988 nahmen zahlreiche arabische Staaten ihre diplomatischen Beziehungen mit Kairo wieder auf. 1989 wurde Ägypten wieder Mitglied der *Arabischen Liga*; in demselben Jahr kehrte sie wieder von Tunis in ihr Stammquartier am Tahrir-Platz in Kairo zurück.

Die stärkste innenpolitische Herausforderung an das Mubarak-Regime wurde ein islamistischer Terror, der von den Gruppen der *dschama'a islamiyya* und *al-dschihad* ausgeübt wurde. Am 12. Oktober 1990 war Ministerpräsident Rif'at al-Mahdschub von Islamisten ermordet worden. Ziele und Opfer wurden nun Angehörige des Systems, insbesondere aber Kopten und Touristen – letztere mit dem Ziel, den Tourismus zum Erliegen zu bringen und so die wirtschaftliche Grundlage des Systems zu unterminieren. Einen traurigen Rekord erreichte das Morden, als am 17. November 1997 bei einem Attentat in Luxor 58 Touristen und vier Ägypter den Tod fanden. Auch profilierte Persönlichkeiten des kulturellen Lebens wurden angegriffen. Am 8. Juni 1992 wurde der für seine Forderung nach der Trennung von Religion und Staat eintretende Intellektuelle Faradsch Fouda ermordet und am 14. Oktober 1994 verübte ein islamistischer Extremist einen Messeranschlag auf den Literaturnobelpreisträger Naguib Mahfuz, den dieser überlebte. Auf Mubarak wurden Attentatsversuche innerhalb und außerhalb Ägyptens – so am 26. Juni 1995 in Addis Abeba – unternommen. Erst gegen Ende des Jahrzehnts war der Terror weitgehend besiegt; 1999 erklärte die *dschama'a islamiyya*, dass sie die Waffen niederlege.

Neben der Bekämpfung der Terroristen durch kontinuierlich verstärkte Sicherheitskräfte – auch wurde der seit der Ermordung as-Sadats 1981 bestehende Ausnahmezustand regelmäßig verlängert – war die Antwort des Regimes auf die Herausforderung zweifach: Zum einen suchte es den Forderungen der Extremisten nach einer umfassenden Einführung der *Schari'a* seinerseits durch eine Islamisierung der Gesellschaft zu begegnen; dies insbesondere im Bereich der Justiz, der Kulturpolitik und der Medien. Zum anderen wurde die Bekämpfung des Terrors genutzt, um demokratische Spielräume und Institutionen nachhaltig einzuschränken. Wahlen wurden wesenlos, da die Opposition nicht zum Zuge kam bzw. sich deswegen gar nicht erst beteiligte. Das Ergebnis des Referendums am 4. Oktober 1993, bei dem Mubarak mit 96,28 % der Stimmen eine dritte Amtszeit erhielt (im September 1999 sollte er für seine vierte Amtszeit 93,97 % erhalten), ist ebenso signifikant wie das Ergebnis der Parlamentswahlen vom November/Dezember 1995: 317 Angehörige der NDP zogen in das 444 Abgeordnete umfassende Parlament ein; von den 114 Unabhängigen waren 99 Mitglieder der NDP, auf die Opposition entfielen lediglich 13 Sitze (*Wafd* 6; die sozialistische *Tagammu'* fünf und die Nasseristen und Liberalen [mit islamischer Neigung] je einen).

Die anhaltenden Klagen der Opposition über die Verletzungen der Menschen- und Bürgerrechte im Kontext des Kampfes gegen den Terrorismus blieben ungehört. Dagegen konnte sich Mubarak mit einem Pressegesetz nicht durchsetzen, das erhebliche Einschnitte bei der Berichterstattung und drakonische Strafen für die Verletzung des Gesetzes vorsah. Nach massiven Protesten seitens der Medienvertreter wurde es im Juni 1996 in einer Form revidiert, die »dem Gleichgewicht zwischen der Freiheit und den Rechten der Journalisten einerseits sowie den Rechten der Gesellschaft andererseits Rechnung trägt«. Besondere Unterdrückung erfuhr die *Muslimbruderschaft*. Das Regime setzte sie mehr oder minder gleich mit den gewalttätigen Extremisten. Tausende wurden verhaftet; das Regime suchte ihren politischen Einfluss insbesondere in den Berufsorganisationen zu begrenzen, in denen sie traditionell eine starke Stellung hatten. Im November 1995 wurden ihre Büros geschlossen. Inoffiziell beteiligten sie sich auch in den kommenden Jahren an der ägyptischen Politik. In den Parlamentswahlen im Oktober 2000 (85,46 % für die NDP; 17 Sitze für die offizielle Opposition) zogen sie als Unabhängige mit 17 Kandidaten in das Abgeordnetenhaus ein.

Die amerikanische Intervention im Irak im Frühjahr 2003 sollte, wenn auch am Ende kurzlebige Rückwirkungen auf die innenpolitische Konstellation in Ägypten haben. Für Mubarak bedeutete sie ein Dilemma. Während sie seitens der großen Mehrheit der Ägypter abgelehnt wurde, konnte der Präsident seinem wichtigsten Verbündeten nicht offen in den Arm fallen. Indem er den irakischen Diktator einerseits zum Hauptverantwortlichen für die Tragödie bezeichnete, forderte er andererseits die unverzügliche Wiederherstellung der Souveränität des Irak. In der Innenpolitik wurden die Anti-Terror-Maßnahmen gelockert. Dies freilich konnte nicht verhindern, dass die Forderungen des amerikanischen Präsidenten George W. Bush nach einer Demokratisierung des Nahen Ostens, die dieser im Rahmen seiner *Greater Middle East Initiative* ab 2004 erhob (s. S. 330), bei einem Teil der ägyptischen Öffentlichkeit auf offene Ohren stieß. Wieder stellte sich das Dilemma: zurückweisen konnte er sie nicht; an einer nachhaltigen Umsetzung aber war das Regime nicht interessiert. Ausdruck dieser Ambivalenz war u. a. eine im März 2004 abgehaltene Konferenz zum Thema *Arabische Reform – Vision und Umsetzung*. Immerhin fühlte sich die politische Opposition ermutigt, ihre Stimme zu erheben. 2004 konstituierte sich die *Partei des Morgen* (*hizb al-ghad*); ihre Mitglieder waren Intellektuelle, Studenten, Lehrer, Künstler, Politiker und Angehörige der Mittelschicht. Im Oktober traten sie mit einer Petition an die Öffentlichkeit, die von 700 Persönlichkeiten unterschrieben war. In ihr forderten sie das Ende des Ausnahmezustands, der autokratischen Präsidentschaft und des Einparteidiktats; zugleich traten sie für eine Verfassungsänderung ein, die eine weitere Amtszeit Mubaraks ausschließen würde. Die Antwort des Regimes bestand in einer Mischung aus Repression und juristischen Tricks, die den Gründer der Bewegung zunächst ins Gefängnis brachten.

Die Dauerhaftigkeit des Mubarak-Regimes beruhte nicht zuletzt auch auf der Außenpolitik des Präsidenten. Die Bemühungen um eine Rückkehr des Landes in den arabischen Kontext wurden besiegelt, indem sich Mubarak in dem Konflikt um Kuwait 1990/91 (s. S. 177) klar, auch militärisch mit 27 000 Soldaten, auf die Seite der internationalen Allianz zur Befreiung des Emirats stellte. Das wiedergewonnene Ansehen Ägyptens wurde auch in der Wahl des koptisch-christlichen Ägypters Butros Butros-Ghali zum Generalsekretär der Vereinten Nationen am 3. Dezember 1991 bestätigt. Über die nächsten zwei Jahrzehnte war die Verankerung in der amerikanischen Politik der USA im Nahen Osten die Grundlage der Außenpolitik des Landes. Als im Herbst 1991 der Friedensprozess zwischen den Arabern, namentlich den Palästinensern, und Israel begann (s. S. 155), war Ägypten nicht zuletzt auf der Grundlage des Friedensvertrages mit dem jüdischen Staat bestens vorbereitet, eine zentrale Rolle zu spielen. Die unermüdlichen Bemühungen um Vermittlung im Nahen Osten sowie ein dichtes Geflecht politischer Beziehungen, die Mubarak durch Reisen und Staatsbesuche zu untermauern bemüht war, machten ihn zu einem Stabilitätsanker westlicher Sicherheitspolitik im Mittelmeerraum und im Nahen Osten. Im Mittelpunkt stand dabei naturgemäß der israelisch-palästinensische Friedensprozess. Diese Bemühungen wurden besonders wichtig, als im Herbst 2000 der zweite palästinensische Aufstand (*intifada*) begann, an dessen Ende die Radikalisierung der Palästinenser und der Aufstieg der islamistischen *Hamas*-Organisation (s. S. 141 f.) standen.

Die Schwächung der amerikanischen Position im Nahen Osten im Gefolge der Invasion im Irak seit 2003, die Kriege im Libanon (2006; s. S. 117) und in Gaza (2009/10; s. S. 143), die anhaltende Siedlungspolitik Israels und der Aufstieg islamistischer Kräfte in der Region, neben der *Hamas* insbesondere der *Hizbollah* und Irans haben dazu beigetragen, dass Ägyptens Glaubwürdigkeit als Vermittler und Garant der Stabilität in der Region Kratzer erhielt. Mehr und mehr traten Saudi-Arabien und Katar an dessen Stelle. Der islamisch-konservative Charakter der politischen und gesellschaftlichen Systeme in diesen Ländern entsprach einem verstärkten Auftreten islamischer Kräfte in der Region insgesamt. Zugleich ermöglichte es der Reichtum der beiden Länder, Geld und andere materielle Zuwendungen als Instrumente der Außenpolitik einzusetzen.

Auch die Verschärfung der sozialen Spannungen in Ägypten minderte das Potenzial zu außenpolitischen Aktivitäten. Die im Zusammenwirken mit dem IMF in den 1990er Jahren implementierten Maßnahmen neoliberaler wirtschaftlicher Reformen hatten sich zunächst positiv auf das gesamtwirtschaftliche Niveau ausgewirkt. In den Jahren ab 2000 machten sich dann die negativen Folgewirkungen bemerkbar. Breite Teile der Bevölkerung waren durch Stellenabbau bei privatisierten Staatsbetrieben und Preissteigerungen zunehmend negativ betroffen. Inflationsraten von über 10 % jährlich erschwerten den Geringverdienern das Überleben. Subventionen von Grundnahrungsmitteln und Energie wurden zurückgefahren. Die offizielle Armutsrate lag 2010 bei 23,4 %; aber inoffiziellen Schätzungen zufolge verdienten 40 % der Bevölkerung weniger als 2 US-Dollar pro Tag. Insbesondere junge Universitätsabgänger waren frustriert; etwa die Hälfte fand keinen angemessenen Arbeitsplatz, sondern sah sich im Extremfall in den informellen Sektor abgedrängt. Bereits lange vor dem Ausbruch der Proteste, die zum Sturz Mubaraks führen sollten, kam es zu Demonstrationen und Streiks, die gewaltsam unterdrückt wurden. Vier Jahre vor der Revolution auf dem Tahrir begann in Mahalla al-Kubra, dem Zentrum der ägyptischen Textilindustrie, die größte Streikwelle der Geschichte des Landes. 2010 verlagerten immer mehr Arbeiter und Angestellte aus der Provinz ihre Proteste in Form von tage- manchmal wochenlangen *Sit-ins* in das Regierungsviertel Kairos. Die Perspektive, der Sohn des Präsidenten, Gamal Mubarak, könnte seinen Vater in der Präsidentschaft beerben, ließ jede Hoffnung auf Wandel im Keim ersticken.

So waren die Motive und Triebkräfte der Proteste, die am 25. Januar 2011 begannen, denen vergleichbar, die in Tunesien zum Sturz Ben Alis geführt hatten (s. S. 211 f.). Am 11. Februar erklärte Mubarak seinen Rücktritt. Mit ihm endete die Epoche, die mit der Machtübernahme der *Freien Offiziere* Nassers im Juli 1952 begonnen hatte. Hatte sich das Militär während der Demonstrationen zurückgehalten und war schließlich zu Mubarak auf Distanz gegangen, so übernahm es mit dem *Supreme Council of the Armed Forces* (SCAF) erst einmal die Macht. Tausende von Ägyptern wurden im Zusammenhang mit den Protesten vor Militärtribunale gestellt. Eine Deeskalation und Demokratisierung der ägyptischen Innenpolitik erfolgten im Zuge der Parlamentswahlen im Dezember 2011/Januar 2012. Ägyptens erster freier und demokratischer Urnengang endete mit einem Erdrutschsieg der Partei der *Muslimbruderschaft* (*Partei für Freiheit und Gerechtigkeit*), die mit 47 % der Sitze im Unterhaus (*madschlis asch-scha'ab*) nur knapp die absolute Mehrheit verfehlte. Eine politische Sensation war das Abschneiden der Salafisten (*Partei des Lichts [nur]*), die mit 25 % der Stimmen zur zweitstärksten politischen Kraft avancierten. Die liberalen bzw. säkularen Kräfte gingen als Verlierer aus den Wahlen hervor: Sozialisten, Kommunisten, Nationalisten, Panarabisten, Liberale kamen gerade einmal auf ein Fünftel der Sitze.

Die Berufung der Verfassungsgebenden Versammlung war der nächste Schritt. Die Diskussion über die Verfassung wurde überlagert durch den Präsidentschaftswahlkampf, aus dem am 23./24. Mai 2012 Muhammad Mursi als Sieger und damit als erster frei gewählter Präsident Ägyptens hervorging. Sein Sturz durch das Militär im Juli 2013 bedeutete einen Rückschlag auf dem Weg des Landes in eine demokratische Zukunft. Im Mai 2014 ließ sich der Anführer des Putsches, General as-Sisi, zum Präsidenten wählen. Dass damit eine dauerhafte Restauration der Militärherrschaft eingeleitet ist, deren Sturz das 20. Jahrhundert in Ägypten beendet hatte, ist eher unwahrscheinlich.

4.1.2 Sudan

Die Darstellung der Geschichte des Sudan derjenigen Ägyptens folgen zu lassen, rechtfertigt sich vor dem Hintergrund des historischen Kontextes. In der ersten Hälfte des 19. Jahrhunderts waren große Gebiete des heutigen Sudan von Ägypten erobert und anschließend verwaltet worden. Nach der Unabhängigkeit Ägyptens (1922; s. S. 59 f.) war die Sudan-Frage immer wieder Gegenstand von Kontroversen zwischen London und den ägyptischen Nationalisten. Zwar wurde das Land 1956 unabhängig; die Abhängigkeit aber beider Länder von der Lebensader des Nils (und die diesbezüglichen Abkommen über die Verteilung seines Wassers) schaffen nach wie vor eine besondere Nähe.

Die Veränderungen, die mit der Eroberung des Sudan durch Ägypten ausgelöst wurden, waren von der Ausbreitung religiöser, mystisch geprägter Bruderschaften begleitet. Die Errichtung des Mahdi-Staates 1885–1898 war die bedeutendste politische Manifestation einer solchen: der *mahdiyya*. 1874 war der Brite Charles George Gordon vom Khediven als Gouverneur zunächst der Äquatorialprovinzen, seit 1877 des gesamten Sudan, eingesetzt worden. Zu seinen Aufgaben sollte nicht zuletzt die Unterbindung des Sklavenhandels gehören. Mitte der 1890er Jahre sah er sich mit der religiös-nationalen, anti-kolonialistischen Mahdi-Bewegung konfrontiert. Ihr Gründer war Muhammad Ahmad, ein charismatischer Derwisch, der sich im Juni 1881 zum Mahdi, nach sunnitisch-islamischem Glauben, zum Erlöser, erklärt hatte. Auf seinen Wanderungen hatte er zur religiösen Erneuerung und zum Widerstand gegen christlich-europäische Einflüsse und die britische Dominanz aufgerufen. Denen, die ihm nicht folgten, erklärte er den *dschihad*. Seine rasch wachsende Gefolgschaft setzte sich aus sehr unterschiedlichen Gruppen von Menschen zusammen: aus mit der türkisch-ägyptischen Regierung Unzufriedenen, berufsmäßigen Sklavenhändlern, denen die Europäer das Handwerk gelegt hatten, aber auch Beutelustigen und Abenteurern. Am 15. Januar 1885 eroberten die Mahdisten nach monatelanger Belagerung der Hauptstadt Khartum; dabei fand Gordon den Tod. Das Reich des Mahdi überlebte seinen Gründer, er starb im Juni 1885. Erst im September 1898 besiegte ein britisch-ägyptisches Heer unter Lord Kitchener das Heer des »Kalifen«, des Nachfolgers des Mahdi.

Kerndaten Sudans

Name des Landes (deutsch/arabisch/ englisch/französisch)	Sudan / Dschumhuriyyat as-Sudan / Republic of the Sudan / Soudan		
Bevölkerung in Mio.	38,3	Datum der Unabhängigkeit	1.1.1956
Einwohner pro km²	20	Datum des Beitritts zur Arabischen Liga	1956
Fläche in Mio. km²	1,8	Staatsform	Präsidialsystem
Landessprache (offizielle [Staats-]Sprache)	Arabisch	BIP in Mrd. US-Dollar	89
häufig gebrauchte Sprachen	Englisch, Afrikanische Sprachen	BIP pro Einwohner in US-Dollar	1753
Konfessionen	Muslime 70 % (Sunniten)	Lebenserwartung in Jahren	63
religiöse Minderheiten	Afrikanische Religionen 25 %, Christen 5 %	Zusammensetzung der Bevölkerung (ethnisch) einschließlich des 2011 abgespaltenen Südsudan	Araber 36 %, afrikanische Ethnien

Im anglo-ägyptischen Abkommen von 1899 wurde der Status des Sudan festgeschrieben. Gemäß der als *Kondominium* bezeichneten Regelung sollte der Sudan zwar getrennt von Ägypten durch einen britischen Generalgouverneur regiert werden; zugleich aber würden beide Länder durch eine gemeinsame Souveränität über den Sudan verbunden bleiben. Teile des Verwaltungspersonals und des Militärs legten ihren Treueid auf den Khediven ab. De facto lag die Herrschaft bis zum Ende des Kondominiums 1955 bei Großbritannien. Die Generalgouverneure waren ausschließlich Briten; sie verfügten über die oberste militärische und zivile Gewalt. Neben seinen umfassenden exekutiven Vollmachten konnte der Generalgouverneur auf dem Verordnungsweg auch legislative Entscheidungen treffen. So wurde der Sudan wie eine Kolonie regiert.

Unter britischer Herrschaft erfuhren namentlich Landwirtschaft und Infrastruktur nachhaltige Impulse. Eine wesentliche Maßnahme war die Anlage großflächiger Baumwoll-Monokulturen auf Staatspachtbasis im Gebiet der Dschezira, des fruchtbaren Gebiets zwischen Weißem und Blauem Nil; der Rest des Landes fiel demgegenüber in seiner Entwicklung zurück. Damit begannen sich die ohnehin bestehenden ethnischen und kulturell-religiösen Unterschiede zwischen den nördlichen und südlichen Teilen des Landes zu vertiefen. Während der Norden, damals wie heute, stark arabisch und islamisch geprägt ist, leben auf dem Gebiet des südlichen Sudan vorwiegend afrikanische Völker, die lokalen Religionen anhängen bzw. zum Christentum bekehrt wurden. Der Graben und die Spannungen zwischen beiden Landesteilen, die durch die britische Politik akzentuiert wurden, sollten die Geschichte des Landes seit der Unabhängigkeit prägen und schließlich zur Abspaltung des Südens im Jahr 2011 führen.

Die ägyptischen Nationalisten hatten das *Kondominium* von Beginn an abgelehnt und unter dem Motto der »Einheit des Niltals« einen einheitlichen Staat gefordert. Mit der Erlangung der Unabhängigkeit Ägyptens 1922 konnte London die ägyptischen Forderungen nicht länger überhören. Nationalistische Kreise unter den Ägyptern im Sudan zusammen mit nationalistisch gesinnten Sudanesen begannen, gegen die britische Herrschaft aufzubegehren. Die Ermordung des britischen Generalgouverneurs Sir Lee Stack anlässlich eines Aufenthalts in Kairo am 19. November 1924 verschärfte die Spannungen zwischen Ägypten und Großbritannien (s. S. 60). In Reaktion auf die Ermordung Stacks setzte Allenby in seiner Funktion als britischer Hoher Kommissar Ministerpräsident Sa'd Zaghlul Pascha unter Druck, den Rückzug aller ägyptischen Militärangehörigen im Sudan – sie hatten ihren Diensteid auf den Herrscher in Kairo geleistet – innerhalb von 24 Stunden anzuordnen.

Die Ereignisse von 1924 bedeuteten einen Wendepunkt in der Geschichte des *Kondominiums*. Während es als Fassade fortbestand, trat eine Tendenz zu eigenständiger Entwicklung des Sudan immer deutlicher zutage. Die nunmehr eingeführte *indirect rule* (indirekte Herrschaft) stärkte die feudalen Herrscher, die islamischen Sekten sowie die lokalen Notabeln. Aus der gemischt ägyptisch-sudanesischen Armee wurde der Kern der *Sudan Defence Force.* Zugleich begann sich eine sudanesisch-nationalistische Strömung bemerkbar zu machen. Ihren Kern bildeten jene Sudanesen, die durch das von den Briten eingerichtete Schulsystem, an seiner Spitze das *Gordon College*, gegangen waren. Es war nach der Rückeroberung des Sudan 1902 als Kaderschmiede für die mittleren und oberen Ränge der britisch geführten Verwaltung des Landes gegründet worden.

Die Ausweisung des ägyptischen Lehrpersonals 1924 verstärkte sudanesisch-nationalistische Bestrebungen. Sie fanden 1938 in der Gründung des *Graduates' General Congress* ihren institutionellen Niederschlag. Seine Mitglieder waren Absolventen der höheren Bildungsanstalten und des Gordon College; sein Sekretär war Isma'il al-Azhari, selbst Mathematiklehrer ebendort. Standen zunächst noch gesellschaftliche Zielsetzungen auf seinem Programm, so erhielten die Aktivitäten mit Ausbruch des Krieges eine stärker politische Dimension. In einer Petition vom April 1942 wurde für die Zeit nach dem Ende des Krieges das Recht auf Selbstbestimmung gefordert. Die Frage nach den Beziehungen zu Ägypten spaltete den *Congress*. Mit der Gruppe der *aschiqqa'* (Brüder) gründete al-Azhari, der selbst für die Einheit mit Ägypten eintrat, 1943 die erste politische Partei im Sudan. 1947 fiel der *Congress* endgültig auseinander.

Nunmehr betraten auch jene beiden religiösen Strömungen wieder die Bühne, die bereits im 19. Jahrhundert das gesellschaftliche und politische Leben der muslimischen Sudanesen in hohem Maße geprägt hatten. Mit der Errichtung des Kondominiums hatten die »Mahdisten« zunächst eine Niederlage erlitten. Die Bewegung der Anhänger des Mahdi (*mahdiyya*) aber war lebendig geblieben. 1945 organisierten sich die Mahdisten als »Helfer« (*ansar*) in der *umma*-Partei: Nach innen repräsentierte sie die feudale Aristokratie und trat für die Errichtung einer Monarchie ein; nach außen stand sie für eine eigenständige Außenpolitik des Sudan. Gegenspielerin der *mahdiyya* war seit dem 19. Jahrhundert die Bruderschaft der *khatmiyya* (auch *mirghaniyya*) gewesen, deren Gründer Sayyid Muhammad Othman al-Mirghani (1793–1853) einer wohlhabenden Familie aus Mekka entstammte. Anders als die *mahdiyya* hatte sie zunächst mit der ägyptisch-osmanischen Verwaltung, später unter dem Kondominium mit den Briten zusammengearbeitet. 1953 formierten sich ihre Anhänger in der *National Union Party* (NUP). Sie vertrat die nationale Bourgeoisie und die städtische Intelligenz, die ihre religiösen Wurzeln in der *khatmiyya* hatten. Zwar war auch sie noch – wie die *aschiqqa'* – dem Ideal der »Einheit des Niltals« und mithin einer engen sudanesisch-ägyptischen Verbindung verpflichtet. Zum Zeitpunkt ihrer Gründung aber waren die Weichen bereits in Richtung der Gründung sudanesischer Eigenstaatlichkeit gestellt. Auch die *khatmiyya* in Gestalt der NUP hatte begonnen, sich pragmatisch darauf einzustellen.

Gegen Ende des Zweiten Weltkriegs hatte Großbritannien begonnen, Forderungen der Nationalisten nach stärkerer Teilhabe an Regierung und Verwaltung entgegen zu kommen. Im Mai 1944 wurde der *Advisory Council* eingerichtet, ein Beratungsgremium, an dem neben den Spitzen der britischen Verwaltung 28 Sudanesen beteiligt waren. Bei seinem Zustandekommen war die ägyptische Regierung nicht konsultiert worden. Auch war seine Zuständigkeit auf den Nordsudan beschränkt. Dieser Tatbestand ließ erkennen, wie unterschiedlich sich der Norden und der Süden entwickelt hatten. Bis zu dem von Großbritannien durchgesetzten Verbot der Sklaverei war der schwarzafrikanische Süden ein Reservoir für Sklavenhändler gewesen. Während sich im Norden unter dem turko-ägyptischen Regime und der Herrschaft des Mahdi staatliche und verwaltungsmäßige Strukturen gebildet hatten, war der Süden weithin sich selbst überlassen geblieben. Auch unter britischer Herrschaft konnte der Süden den Entwicklungsvorsprung des Nordens nicht aufholen. Kulturell und religiös hatte sich die Kluft sogar vertieft. Während im islamisch geprägten Norden missionarische Aktivitäten verboten waren, waren unter den Anhängern der lokalen Religionen des Südens christliche Kirchen aktiv. Sprachlich bedeutete das die Ausbreitung des Englischen; arabisch war allenfalls rudimentär im Gebrauch. Bemühungen, den Süden und den Norden tatsächlich zu integrieren, kamen zu spät. Bereits 1955, ein Jahr vor der Unabhängigkeit »des Sudan«, sollte es zu Unruhen kommen.

Weiterreichende Schritte in Richtung auf eine Beteiligung der Sudanesen an Regierung und Verwaltung wurden nach Kriegsende nicht zuletzt durch sowohl innersudanesische als auch britisch-ägyptische Differenzen die künftigen Beziehungen des Sudan zu Ägypten betreffend belastet. Wahlen zu einer *Gesetzgebenden Versammlung* im Juni 1948 wurden von den Anhängern einer Vereinigung mit Ägypten boykottiert. Immerhin aber war diese – im Gegensatz zum *Advisory Council* – nunmehr auch für den Süden zuständig. Auch wurden ab 1950 erste Schritte unternommen – nicht zuletzt durch die Einführung des Arabischen im Schulsystem des Südens –, die beiden Teile des Landes einander anzunähern. Auch wurden Sudanesen aus dem gesamten Staatsgebiet über einen *Executive Council* stärker an Regierung und Verwaltung beteiligt.

Die Auseinandersetzung um den künftigen Status des Landes spitzte sich dennoch zu. Die ägyptische Regierung verlieh ihrer Politik der »Einheit des Niltals« Nachdruck, indem sie im Oktober 1951 das ägyptisch-britische Abkommen von 1936 (s. S. 63) und den Vertrag über das *Kondominium* kündigte und Faruq zum König Ägyptens und des Sudan ausrief. Unter den Sudanesen selbst verlagerte sich das Gewicht langsam zugunsten der Anhänger der Eigenständigkeit des Sudan. In dem *Self-Government Statute*, das die *Gesetzgebende Versammlung* im April 1952 in Kraft setzte, verblieb dem Generalgouverneur in Khartum im Wesentlichen nur noch die Zuständigkeit für die Außenpolitik des Landes. Der Staatsreich der *Freien Offiziere* in Ägypten im Juli desselben Jahres (s. S. 64) schuf auch in der Sudanfrage eine neue Ausgangssituation. Das neue Regime in Kairo sprach sich bald für das Recht der Sudanesen auf eine eigene Regierung aus, der nach drei Jahren die Selbstbestimmung folgen sollte.

Die Gründung des Parlaments war der erste Schritt auf diesem Weg. Aus den Wahlen vom Dezember 1953 ging – sehr zur Überraschung der Briten – die pro-ägyptische NUP unter der Führung al-Azharis als stärkste Gruppierung hervor. Gleichwohl beschleunigte sich jetzt der Prozess der Sudanisierung. Schwerer als die Briten tat sich die *Umma*-Partei mit dem Wahlergebnis, hatte sie doch in den vorangegangen Vertretungen sowohl des *Advisory Council* als auch der *Gesetzgebenden Versammlung* die Mehrheit gehabt. Von ihr angezettelte Unruhen am 1. März 1954 führten zur Verhängung des Ausnahmezustands. Die Gewalt freilich schockierte viele Sudanesen. Auch al-Azhari musste erkennen, dass eine kompromisslose Politik der Durchsetzung einer Vereinigung mit Ägypten die Verwerfungen vertiefen würde. Ihm lag nun daran, die Unabhängigkeit möglichst schnell zu erreichen. Im August 1955 beschloss das Parlament den umgehenden Rückzug der britischen und ägyptischen Streitkräfte. Am 19. Dezember erklärte es die Unabhängigkeit; der Senat folgte dem drei Tage später. Zugleich wurde eine vorläufige Verfassung angenommen. In ihr wurden die Regelungen des von den Briten eingerichteten *Self-Government Statute* weitgehend beibehalten. An die Stelle des Generalgouverneurs trat ein Staatsrat bestehend aus fünf Mitgliedern, darunter ein Südsudanese. Bereits im August zuvor war es im südsudanesischen Torit zu einer Erhebung der dortigen Garnison gekommen; die Forderungen richteten sich auf einen Autonomiestatus des Südens und dessen nur lockere föderative Einbindung in den Sudan. Der Protest freilich blieb ohne unmittelbare Wirkung; und am 1. Januar 1956 trat der Sudan in die Unabhängigkeit ein.

Das demokratische Experiment stand freilich unter keinem günstigen Stern. Die wirtschaftliche Lage hatte sich verschlechtert. Politisch hatte der Schwenk al-Azharis in Richtung auf eine von Ägypten eigenständige Unabhängigkeit des Sudan innerparteilichen Widerstand hervorgerufen. Bereits im Juni 1956 wurde mit der *People's Democratic Party* (PDP) eine religiös-politische Konkurrenz gegründet, die in der Person von Sayyid Ali al-Mirghani die Unterstützung der *Khatmiyya*-Bruderschaft hatte. Im Folgenden versank die sudanesische Politik zunehmend in Fraktionskämpfe, Machtmissbrauch und Korruption. Hauptkontrahenten waren die nunmehr geschwächte NUP al-Azharis, die PDP sowie die *Umma*-Partei als Sammlungsorgan der Anhänger der *Mahdiyya*-Bruderschaft unter der Führung der al-Mahdi-Familie. Die Regierung der NUP wurde durch eine Koalition abgelöst, die jetzt unter der Führung Abdallah Khalils, des Generalsekretärs der *Umma*-Partei, stand. Fortbestehende Blockaden lähmten nicht nur die Innen- und Wirtschaftspolitik. Auch außenpolitisch hatte das Land, das kurz nach seiner Unabhängigkeit der Arabischen Liga beigetreten war, Schwierigkeiten, sich zwischen den widerstreitenden Polen im arabischen sowie in einem durch den Ost-West-Konflikt polarisierten internationalen Lager zu positionieren. Auch die Beziehungen zu Ägypten unterlagen Schwankungen. Im Suez-Krieg (Oktober 1956; s. S. 65 f.) hatten Regierung und Öffentlichkeit emotional Position auf Seiten Nassers bezogen; auf der anderen Seite führten dessen Pläne, den Assuan Staudamm zu errichten, sowie widerstreitende Gebietsansprüche zu Spannungen.

Die Parlamentswahlen vom Februar/März 1958 ergaben keine Lösung der Probleme. Wieder brachte Abdallah Khalil eine Koalition aus der *Umma*-Partei und der PDP zusammen. Einmal mehr aber offenbarte sich das Problem mit dem Süden des Landes: Die Berufung der »südlichen« Minister in das Kabinett entsprach nicht den Kandidatenvorschlägen der *Liberal Party*, die die Mehrheit der Südsudanesen repräsentierte. Eine Gruppe südsudanesischer Abgeordneter, zusammengeschlossen im *Federal Bloc*, tat sich deshalb mit der NUP zusammen, was die Entscheidungsspielräume der Regierung, nicht zuletzt in der Außenpolitik gegenüber den USA, auf deren finanzielle Unterstützung sie angewiesen war, einengte. Zwar konnte im Juli 1958 schließlich das sudanesisch-amerikanische *Technical Aid Agreement* ratifiziert werden; gleichzeitig aber wurde das Parlament in Urlaub geschickt. Internationale Wirtschaftshilfe aber wurde dringend benötigt, denn schlechte Ernten und fallende Baumwollpreise hatten die wirtschaftlichen Probleme verschärft. Am 21. Oktober riefen die Gewerkschaften einen Generalstreik aus, der sich auch gegen das Kooperationsabkommen mit den USA richtete – Antiamerikanismus war sowohl auf Seiten der Linken wie auch in den Reihen der herkömmlich mit Ägypten sympathisierenden PDP verbreitet.

Während die Parteien noch um eine neue Koalition bemüht waren, übernahm am 17. November 1958 das Militär die Macht. Führer des 12-köpfigen *Obersten Rats der Streitkräfte* war General Ibrahim Abbud. Hatten die Parteiführer die Machtübernahme zunächst hingenommen, ließ die einsetzende politische Repression – Verhaftungen, Pressezensur, Verbot der Gewerkschaften, Verhängung des Ausnahmezustands – bald Widerstand aufkommen. Getragen von einer breiten Koalition linksnationalistischer Kräfte, unter ihnen nicht zuletzt die *Kommunistische Partei des Sudan* (KPS), die seit der Unabhängigkeit Zulauf erhalten hatte –, sowie der religiösen Parteien fand dieser in der »Oktoberrevolution« seinen Höhepunkt. Am 1. November 1964 sah sich die Armee zum Rückzug in die Kasernen gezwungen.

Unter der Übergangsregierung wurden die verfassungsmäßigen Institutionen wieder eingesetzt. Gleichwohl aber stagnierte die politische Entwicklung: Aus den Wahlen zur *Verfassunggebenden Versammlung* im April 1965 gingen – wie gehabt – die etablierten religiösen Bruderschaften der *khatmiyya* und der *Umma*-Partei (*mahdiyya*) als stärkste Gruppierungen hervor. Sie bestimmten in den folgenden Jahren das politische Geschehen, das durch parteipolitisches Chaos und daraus resultierende Regierungsunfähigkeit gekennzeichnet war. Auch die Ausarbeitung einer endgültigen Verfassung war auf der Strecke geblieben. Namentlich aber das Südsudanproblem war zu einer immer nachhaltigeren Herausforderung an die Regierungen in Khartum geworden. Unter dem Namen *Anya-Nya* hatte 1963 eine Rebellenarmee den Kampf gegen die Regierung in Khartum aufgenommen. Bestrebungen seitens der *Umma*-Partei und der neu gegründeten *Democratic Union Party* (DUP; eine Fusion von NUP und PDP), der Verfassung einen deutlich islamischen Charakter zu geben, waren im Süden auf Widerstand gestoßen. Am 25. Mai 1969 beendete das Militär die zweite Phase der Demokratie im Sudan.

Die Putschisten hatten sich im *Bund der Freien Offiziere* zusammengeschlossen; mit dieser Selbstbezeichnung wurde das Bekenntnis zu einem »nasseristischen« Programm zum Ausdruck gebracht. Unter dem Vorsitz von Dscha'far an-Numairi suspendierte der Revolutionsrat als neues höchstes Machtorgan die Verfassung, löste den Staatsrat und die *Verfassunggebende Versammlung* auf und verbot die politischen Parteien. Der sudanesische Sozialismus, organisiert in der 1971 gegründeten *Sudanese Socialist Union* (SSU) war von seinem ägyptischen Vorbild inspiriert. Diesmal stieß das Militär von Beginn an auf Widerstand; wieder wurde er getragen von der *mahdiyya* und der KPS. Bereits im März 1970 wurden Demonstrationen der *ansar* gewaltsam niedergeschlagen; ihr Führer, Sadeq al-Mahdi, wurde nach Ägypten verbannt. Ein Putschversuch der KPS scheiterte im Juli 1971. Erst jetzt war der Weg frei für die weitere Konsolidierung des Militärregimes. Die Gründung der SSU, die Wahl an-Numairis zum Staatspräsidenten, die Auflösung des Revolutionsrats und Wahlen zur Nationalversammlung im September 1972 waren die nächsten Schritte. 1973 wurde eine neue Verfassung verabschiedet. Im Konflikt mit dem Süden war an-Numairi ein Erfolg beschieden: Im Abkommen von Addis Abeba aus dem März 1972 wurde den Provinzen Equatoria, Bahr al-Ghazal und Oberer Nil weit reichende Autonomie zugestanden und damit der Bürgerkrieg im Südsudan vorerst beendet.

Nicht zuletzt eine verfehlte Wirtschaftspolitik, die sich an den – schon in Ägypten gescheiterten – Vorbildern der Nasser-Zeit inspirierte und die Verschlechterung der sozioökonomischen Lage eines Großteils der Bevölkerung zur Folge hatte, ließ die Unzufriedenheit mit dem Regime an-Numairis eskalieren. Anhaltende Proteste führten 1982 in die »Volksbewegung des zivilen Ungehorsams« und am 6. April 1985 zur Absetzung an-Numairis durch einen *Transitional Military Council* (TMC). Die Verfassung von 1973 wurde suspendiert, die Nationalversammlung und die SSU aufgelöst.

Auch die ideologische Wende, die an-Numairi 1983 vollzogen hatte, trug zu seinem Scheitern bei: Hatte der General seinerzeit die Herrschaft als glühender Verehrer Nassers und des libyschen Diktators al-Qadhafi übernommen, so trieb er mit den sogenannten »Septembergesetzen« die Islamisierung des sudanesischen Staates voran. Am 8. September 1983 verfügte er per Präsidialdekret die Aufhebung des bestehenden Rechtssystems und die Islamisierung der Gesetzgebung. Weitere Schritte, u. a. Islamisierungsgesetze für den wirtschaftlichen Bereich und die Einsetzung von Sondergerichtshöfen zur Anwendung des Strafgesetzes, folgten. Die geistige Patenschaft für diesen Schritt übernahm die *Muslimbruderschaft* unter ihrem charismatischen Führer Dr. Hasan at-Turabi. Für die Südsudanesen bedeuteten die Septembergesetze eine Herausforderung die zu Geist und Buchstaben des Abkommens von Addis Abeba in Widerspruch standen. Der militärische Widerstand begann sich neu zu organisieren.

Der Aufstieg der *Muslimbruderschaft* im Sudan seit dem Ende des Zweiten Weltkriegs war lange eine Randerscheinung in der sudanesischen Politik gewesen. Seit den 1960er Jahren war er mit dem Wirken at-Turabis verbunden. 1930 geboren und seit 1961 mit einer Schwester Sadeq al-Mahdis verheiratet, war er 1962 nach einem Jurastudium an der Sorbonne in den Sudan zurückgekehrt. Dort war er zunächst Generalsekretär der *Islamic Charter Front* geworden, deren Programm wesentlich in der Islamisierung von Staat, Gesellschaft und Wirtschaft des Sudan bestand. In den ersten Jahren der Herrschaft an-Numairis zeitweise unterdrückt, führte der 1976 eingeleitete Prozess der »nationalen Versöhnung« zu einer Annäherung zwischen dem Regime und der *Muslimbruderschaft*. Sichtbarer Ausdruck davon war 1979 die Berufung at-Turabis zum Generalstaatsanwalt. Die Machtübernahme durch den TMC und die Suspendierung der Septembergesetze bedeuteten freilich nicht das Ende des Islamisierungsdrucks. Noch im April 1986 gründete die Bruderschaft um at-Turabi die *National Islamic Front* (NIF); auf diese Weise war sie wirkungsvoll aufgestellt, von der anstehenden Demokratisierung profitieren zu können. Der Islamisierung von Politik und Gesellschaft im Sudan, die in der *Muslimbruderschaft* und den Septembergesetzen zutage trat, fiel eine andere, reformorientierte islamische Strömung, die *Republikanischen Brüder*, zum Opfer: Am 18. Januar 1985, wenige Monate vor dem politischen Ende an-Numairis, hatte dieser den führenden Kopf der Bewegung, Mahmud Muhammad Taha, hängen lassen. Das Urteil war mit »Abfall vom Islam« begründet worden.

Tatsächlich war mit der nunmehr in der NIF organisierten *Muslimbruderschaft* eine dritte religiöse Kraft auf die politische Bühne des Sudan getreten. Aus den im April 1986 abgehaltenen Parlamentswahlen ging sie hinter der *Umma* (99) und der DUP (63) mit 51 Sitzen als drittstärkste Partei hervor. Noch aber teilten sich wieder *Khatmiyya* und

Umma (*Mahdiyya*) die Macht: Dem 5-köpfigen Staatsrat präsidierte der DUP-Politiker Sayyid Ahmad Ali al-Mirghani, Ministerpräsident wurde Sadeq al-Mahdi. Erhalten blieben damit freilich auch die Blockaden des Systems, was umso schwerer wog, als der Konflikt im Süden eskalierte. Nicht zuletzt aufgrund des wachsenden Einflusses at-Turabis konnte die Regierung ihr Versprechen, die *Schari'a*-Gesetze abzuschaffen, nicht durchsetzen. Am 30. Juni 1989 setzte wieder das Militär der dritten demokratischen Periode in der Geschichte des unabhängigen Sudan ein Ende. In seiner Eigenschaft als Vorsitzender des *Revolutionären Kommandorats zur Nationalen Errettung* (*Revolutionary Command Council for National Salvation*; RCCNS) war Generalleutnant Omar Hasan al-Baschir der neue Machthaber. Per Dekret des RCCNS vom selben Tage war er zugleich Staatschef, Ministerpräsident, Verteidigungsminister und Generalstabschef.

Die neue »revolutionäre« Führung löste nicht nur die Parteien auf, sondern schloss auch eine Rückkehr zu einem Mehrparteiensystem ausdrücklich aus. Zugleich aber erklärte sie die Militärherrschaft für nur befristet. Vor diesem Hintergrund musste sich die Suche nach einem neuen politischen System schwierig gestalten. Auch hielten die sozialen Unruhen an und im Süden errangen die Rebellen weiterhin militärische Erfolge. Eine Tendenz zu einer wieder stärkeren Islamisierung des Systems war von Anfang an erkennbar; bald trug sie die Handschrift Hasan at-Turabis. Symptomatisch dafür war die Einführung des islamischen Strafrechts im März 1991. Unter den Varianten politischer Herrschaft gewann zugleich das libysche Modell (s. S. 232 ff.) an Anziehungskraft. Vor dem fiktiven historischen Hintergrund der Huldigung des Kalifen und zugleich der Konsultation der islamischen Gemeinde als zwei Grundprinzipien des islamischen Staates sollte in dem neuen politischen System der Präsident durch Direktwahl ermittelt (ausgestattet mit den Kompetenzen des amerikanischen Präsidenten) und der Konsultationspflicht durch die Einrichtung eines lokal und regional gestaffelten Systems von »Volkskonferenzen« Rechnung getragen werden. Die zukünftigen Mitglieder der Nationalversammlung sollten durch Wahl in den Wahlkreisen sowie durch eine Kooptierung von Vertretern der acht nationalen »Berufskonferenzen« (u. a. Frauen-, Jugend- und Studentenorganisationen) bestimmt werden. Ein föderalistisches System umfasste seit 1994 26 Bundesstaaten.

1992 hatte sich das Regime konsolidiert. Die Macht lag ausschließlich in den Händen von al-Baschir als Vorsitzendem des RCCNS. Anstelle einer Wahl zur Nationalversammlung ernannte er selbst im Februar 1992 300 Mitglieder zur *Transitional National Assembly* (TNA). In der Propaganda des Regimes »Repräsentanten aller gesellschaftlichen Meinungen«, handelte es sich in Wirklichkeit um handverlesene Persönlichkeiten, die ihm nahestanden, darunter auffallend viele Mitglieder der NIF. Eine Opposition, die dem Regime hätte gefährlich werden können, war nicht in Sicht. Gleichwohl blieben Sabotageakte und andere Gewalttakte an der Tagesordnung. Im Konflikt im Süden konnte keine der kämpfenden Parteien die Oberhand gewinnen; politische und soziale Unruhen wurden niedergeschlagen. Oppositionelle Politiker, Akademiker, Intellektuelle und Gewerkschafter verließen das Land und sammelten sich im Ausland. In London gaben sie sich in der *National Democratic Alliance* (NDA) eine politische Plattform.

Die Wahlen zu einer Nationalversammlung als Nachfolgerin der TNA und die Wiederwahl al-Baschirs als Staatspräsident 1996 änderten nichts an den großen Linien der Innen- und Außenpolitik. In einer Rede am 23. März erklärte dieser, an der »islamischen Gesellschaftskonzeption« und dem Verbot der politischen Parteien festhalten zu wollen. Dafür hatte er die Unterstützung at-Turabis, der am 1. April zum Vorsitzenden des neu konstituierten Parlaments gewählt worden war. Nichts änderte sich auch an der verheerenden Situation der Menschenrechte, die bereits seit Jahren Gegenstand scharfer internationaler Kritik war. Außenpolitisch vertiefte das Festhalten an dem radikal-islamischen Kurs die Isolierung des Landes. Ägypten – am 26. Juni 1995 war in Addis Abeba auf Präsident Mubarak ein Attentat verübt worden, als dessen Täter Sudanesen vermutet wurden, und andere Nachbarländer sowie namentlich auch die USA beschuldigten das Regime, den internationalen Terrorismus zu unterstützen und radikal-islamischen Akteuren, unter ihnen Usama bin Laden, Unterschlupf zu gewähren. Als die Regierung in Khartum sich weigerte, einem Beschluss des UN-Sicherheitsrats nachzukommen und die drei Tatverdächtigen des Attentats auf Mubarak auszuliefern, erhöhte die internationale Gemeinschaft den Druck. Im Februar 1996 schlossen die USA ihre Botschaft in Khartum; der UN-Sicherheitsrat beschloss am 26. April 1996 die Verschärfung der Sanktionen gegen das Land. Damit aber traten in der Folgezeit Spaltungen innerhalb der NIF zutage, die bis dahin hinter dem Aktionismus at-Turabis verborgen geblieben waren. Dieser hatte nicht zuletzt eine außenpolitische Dimension gehabt: Auf seine Initiative hin hatte sich im April 1991 in Khartum der *Popular Arab and Islamic Congress* (PAIC: *al-mu'tamar al-arabi asch-scha'bi al-islami*) etabliert. Nach at-Turabis Vorstellungen sollte dieser nicht nur an die Stelle der *Organisation der Islamischen Konferenz,* einer Dachorganisation aller islamischen Staaten, treten; er sollte vielmehr das Forum werden, auf dem im Zeichen einer weltumspannenden islamischen Revolution anti-imperialistische Bewegungen in etwa 50 islamischen Ländern koordiniert würden. Im Dezember 1991 war Usama bin Laden in Khartum enthusiastisch begrüßt worden. 1996 war seine Position im Sudan nicht mehr haltbar; im Mai wurde er nach Afghanistan abgeschoben; ein Symptom, dass auch at-Turabis Einfluss zu schwinden begonnen hatte.

Seit langem hatte der Bürgerkrieg im Süden des Landes eine nachhaltige Belastung für die Wirtschaft bedeutet; deren Auswirkungen auf die soziale Lage breiter Teile der Bevölkerung führte im September 1996 zu Protesten gegen den hohen Brotpreis. Bereits zuvor hatte al-Baschir Gesprächsbereitschaft signalisiert. Im April hatten sich die Regierung in Khartum und Teile der südsudanesischen Widerstandsbewegungen auf eine 14 Punkte umfassende Charta verständigt, die den Weg zu einer friedlichen Lösung des Konflikts bei erheblichen Zugeständnissen an die Südsudanesen aufzeigte.

Bis auf Weiteres freilich blieb eine Lösung des Konflikts in weiter Ferne. Im Gegenteil, 1997 ging die NDA, die bis dahin politisch auf den Sturz al-Baschirs hingearbeitet hatte, zu militärischen Aktionen über. Damit trat sie an die Seite der *Sudan People's Liberation Front* (SPLA), des bewaffneten Arms der *Sudan People's Liberation Mouvement* (SPLM), der stärksten unter den südsudanesischen Widerstandsbewegungen. Sie war 1983 gegründet worden; bis zu seinem Tod 2005 war John Garang ihre führende Persönlichkeit. Trotz zahlreicher Abspaltungen und interner Rivalitäten seit 1991 war sie die

Partnerin der Regierung, als 1999 ein Verhandlungsprozess begann, der 2005 zum Abschluss gebracht werden konnte. Mit der Verabschiedung einer Verfassung durch das Parlament sowie der Wiederzulassung politischer Parteien hatte sich 1998 eine Wende in der sudanesischen Innenpolitik abzuzeichnen begonnen.

Damit war der schrittweise Zerfall der NDA eingeleitet; einzelne Gruppierungen, darunter insbesondere die *Umma* unter Sadeq al-Mahdi, begannen sich nun al-Baschir anzunähern. Begleitet wurde dieser Prozess von der Verschärfung des Machtkampfs zwischen diesem und at-Turabi, der durch eine Verfassungsänderung die Kompetenzen al-Baschirs einzuschränken suchte. Al-Baschir reagierte mit der Verhängung des Ausnahmezustands und der Auflösung des Parlaments im Dezember 1999, was einer Entmachtung seines Präsidenten at-Turabi gleichkam. Die NIF spaltete sich; mit der Gründung der *National Congress Party* (NCP) schuf sich al-Baschir demgegenüber eine Staatspartei. Aus den Präsidentschafts- und Parlamentswahlen im Dezember 2000 ging er mit 86,5 % der Stimmen als Sieger hervor; die Wahlen zum Parlament wurden zwar von der Opposition boykottiert, al-Baschir aber war damit für eine zweite Amtszeit legitimiert. Hasan at-Turabi wurde unter Hausarrest gestellt. Über die von ihm nunmehr gegründete *Popular Congress Party* (PCP) suchte er weiterhin Einfluss zu nehmen. Zwischen Hausarrest und gelegentlicher Verhaftung ist ihm dies nicht wirklich gelungen.

Der Verhandlungsprozess zur Beilegung des Südsudan-Konflikts nahm Fahrt auf. Auch unter erheblicher Einflussnahme der USA trafen sich 2003 und 2004 immer wieder Vertreter der Regierung und der SPLA zu Verhandlungen. Im Januar 2005 wurde schließlich ein Durchbruch erzielt. In einem Friedensabkommen (*Comprehensive Peace Agreement;* CPA) einigte man sich auf die Schaffung einer autonomen Region Südsudan, die von der SPLM weitgehend autonom verwaltet werden sollte. Die *Schari'a* wurde im Süden außer Kraft gesetzt und sollte im Norden nur noch auf Muslime Anwendung finden. Die Einnahmen aus den Ölvorkommen im Südsudan würden zu gleichen Teilen dem Süden und dem Norden zukommen. Die teils umstrittenen Grenzen zwischen Nord- und Südsudan sollten festgelegt werden. Die *National Congress Party* (NCP) – von al-Baschir als Staatspartei gegründet – und die SPLM würden gleichberechtigt an einer Regierung der nationalen Einheit beteiligt. Der Führer der SPLM übernahm nun das Amt des Vizepräsidenten. Für 2011 wurde eine Volksabstimmung angesetzt, in der die Südsudanesen zwischen Unabhängigkeit und dem Verbleib im Gesamtsudan entscheiden würden.

Dieses Referendum wurde im Januar 2011 abgehalten; 99% der Bürger stimmten für die Unabhängigkeit. Am 9. Juli 2011 trat der unabhängige Staat Südsudan ins Leben.

Der Konflikt zwischen dem Norden und dem Süden des Landes war nicht der einzige Konflikt, der die Existenz des Sudan vor eine Zerreißprobe stellte. Auch im Osten und Westen des riesigen Staatsgebiets brachen Konflikte aus, deren Ursachen sowohl ethnischer als auch wirtschaftlicher Natur waren. Zugleich richteten sich die Feindseligkeiten immer wieder auch gegen die Politik der Zentralregierung in Khartum. Während der Konflikt in den vier Provinzen im Osten, d. h. an der Küste und im Hinterland des Roten Meeres, 2006 vorerst beigelegt werden konnte, sollte sich der anhaltende Konflikt im Westen des Landes, d. h. in den Bundesstaaten der Region Darfur, zu einer politischen und humanitären Katastrophe schlimmsten Ausmaßes auswachsen.

Als im Februar 2003 eine bewaffnete Truppe die Ortschaft Gulu in der Region El Fascher überfiel, war dies der vorläufige Höhepunkt von sich über Jahre aufbauenden Spannungen. 1917 war das bis dahin autonome Sultanat Fur in den britisch beherrschten Sudan eingegliedert worden. Ähnlich dem Süden fand der Westen des Landes in Khartum wenig Aufmerksamkeit. Zu Rückständigkeit und Marginalisierung traten nach der Unabhängigkeit Entwicklungen, welche die Spannungen zwischen der meist sesshaften afrikanischen und den zum Teil nomadisierenden arabischen Bevölkerungsteilen verschärften. Der Krieg zwischen dem Norden und dem Süden griff auf Teile Darfurs über. Nicht nur verbanden sich in den 1980er Jahren zahlreiche arabische Stämme zu einer Allianz, den *Dschandschawid*; sie wurden auch von der Regierung in Khartum bewaffnet. Hinzu kam, dass die Region seit den 1970er Jahren in die Machtkämpfe im Tschad, in die sich der libysche Staatschef al-Qadhafi einmischte, hineingezogen wurde. Wiederkehrende Dürreperioden verschärften die Auseinandersetzungen um Ressourcen. Die wichtigsten Akteure des Krieges waren auf afrikanischer Seite die *Sudanese Liberation Movement* (SLM) und die stärker islamisch orientierte *Justice and Equality Movement* (JEM) sowie auf arabischer Seite die Miliz der *Dschandschawid*. Namentlich letztere führte, unterstützt von der Regierung in Khartum einen grausamen Krieg, in dem über die Jahre mehr als 200 000 Menschen getötet und etwa 2,5 Millionen zu Flüchtlingen wurden. Nur langsam begann die internationale Gemeinschaft, der Katastrophe Aufmerksamkeit zu schenken. Die Kritik an der Regierung in Khartum verschärfte sich und 2008 erließ der Internationale Strafgerichtshof Haftbefehl gegen al-Baschir – auf Verbrechen gegen die Menschlichkeit, ab 2010 auf Völkermord lautete die Anklage; das Verfahren wurde Ende 2014 wegen mangelnder Erfolgsaussichten eingestellt.

Sudan ist von sieben Nachbarstaaten umgeben. Damit ist nicht nur angedeutet, wie kompliziert sich die Außenpolitik gestaltet; vielmehr ist die Entwicklung der Innenpolitik kaum ohne die Einmischung der Nachbarschaft zu verstehen. Jahrelang war das Verhältnis des Landes zu Ägypten widersprüchlich und noch bis in die 1970er Jahre blieben panarabische Bestrebungen, namentlich befördert von Nasser und al-Qadhafi, eine regionalpolitische Perspektive. Die z. T. kriegerischen Auseinandersetzungen zwischen Äthiopien und Eritrea, das 1993 seine Unabhängigkeit erreicht hatte, wirkten ebenso in den Sudan hinüber wie der Krieg zwischen Libyen und Tschad von 1978 bis 1987, der nicht zuletzt auch zur Destabilisierung Darfurs beitrug. Mit der von Hasan at-Turabi betriebenen Islamisierung der Innen- und Außenpolitik des Sudan trat das Land in eine Phase der Isolierung ein, die in der Aufnahme von *al-Qa'ida* Chef Usama bin Ladin in den 1990er Jahren ihren Höhepunkt erreichte. Dies war auch der Höhepunkt der Spannungen zwischen Khartum und Washington. Nach dem Terrorakt vom 11. September 2001 waren die USA bemüht, den Sudan in die Anti-Terror-Front einzubinden; namentlich beim Zustandekommen des CPA zwischen Nord- und Süd-Sudan (2005) haben sie eine wichtige Rolle gespielt. Bis in die Gegenwart freilich bleiben die Beziehungen durch die Entwicklungen im Darfur-Konflikt, insbesondere die dort begangenen Menschenrechtsverletzungen belastet. Unbelastet freilich sind die Beziehungen zu China, die sich seit den

1990er Jahren dynamisch entwickelt haben. Grundlage dafür sind die chinesischen Investitionen in die sudanesische Erdölwirtschaft.

Die tiefen Verwerfungen im Sudan, die zu jahrzehntelangen Konflikten und Kriegen führten, haben – neben anderen – stets auch wirtschaftliche und soziale Gründe gehabt.

Erst mit dem Export von Erdöl seit Ende der 1980er Jahre begann sich die Ausgangslage für eine bescheidene Industrialisierung zu verbessern. Die hohen Ausgaben für die Kriegführung an den verschiedenen Fronten freilich belasten die wirtschaftliche Entwicklung bis in die Gegenwart. Zugleich bleibt die geographische Zugehörigkeit der Ölfelder zwischen dem Norden und Süden umstritten; jahrzehntelang war sie einer der Faktoren, der die Spannungen verschärfte.

Nur langsam entwickelte sich seit der Unabhängigkeit ein Mittelstand. Dem steht eine Massenverelendung an den Rändern des Landes gegenüber, ebenfalls eine Folge insbesondere der seit der Unabhängigkeit ausgetragenen bewaffneten Konflikte. In den letzten Jahren hat sich das Gefälle zwischen Khartum und seiner Umgebung auf der einen und weiten Teilen des Landes auf der anderen Seite verschärft. Eine schmale städtische Elite, namentlich die Studenten, hat über Jahre den Protest gegen soziale Missstände und politische Repression aufrecht gehalten. Erst im April 2010 wurden wieder Parlamentswahlen abgehalten. Während die Oppositionsparteien zum Boykott aufgerufen hatten, wurden al-Baschir von der Wahlkommission über 68 % der Stimmen zugesprochen.

2011 trennte sich der Südsudan nach einer langen, über weite Strecken aber konfliktreichen Geschichte vom Norden ab. Zeitgleich begannen die Auswirkungen der arabischen Revolte auch im Sudan spürbar zu werden. Bereits am 30. Januar 2011 kam es zu Zusammenstößen zwischen Studenten und der Polizei, die mit den Ereignissen in Tunesien in Verbindung standen und während des ganzen Jahres anhielten; dabei wurde auch der Ruf nach dem Rücktritt al-Baschirs laut. Nachdem sich die Regierung 2012 gezwungen sah, nach dem Ausbleiben der Öleinnahmen (die seit der Sezession an den Südsudan fielen), Haushaltskürzungen vorzunehmen, kam es im Juni zu weiterer Demonstrationen, die auch durch das Jahr 2013 anhielten. Wenn die Proteste auch – anders als in anderen Teilen der arabischen Welt – dem Regime nicht wirklich gefährlich werden konnten, zeigt doch die Tatsache, dass Persönlichkeiten des Establishments – wie Sadeq al-Mahdi und Hasan at-Turabi – daran teil nahmen, dass auch der Sudan eine Arena der Revolte geworden war und das Regime jenen Wind des Protests spürte, der die arabische Welt zu Beginn des neuen Jahrhunderts durchwehte.

4.1.3 Syrien

Das heutige Syrien ist das Ergebnis der Aufteilung des östlichen arabischen Raumes durch England und Frankreich nach dem Ersten Weltkrieg. Es stellt nurmehr ein Fragment des historischen »Syrien« (*bilad asch-scham*) dar, das seit 1516 Teil des Osmanischen Reiches gewesen war und auch den Libanon, Palästina und Transjordanien umfasste. Über die Entwicklungen, die zum Scheitern der Pläne zur Errichtung eines groß-syrischen Staates nach dem Ende des Osmanischen Reiches geführt haben, wurde vorstehend berichtet (s. S. 44 ff.).

Als »Mandate« des Völkerbunds – offiziell wurden diese erst 1923 wirksam – wurden Syrien und der Libanon ab 1920 von einem Hohen Kommissar regiert, der von Paris entsandt wurde und in Beirut seinen Sitz hatte. Nach der Vorgeschichte, die zur Zerschlagung (Groß-)Syriens und zur Vertreibung Faisals geführt hatte, war man sich in Paris bewusst, dass Frankreichs Machtausübung nicht willkommen sein würde. Das Konzept einer Aufteilung des Landes und einer Politik des *Teile und Herrsche* schien deshalb der geeignetste Weg, die französische Vorherrschaft sicher zu stellen.

Von Beginn an sahen sich die Franzosen Widerständen ausgesetzt. Erst im Oktober 1920 konnten französische Truppen der *Armée du Levant* eine Erhebung niederschlagen, die von den im westlichen Bergland lebenden Alawiten ausgegangen war. Der Hohe Kommissar kam ihren Forderungen entgegen, indem er bereits am 21. August 1920 ein autonomes Territorium in der westsyrischen Hafenstadt Latakiya und den umliegenden Bergen, in denen Alawiten leben, einrichtete. Nahezu zeitgleich hatte er in ähnlicher Weise einem Aufstand die Spitze zu nehmen gesucht, der nach der Besetzung durch französische Truppen in Aleppo ausgebrochen war. Am 8. September war dort eine Selbstverwaltung entstanden. Dem folgte wenige Monate später die Gründung eines ähnlichen Gebildes in den drusischen Gebieten. Der Rest des Landes wurde von Damaskus aus verwaltet und regiert. Mit Bedauern konstatiert der bedeutende Wortführer des arabischen Nationalismus, Sati al-Husri, in seiner Schrift zum »Tag von Maysalun«:

> »So fand sich 1920 das Syrien der Geographen, das Syrien des Kongresses von 1919 in sieben politische Einheiten geteilt: zwei unter britischem (Palästina und Transjordanien) und fünf unter französischem Mandat (Groß-Libanon, Damaskus, Aleppo, die Alawiten und die Drusen). [...] Um die Liste der politischen Schöpfungen zu vervollständigen, müssen wir den Sandschak von Alexandretta hinzufügen, der 1921 mit einem speziellen, nahezu autonomen Regime ausgestattet wurde.«

In Damaskus hielt der auf die Vertreibung der Franzosen gerichtete Widerstand an. Er wurde im April 1922 unterdrückt. 1925 wurden die Gebiete von Damaskus und Aleppo wieder zu einer gemeinsamen Regierung des Staates Syrien zusammengeschlossen. Erst 1942 wurden das drusische Bergland (*Dschebel Druz*) und das alawitische Gebiet, welches – weitgehend von Franzosen verwaltet – ein politisches Eigenleben geführt hatte, endgültig in den syrischen Staat integriert.

Diese Entwicklungen verweisen auf eine Tatsache, auf die hingewiesen werden muss, will man die späteren Entwicklungen und namentlich das politische Chaos verstehen, in das die Syrer nach Ausbruch der Revolte im März 2011 geraten sind. Wie das 1920 entstandene Nachbarland Libanon, das ja geschichtlich Teil des groß-syrischen Reiches war, zeichnet sich die Gesellschaft »Syriens« durch beträchtliche ethnische und konfessionelle Vielfalt aus. Neben der arabischen Mehrheit leben dort Kurden, Armenier, Turkmenen, Tscherkessen, aramäische und assyrische Christen. Diese unterteilen sich in verschiedene Religionen und Konfessionen. Selbst die muslimische Mehrheit (zwischen 85 % und 90 % der Bevölkerung) besteht aus heterogenen religiösen Gruppen, darunter Sunniten (73 %), Alawiten (10 %), Drusen (3 %), Ismailiten und Schiiten. Syrer christlichen Glaubens werden auf 10 % bis 12 % geschätzt und sind ebenfalls stark fragmentiert – man kann etwa ein knappes Dutzend identifizieren.

Kerndaten Syriens

Name des Landes (deutsch/arabisch/ englisch/französisch)	Syrien / al-Dschumhuriyya al-Arabiyya as-Suriyya / Syria / La Syrie		
Bevölkerung in Mio.	20,9	Datum der Unabhängigkeit	14.4.1946
Einwohner pro km²	113	Datum des Beitritts zur Arabischen Liga	1945
Fläche in km²	185 180	Staatsform	Präsidialrepublik
Landessprache (offizielle [Staats-]Sprache)	Arabisch	BIP in Mrd. US-Dollar	73
häufig gebrauchte Sprachen	Kurdisch, Aramäisch, Armenisch	BIP pro Einwohner in US-Dollar	2579
Konfessionen	Muslime 87 % (Sunniten 73 %, Alawiten und Schiiten 13 %)	Lebenserwartung in Jahren	68
religiöse Minderheiten	Christen 10 % Drusen 3 %	Zusammensetzung der Bevölkerung (ethnisch)	Araber 90,3%, Armenier, Kurden 9,7 %

1923 bildeten sich – meist im Umfeld einflussreicher Persönlichkeiten von Notabeln – politische Gruppierungen und im Juni 1923 kam es zu ersten Wahlen nach der Vertreibung Faisals in Teilen des Mandatsgebiets. Gemäßigten Kandidaten, die für die Zusammenarbeit mit den Franzosen eintraten, traten radikalere gegenüber, die die sofortige Unabhängigkeit anstrebten und deshalb bald wieder vom Hohen Kommissar verboten wurden. Während sich auf der einen Seite Ansätze zu politischer Parteienbildung und gewählten Institutionen zu entwickeln begannen, blieben gleichzeitig militante Auseinandersetzungen zwischen Nationalisten unterschiedlicher Couleur und der französischen Herrschaft an der Tagesordnung. Mitte der 1920er Jahre erreichte die Konfrontation ihren Höhepunkt. Speerspitze des Widerstands wurden ausgerechnet die Drusen, denen 1921 ein Autonomiestatus eingeräumt worden war. Gleichwohl hatten sich die französischen Behörden wiederholt nachhaltig in die politischen, gesellschaftlichen und kulturellen Angelegenheiten und Institutionen der Drusen eingemischt. Nachdem sich der französische Hochkommissar geweigert hatte, die Klagen der Drusen auch nur anzuhören, nahm ihr Führer, Sultan Pascha al-Atrasch, Kontakt mit der Führung der syrischen Unabhängigkeitsbewegung in Damaskus, namentlich ihrem bedeutendsten Kopf, Dr. Abd ar-Rahman Schahbandar, auf. Dritter im Bunde wurde eine nationalistische Bewegung in Hama, die sich unter der Bezeichnung *hizb Allah* (»Partei Gottes«) von Beginn an eine auch religiöse Einfärbung gegeben hatte. Dort war

Fauzi al-Qawuqdschi aktiv. Nach einer Karriere als osmanischer Offizier hatte sich die schillernde Gestalt nach dem Ende des Ersten Weltkriegs ins Lager der Franzosen geschlagen. Der Ausbruch der »Großen Revolte« fand ihn in Hama auf Seiten der Nationalisten. Später sollte er im Aufstand der Palästinenser seit 1936 und im Kampf um Palästina 1947/8 noch eine Rolle spielen.

Nachdem sich die Drusen der Unterstützung der Nationalisten in Damaskus und Hama versichert hatten, begannen sie im Juli 1925 ihren Aufstand. Im Laufe der nächsten Monate breitete sich dieser über Teile des Landes jenseits der drusischen Gebiete aus. Am 4. Oktober befand sich Hama vorübergehend in den Händen der Aufständischen. Am 18. Oktober hatte der Aufstand Damaskus erreicht. Die »Große Revolte« befand sich auf ihrem Höhepunkt. Die Franzosen reagierten mit Härte; Flächenbombardements durch Artillerie und Luftwaffe richteten große Schäden an, in den Angriffen starben etwa 1500 Menschen. Damit konnten zwar die Aufständischen in Damaskus zur Aufgabe gezwungen werden, auf dem Lande aber gingen die Unruhen weiter. Am 1. Oktober 1926 sahen sich Sultan Pascha al-Atrasch und Abd ar-Rahman Schahbandar zur Flucht nach Transjordanien gezwungen. Ihnen folgte Fauzi al-Qawuqdschi im März 1927. In der Folge verstärkten die Franzosen ihre Kontrolle über den *Dschebel Druz*.

Der Aufstand zwang Paris, sich den Forderungen der Nationalisten zu öffnen und mit ihnen in Gespräche einzutreten. Politische Parteien wurden zugelassen; unter ihnen sollte die nationalistische *Volkspartei (People's Party; hizb asch-scha'b)* unter ihren Vorsitzenden Dr. Abd ar-Rahman Schahbandar und Faris al-Khouri eine besondere Rolle spielen. Ihr Programm reflektierte die Interessen der städtischen Bourgeoisie. Gefordert wurden nicht nur die Herstellung der Einheit Syriens und die Unabhängigkeit des Landes, sondern auch gesellschaftliche Reformen, der Ausbau des Erziehungssystems und eine Industrialisierung. Der traditionellen Elite Syriens angehörend waren sie nationalistisch gesinnt, aber nicht radikal. Den Weg zur Unabhängigkeit suchten sie in Abstimmung mit Frankreich zu gehen. Noch war Paris freilich nicht geneigt, den Forderungen der Nationalisten nach einem konkreten Fahrplan für die Unabhängigkeit entgegen zu kommen. Um den Druck zu erhöhen, formierte sich im Herbst 1927 eine nationalistische Sammlungsbewegung, der *Nationale Block (al-kutla al-vataniyya)*. Der Forderung nach Ausarbeitung einer Verfassung konnte sich Paris allerdings nicht länger widersetzen. In der Folgezeit spielte Schukri al-Quwatli eine gewichtige Rolle; 1943 sollte er syrischer Staatspräsident werden.

Bereits aus den Wahlen zur *Verfassungsgebenden Versammlung* vom April 1928 ging der »Block« als politisch stärkste Kraft hervor. Ernüchtert durch die Niederschlagung der »Großen Revolte« waren seine Führer bereit, die Verhandlungen im Geist von Pragmatismus und Realismus – nach eigenen Worten: in »ehrenhafter Zusammenarbeit« – zu führen. Auch auf französischer Seite war die Einsicht in die Notwendigkeit eines politischen Kompromisses gewachsen. Der von der Versammlung im Sommer 1928 vorgelegte Verfassungsentwurf orientierte sich an europäischen Vorbildern: Er sah eine parlamentarische Republik vor mit einer Kammer, die in allgemeiner Wahl für vier Jahre gewählt werden sollte. Woran der Vertreter Frankreichs Anstoß nahm, war – neben anderen Regelungen, die die Machtbefugnisse der syrischen Verfassungsorgane betrafen – die Erklärung in Artikel 2, nach der das syrische Staatsgebiet - ausdrücklich auch den Libanon, Jordanien und Palästina umfassend - eine unteilbare politische Einheit darstelle. Auch sollte die syrische Regierung befugt sein, eine eigene nationale Armee aufzustellen. In den anschließenden Verhandlungen, die von öffentlichen Protesten begleitet waren, konnte kein Kompromiss erzielt werden. Im Mai 1930 löste der Hohe Kommissar die Verfassungsgebende Versammlung auf und setzte ihren Entwurf per Oktroy in Kraft. Er akzeptierte zwar die strittigen Artikel in leicht veränderter Form, doch mit dem Vorbehalt, dass in allen Fällen, in denen die Verfassung mit den im Mandat enthaltenen Rechten und Pflichten Frankreichs im Widerspruch stehe, die Position der Mandatsmacht von übergeordneter Geltung sein müsste.

Im Januar 1932 fanden Wahlen zur Abgeordnetenkammer statt. Zwar hatte der moderate Flügel des *Nationalen Blocks* eine starke Mehrheit erhalten; nur etwa ein Viertel der Abgeordneten verlangte die umgehende und vollständige Unabhängigkeit. Gleichwohl stand die neue Regierung unter dem Druck radikaler Abgeordneter. Ihnen war aus dem 1930 abgeschlossenen Britisch-Irakischen Vertrag (s. S. 162 f.), der die Beendigung des Mandats und die Aufnahme des Irak in den Völkerbund vorsah, ein starker politischer Rückenwind erwachsen; ihre Forderungen, die sich an diesem Vertrag inspirierten, nach Unabhängigkeit sowie nach Eingliederung der selbst verwalteten Gebieten der Drusen und Alawiten in den syrischen Staat wurden vom französischen Hochkommissar zurückgewiesen. Als es auch im nächsten Jahr keine Fortschritte gab, löste der Hochkommissar das Parlament im November 1934 auf. Ein Generalstreik, zu dem der *Nationale Block* Anfang 1936 aufrief, sollte den Druck auf Frankreich erhöhen.

In diesen Jahren hatte die Weltwirtschaftskrise schwerwiegende Auswirkungen auf die syrische Wirtschaft und das Leben breiter Schichten der Bevölkerung. Die industrielle Produktion, ohnehin nur schwach entwickelt, brach ein. Die Abwertung des französischen Franc ließ die Einkommen aus dem Handel drastisch sinken. Die landwirtschaftlichen Exporte fielen um fast die Hälfte. Eine anhaltende Dürre führte zu Ausfällen bei der Lebensmittelversorgung und Hunger. Eine Bewegung in die Städte setzte ein. Die wirtschaftliche Misere trug zur Radikalisierung der nationalistischen Bewegung bei. Die Strategie der »ehrenhafte Zusammenarbeit« kam an ihr Ende. Die Gründung der *League of the National Action* (*usbat al-amal al-qaumi*) 1932/33 ließ erkennen, dass sich sowohl mit Blick auf die Frage der Unabhängigkeit als auch auf die Innen- und Gesellschaftspolitik neue und radikalere Kräfte zu formieren begonnen hatten. Sie sollten nach dem Ende des Zweiten Weltkriegs einen steilen Aufstieg erfahren.

Wie auch anderswo in von Frankreich beherrschten Gebieten – so in Nordafrika – gab die Machtübernahme durch die Volksfrontregierung in Paris unter Léon Blum im Juni 1936 der Hoffnung Nahrung, Fortschritte auf dem Weg von Selbstbestimmung und Unabhängigkeit zu erzielen. Bereits am 10. September führten die Verhandlungen in Paris zur Paraphierung eines Vertrages, der einen großen Schritt in Richtung der vollständigen Unabhängigkeit bedeuten sollte. Er sah die stufenweise Beendigung des Mandats vor. Im November 1936 wurde ein neues Parlament gewählt, in dem der *Nationale Block* über eine überwältigende Mehrheit verfügte. Als eine der ersten Amtshandlungen gab das Parlament bereits im Dezember dem Vertrag einstimmig seine Zustimmung.

Dem gegenüber blieb die Ratifizierung seitens des Parlaments in Paris aus. Im Juni 1937 stürzte die Regierung Léon Blum. Und die chauvinistische Stimmung in Frankreich stand jedem Entgegenkommen an die nationalistischen Bewegungen in Syrien und anderwärts, wo Frankreich die Macht ausübte, entgegen. Unter dem Schatten des heraufziehenden Krieges mit Deutschland tat Paris schließlich ein Übriges, die syrischen Nationalisten zu schockieren: Um die Türkei für den Fall des Krieges zu gewinnen, gab Frankreich Forderungen nach, die Ankara seit der Gründung der Türkischen Republik erhoben hatte, nämlich die Eingliederung der ehemaligen osmanischen Provinz Alexandrette in die Türkei im Februar 1939. Diese hatte ihre Forderung stets mit dem hohen Anteil türkischer Bevölkerung dort begründet. Den Protesten der Syrer begegnete Frankreich mit gewohnter Unterdrückung. Dazu gehörten einmal mehr die Auflösung des Parlaments sowie die Außerkraftsetzung der Verfassung im Juli 1939. Ein Direktorium bestehend aus hohen Beamten sollte das Land regieren. Den autonomen Regionen wurden weiter reichende Befugnisse eingeräumt. Der *Nationale Block* stand zerstritten und ohnmächtig an der Seitenlinie.

Erst im Verlauf des Zweiten Weltkriegs erfüllten sich die Aspirationen der syrischen (und libanesischen) Nationalisten. Die nach der Kapitulation Frankreichs im Juni 1940 eingesetzte Regierung in Vichy entsandte einen, nunmehr deutschen Interessen genehmen, neuen Hochkommissar. Dieser Schritt löste in London Alarm aus. Ohnehin besorgt über die achsenfreundlichen Tendenzen arabischer Nationalisten in Ägypten, im Irak und in Palästina, sah sich Großbritannien zum Handeln gezwungen, als der neue Hochkommissar im Mai 1941 Deutschland die Nutzung syrischer Luftstützpunkte anbot, um die aufständischen Nationalisten im Irak zu unterstützen. Gemeinsam mit Soldaten des *Freien Frankreich* unter General Charles de Gaulle besetzten britische Truppen Syrien und den Libanon. Das *Freie Frankreich* versprach die Unabhängigkeit, ein Versprechen, das Großbritannien garantierte. Am 28. September 1941 bestätigte der französische Hochkommissar – im Namen der Regierung des *Freien Frankreich* die Unabhängigkeit Syriens, verkündete freilich zugleich erhebliche – kriegsbedingte – Einschränkungen der Souveränität.

Bald wurde deutlich, dass Frankreich keine Eile hatte, seine Erklärung umzusetzen. Zwar wurden im Februar 1942 die autonomen Gebiete der Drusen und Alawiten per Dekret dem syrischen Staatsgebiet einverleibt. Im Übrigen aber gingen Regierung und Verwaltung nur schleppend in die Hände der Syrer über. Das Ringen um Unabhängigkeit trat für die syrischen Nationalisten in die letzte Phase. Aus den Parlamentswahlen im Juli 1943 war der *Nationale Block* wieder mit klarer Mehrheit hervorgegangen; Schukri al-Quwatli wurde Staatspräsident. Namentlich in der Frage der Kontrolle über die *Troupes Spéciales*, eine von Frankreich aufgestellte Truppe aus einheimischen Soldaten, aber bestanden nachhaltige Divergenzen. Den Interessen der französischen Mandatsmacht dienend und dem Befehl französischer Offiziere unterstellt, hatten sie immer wieder an der Unterdrückung von Aufständen teilgenommen. Deshalb fürchteten die Nationalisten, dass auch künftig diese Truppen, die zur Mehrheit aus Minderheiten, nämlich aus Alawiten, Kurden, Tscherkessen, aber auch aus Sunniten ländlicher Herkunft und Angehörigen der sunnitischen städtischen Unterschichten bestanden, zur Niederschlagung ihrer Bewegung eingesetzt werden könnten. Im Frühjahr 1945 brach die syrische

Seite die Verhandlungen ab. Wieder wurde der Protest auf die Straße getragen. Noch einmal war die Antwort der Franzosen extrem gewaltsam. Artillerie und Luftwaffe zerstörten zahlreiche Gebäude, darunter das Parlament; fast 500 Menschen fanden den Tod. Als die Waffen schwiegen – nicht zuletzt auf britische Intervention –, hatte Frankreich einen Pyrrhussieg errungen. Seine politische Position war unhaltbar geworden. Auch der internationale Druck auf Paris wuchs. Insbesondere Großbritannien trat nachhaltig für den Rückzug Frankreichs ein. Im April 1946 verließen die letzten französischen Soldaten Syrien. Bereits zuvor, im März 1945, war Syrien – wie auch der Libanon – Gründungsmitglied der Arabischen Liga geworden. Zurückgelassen wurde ein Land, das auf die Unabhängigkeit nur schlecht vorbereitet war. Auch eine britisch-französische Rivalität um den Fortbestand des letzten verbleibenden Einflusses der beiden Kolonialmächte gehörte zum Erbe der letzten Jahre des Mandats. Sie sollte sich in der Innen- und Außenpolitik der jungen Staaten im Fruchtbaren Halbmond bemerkbar machen.

Das Vierteljahrhundert französischer Herrschaft bedeutete für Syrien Jahre der Stagnation. Von Beginn an hatte Frankreich – anders im Falle des Maghreb –, sich schwer getan, seine wirtschaftlichen und politischen Interessen an dem Mandat klar zu definieren. Die Präsenz in Syrien stand im Schatten von Frankreichs Interessen in Nordafrika. Der Versuch, die in Marokko gemachten Erfahrungen von Herrschaft und Verwaltung (s. S. 185 f.) auf Syrien zu übertragen, scheiterte – zu unterschiedlich waren die Gesellschaften. Innenpolitisch hatten demokratische Institutionen Platz gegriffen; sie waren aber zu wenig gefestigt, um dem Land später unter den Bedingungen der Unabhängigkeit Stabilität zu verleihen. Wirtschaftliche Investitionen wurden selektiv in jenen Sektoren platziert, die raschen Gewinn versprachen. Ein gesellschaftlicher Wandel hatte eingesetzt, in dem die nationalistisch gesinnte Mittelschicht die traditionell herrschende Großbourgeoisie zu verdrängen begonnen hatte. Dieser aber hatte noch keine durchschlagende politische Auswirkung. Zugleich war eine neue Unterschicht im Entstehen. Die Kaufmannschaft und das Handwerk hatten die europäische Konkurrenz zu spüren bekommen. Die Inflation der 1930er Jahre hatte den Lebensunterhalt für Saisonarbeiter und ihre Familien schwierig gemacht. Verarmte Landbewohner hatten sich an den Rändern der Städte niedergelassen.

Als ein besonders schwerwiegendes Problem sollte sich nach dem Abzug der Franzosen die Integration jener Gebiete erweisen, die über Jahrzehnte einen Status politischer Autonomie genossen hatten. Alawiten und Drusen hatten sich nahezu selbst verwaltet; an den Kämpfen der syrisch-arabischen Nationalisten hatten sie kaum Anteil. An der Spitze der Verwaltung stand ein Vertreter des Hohen Kommissars, in der Führung der täglichen Geschäfte waren sie fast souverän. Das Rechtssystem entsprach weitgehend ihren eigenen Traditionen. Auf dem Höhepunkt der Verhandlungen um die Unabhängigkeit ab 1936 hatte Frankreich – gegen den erklärten Willen der Minderheiten selbst – einer Eingliederung dieser Gebiete in den syrischen Staat zugestimmt. Mit dem Scheitern der Verhandlungen 1939 war dies wieder rückgängig gemacht worden. Bis zur Unabhängigkeit Syriens waren sie einen eigenen Weg gegangen. Ihre Vertreter hatten Paris gebeten, für die Erhaltung ihres Status Sorge zu tragen.

Von nachhaltiger Bedeutung erwies sich die Schaffung einer syrischen Armee, der *Troupes Spéciales*. Während die sunnitische Mittel- und Oberschicht – auch aus

Gefühlen des Patriotismus heraus – sich weigerte, sich für den Dienst in dieser Truppe, die nicht zuletzt die Schmutzarbeit für die französische Kolonialmacht zu erledigen hatte, herzugeben, suchten in ihr Angehörige sozialer – nicht zuletzt ethnischer und religiöser – unterer Schichten und Randgruppen den Aufstieg. Mit der Überführung der *Troupes Spéciales* in eine nationale syrische Armee, sollte sich die Stellung der Armee im staatlichen Machtgefüge und mit ihr die politische Rolle der Schichten und Gruppen, aus denen sich die Soldaten rekrutierten, verändern.

Nach seiner Satzung war es Ziel des Mandatssystems gewesen, die der Mandatsmacht »anvertraute« Gesellschaft auf dem Weg der Entwicklung zu einem »modernen« Staatswesen zu fördern. Davon war Syrien zum Zeitpunkt des Abzugs der Franzosen weit entfernt. Auf dem Weg der gesellschaftlichen Veränderungen, der Entstehung einer stabilen Staatsordnung, der Industrialisierung und des Bildungswesens waren lediglich erste Schritte getan worden. Die Politik des *Teile und Herrsche* hatte die Entwicklung einer syrisch-nationalen Identität über ethnische und religiöse Gruppenidentitäten hinweg nachhaltig behindert. 60 % der Bevölkerung waren arabische sunnitische Muslime, 13 % Christen, 12 % Alaviten, 9 % Kurden und 5 % Drusen. Die Zusammensetzung des Parlaments spiegelte diesen Proporz wieder. Die Grenzen des Landes, namentlich die Abtrennung des Libanon und des Gebietes von Alexandrette wurden von den Nationalisten nicht anerkannt. Unter ihnen wiederum bestand kein Konsens mit Blick auf die Orientierung des Landes nach der Unabhängigkeit. Panarabische konkurrierten mit groß-syrisch und klein-syrisch nationalen Visionen; in den kommenden zwei Jahrzehnten sollten auch der Kommunismus wie der Nasserismus zahlreiche und einflussreiche Anhänger finden. Auch die *Muslimbruderschaft* hatte von Ägypten her kommend – neben anderen islamischen Organisationen – begonnen, in Syrien aktiv zu werden. Erst ab 1970 sollte die *Ba'th*-Ideologie die syrische Politik nach innen wie nach außen umfassend bestimmen. Ihr scharfer Rivale war zeitweise die *Kommunistische Partei*, die nach dem Krieg an Zulauf gewann.

Mit dem Rückzug der Franzosen und der Gewinnung der Unabhängigkeit war jenes politische Anliegen erreicht und mithin obsolet geworden, das die nationale Bewegung bisher zusammengehalten hatte. Auch ließen die angedeuteten gesellschaftlichen Veränderungen neue Wählerpotenziale entstehen, die Politiker unterschiedlicher Couleur zu gewinnen suchten. Politische Spaltungen und persönliche Rivalitäten sollten fortan bis in die 1960er Jahre das politische Leben bestimmen. Der *Nationale Block* zerfiel in zwei Gruppierungen: die *Nationalpartei (al-hizb al-watani)*; sie hatte ihre Hausmacht in Damaskus. Und die *Volkspartei (hizb asch-scha'b)* mit ihrer Hausmacht unter den Notabeln in Aleppo, Homs und Hama. Wenn auch noch nicht in der Lage, sich als eigenständige politische Kraft zu profilieren, begann doch die Bewegung der (arabischen) Renaissance (*ba'th*) aktiv zu werden. Mit der Vereinigung mit der *Arabischen Sozialistischen Partei (al-hizb al-arabi al-ischtiraki)* Akram Houranis konstituierte sie sich 1953 als *Arabisch-Sozialistische Ba'th-Partei (hizb al-ba'th al-arabi al-ischtiraki)*. Ein eher kurioses Gewächs unter den Parteien im syrisch-libanesischen Raum war die von Antun Sa'ada 1932 gegründete *Syrische Nationale Soziale Partei (al-hizb as-Suri al-qaumi al-idschtima'i)*. Aufbauend auf einer strikten Trennung von Politik und Religion forderte sie den Zusammenschluss der Gebiete nicht nur Großsyriens, sondern auch des

Irak (unter Einbeziehung von Kuwait) und Zyperns. Die Idee fand auch nach der Hinrichtung Sa'adas im Juli 1949 in Beirut unter jenen – insbesondere – Minderheiten eine Anhängerschaft, die in einem panarabischen Staate eine sunnitische Dominanz befürchteten.

Zunächst freilich waren es noch die herkömmlichen politischen Kräfte und Akteure, die die politische Bühne Syriens beherrschten. Aus den Wahlen vom Juli 1947 ging die *Volkspartei* als Siegerin hervor (mit 53 gegenüber 24 Sitzen der *Nationalpartei*); Schukri al-Quwatli wurde als Präsident bestätigt. Auch die 50 Unabhängigen rekrutierten sich aus den herkömmlichen Notabeln, den Großgrundbesitzern, Kaufleuten, Stammes- und Minderheitenführern sowie den Chefs der Großfamilien. Das Wahlergebnis reflektierte den Fortbestand der lokalen und anderer überkommener Loyalitäten. Wie auch in anderen arabischen Ländern bedeutete der Verlauf des Konflikts um Palästina 1947/48 den Offenbarungseid der alten Eliten. In einer Mischung von Arroganz und Unfähigkeit vermochten sie nicht, ihr Ziel zu erreichen, den Eintritt Israels in die Unabhängigkeit zu verhindern (s. S. 130 ff.). Wie später (1952) in Ägypten fühlten sich auch in Syrien junge Offiziere nunmehr angepornt, die Scham von Ihrer Nation zu nehmen. Im März 1949 war der Zeitpunkt gekommen; die Armee, geführt von Generalstabschef Husni az-Za'im übernahm die Macht. Die politische Führung wurde verhaftet. az-Za'im suchte erste tiefer greifende Reformen auf den Weg zu bringen, scheiterte aber an seiner Unfähigkeit, sich eine Machtbasis in der Gesellschaft zu schaffen. Besonders bemerkenswert war eine Initiative, mit der israelischen Regierung in einen Gesprächskontakt zu treten. Was immer die Hintergründe und Motive des Schritts az-Za'ims gewesen sein mögen, Ben Gurion weigerte sich, den Faden fort zu spinnen. Anführer des nächsten Staatsstreichs war Oberst Sami al-Hinnawi im August – er brachte die alte zivile Garde wieder an die Macht, an der die *Volkspartei* nun führend beteiligt war. Noch im Dezember 1949 kam es zu einem dritten Staatsstreich; dessen Anführer war Oberst Adib asch-Schischakli. Der Eintritt des unabhängigen Syrien in die Nachkriegsordnung war durch Instabilität gekennzeichnet. Insgesamt sah das Land Syrien von 1946 bis 1956 20 Kabinette und vier Verfassungen sowie zwischen 1949 und 1970 vier Militärputsche.

Mit der Machtübernahme im Jahre 1949 trat die Armee aus dem Schatten, in dem sie bis dahin gestanden hatte. Seit osmanischen Zeiten hatten die Oberschichten mit Verachtung auf die Armee geblickt und sich vom Wehrdienst zu befreien gesucht. Für die *Troupes Spéciales* hatten sich denn auch vornehmlich die Angehörigen von Unterschichten, nicht zuletzt ethnischer und religiöser Prägung zur Verfügung gestellt. Immer wieder waren die *Troupes Spéciales* von der Mandatsmacht vorgeschickt worden, um die vornehmlich von sunnitischen Arabern getragenen nationalistischen Proteste und Streiks zu brechen. Um zivile Kontrolle über die nunmehr syrisch-nationale Armee bemüht, hatten die ersten Regierungen nach der Unabhängigkeit deren Stärke zwischen 1946 und 1948 von 7000 auf 2500 Mann vermindert. Tatsache aber war gleichwohl, dass der Anteil der Soldaten aus den Unterschichten in den Rängen der Unteroffiziere und Offiziere nach der Unabhängigkeit gewachsen war. Auf ihrer Suche nach politischer und programmatischer Orientierung öffneten sie sich für die zeitgenössischen Ideologien; auf besonders Interesse sollte das Programm der *Ba'th*-Partei stoßen, das sich nach außen dem Panarabismus verschrieb und nach innen für eine Landreform und andere

Maßnahmen einer egalitären Wirtschaftspolitik einsetzte. Besonders wichtig aber war auch die Ablehnung jedweden religiösen Einflusses in der Politik.

Asch-Schischakli folgte dem Muster seiner Vorgänger und setzte zunächst eine zivile Regierung ein. Sie stützte sich, wie auch die folgenden, auf die *Volkspartei*. Gespräche mit dem haschemitisch regierten Irak über ein engeres Zusammengehen beider Länder riefen Misstrauen unter den syrischen Nationalisten hervor. England unterstützte derartige Bestrebungen, was wiederrum in Paris Ablehnung erregte. Auch die USA traten nunmehr als Akteur im Nahen Osten in Erscheinung und suchten Syrien in das antisowjetische Bündnissystem einzubinden, das Washington aufzubauen bemüht war und das mit dem NATO-Beitritt der Türkei (1952) auch im Nahen Osten sichtbare Konturen erhielt (s. S. 319 ff.). Geleitet von der Vision syrischer Unabhängigkeit und arabischer Grandeur übernahm asch-Schischakli Ende 1951 die Macht vollständig. Ein Militärkabinett wurde eingesetzt, es war die erste flächendeckede Machtausübung des Militärs in Syrien. Im politischen, öffentlichen und kulturellen Leben wurden die von den Militärs verhängten Einschränkungen und Repressalien spürbar. Dagegen erhob sich Widerstand aus der Bevölkerung, nicht zuletzt seitens der Minderheiten, die sich durch die arabisch nationalistische Ausrichtung des Diktators marginalisiert sahen. Am Ende aber waren es einmal mehr Teile der Armee, die im Februar 1954 den Diktator zum Rücktritt aufforderten. Ohne den Versuch zu machen, sich an der Macht zu behaupten, gab asch-Schischakli auf und setzte sich ins saudi-arabische Exil ab. Zu Blutvergießen kam es nicht. Schukri al-Quwatli wurde ein letztes Mal Staatspräsident.

Die Wahlen, die im September und Oktober 1954 abgehalten wurden, waren bemerkenswert frei. Auffallend war, dass die *Ba'th*-Partei mit 22 Sitzen (von 142) einen Aufstieg verzeichnete. Die *Volkspartei* hatte dramatisch an Stimmen eingebüßt, der *Kommunistischen Partei* gelang mit einem Sitz zum ersten Mal der Einzug in ein arabisches Parlament. Außenpolitisch ließ dieser Linksruck erkennen, dass das Land eine unabhängige Politik verfolgen und sich weigern würde, sich in ein von westlichen Interessen dominiertes Vertragssystem einzubringen.

In der Zwischenzeit hatte sich eine Entwicklung vollzogen, die für die nächsten Jahre auch die Innen- und Außenpolitik Syriens bestimmen sollte: die Machtübernahme Nassers in Ägypten (s. S. 64 ff.) und sein Aufstieg zum Vorkämpfer des arabischen Nationalismus. Er war das Idol einer neuen arabischen Welt; ein junger Offizier, der ein altes und korruptes Regime beseitigt und Ägypten von der Besetzung durch England befreit hatte. Gestützt auf Waffenlieferungen aus der Sowjetunion bestand er auf einer unabhängigen und blockfreien Außenpolitik und widersetzte sich amerikanischem Druck, Ägypten in einem »westlichen« Sicherheitssystem neuen Abhängigkeiten zu unterwerfen. Dass diese Entwicklung in Damaskus auf Zustimmung stieß, ließ der Abschluss eines bilateralen Militärabkommens im Oktober 1955 erkennen. Die *Ba'th*-Partei, die den Panarabismus und Antiimperialismus auf ihre Fahnen geschrieben hatte, konnte eine weitere Annäherung der beiden Länder nur unterstützen. Ab 1956 trat sie in die jeweiligen Regierungen ein.

Auch in der Armee war ihr Einfluss gewachsen. In welchem Maße dies der Fall war, sollte sich zeigen, als sich im Januar 1958 überraschend Sympathisanten der *Ba'th*-Partei unter den Offizieren nach Kairo begaben und Nasser baten, einer Vereinigung Syriens mit Ägypten zuzustimmen. Ihnen folgte umgehend der Außenminister, Salah ad-Din al-Bitar, seinerzeit Gründungsmitglied der *Ba'th*-Bewegung. Nasser folgte keineswegs mit fliegenden Fahnen, ließ sich aber am Schluss zu seinen Bedingungen überreden: vollständige Einheit, Auflösung aller politischen Parteien – mit der Ausnahme der ägyptischen Einheitspartei *Nationale Union* – und Abschied der Armee aus der Politik. Nicht nur die *Ba'th*-Partei und die Armee hatten den Bedingungen zugestimmt, als der neue Staat als *Vereinigte Arabische Republik* (VAR) am 1. Februar 1958 ins Leben trat. Auch die Öffentlichkeit brachte in einem Referendum ihre überwältigende Zustimmung zum Ausdruck.

Syrien hatte sich geradezu an Ägypten ausgeliefert; darin lag von Beginn an eine Belastung, die schließlich zum Scheitern der VAR führen sollte. Im Kabinett vom Oktober 1958 waren die syrischen Minister nur Juniorpartner; die von Nasser in Ägypten eingeleiteten Reformen, namentlich die Landreform, stieß in Syrien auf Widerstand. In wachsendem Maße reagierte Nasser mit Repression. In der Armee wuchs die Unzufriedenheit über die Bevormundung seitens der ägyptischen Militärführung. Es waren Teile der Armee, die am 28. September 1961 die Auflösung der Einheit erzwangen. Am Ende stimme Nasser der Trennung zu.

Noch einmal übernahmen die traditionellen politischen Kräfte die Regierung. Die politische Klasse, die Armee und die Öffentlichkeit aber blieben gespalten in ihrer Bewertung des Scheiterns der VAR. Insbesondere die *Ba'th*-Partei sann darauf, das lang gehegte Ziel der arabischen Einheit nun auf anderen Wegen zu erreichen. Die Kluft zu dem herkömmlichen politischen Establishment war größer geworden. Wieder einmal betrat das Militär die politische Bühne, als arabisch-nationalistisch gesinnte Offiziere am 8. März 1963 in einem unblutigen Putsch die Macht in Syrien übernahmen.

In den folgenden Jahrzehnten hat die *Ba'th*-Partei nicht nur die Geschicke Syriens und des Irak bestimmt. In Bagdad ist ihrer Machtausübung erst durch die militärische Intervention der USA 2003 ein Ende gesetzt worden. Das ba'thistische Regime in Syrien wurde mit dem Ausbruch der arabischen Revolte durch einen opfervollen Volksaufstand, der im März 2011 ausbrach, in einen Überlebenskampf verstrickt. Inspiriert durch nationalistisches Gedankengut in Europa war die Bewegung der »arabischen Wiedergeburt« (*ba'th*) in den dreißiger Jahren von einer Gruppe syrischer Studenten in Paris gegründet worden. An ihrem Beginn steht das Trio von Michel Aflaq, orthodoxer Christ, Salah ad-Din al-Bitar, sunnitischer Muslim, und Zaki al-Arsuzi, alawitischen (nusairischen) Glaubens. Unter dem Eindruck der Herrschaft europäischer Mächte über die arabischen Völker standen die Vereinigung aller Araber und ihre Rückkehr zu historischer Größe im Mittelpunkt ihres Programms. Erst 1947 wandelte sich die Bewegung zu einer politischen Partei. Der Zusammenschluss mit der *Arabischen Sozialistischen Partei* Akram al-Hauranis 1953 verschaffte ihr nicht nur eine breitere Gefolgschaft, sondern schärfte auch das politische Programm, in dessen Mittelpunkt – basierend auf striktem Säkularismus – nunmehr (arabische) »Einheit«, »Freiheit« und »Sozialismus« standen. Diesen Zielen entsprechend gründete sie 1948 Ableger in Jordanien, 1949 im Libanon und 1950 im Irak sowie in Saudi-Arabien, Jemen und Libyen. Ihre Organisationsform als Kaderpartei mit strengen Regelungen bei der Aufnahme von Mitgliedern ließ der Partei die Aura verschwörerischer Praktiken anhaften. Noch 1947 hatte sie nur etwa 200 Mitglieder; bis 1953 stieg deren Zahl auf 500. Tatsächlich ist sie nirgendwo durch Wahlen, sondern durch Putsche an die Macht gekommen. Ihre in den 1950er Jahren zunehmende Attraktivität bei jungen Offizieren aus den Unter- und unteren Mittelschichten spielte dabei eine besondere Rolle. In Syrien stellte die konfessionelle Komponente durch die Zugehörigkeit eines Teils der Offiziers- und Unteroffiziersdienstgrade zu der religiösen Sekte der Alawiten eine Besonderheitung bei der Machtausübung der Partei dar.

Nur in Damaskus und Bagdad hat die *Ba'th*-Partei die Macht erobern können. Die Beziehungen zwischen den beiden Hauptstädten waren freilich nicht von brüderlicher Harmonie, sondern von machtpolitischer Rivalität geprägt. In beiden Hauptstädten bestanden »nationale« (*qaumi*; d. h. für den gesamten arabischen Raum zuständige) und »regionale« (*qutri*; d. h. für das jeweilige Land zuständige) Führungen. Zeitweise konspirierten die Flügel gegeneinander. Die Allianz, die Damaskus seit Beginn der 1980er Jahre mit der Islamischen Republik Iran – gegen den Irak – einging, hat über Jahrzehnte den Widerspruch zwischen Ideologie und politischer Wirklichkeit manifestiert.

Inspiriert durch den ba'thistischen Staatsstreich in Bagdad (s. S. 169 f.) im Februar übernahm in Damaskus 1963 ein *Nationaler Revolutionärer Kommandorat* die Macht und setzte eine von der *Ba'th*-Partei geführte Regierung ein. Eigentliches Machtzentrum war jedoch ein geheimes Komitee ba'thistischer Offiziere, das zielstrebig seine Basis in den Streitkräften ausbaute. Salah ad-Din al-Bitar wurde Regierungschef. Die Jahre bis 1970 waren durch Machtkämpfe gekennzeichnet – zwischen Ba'thisten und Nasseristen, der *Ba'th* und anderen politischen Parteien sowie innerhalb der *Ba'th*-Partei selbst und namentlich unter ba'thistischen Offizieren. Linke Kräfte, die einen tief greifenden gesellschaftlichen Wandel anstrebten, forderten die alte Partei-Garde heraus. Nach einem neuerlichen Putsch im Februar 1966, der die linksradikalen Kräfte an die Macht brachte, mussten Aflaq und Bitar, die zwei historischen Gründer der Bewegung, das Land verlassen. An der Eskalation der Spannungen, die im Juni 1967 zum Ausbruch des dritten israelisch-arabisch Krieges, auch 6-Tage-Krieg, führten (s. S. 67), hatten politische und militärische Provokationen seitens des neuen Regimes – nicht zuletzt in Gestalt der Instrumentalisierung des bewaffneten Kampfes palästinensischer Freischär- ler – erheblichen Anteil.

Das Ergebnis des Krieges war nicht nur eine vernichtende Niederlage großer Teile der syrischen Armee; auch die Golanhöhen im Süden des Landes, von denen aus die nördlichen Gebiete Israels seit der Staatsgründung immer wieder bedroht worden wa- ren, gingen dauerhaft verloren. Erneut kam es zu Machtkämpfen, in denen die Offiziere – gespalten in einen linken und einen eher pragmatischen Flügel – zunehmend die bestimmenden Akteure waren. Nachdem der regierende linke Flügel mit seinem Ver- such gescheitert war, den Palästinensern in ihrem Kampf gegen Jordaniens König Hu- sain zu Hilfe zu kommen, übernahmen seine Gegner im November 1970 die Macht. An ihrer Spitze stand Hafiz al-Asad, der Kommandeur der Luftwaffe. Im Februar 1971 wurde er Staatspräsident. Damit war nicht nur der militärische Flügel der *Ba'th* Partei zum bestimmenden Machtfaktor in Syrien geworden. Asads Zugehörigkeit zur alawitischen Religionsgemeinschaft besiegelte zugleich den Aufstieg dieser religiösen

Gemeinschaft zur Führungselite des Landes. Ein Prozess, der mit der besonderen Unterstützung der Mandatsmacht Frankreich für die religiösen Minderheiten in Syrien und der Öffnung der *Troupes Spéciales* für diese begonnen hatte, fand seinen Abschluss.

Geist und Buchstaben der 1973 verabschiedeten Verfassung standen im Zeichen der Trennung von Staat und Gesellschaft. Eine Konzession an die sunnitische Bevölkerungsmehrheit wurde lediglich durch die Bestimmung gemacht, dass der Staatspräsident ein Muslim sein müsse. Zwar sollten dieser wie auch das Parlament aus Wahlen hervorgehen; so wurden auch immer wieder »Wahlen« abgehalten. Politisch entscheidend jedoch war die absolute Machtfülle, die die Verfassung dem Präsidenten einräumte: Er ist Oberbefehlshaber der Streitkräfte, ernennt und entlässt seinen Stellvertreter und die Regierung sowie Offiziere, hohe Beamte und Richter. Die *Ba'th*-Partei wurde die »führende Partei in Gesellschaft und Staat« und dominierte eine *Nationale Fortschrittliche Front*. Oppositionsparteien waren nicht zugelassen. Die *Ba'th*-Partei wurde damit eine Fast-Einheitspartei.

Die erste Herausforderung an das Asad-Regime kam von außen. Im Oktober 1973 entfesselte der ägyptische Präsident as-Sadat den vierten arabisch-israelischen, den Yom-Kippur-Krieg, dem sich Syrien anschloss (s. S. 135 f.). Wiederum erlitt die syrische Armee eine schmerzhafte Niederlage; das Ziel, die israelische Besatzung der Golanhöhen zu beenden, wurde nicht erreicht. Immerhin aber führten die von den USA nach dem Waffenstillstand eingeleiteten Gespräche zwischen Israel und den Kriegsparteien zu einer Annäherung an Washington. Im Juni 1974 besuchte Präsident Nixon Damaskus.

Der Ausbruch des libanesischen Bürgerkriegs im April 1975 (s. S. 111 ff.) sollte auch die syrische Politik für anderthalb Jahrzehnte und darüber hinaus in hohem Maße bestimmen. Im Juni 1976 intervenierten syrische Truppen auf Seiten der christlichen Milizen; nach syrischer Darstellung sollte damit einer Intervention Israels oder westlicher Staaten zuvorgekommen werden. Im Oktober 1976 erhielten die syrischen Truppen ein offizielles Mandat der Arabischen Liga als Ordnungsmacht. Nicht zuletzt syrischem Druck war es zuzuschreiben, dass die 1983/84 unternommenen Versuche, einen libanesisch-israelischen Friedensvertrag zustande zu bringen, scheiterten. Auch der israelische Rückzug aus dem Libanon 1985 war das Ergebnis des militärischen Drucks seitens einer von Damaskus angeführten Widerstandsfront. Damit war die syrische Rolle auch über das Ende des Bürgerkriegs hinaus (1990) festgeschrieben. Die politischen Eliten in Syrien hatten sich nie wirklich mit der Abtrennung des Libanon abgefunden. Jetzt wurde der Zedernstaat zum Vorfeld syrischer Politik gegenüber Israel; wichtige Entscheidungen der libanesischen Innen- und Außenpolitik fielen in Damaskus. Mit der Gründung der schiitischen *Hizbollah* (s. S. 113 ff.) in den 1980er Jahren erwuchs Damaskus eine militante Speerspitze, die Hafiz al-Asad bis zu seinem Tod gemäß syrischen Interessen instrumentalisieren sollte. Die politische und militärische Präsenz Syriens im Libanon gewann noch an Bedeutung, als sich seit Beginn der 1980er Jahre eine strategische Achse zwischen Damaskus und Teheran herauszubilden begann. International blieb das Regime in Damaskus eng an die Sowjetunion angelehnt; Moskau engagierte sich insbesondere durch Wirtschafts- und Militärhilfe. Im Oktober 1980 wurde ein Vertrag über Freundschaft und Zusammenarbeit geschlossen. Moskau erhielt eine Marinebasis im Hafen von Tartus. Zugleich aber begann Asad, Syrien auch an die USA anzunähern.

In den 1990er Jahren suchte Washington im Zusammenhang mit den Verhandlungen um eine Beendigung des Nahostkonflikts eine Mittlerrolle zwischen Syrien und Israel zu spielen.

Zeitgleich mit dem sich vertiefenden Engagement Syriens im Libanon erwuchs dem Regime eine innenpolitische Herausforderung. Bereits vor der Unabhängigkeit hatten sich in den 1940er Jahren auch islamische Vereinigungen und Gruppierungen gebildet. Der Konflikt mit den säkularen Parteien, insbesondere der *Ba'th*-Partei, verschärfte sich in dem Maße, in dem deren Einfluss in der syrischen Gesellschaft stärker wurde. Aus der Sicht der sunnitischen *Muslimbruderschaft* stellte die sich verfestigende Herrschaft der alawitischen Sekte eine Herausforderung für die sunnitische Tradition der überwältigenden Mehrheit der Syrer dar. Mit der zeitweiligen Unterstützung syrischer Truppen für die christlichen Maroniten im Libanon verschärfte sich die Konfrontation. Ab 1979 fühlte sich die *Muslimbruderschaft* stark genug, das Regime mit Gewalt herauszufordern. Im Juni wurden bei einer Guerillaaktion gegen die Militärakademie in Aleppo 83 (ausschließlich alawitische) Kadetten getötet. Die Gewalt eskalierte in einen von beiden Seiten über Jahre schmutzig geführten Krieg. Schließlich entschied sich Asad, ein drastisches Beispiel zu statuieren: Am 2. Februar 1982 begann die Armee einen Angriff gegen die Bastionen der Bruderschaft in Hama. Als die Stadt nach mehr als einer Woche Kämpfe fiel, war dies der Beginn eines Massakers, das wahllos an der Bevölkerung begangen wurde. Nach unterschiedlichen Angaben lag die Zahl der Opfer zwischen 10 000 und 20 000.

Die besondere Aufmerksamkeit Asads galt der Entwicklung des Nahostkonflikts. Die Entscheidung des ägyptischen Präsidenten as-Sadat, den Konflikt mit Israel im Alleingang zu lösen, die zu den Verhandlungen in *Camp David* im September 1978 und zum Abschluss eines bilateralen ägyptisch-israelischen Freundschaftsvertrags im März 1979 führte (s. S. 69 f.), schwächte die Verhandlungsposition Syriens. Für mehr als ein Jahrzehnt wurde Damaskus Mittelpunkt der »Ablehnungsfront«, in der arabische Regierungen und palästinensische Organisationen den Vertrag von Camp David und jede Form von Separatfrieden mit Israel bekämpften. Eine nachhaltige Schwächung dieser »Front« freilich lag von Beginn an in dem Zerwürfnis mit dem ba'thistischen »Bruderregime« in Bagdad im August 1979, über das im Kapitel zum Irak berichtet wird.

Die relative Isolierung Syriens gegenüber seinen unmittelbaren Nachbarn kompensierte Damaskus durch die Festigung seiner Position im Libanon. Eine wesentliche Grundlage dafür waren das strategische Verhältnis zu Iran und der gemeinsam mit Teheran betriebene Aufbau der *Hizbollah*. Vor dem Hintergrund des Zerwürfnisses mit dem Irak stellte sich Damaskus hinter Iran, als im September 1980 der irakisch-iranische Konflikt ausbrach. Dieser überraschende Schachzug wurde mit der dezidiert antiisraelischen Haltung des revolutionären Regimes in Teheran gerechtfertigt. Die Achse Damaskus-Teheran sollte über Jahrzehnte ein wichtiger Baustein im Gebäude der Außenpolitiken beider Staaten bleiben. Für die Islamische Republik Iran wurde Syrien eine Brücke, iranischen Einfluss im Libanon und in der Auseinandersetzung der Araber mit Israel zum Tragen zu bringen. Für Syrien bedeutete Teheran einen Machtfaktor, der Hafiz al-Asad als Akteur im Nahen Osten Gewicht verlieh. Dies wurde umso wichtiger, nachdem Israel 1981 die Golanhöhen offiziell annektiert hatte. Auch verlieh die Allianz mit dem schiitisch geprägten Iran dem in sunnitischen Augen religiös-häretischen alawitischen Regime religiöse Akzeptanz und Legitimität. Nach der Vertreibung der PLO (*Palästinensischen Befreiungsorganisation* [*Palestine Liberation Organisation*]) aus Beirut 1984 und dem Rückzug Israels aus dem Libanon 1985 war Damaskus, gestützt auf die *Hizbollah* die dominierende Macht im Libanon. Erst 2005 musste Syrien auf internationalen Druck hin seine Truppen aus dem Zedernland zurückziehen.

Alles in allem waren die Jahre nach dem brutalen Schlag gegen Hama von Stagnation gekennzeichnet. Während innenpolitisch der Mehltau der Diktatur über der Gesellschaft lag, war das Land – insbesondere wegen seiner Unterstützung Irans isoliert. Im Dezember 1991 wurde Asad (mit 99,98 % der Stimmen; bei nur 396 Gegenstimmen) zu einer vierten (7-jährigen) Amtszeit wiedergewählt. Erst nach dem Ende des ersten Golfkrieges (1988) begannen sich die Beziehungen zu dem arabischen Umfeld zu verbessern. Im Dezember 1989 wurden die diplomatischen Beziehungen zu Ägypten wiederhergestellt, die im Zusammenhang mit dem Abschluss des ägyptisch-israelischen Friedensvertrages abgebrochen worden waren. Einen weiteren Ausbruch aus der Isolierung bedeutete die Teilnahme syrischer Truppen am zweiten Golfkrieg zur Befreiung Kuwaits (1990/91; s. S. 177 f.). Jetzt normalisierten sich – mit positiven finanziellen Rückwirkungen – auch die Beziehungen zu Saudi-Arabien und Jordanien, das sich auf die Seite Saddams gestellt hatte. In einer gemeinsamen Damaskus-Erklärung, die am 6. März 1991 von den Außenministern Syriens, Ägyptens und des *Golf-Kooperationsrates* (GKR) veröffentlicht wurde, wurden die Grundlinien einer »neuen arabischen Ordnung« festgelegt. Das Verhältnis zu Washington entspannte sich; dabei spielte auch die positive Rolle Syriens bei der Freilassung amerikanischer Geiseln im Libanon eine Rolle. Im Übrigen war mit dem Ende der Sowjetunion ein alter – wenn auch ambivalenter – Rückhalt verloren gegangen.

Als der von den USA vermittelte Friedensprozess zwischen Israel und seinen Nachbarn im Oktober 1991 begann, saß auch die syrische Seite in Madrid am Tisch. Nachdem Asad im September 1992 die Parole: »Totaler Friede für totalen Rückzug Israels von den Golan-Höhen«, ausgegeben hatte, begannen Verhandlungen, in die sich die USA mit Nachdruck einschalteten. Aber auch zwei Treffen Asads mit Präsident Clinton am 16. Januar und 22. Oktober 1994 konnten keinen Durchbruch herbeiführen. Mit der Ermordung des israelischen Ministerpräsidenten Yitzhak Rabin am 4. November 1995 und der Übernahme der Regierung durch Benjamin Netanyahu im Mai 1996 (»die Golan-Höhen sind nicht verhandelbar«) kam der Verhandlungsprozess an sein Ende.

Im Verlauf der 1990er Jahre traten außenpolitische Probleme mit dem Nachbarn Türkei mit wachsender Schärfe zutage. Die großen Staudammpläne im Osten dieses Landes und das Beharren Ankaras auf dem Recht zu entscheiden, wie viel Wasser des Euphrat die Grenze nach Syrien überschreiten würde, beunruhigten Damaskus; dies umso mehr, als 1974 ein Staudamm bei Raqqa fertig gestellt worden war; der entstandene »Asad-See« war seither für die Wasserversorgung Syriens von größter Bedeutung. Um auf die türkische Regierung Druck ausüben zu können, hatte Asad über Jahre die *Kurdische Arbeiterpartei* (PKK) unter ihrem Führer Abdullah Öcalan unterstützt, die 1984 begonnen hatte, den türkischen Staat terroristisch herauszufordern. Wiederholt hatte Ankara gefordert, die Ausbildungslager der PKK im Libanon zu schließen und

Öcalan die Unterstützung zu entziehen. Die Lage spitzte sich zu, als Ankara auf Initiative des Militärs ab 1996 begann, seine militärische Zusammenarbeit mit Israel stark auszuweiten. Auf diese Weise geriet Syrien von zwei Seiten politisch und militärisch unter Druck. Im Oktober 1998 stellte Ankara Damaskus ein Ultimatum und ließ Truppen an der syrischen Grenze aufmarschieren. Daraufhin verließ Öcalan Syrien.

Am 11. Februar 1999 erhielt Hafiz al-Asad – schon seit Jahren schwer krank – in einem Referendum mit 99,98 % ein fünfte Amtszeit. Bereits am 10. Juni starb er. Innenpolitisch hatte es in seinen letzten Jahren Symptome eines neuerlichen Erstarkens des islamischen Widerstandes gegeben. Kurz vor seinem Tod war es zu einem Machtkampf mit seinem Bruder Rif'at al-Asad gekommen, der des Landes verwiesen wurde. Der Weg für seine Sohn Baschar al-Asad musste freigemacht werden.

Mit der Festigung der Herrschaft der *Ba'th*-Partei unter Hafiz al-Asad wurde Syrien gesellschaftlich und wirtschaftlich tief greifend verändert. Bis 1963 hatten die herkömmlichen politischen und gesellschaftlichen Eliten die Macht ausgeübt; tiefer greifende Reformen waren auch von den Militärs nicht durchgeführt worden. Die Reformansätze nach nasseristischem Vorbild in der kurzen Episode der Vereinigten Arabischen Republik blieben in den Anfängen stecken. Dabei stand die Gesellschaft unter starkem Veränderungsdruck: Wie auch anderswo im arabischen Raum führte das starke Wachstum der Bevölkerung zur Abwanderung in die Städte. Ein Teil der Migranten fand in der öffentlichen Verwaltung und im staatlichen Wirtschaftsektor Beschäftigung. Einen tiefen Einschnitt in das herkömmliche Gesellschafts- und Machtgefüge bedeutete die Landreform. Vor allem kleiner und mittlerer Landbesitz nahm zu, und die Besitzverteilung auf dem Lande wurde gleichmäßiger, wenngleich nicht egalitär. Zugleich investierte der Staat massiv in Dammbau- und Bewässerungsprojekte.

In der Entwicklungsstrategie stand der Ausbau von Industrie, Energiesektor und Verkehrswesen im Mittelpunkt. Die anhaltende Überdehnung der Ausgaben führte Mitte der 1980er Jahre in eine Wirtschaftskrise. Als Ausweg begann die Regierung – unterstützt durch Weltbank und IWF – seit 1985 ein wirtschaftliches Reform- und Öffnungsprogramm. Der Außenhandel wurde liberalisiert und 1991 ein weit reichendes Investitionsförderungsgesetz verabschiedet. Damit wuchs wieder die Rolle des Privatsektors, und die Zahl privater Unternehmensgründungen nahm spürbar zu. Gleichwohl blieb der Sozialismus, verankert in der Ideologie der *Ba'th*-Partei, Grundlage der Entwicklungspolitik. Die damit verbundene Vermischung von staatlichem und privatem Sektor blockierte bis zum Tode Hafiz al-Asads eine ausgewogene und breit gefächerte wirtschaftliche Entwicklung. Angehörige des regierenden Systems waren privilegiert. Daneben entstand, insbesondere in Damaskus und Aleppo, eine gesellschaftliche Schicht, die – auch über Korruption und Vetternwirtschaft – dem System verbunden war. Neben den Alaviten gehörten auch Angehörige der sunnitischen Mehrheit und der christlichen Minderheit zu den Profiteuren. Im Ergebnis konzentrierte sich Reichtum in den Händen weniger hochrangiger Staatsbeamter und Geschäftsleute, die oft über direkte familiäre Bande Verbindungen zum inneren Machtzirkel verfügten.

Zunächst war Baschar al-Asad nicht der Favorit seines Vaters für dessen Nachfolge gewesen. Erst nachdem sein Bruder Basil im Januar 1994 bei einem Autounfall ums Leben kam, war der 1965 geborene Baschar systematisch auf die Machtübernahme vorbereitet worden. Mit dem Tod seines Vaters wurde der Übergang rasant vollzogen. Das Parlament senkte das in der Verfassung verankerte geforderte Mindestalter des Präsidenten von 40 auf 34 Jahre, eine Woche später ernannte ihn die Ba'th-Partei zum Generalsekretär, Präsidentschaftskandidaten und Oberbefehlshaber der Streitkräfte. Am 10. Juli wurde er in einem Referendum mit 97,29 % der Stimmen gewählt und eine Woche später vereidigt.

Mit seiner Wahl waren Hoffnungen auf innere Liberalisierung verbunden. Der u. a. in England ausgebildete und mit einer in London geborenen Diplomatentochter verheiratete Augenarzt schien eine neue Zeit zu verkörpern. Entsprechende Hoffnungen nährte er in seiner Antrittsrede am 17. Juli, in der er von mehr Demokratie sprach. Diskussionsforen bildeten sich, in denen über die Demokratisierung des Landes und die Bekämpfung der Korruption gesprochen wurde. Bald sollte dies ein Ende haben, die Unterdrückung kehrte zurück und viele der Aktivisten fanden sich im Gefängnis wieder. In den nächsten Jahren sollten kurze Phasen politischer Öffnung, von Wellen der Repression gefolgt werden.

Auch die wirtschaftliche Entwicklung verlief ambivalent. Zwar bescherte eine durchgreifende Liberalisierung ansehnliche wirtschaftliche Wachstumsraten und eine Öffnung des Landes für westliche Produkte. Den Gewinnern aber standen die Verlierer gegenüber. Zu ersteren gehörten wohlhabende Großstädter; die Menschen auf dem Land und in den armen Vorstädten dagegen wurden von der Entwicklung abgehängt. Während die Regierung in Zeiten der Planwirtschaft noch halbwegs um einen Ausgleich bemüht war, hatte sich die Schere zwischen Arm und Reich über Jahrzehnte ausgeweitet. Unter al-Asad junior setzte sich diese Entwicklung nicht nur fort; mit der abnehmenden Erdölförderung und einer mehrjährigen Dürre verschlechterte sich die Lage vieler sozialer Schichten, vor allem der Agrarbevölkerung und der Arbeitnehmer mit mittleren und niedrigen Einkommen. Subventionen u. a. für Lebensmittel, Heizöl und Benzin wurden abgebaut, dadurch beschleunigte sich der soziale Abstieg der Ärmeren. Zehntausende trieb es in die Städte, wo sie sich nur mit Gelegenheitsjobs über Wasser halten konnten.

Die Bilanz der Außenpolitik Baschar al-Asads war gemischt. Im Libanon setzte er die Politik seines Vaters fort. Beirut war Syriens Fenster zur Welt; Schmuggel und Schwarzmarktgeschäfte der dem Regime nahe stehenden Profiteure wurden über das Land abgewickelt. Insbesondere über die Hizbollah suchte Damaskus Druck auf Israel auszuüben und das Thema der Rückgabe der Golanhöhen auf der politischen Agenda zu halten. 2004 aber begann sich das Blatt zu wenden. Eine Serie von Bombenanschlägen, denen insbesondere prominente Gegner und Kritiker der syrischen Politik zum Opfer fielen, gipfelte am 15. Februar 2005 in der Ermordung des ehemaligen libanesischen Ministerpräsidenten Rafiq al-Hariri. Unter dem Druck der internationalen Gemeinschaft musste die syrische Führung, die für den Anschlag verantwortlich gemacht wurde, ihre Truppen in den folgenden Monaten aus dem Libanon zurückziehen (s. S. 116 f.).

Die Beziehungen zu Iran blieben eine Konstante auch in der Außenpolitik Baschar al-Asads. Zugleich gelang ihm ein – wenn auch fragiler – Ausgleich mit den arabischen Staaten, insbesondere Saudi-Arabien. Einen Durchbruch erfuhren die Beziehungen zur Türkei: Im Rahmen der verstärkten Ausrichtung Ankaras auf das geopolitische Umfeld des Landes verbesserten sich die Beziehungen zu Syrien nachhaltig. Ab 2007 gingen beide Staaten eine Freihandelszone ein. Auch die USA waren um eine Normalisierung bemüht. Die EU nahm ihre Zusammenarbeit im Rahmen der Mittelmeerpolitik wieder auf. Nach fünf Jahren der Isolation Syriens reiste Frankreichs Staatschef Sarkozy im September 2008 nach Damaskus.

Im Juli 2007 trat Baschar seine zweite Amtszeit an. Ein Urnengang ohne Gegenkandidat hatte ihn mit 97 % der Stimmen bestätigt. Ausgehend von dieser Zustimmung hätte er darangehen können, einen neuerlichen Versuch eines behutsamen Umbaus des Systems einzuleiten. Wie bereits 2001 versagte er auch dieses Mal vor dieser Aufgabe. Die Stabilität des Regimes beruhte weiterhin insbesondere auf den Geheimdiensten. Ein innerer Zirkel bestehend aus Verwandten und Getreuen – die meisten von ihnen Alawiten – hielt die Macht repressiv fest in der Hand.

Als das Regime Mubarak in Ägypten im Februar 2011 stürzte, glaubte Baschar vor diesem Hintergrund sagen zu können, eine solche Erhebung werde sich in Syrien nicht wiederholen. Im März 2011 begannen allerdings auch in Syrien die Proteste. Sie wurden an der Peripherie des Landes ausgetragen, in Der'a, einem Platz, an dem jene Teile der Bevölkerung lebten, die vom Boom der wirtschaftlichen Zentren nicht berührt worden waren. Schulkinder waren verhaftet worden, die regimekritische Parolen an Häuserwände gemalt hatten. Wie immer reagierten die lokalen Schergen brutal. Das steigerte den Zorn; mehr und mehr traten nicht nur der repressive Apparat, sondern Asad selbst in das Visier der Protestierenden. Wieder versagte er, das Ruder herumzulegen: In seiner Rede am 30. März 2011 macht er eine ausländische Verschwörung gegen Syrien und Terroristen, die es zu bekämpfen gelte, für die Unruhen verantwortlich. Damit hatte er die Vorzeichen gesetzt. Zunehmend radikalisierte sich der Protest und nach etwa einem halben Jahr des friedlichen Verlaufs begann er bewaffnet ausgetragen zu werden. Der Widerstand weitete sich auf zahlreiche Teile des Landes aus und nistete sich in den Städten ein. Das Regime reagierte mit flächendeckenden Zerstörungen. Spätestens 2013 drangen radikale islamistische Organisationen vom Irak aus in die staatsfreien Räume in Syrien ein. Inwiefern der syrische Staat je wieder durch zentralstaaliche Gewalt innerhalb der Grenzen des französischen Mandatsgebiets hergestellt werden kann, bleibt angesichts des nun ganz Syrien umfassenden Kriegsgeschehens (2015) offen.

4.1.4 Libanon

Der heutige Staat Libanon trat offiziell am 1. September 1920 ins Leben. Aus dem osmanischen *mutasarrıfat* (s. S. 27 f.) und nach der repressiven türkischen Militärverwaltung während des Krieges wurde – proklamiert vom französischen Hohen Kommissar in Beirut – der »Groß-Libanon« (*Grand Liban*). Dem »Berg Libanon« (*Mont Liban*) wurden die Küstenstädte, Beirut, Tripoli, Sidon und Tyros, die Bekaa-Ebene und die nördlichen und südlichen Randgebiete des *Mont Liban* zugeschlagen. Seine Flagge wurde die französische Trikolore mit einer Zeder in ihrer Mitte. Der muslimische Bevölkerungsteil wuchs schlagartig von 25 % auf 45 % an.

Eine Nation mit einer die unterschiedlichen insbesondere konfessionellen Gruppen verbindenden Identität ist der Libanon aber nicht geworden. Die Unterschiede in der

Sozialstruktur zwischen den Städten und dem ehemaligen *Mont Liban* sowie anderen ländlichen Gebieten waren beträchtlich. Im Grad ihrer Modernisierung und Bildung blieben die überwiegend von Schiiten und Sunniten bewohnten ländlichen Gegenden im Norden, Osten und Süden bis an die Grenze der Gegenwart zurück. Auf ökonomischem Gebiet schließlich konnten diese vom syrischen Hinterland abgetrennten Gebiete niemals den vollen Anschluss an die Entwicklung im Kerngebiet des Libanon und in der sich rasant entwickelnden Metropole Beirut finden.

Kerndaten Libanons

Name des Landes (deutsch/arabisch/ englisch/französisch)	Libanon / al-Dschumhuriyya al-Lubnaniyya / Lebanon / République libanaise / Le Liban		
Bevölkerung in Mio.	5,8	Datum der Unabhängigkeit	22.11.1943
Einwohner pro km²	563	Datum des Beitritts zur Arabischen Liga	1945
Fläche in km²	10 452	Staatsform	Republik
Landessprache (offizielle [Staats-]Sprache)	Arabisch	BIP in Mrd. US-Dollar	24,6
häufig gebrauchte Sprachen	Französisch	BIP pro Einwohner in US-Dollar	6569
Konfessionen	Muslime 54 % (je 50 % Sunniten/ Schiiten)	Lebenserwartung in Jahren	77
religiöse Minderheiten	Christen 40,5 %, Drusen 5,5 %	Zusammensetzung der Bevölkerung (ethnisch)	Araber 95 %, Armenier 4 %

Nicht ohne Grund wird ein Beitrag zur Geschichte des Libanon mit dem Hinweis auf religiöse Gemeinschaften eingeleitet. Zwei Tatbestände charakterisieren die libanesische Politik grundsätzlich: Zum einen die konfessionalistische Struktur der Gesellschaft. 17 Religionsgemeinschaften sind offiziell anerkannt. Sie gliedern sich in christliche (orthodoxe, katholische und protestantische) und muslimische (sunnitische, schiitische und drusische) Gemeinschaften mit jeweiligen Untergruppen. Der Konfessionalismus hat die Herausbildung einer libanesischen Nation nachhaltig behindert; insbesondere das Personenstandsrecht ist im Wesentlichen mit der konfessionellen Zugehörigkeit verbunden. Die jeweilige Beteiligung der Gruppen in Staat und Gesellschaft entsprach – meist – traditionellen Absprachen. Eine Volkszählung im Jahre 1932 – seither wurde keine solche mehr durchgeführt – legt die Vermutung nahe, dass bei der Gründung des Staates die christlichen und muslimischen Bevölkerungsanteile etwa gleich stark waren. Die Maroniten waren zu dieser Zeit die stärkste konfessionelle Gruppe. Dies hat sich seit der Unabhängigkeit dramatisch verschoben. Bereits Ende der 1960er Jahre dürfte die Zahl der Muslime die der Christen überstiegen haben. In der Gegenwart überwiegen die Muslime deutlich. Die Schiiten haben die Maroniten als stärkste konfessionelle Gruppe abgelöst. Im Rückblick versteht es sich nahezu von selbst, dass die Veränderungen der Anteile der Konfessionen an der Gesamtbevölkerung auch Veränderungen von deren politischen Gewichten nach innen wie nach außen beinhalteten. Diese Entwicklungen waren mit schwersten Erschütterungen für den Fortbestand des libanesischen Staatswesens verbunden.

Ein weiterer für die Entwicklung des Libanon signifikanter Tatbestand liegt in der dominanten Rolle von politischen Führern und ihren Familien. Mit Ausnahme der Schiiten, die herkömmlich zur Unterschicht gehörten, wird die Politik des Libanon durch wenige Familien und Clans und deren Oberhäupter bestimmt. Politische Parteien und Gruppierungen sind deren Pfründe; nicht selten sind sie auf Persönlichkeiten zugeschnitten. Wahlen vollziehen sich ganz wesentlich als Zustimmung von Seiten einer spezifischen – nicht zuletzt auch konfessionellen – Klientel.

Die relative Schwäche des Staates bei sich über Jahrzehnte verändernden politischen, gesellschaftlichen, konfessionellen und wirtschaftlichen Gegebenheiten hat den Libanon zu einer politischen Bühne gemacht, auf der sich, insbesondere nach der Gewinnung der Unabhängigkeit, regionale und internationale Akteure eingemischt haben. Lokale Kräfte haben die Unterstützung auswärtiger Mächte gesucht; und diese haben ihre gegenseitigen Divergenzen über libanesische Stellvertreter ausgetragen. Der arabisch-israelische, sunnitisch–schiitische, der säkular-islamistische und der Ost-West-Konflikt waren einige solcher Kontexte innerlibanesischer Auseinandersetzungen. Ohne sie ist libanesische Politik seit den 1950er Jahren nicht zu verstehen. Mit der Einnistung der PLO im Libanon nach 1970 und dem Anwachsen des Einflusses der *Islamischen Republik Iran*, der sich in der engen Allianz mit der *Hizbollah* niederschlug, verschärften sich zugleich innerlibanesische politische und konfessionelle Gegensätze.

Schon während der Staatsgründung 1920 identifizierte sich nur ein Teil seiner Bewohner mit dem neuen Staat. Neben unterschiedlichen politischen Interessen war die Diskussion um die Zukunft des Libanon und seiner Gemeinschaften eng mit der Frage der historischen Identität verbunden. Vor allem maronitische Christen bestanden darauf, dass sich der Libanon bereits vor 1920 durch eine eigene, sich von seiner arabischen Umwelt unterscheidende Geschichte ausgezeichnet habe. Demgegenüber sahen sunnitische Muslime und viele orthodoxe Christen ihren Platz eher in der Geschichte des historischen Syrien, ja sogar der arabischen Welt insgesamt. Dies galt auch für die Drusen. Dieser Identitätskonflikt verlor nur allmählich und nie vollständig an Bedeutung und wiederholt kam es darüber auch vor der Unabhängigkeit zu Konflikten.

1926 erhielt der junge Staat eine Verfassung. Sein offizieller Name war nun *Libanesische Republik (al-dschumhuriyya al-lubnaniyya)*. In ihr wurden der republikanische Charakter des Landes, d. h. die Gleichheit aller Bürger vor dem Gesetz, und die parlamentarische Demokratie festgeschrieben. Von weitreichender Wirkung war auch die Bestimmung, dass die Verwaltung zwischen den Religionsgemeinschaften aufgeteilt werden sollte. Wenn auch noch kein konkreter Proporz genannt wurde, so sollte sich dies doch von größter Bedeutung für die Zukunft des Landes erweisen. Die Volkszählung von 1932 ergab eine schmale Mehrheit für die Christen. Zweifel an diesem Ergebnis wollten freilich von Anfang an nicht verstummen.

Die in den 1930er Jahren entstehenden politischen Parteien forderten einhellig, das französische Mandat zu beenden. Wie auch in Syrien zeigte sich die französische Volksfrontregierung unter Léon Blum schließlich bereit, das Verhältnis Frankreichs zum Libanon vertraglich zu regeln. In dem Vertragswerk vom November 1936 verlautet die Mandatsmacht ihre Bereitschaft, die Unabhängigkeit und Souveränität des Landes anzuerkennen. Im Gegenzug räumte Beirut seine Bereitschaft zu militärischer Zusammenarbeit ein und bot Frankreich wirtschaftliche und politische Zugeständnisse an. Während das christlich dominierte libanesische Parlament das Abkommen billigte, stießen die Zugeständnisse, die Paris auch für die Zeit nach der Gewinnung der Unabhängigkeit gemacht wurden, bei den Muslimen auf nachhaltige Ablehnung. Die Proteste trugen konfessionalistische Untertöne. Noch einmal stand die Zukunft des *Grand Liban*, wie er von den Franzosen 1920 geschaffen worden war, zur Diskussion. In Syrien hatte der *Nationale Block* von Frankreich die Wiederherstellung der vollen territorialen Integrität des Landes, also die Wiedereingliederung der alawitischen und drusischen autonomen Gebiete in das Staatsgebiet eines künftig unabhängigen Syrien gefordert. In ähnlichem Sinne verlangten eine Gruppe sunnitischer Politiker (die »Konferenz der Küste«), dass insbesondere die Küstenregionen, die dem *Grand Liban* 1920 zugeschlagen worden waren, Teil des syrischen Staatsgebiets würden In diesem angespannten Klima wurde 1936 durch den maronitischen Führer Pierre Gemayel die paramilitärische Gruppe der *Falange* (*kata'ib*) gegründet. Sie sollte später als Miliz und als politische Partei eine Rolle spielen.

Der Ausbruch des Zweiten Weltkriegs bedeutete zunächst einen Rückschlag auf dem Weg in die Unabhängigkeit. Am 21. September 1939 setzte der französische Hohe Kommissar die Verfassung außer Kraft. Nach der Niederlage Frankreichs im Juni 1940 entsandte das Vichy Regime einen neuen Hochkommissar, der nunmehr auch die Interessen Deutschlands in der Levante in Betracht zu ziehen hatte. Das Blatt wendete sich, als britische und Truppen des Freien Frankreich Mitte 1941 das Land besetzten. Mit der Besetzung Beiruts war das Versprechen verbunden, dass der Libanon – wie auch Syrien – in die Unabhängigkeit entlassen würde (s. S. 91). Großbritannien erklärte sich zum Garanten dieses Versprechens.

Damit setzten intensive Bemühungen ein, dieser allgemeinen Erklärung konkrete Schritte folgen zu lassen. Dem Aufbau politischer Institutionen vorausgehen musste eine grundsätzliche Verständigung über die Positionierung eines unabhängigen libanesischen Nationalstaats. Sie fanden im »Nationalpakt« ihren Niederschlag. Er stellte eine Kompromissformel zwischen den unterschiedlichen Identitäten und politischen Zielvorstellungen der führenden Repräsentanten der maronitischen und der sunnitisch-islamischen Elite dar. Er wurde nicht schriftlich festgehalten; aber sein Inhalt hat die Entwicklung des unabhängigen Libanon, sein politisches System und die politische Kultur des Landes über Jahrzehnte geprägt. Wie insbesondere vom muslimischen Bevölkerungsteil gewünscht, wurde die Identität des Landes als »arabische«, gleichzeitig jedoch – gemäß christlichen Wünschen – als von »speziellem Charakter« definiert. Die muslimische Seite nahm Abstand davon, auf einen Anschluss an Syrien hinzuwirken; die christlichen Repräsentanten gaben die Forderung nach westlicher, insbesondere französischer Protektion auf. Ansonsten wurde an dem bereits praktizierten konfessionalistischen Proporz festgehalten: Staatspräsident wurde seither immer ein Maronit, Ministerpräsident ein Sunnit, Parlamentspräsident ein Schiit. Die Parlamentssitze wurden im Verhältnis 6:5 zwischen Christen und Muslimen aufgeteilt.

Diese konkordanzdemokratische Regelung hat den Eindruck vom Libanon als einer »Schweiz des Orients« entstehen lassen. Im Lichte der Entwicklungen seither freilich hat sich dies als Täuschung erwiesen. Die Festschreibung des konfessionalistischen Proporzes und insbesondere das Wahlrecht, das die Sitze eines jeden Wahlkreises nach Kriterien der Konfession verteilte, stärkten die Positionen der Notabeln, Clanführer und des Klerus in allen Religionsgemeinschaften und behinderten die Entstehung eines konfessionsunabhängigen, entlang weltanschaulicher und politischer Linien strukturierten Parteiensystems. So wurden Parlamentssitze quasi als Pfründe erblich weiter gegeben. Auch auf die Entwicklung einer schiitischen Mittelschicht mit entsprechenden politischen Mitwirkungsansprüchen hatte das System keine Antwort.

Nach der Einigung im Nationalpakt führten Neuwahlen zu einem Parlament, das am 21. September 1943 den Nationalisten Bischara al-Khoury zum ersten Staatspräsidenten des unabhängigen Libanon wählte. Als das Parlament begann, die Verfassung dergestalt neu zu fassen, dass Paris befürchten musste, jede Handhabe zu einer Einmischung in die libanesische Politik zu verlieren, schritt die Mandatsmacht ein. Al-Khoury und andere führende Politiker wurden am 11. November 1943 kurzzeitig verhaftet; es kam zu De3monstrationen. Erst als die Briten, an die sich die libanesischen Nationalisten als Garanten der Deklaration der Unabhängigkeit wandten, Druck ausübten, lenkte Frankreich ein. Die Änderungen der Verfassung sollten Bestand haben; auch die neue – seither gezeigte Flagge sollte anstelle der Trikolore wehen. Am 22. November wurde der Libanon *de jure* unabhängig. Frankreich aber behielt die Kontrolle der Sicherheitskräfte. Bis zum Rückzug der französischen Truppen aus dem Land zum Jahresende 1946 sollten Libanesen und Franzosen in einem schwierigen Verhältnis miteinander koexistieren.

Von der Unabhängigkeit bis zum Ausbruch des Bürgerkrieges (1975) konnte der Libanon dem oberflächlichen Betrachter tatsächlich als Musterland des Orients erscheinen. Zwar hatten sich die außenpolitischen Rahmenbedingungen verändert: Der britische Einfluss war dramatisch gesunken; mit dem Entstehen des Ost-West-Konflikts entstanden neue Koordinaten. Der Einfluss der USA auch auf die Innenpolitik des Libanon wuchs. Und wenn sich auch der Libanon nicht der arabischen Koalition gegen den entstehenden jüdischen Staat angeschlossen hatte, so sollten die innerarabischen Auseinandersetzungen um diesen auch im Libanon ihre Parteigänger finden. Im März 1949 schloss der Libanon ein Waffenstillstandsabkommen mit Israel.

Zunächst aber war entscheidend, dass der Libanon – anders als andere arabische Staaten – wirtschaftlich zu den Gewinnern des Zweiten Weltkrieges gehörte. Libanesische Geschäftsleute hatten von der starken Präsenz der Briten und Franzosen im nahöstlichen Kriegsgebiet profitiert. Die Beziehungen, die die christliche und sunnitische Oberschicht nach Europa und zu den USA unterhielt, sowie das zurück fließende Kapital der im Ausland lebenden Libanesen, waren gute Voraussetzungen nicht zuletzt für die Entwicklung des Bankensektors. Der kapitalistische Geist Beiruts war auch für diejenigen attraktiv, die angesichts der politischen Instabilität und der sozialistischen Experimente der neuen Eliten in den Nachbarländern nach einem sicheren Platz für ihre Geldanlagen suchten.

Die innenpolitische Landschaft aber hatte begonnen, sich zu verändern. Die vor allem linke Opposition gegen Präsident und Regierung sollte sich organisieren. Ihre profilierteste Kraft wurde die 1949 von Kamal Jumblat (Dschumblat), einem zum Sozialisten gewendeten drusischen Feudalherren, gegründete *Progressive Sozialistische Partei* (PSP). Mit Streiks erzwang sie im September 1952 den Rücktritt von Präsident al-Khoury. Sein Nachfolger wurde Camille Chamoun. Dessen Amtszeit fällt in die Epoche der arabischen Umbrüche, die mit dem Aufstieg Nassers in Ägypten ihr sichtbarstes Symbol erhielten. Damit verbunden war die Verschärfung des Ost-West-Konflikts, d. h. der Bemühungen der USA und der Sowjetunion im Nahen Osten Einfluss zu gewinnen. Chamoun war ein entschlossener Parteigänger der USA. Im März 1957 bekannte er sich zur *Eisenhower–Doktrin* (s. S. 321). Dies brachte ihn in entschiedenen Gegensatz sowohl zur Politik Nassers als auch zu nationalistischen Kräften in Syrien, die sich zunächst Nasser annäherten.

Die Entwicklungen vertieften die Polarisierung zwischen den politischen Kräften im Libanon: Nasseristische »linke« Kräfte traten den Anhängern des Präsidenten gegenüber, unter denen die *Kata'ib* die markanteste Gruppierung war. Aus den Parlamentswahlen vom Juni 1957 waren die Anhänger des Präsidenten als Sieger hervorgegangen. Die Opposition erhob den Vorwurf der Wahlfälschung und ging auf die Straße. Das Ende der Amtszeit Chamouns im September 1958 brachte neue Verwerfungen. Zu seinem Nachfolger wurde Fu'ad Schihab gewählt. Er sollte das Land wieder versöhnen. Als Generalstabschef der Armee hatte er in der Vergangenheit bereits in der Krise von 1952 eine vermittelnde Rolle gespielt. Bedenklich war, dass die politischen Gegensätze zugleich einen konfessionellen Charakter annahmen: Den Christen auf der Seite des Präsidenten standen Muslime und Drusen auf Seiten der Opposition gegenüber.

Der innerlibanesische Konflikt hatte aber zugleich eine außenpolitische Dimension. Vom Ausbruch der Unruhen an hatte Präsident Chamoun die von Nasser geführte *Vereinigte Arabische Republik* bezichtigt, diesen anzuheizen. Am 11. Juni hatte der UN-Sicherheitsrat beschlossen, eine Beobachtergruppe nach Beirut zu entsenden. Die Entwicklungen spitzten sich zu, als am 14. Juli die Monarchie im Irak gestürzt wurde. Bereits am nächsten Tag begannen die USA, eine Truppe von am Ende 15 000 Marinesoldaten an Land zu bringen, die das Gelände um den Flughafen besetzten. Nach Verhandlungen mit General Schihab, der auf diese Weise zu einer der Schlüsselfiguren des Konfliktmanagements wurde, rückten die amerikanischen Truppen bis Beirut vor, mit dem erklärten Ziel, die amerikanische Botschaft zu schützen. Mit dieser massiven Intervention ließ Washington erkennen, wie sehr sich die Machtverhältnisse in der Levante verändert hatten. Dabei ging es nicht nur um den Erhalt des prowestlichen Regimes im Libanon. Vor dem Hintergrund des Machtwechsels im Irak (s. S. 167) kam darin zugleich die Besorgnis zum Ausdruck, dass auch das proamerikanische Regime des jordanischen Königs und damit die strategischen und wirtschaftspolitischen Interessen der USA in Gefahr geraten könnten (s. S. 148 ff.).

Auch die Wahl Fu'ad Schihabs zum Präsidenten führte nicht unmittelbar zur Beruhigung der Situation. Streiks und bewaffnete Übergriffe, angeheizt insbesondere durch die *Kata'ib*, die ein Anwachsen des nasseristischen Einflusses befürchteten, forderten zahlreiche Todesopfer. Erst die Bildung einer Kompromissregierung Mitte Oktober, an der nunmehr auch – zum ersten Mal in der libanesischen Geschichte – die *Kata'ib* teilnahm, führte zur Beruhigung der Lage. Am 27. Oktober 1958 zog der letzte amerikanische Soldat aus dem Libanon ab.

Die Präsidentschaft Schihabs (bis 1964) ist durch Bemühungen um Reformen gekennzeichnet. Politisch stützte sich der Präsident auf so unterschiedliche Kräfte wie die *Kata'ib* und die PSP. Während erstere ihm eine Machtbasis sicherte, brachte Jumblat ihm Zulauf von Seiten der auf Modernisierung von Wirtschaft und Gesellschaft drängenden Elemente innerhalb der drusischen und anderen muslimischen Gemeinschaften. Innen- und außenpolitisch neutralisierten sich beide Parteien gegenseitig: Mit Blick auf die großen Fragen, die auch die Identität des Libanon berührten, den arabischen Nationalismus, die Haltung zum Nasserismus und die Beziehung zur Sowjetunion, hatten beide gegensätzliche Positionen. Schihab hatte aus den Unruhen der Vergangenheit die Lehre gezogen, dass ein sozialer Ausgleich zwischen den gesellschaftlichen Schichten im gesamten Staatsgebiet eine wesentliche Voraussetzung für die künftige Stabilität des Landes sein würde. Dies erforderte zunächst die Ausweitung der Infrastruktur bis in die hintersten Landesteile. Das Erziehungswesen musste landesweit aufgebaut werden. Um das durchzusetzen, mussten der Einfluss des Staates in der Wirtschaft gestärkt und Institutionen zentralistischer staatlicher Verwaltung geschaffen werden. Um die Kontrolle über die boomenden Finanzen zu stärken, wurde die libanesische Zentralbank gegründet. Dabei galt es, den Widerstand der kommerziellen und finanziellen Elite zu überwinden, die seit eh und je bemüht gewesen war, sich der Kontrolle des Staates zu entziehen. Folglich mussten die Sicherheitsorgane verstärkt werden. »Schihabismus« bedeutete also ein Zusammengehen von liberaler Wirtschaftspolitik und staatlichen Verteilungs- und Kontrollmaßnahmen zur Unterdrückung politischer Opposition. Den Einfluss politischer Parteien galt es einzuschränken.

Letzteres aber änderte nichts daran, dass der Libanon in diesen Jahren ein – im Kontext der arabischen Gesellschaften der Zeit – nicht vergleichbares geistiges und kulturelles Leben erfuhr. Künstler, Intellektuelle und politische Aktivisten aller Couleur fanden in libanesischen Verlagshäusern ihre Foren. Die Freiheit der Presse war nahezu unbegrenzt. Westliches und traditionalistisch-islamisches Ideengut wurden offen, tolerant und friedfertig mit- oder gegeneinander ausgetragen. Die *Amerikanische Universität Beirut* (AUB) stand symbolisch für diesen Schmelztiegel der Ideen und Kulturen. Naturgemäß zog diese Vielfalt den Argwohn auswärtiger Regierungen auf sich; zuvorderst Ägyptens und Syriens, aber auch Saudi-Arabiens, Jordaniens und des Irak. Die Chancen aber, die der Gleichschritt von liberalem Wirtschaftsleben und geistiger Freiheit bot, waren stärker als Bestrebungen, die libanesische Gesellschaft zu kontrollieren und in der einen oder anderen Weise auf Linie zu bringen.

Erst der dritte arabisch-israelische Krieg, der 6-Tage-Krieg, im Juni 1967 (s. S. 67 f.) bedeutete nicht nur das Ende des »Schihabismus«, sondern erschütterte zugleich die Grundlagen, auf denen der Libanon als Staat beruhte. Die Dichotomie zwischen

Christen und Muslimen trat zurück hinter der Frage, ob sich »der Libanese« als »Araber« verstehe oder nicht. Zu tief saßen Schande und Schmach, die die arabischen Armeen erlitten hatten, als dass man nicht nach Wegen hätte suchen müssen, sie zu tilgen. So wenigstens dachten eine Mehrheit unter Sunniten und Schiiten, aber auch unter den Drusen, Griechisch-Orthodoxen und Teilen anderer christlicher Gemeinschaften. Das Engagement für die »arabische Sache« wurde in den 1970er Jahren gleichbedeutend mit der Unterstützung des Kampfes der Palästinenser gegen die israelischen Besatzung. Das aber bedeutete nicht nur, dass sich libanesische Jugendliche für militärische Aktionen rekrutieren ließen. Auch der bewaffnete Kampf würde nun auch von libanesischem Boden geführt werden. Dieser Enthusiasmus aber entfremdete die Mehrheit der Maroniten, die ihren geistigen und politischen Ort außerhalb des Arabismus sahen. Früher oder später würden die *Kata'ib* mit Palästinensern und pro-palästinensischen Kräften in Konflikt geraten.

Zunächst freilich geriet erst einmal das »schihabistische« System – Schihabs Nachfolger Charles Helou (1964–1970) hatte an ihm festgehalten – in die Sackgasse. Zwar waren die Führer der sunnitischen und schiitischen Gemeinschaften vorerst noch nicht bereit, sich vorbehaltlos in das palästinensisch-»arabische« Lager zu schlagen; insbesondere auf schiitischer Seite standen viele den palästinensischen Aktionen ablehnend gegenüber, wurden sie doch von der mehrheitlich schiitisch bevölkerten Region im Süden aus – bei heftigen militärischen Gegenschlägen Israels – durchgeführt. Aber die Grundlage des Systems, die Koexistenz der maronitischen *Kata'ib* und der drusischen PSP, wurde unterminiert. Während erstere es ablehnten, den Libanon in die palästinensische Frage hineinzuziehen, sah Drusenführer Kamal Jumblat genau darin eine Chance für den Aufstieg der drusischen Gemeinschaft, die seit der Unabhängigkeit im Schatten der Maroniten und Sunniten gestanden hatte. Das zurückhaltende Taktieren der sunnitischen Politiker hatte zugleich ein Führungsvakuum entstehen lassen, das zu füllen er entschlossen war. Ein in Kairo im Herbst 1969 geschlossenes Abkommen regelte die Beziehungen zwischen der libanesischen Armee und der PLO; dies beinhaltete auch, dass nunmehr die PLO-Führung die Kontrolle über die palästinensischen Flüchtlingslager, die bisher bei libanesischen Sicherheitsorganen gelegen hatte, übernehmen würde. Das Abkommen bedeutete das Aus für das »schihabistische« Lager. In den Präsidentschaftswahlen vom August 1970 unterlag ihr Kandidat gegen den Maroniten Sulaiman Frangieh. Zurück blieb ein unvollendetes Projekt. Wichtige politische, gesellschaftliche und wirtschaftliche Probleme waren ungelöst, so das Spannungsverhältnis zwischen den Kerngebieten der Libanesen in den Bergen und den aufstrebenden Städten an der Küste, insbesondere Beirut. Die Ungleichheiten zwischen der reichen Oberschicht und den Armen in den Städten und auf dem Land sowie die Ersetzung der primär konfessionellen Identität durch ein pan-libanesisches Nationalbewusstsein. Frangieh, ein maronitischer Clanführer von traditionalen Wertvorstellungen, war nicht der Mann, an der Lösung dieser Probleme zu arbeiten.

Auch aus den Parlamentswahlen von 1972 – den letzten für einen langen Zeitraum – gingen traditionalistische Kräfte als Sieger hervor. Mittlerweile aber hatte die palästinensische Frage begonnen, die Agenda der libanesischen Politik zu bestimmen. Im Herbst 1970 hatte König Husain die PLO gewaltsam aus Jordanien verdrängt (s. S. 151 f.).

Während die Regierungen Ägyptens und Syriens stark genug waren, ihre Grenzgebiete zu Israel palästinensischen Guerillaaktionen zu verwehren, hatten sich palästinensische Krieger auf das Gebiet des Libanon zurückziehen können, dessen Regierung nach Lage der Dinge weder entschlossen noch machtvoll genug war, palästinensische Aktionen zu unterbinden oder zu kontrollieren. Indem die sunnitisch geführte Regierung zunehmend Konzessionen an die Palästinenser machte und die Armee nicht in der Lage war, die libanesische Grenzen gegen die Aktionen der Palästinenser abzusichern bzw. gegen die PLO vorzugehen, begannen die *Kata'ib* und andere maronitische Milizen, den Kampf gegen die PLO in eigene Hände zu übernehmen.

Neben der zunehmenden Belastung des politischen Systems durch die Palästinafrage hatten sich auch gesellschaftliche Spannungen kontinuierlich verschärft. Nach 1967 hatte eine massive Wanderung aus ländlichen Gebieten in die Städte eingesetzt. Die »schihabistischen« Bemühungen um sozialen Ausgleich hatten nicht verhindern können, dass von der boomenden Wirtschaft an der Küste eine starke soziale Anziehung ausging. So waren in den frühen 1970er Jahren in und um Beirut drei Welten zu erkennen: das glanzvolle Zentrum, die palästinensischen Flüchtlingslager am Rande der Stadt und dazwischen die neuen Quartiere der kürzlich vom Lande Zugezogenen. Bei ihnen handelte es vornehmlich um Maroniten und Schiiten. Konfessionell getrennte Viertel waren entstanden. Ihre politische Heimat fanden viele Maroniten in der *Kata'ib*, während die Schiiten der vielfältig aufgesplitterten Linken zuneigten. Sunniten fühlten sich von der Bewegung Kamal Jumblats angezogen. Die Palästinenser in den Lagern unterstützten naturgemäß die PLO. Indem die diversen Milizen und militanten Gruppen bemüht waren, ihre vermeintlichen Rechte und Forderungen gewaltsam durchzusetzen, begann sich die innere Sicherheit des Landes von 1974 an rapide zu verschlechtern. Ein bewaffneter Zwischenfall zwischen Anhängern der *Kata'ib* und der PLO am 13. April 1975 löste schließlich einen Bürgerkrieg aus, der erst 15 Jahre später beigelegt werden sollte.

Die Frage nach den Ursachen des Ausbruchs und der Dauer des Bürgerkriegs hat zwei Antworten gefunden: Die eine stellt den Krieg in den Zusammenhang des Palästinakonflikts, versteht ihn also als Nebenkriegsschauplatz des Kampfes um Palästina. Die andere deutet ihn als Folge der sozialen Wandlungen und der Tendenzen, die Kräfteverhältnisse des Konfessionalismus zugunsten der Muslime zu verändern, wenn nicht durch ein säkulares System abzulösen. Der Verlauf des Krieges mit seinen wechselnden Allianzen und einander abfolgenden Stadien sollte deutlich werden lassen, dass nur beide Antworten zusammen eine Deutung des Geschehens ermöglichen. In den ersten Kriegsjahren (1975–1978) bekämpften sich im Wesentlichen zwei Bündnisse. Für die *Libanesische Nationalbewegung*, eine Allianz aus linken und traditionalistisch-sunnitischen Kräften unter der Führung der PSP Kamal Jumblats, die sich mit der PLO verbündeten, ging es wesentlich um eine eine Veränderung des politischen Systems, in der die christlich-maronitische Dominanz beendet und der politische Konfessionalismus abgeschafft werden sollte. Ihnen standen die in der *Libanesischen Front* zusammengeschlossenen christlich-maronitischen Verteidiger des Status quo gegenüber, als deren stärkste Gruppe sich seit 1978 die aus der *Kata'ib* hervorgegangenen *Forces Libanaises* erwiesen. Eines ihrer zentralen Anliegen war die Beendigung der palästinensischen Guerillaaktivitäten. 1976 intervenierte Syrien militärisch, um einen Sieg der »Linken« zu verhindern. Syrische Truppen sollten für die nächsten drei Jahrzehnte im Lande bleiben und die Regierung in Damaskus die bestimmende Kraft im Libanon sein.

Die zweite Kriegsphase von 1978 bis 1982 war sowohl durch innerlibanesische Kleinkriege und territoriale Säuberungen als auch durch Kämpfe zwischen Syrern und *Forces Libanaises* – das Bündnis war zerbrochen und die linken Parteien waren an die Seite Syriens getreten – sowie zwischen Israelis und Palästinensern bestimmt. Unter der Führung eines charismatischen Geistlichen, Musa as-Sadr, hatten auch die Schiiten im Süden begonnen, sich politisch und militärisch zu organisieren. Aus der *Bewegung der Entrechteten* ging die *Amal-*(Hoffnung-)Miliz (zugleich Akronym: *afwadsch al-muqawama al-lubnaniyya*: Bataillone des libanesischen Widerstandes) hervor. Die Revolution in Iran, die Anfang 1979 zum Sturz des Pahlawi-Schahs geführt hatte, stärkte das Selbstbewusstsein und die Entschlossenheit der Schiiten, innerhalb des libanesischen Machtgefüges eine eigenständige Rolle zu spielen. Auch waren die Schiiten mit den Jahren zur zahlenmäßig stärksten konfessionellen Gruppe herangewachsen.

Seit der Gründung des jüdischen Staates war Israel ein Faktor libanesischer Politik gewesen. Nach 1967 war insbesondere der Süden des Landes dauerhaft ein Schauplatz kriegerischer Auseinandersetzungen zwischen der PLO mit ihren libanesischen Anhängern und Israel gewesen. Im März 1978 war es als Vergeltung für einen Terrorakt der PLO auf einen israelischen Bus zu einer massiven Invasion Israels im südlichen Libanon gekommen. Als Antwort darauf hatte der Sicherheitsrat der UNO eine Truppe, UNIFIL (*UN Interim Forces in Lebanon*), in den südlichen Libanon entsandt. Die Ermordung des israelischen Botschafters in London durch die Terrorgruppe Abu Nidal nahmen Ministerpräsident Menachem Begin und Verteidigungsminister Ariel Scharon zum Vorwand, die PLO und die syrischen Truppen aus dem Libanon zu vertreiben. Sie hielten die Christen für die natürlichen Verbündeten des jüdischen Staates; zwischen Israel und den *Kata'ib* hatte sich eine enge – auch militärische – Zusammenarbeit entwickelt. Am 4. Juni 1982 begann die israelische Luftwaffe mit dem Bombardement des Südlibanon und West-Beiruts, wo die PLO ihr Hauptquartier hatte. Am 6. Juni überschritten israelische Truppen die libanesische Grenze. Zehn Wochen belagerten sie Beirut. Nach Angaben der Vereinten Nationen wurden dabei mehr als 17 000 Libanesen und Palästinenser getötet sowie 30 000 verwundet; zur überwältigenden Mehrheit Zivilisten. Nachdem – auf amerikanischen Druck – zwischen Israelis und Palästinensern ein Waffenstillstand ausgehandelt worden war, begann, gesichert insbesondere durch amerikanische und französische Truppen am 22. August der Abzug der PLO aus Beirut. Er war Mitte September abgeschlossen.

In dieser Zeit setzten Bemühungen ein, auch in der libanesischen Innenpolitik bürgerkriegsbedingt Versäumtes nachzuholen. Am 23. August trat das Parlament zusammen, um einen neuen Präsidenten zu wählen. Die Wahl fiel auf Baschir Gemayel; er war für seine engen Beziehungen zu Israel bekannt. Die Hoffnungen, die sich mit seiner Wahl verbanden, zerschlugen sich, als er bereits am 14. September bei einem Bombenanschlag getötet wurde. Die *Kata'ib* beschuldigte die Palästinenser und schwor Rache. Am 16. September drangen maronitische Milizen in die Flüchtlingslager von Sabra und Schatila ein und begannen ein Massaker. In dem 36-stündigen Morden, dem insbesondere Alte, Frauen und Kinder zum Opfer fielen, die nicht mit der PLO abgezogen waren, kamen nach unterschiedlichen Angaben zwischen 800 und 2000 Menschen ums Leben. Die israelische Armee schritt nicht nur nicht ein, sondern leistete bei der Vorbereitung und Durchführung des Verbrechens Hilfestellung. Als am 29. September US-Marineinfanteristen sowie französische und italienische Soldaten zurückkehrten, war es zu spät, um die Sicherheit zu garantieren, die den Familien der evakuierten PLO-Kämpfer versprochen worden war.

Bereits am 23. September hatte das Parlament Baschirs Bruder Amin Gemayel zum Präsidenten gewählt. In den folgenden Monaten geriet dieser unter starken amerikanischen und israelischen Druck, nach dem Vorbild Ägyptens einen Friedensvertrag abzuschließen. Als das Abkommen am 17. Mai 1983 schließenlich zustande kam, wurde es, weil auf israelischen Bajonetten und unter amerikanischer Intervention oktroyiert, in der libanesischen und arabischen Öffentlichkeit weitesthin als Hohn und Schande empfunden. Orchestriert von Syrien, das nach dem Abkommen seinen Einfluss im Libanon hätte aufgeben müssen, wurde es nach einer Serie blutiger Anschläge ein Jahr nach seiner Unterzeichnung vom libanesischen Ministerrat aufgekündigt. Urheber der schweren Anschläge war eine schiitische Organisation, die sich 1985 den Namen der *Partei Gottes (hizb Allah; Hizbollah)* gab.

Für einen Augenblick waren die Schiiten im Süden des Landes über die Vertreibung der PLO-Kämpfer, die ihre militärischen Operationen ohne Rücksicht auf die ansässige Bevölkerung durchgeführt hatten, erleichtert. Aber die Zahl der Opfer des Einmarsches und das Verhalten der israelischen Truppen gegenüber der libanesischen Bevölkerung führten zu einem Stimmungsumschwung und ließen viele in die Ausbildungslager eintreten, die von Iran entsandte Revolutionsgardisten in der Bekaa Ebene eingerichtet hatten. Bereits im November 1982 wurden 75 Israelis getötet, als ein Selbstmordattentäter seinen mit Sprengstoff gefüllten LKW im Bereich des israelischen Hauptquartiers in Tyros in die Luft sprengte. Die US-Botschaft in Beirut im April, amerikanische und französische Kasernen im Oktober und einmal mehr das israelische Hauptquartier im November 1983 waren Ziele von Attentaten, bei denen Hunderte von Soldaten ums Leben kamen. Die westlichen Truppen wurden im Frühjahr 1985 aus dem Libanon evakuiert; bald darauf folgten ihnen die Israelis. Nur eine Sicherheitszone an der libanesisch-israelischen Grenze wurde – bis zum Mai 2000 – von den Israelis und der libanesischen Quislingsmiliz *Südlibanesische Armee* kontrolliert. Syrien und die *Hizbollah*, beide mit Iran in einer strategischen Allianz verbunden, waren die bestimmenden Kräfte im Zedernland.

Neben den geschilderten Ereignissen lieferten sich in dieser Phase des Bürgerkrieges Milizen namentlich der drusischen PSP und der maronitischen *Forces Libanaises* Kämpfe um die Vorherrschaft in einzelnen Regionen des Landes und in der Hauptstadt Beirut. Auch versuchte die PLO, verlorenes militärisches Terrain wieder zurück zu gewinnen. Die letzte Phase des Bürgerkrieges (seit 1988) war durch die Auseinandersetzung um die Nachfolge von Präsident Gemayyel geprägt. Die Polarisierung zwischen den Kandidaten des von Syrien unterstützten muslimischen und des christlichen Blocks, welcher die Unterstützung des Irak erhielt – Syrien hatte im ersten Golfkrieg (1980–1988) Iran unterstützt, brachte das Land an den Rand des Auseinanderbrechens. Im Mai

1989 begann die Arabische Liga, nach einer Konfliktlösung zu suchen. Im Oktober konnte in der saudischen Stadt Ta'if, wohin auch das libanesische Parlament – soweit die 1972 gewählten Abgeordneten überhaupt noch am Leben waren und anreisen konnten – als das einzige noch funktionierende Verfassungsorgan eingeladen worden war, ein Kompromiss gefunden werden. Er bildete die Grundlage dafür, dass im September 1990 der Krieg beendet werden konnte. Der Libanon wurde unter einer gemeinsamen Regierung wiedervereinigt. Fast eine Million Libanesen waren in den 15 Jahren Krieg außer Landes getrieben worden. Nach amtlichen Angaben wurden 150 000 Menschen getötet; 17 000 blieben verschwunden und 13 000 wurden versehrt. Die materiellen Schäden wurden auf 6–12 Milliarden US-$ geschätzt.

Mit den Verfassungsänderungen vom Herbst 1990 wurden die wichtigsten Bestimmungen des Abkommens von Ta'if geltendes Recht. Die Stellung des Ministerpräsidenten wurde gestärkt: Das Kabinett sollte nunmehr die Richtlinien der Politik bestimmen, während die Kompetenzen des Staatspräsidenten auf weitgehend zeremonielle Aufgaben reduziert wurden. Die Kontrolle des Parlaments über die Regierung wurde erweitert. Seine Mandate sollen bis zur Abschaffung des Konfessionalismus paritätisch zwischen Christen und Muslimen aufgeteilt werden; deshalb wurde die Zahl der Sitze von 99 auf 108 erhöht. Auch auf der höchsten Ebene der staatlichen Verwaltung sollten Posten wie in der Vergangenheit nach konfessionellem Proporz zugeteilt werden. Mit der erfolgreichen Entwaffnung der Milizen konnte eine relative innere Stabilität erreicht werden. Dass sich die *Hizbollah* als einzige Miliz erfolgreich der Entwaffnung entziehen konnte, sollte die innenpolitischen Kräfteverhältnisse in Phasen der Spannung bestimmen. Auch außenpolitisch, namentlich in der Auseinandersetzung mit Israel, wurde die *Hizbollah* zu einem eigenständigen Akteur. Im außenpolitischen Teil des Ta'if Abkommens wurde Syrien eine starke Stellung in der libanesischen Politik eingeräumt; sie wurde 1991 durch einen syrisch-libanesischen Grundlagenvertrag über *Bruderschaft, Zusammenarbeit und Koordination* sowie durch einen Verteidigungs- und Sicherheitspakt festgeschrieben. Mit Elias Hrawi, einem Kandidaten Syriens, erhielt das Land einen neuen Präsidenten (nachdem sein Vorgänger nach nur 17 Tagen Amtszeit ermordet worden war). In den Parlamentswahlen von 1992 wurde das veränderte System bestätigt. Die *Zweite Republik* war geboren.

Der Bürgerkrieg hat die sozio-politischen Kräfteverhältnisse einerseits nachhaltig verändert, andererseits die gesellschaftlichen Veränderungen seit dem Ende des Zweiten Weltkrieges machtpolitisch bestätigt. Die herkömmliche Elite verlor an Einfluss. Insbesondere die Schiiten gehörten zu den Gewinnern. Mit der Wanderungsbewegung aus den schiitischen Gebieten im Süden des Landes und der Beqaa-Ebene nach Beirut sowie der Entstehung einer neuen schiitischen Mittelschicht veränderte sich nicht nur der sozioökonomische Abstand zum Rest der Bevölkerung; vielmehr war damit auch ein stärkerer Anspruch der Schiiten auf Führungspositionen in Staat und Wirtschaft verbunden. Zu den Gewinnern gehörten auch die inneren Kader der Milizen, die ihre faktische Herrschaft über Teilgebiete des Landes zur persönlichen Bereicherung genutzt hatten. Demgegenüber führten Zerstörungen und der Verlust an Kaufkraft der libanesischen Währung zur Verarmung der Mittel- und Unterschicht. Die politischen und sozialen Verschiebungen fanden in den Wahlen von 1992 ihre Niederschlag: Sie bedeuteten ein Misstrauensvotum gegen die herkömmliche politische Klasse, ersetzten zahlreiche Notabeln durch Aufsteiger aus der Mittelschicht und bestätigten dabei auch die Führer der Milizen als Teil einer neuen politischen Elite. Die Ernennung von Rafiq al-Hariri zum Ministerpräsidenten symbolisiert diese Ablösung der herkömmlichen Notabeln durch eine leistungsorientierte, machtbewusste, aber weniger in traditionell-konfessionalistischen Denkmustern verfangene Elite. Seit 1965 hatte er als erfolgreicher Bauunternehmer in Saudi-Arabien ein milliardenschweres Kapital erworben. An den Verhandlungen von Ta'if 1989 beteiligt, wurde der Sunnit 1992 Ministerpräsident. Er wurde der Motor des Wiederaufbaus, an dem er sich in den folgenden Jahren mit erheblichen Beträgen aus seinem eigenen Vermögen beteiligte.

Die starke Zersplitterung der Parteienlandschaft, soziale Verteilungskämpfe und die anhaltenden militärischen Auseinandersetzungen, insbesondere im Süden des Landes und an der israelischen Grenze, waren auch nach 1990 Ursachen für anhaltende politische Instabilität und Unsicherheit. Die wirtschaftliche Situation verbesserte sich nur langsam; der Wiederaufbau namentlich der Infrastruktur und der Städte machte Fortschritte; besonders bemerkenswert war der Wiederaufbau des zerstörten Stadtzentrums von Beirut. Dabei spielte das von Hariri ins Leben gerufene und privatwirtschaftlich betriebene Unternehmen *Solidère* eine führende Rolle. Seine unternehmerfreundliche Politik, insbesondere aber die intransparente Verflechtung persönlicher Interessen und öffentlicher Aufträge blieben Ziele anhaltender Kritik. Hariri genoss aber die Unterstützung Syriens. So folgte auf seinen aufgrund von politischem Druck erfolgten Rücktritt am 19. Mai 1995 seine umgehende Wiederwahl zwei Tage später. Auch in den Parlamentswahlen im August/September 1996 wurde die starke Hand Syriens in der libanesischen Innenpolitik sichtbar. Wie bereits 1992 weigerten sich deshalb maronitische Parteien an den Wahlen teilzunehmen. Ihnen waren starke soziale, von Gewerkschaften getragene Proteste vorangegangen. Im Süden lieferten sich Israelis und namentlich die *Hizbollah*-Miliz weiterhin blutige Auseinandersetzungen. Zwar gab es unter der Zivilbevölkerung erhebliche Verluste – so wurden bei einem israelischen Beschuss eines UNIFIL-Lagers in Qana am 18. April 1996 102 Zivilisten getötet; aber auch auf israelischer Seite wuchsen angesichts einer immer professionelleren Kriegführung der *Hizbollah* die Verluste. Vor diesem Hintergrund wirkte der mehrmals verschobene Besuch von Papst Johannes Paul II. im Mai 1997 wie ein retardierendes Symbol für die internationale Rehabilitierung des Landes als »sicheres« und befriedetes Land.

Tatsächlich konnten die Kommunalwahlen vom Mai/Juni 1998 ebenso als Schritt in eine freiheitlichere Zukunft gewertet werden wie die Wahl von Armeechef Emile Lahoud zum Staatpräsidenten im Oktober desselben Jahres. Mit dem Rücktritt Hariris im November – einmal mehr das Ergebnis intensiver syrischer Einmischung – war die zweite Amtszeit dieses hoch umstrittenen Politikers beendet. Bemühungen, insbesondere seitens islamischer Parteien und der drusischen PSP, die im Abkommen von Ta'if (allerdings ohne zeitliche Fristsetzung) enthaltene Forderung, den konfessionalistischen Proporz abzuschaffen, in die Wirklichkeit umzusetzen, hatten in seiner Amtszeit zu keinem Ergebnis geführt.

Seine Abwesenheit von der politischen Bühne war freilich nicht von langer Dauer. Nach den Parlamentswahlen vom September erhielt er am 23. Oktober 2000 erneut den Auftrag zur Regierungsbildung. Ein Ereignis von regionaler Bedeutung war der Rückzug der israelischen Armee aus der südlibanesischen Sicherheitszone im Mai. Davon ausgenommen war lediglich das von Libanon, Syrien und Israel gleichermaßen beanspruchte kleine Gebiet der »*Schab'aa*-Farmen«. Angesichts der anhaltend hohen Verluste hatte sich die israelische Regierung zu diesem Schritt entschlossen. Nicht zu Unrecht reklamierte die *Hizbollah* diesen Schritt Israels als ihr Verdienst und entsprechend war der Zugewinn an Macht und Prestige. Ihre bewaffneten Kämpfer rückten jetzt in den Grenzstreifen ein, aus dem zuvor alle maßgeblichen Mitglieder der *Südlibanesischen Armee* (SLA) mit ihren Familien nach Israel geflohen waren. Eine Siegesparade am 5./6. Juni, bei der erbeutetes Kriegsgerät gezeigt wurde, reflektiert den Triumph anlässlich des neuerlichen »Sieges« der Miliz über Israel.

Nach dem Rückzug Israels blieb die Präsenz der anderen auswärtigen Macht, nämlich Syriens, eine Realität, welche die innenpolitischen Entwicklungen im Zedernland bestimmte. Mit syrischer Unterstützung setzte die *Hizbollah* ihre Angriffe gegen israelische Ziele – mit dem Ziel der »vollständigen Befreiung des Libanon« (gemeint waren die *Schab'aa*-Farmen) – fort. In der Innenpolitik trat Damaskus für die Verlängerung der Amtszeit des Syrien freundlichen Präsidenten Lahoud über das Jahr 2004 hinaus ein. Als sich Ministerpräsident Hariri mit seinem Widerstand dagegen nicht durchsetzten konnte, trat er am 20. Oktober 2004 nunmehr endgültig zurück. Die Suche nach einem Kandidaten für seine Nachfolge zeigte einmal mehr den ausschlaggebenden Einfluss Syriens in der libanesischen Politik. Bereits zuvor hatte der Sturz Saddam Husains im März/April 2003 zur Folge gehabt, dass ein mit Damaskus rivalisierender Machtfaktor im Libanon ausgeschaltet worden war. Wenig später (12.– 14. Mai) hatte der Besuch des iranischen Staatspräsidenten Muhammad Khatami – es war der erste Staatsbesuch eines iranischen Staatsoberhaupts im Libanon überhaupt – erkennen lassen, dass auch Teheran, mit Damaskus in einer strategischen Achse verbunden, entschlossen war, den Libanon als Bühne zu nutzen, im Vorderen Orient eine stärkere Rolle zu spielen.

Dass sich Damaskus in Sachen der Verlängerung der Amtszeit Präsident Lahouds gegen Hariri hatte durchsetzen können, sollte sich freilich als Pyrrhussieg erweisen. Denn bereits nach dem Sturz Saddam Husains hatte Washington seine Aufmerksamkeit auf Syrien, namentlich dessen Rolle im Libanon gelenkt. Im Oktober 2003 verabschiedeten beide Häuser des Kongresses einen *Syria Accountability and Lebanese Sovereignty Restoration Act;* er sah umfassende Sanktionen u. a. für den Fall vor, dass Syrien den Forderungen nach einem Abzug aus dem Libanon nicht nachkommen werde. Vor dem Hintergrund des hartnäckigen Festhaltens der syrischen Führung an Lahoud beschloss der Sicherheitsrat der UNO am 2. September 2004 – einen Tag vor der Mandatsverlängerung durch das libanesische Parlament – die Resolution 1559. Darin wurden die Respektierung der libanesischen Souveränität, der Abzug der ausländischen Truppen, die Entwaffnung der libanesischen und nicht-libanesischen Milizen sowie die Neuwahl des libanesischen Präsidenten gefordert. Zu mehr als einer kosmetischen Umgruppierung seiner Truppen wollte sich Damaskus allerdings nicht verstehen. Die internationale

Gemeinschaft aber war von nun an entschlossen, den Druck auf das Asad-Regime zu erhöhen.

Die Ermordung Hariris am 14. Februar 2005, für die umgehend Syrien verantwortlich gemacht wurde, erhöhte den Druck auf Damaskus. Eine breite oppositionelle Bewegung, in der sich Christen, Drusen, Sunniten und ein Teil der schiitischen Bevölkerung zusammenfanden, forderte den Rückzug der syrischen Truppen; darin wurde sie von den USA und Frankreich unterstützt. Nun begann Damaskus einzulenken, Ende Februar trat die Syrien freundliche Regierung zurück und wenig später begannen die syrischen Truppen mit dem Rückzug. Ende April waren alle 14 000 Soldaten abgezogen.

Die innenpolitische Lage blieb gleichwohl angespannt. In Massendemonstrationen am 8. und 14. März zeigten die prosyrischen – angeführt von der *Hizbollah* – und die antisyrischen Kräfte ihre Stärke. Aus den Parlamentswahlen im Juni 2005 ging die antisyrische *Zukunftsbewegung* von Sa'd al-Hariri, dem Sohn des ermordeten früheren Ministerpräsidenten, als Siegerin hervor. Die staatlichen Institutionen aber blieben instabil. Mehrere Regierungen folgten einander; nach dem Auslaufen der Amtszeit Präsident Lahouds im November 2007 konnte erst im Mai 2008 mit Michel Sulaiman ein neuer Präsident sein Amt antreten. Die Tatsache, dass zwischen 2004 und 2008 etwa ein Dutzend prominente Politiker und Intellektuelle ermordet wurden, lässt das Ausmaß an Polarisierung von Gesellschaft und Staat erkennen. Auch die Palästinafrage warf anhaltend dunkle Schatten über die libanesische Innenpolitik. Im Flüchtlingslager Nahr al-Barid kam es von Mai bis Juli 2007 zu heftigen Gefechten zwischen der libanesischen Armee und der radikal-islamischen Organisation *Fatah al-Islam*, die sich in dem Lager verschanzt hatte.

Politischer Gewinner in dieser Endphase des Jahrhunderts war die *Hizbollah*. Ein starker Impuls dazu war in dem militärischen Achtungserfolg gegeben, den die Organisation im »Sommerkrieg« 2006 gegen Israel erringen konnte. Nach anhaltenden Spannungen zwischen beiden Seiten war es der *Hizbollah* am 12. Juli gelungen, zwei israelische Soldaten gefangen zu nehmen; eine Operation, die u. a. auch darauf gerichtet war, den militärischen Druck von der palästinensischen *Hamas* zu nehmen, die ihrerseits Tage zuvor einen israelischen Soldaten gekidnapt hatte. Die israelische Reaktion war heftig. Über 33 Tage bombardierte die Armee Stellungen der *Hizbollah*, wobei u. a. die schiitischen Stadtteile Beiruts zerstört wurden. Aber trotz zusätzlicher Kampfeinsätze am Boden konnte die *Hizbollah* nicht zur Kapitulation gezwungen werden. Erst ein durch den Sicherheitsrat der UNO vermittelter Waffenstillstand beendete den Krieg am 14. August. Nicht nur im Libanon, sondern weithin im Nahen Osten wurde das Ergebnis als Sieg der *Hizbollah* über die israelische Militärmaschinerie wahrgenommen.

Auch die Tatsache, dass 2006 der Verdacht, hinter der Ermordung Rafiq al-Hariris zu stecken, auf die *Hizbollah* gefallen war, veranlasste die Organisation, ihre Stellung im Libanon zu stärken. Noch bevor es zur Wahl von Michel Sulaiman zum Staatspräsidenten kommen konnte, hatten Kämpfer der *Hizbollah* und *Amal* im Mai 2008 vorübergehend West-Beirut besetzt; im Chouf Gebirge kam es zu Kämpfen, die an den Bürgerkrieg erinnerten. Sie konnten erst unter Vermittlung der Arabischen Liga beigelegt werden. Der Kompromiss sah vor, dass die *Hizbollah* nunmehr Teil einer

Regierung der »nationalen Einheit« wurde. Damit war sie in der Lage, künftig auf Entscheidungen in Sachen des Hariri-Prozesses Einfluss zu nehmen. Das änderte sich auch im folgenden Jahr nicht. Zwar gewann das pro-westliche Lager die Wahlen im Juli 2009 mit knapper Mehrheit; doch war es wiederum gezwungen, eine Koalition mit der *Hizbollah* und ihren Verbündeten einzugehen. Sie zerbrach, bevor das *Sondertribunal für Libanon* der Vereinten Nationen im August 2011 seine Anklageschrift veröffentlichte; in ihr wurden prominente Vertreter der Organisation als Beteiligte an dem Mord an Hariri benannt. So blieb die Politik blockiert; ein Befund, der durch die Tatsache unterstrichen wurde, dass es nach dem Auslaufen der Amtszeit von Michel Sulaiman im Mai 2014 bis zum Ende des Jahres nicht gelang, einen Nachfolger zu finden. Die eigentlich im Juni 2013 fälligen Parlamentswahlen wurden auf unbestimmte Zeit verschoben.

Die arabische Revolte hat auch den Libanon berührt. Es kam zu Protesten gegen das herrschende politische System. Jugendliche aus allen Bevölkerungsgruppen gingen 2011 auf die Straße und forderten die Reform bzw. Abschaffung des konfessionalistischen Systems. Auch unter jugendlichen Palästinensern im Libanon kam es zu Unruhen. Die Folgen waren freilich nicht weitreichend; unter anderem auch deswegen nicht, da die entstandene Bewegung rasch von der *Hizbollah* und ihren Verbündeten für eigene politische Ziele vereinnahmt wurde. Sie kam bald zum Erliegen. Die größte mit der arabischen Revolte verbundene Gefahr für die Zukunft des Libanon ging von den Hunderttausenden von Flüchtlingen aus, die seit dem Ausbruch der Revolte in Syrien in das Nachbarland geflohen sind. Sie stellten nicht nur eine enorme wirtschaftliche Belastung dar; sie vertieften auch die Verwerfungen in Politik und Gesellschaft. Die Folgen waren umso dramatischer, als sich die *Hizbollah* 2012 in das Lager des syrischen Diktators al-Asad schlug. Bewaffnete Auseinandersetzungen zwischen ihr (und anderen Unterstützern des syrischen Diktators) und ihren Gegnern waren die Folge. Ob sich diese Auseinandersetzungen weiter in einen zweiten Bürgerkrieg steigern werden, oder, ob sich eine Konsenslösung findet, ist zum Zeitpunkt des Abschlusses der Arbeit (2015) offen.

4.1.5 Jordanien und Palästina

4.1.5.1 Vom Emirat zum Königtum

Auch das heutige Jordanien verdankt sein Entstehen der Neuordnung des Nahen Ostens durch Großbritannien und Frankreich. Im Sykes-Picot Abkommen war Transjordanien dem britischen Einflussbereich zugeordnet, aber seit dem Ende des Krieges zunächst von Damaskus aus als Teil eines von Faisal künftig zu regierenden Königreichs Syrien verwaltet worden. In San Remo (s. S. 49) war es als Teil Palästinas britischem Mandat übergeben worden. Doch als französische Truppen im Juli 1920 Damaskus besetzten und das ihnen übertragene Mandat in Syrien übernahmen, war für London eine neue Situation entstanden.

Nach der Vertreibung Faisals aus Damaskus suchten arabische Nationalisten, von Amman aus den haschemitischen Anspruch doch noch durchzusetzen. Sie schlugen

Faisals Bruder Abdallah vor, diese Bewegung anzuführen. An der Spitze eines etwa 500 bis 1000 Mann starken Aufgebots marschierte dieser im Herbst 1920 von Mekka nach Norden und setzte sich zunächst in Ma'an fest. Im März 1921 erreichte er Amman. Das war genau der Zeitpunkt, zu dem in Kairo (s. S. 50) darüber entschieden werden sollte, in welcher Weise haschemitischen Herrschaftsansprüchen, die von England unterminiert worden waren, noch Rechnung getragen werden könnte.

Der Schritt Abdallahs bedeutete für Großbritannien ein Dilemma. Auf der einen Seite war sich London durchaus bewusst, dass die jüngsten Entwicklungen in Syrien gegen die Abmachungen verstießen, die in der Korrespondenz zwischen McMahon und dem Scherifen Husain 1916 getroffen worden waren. Auf der anderen Seite war England nicht daran gelegen, mit Frankreich über die syrische Frage in Konflikt zu geraten. Es galt also, einen Weg des Kompromisses zwischen den Ansprüchen der Haschemiten und den entstandenen Realitäten zu finden. Nach Lage der Dinge sollte ein solcher Kompromiss in der Abfindung Abdallahs mit dem transjordanischen Teil Palästinas liegen. Die treibende Persönlichkeit war Winston Churchill, der seit Anfang 1921 als Minister für koloniale Fragen zuständig war. Von Kairo reiste Churchill nach Palästina weiter. Bei einem Treffen in Jerusalem noch im März 1921 machte er Abdallah klar, dass Damaskus für die Haschemiten verloren war, Faisal aber mit einem Thron in Bagdad abgefunden würde. Er selbst würde Transjordanien, das aus Palästina herausgelöst werde, als Emirat regieren können; alle Ansprüche auf eine Herrschaft in Damaskus würde er aber aufgeben müssen.

Abdallahs Spielräume waren gering; er akzeptierte den britischen Vorschlag. Das Emirat Transjordanien war entstanden. So konnte Winston Churchill im Juni 1921 in einer Rede im Unterhaus erklären: »Wir neigen stark einer Lösung zu, die ich die scherifische nennen möchte – sowohl in Mesopotamien, wohin sich der Emir Faisal nunmehr aufmacht, als auch in Transjordanien, wo der Emir Abdallah jetzt regiert.« In einem Vertrag von 1923 anerkannte London das Emirat Transjordanien als selbstständigen Staat mit der Hauptstadt Amman. Für die innere Sicherheit war die unter britischem Befehl stehende *Arabische Legion* zuständig. Die Gründung einer »jüdischen Heimstätte« in Palästina, deren Unterstützung England in der Balfour-Erklärung zugesagt hatte (diese Erklärung war Teil des Palästina-Mandats von San Remo geworden) würde sich auf das Gebiet westlich, Abdallahs Ansprüche auf ein von England kontrolliertes Territorium östlich des Jordans beschränken.

Zu Beginn der 1920er Jahre war Transjordanien gleichsam der Hinterhof Großsyriens. Amman war ein bedeutungsloser Flecken mit 3000 Einwohnern. Die Gesamtbevölkerung von etwa 350 000 Menschen teilte sich in die Bewohner der Städte im westlichen Teil des Landes oberhalb des Jordantals und die nomadischen Stämme in den Steppen- und Wüstengebieten im Rest des Landes. Die Existenzgrundlage der Menschen waren Vieh- und Weidewirtschaft. Da das steuerliche Aufkommen nicht ausreichte, die Infrastruktur für eine eigenständige Herrschaft zu finanzieren, verpflichtete sich London auf jährliche Subventionen. Sie lagen in den ersten Jahren bei 150 000 Pfund Sterling. Mit den Jahren wurden sie aufgestockt und insbesondere nach 1948 den sich neu stellenden politischen, militärischen und wirtschaftlichen Gegebenheiten angepasst.

Die erste große Herausforderung an Abdallahs Herrschaft lag in der Antwort auf die Frage nach der politischen Identität des jungen Staates. Die Triebkraft hinter seinem

Aufbruch aus dem Hedschaz war die Entschlossenheit gewesen, Damaskus für die haschemitische Herrschaft zurück zu gewinnen. In seiner Umgebung waren arabische Nationalisten einflussreich, deren politische Bestrebungen auf die Unabhängigkeit Syriens gerichtet waren. Sie hatten eine Partei gegründet, der sie den Namen *Unabhängigkeit* (*istiqlal*) gegeben hatten; das transjordanische Emirat war für sie kaum mehr als ein Sprungbrett zur Verwirklichung ihrer weiter reichenden Ziele. Damit aber stießen sie auf den doppelten Widerstand sowohl der schmalen eingesessenen transjordanischen Elite als auch naturgemäß Großbritanniens.

Die Auseinandersetzungen zwischen den Anhängern einer groß-syrischen Politik (auf deren Seite auch das Herz Abdallahs schlug) und den Verfechtern einer Beschränkung auf Transjordanien – städtische Notabeln sowie Führer (Scheichs) der großen nomadischen und halbnomadischen Stämme – bestimmten die ersten Jahre der Herrschaft Abdallahs. Sie waren von mehreren Aufständen der ländlichen Bevölkerung begleitet, die sich weigerte, ihre Steuern an eine »fremde« Regierung zu zahlen. Der Konflikt wurde schließlich durch ein britisches Machtwort entschieden. Im August 1924 konfrontierte Sir Gilbert Clayton, Hoher Kommissar im benachbarten Palästina, Abdallah mit einem Ultimatum. Darin brachte er den britischen Unmut über die Führung der finanziellen und politischen Geschäfte seitens des Emirs aus. Zugleich erhob er die Forderung, führende *Istiqlalis* auszuweisen. Im Übrigen sollte er der Kontrolle seiner Finanzen durch einen britischen Berater und der britischen Befehlsgewalt über die *Arabische Legion* zustimmen. Der Forderung wurde durch britische Truppenbewegungen Nachdruck verliehen. Abdallah hatte verstanden und unterschrieb. Damit war der Weg für die lokale transjordanische Elite in die Spitzenpositionen jordanischer Politik frei.

Auf diese Weise war die Herrschaft Abdallahs vorerst gefestigt. In den folgenden Jahren gelang es ihm, seine Machtbasis in der Bevölkerung Transjordaniens zu verbreitern. Im *Organic Law* vom Februar 1928 erhielt die Herrschaft des Emirs erstmals eine verfassungsmäßige Grundlage. In ihm waren ein Exekutivrat und ein in freien Wahlen zu besetzender Legislativrat verankert. In wichtigen Bereichen der Politik – Außenpolitik, Haushalt, Bergbau und Rechtsprechung über Ausländer – behielt sich England in Gestalt seines Residenten letzte Entscheidungen vor. Ab 1934 durfte Abdallah Konsularvertreter bei den arabischen Regierungen ernennen. Weitere Souveränitätsrechte wurden ihm 1939 zugestanden.

Die Grundlinien der Außenpolitik wurden also weiterhin in London vorgezeichnet. Deshalb konnte das Emirat im Kontext arabisch-nationalistischer Aspirationen allenfalls eine marginale Rolle spielen. So etwa während der Revolte in Syrien 1925–1927 (s. S. 88 f.) und im Zusammenhang mit dem Aufstand in Palästina 1939 (s. S. 127 f.). Über sein Land hinausreichende machtpolitische Bestrebungen blieben weitgehend Illusion. Dies gilt nicht zuletzt auch für Pläne einer Rückgewinnung seines Herkunftslandes Hedschaz, das 1924/5 von Ibn Sa'ud erobert worden war (s. S. 241 f.). Auch Gedankenspiele einer Vereinigung des haschemitischen Transjordanien mit dem haschemitischen Irak oder der Gründung eines Groß-Syrien mit ihm selbst auf dem Thron in Damaskus waren mit britischen Interessen nicht vereinbar. Militärisch stützte sich Abdallah auf die *Arabische Legion*, an deren Aufbau ein junger britischer Offizier,

John Bagot Glubb, entscheidenden Anteil hatte. Bis zu einer Entlassung durch Abdallahs Enkel Husain bin Talal 1957 stellte Glubb »Pascha« geradezu die Personifizierung der Unterordnung des Emirats Transjordanien unter die Interessen Großbritanniens dar.

In London galt Abdallah als der verlässlichste Baustein im Gebäude britischer Politik im Nahen Osten. Dieser Ruf schadete seinem Ansehen in arabisch-nationalistischen Kreisen. Das sollte insbesondere auch mit Blick auf die Herausforderung gelten, die sich in den 1930er Jahren mit wachsender Dringlichkeit stellte: die Haltung gegenüber der zionistischen Bewegung und – nach dem Krieg – dem Staat Israel, jenem neuen Nachbarn, der im Mai 1948 ins Leben trat.

Der Vertrag von London vom 22. März 1946 beendete die britische Mandatsherrschaft und erklärte Transjordanien zu einem unabhängigen Staat. Am 25. März wurde Abdallah zum König proklamiert. In einem weiteren Abkommen vom März 1948 wurden die britischen Privilegien im Königreich Jordanien weiter zurückgefahren.

Abdallah hatte zwei Unterredungen mit Vertretern der zionistischen Bewegung vor dem Ausbruch des Krieges mit Israel. Die wichtigste Persönlichkeit auf jüdischer Seite bei beiden Treffen war Golda Meyerson, die spätere israelische Ministerpräsidentin Golda Meir. Auch wenn es zu keinen bindenden Absprachen zwischen beiden Seiten kam und die Signale Abdallahs an die Zionisten zweideutig waren, waren beide Seite im Prinzip zu einem pragmatischen jordanisch-zionistischen Arrangement über Palästina bereit. Dies sollte sich nach dem Ausbruch des ersten israelisch-arabischen Krieges erweisen. Damit aber machte sich Abdallah die Führung einer palästinensischen nationalistischen Bewegung zum politischen Gegner, die ihrerseits die Errichtung eines palästinensischen Staates auf dem Gebiet des gesamten Palästina anstrebte. Der stärkste Widersacher gegen Abdallah war die von Amin al-Husaini geführte palästinensische Gruppierung, die im September 1948 ihre eigene »Gesamt-Palästinensische Regierung« in Gaza einsetzen sollte (s. S. 146).

4.1.5.2 Palästina bis zur Staatsgründung Israels

An der Geschichte der arabischen Völker, ihrer Staaten und Gesellschaften, im 20. Jahrhundert hat die »Palästinafrage« einen prägenden Anteil. Ihr Kern liegt in der Auseinandersetzung zweier Nationalbewegungen, der jüdisch-zionistischen und arabisch-palästinensischen, die – zunehmend unvereinbar – auf dasselbe Land Palästina, d. h. den Raum zwischen dem Mittelmeer und dem Jordan sowie der Südgrenze des Libanon und der Sinai-Halbinsel, Anspruch erhoben. Der Konflikt darüber durchzieht das ganze 20. Jahrhundert der Araber – in unterschiedlicher Intensität und Auswirkung – und dauert bis in die Gegenwart an.

Bis zur Eroberung Jerusalems durch britische Truppen am 11. Dezember 1917 war Palästina Teil des Osmanischen Reiches. Auf Druck der europäischen Mächte hatten sich die ägyptischenTruppen, die die osmanische Herrschaft über den groß-syrischen Raum herausgefordert hatten, 1840 zurückziehen müssen (s. S. 17). Seither war das Interesse der europäischen Mächte an diesem Raum, der bis dahin im Schatten der Weltpolitik gelegen hatte, deutlich gestiegen. Auch religiöse Gemeinschaften hatten begonnen, in

Palästina zu siedeln. 1841 hatten die Staatskirchen Englands und Preußens ein gemeinsames Bistum gegründet. Zugleich begannen Siedler unterschiedlicher Konfessionen Ländereien zu kultivieren und unter der einheimischen Bevölkerung zu missionieren. Nachdem sich Frankreich zum Beschützer der Katholiken und der mit Rom unierten orientalischen Kirchen, namentlich des benachtbarten Libanon, aufgeworfen hatte, hatten sich auch England und Russland von der osmanischen Regierung Rechte einräumen lassen, für »ihre« Religionsgemeinschaften einzutreten. Von den veränderten Machtverhältnissen und dem gesteigerten Interesse der europäischen Mächte, namentlich Englands, sollte die zionistische Bewegung entscheidend profitieren.

Ihr Beginn liegt – wie viele andere Herausforderungen, mit denen sich die arabischen Völker nach dem Ende des Ersten Weltkriegs bis in die Gegenwart auseinandersetzen mussten – in Europa. Namentlich in Osteuropa (der Ukraine und in Russland) war die Lage der jüdischen Gemeinden prekär. Wiederholt, besonders grausam 1881/82, war es zu antisemitisch motivierten Pogromen gekommen, denen zahlreiche Juden zum Opfer gefallen waren. Die Folge war nicht nur die Auswanderung von Juden in die Städte Mittel- und Westeuropas. Bald sollte diese emotionale Reaktion durch ein ideologisch ausgearbeitetes Programm der »Rückgewinnung« des von Gott verheißenen Landes auf eine gefestigte Grundlage gestellt werden.

Am Anfang des jüdisch-nationalen Erwachens stehen zwei Namen, die als Vorläufer des »Zionismus« gelten können: Moses Hess (1812–1875) und Leon Pinsker (1821–1891) hatten mir ihren Schriften, *Rom und Jerusalem, die letzte Nationalitätenfrage* (1862) bzw. *Autoemanzipation* (1882) nicht nur eine jüdische Nation konstatiert, sondern auch die Schaffung eines jüdischen Staates gefordert. Die Überwindung der Gefährdungen, denen sich die Juden Europas ausgesetzt sahen, würde erst durch ihr Selbstverständnis als Nation und – schließlich – als Staatsvolk eines eigenen Staates gelingen können. Theodor Herzl (1860–1904) aber wurde der Mann, mit dem die Entstehung des politischen Zionismus untrennbar verbunden ist. Der Wiener Jude, der sich bis zu seiner »Berufung« seiner jüdischen Eigentümlichkeit kaum bewusst war, war als Berichterstatter von der *Neuen Freien Presse* in Wien 1891 nach Paris geschickt worden. Dort wurde er Zeuge des »Falles« des Hauptmanns Albert Dreyfus, der von einem Militärgericht der Spionage für Deutschland schuldig befunden, degradiert und verurteilt wurde. Während später die Unschuld des Hauptmanns festgestellt wurde, war der Fall in der Öffentlichkeit von heftigen antisemitischen Emotionen begleitet. Dieses Erlebnis ließ Herzl schlagartig zu der Überzeugung kommen, dass ein friedliches Leben für Juden in einem Europa nicht länger gesichert wäre, das durch ausgrenzenden Nationalismus, in Verbindung mit wachsendem Antisemitismus, gekennzeichnet war. Nur in der Schaffung eines eigenen jüdischen Staates würde das Überleben der Juden gewährleistet werden können. Literarisch und programmatisch entfaltete er sein Konzept in einer Schrift, die im Februar 1896 erschien *Der Judenstaat – Versuch einer modernen Lösung der Judenfrage*. Darin heißt es im ersten Satz: »Der Gedanke, den ich in dieser Schrift ausführe, ist ein uralter, es ist die Herstellung des Judenstaates.«

Im August 1897 kamen die Protagonisten des jüdisch-nationalen, aber säkularen Zionismus zu ihrem ersten Kongress in Basel zusammen. Die 204 Delegierten, deren Mehrheit aus Osteuropa kam, verabschiedeten eine Resolution, in der es hieß: »Der

Zionismus strebt für das jüdische Volk die Schaffung einer öffentlich-rechtlich gesicherten Heimstätte in Palästina« an. Zentrale Instanz, deren Verwirklichung voran zu treiben, wurde der »Zionistische Weltkongress«. Im Mittelpunkt der Strategie stand die Förderung der Einwanderung nach Palästina. Die Kolonisierung und das auf diese Weise entstehende jüdische Gemeinwesen sollten aus Mitteln jüdischer Geldgeber finanziert werden. Zu diesem Zwecke entstanden eine Reihe von Organisationen, namentlich der 1901 gegründete *Jüdische Nationalfond* (*Keren Kajemeth Leisrael*), deren Aufgabe es war, in Palästina Land zu kaufen und Juden für die Ansiedlung dort zu werben. Zugleich waren die Zionisten bemüht, internationale Unterstützung zu gewinnen, die ihr Vorhaben gegenüber dem osmanischen Sultan fördern und schützen sollte.

Die Bemühungen, die Unterstützung des deutschen Kaisers Wilhelm II., eines politischen Verbündeten des osmanischen Sultans Abdülhamit II. zu erhalten, scheiterten. Obwohl Wilhelm aus seiner ideellen Unterstützung des Zionismus kein Hehl machte, lehnte er eine von Herzl selbst ihm – insbesondere anlässlich seiner Reise in den Nahen Osten 1898 – angetragene politische Unterstützung ab. Sie schien ihm angesichts der immer engeren wirtschaftlichen, politischen (und militärischen) Verflechtungen des Deutschen mit dem Osmanischen Reich nicht opportun zu sein. Die osmanische Regierung widersetzte sich Bestrebungen, die nach ihrer Auffassung zu einer Herauslösung eines Teiles des osmanischen Herrschaftsgebiets aus dem Reich bedeuten mussten.

Auch die zahlenmäßigen Anfänge der zionistischen Bewegung waren eher unscheinbar. Unter der großen Mehrheit der Juden in Europa fand die Bewegung geringen Widerhall. Für viele unter ihnen, die in die europäischen Gesellschaften integriert waren, konnte eine jüdische Selbstausgrenzung nur eine Verstärkung antisemitischer Gefühle, die zwar vorhanden, aber noch nicht als bedrohlich empfunden waren, zur Folge haben. Immerhin aber begann die Einwanderung nach Palästina an Dynamik zu gewinnen. Zwischen dem ausgehenden 19. Jahrhundert und der Staatsgründung Israels 1948 werden sechs Einwanderungswellen (*aliyot*; sing.: *aliyah*) unterschieden.

Als Theodor Herzl 1904 starb, war die Bewegung bereits dabei in andere Hände überzugehen; auch ideologisch begann sie ihr Gesicht zu verändern. Persönlichkeiten osteuropäischer Herkunft prägten das Gesicht des Zionismus. Nachfolger Herzls als sichtbarster und erfolgreichster Protagonist wurde Chaim Weizmann (1874-1952). Nahe von Pinsk im heutigen Weißrussland geboren hatte er in Deutschland und in der Schweiz studiert. Ab 1904 lehrte er als Professor für Biochemie in Manchester.

Die aktive Mehrheit unter den sich nunmehr programmatisch differenzierenden zionistischen Gruppierungen in der in Palästina nach dem Ersten Weltkrieg entstehenden Selbstverwaltung der Siedlergemeinschaft und ihren Aktivisten entstammten linken Bewegungen, die im russischen Zarenreich gegen das repressive System und die es tragenden gesellschaftlichen Kräfte opponiert hatten – so etwa dem *Bund* (steht für *Allgemeiner Jüdischer Arbeiterbund*), der seit 1897 in Russland, Polen und Litauen für eine Demokratisierung des Zarenreiches und eine kulturell-nationale Autonomie der Juden gekämpft hatte. Nachdem sich 1930 die beiden Linksparteien *Achdut ha-Avoda* und *Ha-Po'el ha-Za'ir* zur *Mapai*, zur *Arbeiterpartei Israels*, zusammen geschlossen hatten, wurde diese bald zur bedeutendsten Gruppe innerhalb der zionistischen Bewegung. Auch wenn der Zionismus sich religiöser Symbole und Begriffe bediente, war die Bewegung im Wesentlichen doch säkular. Die Bezüge auf die jüdische Religion sollten in erster Linie eine jüdisch-nationale Identität markieren. Sie würde Grundlage und Rechtfertigung einer zu schaffenden »jüdischen Heimstätte« sein. Darüber, dass damit die Schaffung eines jüdischen Staates gemeint war, herrschte unter den zionistischen Führern bereits in einem frühen Stadium weitgehend Einvernehmen.

Mit dem Ausbruch des Ersten Weltkriegs wurde London der Mittelpunkt zionistischer Aktivitäten. War Großbritannien in den Krieg noch ohne klare Pläne für eine Nachkriegsordnung eingetreten, so änderte sich das rasch (s. S. 36 ff.). Die Regierung in London kam bald zu dem Schluss, dass das Ende des Krieges gegen das Osmanische Reich diesmal auch dessen Ende bedeuten würde. In der dann anstehenden Neuordnung des Nahen Ostens würde Großbritannien seine geopolitischen Interessen nachhaltig durchsetzen. In diesem Zusammenhang trat Palästina bald in das Blickfeld der Nachkriegsplaner.

Bereits nach dem ägyptischen Rückzug aus Palästina 1840 hatte London verstärkte Aufmerksamkeit auf das Gebiet gerichtet; 1838 war in Jerusalem ein britisches Konsulat eröffnet worden. Während im Libanon Frankreich durch seine Verbindung mit den mit Rom unierten maronitischen Christen seine Präsenz im östlichen Mittelmeerraum festigte, und in dem Maße, in dem London seit 1882 in Ägypten eine dauerhafte Herrschaft aufbaute, deren Rechtfertigung namentlich in der Kontrolle des Suezkanals als eines strategischen Wasserweges zu den britischen Besitzungen in Indien bestand, trat auch Palästina als Teil einer Landbrücke zwischen Ägypten und dem Persischen Golf ins Blickfeld. Religiöse Kreise sahen in der zionistischen Bewegung eine Hilfskraft bei dem Bemühen, das »Heilige Land« den Ungläubigen zu entwinden.

Dennoch bedeutete die am 2. November 1917 abgegebene Erklärung des britischen Außenministers Lord Arthur James Balfour eine Überraschung. In einem Brief an Lord Rothschild, Oberhaupt des britischen Zweiges dieser Adelsfamilie und Mitglied des Oberhauses, heißt es: »Die Regierung seiner Majestät betrachtet mit Wohlwollen die Errichtung einer nationalen Heimstätte für das jüdische Volk in Palästina und wird ihr bestes tun, die Erreichung dieses Ziels zu erleichtern, wobei, wohl verstanden, nichts geschehen soll, was die bürgerlichen und religiösen Rechte der bestehenden nichtjüdischen Gemeinschaften in Palästina oder die Rechte und den politischen Status der Juden in anderen Ländern in Frage stellen könnte«.

Mit dem Ende des Krieges erfuhr die Besiedlung Palästinas mit der dritten *Aliyah* ihre Fortsetzung. Dies im Sinne der Formel Theodor Herzls: »Ein Land ohne Volk für ein Volk ohne Land«. Hier aber lag das zentrale Problem, das die Entwicklung in Palästina und die Lösung der »palästinensischen Frage« in den folgenden Jahrzehnten bestimmte und in der Gegenwart bestimmt: Palästina war kein Land ohne Volk. Zu Beginn der ersten *Aliyah* (1882) lag die Einwohnerzahl Palästinas – ein Gebiet von 26.320 Quadratkilometern (etwa von der Größe Mecklenburg-Vorpommerns) bei nicht einmal einer halben Million. Rund 442 000 waren Araber (400 000 Muslime, 42 000 zumeist griechisch-orthodoxe Christen), 13 000 bis 20 000 waren Juden. 1914, am Ende der zweiten Aliyah, lebten 722 000 Menschen auf dem Territorium Palästinas, davon 602 000 Muslime, 81 000 Christen und 39 000 Juden. Nach der Machtübernahme durch die Nationalsozialisten in Deutschland stieg die Zahl der Einwanderer in der fünften *Aliyah*

(1932–1938) dramatisch an (rund 200 000 Personen). 1945 betrug der Anteil der Juden an der Bevölkerung Palästinas 33 %.

Die Existenz einer arabischen Bevölkerung auf palästinensischem Boden ist zwar auch innerhalb der zionistischen Bewegung wahrgenommen worden. Insbesondere in Deutschland hat es Stimmen gegeben, die für die Gründung eines gemeinsamen Staates für Araber und Juden eingetreten sind. Sie haben sich nicht nur nicht durchsetzen können; die Mehrheit unter den Zionisten erkannte wohl das Problem, sah aber keine Notwendigkeit oder Möglichkeit, es in einer für beide Seiten akzeptablen Weise zu lösen. In jedem Falle war die politische, wirtschaftliche, gesellschaftliche und kulturelle Entwicklung des *Yishov*, d. h. des jüdischen Gemeinwesens vor der Staatsgründung Israels, darauf ausgerichtet, die Araber auszugrenzen. Wie es David Grün, der als David Ben Gurion im Mai 1948 die Proklamation des Staates Israels verlesen sollte, 1918 formulierte: »Wir als jüdische Nation wollen das Land für uns. Die Araber als Nation wollen das Land für sich.« Dies entsprach den Zielsetzungen, die Chaim Weizmann, der Vorsitzende des *Jüdischen Weltkongresses*, 1919 auf der Pariser Friedenskonferenz gegenüber dem amerikanischen Außenminister Robert Lansing formulierte: Man wolle »Palästina so jüdisch machen wie Amerika amerikanisch oder England englisch ist«.

Für die britische Politik in Palästina trat der zweite Teil der Balfour-Erklärung, der die Rechte der Araber ansprach, an Bedeutung weit hinter dem ersten Teil zurück. Und die zionistische Politik tat alles, sie darin zu bestärken. Zwar wurde die Erklärung als ganze in das Palästinamandat des Völkerbundes – 1920 war den Briten das Mandat für Palästina (damals noch Palästina und Transjordanien; s. S. 49 f.), übertragen worden – aufgenommen, aber ihre Implementierung war letztendlich auf die Erfüllung der Ziele der zionistischen Bewegung ausgerichtet. Dabei darf freilich nicht übersehen werden, dass es unter der britischen zivilen Verwaltung in Palästina wie unter den Militärs von Anfang an nicht unerhebliche Zweifel an dem, ja starke Widerstände gegen das zionistische Projekt und die britische Unterstützung desselben gab. Bis zum Ende des Mandats (1948) zog London gegenüber den Aktivisten der zionistischen Bewegung den Kürzeren, wenn es den Versuch machte, zugunsten der Belange der arabischen Bevölkerung Palästinas zu entscheiden und zu handeln.

Auf palästinensisch-arabischer Seite stieß die Balfour-Erklärung von Anfang an auf Widerstand. Ein im Februar 1919 nach Jerusalem einberufener arabisch-palästinensischer Kongress forderte: »Der Bezirk Südsyrien oder Palästina soll nicht von der unabhängigen arabisch-syrischen Regierung abgetrennt werden«. Noch ging es also um die Zukunft Palästinas im Rahmen eines groß-syrischen Staates. Das änderte sich mit der Vertreibung Faisals aus Damaskus im Juli 1920 und der Einrichtung des französischen Mandats über Syrien. Bereits zuvor war es im April zu Unruhen gekommen, die im folgenden Jahr eskalierten. Im Mai 1921 wurden bei Protesten in Jaffa 47 Juden und 48 Araber getötet. Als Reaktion darauf machte der britische Hochkommissar Sir Herbert Samuel Konzessionen; unter ihnen war ein vorübergehender Stopp der Einwanderung. Das Argument der »ökonomischen Aufnahmefähigkeit des Landes als Grenze für die Einwanderung« sollte auch in den kommenden Jahren zu dem Arsenal der »beruhigenden Versicherungen« gehören, mit denen London versuchte, arabischen Protesten Rechnung zu tragen.

An der diplomatischen Front kam es zu keinem Fortschritt für die palästinensische Sache. Auf dem dritten palästinensischen Kongress im Dezember 1920 in Haifa, der die Anerkennung der Rechte der Araber forderte und die Briten aufforderte, die Balfour-Erklärung zu annullieren, wurde die *Arabische Exekutive* als Sprecherin der palästinensischen Nationalbewegung gegründet. Bis zu ihrer Auflösung 1934 hat sie nicht ernsthaft in die Entwicklungen in und um Palästina eingreifen können.

Nach der Beendigung der Militärverwaltung war am 1. Juni 1920 Herbert Samuel als erster britischer Hochkommissar an die Spitze der Zivilverwaltung in Palästina getreten. Eine für die weitere Entwicklung wichtige Weichenstellung wurde im März 1921 vorgenommen. Auf der Konferenz in Kairo (s. S. 50) beschränkten die Briten den Geltungsbereich der Balfour-Erklärung auf das Gebiet Palästinas westlich des Jordan. Die Gebiete östlich des Flusses wurden dem Emirat Transjordanien vorbehalten. Neben der britischen begannen die Zionisten eine eigene Zivilverwaltung aufzubauen, die ihr wirtschaftliches, politisches und kulturelles Leben organisierte. Auf die Gründung der *Jewish Agency* 1929 wurde bereits hingewiesen. Die Gewerkschaftsbewegung *Histadrut* sollte beim Aufbau der von den Siedlern betriebenen Landwirtschaft und eines industriellen Sektors die zentrale Rolle spielen. Und die 1926 in Jerusalem gegründete Hebräische Universität entwickelte sich zu einem Zentrum des geistigen Lebens im *Yishov*. In dem Maße, in dem sich die Umrisse der Nachkriegsordnung abzeichneten, begannen die Zionisten, die Bemühungen um Einwanderung zu verstärken. Nach nur mäßigen Erfolgen zwischen 1919 und 1931 (dritten und vierten *Aliyah*) erfolgte mit der fünften *Aliyah* ein Durchbruch.

Mit Blick auf die arabische Bevölkerung Palästinas kann im Zeitraum zwischen 1921 und 1929 kaum von einer wirkungsvollen palästinensischen nationalen Bewegung gesprochen werden. Grund dafür waren nicht zuletzt Rivalitäten innerhalb der palästinensischen Gesellschaft selbst, namentlich zwischen den beiden führenden Familien Jerusalems, den Husaini und Naschaschibi. Während letztere bemüht waren, mit den Briten und den Zionisten zu einer verhandelten Kompromisslösung zu kommen, setzten Angehörige der Husaini auf aktiven Widerstand gegen das Mandat, die Briten und die zionistische Einwanderung. Die von ihnen gegründete »Arabische Exekutive« wurde von den Naschaschibi boykottiert. Insbesondere außerhalb der Städte kam es immer wieder zu gewaltsamen Protesten. Sie erreichten im August 1929 einen Höhepunkt. Diesmal brachen sie in Jerusalem aus und richteten sich auch gegen die britische Schutzmacht der Zionisten. Bald hatten sie weite Teile des Landes erfasst. Als es den britischen Streitkräften nach einer Woche gelang, den Aufstand niederzuwerfen, waren auf jüdischer Seite 133 Tote und 339 Verletzte, auf der arabischen 116 Tote und 232 Verletzte zu konstatieren. Die getöteten Juden waren hauptsächlich Opfer arabischer Angriffe; die getöteten Araber Opfer der Unterdrückung durch die Briten.

Auf palästinensischer Seite trat eine Persönlichkeit hervor, die als Protagonist der palästinensischen Sache in den folgenden Jahrzehnten eine sichtbare, wenn auch umstrittene Rolle spielen sollte: Muhammad Amin al-Husaini. 1897 in Jerusalem geboren, genoss er eine sowohl säkulare wie religiöse Erziehung. Bei Kriegsausbruch trat er in die osmanische Armee ein, kehrte allerdings 1916 bereits nach Jerusalem zurück. Nach der Einnahme der Stadt durch die Briten wurde er zum Parteigänger Faisals und eines großsyrischen Staates. Mit dessen Scheitern wandelte er sich zum bedingungslosen Kämpfer gegen die britischen und zionistischen Pläne. Mit der – trotz seiner unzulänglichen theologischen Ausbildung – Ernennung zum *Mufti* von Jerusalem (zur führenden Autorität in religiösen Fragen) hoffte Sir Samuel, einen Einfluss auf ihn und die palästinensische Politik ausüben zu können. Eine Fehleinschätzung, wie sich zeigen sollte. Als »der Mufti« wurde Amin al-Husaini zu einer Symbolfigur des Widerstandes in Palästina gegen die zionistischen Pläne und ihre britischen Unterstützer. Nach der Niederschlagung der Unruhen von 1929 war er verstärkt bemüht, die Auseinandersetzung auf die panarabische und panislamische Ebene zu verlagern. 1931 berief er einen allgemeinen islamischen Kongress ein, an dem 130 Delegierte aus 22 Staaten teilnahmen. Das Ereignis ließ sein Ansehen weiter steigen. Vom Ausgang des Ringens um Palästina her gesehen, schwankt das Charakterbild des Mufti in der Geschichte: Während die einen in ihm einen palästinensischen Patrioten sehen, stellen die anderen seine Kollaboration mit dem Hitler-Regime heraus und bringen ihn mit der Judenverfolgung und -vernichtung in Deutschland in Verbindung.

Die Verdrängung arabischer Landarbeiter als Folge der verstärkten jüdischen Einwanderung verschärfte die soziale Dimension des palästinensischen Problems. In dem Maße, in dem sich die herkömmliche palästinensische Elite nicht in der Lage zeigte, zu einer Lösung zu gelangen, ging die Initiative in Palästina nach 1929 in radikalere Hände über; sie organisierten sich nunmehr vor allem auf dem Land und waren zu gewalttätigem Widerstand entschlossen. Unter ihnen war die Gruppe um Scheich Izz ad-Din al-Qassam die bedeutendste. Er hatte 1920 an der Rebellion gegen die Franzosen in Syrien teilgenommen und war nach deren Niederschlagung nach Haifa geflohen. Die von ihm Anfang der 1930er Jahre gegründete Kampforganisation setzte auf militante Aktionen gegen jüdische Siedlungen. Zwar wurde sie bereits im November 1935 von der britischen Polizei aufgerieben; die bewaffneten Aktionen al-Qassams aber waren symptomatisch für die Radikalisierung unter breiteren Teilen der arabischen Bevölkerung Palästinas.

Vor diesem Hintergrund waren die Führer der verschiedenen palästinensischen Gruppierungen – auch die rivalisierenden Familien der Husaini und Naschaschibi – bemüht, zu einer Aktionsgemeinschaft zusammen zu rücken, um nicht die Kontrolle über die Entwicklungen vollständig zu verlieren. Als Ergebnis entstand das *Hohe Arabische Komitee*, ein Exekutiv-Organ unter dem Vorsitz des Mufti. Am 25. April 1936 rief es zum Generalstreik auf. Nach ersten militanten Ausschreitungen gegen Juden wurde der Aufstand auch gegen die Briten ausgeweitet. Bewaffnete arabische Gruppen begannen Sabotageakte und Bombenanschläge zu verüben, auch jüdische Siedlungen wurden angegriffen. Nicht zuletzt durch die Vermittlung arabischer Staatsmänner – Saudi-Arabiens, des Irak, Transjordaniens und des Jemen – wurde der Streik im Oktober 1936 beendet. Bis dahin waren 145 Araber, 80 Juden und 38 Briten getötet worden. Als Reaktion auf die Ereignisse reduzierte Großbritannien für einen begrenzten Zeitraum die Zahl der Einwanderer und setzte eine Kommission ein, die die Hintergründe des Aufstandes untersuchen sollte.

Die Kernaussage des Gutachtens der Kommission, die ihren Namen nach ihrem Vorsitzenden Lord Robert Peel erhielt, war die Empfehlung, Palästina in zwei Staaten zu teilen. Zwischen Juden und Arabern bestünden unüberwindliche Gegensätze: »Die trennende Macht der Umstände in Palästina wächst von Jahr zu Jahr […] Da jede Gemeinschaft überdies anwächst, vertieft sich die Rivalität zwischen beiden«. Auf den jüdischen Staat würden etwa 20 Prozent Palästinas, fruchtbares Land im Norden, entfallen; ein größerer Teil mit dem Negev und dem Hügelland im Inneren sollte den Arabern zugesprochen werden. Jerusalem und Umgebung sollten unter britischer Kontrolle verbleiben. Mit den Empfehlungen der Peel-Kommission aus dem Jahr 1937 war ein Durchbruch vollzogen: die Auseinandersetzungen um eine eigene jüdische Staatlichkeit erhielten nun eine neue Qualität.

Mit der Ausnahme des Emirs Abdallah von Transjordanien lehnte die arabische Seite den Teilungsplan ab. Er wurde zugleich das Fanal für den Ausbruch der zweiten Phase des palästinensischen Aufstands im September 1937; sie sollte erst 1939 ihr Ende finden. Da sich der Aufstand wiederum auch gegen die Briten richtete – im September 1937 wurde der Distriktkommissar von Galiläa getötet –, gingen diese mit größter Härte vor. Die britische Truppenpräsenz wurde auf 25 000 Soldaten aufgestockt. Die Unterdrückungsmaßnahmen waren drakonisch; von 1937 bis zum Frühjahr 1939 wurden über 100 Araber im Zentralgefängnis in Akko gehängt. Bis zur Niederschlagung des Aufstands im Januar 1939 wurden insgesamt 1700 Araber getötet. Dies sind die offiziellen Zahlen; die tatsächliche Anzahl liegt möglicherweise deutlich darüber. Unter Juden und Briten gab es 292 bzw. 77 Opfer.

Für die Palästinenser war die Bilanz der Revolte negativ. Die Gründe ihres Scheiterns lagen nicht allein in der harten britischen Unterdrückung. Die tiefere Ursache vielmehr war einmal mehr die Zersplitterung der palästinensischen Gesellschaft und das Fehlen einer klaren, vorwärts weisenden politischen Programmatik. Demgegenüber schien die die zionistische Bewegung – für den Augenblick jedenfalls – politischen Rückenwind erhalten zu haben. Zwar war sie weit davon entfert, ihr Endziel, die Errichtung des jüdischen Staates auf dem gesamten Territorium Palästinas westlich des Jordans, zu erreichen. Andererseits aber würde man einen Staat bekommen, der uneingeschränkt Juden würde aufnehmen können, was angesichts der Entwicklungen in Deutschland zunehmend dringlich wurde. Deshalb folgte eine Mehrheit David Ben Gurion, der auf dem 20. Zionistischen Kongress in Zürich im August 1937 feststellte, »dass kein Stück Land aufgegeben werde, der Peel-Plan aber möglicherweise der beste Weg sei, um das angestrebte Ziel zu erreichen.« Und noch einen weiteren Fortschritt konnten die Zionisten verbuchen: Indem die Briten bei Operationen gegen den arabischen Widerstand mit Angehörigen der jüdischen Selbstverteidigungsorganisation *Hagana* zusammengearbeitet hatten, hatten sie dieser als quasi britische Hilfspolizei eine offizielle Legitimation verliehen. Mit Blick auf spätere Entwicklungen kaum weniger wichtig war die Abspaltung einer radikaleren Gruppe, die unter dem Namen *Irgun Zva'i Le'umi* (*Nationale Militärorganisation*; auch IZL, Etzel oder Irgun) terroristisch gegen arabische Ziele wie Busse, Cafés, Märkte und andere öffentliche Plätze vorging.

Nach der Niederschlagung des Aufstands suchte die Regierung in London einen politischen Kurswechsel. Angesichts des heraufziehenden Krieges ging sie nun auf die Araber zu. In einem im Mai 1939 herausgegebenen »Weißbuch« nahm sie die Teilungsvorschläge des Peel-Berichts zurück. Stattdessen verkündete sie, man wolle einen unabhängigen Staat Palästina innerhalb von zehn Jahren errichten, in dem Araber und Juden gemeinsam leben sollten. Ferner würde die Einwanderung erst begrenzt und dann beendet werden. Für die nächsten fünf Jahre sollten nur noch 75 000 Juden einwandern dürfen. Der Landkauf sollte entsprechend gesteuert werden.

Die Zionisten lehnten das »Weißbuch« rundweg ab. Damit aber war ein offener Konflikt zwischen ihnen und Großbritannien ausgebrochen. Ben Gurion hat diesen auf eine prägnante Formel gebracht: »Wir werden gemeinsam mit England gegen Hitler kämpfen, als gäbe es kein Weißbuch, und wir werden das Weißbuch bekämpfen, als gäbe es keinen Krieg.«

Vor dem Hintergrund des Konflikts mit Großbritannien und angesichts der sich abzeichnenden Veränderung der internationalen Machtkonstellation wandten sich die Zionisten nunmehr den USA zu. Washington bekannte sich unverhohlen zur Gründung des jüdischen Staates. »Der Erste Weltkrieg hat uns die Balfour-Erklärung gebracht. Dieses Mal muss es ein jüdischer Staat sein«, bekräftigte Ben Gurion im Hotel Biltmore in New York im Mai 1942. Dort hatte sich ein außerordentlicher Zionistenkongress versammelt, an dem 500 amerikanische und europäische Juden teilnahmen.

Von dieser Kernaussage der *Biltmore-Erklärung* haben sich die amerikanischen Präsidenten Franklin D. Roosevelt und Harry S. Truman in ihrer Politik gegenüber der zionistischen Bewegung leiten lassen. Zum einen aus innenpolitischen Motiven – für beide stellten die amerikanischen jüdischen Wähler ein beträchtliches Potenzial dar. Zum anderen begann nach dem Ende des Krieges das Ausmaß des grauenhaften Schicksals der Juden in Europa hervorzutreten. Zugleich waren Hunderttausende von Flüchtlingen als *displaced persons* auf der Suche nach einer Zuflucht. Die britischen und die amerikanischen Positionen in der Einwanderungsfrage drifteten auseinander. Der gegen die Briten gerichtete Terror extremistischer jüdischer Organisationen fand einen Höhepunkt, als eine Explosion am 22. Juli 1946 den Südflügel des King David Hotels in Jerusalem sprengte, in dem sich die Hauptverwaltung der britischen Mandatsverwaltung befand. Dabei fanden 91 Menschen den Tod. Die jüdische Terrorgruppe *Irgun* (unter der Führung Menachem Begins) übernahm die Verantwortung; Großbritanniens Palästina-Politik befand sich in einer Sackgasse.

Die arabische Seite hat in den Gang der Geschichte nicht nachhaltig einzugreifen vermocht. An den Gegebenheiten unter den Palästinensern hatte sich seit dem Ende der Revolte und der Verabschiedung des »Weißbuches« nichts verändert. Am ehesten schien »der Mufti« Amin al-Husaini mit seinen kompromisslosen Standpunkten gegenüber den Zionisten und Briten eine Führungsrolle spielen zu können. Aber weder vermochte dieser, die Chance, die sich mit dem »Weißbuch« auch für die palästinensische Politik bot, zu nutzen. Noch war hilfreich, dass er sich seit 1941 in Berlin befand und offen, wenn auch ohne nachhaltigen Erfolg, um Unterstützung Hitlers im Kampf für die palästinensische Sache warb. Sein Stellenwert für die Politik Berlins gegenüber den Arabern ist umstritten (s. S. 340 und 342).

Auf gesamtarabischer Ebene hatten die Führungen der unabhängigen arabischen Staaten – diese waren Ägypten, der Irak, Saudi-Arabien und Jemen – in den 1920er und 1930er Jahren versucht, vermittelnd einzugreifen. Bezeichnend für ihr Scheitern war das Treffen des saudischen Königs Abd al-Aziz ibn Sa'ud mit Präsident Franklin D. Roosevelt bei dessen Rückkehr von der Konferenz in Jalta am 14. Februar 1945 an Bord des amerikanischen Kriegsschiffs USS Quincy im Großen Bittersee des Suezkanals. Roosevelt schilderte Ibn Sa'ud das Leid, das den Juden durch die Nazis zugefügt worden war und suchte dessen Zustimmung, in Palästina eine neue Heimat aufzubauen. Mit Entschiedenheit lehnte der saudische König eine weitere jüdische Einwanderung und die Gründung eines jüdischen Staates dort ab. Nach arabischem Brauch habe der für ein Verbrechen zu zahlen, der es begangen habe. Roosevelt versprach, nichts zu tun, ohne sich zuvor mit der jüdischen und arabischen Seite beraten zu haben. Sein Nachfolger, Harry S. Truman, sollte von diesem Kurs Abschied nehmen und der Teilung Palästinas zustimmen.

Gefahr laufend, die Kontrolle über den Konflikt in Palästina zu verlieren, hatte das britische Kabinett am 18. Februar 1947 angekündigt, das Mandat für Palästina an die Vereinten Nationen (UNO), die Nachfolgeorganisation des Völkerbundes, zurückzugeben. Die von der UNO eingesetzte Kommission für Palästina (*United Nations Special Committee on Palestine*; UNSCOP) empfahl mehrheitlich die Teilung Palästinas – die Idee eines bi-nationalen Staates erwies sich als nicht mehrheitsfähig. Die UN-Vollversammlung folgte – viele Regierungen waren seitens der Zionisten und der USA unter massiven Druck gesetzt worden – dem Mehrheitsvorschlag zur Teilung des Landes am 29. November 1947 in ihrer Resolution 181 mit der notwendigen Zwei-Drittel-Mehrheit. Die arabischen Staaten – zu den oben genannten waren nach dem Ende des Krieges Syrien, der Libanon und Jordanien hinzugekommen lehnten den Teilungsplan ab; die UNO habe nicht das Recht über die Zukunft Palästinas gegen den Willen und auf Kosten der dort lebenden arabischen Mehrheit zu entscheiden. Auch war die Entscheidung mit den Gegebenheiten in Palästina nicht zu vereinbaren. Der projektierte jüdische Staat sollte 56,47 % des Territoriums Palästinas umfassen, obwohl die Juden zu dieser Zeit nur ein Drittel der Bevölkerung darstellten und lediglich 6 % des Landes besaßen. Die Zionisten hingegen nahmen den Teilungsplan an, stellte er ihnen doch einen eigenen Staat mit breiter internationaler Unterstützung in Aussicht.

Mit der Verabschiedung der Teilungsresolution begann die kriegerische Auseinandersetzung zwischen Arabern und Juden um die Zukunft Palästinas. Zunächst sporadische Anschläge auf jüdische Siedlungen weiteten sich rasch auf das ganze Land aus. Bald zeigte sich, dass die arabische Seite einer umfassenden Kriegführung noch aus dem Wege zu gehen suchte. Die Nachbarstaaten Palästinas zogen es zunächst vor, ihre Armeen nicht einzusetzen; auch bestanden zwischen ihnen z. T. tiefgreifende politische Differenzen und Rivalitäten. Die Operationen lagen zu diesem Zeitpunkt in den Händen einer Truppe von irregulären Freiwilligen, die im Februar 1948 von der Arabischen Liga aufgestellt wurde. Hochtrabend als *Arabische Befreiungsarmee* bezeichnet, hatte sie ihr Hauptquartier in Damaskus; damit wurde sie in hohem Maße auch zu einem Instrument des syrischen Präsidenten Schukri al-Quwatli (s. S. 94). Bis zum Beginn des Krieges, der nach der Ausrufung des Staates zwischen Israel und den arabischen Nachbarn begann, litt sie an dem Fehlen strategischer Führung ebenso wie am Mangel von Ausrüstung und Gerät.

Dem gegenüber war die jüdische Seite militärisch besser vorbereitet und hoch motiviert; den Teilungsplan der UNO vor Augen verfügte sie über ein räumlich-strategisches Ziel, auf das die militärischen Operationen ausgerichtet waren. Im März 1948 gingen die jüdischen Kräfte in die Offensive. Sie richteten sich zunächst auf die Straße von Tel Aviv nach Jerusalem; später wurden die Küstenebene und die nordöstlichen Teile Palästinas erobert, die gemäß Teilungsplan jüdisches Staatsgebiet werden sollten. Der territorialen Ausdehnung ging die Terrorisierung der arabischen Bevölkerung einher. Dadurch sollte diese unter Druck gesetzt werden, ihre Wohngebiete zu verlassen. Letzeres war der Part insbesondere jener Kampforganisationen, die zugleich einen terroristischen Krieg gegen die Briten führten. Auch wenn es terroristische Verbrechen auf beiden Seiten gegeben hat, so sind sie von Seiten jüdischer Kampfgruppen gezielt eingesetzt worden, die Errichtung eines Staates vorzubereiten, auf dessen Gebiet eine möglichst geringe Zahl von Arabern leben würde. Das Massaker von Deir Yassin am 9. April 1948, bei dem mehr als 110 Dorfbewohner umgebracht wurden (nach anderen Angaben waren es über 200), gilt als trauriger Meilenstein auf dem Weg dahin. Tatsächlich waren weitere Eroberungen der jüdischen Seite in den folgenden Wochen – nicht zuletzt auch Haifas am 23. April – von einer palästinensischen Massenflucht begleitet.

So muss die Ausrufung des Staates Israel am 14. Mai 1948 aus zwei Perspektiven gesehen werden: der Erfüllung des zionistischen Traums auf der einen und der »Katastrophe« (*nakba*) für die palästinensische Bevölkerung auf der anderen Seite. Während die Briten ihre Fahne einholten und sich aus der Region insgesamt davon machten, hinterließen sie den Völkern im Nahen Osten ein Problem, das ihre politische, gesellschaftliche und kulturelle Entwicklung bis in die Gegenwart bestimmt.

Mit der Ausrufung des Staates Israel kamen die benachbarten arabischen Regierungen, die die Teilung Palästinas abgelehnt hatten, um eine direkte Intervention nicht mehr umhin. Am Tage nach dem Abzug der Briten zogen die Armeen Ägyptens, Transjordaniens, Syriens, des Libanon und des Irak gegen den jüdischen Staat zu Felde – angeblich um Palästina zu verteidigen und den jüdischen Staat zu besiegen. Wieder freilich litt das Unternehmen von Beginn an am fehlenden Willen zu gemeinsamem Handeln. Im Spannungsfeld von »arabischer« Verantwortung für Palästina auf der einen – die Entscheidung zur Intervention wurde zwei Tage vor dem Abzug der Briten im Rahmen der Arabischen Liga gefasst – und handfesten Eigeninteressen auf der anderen Seite waren sie zu koordinierter Kriegführung nicht willens und in der Lage. Misstrauen bestimmte ihr Handeln, es galt dem Mufti Amin al-Husaini als selbst ernanntem Führer der Palästinenser ebenso wie – in noch höherem Maße – Emir (jetzt König) Abdallah, von dem bekannt war, dass er sich mit den Zionisten über ein pragmatisches Nebeneinander eines jüdischen und eines arabischen Staates zumindest in groben Zügen verständigt hatte, der Transjordanien und Teile Palästinas umfassen würde (s. S. 121), ein Plan, der die Unterstützung Londons und Washingtons hatte. Die arabischen Regierungen traten also mit weitgehend negativen Zielen in den Krieg um Palästina ein: die Gründung eines jüdischen Staates zu verhindern, Transjordanien an der Ausdehnung nach Palästina zu hindern und den Mufti davon abzuhalten, einen lebensfähigen Palästinenserstaat zu gründen.

Zahlenmäßig waren die arabischen Armeen noch klein, und die Ausrüstung war veraltet und unzureichend. Die schlagkräftigste Streitmacht war die von einem Briten geführte *Arabische Legion*. Die Armee Israels war demgegenüber der arabischen Koalition in jeder Weise überlegen – zahlenmäßig sowohl als auch in der Ausrüstung und Bewaffnung, bei der sie durch über die Tschechoslowakei abgewickelte Lieferungen aus dem entstehenden »sozialistischen Lager« unterstützt wurde. War die Ausgangslage für Israel zu Beginn des Krieges aufgrund des aufgezwungenen Mehrfrontenkrieges – strategisch – schwierig, so veränderten sich die Kräfteverhältnisse in den nächsten Monaten. Drei Mal vermittelten die Vereinten Nationen Waffenstillstände – die jüdische Seite nutzte sie jedes Mal wirkungsvoll zur Verbesserung ihrer militärischen Schlagkraft.

Erst 1949 kam es zum Abschluss von bilateralen Waffenstillstandsverträgen zwischen den Konfliktparteien, im Februar mit Ägypten, im März mit dem Libanon, im April mit Transjordanien sowie im Juli mit Syrien; die irakischen Truppen hatte sich von transjordanischem Territorium wieder in den Irak zurückgezogen. Am Ende gab es zwei Gewinner, nämlich Israel, das sich nunmehr auf 78 % des Bodens Palästinas ausgedehnt hatte, und Jordanien, das seine zu Beginn des Krieges gemachten Geländegewinne auf der Westbank hatte verteidigen können. Jerusalem, dem im Teilungsbeschluss der UNO als *Corpus Separatum* ein Sonderstatus eingeräumt worden war, war zwischen beiden Gewinnern aufgeteilt. Als Israel am 4. Januar 1950 (West-)Jerusalem zu seiner Hauptstadt erklärte, annektierte Abdallah das von seinen Truppen eroberte Westjordanland und (Ost-)Jerusalem, damit war das »Königreich Jordanien« geschaffen Für die Palästinenser hatte sich die »Katastrophe« weiter verschärft: Etwa 750 000 waren zu Flüchtlingen geworden. Sie suchten in den arabisch gebliebenen Gebieten Palästinas, der »Westbank« und dem Gaza-Streifen sowie im Libanon, in Syrien, in Transjordanien und in Ägypten Aufnahme. Um sie kümmert sich seit dem 1. Mai 1950 bis heute das Flüchtlingshilfswerk der Vereinten Nationen (UNRWA: *United Nations Relief and Works Agency for Palestine Refugees in the Near East*). Nach seinen Angaben ist die Zahl der bei der Organisation registrierten Flüchtlinge bis in die Gegenwart auf etwa 5 Millionen Menschen angewachsen. In ihrer Sitzung am 11. Dezember 1948 hatte die UN-Generalversammlung in Resolution 194 das Recht der Flüchtlinge auf Rückkehr festgestellt. Ihre Auslegung ist bis heute umstritten; die Rückkehr der Flüchtlinge und ihrer Nachkommen gehört zu den Elementen des Konflikts um Palästina, die seine Lösung so schwierig machen.

Das für die arabische Seite desaströse Ergebnis dieses ersten arabisch-israelischen Krieges 1948 sollte auch zum Fanal des tief greifenden Wandels werden, der bald darauf in Teilen der arabischen Welt einsetzte. Die Offiziere, die sich von ihren politischen Führern allein gelassen und verraten fühlten, hatten begonnen, sich politischen Konzepten und gesellschaftlichen Ideologien zu verschreiben, die auf dem Sturz der alten Ordnungen und dem Ende der herkömmlichen Führungsschichten aufbauten. Die Ermordung von König Abdallah (1949) und die Militärputsche in Syrien (1949), Ägypten (1952) und im Irak (1958) sind auch im Zusammenhang der arabischen »Katastrophe« zu sehen. Die Revision des Ergebnisses des ersten arabisch-israelischen Krieges, ist einer der roten Fäden, die die Geschichte der arabischen Völker bis in die Gegenwart durchziehen.

4.1.5.3 Der arabisch-israelische Konflikt um Palästina

Mit den Waffenstillstandsverträgen endete der erste arabisch-israelische Krieg; weitere sollten folgen. Friedensverträge konnten in den Jahrzehnten seither nur zwischen Israel und Ägypten (1979) sowie Jordanien (1994) abgeschlossen werden. Mit der Niederlage der arabischen Seite 1948/49 ist der Konflikt um Palästina – wenn auch in unterschiedlicher Konstellation und Intensität – ein Konflikt zwischen dem jüdischen Staat und der arabischen Welt geworden. In der 2002 auf dem arabischen Gipfel in Beirut angenommen Friedensinitiative – sie ist nach dem nachmaligen saudischen König Abdallah benannt (*Abdallah Plan*) – wird die Normalisierung der Beziehungen der arabischen Staaten mit Israel unter der Bedingung und für den Zeitpunkt angeboten, da es zu einem vollständigen politischen Ausgleich zwischen den Palästinensern und Israel gekommen sein wird.

Auf die nachhaltigen Auswirkungen des Konflikts in der arabischen wie internationalen Politik wird jeweils an den einschlägigen Stellen eingegangen. Sie ließen nicht lange auf sich warten. Die mit der Revolution in Ägypten im Juli 1952 einsetzende Kette der Umbrüche, Konflikte und Spannungen innerhalb der arabischen Welt waren unmittelbar sowohl auf das Gefühl der Erniedrigung über die Schande der Niederlage als auch auf die im Krieg gemachte Erfahrung, von den anderen arabischen Staaten allein gelassen worden zu sein, zurück zu führen. Der Zorn richtete sich zunächst auf die politischen Führungen; innerhalb weniger Jahre war auch die Positionierung in der internationalen politischen Ordnung von den jeweiligen Interessen im »Kampf gegen Israel« mitbestimmt. Seit den 1970er Jahren hatte auch der Aufstieg eines militanten Islamismus eine seiner Wurzeln im anhaltenden Gefühl der Erniedrigung durch »den Westen«, von welchem Israel als ein Teil wahrgenommen wurde und wird.

Arabische Intellektuelle haben die Ereignisse als jenen tiefen Einschnitt wahrgenommen, als der er sich auch herausstellte: Unter Titeln wie *Die Bedeutung der Katastrophe* (Constantin Zurayq 1948) und *Die Lehre aus Palästina* (Musa Alami 1949) haben sie politische Folgerungen zu ziehen und die Weichen für das Handeln der Politiker in der Zukunft zu stellen gesucht.

Eine von den Vereinten Nationen nach Lausanne einberufene Konferenz (27. April– 12. September 1949), ging ohne Ergebnis zu Ende; Israel und die am Krieg beteiligten arabischen Staaten schoben sich gegenseitig die Verantwortung zu. Die Fortsetzung des Konflikts nahm ihren Lauf. Nachdem ihnen in Lausanne das Rückkehrrecht verweigert worden war, nahmen palästinensische Gruppen einen Kleinkrieg gegen Israel auf. Vom Territorium der Nachbarstaaten aus überfielen sie Ziele in Israel; die israelischen Sicherheitskräfte antworteten mit großer Härte. Damit suchten sie Druck auf die benachbarten Regierungen auszuüben, diese dazu zu bringen, die Operationen der Guerillakrieger zu unterbinden. Von besonderer Nachwirkung war der Angriff auf einen ägyptischen Polizeiposten im Gazastreifen im Februar 1955, bei dem über 80 Ägypter getötet wurden. Hatte Nasser bis dahin noch Friedensfühler nach Israel auszustrecken gesucht, so verhärtete sich seine Haltung nach dem Massaker, das er als einen Angriff auf seine eigene Machtstellung in Ägypten und sein Ansehen in der ganzen arabischen Welt deutete. Mit dem zweiten arabisch-israelischen Krieg (»Sinai-Krieg«) im Oktober 1956, an dem Israel an der Seite Englands und Frankreichs teilnahm, begann der arabisch-israelische Konflikt darüber hinaus in den Zusammenhang des Ost-West-Konflikts einzutreten. Israel wurde zum Stellvertreter amerikanischer Interessen, die Palästinenser richteten sich zunehmend auf das sowjetische Lager aus.

Um die Operationen der verschiedenen Gruppen wirkungsvoller zu koordinieren und das Gewicht der palästinensischen Sache im panarabischen Kontext stärker zum Tragen bringen zu können, gründeten palästinensische Aktivisten 1959 in Kuwait eine neue politische Bewegung: *Fat(a)h* (»Eroberung«, »Sieg«; zugleich als Akronym von hinten nach vorn gelesen: *Bewegung zur Befreiung Palästinas – harakat at-tahrir al-filastini*). Nach dem Vorbild der *Nationalen Befreiungsbewegung* (FLN) in Algerien, hatte sie das Ziel, den bewaffneten Kampf zur Befreiung Palästinas und zur Errichtung eines palästinensischen Staates zu führen. Zu den Gründern und führenden Persönlichkeiten gehörte Yasir Arafat (1929–2004). In Kairo geboren, besuchte er dort die Schule und nahm am Krieg gegen Israel teil. Auch während seines Studiums der Elektrotechnik in der ägyptischen Hauptstadt blieb er ein politischer Aktivist; bis 1957 saß er der von ihm 1952 gegründeten *Generalunion palästinensischer Studenten* vor. Der Krieg gegen Israel 1956 sah ihn als Freiwilligen in der ägyptischen Armee, die er als Leutnant verließ. Noch im selben Jahr ging er nach Kuwait, wo er als Elektroingenieur arbeitete und erfolgreicher Bauunternehmer wurde. Er sollte in den folgenden Jahrzehnten das Gesicht der palästinensischen Befreiungsbewegung prägen, ja mit ihr verschmolzen werden.

Auf Initiative Nassers hatte die Konferenz der arabischen Staatsoberhäupter am 16. Januar 1964 in Kairo die Gründung einer palästinensischen Organisation beschlossen, die das »palästinensische Dasein« verkörpern sollte. Das geschah wenige Monate später: Ende Mai hatte sich in Ost-Jerusalem das Exilparlament der Palästinenser, der *Palästinensische Nationalrat* (*Palestine National Council*; PNC) konstituiert, der am 1. Juni die Gründung der *Palästinensischen Befreiungsorganisation* (*Palestine Liberation Organisation*; PLO) beschloss und die *Palästinensische Nationalcharta* verabschiedete. Das war nicht ohne Hintergedanken Nassers geschehen: die Enttäuschung über die Politik der arabischen Führer hatte unter den Palästinensern – insbesondere in den Flüchtlingslagern – zu Unruhen geführt. Über die Gründung einer von ihm kontrollierten Organisation hoffte er, die palästinensische Frage seinen panarabischen Plänen dienstbar machen zu können.

Die Niederlage der arabischen Armeen im Sechs-Tage-Krieg im Juni 1967 (s. S. 64 f.) veränderte die Ausgangslage tief greifend. Die arabischen Führer waren blamiert. Die israelische Eroberung der Westbank, Ost-Jerusalems und des Gaza-Streifens hatte eine weitere Flüchtlingswelle losgetreten: nach unterschiedlichen Angaben flohen zwischen 175 000 und 250 000 Menschen, insbesondere nach Jordanien. Die internationale Gemeinschaft betrachtete das Palästinaproblem weiterhin ausschließlich unter dem Aspekt der Flüchtlinge: In der Resolution 242, die der Sicherheitsrat der UNO nach langwierigen Verhandlungen am 22. November 1967 verabschiedete, werden der Rückzug Israels aus (den) besetzten Gebieten sowie die »Achtung und Anerkennung der Souveränität, territorialen Unversehrtheit und politischen Unabhängigkeit eines jeden Staates in der Region« gefordert. Mit Blick auf die Palästinenser wurde nur von einer »gerechten Lösung des Flüchtlingsproblems« gesprochen. Bereits am 1. September hatten acht arabische Staatsoberhäupter auf einer Konferenz in Khartum mit einem dreifachen »nein« (kein Frieden mit Israel, keine Anerkennung Israels, keine Verhandlungen mit Israel) trotzig ihre Entschlossenheit signalisiert, den bewaffneten Kampf fortzusetzen. Für die in den Konflikt um Palästina involvierten Staaten steckte die Resolution den Rahmen ab: »Land für Frieden« – Israel würde sich aus den besetzten Gebieten (Westjordanland und Ost-Jerusalem, Sinai-Halbinsel und Golanhöhen) zurückziehen, wenn es zu wechselseitiger Anerkennung käme. Den Palästinensern gab sie keine politische Perspektive.

Bereits 1964 hatte die *Fatah* begonnen, die militärischen Aktionen wieder aufzunehmen; ihre Führung wollte sich nicht ins Schlepptau Nassers begeben. Nach der arabischen Niederlage im Juni 1967 eskalierte sie die Angriffe auf israelisches Gebiet. Die »Schlacht um Karameh«, einen Flecken im Jordantal, an dem sich im März 1968 Kämpfer der *Fatah* gegen eine israelische Übermacht behaupteten, wurde zum Gründungsmythos einer neuen PLO. Die alte Garde musste zurücktreten; mit Yasir Arafat, seit 1969 Vorsitzender des Exekutivkomitees, übernahm eine neue Generation die Führung. Etwa zehn weitere – durchweg säkulare – Organisationen traten an die Seite der *Fatah*, der stärksten Gruppe unter den Mitgliedern. Die Ziele der PLO waren in der *Nationalcharta* niedergelegt, die 1968 den veränderten Rahmenbedingungen angepasst wurde. Sie rief zur Befreiung des Heimatlandes durch bewaffneten Kampf auf; nur Juden palästinensischen Ursprungs würden als Bürger Palästinas anerkannt.

Während zwischen Ägypten und Israel ein fruchtloser Abnutzungskrieg geführt wurde und in Damaskus ein Kampf um die Macht entbrannt war, brachten die von jordanischem Gebiet aus unternommenen militärischen Operationen der PLO König Husain zunehmend in Bedrängnis. Israel reagierte mit harten Gegenschlägen; in Teilen des Landes hatten die *Feda'iyyun* (d. h.: die sich für ihre Sache opfern) das Sagen; die radikalen, namentlich linken Gruppierungen in der PLO propagierten offen den Machtwechsel in Amman. Mit spektakulären Maßnahmen – zuletzt der Entführung und Sprengung von vier Passagiermaschinen Anfang September – suchten sie die Aufmerksamkeit der internationalen Gemeinschaft zu gewinnen. Die jordanische Armee drängte auf ein Einschreiten; am 17. September 1970 gab der König den Befehl zum Angriff auf die Kämpfer in Amman und auf die Flüchtlingslager. Die Armee zeigte sich weit überlegen; Arafat konnte jedoch entkommen. Der *Schwarze September*, d. h. die vollständige Vertreibung der PLO aus Jordanien, sollte erst im Juni des folgenden Jahres sein Ende finden.

Seit 1969 hatten die USA zwischen der arabischen Seite und Israel zu vermitteln versucht. Trotz des »Neins« von Khartum waren Husain und Nasser bereit gewesen, Konzessionen zu einer politischen Lösung, wie sie von US-Außenminister William Rogers vorgeschlagen wurde, zu machen. Nach mehr als 2-jährigen Verhandlungen setzte die israelische Regierung im Oktober 1971 den Gesprächen ein Ende.

Noch während der Nachfolger Nassers, Anwar as-Sadat, seine Bereitschaft zu Verhandlungen bekundete, bereitete er – von der Öffentlichkeit unbemerkt – eine weitere kriegerische Runde vor; darin folgte ihm Syriens Präsident Hafiz al-Asad, der 1970 die Alleinherrschaft in Damaskus übernommen hatte. Am 6. Oktober 1973 starteten ägyptische und syrische Truppen einen Überraschungsangriff auf Israel. Zu Beginn erlitt Israel schwere Verluste, gewann aber bald wieder die Oberhand. Am Ende gelang es der amerikanischen Diplomatie unter Henry Kissinger, der erst im September zuvor das Amt des Außenministers übernommen hatte, einen Waffenstillstand herbei zu führen, bevor der Krieg wieder ein für die ägyptische Armee desaströses Ende hätte nehmen können. So sollte sich ein Ausweg aus der politisch-diplomatischen Sackgasse öffnen; neue Gespräche begannen. Während die Verhandlungen mit Syrien über Waffenstillstandsvereinbarungen nicht hinauskamen, führt eine direkte Linie vom Ende des »Yom-Kippur-Krieges« zum Abschluss des ägyptisch-israelischen Friedensvertrages im März 1979.

Währenddessen schienen die Palästinenser an der Seitenlinie zu stehen. Arafat hatte sich aus Jordanien retten können; er ließ sich in Beirut nieder, wo er mit der Reorganisation der politischen und militärischen Strukturen der PLO begann. Zunächst freilich bestimmten radikale Elemente das Geschehen. Einen »Höhepunkt« der Serie von Terrorattentaten stellte der Anschlag des *Schwarzen September* auf die israelische Mannschaft bei den olympischen Sommerspielen in München am 5. September 1972 dar, bei dem neben fünf Terroristen und einem deutschen Polizisten elf israelische Sportler getötet wurden.

Mit seinem Vorschlag einer jordanisch-palästinensischen Föderation brachte König Husain im Frühjahr 1972 den Ball ins Rollen. Auch wenn er mit der Initiative scheiterte, hatte doch realpolitisch die Perspektive einer Kompromisslösung erste Konturen erhalten: die Errichtung eines palästinensischen Staates auf dem Gebiet zwischen Israel und Jordanien. Ein im Juni 1974 in Kairo verabschiedetes 10-Punkte-Programm sollte der Diplomatie neben dem bewaffneten Kampf Raum geben. Damit war ein Durchbruch erreicht: Auf dem arabischen Gipfel vom Oktober desselben Jahres in Rabat gelang es Arafat gegen den Widerstand König Husains, eine Resolution durchzusetzen, in der die PLO als »einzig rechtmäßige Repräsentantin des palästinensischen Volkes« anerkannt wurde. Mit Blick auf künftige Lösungen der palästinensischen Frage war der jordanische König auf die Seitenlinie verbannt. Die internationalen Auswirkungen waren sofort sichtbar: Von Rabat reiste Arafat im November zur Vollversammlung der UNO nach New York. Er folgte damit der Einladung der Weltorganisation, als Präsident des Exekutivkomitees der PLO eine Rede vor der Vollversammlung zu halten. Hier fielen die berühmten Worte, er trage einen Ölzweig und die Waffe eines Freiheitskämpfers. »Lasst nicht den Ölzweig aus meiner Hand fallen!« Die Resolution 3237 verlieh der PLO schließlich den Beobachterstatus bei der UNO.

Nahezu anderthalb Jahrzehnte sollten vergehen, bis sich neue Horizonte auftaten, die palästinensische Frage einer Lösung näher zu bringen. Israel hielt – unterstützt durch die westliche Staatengemeinschaft – daran fest, die PLO sei eine terroristische Organisation; Verhandlungen aber würden nur mit Staaten geführt.

Der Schauplatz, auf den sich die Aufmerksamkeit der PLO-Führung in den folgenden Jahren konzentrierte, war der Libanon; dort brach am 13. April 1975 der Bürgerkrieg aus. Bereits vor der Verlegung des PLO-Hauptquartiers nach Beirut war es immer wieder zu Zusammenstößen mit – vornehmlich christlichen – Milizen gekommen. Und das Leben der Palästinenser in den Flüchtlingslagern unterlag strengen Restriktionen. Ab 1972 hatte die PLO – nicht zuletzt über die Aufsicht in den Flüchtlingslagern – begonnen, einen Staat im Staate aufzubauen. Spätestens Anfang 1976 hatte der Bürgerkrieg den Charakter eines Kampfes zwischen der christlich-maronitischen Rechten auf der einen und dem Bündnis zwischen der »libanesischen Nationalbewegung« und der PLO auf der anderen Seite angenommen (s. S. 111 f.). Als Antwort auf terroristische Angriffe palästinensischer Organisationen vom südlichen Libanon aus fiel Israel im März 1978 dort ein und installierte im Rahmen der *Operation Litani* eine mit ihm verbundene libanesische Miliz. Im weiteren Verlauf des Bürgerkrieges sah die israelische Regierung die Zeit gekommen, die PLO gänzlich auszuschalten. Zugleich war Jerusalem bestrebt, die Gefahr einer Vorherrschaft Syriens, eines als feindlich eingestuften Landes, über den Libanon zu verhindern. Nach einer Reihe von Gewalttaten, hinter denen Jerusalem aus dem Libanon operierende terroristische Organisationen wahrnahm – die Ermordung des israelischen Botschafters in London durch die Terrorgruppe Abu Nidal war schließlich der Auslöser – drangen israelische Truppen Anfang Juni 1982 in den Libanon ein. Nach Monaten heftiger Kriegführung begann die PLO im August mit der Evakuierung ihrer Kämpfer und Einrichtungen, die in Tunis ein neues Domizil fanden. Ein Nebenschauplatz der Kämpfe waren die palästinensischen Flüchtlingslager, deren Bewohner wiederholt Opfer von Massakern waren (s. S. 112 f.).

Auch die Entwicklungen am Persischen Golf waren nicht geeignet, einer diplomatischen Lösung der Palästina-Frage Priorität zu verleihen. Nach der Revolution in Iran 1979 hatte der Überfall des Irak auf die Islamische Republik im Herbst 1980 (s. S. 176) einen Krieg ausgelöst, der erst acht Jahre später mit einem Waffenstillstand beendet werden sollte. Auch wenn die Kämpfe bisweilen in einen »vergessenen Krieg« übergingen, lösten sie doch weithin die Befürchtung aus, der revolutionäre Funke könne von Iran in die benachbarten arabischen Staaten überspringen. Damit waren anhaltende Sorgen um die Öltransporte aus dem Persischen Golf – über das »Nadelöhr« der Meerenge von Hormuz – verbunden. Wie sehr sich auch die politischen Prioritäten der arabischen Regierungen verschoben, ließ das Protokoll der Gipfelkonferenz der Arabischen Liga vom 8. bis 11. November 1987 erkennen: Sie räumte dem Golfkrieg einen höheren Stellenwert ein als dem arabisch-israelischen Konflikt. Die Menschen in Palästina fühlten sich allein gelassen.

Ein geringfügiger Anlass am 8. Dezember 1987 genügte, die Lage explodieren zu lassen. Vornehmlich junge Männer gingen in Gaza, Ost-Jerusalem und anderen Städten der Westbank auf die Straße, um gegen die Besatzung zu demonstrieren. In den folgenden Jahren sollten die Steine werfenden Jugendlichen, denen schwer bewaffnete israelische Soldaten gegenüber standen, das Bild der *Intifada* (eigentlich: »Abschütteln«) prägen. War es ein spontaner Aufstand aus einer Gesellschaft heraus, die in einer aussichtslosen Situation und unter sich verschlechternden Lebensbedingungen lebte? Oder hatte die PLO doch die Fäden gezogen? Immerhin war es nach der Räumung Beiruts zu neuen diplomatischen Schritten gekommen; unter ihnen war ein Vermittlungsplan des amerikanischen Präsidenten Ronald Reagan. Sie scheiterten nicht zuletzt am Widerstand radikalerer Kräfte innerhalb der PLO sowie innerhalb des arabischen Lagers; namentlich Syriens, dessen Diktator, Hafiz al-Asad, eine Schwächung der Ausgangslage seines Landes in Sachen der von Israel besetzten Golan-Höhen fürchtete, sollten die Palästinenser einen Ausgleich mit Israel finden.

Tatsache ist, dass es der PLO bald gelang, die Führung und Lenkung des Aufstands zu übernehmen. Vertreter ihrer wichtigsten Organisationen *Fatah, Demokratische Front zur Befreiung Palästinas* (DFLP), *Volksfront zur Befreiung Palästinas* (PFLP) und die *Kommunistische Partei Palästinas* (KPP) bildeten eine vereinigte Führung. PLO-Chef Arafat konnte sich bestätigt fühlen: Er war der Führer der palästinensischen Nation geworden, die Gefolgschaft umfasste alle Schichten der Bevölkerung. Sein beharrlich verfolgtes Ziel eines palästinensischen Staates in den 1967 besetzten Gebieten war – beinahe – Konsens geworden.

Vorerst nur am Rande begann sich eine Bewegung bemerkbar zu machen, die in fundamentaler Opposition gegen den Kurs Arafats stand: ein Ableger der ägyptischen *Muslimbruderschaft.* Unter dem Namen *Hamas* (»Eifer«; zugleich Akronym aus *harakat al-muqawama al-islamiyya; Bewegung des islamischen Widerstandes*) war sie eine politische Partei mit einem militanten Arm. Nach ihrer Gründungscharta vom August 1988 ist ganz Palästina »islamisches Heimatland«, das niemals einer nicht-islamischen Macht überlassen werden kann. Während die PLO an den Punkt gekommen war, das Existenzrecht Israels einzuräumen und von da aus eine Politik des Kompromisses zu verfolgen, war in der islamistischen Charta der *Hamas* die Leugnung desselben impliziert. 1987/88 war das eine Außenseiterposition. Spekulationen besagten, die Organisation werde duch Israel unterstützt, um der PLO das Wasser abzugraben. Mit dem Scheitern des Friedensprozesses in den 1990er Jahren und während der zweiten *Intifada* sollte ihr Gewicht in der Auseinandersetzung um die Palästina-Frage dramatisch steigen.

Zwei Rahmenbedingungen erleichterten und erschwerten zugleich die von der PLO verfolgte Politik des Kompromisses: Auf der einen Seite hatten sich mit der vom sowjetischen Staatschef Michail Gorbatschow verfolgten Politik der *Perestroika* die internationalen Koordinaten der Palästina-Frage verändert. Jahrzehntelang war diese Teil der antiimperialistischen Agenda der Sowjetunion und ihrer Satelliten gewesen. Insbesondere in den 1970er und 1980er Jahren war die PLO – als Teil des »linken« arabischen Lagers – propagandistisch, politisch, finanziell und militärisch unterstützt worden. Dabei hatte sich die Deutsche Demokratische Republik (DDR) besonders hervorgetan. U. a. wurden Linksextremisten aus der Bundesrepublik in den Lagern der PLO ausgebildet. Mit dem nahenden Fall der Berliner Mauer 1989 und dem Ende der Sowjetunion 1991 war der PLO und den »fortschrittlichen« arabischen Staaten ein Teil ihrer Unterstützung abhanden gekommen. Das hatte die Bereitschaft zu Kompromissen gefördert. Auch war Ägypten unter Mubarak als moderate Kraft wieder im arabischen Lager aufgenommen worden.

Auf der anderen Seite hatte Israel schon bald nach der Eroberung der Westbank und Ost-Jerusalems im Juni 1967 begonnen, dort erste jüdische Siedlungen anzulegen. Unter Ministerpräsident Menachem Begin, dessen Likud-Partei aus den Wahlen im Juni 1977 als Siegerin hervorgegangen war, war das Programm unter dem Vorzeichen eines »Groß-Israel« beschleunigt und systematisiert worden. Dass es Präsident as-Sadat nicht gelungen war, in seinen Verhandlungen mit Begin zugleich die palästinensische Frage zu lösen, hatte auch mit diesen Entwicklungen zu tun. Das Jerusalem-Gesetz vom 30. Juli 1980 erklärte Jerusalem zur unteilbaren Hauptstadt Israels. Das Siedlungsprogramm sollte sich in den folgenden Jahren als entscheidendes Hindernis auf dem Weg der Lösung des Palästinaproblems erweisen.

Zunächst aber brachte die *Intifada* eine neuerliche geschichtliche Wende in der Palästinafrage. Am 31. Juli 1988 zog König Husain als erster die Konsequenz aus den neueren Entwicklungen: In einer Fernsehansprache verkündete er die Aufgabe des jordanischen Anspruchs auf die Souveränität über die besetzten Gebiete. Am 4. August 1988 übernahm der Zentralrat der PLO die politische Verantwortung für die Westbank und Ost-Jerusalem – 22 % des ehemaligen Mandatgebiets Palästina. Am 15. November desselben Jahres erfolgte die Proklamation eines palästinensischen Staates durch den in

Algier tagenden *Palästinensischen Nationalrat*. Noch freilich galt die PLO in den Augen Israels, der USA und weiter Teile der internationalen Gemeinschaft als terroristische Organisation, die das Existenzrecht Israels bestreite. In einer Rede vor der UNO-Vollversammlung am 13. Dezember 1988 in Genf und einem nachfolgenden Interview stellte Arafat deshalb klar: Er nehme die UN-Resolution 242 und die sich daran anschließende Resolution 338 an; auch distanziere er sich von allen Formen des Terrors.

Nur nach zähen Bemühungen gelang es James Baker, dem Außenminister der Regierung von Präsident Georges Bush (senior), die Parteien an den Verhandlungstisch zu bringen. Besonders hartnäckigen Widerstand leistete die israelische Regierung. Auch der zweite Golfkrieg (1991; s. S. 177 f.) hatte den Beginn verzögert; unverhohlen zeigten die Palästinenser Sympathie für den irakischen Diktator. Und die Umarmung Arafats und Saddam Husains auf dem Höhepunkt der Krise wirkte in Washington ernüchternd. Gerade aber die gewaltsame Befreiung Kuwaits – Hunderttausende Palästinenser wurden aus Kuwait vertrieben – von irakischer Besatzung erhöhte den Druck auf die USA, sich nunmehr wieder Palästina zuzuwenden. Am 30. Oktober begannen die Verhandlungen in Madrid. Unter dem gemeinsamen Vorsitz der USA und der Sowjetunion saßen Israel, Syrien, der Libanon und eine gemeinsame jordanisch-palästinensische Delegation am Verhandlungstisch; die Palästinenser waren nicht durch die PLO, sondern durch Delegierte von der Westbank und aus Gaza vertreten. Immer wieder unterbrochen, wurden die Verhandlungen nach der zehnten Runde am 1. Juli 1993 eingestellt. Nicht zuletzt auch die Haltung Syriens, das einen vollständigen Rückzug Israels von den Golan-Höhen forderte, hatte die Gespräche zunehmend blockiert.

Kerndaten Palästinas

Name des Landes (deutsch/arabisch/ englisch/französisch)	Palästina / Daulat Filastin / Palestine /La Palestine		
Bevölkerung in Mio.	4,4	Datum der Unabhängigkeit	Ausrufung: 15.11.1988
Einwohner pro km²	71	Datum des Beitritts zur Arabischen Liga	1976
Fläche in km²	6020	Staatsform	Republik
Landessprache (offizielle [Staats-]Sprache)	Arabisch	BIP in Mrd. US-Dollar	10,72
häufig gebrauchte Sprachen	Englisch, Hebräisch	BIP pro Einwohner in US-Dollar	2795
Konfessionen	Muslime (Sunniten)	Lebenserwartung in Jahren	74
religiöse Minderheiten	Christen 2 %	Zusammensetzung der Bevölkerung (ethnisch)	—

Zu diesem Zeitpunkt aber hatten Israel und die Palästinenser bereits an anderer Stelle einen Durchbruch erzielt. Seit Januar waren in Oslo geheime Gespräche zwischen Israelis und Palästinensern geführt worden. Auf israelischer Seite waren Wissenschaftler, auf palästinensischer Mitglieder der PLO die Initiatoren gewesen; ab Mai schalteten sich die offiziellen Vertreter auf beiden Seiten ein. Am 23. August lag die gemeinsame »Prinzipienerklärung« vor. Nachdem Yasir Arafat in einem Brief an den israelischen Ministerpräsidenten Yitzhak Rabin die Artikel der palästinensischen Charta widerrufen hatte, die »Israels Existenzrecht bestreiten [...] sowie die im Widerspruch zu den mit diesem Brief eingegangnen Verpflichtungen stehen«, konnten am 13. September 1993 die historischen Bilder um die Welt gehen: In Gegenwart von Präsident Bill Clinton schüttelten sich Yasir Arafat und Yitzhak Rabin auf dem Rasen vor dem Weißen Haus die Hände. Israel erkannte die PLO als Vertretung des palästinensischen Volkes an; im Gegenzug sprach Arafat im Namen der PLO und des palästinensischen Volkes die Anerkennung des Staates Israel aus. Den zweiten Teil des Vertrages bildete die Prinzipienerklärung, darin einigten sich Israel und die PLO auf einen in seinem Ablauf festgelegten Verhandlungsplan. Am Beginn des Friedensprozesses würde der Rückzug Israels aus Gaza und Jericho nach zwei Monaten stehen. Nach neun Monaten würden Wahlen zu einem palästinensischen Rat durchgeführt werden, der dann alle Regierungsbefugnisse, mit Ausnahme von auswärtigen Beziehungen und Verteidigung übernehmen sollte. Nach zwei Jahren würden Verhandlungen über die Ausgestaltung einer endgültigen Lösung aufgenommen werden. Vier Fragen sollten dann im Mittelpunkt stehen, nämlich der Flüchtlinge von 1948, der Grenzen der palästinensischen Entität (vom Staat war nicht die Rede), der jüdischen Siedlungen im Westjordanland und im Gaza-Streifen sowie des Status von Jerusalem.

Auf die Stationen des »Friedensprozesses« kann hier nicht eingegangen werden. Bald erklärte Rabin, es gebe keine heiligen Daten; damit setzte die Unterminierung der Verträge ein. Zwar gab es Ergebnisse, so war die Rückkehr Arafats nach Palästina im Juni 1994 nach 27-jähriger Abwesenheit ein symbolisches Ereignis. Auch wurden am 20. Januar 1996 Wahlen zum *Palästinensischen Nationalrat* durchgeführt. Von den 88 Sitzen gingen 50 an die *Fatah*; 36 fielen an unabhängige Kandidaten, von denen sieben der *Hamas* nahe standen oder deren Mitglieder waren. Auch andere Gruppierungen waren vertreten. Arafat wurde zum Präsidenten gewählt. Ein am 28. September 1995 geschlossenes Abkommen (Oslo II) regelte u. a. den Abzug der israelischen Armee aus den Städten des Westjordanlandes mit Ausnahme von Hebron. Es teilte das Westjordanland in die Zonen A, B und C. Nur die palästinensischen Städte, aus denen sich die israelische Armee zurückgezogen hatte, erhielten den Status von A-Gebieten, in denen die *Palästinensische Autorität* uneingeschränkte interne Machtbefugnisse haben sollte.

Zu einem dauerhaften Frieden haben diese Ansätze nicht geführt. Die Gegner auf beiden Seiten machten mobil. Die Siedlungsaktivitäten wurden, gefördert von der israelischen Regierung, forciert. Die Antwort auf von palästinensischen Extremisten ausgeübte Gewalt waren die zunehmende Abriegelung sowie der Bau einer nur den Siedlern zugänglichen Infrastruktur auf der Westbank. In einem Klima von Enttäuschung und Gewalt wurde Yitzhak Rabin am 4. November 1995 von einem jüdischen Extremisten ermordet. Auf Seiten der Palästinenser führte die autokratische Machtausübung Arafats zu wachsender Frustration. Die Verhandlungen zwischen Syrien und Israel um die Golanhöhen, in die sich zeitweise der amerikanische Präsident eingeschaltet hatte, wurden 1996 ohne Ergebnis abgebrochen. Bereits im Dezember 1981 hatte Israel diese annektiert, ein Akt freilich der seitens der UNO für null und nichtig erklärt worden war.

Die internationale Gemeinschaft aber weigerte sich, der Wirklichkeit ins Auge zu sehen. Im Oktober 1994 erhielten Yasir Arafat, Yitzhak Rabin und Schimon Peres den Friedensnobelpreis. Zeitgleich schloss auch Jordanien einen Friedensvertrag; am 26. Oktober 1994 reichten sich – wieder in Gegenwart Präsident Bill Clintons auf dem Rasen vor dem Weißen Haus – König Husain und Ministerpräsident Rabin die Hand. Auf Mammutkonferenzen u. a. in Casablanca (November 1994) und in Kairo (November 1996), auf denen sich nicht nur israelische und arabische, sondern Geschäftsleute aus aller Welt trafen, wurden weitreichende Pläne für eine MENA (Middle East/North Africa) – Wirtschaftsregion entworfen. In der Erwartung, es werde bald einen funktionierenden palästinensischen Staat und einen umfassenden Frieden in der Region geben, verpflichteten sich die USA und die EU zu einer breit angelegten Unterstützung der palästinensischen Autonomiebehörde.

Im Sommer 2000 suchte Präsident Bill Clinton den gordischen Knoten zu durchschlagen. Wie einst Jimmy Carter (s. S. 69 f.) lud er die Konfliktparteien, Israelis und Palästinenser, nach Camp David ein. Vom 11. bis 25. Juli rangen beide Seite – assistiert vom amerikanischen Präsidenten – um eine Lösung. Über den Verlauf der Verhandlungen liegt kein Protokoll vor. In ihren Berichten weisen sich beide Seiten gegenseitig die Schuld zu. Wahrscheinlich ist, dass die Hauptstadtfrage Jerusalem und das Rückkehrrecht der palästinensischen Flüchtlinge die größten Stolpersteine auf dem Weg zu einer Einigung waren. Zwar wurde im ägyptischen Taba noch weiter verhandelt; der Ausbruch der zweiten *Intifada* aber und die Ereignisse nach dem Terrorakt von New York am 11. September 2001 blockierten jede weitere Annäherung. Geblieben sind die »Clinton-Parameter«: die Gründung eines palästinensischen Staates auf 94–96 % des Westjordanlandes, die Zugehörigkeit Ost-Jerusalems zum israelischen bzw. palästinensischen Staat gemäß den Mehrheitsverhältnissen der Bevölkerung und ein »prinzipielles« Recht auf Rückkehr der Palästinenser in den palästinensischen Staat.

Als Demonstration gegen zu weitreichende Zugeständnisse vor allem in Sachen Ost-Jerusalem besuchte Oppositionsführer Ariel Scharon am 28. September 2000 den Haram asch-Scharif, d. h. die islamischen Heiligtümer auf dem Tempelberg. Die Proteste der Palästinenser gegen diese Provokation weiteten sich in wenigen Wochen zu einem Aufstand aus, der als die zweite *Intifada* in die Geschichtsbücher eingegangen ist. Anders als in der ersten Erhebung blieb es diesmal nicht beim Werfen von Steinen und Streiks. Militante Palästinenser waren bewaffnet und lieferten sich Gefechte mit der Armee; Selbstmordattentate in den Städten forderten zahlreiche Opfer unter der israelischen Zivilbevölkerung. Die israelische Seite reagierte mit Härte. Am 6. Februar 2001 war Ariel Scharon, als Hardliner bekannt, mit überwältigender Mehrheit zum Ministerpräsidenten gewählt worden. Palästinensische Dörfer und Städte wurden am Boden und aus der Luft angegriffen; Kollektivstrafen gegen Unschuldige verhängt. Ab Dezember 2001 wurde Arafat per Dekret der israelischen Regierung in Ramallah unter Hausarrest gestellt. Der palästinensische »Präsident« in der seit 2002 teilweise zerbombten *Muqata'a,* seinem Amtssitz, wurde für die nächsten Jahre in der Wahrnehmung der Palästinenser zum Symbol ihrer Lage. Denn 2003 begann Israel mit dem Bau einer Mauer, die das Westjordanland vollständig von Israel abriegeln sollte. Dabei kam es nicht nur zu tiefen Einschnitten in palästinensisches Land; auch das soziale und wirtschaftliche Leben der Palästinenser auf der Westbank und in Ost-Jerusalem wurde nachhaltig beeinträchtigt.

Die internationale Gemeinschaft sandte in dieser konfusen Situation unterschiedliche Signale aus. Der amerikanische Präsident George W. Bush, der 2001 sein Amt angetreten hatte, hatte nach dem Scheitern seines Vorgängers in Sachen Palästina Enthaltsamkeit gelobt. Nach dem 11. September 2001 auf den *Krieg gegen den Terror* eingeschworen, folgte er bis auf weiteres der Logik Scharons, der erklärt hatte: Was dem einen Bin Ladin, ist dem anderen Arafat. Grundlage der offiziellen Politik des »Nahostquartetts«, d. h. der UNO, der EU, der USA und Russlands, war eine *Roadmap,* nach welcher in einer dreistufigen Entwicklung bis Ende 2005 ein palästinensischer Staat hätte entstehen sollen. Trotz erheblicher diplomatischer Bemühungen wurde sie nicht einmal in Ansätzen verwirklicht.

Am 11. November 2004 starb Yasir Arafat. Die israelische Regierung hatte schließlich den Hausarrest aufgehoben und ihn zur medizinischen Behandlung nach Frankreich ausreisen lassen, aber auch dort konnte ihm nicht geholfen werden. Die Trauerfeier fand am 12. November in Kairo in Anwesenheit zahlreicher hoher internationaler Persönlichkeiten statt. Unter größter Anteilnahme der palästinensischen Öffentlichkeit wurde er auf dem Gelände seines ehemaligen Amtssitzes in Ramallah beigesetzt. Das Gerücht, er sei von israelischer Seite vergiftet worden, will bis in die Gegenwart nicht verstummen.

Auch unter seinem Nachfolger Mahmud Abbas, gleichfalls ein PLO-Funktionär der ersten Stunde, ist ein Frieden nicht näher gerückt. Das freilich war nicht seine Schuld. Am 9. Januar 2005 zum Präsidenten gewählt, suchte er – gegen den Widerstand radikaler Gruppen – dem Friedensprozess neue Impulse zu geben. Um der palästinensischen Führung größere Legitimität zu verleihen, fanden im Januar 2006 Parlamentswahlen statt. Aus ihnen ging – zur allgemeinen Überraschung – die *Hamas* mit 74 von 132 (*Fatah* 45) Sitzen als Siegerin hervor. Trotz der Weigerung der internationalen Gemeinschaft, das Wahlergebnis anzuerkennen – die *Hamas* galt als terroristische Organisation – war Abbas um die Bildung einer Regierung der nationalen Einheit bemüht. Nach monatelangen Gesprächen scheiterte er am Widerstand der USA, der EU und Israels, die die Autonomiebehörde wirtschaftlich und finanziell boykottierten, sowie an der Unvereinbarkeit grundlegender politischer Standpunkte der beiden größten palästinensischen Organisationen. Im Juni 2007 übernahm die *Hamas* gewaltsam die Macht im Gaza-Streifen. Dort war ein politisches Vakuum entstanden, nachdem sich Israel im August 2005 aus ihm zurückgezogen hatte. Jetzt rächte es sich, dass dieser Rückzug einseitig, d. h. ohne Beteiligung der palästinensischen Autonomiebehörde, vollzogen worden war. Unter Teilen der notleidenden Bevölkerung dort hatten die islamistischen Parolen der *Hamas* Anklang gefunden.

Die Machtübernahme der islamistischen Organisation in Gaza war das Ergebnis zahlreicher Fehler aller – lokalen, regionalen und internationalen – Akteure. Dass die internationale Gemeinschaft nicht bereit war, das Ergebnis von freien und fairen Wahlen anzuerkennen, war einer der schwerwiegendsten. Er radikalisierte die *Hamas* und andere – kleinere – extremistische Gruppierungen in Gaza. Die Eroberung der Macht dort aber war zugleich Symptom einer tief greifenden Veränderung des Charakters des Konflikts um Palästina. Nach der Eroberung des Westjordanlandes und Ost-Jerusalems 1967 war der in seinem Kern säkulare Konflikt verstärkt in eine religiöse Dimension getreten. Auf jüdischer Seite wurden Jerusalem und die Reste des zweiten Tempels (»Klagemauer«) Legitimation der Rückkehr des jüdischen Volkes und seiner Selbstbehauptung im Land Israel. Die Topographie des Alten Testaments wurde zur politischen Agenda. Nationalreligiöse Strömungen und jüdischer Fundamentalismus begannen die Innen- und Außenpolitik des jüdischen Staates zu bestimmen. Der Wahlsieg der *Likud*-Partei im Mai 1977, der Menachem Begin als Ministerpräsident an die Macht brachte, war das Fanal zu einer systematischen Besiedlung des Westjordanlandes und der Annektierung Ost-Jerusalems. Auf palästinesisch-muslimischer Seite war eine vergleichbare Entwicklung festzustellen. Je länger sich der Konflikt ohne Lösung hinzog, umso stärker legitimiert fühlten sich diejenigen, die maximalistische Positionen mit dem Argument bezogen, (ganz) Palästina sei eine unveräußerliche religiöse Stiftung (*waqf*) Gottes. Auch unter ihnen trat der religiöse Stellenwert Ost-Jeruslams immer nachdrücklicher in den Vordergrund. Das Scheitern des Oslo-Prozesses hat ihnen Aufwind gegeben. Die religiöse Unterfütterung des Konflikts hat seine Lösung weiter erschwert.

Mit der Machtübernahme der *Hamas* in Gaza haben die beiden Teile Palästinas unterschiedliche Entwicklungen genommen. In Ramallah konsolidierte sich die Macht der *Fatah* und des aus ihr hervorgegangenen Präsidenten Mahmud Abbas. In Sachen der inneren Sicherheit begannen Palästinenser und Israelis zusammenzuwirken. Die relative Stabilität ermöglichte auch eine Verbesserung der wirtschaftlichen Lage im Westjordanland. In Gaza übte die *Hamas* eine autoritäre, stark religiös orientierte Herrschaft aus. Angesichts der Einstellung der internationalen Subventionen und einer totalen israelischen Blockade, der sich auch das von Präsident Mubarak regierte Ägypten weitgehend anschloss, verschlechterte sich die Lage der meisten Menschen dramatisch. Der Schmuggel von Waren aller Art durch eine immer größere Zahl von Tunneln zur Sinai-Halbinsel wurde zur Grundlage der Volkswirtschaft. Von der Regierung geduldet oder gar gefördert, rüsteten extremistische Gruppen auf. Im Dezember 2008/Januar 2009 kam es zu einer militärischen Konfrontation, die allgemein als Krieg bezeichnet wurde. Während auf palästinensischer Seite Raketen kleinen Kalibers abgefeuert wurden, kam es auf israelischer Seite zum vollen Einsatz des gesamten militärischen Potenzials. Etwa 1300 Palästinenser wurden getötet. Die am 17./18. Januar einsetzende Waffenruhe erwies sich als nicht haltbar.

Der Sturz von Präsident Mubarak im benachbarten Ägypten hat die Flamme der Revolte auch in Palästina ausbrechen lassen. Buchstäblich, denn im September 2012 suchte sich auch in Ramallah – nach dem Vorbild des Tunesiers Mohamed Bouazizi (s. S. 212) – ein Mann in Brand zu setzen. Die Stärke der Demonstrationen, die bereits im Frühjahr 2011 begonnen hatten, war nicht von der Art wie anderenorts in der arabischen Welt. Proteste gegen die Wirtschaftspolitik der Autonomiebehörde mischten sich mit Potesten gegen die als zu schwach empfundene Politik der Regierung gegenüber der israelischen Besetzung. Insbesondere aber wurden sowohl im Westjordanland als auch in Gaza Forderungen nach einer Wiedervereinigung der beiden politischen Führungen in Ramallah und Gaza laut. In Gaza erregte ein Manifest die Aufmerksamkeit, das im Frühjahr 2011 die Runde machte: Seine provokative Botschaft: »Fuck Hamas. Fuck Israel. Fuck Fatah. Fuck UN. Fuck USA. Wir, die Jugend von Gaza, haben die Schnauze voll von Israel, der Hamas, der Besatzung, den Menschenrechtsverletzungen und der Gleichgültigkeit der internationalen Gemeinschaft«, war Ausdruck der aufgestauten Frustrationen, aber auch der Entschlossenheit zu protestieren.

Zu nachhaltigen Veränderungen haben die Proteste nicht geführt. Immerhin waren Vertreter von *Fatah* und *Hamas* wieder bemüht, eine gemeinsame Plattform zu finden. Im Westjordanland und in Ost-Jerusalem gingen die israelischen Siedlungsaktivitäten unterdessen weiter. Zum Zeitpunkt des Gaza-Krieges 2008/09 lebten dort ca. 600 000 Siedler. 350 000 in ersterem und 250 000 in Ost-Jerusalem. Appelle der internationalen Gemeinschaft, in denen zum Abbruch der Siedlungsaktivitäten aufgerufen wurde, fanden keinen Widerhall. 2013/14 unternahmen Präsident Obama und sein Außenminister, John Kerry, intensive Bemühungen, einen Friedensprozess voran zu bringen – ohne auch nur den geringsten Fortschritt. Anfang Juli 2014 brach ein neuer Krieg zwischen Israel und dem Gazastreifen aus, der erst Ende August mit einem Waffenstillstand beendet wurde. Deshalb ist zu Beginn des neuen Jahrhunderts die Befürchtung nicht unbegründet, für eine Zwei-Staaten-Lösung, die seit den 1970er Jahren die Grundlage der Friedensbemühungen gewesen ist, könnten die Voraussetzungen nicht mehr gegeben sein.

4.1.5.4   Das Königreich Jordanien

Für Emir Abdallah war die Frage nach der Zukunft Palästinas, die sich mit dem Ende des Zweiten Weltkriegs mit wachsender Dringlichkeit stellte, die zweite grundlegende Herausforderung seit der Gründung des Emirats Transjordanien. Wenn er in seinem Herzen die emanzipatorischen Ziele der arabischen Nationalbewegung geteilt hatte, so war er doch Pragmatiker genug gewesen, gegebene Tatsachen zu akzeptieren und eine Politik des Möglichen zu betreiben. Das hatte er, britischem Druck nachgebend, nach Antritt seiner Herrschaft bewiesen, als er auf die Verwirklichung groß-syrischer Ziele verzichtete. Auch Hoffnungen dorthin zurückzukehren, wo seit 1925 Ibn Sa'ud regierte (s. S. 240 ff.), sowie groß-haschemitische Aspirationen auf eine Herrschaft über den Irak und Jordanien hatten keinerlei Chance, verwirklicht zu werden. Er respektierte die von Großbritannien gesetzten Grenzen und erhielt dafür Garantien für die innere Stabilität und äußere Sicherheit des Landes sowie eine finanzielle Apanage, die die wirtschaftliche Grundlage seines politischen Überlebens bedeutete.

Nach der Verabschiedung des Teilungsplans der UNO im November 1947 verstärkten die arabischen Staaten unter der Führung der Arabischen Liga – wenn auch halbherzig – ihre militärischen Vorbereitungen. Abdallah spielte ein doppeltes Spiel. Auf der einen Seite war die *Arabische Legion*, d. h. die jordanische Armee, Teil der militärischen Planungen der Arabischen Liga; Amman wurde zum Zentrum der militärischen Vorbereitungen auf einen Krieg, fiel der jordanischen Armee doch aufgrund der gemeinsamen Grenze Transjordaniens mit den palästinensischen Gebieten ein besonderer Stellenwert zu. Andererseits unterhielt Abdallah Kontakte zu den Zionisten. Golda Meir (damals noch Golda Meyerson), die spätere israelische Ministerpräsidentin, berichtet von zwei Gesprächen mit ihm: im November 1947 und am 10. Mai 1948. Im November noch zeigte sich Abdallah kooperationswillig. Er sei mit der Aufteilung Palästinas einverstanden und wolle den arabischen Teil Transjordanien zuschlagen und dann mit dem jüdischen Staat eine Vereinbarung über ein Zusammenleben treffen. Ziel der zweiten Begegnung sollte es sein zu sondieren, ob der König noch zu dieser Vereinbarung stehe. Seine Stimmung schien sich gewandelt zu haben: Jetzt sei Jordanien Teil eines arabischen Bündnisses aus fünf Staaten; es sei kein Platz für einen jüdischen Staat. Dem gegenüber machte Golda Meir klar, dass die zionistische Seite zum Krieg für die Durchsetzung der vollständigen Unabhängigkeit des jüdischen Territoriums auf der Grundlage des Teilungsplans entschlossen sei. Beide Seiten stimmten überein, einander das Recht einzuräumen, unterschiedliche Standpunkte einzunehmen.

Kerndaten Jordaniens

Name des Landes (deutsch/arabisch/ englisch/französisch)	Jordanien / al-Mamlaka al-Urdunniyya al-Haschimiyya / Jordan / La Jordanie		
Bevölkerung in Mio.	6,3	Datum der Unabhängigkeit	25.5.1946
Einwohner pro km²	71	Datum des Beitritts zur Arabischen Liga	1945
Fläche in km²	89 342	Staatsform	Konstitutionelle Monarchie
Landessprache (offizielle [Staats-]Sprache)	Arabisch	BIP in Mrd. US-Dollar	28,8
häufig gebrauchte Sprachen	Englisch	BIP pro Einwohner in US-Dollar	2795
Konfessionen	Muslime 97,2 % (Sunniten)	Lebenserwartung in Jahren	74
religiöse Minderheiten	Christen 2,2 %	Zusammensetzung der Bevölkerung (ethnisch)	—

Auf den Kriegsverlauf als ganzes ist oben bereits eingegangen worden. Die Kriegführung Abdallahs entsprach im Wesentlichen diesen Vereinbarungen. Tatsächlich ist es von kleinen Ausnahmen abgesehen zu keinem jordanischen Angriff auf jüdisches Territorium gekommen. Die *Arabische Legion* beschränkte ihre Operationen auf die Landesteile (westlich des Jordan), die im Teilungsplan dem palästinensisch-arabischen Staat zugedacht waren und auf die Verteidigung Ost-Jerusalems, nachdem die zionistischen

Truppen den Westen der Stadt erobert hatten. Am 3. April 1949 unterzeichnete Jordanien einen Waffenstillstandsvertrag mit Israel.

Mit dem Ende des Zweiten Weltkriegs hatte sich die Staatlichkeit Transjordaniens weiter gefestigt. Am 22. März 1946 war das Mandat offiziell für beendet und das »Königreich Jordanien« proklamiert worden. Gemäß der neuen Verfassung wurde eine aus zwei Kammern bestehende Legislative, die Nationalversammlung, eingerichtet. Sie setzte sich aus der vom Volk zu wählenden Abgeordnetenkammer, dem Unterhaus, und dem Senat, dem Oberhaus, zusammen, dessen Mitglieder vom König ernannt wurden. Die ersten Wahlen fanden im Oktober 1947 statt. 20 Abgeordnete wurden für eine 5-jährige Legislaturperiode gewählt. Die finanzielle Abhängigkeit des Staatshaushalts sowie der britische Oberbefehl über die *Arabische Legion* bedeuteten jedoch weiterhin eine Einschränkung der jordanischen Souveränität. Im British-Jordanischen Vertrag vom März 1948 sicherte sich London die weitere Nutzung jordanischer militärischer Einrichtungen gegen britische Zahlungen in Höhe von jährlich 12 Millionen Pfund Sterling zu.

Nach dem Abschluss der Kampfhandlungen mit Israel vollzog Abdallah auch die staatsrechtliche Vereinigung der beiden Territorien. Zwar gab es weiterhin Widerstand: Dessen stärkster Protagonist war noch immer die von Amin al-Husaini geführte palästinensische Gruppierung, die im September 1948 im Gaza-Streifen eine »arabische Regierung für ganz Palästina« ausgerufen hatte. Immerhin war diese von Ägypten, Syrien, dem Libanon, dem Irak, Saudi-Arabien und dem Jemen anerkannt worden. Am Ende aber konnten sich diese Kräfte nicht gegen die Pläne Abdallahs, die im Übrigen von Großbritannien und den USA unterstützt wurden, durchsetzen. Auf einem Kongress, der im Dezember 1948 nach Jericho einberufen wurde – versammelt waren religiöse Führer, Stammesscheichs sowie Abordnungen aus Flüchtlingslagern – stimmte die Mehrheit der Teilnehmer für einen Anschluss Rest-Palästinas, d. h. der Westbank und Ost-Jerusalems an Jordanien. Dieser Beschluss wurde von der jordanischen Abgeordnetenkammer gebilligt. Am 20. Dezember 1949 verfügte der jordanische Ministerrat, dass alle Palästinenser, die bei Inkrafttreten des Gesetzes in Transjordanien Zuflucht gesucht hatten oder in den westlichen, nun von Jordanien kontrollierten Gebieten verblieben, in vollem Umfang jordanische Staatsbürger seien. Im April 1950 fanden in beiden Teilen, dies- und jenseits des Jordans, Wahlen statt, bei denen je 20 Jordanier und Palästinenser in die neue Abgeordnetenkammer gewählt wurden. Am 24. April beschloss diese die Vereinigung beider Landesteile zu einem Staat, dem »Haschemitischen Königreich Jordanien«. Das Zahlenverhältnis der Bevölkerungen der beiden Landesteile lag bei etwa zwei zu eins zugunsten der palästinensischen Westbank. Auf den Gebieten der Landwirtschaft, des Handels und Gewerbes, der Urbanisierung, Bildung und medizinischen Versorgung war Palästina deutlich weiter entwickelt als Transjordanien.

Mit seiner wechselhaften Politik in Palästina hatte sich Abdallah zahlreiche Gegner geschaffen. Nicht nur hatte sich die Arabische Liga gegen die Annexion Palästinas positioniert. In den Augen zahlreicher Palästinenser war die Legalität des Vorgehens zweifelhaft. Mehr als je erschien Abdallah als Erfüllungsgehilfe britischer Pläne. Nur schlecht verheimlichte er seine Kontakte zu Vertretern Israels, mit denen er vergeblich um territoriale Zugeständnisse des jüdischen Staates verhandelte. Am 20. Juli 1951 wurde Abdallah bei Betreten der al-Aksa Moschee in Jerusalem vor den Augen seines Enkels Husain niedergeschossen. Die Fäden des Komplotts sollen vom Mufti Amin al-Husaini gesponnen worden sein.

Die Herrschaft seines Sohnes Talal, der am 6. September 1951 die Nachfolge antrat, war nur von kurzer Dauer. Auf der Grundlage ärztlicher Gutachten, die eine unheilbare Nervenkrankheit konstatierten, entschied das Parlament am 11. August 1952, Talal zum Rücktritt aufzufordern; Nachfolger sollte sein Sohn Husain werden. Im September dankte Talal ab. Das bleibende Erbe seiner kurzen Herrschaftszeit war eine Verfassung, die im Frühjahr 1952 verabschiedet worden war. In ihr wurde zum ersten Mal die Verantwortung des Kabinetts gegenüber dem Parlament festgeschrieben und die Machbefugnis des Königs eingeschränkt. Husain war bei seiner Berufung zum König noch nicht 17 Jahre alt (er war am 14. November 1935 geboren); ein Kronrat führte deshalb zunächst die Geschäfte. Erst am 2. Mai 1953 trat er die Herrschaft an. Bis dahin war er Großbritannien eng verbunden gewesen. Seine Schulausbildung hatte er am *Victoria College* im ägyptischen Alexandria erhalten; ab 1951 war er Kadett an der britischen *Royal Military Academy* Sandhurst. Die Ermordung seines Großvaters erlebte er während eines Besuches von dort aus der Nähe.

Die lange Zeit seiner Herrschaft, er starb am 7. Februar 1999, umfasst die turbulenteste und zugleich komplexeste Epoche der arabischen Völker im 20. Jahrhundert. Sie ist in ihren Grundzügen an veschiedenen Orten der Länderkapitel dargestellt worden. Von den innerarabischen Auseinandersetzungen um Vormacht und Zukunftsgestaltung war das Königreich berührt, ja zeitweise erschüttert; dabei war Jordaniens Rolle durchweg defensiv. Die Emanzipation der palästinensischen Bewegung spätestens mit der Niederlage der arabischen Kriegsteilnehmer 1967 (s. S. 134 f.) wurde 1970/71 auch eine Herausforderung an die Existenz des jordanischen Staates. Dass das haschemitische Könighaus in Amman überlebte (während die Linie in Bagdad 1958 einem Militärputsch zum Opfer fiel [s. S. 167]), war wesentlich der starken politischen, wirtschaftlichen, gelegentlich auch militärischen Unterstützung zunächst Großbritanniens, und ab 1956, der USA zu verdanken. Im Spannungsfeld der globalen Ost-West-Auseinandersetzung, die im arabischen Raum tiefe Verwerfungen und Konflikte zeitigte, war der Fortbestand der haschemitischen Dynastie ein Eckstein amerikanischer Politik.

Husains erste Herausforderungen kamen von außen und betrafen die Stellung Jordaniens im Kontext der arabischen Staaten. Es ging um den Beitritt des Landes zum *Bagdad-Pakt*. Husain fand sich im Spannungsfeld zwischen England, das ihn zur Teilnahme drängte, auf der einen und den aus Kairo und Damaskus unterstützten arabisch-nationalistischen Kräften, die Neutralität forderten, auf der anderen Seite. Auch war die öffentliche Stimmung antiwestlich. Im Dezember 1955 und Januar 1956 kam es zu heftigen Protesten. Nicht nur tat Husain etwas, was er in späteren Krisen immer wiederholte – er wechselte das Kabinet aus. In diesem Falle schickte er darüber hinaus zum ersten Mal seinen Sicherheitsapparat ins Feld. Glubb »Pascha«, noch immer der Befehlshaber der *Arabischen Legion*, wurde angewiesen, die Unruhen nieder zu schlagen. Bald freilich musste der König unter dem Druck der Straße ein Bauernopfer bringen. Am 1. März 1956 entließ er Glubb; die Verschlechterung der Beziehungen mit England nahm er in Kauf. Nach einer Phase der Verstimmung normalisierten sich diese wieder.

Gleichwohl war etwas Historisches geschehen: Jordanien hatte sich von jener Macht zu emanzipieren begonnen, der es seine Existenz verdankte. Ägypten, Syrien und Saudi-Arabien begrüßten den Schritt. Innenpolitisch hatte der Instinkt des Königs nicht getrogen; mit der »Arabisierung« der Streitkräfte kam er nicht nur den Forderungen der Opposition, sondern auch den Wünschen seiner Offiziere nach. Im April wurde General Ali Abu Nuwar zum neuen Oberkommandierenden der Streitkräfte ernannt. Er galt als ein führender Kopf jener politischen Kräfte, die ausländischen Einfluss in den Streitkräften und in der Regierung entschieden ablehnten. Der arabisch-nationalistische Sturm, der mit der Nationalisierung des Suez-Kanals durch Nasser weiter angefacht wurde (s. S. 65 f.), riss auch Husain mit; am 24. Oktober 1956 setzte er seine Unterschrift unter ein ägyptisch-syrisches Militärabkommen. Auf diese Weise schien er nun einer Front »progressiver« arabisch-nationalistischer Kräfte beigetreten zu sein. Die neu gewonnene Popularität sollte – so die Hoffnung des Königs – in Wahlen ihre Bestätigung finden. Am 26. Juni hatte er das Parlament aufgelöst; ein im Juli verabschiedetes neues Wahlgesetz ließ relativ freie Wahlen erwarten. Und tatsächlich waren die Wahlen zum – fünften – Parlament am 21. Oktober die wohl freiesten, die Jordanien bis dahin erlebt hatte.

Aus den Wahlen ging die »Opposition«, d. h. die nationalistischen und linken Parteien mit 22 Abgeordneten (von 40) als Siegerin hervor. Husain ernannte den Vorsitzenden der Partei der *Nationalen Sozialisten*, Sulaiman an-Nabulsi, zum neuen Ministerpräsidenten. Als wenige Tage später am 29. Oktober der Suez-Krieg ausbrach, kam es zu ersten Differenzen zwischen dem König und seinem Ministerpräsidenten. Nabulsi brach die Beziehungen mit Frankreich ab. Die britische Regierung ihrerseits versicherte, dass die im jordanischen Mafraq stationierte *Royal Airforce* nicht gegen Ägypten eingesetzt werde. Der mit Rückendeckung aus Washington errungene »Sieg« ließ das Ansehen Nassers in breitesten Teilen der arabischen Öffentlichkeit, auch in Jordanien, weiter steigen.

Die in der Suezkrise zutage getretene Divergenz zwischen dem König und seinem Ministerpräsidenten durchzog die Politik Jordaniens in den nächsten Monaten – bis zur Entlassung Nabulsis am 10. April 1957. Während letzterer entschlossen war, der von Ägypten und Syrien vorgezeichneten arabisch-nationalistischen Politik zu folgen – begleitet von der Annäherung an die Sowjetunion und die Volksrepublik China –, suchte der König nach einem Platz Jordaniens zwischen dem »progressiven« Lager auf der einen und den USA auf der anderen Seite. Unter der Bedingung, dass damit keine politischen Auflagen verbunden seien, reagierte er positiv auf die im Januar 1957 in Washington verkündete *Eisenhower Doktrin* (s. S. 321). Und unterstützt von Saudi-Arabien, das angesichts der Herausforderung aus Kairo nunmehr bereit war, seine überkommenen Animositäten gegen die haschemitischen Königshäuser aufzugeben, näherte sich Husain dem unter starkem britischen Einfluss stehenden haschemitisch-brüderlichen Irak weiter an. Für Nabulsi war die Existenz des Königshauses akzeptiert, solange dies noch opportun war; für den König war eine Öffnung zur kommunistischen Sowjetunion aus ideologischen und bündnistaktischen Gründen unakzeptabel. Das Überleben der haschemitischen Dynastie bei gleichzeitiger politischer und weltanschaulicher Anbindung an den Westen war für Husain die Voraussetzung für eine Mittlerrolle Jordaniens im regionalen und internationalen Kontext.

Nach dem britisch-französischen Angriff auf Ägypten wuchs der Druck in Jordanien, das britisch-jordanische Abkommen von 1948 aufzukündigen. Nabulsi trieb entsprechende Verhandlungen mit Nachdruck voran. In Kairo, Damaskus und Riyadh fand er dafür Unterstützung. Am 19. Januar 1957 kam es zum Abschluss eines Solidaritätsabkommens. So verpflichteten sich die drei Länder darin zu einer finanziellen Unterstützung etwa in Höhe der nach Kündigung des Abkommens ausbleibenden jährlichen Zahlungen aus London. Am 13. März 1957 ergriff Husain von sich aus die Initiative und kündigte besagtes Abkommen. Am 2. Juli verließen die letzten britischen Truppen das Land; Jordanien erlangte endgültig seine Unabhängigkeit.

Der Schritt bedeutete zwar einen weiteren britischen Einflussverlust. Gleichwohl sah man in London die Entlastung der alles in allem noch immer finanziell teuren britischen Verpflichtungen nicht ungern. Für das Kräfteverhältnis in der Region würde dies auch deshalb keine negativen Folgen haben, weil Washington seine Bereitschaft signalisiert hatte, seinerseits in die Unterstützung Jordaniens als eines Alliierten »des Westens« einzutreten. Dies entsprach den Grundsätzen der amerikanischen Außenpolitik. In den Wochen nach der Kündigung verschärften sich die Differenzen zwischen dem König und seinem Ministerpräsidenten. Während sich dieser zunehmend dem Einfluss aus Kairo und Damaskus öffnete, stellte jener den Kampf gegen den Kommunismus in den Vordergrund. Am 10. April 1957 kam es zur Entlassung des Ministerpräsidenten.

In den nächsten Tagen spitzte sich die Situation noch einmal zu. Während der König mit der Bewältigung der innenpolitischen Krise beschäftigt war, hatte Generalstabschef Abu Nuwar offenbar Vorbereitungen zu einem Putsch getroffen. Der König war vorab informiert, so dass der Versuch am 13. April in wenigen Stunden niedergeschlagen wurde. Abu Nuwar ging ins Exil. Die Unruhen in der Bevölkerung aber hielten an. Auf einem Kongress nationalistischer und kommunistischer Gruppen in Nablus wurde für den 24. April zu einem Generalstreik aufgerufen. Er war von gewalttätigen Protesten begleitet. Die Antwort des Königs war entschlossen: Er verhängte das Kriegsrecht und verbot alle politischen Parteien. Die Beziehungen mit Kairo – Nasser soll hinter dem Putschversuch Abu Nuwars gestanden haben – und Damaskus blieben gespannt. 1958 vertiefte sich die Isolierung Jordaniens im arabischen Lager. Am 1. Februar schlossen sich Ägypten und Syrien zur *Vereinigten Arabischen Republik* zusammen. Als Antwort darauf gründeten die haschemitischen Herrscher in Amman und Bagdad die *Arabische Föderation*. Mit dem Putsch in Bagdad und der Machtübernahme des Militärs dort veränderte sich die innerarabische Konstellation weiter zu Ungunsten Jordaniens. Umso wichtiger wurden das Land und sein König künftig für die Interessen der USA in deren Bemühungen, den wachsenden Einfluss der Sowjetunion in der Region einzudämmen.

Auch die folgenden Jahre blieben turbulent. Die Ereignisse von 1958 hatten zwar gezeigt, dass der König über eine starke Machtbasis verfügte, wenn es hart auf hart kam. Die transjordanischen Stämme, auf die sich bereits sein Großvater gestützt hatte, trugen auch seine Herrschaft; aus ihnen rekrutierten sich wesentlich die Teile der Armee, die dem König folgten, wenn er es befahl. Auf der anderen Seite konnte sich Jordanien den Auswirkungen der arabischen Großwetterlage nicht entziehen; und die war von panarabischen und sozialistischen Ideen und Emotionen geprägt. International galt das Königshaus in Amman als *One-Bullet-Regime*, es reiche eine Kugel, denn den Tod des

Königs würde Jordanien als Staat nicht überleben. Der palästinensische Teil der Bevölkerung stand dem Königshaus überwiegend kritisch gegenüber; noch immer wirkte die Enttäuschung über die Annektion Palästinas durch die Haschemiten nach. Die palästinensischen *fida'iyyun* wurden von Kairo und Damaskus nach eigener Interessenlage unterstützt und über Jordanien gegen Israel geschickt.

Auch Husain war arabischer Nationalist, ein pragmatischer freilich. Ihm ging es um den Erhalt der bestehenden Ordnungen. Wie schwer es ihm fiel, sich innerarabisch zu positionieren, erwies sich, als er sich – wenn auch vorübergehend – in den Bürgerkrieg im Jemen (s. S. 277 f.) hineinziehen ließ. Zu seinem Glück waren seine Gegner unfähig, sich auf eine gemeinsame Strategie zu verständigen. Ein loser Zusammenschluss von Ägypten, Syrien und dem Irak erwies sich 1963 als tot geborenes Kind. Immerhin sah sich Nasser nun genötigt, die Wiederannäherung an die konservativen Kräfte im arabischen Lager zu suchen.

Husain folgte der Einladung zu einer arabischen Gipfelkonferenz in Kairo im Januar 1964. Neben der Frage nach der Zukunft des Jordan-Wassers – Israel war dabei, Wasser aus dem See Tiberias zur Bewässerung der Negevwüste abzuleiten – stand einmal mehr das palästinsiche Problem auf der Agenda. Nur zurückhaltend stimmte König Husain der Anregung Nassers zu, eine übergreifende palästinensische Organisation ins Leben zu rufen. So wurde die Konferenz in Kairo die Geburtsstunde der *Palästinensischen Befreiungsorganisation* (*Palestine Liberation Organization*; PLO) – auch wenn die offizielle Gründung erst auf dem ersten *Palästinensischen Nationalkongress* am 28. Mai 1964 in Jerusalem stattfand. Ihre Aufgabe würde es sein, die palästinensische Frage auf der internationalen Agenda zu halten und der palästinensischen Bewegung eine gemeinsame Identität zu geben. Ausdrücklich knüpfte Husain seine Zustimmung an die Bedingung, dass die Aktivitäten der neuen Organisation mit Jordanien koordiniert würden. Ihre bewaffneten Aktivitäten würden der Überwachung seitens des *Vereinigten Arabischen Kommandos* unterliegen, zu dem libanesische, syrische, jordanische und ägyptische Truppenteile abkommandiert werden sollten.

Trotz der politisch unruhigen Zeiten hatte Jordanien wirtschaftlich einige Erfolge zu vermelden. Dank westlicher, nicht zuletzt amerikanischer finanzieller Unterstützung war die Infrastruktur verbessert worden. Industrien auf der Grundlage von Pottasche, Phosphat und Zement begannen sich zu entwickeln. Die Überweisungen von Jordaniern, namentlich Palästinensern, aus den Golfstaaten und die Einnahmen aus dem sich ausweitenden Tourismus, vor allem in Ost-Jerusalem, stärkten das finanzielle Fundament des Landes. Ein Mittelstand begann zu entstehen.

Der Rückschlag war dramatisch. Der Burgfriede mit Nasser war nicht von Dauer und bald überboten sich Kairo und Damaskus wieder in subversiver Propaganda gegen das Königreich. In Verletzung der Abmachungen von Kairo unterstützten beide Seiten palästinensische militante Operationen; dabei waren sie darauf bedacht, diese über jordanisches Territorium zu leiten. Gegen dieses richteten sich die harten militärischen Gegenschläge der Israelis. Sie waren Wasser auf die Mühlen der Gegner des Königs, die die Abdankung des haschemitischen Regimes forderten. Der Abschluss eines ägyptisch-syrischen Verteidigungsabkommens im November 1966 verdichtete die drohende Kriegsgefahr. Über den Ausbruch des dritten arabisch-israelischen Krieges (»6-Tage-

Krieg«) am 5. Juni 1967 ist im Kapitel zu Ägypten berichtet worden. War es ein Fehler, dass Husain der ägyptisch-syrischen Allianz schließlich beitrat? Warnungen aus Israel waren unüberhörbar. Die Argumente abwägend kam der König zu dem Ergebnis, dass die Folgen eines Fernbleibens schwerwiegender sein würden als die Risiken einer Allianz. Am 30. Mai 1967 schloss er in Kairo einen Verteidigungspakt mit Ägypten, seine Truppen stellte er unter den Oberbefehl des *Vereinigten Arabischen Kommandos*. Ein Fehler, wie sich bald erweisen sollte: Noch am ersten Tag des Krieges erhielten diese den Befehl zum Angriff auf Israel. In einem Gegenangriff am 7. Juni eroberten die Israelis die gesamte Westbank und Ost-Jerusalem. Am 11. Juni war der dritte arabisch-israelische Krieg beendet. Bald wurde klar, dass der König den wertvollsten Teil des Königreichs dauerhaft verloren hatte.

Während die drei »Nein« des arabischen Gipfels von Khartum diplomatische Kontakte zu Israel blockierten, verstärkten die palästinensischen *fida'iyyun* ihre Präsenz auf dem Ostufer des Jordan und ihre militärischen Operationen von dort aus. 1968 hatten sich fast alle palästinensischen Organisationen – darunter auch die traditionell anti-haschemitischen – der PLO angeschlossen, die nunmehr zunehmend die Macht des Königs herauszufordern begann. Nach dem erfolgreichen Widerstand in Karameh (s. S. 135) erhielt sie dabei auch die Unterstützung aus arabischen Hauptstädten sowie innerjordanischer Oppositionskreise. Im März 1969 reiste Husain nach Washington, wo er politische Rückendeckung erhielt. Zugleich stießen amerikanische Vermittlungsbemühungen zwischen Israel und seinen Nachbarn auf vorsichtig positive Aufnahme. Radikale palästinensische Gruppen sahen darin einen Schritt gegen den bewaffneten Widerstand. Obwohl PLO-Führer Yasir Arafat zur Zurückhaltung aufrief, war es ab Mitte 1967 zu ersten bewaffneten Auseinandersetzungen zwischen Palästinensern und jordanischen Sicherheitskräfte gekommen. Terroristische Aktionen verschärften die Situation. Während Nasser noch kurz vor seinem Tod zu vermitteln versuchte, drangen syrische Panzer zur Unterstützung der palästinensischen Kämpfer auf jordanisches Territorium vor. Innerarabisch wie auf Seiten der Jordanier selbst verloren diese an Unterstützung. Der *Schwarze September* nahm seinen Lauf (s. S. 135).

Der Sieg des Königs über die PLO bedeutete die Fortexistenz des jordanischen Staates und der haschemitischen Dynastie in Amman. Nach anderthalb Jahrzehnten teilweise bedrohlicher Konstellationen geriet die jordanische Politik nunmehr in relativ ruhiges Fahrwasser. Innenpolitisch war der König um die Festigung seiner Stellung bemüht. Doch das Verhältnis zur palästinensischen Frage bedurfte weiterer Klärung. Im März 1972 verkündete Husain den Plan einer Föderation zwischen Jordanien und Palästina unter dem Namen *Vereinigtes Arabisches Königreich*; er sah die völlige Autonomie der beiden Regionen westlich und östlich des Jordans vor. Damit stieß er auf die Ablehnung der PLO, deren Führer, Yasir Arafat, nunmehr von Beirut aus, die Schaffung eines unabhängigen palästinensischen Staates anstrebte. Im Oktober 1974 kam es zu einer für die Zukunft Jordaniens und der palästinensischen Frage wichtigen Weichenstellung. Auf ihrer Gipfelkonferenz in Rabat anerkannten die arabischen Staatsführer die PLO als alleinige und legitime Vertretung der Palästinenser. Auch König Husain schloss sich diesem Beschluss – wenn auch mit unverhohlener innerer Bewegung – an. Die Wege Jordaniens und Palästinas hatten sich getrennt. Fast – denn solange Israel und die internationale Gemeinschaft die PLO als terroristische Organisation einschätzten, sollte die jordanische Option noch nicht vollständig vom Tisch sein. Faktisch aber würden sich jordanische Zuständigkeiten künftig eher auf Nebenschauplätze – etwa kulturelle und religiöse Angelegenheiten wie die Verwaltung und Erhaltung des Haram asch-Scharif auf dem Tempelberg – beschränken.

Die Revolution in Iran (1979) und ihre Folgen ließen die Palästinafrage während der nächsten Jahre in den Hintergrund treten. Sie kam erst 1987 wieder auf die Tagesordnung, als in den von Israel besetzten Gebieten 1987 ein Volksaufstand ausbrach (s. S. 137). Nach kurzem Zögern gelang es Yasir Arafat, die PLO an die Spitze der Protestbewegung zu setzen. Als Reaktion auf deren Bestrebungen nach einem palästinensischen Staat gab Husain am 31. Juli 1988 die Aufgabe aller Ansprüche auf Palästina bekannt. Damit löste er zugleich alle politischen und staatsrechtlichen Bindungen zwischen den ehemaligen beiden Teilen des Königreiches.

Zunächst sollten die tief greifenden Veränderungen der politischen Rahmenbedingungen auch Veränderungen in der Innenpolitik des verbliebenen Staates Jordanien zur Folge haben. Mit der unter turbulenten Begleiterscheinungen erfolgten Entlassung von Ministerpräsident an-Nabulsi im April 1957 war ein Verbot aller Parteien verhängt worden. Allerdings lebten die meisten von ihnen im Untergrund fort, so vor allem die *Kommunistische* und die *Ba'th*-Partei. Die *Muslimbruderschaft*, die nicht als Partei galt, wurde geduldet, wenn auch nicht offiziell zugelassen. Ein Jahr nach der Vertreibung der PLO aus Jordanien im *Schwarzen September* verkündete König Husain am 7. September 1971 die Gründung einer Einheitspartei, der *Jordanischen Nationalen Union* (im März 1972 in *Arabische Nationale Union* umbenannt). Sie sollte als eine Art nationaler Front alle dem haschemitischen Königshaus loyalen Kräfte zusammenfassen. Zwar wuchs die Zahl ihrer Mitglieder – auf dem Papier – rasch auf 100 000 an; da sie aber ohne politische Wirkung blieb, wurde sie 1976 aufgelöst.

Auch mit der Eroberung und Besetzung der Westbank durch Israel im Juni 1967 war innenpolitisch eine neue Lage entstanden. Noch im April 1967 war ein neues Repräsentantenhaus gewählt worden, dabei hatte jeder Landesteil östlich und westlich des Jordan 30 Abgeordnete gestellt. Nach der Besetzung hatten auf der Westbank keine Abgeordneten zum jordanischen Parlament mehr gewählt werden können. Sie mussten nun vom König ernannt werden. Nachdem die arabischen Staatsoberhäupter im Oktober 1974 der PLO das Alleinvertretungsrecht für die Palästinenser übertragen hatten, sah sich der König erneut zu einer innenpolitischen Reorganisation gezwungen; die Nationalversammlung wurde suspendiert und ein neues Kabinett gebildet, das ausschließlich aus Bewohnern des östlichen Landesteils bestand. 1978 berief Husain einen *Nationalen Konsultativrat*, dessen insgesamt 60 vom König ernannte Mitglieder aber ausschließlich beratende Funktionen hatten. Er wurde 1984 wieder aufgelöst und die Nationalversammlung trat – in ihrer alten Zusammensetzung – wieder zusammen.

Auch die 1988 erfolgte vollständige Aufgabe aller Ansprüche Jordaniens auf die Westbank musste Auswirkungen auch auf die Innenpolitik haben – nicht zuletzt mit Blick auf den Status der in Jordanien – in den und außerhalb der Flüchtlingslager – lebenden Palästinenser. In einer Rede am 31. Juli versicherte der König: Die in Jordanien lebenden Bürger palästinensischen Ursprungs seien integraler Bestandteil der jordanischen Gesellschaft mit allen Bürgerrechten und -pflichten. In diesem Zusammenhang beschwor er die nationale Einheit; Jordanien sei ein Vorbild für einen »arabischen« Staat, in dem unterschiedliche arabische Bevölkerungsgruppen zusammenlebten. Einmal mehr wurde das Wahlgesetz geändert; es sollte sicherstellen, dass die einheimische Bevölkerung Ost-Jordaniens, die herkömmliche Machtbasis der haschemitischen Dynastie, bestimmende Kraft im Lande bleiben würde.

Im April 1989 sah sich der König mit Unruhen konfrontiert, wie sie das Land seit 1957 nicht mehr erlebt hatte. Sie begannen als Proteste gegen Steigerungen der Preise für Nahrungs- und Genussmittel sowie für Kraftstoff, die die Regierung im Rahmen eines wirtschaftlichen Stabilisierungspakets angeordnet hatte. Doch wurden auch politische Forderungen laut: Dazu gehörten Wahlen und Maßnahmen gegen die Korruption sowie eine effektivere Lokalverwaltung. Auf diesen Druck hin wurden Wahlen auf den 8. November angesetzt. Die Aussetzung des Parteienverbots machte den Weg für die Teilnahme unterschiedlicher Gruppierungen frei. Das Wahlgesetz sah 80 Parlamentssitze ausschließlich für die Bevölkerung des Ost-Jordanlandes vor. Mit 20 Abgeordneten (plus 11 Sympathisanten) erhielt der islamische Block die meisten Stimmen. Daneben traten die *Demokratische Allianz* von Marxisten und linken arabischen Nationalisten, der Block der *Nationalen Unabhängigen* sowie der *Liberale* Block als nennenswerte Kräfte in Erscheinung. Der König eröffnete das neue Parlament am 27. November. Am selben Tag traten auch die 40 Mitglieder des am 22. November vom König neu ernannten Senats (Oberhauses) zusammen. Erstmals in der Geschichte des Landes hatten Frauen an Wahlen teilnehmen können.

Ein weiterer Schritt in den Reformbemühungen war die Ausarbeitung einer *Nationalcharta*. Sie sollte die Zulassung von Parteien regeln und die Grundlage für ein stabiles Mehrparteiensystem bilden. Das Ergebnis wurde am 9. Juni 1991 vom König und einer Versammlung von 2000 Teilnehmern aller politischen Richtungen gebilligt. Mit der Aufhebung des Kriegsrechts am 7. Juli wurde ein weiteres Hindernis auf dem Weg der Demokratisierung beseitigt. Am 1. September 1992 trat das neue Parteiengesetz in Kraft: Als erste unter den nunmehr wieder legalisierten Parteien konstituierten sich die *Jordanische Nationale Allianz*, die *Partei der Einheit des Volkes* und die *Islamische Aktionsfront*. Mit letzterer hatte sich die *Muslimbruderschaft* zum ersten Mal als politische Partei positioniert. Im ständigen Fluss des jordanischen Parteiensystems sollte diese künftig eine relative Stabilität aufweisen.

Das innenpolitische Manövrieren des Königs war nicht zuletzt der ständigen außenpolitischen Herausforderung geschuldet, die Stabilität Jordaniens in einem komplizierten und abrupten Positionsänderungen der Akteure unterworfenen regionalen System zu behaupten. Die Polarisierung der arabischen Welt im Rahmen der beiden weltpolitischen Lager machte die Lage nicht leichter. Bis zu dem verhängnisvollen Krieg vom Juni 1967 hatte die Auseinandersetzung mit dem Nasserismus und anderen linken Ideologien die Aufmerksamkeit Husains aborbiert. Mit dem Verlust des Westjordanlandes war die Auseinandersetzung mit der PLO um die Legitimierung der Vertretung des palästinensischen Volkes in den Vordergrund getreten. Der Abschluss des Friedensvertrages zwischen Ägypten und Israel im März 1979 hatte Husains Position im arabischen Lager weiter kompliziert: Die USA, der unentbehrliche Verbündete Jordaniens, hatten den Vertrag zustande gebracht; ohnehin war auch Husain auf der Suche nach einem Kompromiss mit Israel gewesen. Auf der anderen Seite konnte er die Stimmung des Lagers der arabischen »Ablehnungsfront« nicht ignorieren. Er musste sich also bis auf weiteres ihr anschließen. Der Ausbruch des irakisch-iranischen Krieges im September 1980 (s. S. 175 ff.) zwang Saddam Husain, einen der Wortführer der »Ablehnungsfront«, zu einer Annäherung an die USA und die prowestlichen arabischen Staaten; das öffnete auch der Politik Jordaniens wieder größere Handlungsspielräume. Die Beziehungen des Landes mit dem Irak verbesserten sich – dies auch in dem Maße, in dem der Hafen von Aqaba und die Landrouten durch Jordanien für die Versorgung des Irak vitale Bedeutung anzunehmen begannen. Angesichts des tiefen Zerwürfnisses zwischen Bagdad und Damaskus seit 1979 (s. S. 175) bedeutete die sich stärkende Zusammenarbeit zwischen Amman und Bagdad zugleich aber eine anhaltende Gegnerschaft Jordaniens mit Syrien unter Präsident Hafiz al-Asad.

Dieser erste Golfkrieg hatte auch die Normalisierung der Beziehungen zwischen dem Irak und Ägypten zur Folge. Kairo leistete Bagdad beträchtliche militärische Hilfe und etwa 1,5 Millionen ägyptische Arbeiter waren im Irak tätig. Nach dem Ende des Krieges sollte die entstandene Nähe, nach dem Vorbild des 1981 gegründeten *Golf-Kooperationsrats* (s. S. 248), auf eine multilaterale Grundlage gestellt werden. Am 16. Februar 1989 unterzeichneten die Staatsoberhäupter Jordaniens, des Irak, Ägyptens und Jemens – dessen Staatsoberhaupt Ali Abdallah Salih sich ebenfalls an der Seite Saddam Husains positioniert hatte (s. S. 281) – in Bagdad den *Arabischen Kooperationsrat*. Erklärtes Ziel war die Einheit, Solidarität und Stärkung der arabischen Nation. Die Zollschranken sollten fallen und freier Güterverkehr ermöglicht werden. Einen Tag später, am 17. Februar 1989, kam es mit der Schaffung der *Union des Arabischen Maghreb* (s. S. 183) zur Entstehung eines weiteren multilateralen wirtschaftlichen Zusammenschlusses. Während ersterer de facto bereits im Herbst 1990 – mit dem Überfall des Irak auf Kuwait – zu bestehen aufhörte, blieb letzterer zwar bis in die Gegenwart erhalten, konnte aber zu keinem Zeitpunkt seine vertragsgemäße Wirksamkeit entfalten.

In den 1990er Jahren stabilisierte sich die innen- und außenpolitische Situation des Landes. Die schweren Erschütterungen, die auf das gesamte Staatswesen eingewirkt hatten, waren weitgehend ausgestanden. Nach dem Ende der Sowjetunion waren nicht nur »linke« Ideologien inhaltslos geworden, in deren Namen König Husains Herrschaft grundsätzlich infrage gestellt worden war. Jordanien konnte nunmehr, nach anfänglichen Irritationen, nachhaltig auf die USA, die einzig verbliebene Supermacht, setzen. Der Beginn des Friedensprozesses mit Israel ermöglichte es dem König, sich innenpolitisch und wirtschaftlich auf das jordanische Kernland östlich des Jordan zu konzentrieren. Die Kette unablässiger Kabinettsumbildungen ließ zwar erkennen, dass er dabei ständig bemüht war, Stabilität und Ausgleich zwischen den gesellschaftlichen und politischen Gruppen neu auszutarieren. Die Existenz des Staates aber stand nicht mehr auf dem Spiel.

Zunächst freilich führte der Überfall des irakischen Diktators Saddam Husain auf Kuwait am 2. August 1990 noch einmal zu Turbulenzen im regionalen und internationalen Umfeld Jordaniens. Wie andere arabische Regierungen verurteilte auch König Husain zwar den irakischen Gewaltakt. Angesichts der engen politischen und namentlich wirtschaftlichen Beziehungen zu Bagdad aber sprach er sich nachdrücklich gegen militärische Maßnahmen und für eine politische Lösung der Krise aus. Das entsprach auch den Sympathien, die Saddam Husain bei einem großen Teil der jordanischen Gesellschaft – insbesondere unter den Palästinensern – genoss. Mit dieser Haltung aber befremdete der König die internationale Allianz zur Befreiung Kuwaits. Saudi-Arabien und Kuwait stellten ihre finanzielle Unterstützung für das Königreich über Jahre ein. Die Ausweisung von Hunderttausenden von Palästinensern nach der Befreiung Kuwaits, denen Kollaboration mit Saddam Husain vorgeworfen wurde und von denen sich viele in Jordanien niederließen, stellte eine weitere Belastung der ohnehin fragilen Bevölkerungsstruktur dar. Und die gegen den Irak verhängten internationalen Sanktionen bedeuteten einen herben Schlag für die Wirtschaft Jordaniens.

Im Mittelpunkt der jordanischen Politik in den 1990er Jahren stand der Friedensprozess mit Israel. Nach monatelangen Vorbereitungen begann dieser am 30. Oktober 1991 in Madrid. Bildeten die Vertreter Jordaniens und der PLO zu diesem Zeitpunkt noch eine gemeinsame Delegation, so setzte sich das Verhandlungsgeschehen in der Folge zweigleisig fort. Vom Zustandekommen des Oslo-Prozesses (s. S. 140) war auch Jordanien überrascht worden.

Aber bereits am Tage nach der feierlichen Unterzeichnung des israelisch-palästinensischen Abkommens am 13. September 1993 wurde eine israelisch-jordanische Agenda beschlossen, die einen umfassenden Friedensvertrag und Vereinbarungen über weitreichende bilaterale Zusammenarbeit zum Ziel hatte. Der jordanisch-israelische Friedensvertrag – der zweite Friedensvertrag Israels mit einem arabischen Nachbarn nach dem gescheiterten Abkommen mit dem Libanon kam im folgenden Jahr zustande. Am 25. Juli 1994 erklärten König Husain und Ministerpräsident Yitzchak Rabin vor Präsident Clinton in Washington den seit 46 Jahren herrschenden Kriegszustand zwischen ihren beiden Ländern für beendet. Am 26. Oktober unterzeichneten dann die beiden Ministerpräsidenten – neben Yitzchak Rabin für die israelische Abd as-Salam al-Madschali für die jordanische Seite – an dem bereits im August für Ausländer geöffneten Grenzübergang Ein Avrona zwischen Aqaba und Eilat den Friedensvertrag im Beisein von König Husain und Kronprinz Hasan auf jordanischer sowie Präsident Ezer Weizman und Außenminister Schimon Peres auf israelischer Seite. Als Gäste waren u. a. Präsident Bill Clinton, sein Außenminister Warren Christopher und der russische Außenminister Andrej Kosyrew an der Zeremonie anwesend.

Trotz zahlreicher Turbulenzen, insbesondere zu Beginn des neuen Jahrhunderts, hat die jordanische Führung an dem Friedensvertrag festgehalten. Und für König Husain wie für seinen Sohn und Nachfolger, Abdallah II., blieb er eine wesentliche Voraussetzung für die anhaltende wirtschaftliche und finanzielle Unterstützung aus dem Westen.

Die wirtschaftliche Friedensdividende war für Jordanien eher bescheiden. Angesichts der Stagnation in den palästinensisch-israelischen Verhandlungen und der fortgesetzten Siedlungspolitik Israels blieben arabische Investitionen in länderübergreifende Entwicklungsprojekte im Nahen Osten aus. Auch die großen multilateralen Wirtschaftskonferenzen zeitigten für das Land nur geringe Ergebnisse. Auf der Konferenz in Kairo vom 12. bis zum 14. November 1996 bot Jordanien Projekte in den Bereichen Transport,

Energie, Bergbau, Wasserversorgung, Tourismus und Kommunikation an. Mit dem Ausbruch der zweiten *Intifada* im Herbst 2000 kam es – nicht zuletzt im Tourismus – zu tiefen Einbrüchen. Die jordanische Wirtschaft blieb gegenüber Israel und den palästinensischen Gebieten weitgehend abgeschottet. Dies galt auch mit Blick auf die einst boomenden Wirtschaftsbeziehungen mit dem Irak, die unter dem anhaltenden Embargo (s. S. 178 ff.) nur noch einen geringen Umfang hatten.

Mitte 1998 wurde bekannt, dass König Husain an Lymphknotenkrebs erkrankt war. Dem jüngeren Bruder des Königs, Kronprinz Hasan bin Talal, wurden im August größere Befugnisse übertragen. Seine Regentschaft war indessen nicht von langer Dauer. Am 19. Januar 1999 kehrte der schwer kranke König von seinem Krankenhausaufenthalt in den USA zurück – für eine einzige Amtshandlung, seinen Bruder, der über 33 Jahre als Kronprinz fungiert hatte, der Regentschaft zu entheben und seinen Sohn Abdallah ibn Husain zum Kronprinzen zu erklären. Über die Hintergründe ist viel gerätselt worden. Hasan galt weniger als Machtmensch, denn als Intellektueller mit internationaler Ausstrahlung. Vielleicht fürchtete der König – wohl kaum ohne sich mit der »Schutzmacht« USA abgesprochen zu haben – mangelnden Rückhalt in der Bevölkerung; vielleicht spielte aber auch ein Gutteil dynastischen Denkens in der Entscheidung mit. Nach dieser letzten Amtshandlung setzte der König die Behandlung in den USA fort, um schließlich auf dem Sterbebett nach Jordanien zurückgebracht zu werden, wo er am 7. Februar 1999 verstarb. Seine Beisetzung wurde zu einer eindrucksvollen politischen Manifestation der Bedeutung, die der »kleine König« in seiner langen Zeit als Herrscher erworben hatte. In turbulenten Zeiten hatte er es verstanden, die Interessen Jordaniens, insbesondere die Sicherheit des Landes, zu wahren und die haschemitische Dynastie zu erhalten. Nicht nur hatte das Land, das zunächst eine künstliche Schöpfung Englands war, unter der Führung Husains zum Ausgleich zwischen divergierenden, ja konfligierenden Mächten im Nahen Osten beigetragen. Es war ein Faktor der Stabilität auch in internationaler Dimension geworden. An der Beisetzung am 8. Februar nahmen Staatsoberhäupter, Regierungschefs und Prinzen aus 75 Ländern teil.

Der nun zum König gekrönte 37-jährige König, der am 9. Juni 1999 in sein Amt eingeführt wurde, war ein Sohn aus der Ehe Husains mit der Engländerin Antoinette Gardiner. Er war in England ausgebildet worden; Beobachter behaupteten, sein Englisch sei besser als sein Arabisch. Er hatte eine militärische Laufbahn hinter sich; in der Öffentlichkeit war er wenig hervorgetreten. Bei seiner Berufung war er Brigadegeneral in einer Sonderheit der Armee. Und so bildete bei Amtsantritt die Armee auch die Grundlage seiner Machtausübung. Dass seine Frau palästinensischen Ursprungs ist, verlieh ihm Wertschätzung bei der palästinensischen Bevölkerung in Jordanien. Mit einer Kabinettsumbildung festigte er seine Macht. Mit zahlreichen Besuchen in der Region und international ließ er erkennen, dass er die Politik seines Vaters, einer Offenheit Jordaniens nach allen Seiten, fortzusetzen entschlossen war. Das galt auch für die Beziehungen zu Israel. Am 23. April 2000 traf er dort zu einem Besuch ein. Auch in der Folgezeit hielt Abdallah trotz – namentlich in Zeiten der zweiten *Intifada* (s. S. 141) gegenteiligen innenpolitischen Drucks, vor allem des palästinensischen Teils der Bevölkerung, am Friedensvertrag mit Israel fest.

Neben der Palästinafrage wurde der Krieg im Irak, der am 20. März 2003 begann, zu einer Herausforderung an die Politik des Königs. Diesmal galt es den Fehler von 1990/91 zu vermeiden, als sich Jordanien offen an die Seite Saddam Husains gestellt hatte. Der König gestattete amerikanische Militäroperationen von jordanischem Boden aus. Das aber konfrontierte ihn mit der Stimmung in der breiten Bevölkerung. Es kam zu Demonstrationen und gewaltsamen Auseinandersetzungen zwischen der Polizei und Demonstranten, insbesondere an den Universitäten. Am 31. März überreichten 95 prominente Jordanier unterschiedlicher politischer Couleur – darunter ehemalige Premierminister, Islamisten, Linke und Nationalisten – dem König eine Petition, in der er aufgefordert wurde, den Krieg gegen den Irak offiziell zu verurteilen. Abdallah reagierte zurückhaltend und ließ das Schreiben als legitimen Ausdruck eines jordanischen Pluralismus gelten. Durch die Wahlen vom 17. Juni 2003 suchte er seine Legitimation wieder zu festigen.

Mit dem Kollaps des Regimes im Irak war der König der Herausforderung entledigt, die prekäre Balance zwischen den Beziehungen zu den USA und zu dem ba'thistischen Nachbarn zu halten, zwei Ländern, die sowohl aus wirtschaftlichen als auch innenpolitischen Gründen für Jordanien essentiell waren. Gleichzeitig eröffnete sich die Chance, wieder im israelisch-palästinensischen Konflikt initiativ zu werden, als sich Washington unmittelbar nach dem Krieg entschloss, den monatelang auf Eis gelegten Friedensplan auf der Grundlage der *Road Map* umzusetzen. Seine Anteilnahme am Schicksal der Palästinenser bekundete der König, als er für den am 11. November 2004 verstorbenen Yasir Arafat eine 3-tägige Staatstrauer anordnete und, von einer großen Delegation begleitet, persönlich an der Trauerzeremonie in Kairo teilnahm. Offizielle Gedenkveranstaltungen wurden in Jordanien allerdings nicht abgehalten.

Die politischen Turbulenzen der Jahrzehnte haben immer wieder schwere Belastungen für die wirtschaftliche Situation des Landes gezeigt. Die Ausstattung mit natürlichen Ressourcen ist von Natur ohnehin dürftig; selbst Wasser ist knapp geworden. Seit seiner Gründung hing der jordanische Staat am finanziellen Tropf auswärtiger Geber: erst Großbritanniens, dann der USA und der internationalen Geldinstitute. Diese Abängigkeit hat auch die Außenpolitik vorgezeichnet. Mit dem Verlust der palästinensischen Landesteile verlor Jordanien seine wirtschaftlichlich entwickeltsten Regionen. Der religiöse Tourismus zu den heiligen Städten des Christentums ging an Israel verloren. Die Kriege in der Region zwischen 1947/48 um Palästina über den dritten arabisch-israelischen Krieg von 1967 (»6-Tage-Krieg«) sowie den zweiten Golfkrieg und seine Folgen 1990/91 bis zum Krieg in Syrien seit 2011/12 haben zeitweise Millionen von Flüchtlingen in das Land strömen lassen.

Das relativ hohe Bildungsniveau vor allem des palästinensischen Teils der Bevölkerung hat einen Mittelstand entstehen lassen, der nach Teilhabe an der Macht verlangt hat. Die Staatskunst König Husains und seines Nachfolgers bestand im ständigen Austarieren der innenpolitischen Gewichte; von daher erklären sich die häufigen Regierungsumbildungen sowie die Experimente mit dem Wahlrecht. Es galt, die relevanten Gruppen einzubinden. Auch in der Wirtschaft waren komplexe Netzwerke von auf Patronage beruhenden Beziehungen entstanden.

Gelegentlich haben sich die gesellschaftlichen Spannungen in Unruhen Bahn gebrochen. Nach dem Tode seines Vaters gelang es König Abdallah II., eine prekäre Stabilität zu wahren. Angesichts der Kriege und Konflikte im Umfeld Jordaniens seit dem Beginn seiner Amtszeit konnte er auf die Einsicht setzen, dass mit Blick auf das Wohl der Bürger die Stabilität des Landes dem politischen Chaos und wirtschaftlichen Elend in der Nachbarschaft vorzuziehen sei. Verwerfungen aber wurden unübersehbar. Die unkontrollierte Privatisierung, vor allem in den Bereichen Wasser- und Stromversorgung und der Telekommunikation, sowie die Schaffung mehrerer Freihandelszonen haben die Lebenshaltungskosten in die Höhe getrieben. Der seit 2003 liberalisierte Kapitalzustrom ist vor allem in den Immobiliensektor gegangen, was die Preise steigen ließ. Das sind nur einige der Probleme, die den Mittelstand belasten. Auch der Prozess der Marginalisierung der ländlichen Provinz gegenüber dem hauptstädtischen Wasserkopf ist voran geschritten. In verschiedenen Sektoren der Wirtschaft kam es zu Streiks und Protesten.

Zum Ende des Jahrhunderts lief der König Gefahr, die Unterstützung jener Teile der jordanischen Gesellschaft zu verlieren, welche die haschemitische Dynastie herkömmlich getragen haben. Der Spagat zwischen einer Politik des *Jordan first* und der Einbindung des Landes in die Weltwirtschaft in Zeiten der Globalisierung, welche die modernen, städtischen Teile der Gesellschaft begünstigt, ist schwieriger geworden. So auch ein Ausgleich zwischen dem Festhalten an demokratischen Institutionen auf der einen und dem Interesse des Königshauses an seinem Fortbestand auf der anderen Seite. Der Terrorakt in Amman vom 9. November 2005, bei dem durch fast gleichzeitige Bombenexplosionen in drei Hotels 60 Menschen getötet und 115 verletzt wurden, war ein dramatisches Signal. Der König blieb bemüht, die Spannungen durch Neuwahlen zum Parlament zu entschärfen. Die Wahlen von 2007 und vom November 2010 wurden von einem Teil der politischen Kräfte, namentlich der der *Muslimbruderschaft* nahe stehenden *Nationalen Aktionsfront* boykottiert. Die Opposition warf der Regierung vor, die Wahlkreise in einer Weise zugeschnitten zu haben, die einen Wahlsieg der konservativen, königstreuen Parteien gewährleisten würde. Mehr und mehr sitzt der König zwischen den Stühlen. Wie bereits bei seinem Vater ist der Sicherheitsapparat, namentlich die Geheimdienste (*mukhabarat),* eine tragende Säule der Fortexistenz des Königshauses und der Stabilität des Landes.

In einem Klima gesellschaftlicher Spannungen und politischen Dissenses ist der Funken der arabischen Revolte auch auf Jordanien übergesprungen. Zu ersten Demonstrationen kam es bereits im Januar 2011, sie hatten zunächst noch einen sozialen Hintergrund. Wenig später wurden – in landesweiten Protesten – politische Forderungen gestellt: Sie beinhalteten die Beschränkung der Macht des Königs und die Verstärkung des Kampfes gegen die Korruption; nur in Einzelfällen auch das Ende der Dynastie. Abdallah reagierte mit einer eigenen *Road Map.* Sie sah die Gründung eines *Komitees des Nationalen Dialogs,* Verfassungsänderungen und eine Reform des Parteien- und Wahlgesetzes vor.

Tatsächlich hielt der König, was er versprochen hatte. Die Verfassungsänderungen verliehen dem Parlament größeren Einfluss auf die Regierungsbildung; auch das Wahlgesetz wurde – einmal mehr – verändert. Die Parlamentswahlen vom Januar 2013 freilich lassen noch keinen Schluss darüber zu, ob damit die innenpolitische Krise nachhaltig entschärft ist. Oder ob nicht die Beruhigung der Lage an der Oberfläche eher der Sorge geschuldet war, Jordanien könne in ein ähnliches Chaos abgleiten wie das benachbarte Syrien; eine Sorge, deren Berechtigung durch die Anwesenheit von Hunderttausenden von Flüchtlingen im Lande genährt wurde.

4.1.6 Irak

Der heutige Irak ist eine Schöpfung Großbritanniens; der neue Staat entstand aus der Zusammenlegung der ehemals osmanischen Provinzen Bagdad, Basra und Mosul. Im April 1920 übertrug der Völkerbund Großbritannien das Mandat über den Irak (s. S. 49).

Zwei nachhaltige Verwerfungen sollten das politische Geschehen im Land künftig bestimmen: Zwischen der arabischen Mehrheit und der kurdischen Minderheit der Bevölkerung einerseits; sowie – unter den Arabern – zwischen der schiitisch-islamischen Mehrheit und der sunnitisch-islamischen Minderheit andererseits. Hatte Großbritannien seine Zukunftspläne für den Irak während des Krieges zu verschleiern gesucht, so war dies mit dessen Ende nicht länger möglich. Sehr bald standen sich die britischen Pläne, die Herrschaft Londons auch im Zweistromland über das Ende des Krieges hinaus fortzusetzen, und die Bestrebungen irakischer Nationalisten nach einem unabhängigen Staat gegenüber.

Der zunächst friedliche Protest gegen die Pläne Londons, der im Mai 1920 ausbrach, radikalisierte sich, als britische Truppen mit Gewalt reagierten. Stammes- und religiöse Führer sowie nationalistische Organisationen brachten die britischen Truppen unter Druck, so dass sie zeitweise Teile des Landes aufgeben und sich auf Bagdad zurückziehen mussten. Im Mittelpunkt der Mobilisierung stand die Geistlichkeit in den den Schiiten heiligen Städten Nadschaf und Kerbela sowie eine 1919 gegründete und insbesondere – freilich nicht ausschließlich – von Schiiten getragene Organisation, die *Hüter der Unabhängigkeit* (*haras al-istiqlal*). Im Oktober hatte die Briten ihre militärische Präsenz auf 100 000 Soldaten, vornehmlich aus Britisch-Indien, aufgestockt und gingen mit großer Härte daran, den Aufstand niederzuschlagen. Zugleich setzten sie auf die Wirksamkeit der Regel von *Teile und Herrsche*. Hochkommissar Percy Cox ging auf den *Irakischen Bund* (*al-ahd al-iraqi*), eine andere treibende Kraft des Protests, zu. Er war der irakische Zweig jener 1914 in Kairo gegründeten nationalistischen Vereinigung arabischer Offiziere in der osmanischen Armee (s. S. 35), der sich insbesondere irakische Offiziere, später auch Zivilisten namentlich sunnitischer Religionszugehörigkeit angeschlossen hatten. Cox bot *al-Ahd* die Aufhebung des Besatzungsregimes und die Bildung einer »nationalen Regierung« an. Tatsächlich konnte am 27. Oktober eine von sunnitischen Arabern dominierte Regierung gebildet werden; nach Lage der Dinge stand sie unter starkem britischen Einfluss. Am 20. November 1920 erklärten die letzten Führer des Aufstands die Einstellung der Kämpfe. Die Schiiten, die dem Widerstand Breitenwirkung gegeben hatten, waren somit ausmanövriert worden.

Kerndaten Iraks

Name des Landes (deutsch/arabisch/ englisch/französisch)	(Der) Irak / Dschumhuriyyat al-Iraq / Iraq / L'Iraq		
Bevölkerung in Mio.	33,4	Datum der Unabhängigkeit	3.10.1932
Einwohner pro km²	67	Datum des Beitritts zur Arabischen Liga	1945
Fläche in km²	434 128	Staatsform	Republik
Landessprache (offizielle [Staats-]Sprache)	Arabisch, Kurdisch	BIP in Mrd. US-Dollar	127,6
häufig gebrauchte Sprachen	Turkmenisch, Assyrisch	BIP pro Einwohner in US-Dollar	3886
Konfessionen	Muslime 94 % (60 %Schiiten, 34 %Sunniten)	Lebenserwartung in Jahren	70
religiöse Minderheiten	Christen, Jesiden, Schabak, Manichäer	Zusammensetzung der Bevölkerung (ethnisch)	Araber 75 %-80 %, Kurden 15 %-20 %; Turkmenen und Assyrer 5 %

Neben den materiellen waren die menschlichen Kosten hoch: Auf britischer Seite waren über 400 Soldaten gefallen und über 2000 verletzt worden; die irakische Seite hatte mehr als 8000 Tote zu beklagen. Wie der *Tag von Maisalun*, an dem sich die Hoffnungen der syrischen Nationalisten gegen die Franzosen zerschlugen (s. S. 87), bildete der Aufstand von 1920 gegen die Briten einen Erinnerungshorizont, welcher künftig die Bestrebungen nach Unabhängigkeit am Leben halten sollte.

Nicht zuletzt die Kosten der Niederschlagung der Revolte hatten diejenigen in London bestärkt – unter ihnen nicht zuletzt Winston Churchill, der seit Anfang 1921 dem Kolonialministerium vorstand –, die für eine indirekte britische Machtausübung eingetreten waren. Die Einsetzung einer lokalen Monarchie bot sich aus mehreren Gründen an: Großbritannien würde zumindest einen Teil seiner Versprechungen einlösen, die es weiland dem Scherifen Husain gemacht hatte. Dessen Sohn Faisal stand als Monarch zur Verfügung, nachdem er seit seiner Vertreibung aus Damaskus im Exil lebte. Ohne eine starke Machtbasis in Bagdad würde er aber auf britische Unterstützung angewiesen sein. Dies umso mehr, als er sich – der sunnitischen Minderheit im Lande angehörend – dem Streben der schiitischen Mehrheit im Lande nach Beendigung der Diskriminierung, die diese unter der jahrhundertelangen sunnitisch-osmanischen Herrschaft erfahren hatten, gegenüber sehen würde.

Auf der Konferenz in Kairo im März 1921 (s. S. 50) wurden die Weichen gestellt. Am 23. August 1921 wurde Faisal als König des Irak gekrönt. Zuvor freilich hatten ihn die

Briten auf »Wahlkampftour« durch das Land geschickt, um die Notabeln und eine Bevölkerung für sich zu gewinnen, in der sich Widerstand gegen einen landesfremden Herrscher regte. »Irak den Irakern«, war eine verbreitete Stimmung. Ein manipuliertes Referendum hatte eine Zustimmung von 96% ergeben. Bei seiner Krönung wurde die irakische Fahne zu den Klängen der englischen Nationalhymne gehisst – eine irakische Nationalhymne musste erst noch geschaffen werden.

Die Tatsache, dass Faisal König von Gnaden Großbritanniens war, sollte eine dauerhafte Belastung seiner Legitimität darstellen. Bis zu seinem Tod (1933) manövrierte er im Spannungsfeld zwischen dem Streben irakischer Nationalisten nach vollständiger Unabhängigkeit auf der einen und der Politik Großbritanniens, gegründet auf macht- und wirtschaftspolitische Interessen, auf der anderen Seite. In dieser Konstellation sahen sich die irakischen Schiiten gleich zweifach als Verlierer: Nicht nur blieb ihnen – wie den übrigen Irakern – die Unabhängigkeit vorenthalten; vielmehr sollte die Macht künftig weiterhin in den Händen der herkömmlichen arabisch-sunnitischen Elite liegen, obwohl ihre führenden Persönlichkeiten, geistliche wie weltliche, eine herausragende Rolle in der Revolte gepielt hatten. Das auf diese Weise gegebene politische und gesellschaftliche Spannungsverhältnis sollte sich nach dem Sturz der Diktatur Saddam Husains 2003 entladen. Die Kurden schließlich fanden sich von Beginn an in der Lage einer ethnischen Minderheit, der die von arabischen Nationalisten dominierte politische Führung allenfalls eine Außenseiterrolle zubilligte.

Dem Prinzip der *indirect rule* (indirekten Herrschaft) folgend sah sich Großbritannien im Irak einer doppelten Herausforderung gegenüber: die britischen Interessen bindend fest zu schreiben und zugleich eine demokratisch-konstitutionelle Fassade zu errichten, die sowohl die britische Präsenz als Mandatsmacht als auch die installierte Monarchie legitimieren würde. Vor diesem Hintergrund griff London zum Instrument eines Vertrages, der die bilateralen Beziehungen künftig regeln sollte. Kernpunkt des Entwurfs war die Bestimmung, dass der König des Irak einwillige, »sich in allen wichtigen Angelegenheiten, welche die internationalen und finanziellen Verpflichtungen und Interessen Seiner Britischen Majestät betreffen, während der gesamten Vertragsdauer von dem Ratschlag Seiner Britischen Majestät leiten zu lassen, der ihm von dem Hochkommissar angeboten wird«. Die Dauer des Vertrages sollte auf 20 Jahre ausgelegt sein.

Das Vorhaben, das die Gängelung des Irak durch London nur dürftig bemäntelte, stieß auf breiten Widerstand. Um ihr Ziel gleichwohl zu erreichen, suchten die Briten die innenpolitischen Kräfte zu manipulieren.

Stärkster Widersacher der Briten waren die bereits genannten *Hüter der Unabhängigkeit*. Im Januar 1919, zunächst als geheime Organisation gegründet, hatten sie in ihrem Programm die »vollständige Unabhängigkeit des Irak« auf ihre Fahnen geschrieben. 1921 aus ihnen hervorgegangene irakisch-nationalistische Parteien waren verboten worden. Statt ihrer begünstigte London mit der *Partei der irakischen Freiheit* (*hizb al-hurriyya al-iraqiyya*) eine politische Kraft, in der sich die Anhänger Großbritanniens, unter ihnen insbesondere Stammesscheichs und Großgrundbesitzer, zusammentaten. Am 10. Oktober 1922 wurde das Abkommen unterzeichnet. Indem es die Stellung des Hohen Kommissars als höchste Instanz festschrieb, bestätigte es die Oberhoheit

Großbritanniens in der irakischen Politik. Um die parlamentarische Ratifizierung zu erhalten, arbeiteten britische Experten einen Verfassungsentwurf aus; er sah ein Zwei-Kammer-System vor. Die Wahlen im März 1924 waren gelenkt und brachten nur Anhänger Großbritanniens in das Hohe Haus. Dennoch erhielt der Vertrag bei der Abstimmung im Oktober nur eine knappe Mehrheit. Immerhin war es in der Zwischenzeit gelungen, ein Zusatzprotokoll zu verhandeln, das die Aufhebung des Vertrages zu dem Zeitpunkt vorsah, da der Irak seine Unabhängigkeit erhalten würde.

In dem Aufstand von 1920 hatten sich die Kurden im Norden des Landes zurückgehalten. Noch immer erhofften sie sich von den Briten Weichenstellungen in Richtung auf einen eigenen Staat. Diese Hoffnungen wurden enttäuscht, als sich nach langwierigen Verhandlungen Großbritannien, die junge Türkische Republik und der Irak auf einen Verbleib der Provinz Mosul beim Irak verständigten. Damit war ein Problem im Zusammenleben zwischen der arabischen Mehrheit (sunnitisch wie schiitisch) und der kurdischen Minderheit (religiös zur großen Mehrheit sunnitisch) geschaffen, das bis in die Gegenwart die innere Stabilität wie die Außenpolitik des Landes belastet hat.

Die Folgen der anhaltenden, wiederholt durch militärische Machtdemonstrationen unterfütterten Manipulation der Innenpolitik des Irak duch Großbritannien sollten sich in doppelter Hinsicht als schwerwiegend erweisen. Zum einen stand sie einer geordneten Einübung der irakischen Bevölkerung in genuin demokratische Institutionen und Prozesse entgegen Wie auch in anderen Teilen der arabischen Welt blieb »Demokratie« eine Fassade, hinter der England die Fäden seiner Interessenpolitik zog. Bis zum Ende der Monarchie (1958) sollten sich auch immer wieder politische Kräfte und Persönlichkeiten finden, die davon profitierten, das Spiel mitzuspielen. Zum anderen war eine Marionettendemokratie nicht geeignet, die Verwerfungen zwischen den Bevölkerungsgruppen, die bereits die Geschichte des Zweistromlandes unter osmanischer Herrschaft gekennzeichnet hatten, zu überwinden. Auch konnten die sich mit den Jahrzehnten verschärfenden Gegensätze zwischen den alten Eliten und nach oben drängenden neuen gesellschaftlichen und politischen Kräften nicht über einen Ausgleich zwischen politischen Organisationen, die die tatsächlichen Kräfteverhältnisse in der Gesellschaft reflektiert hätten, entspannt werden. So kam schließlich 1958 der Umbruch, der sowohl das Ende der alten Ordnung als auch der britischen Dominanz im Irak bedeutete, von Seiten einer neuen Kraft, der Armee.

Nach dem Abschluss des bilateralen Vertrages sahen sich die Briten mit anhaltendem Widerstand konfrontiert. Die enttäuschten Kurden forderten größere Autonomie und unterstrichen ihre Forderungen durch sporadische Unruhen und bewaffnete Erhebungen in ihren Siedlungsgebieten. Die 1922 verbotenen Parteien erstanden wieder, neue traten hinzu. Erste Gewerkschaften schlugen sich auf die Seite der Nationalisten. London sah sich genötigt, seine Präsenz im Lande zu überdenken. Ein am 16. Dezember 1927 paraphierter »Bündnisvertrag« sah die Unabhängigkeit und die Aufnahme des Irak in den Völkerbund vor. Die Auseinandersetzung um ihn bestimmte die Innenpolitik in den nächsten Jahren. Am 30. Juni 1930 wurde ein neuer »Freundschaftsvertrag« unterschrieben; er sah die Aufnahme eines unabhängigen Irak in den Völkerbund vor. Aber die politischen Kosten blieben hoch. Großbritannien hatte sich auch diesmal noch zahlreiche Privilegien gesichert, das Amt des Hohen Kommissars war zwar abgeschafft, an seine Stelle aber trat der britische Botschafter. Zu wichtigen Entscheidungen war er zu konsultieren. Mit den Luftwaffenstützpunkten Habbaniyya und Schu'aiba sowie dem Durchmarschrecht für britische Truppen im Kriegsfall sicherte London wichtige militärische Interessen in der Region ab. Auch die Kontrolle über die Ölförderung im Lande (s. S. 173), die nach Kriegsende rasch an wirtschaftlicher und politischer Bedeutung gewann, blieb unter britischer Kontrolle.

Architekt des Abkommens war Nuri as-Sa'id, arabischer Nationalist seit der Vorkriegszeit, Vertrauter König Faisals und zugleich – bis zu seiner Ermordung in der Revolution von 1958, der stärkste Vertreter einer pro-britischen Politik des unabhängigen Irak. Die Auseinandersetzungen um den Vertrag polarisierten die irakische Gesellschaft. Die pro-britischen Kräfte, die ihm zustimmten, organisierten sich in der von as-Sa'id gegründeten *Partei des Bundes* (*hizb al-ahd*); eine Erinnerung an jene arabisch-nationalistische Vereinigung, die auch unmittelbar nach dem Krieg noch eine Rolle gespielt, diese aber mit den Jahren eingebüßt hatte. Seine Gegner hatten sich in der *Partei der nationalen Brüderlichkeit* (*hizb al-ikha al-watani*) zusammen getan. In einem Klima innerer Unruhen, die auch einen Kurdenaufstand und einen Proteststreik sahen, wurde der Irak am 3. Oktober 1932 in den Völkerbund aufgenommen. Damit erlosch das Mandat und das Land wurde unabhängig. Der Einfluss Großbritanniens freilich blieb bestimmend. Diese Ambivalenz war dazu angetan, die Legitimität der Monarchie, die von Anfang an in Teilen der Bevölkerung und der politischen Klasse auf Ablehnung gestoßen war, nach und nach auszuhöhlen.

Auch mit der Erringung der Unabhängigkeit kam das Land nicht zur Ruhe. Die Tatsache, dass zwischen 1932 und 1939 zwölf Regierungen einander folgten, ist ein Indiz für das Ausmaß an Instabilität. Nationalistische Kräfte setzten den Kampf um die völlige Befreiung von britischem Einfluss und die Annullierung des Vertrages von 1930 fort. Religiöse und ethnische Gruppen suchten ihre Teilhabe am System auszudehnen oder strebten nach Autonomie. Besonders tragisch war das Schicksal der assyrischen Christen. Als religiöse Minderheit, die vor und nach dem Ende des Krieges von Großbritannien in der Region Mosul angesiedelt worden war, war sie auf britischen Schutz besonders angewiesen. Auf einen Aufstand, in dem die assyrischen Christen Forderungen nach Autonomie Nachdruck zu verleihen suchten, reagierte die irakische Armee im August 1933 mit großer Härte. Auch sozialpolitische Forderungen begannen vernehmbar zu werden. Linke Positionen artikulierten sich in der jungen *Irakischen Kommunistischen Partei* (KPI) und in der vornehmlich von jugendlichen Schiiten getragenen Bewegung *Das Volk* (*al-ahali*).

Die Regentschaft König Faisals war nur von kurzer Dauer, er starb 1933. Damit verließ eine Persönlichkeit die Bühne der irakischen Politik, die zwar namentlich seitens irakischer Nationalisten nicht unumstritten, aber um Ausgleich nach innen wie nach außen bemüht gewesen war. Seine Führung in der arabischen Revolte hatte ihm eine gewisse Legitimität verliehen. Sein Sohn und Nachfolger, Ghazi, der 1921 in Mekka geboren und teilweise in Großbritannien erzogen worden war, galt bei seinem Regierungsantritt als – auch aufgrund seiner Jugend – eine eher schwache Persönlichkeit. Ein von Schitten geprägter Massenaufstand, in dem es sowohl um soziale als auch um nationalistische Anliegen ging, wurde 1935 von der Armee mit britischer Unterstützung niedergeschlagen.

Am 29. Oktober 1936 griff die Armee abermals ein; diesmal in From eines unverblümten Putsches. Gefordert wurden die Entlassung des Ministerpräsidenten und die Einsetzung einer der Armee genehmen Persönlichkeit. König Ghazi entsprach der Forderung umgehend. Damit schuf die irakische Armee einen Präzedenzfall, der nach dem Ende des Zweiten Weltkriegs über Jahrzehnte in zahlreichen arabischen Staaten Nachahmung finden sollte: die Machtübernahme durch das Militär. Die nationalen Armeen wurden Sammelbecken, in denen Angehörige der mittleren und unteren Schichten der Gesellschaften aufsteigen konnten. Dort bereitete sich nicht nur die Ablösung der traditionellen Eliten als Zentrum der Machtausübung vor; in den Armeen fanden auch die neuen Paradigmen der politischen und gesellschaftlichen Entwicklung Eingang, vor allen anderen Nationalismus und Sozialismus.

Die Jahre bis zum Ausbruch des Zweiten Weltkriegs sind durch politische und gesellschaftliche Stagnation gekennzeichnet. Der Eintritt von Mitgliedern der *Ahali*-Bewegung in die Regierung hatte Hoffnungen auf soziale Reformen, darunter eine Landreform, geweckt. Ihre Verschleppung im Parlament führte zu Unruhen, insbesondere unter den ländlichen Schiiten. In der Armee standen sich Fraktionen von Offizieren gegenüber: Einige unter ihnen, die obersten Ränge, suchten noch immer den Ausgleich mit Großbritannien. Andere folgten einer radikaleren nationalistischen Linie, die sich freilich in eine irakisch- und eine arabisch-nationalistische Ausrichtung spaltete. Schließlich begannen sich die Entwicklungen in Europa, namentlich der Aufstieg des Faschismus in Italien und Deutschland bemerkbar zu machen. Eine vage gemeinsame »Gegnerschaft gegen Großbritannien« wurde propagiert. Mit der *futuwwa* (frei: *Bund Junger Männer*) entstand eine paramilitärische Organisation nach dem Vorbild der Hitlerjugend. Eine als *Goldenes Quadrat* bezeichnete Gruppe von Obristen machte kein Hehl aus ihrer Bewunderung für den Faschismus in Italien und Deutschland.

Diese Entwicklung musste London umso mehr beunruhigen, als auch König Ghazi Sympathien für den Faschismus erkennen ließ. Auf britischen Druck hin wurde deshalb im Dezember 1938 Nuri as-Sa'id als Ministerpräsident eingesetzt. Sein Name stand seit eh und je für eine pro-britische Ausrichtung der irakischen Politik; er sollte bis zur Revolution von 1958 die politische Bühne in Bagdad – wenn auch keineswegs ohne Widerstände – dominieren. Als König Ghazi am 3. April 1939 bei einem Autounfall starb, wollten Gerüchte nicht verstummen, die die britische Hand dahinter sahen. Nuri betrieb die Ernennung von Ghazis Cousin und Schwager Abd al-Ilah zum Regenten für Ghazis erst 4-jährigen Sohn Faisal. Wie nahe Nuri britischer Politik stand, ließ er erkennen, als er am 4. September 1939, drei Tage nach Kriegsausbruch, die Beziehungen zu Deutschland abbrach.

Gleichwohl geriet der Irak innenpolitisch in den Strudel der internationalen Politik. Überzeugt, dass Deutschland den Krieg gewinnen würde, übernahmen zugleich pan-arabisch und pro-deutsch eingestellte Kräfte am 1. April 1941 in einem Putsch die Macht. Der Regent, der sich weigerte, eine von den Putschisten eingesetzte Regierung zu bestätigen, verließ fluchtartig das Land. Abd al-Ilah wurde für abgesetzt erklärt. Die neue »Regierung der Nationalen Verteidigung« unter Führung des achsenfreundlichen Raschid Ali al-Kailani erhielt die Anerkennung aus Berlin. Auch wenn Raschid Ali bemüht war, Großbritannien nicht zu provozieren, war London über die nationalistischen und pro-deutschen Töne der neuen Regierung beunruhigt. Entschlossen, den in den Augen der britischen Regierung verfassungswidrigen Zustand zu beenden, und unter Berufung auf die Bestimmungen des Vertrages von 1930 begann Großbritannien, seine Truppen im Irak zu verstärken. Ende April 1941 brachen Kämpfe aus; bereits einen Monat später marschierten die britischen Truppen in Bagdad ein. Raschid Ali und andere Mitglieder seiner Regierung flohen aus dem Land; Raschid Ali zeitweilig nach Rom, von wo aus er die nationalsozialistische Politik weiterhin propagandistisch unterstützte. Am 1. Juni kehrten der Regent und andere pro-britische Politiker nach Bagdad zurück. Die Putschisten hatten Deutschland um Hilfe gebeten. Aber die Einsätze der deutschen Fliegerstaffel blieben wirkungslos. Am Ende blieb sie wegen Treibstoffmangels am Boden und wurde von der Royal Air Force zerstört (s. S. 341). Großbritannien hatte seine militärische Überlegenheit im östlichen Mittelmeer ausgespielt und seine Stellung im Nahen Osten gefestigt. Es konnte sich jetzt auf die militärische Konfrontation mit den Achsenmächten in Nordafrika konzentrieren.

Die Ereignisse waren für die Zukunft des Landes in mehrfacher Weise folgenreich. Zum einen zeitigten sie Anfang Juni 1941 einen antijüdischen Progrom, wie ihn die arabische Welt noch nicht erlebt hatte. Bewegt durch antibritische Stimmung, Hass auf das zionistische Projekt in Palästina und von den Nazis verbreitete antisemitische Propaganda zogen nach dem Sturz Raschid Alis ein Mob von Angehörigen der *futuwwa* und führerlose Soldaten durch die jüdischen Wohnviertel Bagdads und massakrierten Hunderte Menschen. Zum anderen bedeutete namentlich die Stationierung von bis zu 100 000 britischen Soldaten im Irak eine enorme Belastung der Wirtschaft. Unter den Bedingungen des Kriegsrechts wurden die Ressourcen des Landes britischen Kriegsbedürfnissen untergeordnet. Zum dritten schließlich beschleunigte die Kollaboration von Angehörigen der haschemitischen Familie mit Großbritannien den Legitimitätsverlust der Dynastie.

Auch im Irak sollte das Ende des Krieges eine Zäsur bedeuten. Nach Jahren des Kriegsrechts, das auch ein Verbot aller politischen Parteien und der Gewerkschaften beinhaltet hatte, erhofften sich viele Iraker nunmehr Öffnung und Wandel. Nicht zuletzt die enge Verknüpfung der herrschenden Kreise mit britischen Machtinteressen im Irak hatte diese in den Augen einer breiten Öffentlichkeit als Verräter an der nationalen Sache diskreditiert. Dieser Stimmung suchte der Regent in einer Rede am 27. Dezember 1945 entgegen zu wirken, in der er u. a. das Ende des Kriegsrechts, die Wiederzulassung politischer Parteien und Gewerkschaften sowie soziale und wirtschaftliche Reformen versprach. Tatsächlich schien Aufbruch angesagt. Das Kriegsrecht wurde aufgehoben, Parteien gegründet.

Doch es war nur ein kurzer Frühling. Als Ministerpräsident Taufiq as-Suwaidi ankündigte, den Vertrag von 1930 neu zu verhandeln, kam es bereits im März 1946 zu einer neuerlichen Allianz zwischen den Gegnern der Reformen und Großbritannien. Die Entlassung des Ministerpräsidenten war das Fanal zu einer Kette von Unruhen, Streiks und Gewaltausbrüchen, die für die irakische Politik bis zum Ende der Monarchie kennzeichnend bleiben sollten. Das Kriegsrecht war – von kurzen Ausnahmen abgesehen – das Instrument der Regierung, einem politischen Wandel, der von der Mehrheit der Iraker gewollt war, entgegen zu arbeiten. Nuri as-Sa'id sollte dabei – zumeist abgestimmt mit britischen Interessen – geradezu zur Symbolfigur der Repression werden. Das änderte sich auch nicht, als bei Eintritt in die Volljährigkeit Faisal II. die Herrschaft übernahm. Politisch wenig interessiert – das unterschied ihn von seinem haschemitischen Familienmitglied Husain in Jordanien, der nahezu gleichaltrig ebenfalls im Mai 1953 sein königliches Amt antrat – überließ er die täglichen Regierungsgeschäfte Abd al-Ilah. Wie Nuri as-Sa'id blieb dieser den traditionellen Herrschaftsstrukturen verhaftet. Der Einfluss Großbritanniens wurde im *Vertrag von Portsmouth* festgeschrieben, der am 15. Januar 1948 unterzeichnet wurde.

Wirtschaftliche, politische und gesellschaftliche Forderungen aus der Bevölkerung und seitens der Opposition verketteten sich immer intensiver und mit wachsender Feindseligkeit gegen die britische Politik im Irak und darüber hinaus im Nahen Osten. Dies war der Fall in einem Aufstand im Herbst 1948, den Nuri as-Sa'id im Januar 1949 mit Panzern niederschlug; eine Maßnahme, die sich ein Jahr später wiederholte. Inzwischen hatten die Entwicklungen in Palästina antibritische Emotionen verschärft, zugleich hatte das Versagen der arabischen Armeen in Palästina – unter ihnen irakische Einheiten – Frustration unter breitesten Teilen der Bevölkerung, nicht nur der explizit nationalistisch gesinnten, geweckt. Von Iran, wo der liberale Ministerpräsident Muhammad Mosaddegh 1951 die *Anglo-Iranian Oil Company* (AIOC) verstaatlicht hatte, übernahmen irakische Nationalisten die Forderung, ein gleiches mit der IPC zu tun. Der nachhaltigste Impuls aber für die Opposition im Irak kam aus Ägypten. Hier hatte eine Gruppe aus den Reihen der Armee, die sich die *Freien Offiziere* nannte, im Juli 1952 den König gestürzt und die Republik ausgerufen (s. S. 64). Entsprechende Erwartungen waren nun auch im Irak geweckt. Für den Augenblick aber sollte das Gegenteil eintreten: Forderungen nach mehr Demokratie und der Kündigung des Vertrages von 1930 beantwortete das Regime mit dem Einsatz des Militärs und der Verhängung des Kriegsrechts.

Unterdessen waren auch die Wolken des Ost-West-Konflikts über dem Irak aufgezogen. Nuri as-Sa'id positionierte das Land klar: 1954 brach er die Beziehungen zur Sowjetunion ab und suchte Anschluss an das westliche, nunmehr amerikanisch dominierte Sicherheitssystem. Nach langen Verhandlungen trat der Irak (als einziges arabisches Land) auf britischen Druck am 24. Februar 1955 einem von Washington vorangetriebenen Verteidigungsbündnis bei (am 5. April tat auch Großbritannien diesen Schritt), das, da schließlich das Hauptquartier nach Bagdad verlegt wurde, als *Bagdad-Pakt* bekannt geworden ist. Die Folgen sollten nicht lange auf sich warten lassen: Bagdad konnte sich der Unterstützung Großbritanniens im sogenannten zweiten Nahostkrieg im Herbst 1956 (s. S. 65 f.) nicht versagen. Nicht nur lief ein Teil des Nachschubs über den Irak; auch wurden von den britischen Luftwaffenstützpunkten aus Angriffe gegen ägyptische Stellungen geflogen. Dieser Krieg war in der arabischen Welt extrem unpopulär. Die Welle der Empörung führte auch im Irak zu Protesten. Nuri as-Sa'id ließ sie niederschlagen.

Immer weniger aber ließen sich in den folgenden Jahren oppositionelle Bestrebungen unterdrücken. Im Februar 1957 kam es mit der Gründung der *Front der Nationalen*

Einheit zu einem Zusammenschluss der wichtigsten Oppositionsparteien. Deren Forderungen, zu denen die Beendigung des Kriegsrechts und die Gewährung demokratischer Freiheiten sowie der Austritt aus dem Bagdad-Pakt und die Beendigung ausländischer Einmischung gehörten, waren in breitesten Kreisen populär. Zugleich suchte sie Kontakte zur Armee. Dort hatten sich, inspiriert durch die Machtübernahme Nassers in Ägypten, auf den mittleren Rängen und unter jüngeren Offizieren oppositionelle Zellen gebildet, deren programmatisches Spektrum von panarabischen Ideen bis zum sozialistischen Umsturz reichte. Im Klima der Begeisterung über die »siegreiche Zurückschlagung der Aggression« im Oktober 1956 bauten einige unter ihnen eine irakische Variante der ägyptischen Organisation der *Freien Offiziere* auf.

Relativ gering an Zahl – 1957 waren sie etwa 200 Mann – waren sie gleichwohl hoch motiviert und im gesamten Netzwerk der Streitkräfte wirkungsvoll positioniert. Es ist eine weitere Ironie der Geschichte, dass es gerade ihr Auftrag, Bündnisverpflichtungen im Rahmen der von den USA und Großbritannien geführten »Front gegen den Kommunismus« zu erfüllen, war, der es ihnen schließlich möglich machte, die alte Ordnung zu stürzen. In Syrien, Jordanien und im Libanon schienen eben jene Kräfte auf dem Vormarsch, zu deren Eindämmung der amerikanische Präsident Dwight D. Eisenhower im Januar 1957 die nach ihm benannte Doktrin formuliert hatte (s. S. 321). Amerikanische und britische Truppen waren den bedrohten Regimes in Amman und Beirut zu Hilfe gekommen. Und am 1. Februar 1958 hatten sich Ägypten und Syrien zur *Vereinigten Arabischen Republik* zusammengeschlossen (s. S. 95 f.).

In Reaktion darauf vereinigten sich die beiden von konservativen, pro-westlichen haschemitischen Regimes regierten Nachbarn ihrerseits zu einem gemeinsamen Staatsgebilde, der *Arabischen Föderation*. Sie sollte keine Bedeutung mehr haben. Als König Husain um irakische Truppen bat, Jordanien vor dem Überspringen der Funken des Bürgerkriegs im Libanon zu schützen (s. S. 148 f.), setzten sich die in Marsch gesetzten Einheiten vom Weg ab und marschierten am Morgen des 14. Juli 1958 in Bagdad ein. Führer des Putsches waren Abd al-Karim Qasim und Abd as-Salam Arif, zwei Schlüsselgestalten der *Freien Offiziere*. Der Palast des Königs, das Verteidigungsministerium, die Polizeizentrale, der Rundfunksender und militärische Schlüsselposten wurden besetzt. Der König, der Regent Abd al-Ilah und beinahe die gesamte Familie wurden erschossen. Nuri as-Sa'id, dem zunächst die Flucht gelungen war, wurde – als Frau verkleidet – aufgegriffen und ebenfalls sofort erschossen. Die nächsten Tage standen im Zeichen brutaler Abrechnungen zwischen politischen Gegnern im ganzen Land. Das Erscheinungsbild dieses Putsches, aus dem eine Revolution erwachsen sollte, ist geprägt von den Fotos der durch Bagdad geschleiften Leichen Abd al-Ilahs und Nuri as-Sa'ids.

Nach der provisorischen Verfassung, die 13 Tage nach dem Putsch verkündet wurde, war der Irak nunmehr eine Republik, die Teil der arabischen Nation und deren Staatsreligion der Islam sein würde. Das Land hatte nunmehr seine vollständige Souveränität erlangt. Am 24. März 1959 verließen die letzten britischen Soldaten das Land; bereits zuvor hatte die neue Regierung die Mitgliedschaft im Bagdad-Pakt gekündigt. Die *Arabische Föderation* wurde aufgelöst, mit der Sowjetunion wurden diplomatische Beziehungen aufgenommen. Das waren klare Gesten, die innerhalb des neuen Regimes geteilt wurden und auf breite Unterstützung in der Öffentlichkeit stießen. Umstritten aber war ein anderer Aspekt der Außenpolitik, der allerdings zugleich von hoher innenpolitischer Brisanz war: die Stellung des republikanischen Irak im arabischen Kontext. Schon mit der Gründung der Monarchie hatten sich irakische und panarabische Nationalisten gegenüber gestanden. Viele hofften, der revolutionäre Irak würde sich Ägypten anschließen, das ja bereits mit dem Zusammenschluss mit Syrien in der *Vereinigten Arabischen Republik* einen Schritt in Richtung auf die »arabische Einheit« unternommen hatte. Der Riss ging durch die sunnitischen Araber; die Kurden, die schiitischen Araber und die *Kommunistische Partei* befürchteten von einem Aufgehen in der arabischen Einheit Nachteile für ihre politische Stellung im Irak. Qasim selbst verstand sich als irakisch-arabischer Nationalist. Indem er sich der Führerschaft Nassers verweigerte, versetzte er nicht nur dem panarabischen Nationalismus einen Schlag; er schuf sich zugleich innenpolitische Feinde. Einer der ersten und zugleich gewichtigsten unter ihnen war sein Co-Revolutionär, Abd as-Salam Arif. Als dieser zum Anschluss an die *Vereinigte Arabische Republik* aufrief, wurde er nicht nur zum politischen Gegner Qasims, sondern auch zur Speerspitze eines machtvollen oppositionellen Lagers. Bereits im November 1958 wurde er von Qasim entmachtet.

Gesellschaftspolitisch galt es, die Stagnation zu überwinden, die die Ursache zahlreicher Spannungen und Konflikte gewesen war, welche in der Vergangenheit zum Teil gewalttätig ausgetragen worden waren. Parteien und Gewerkschaften wurden wieder zugelassen und Maßnahmen zur Besserstellung von Frauen verabschiedet. Bereits im September 1958 wurde ein Agrarreformgesetz erlassen. Ansätze dazu waren in der Vergangenheit immer wieder von den einflussreichen Kräften der Großgrundbesitzer torpediert worden. Jetzt sollte knapp die Hälfte des landwirtschaftlich nutzbaren Bodens umverteilt werden. Damit würde die Macht der bis dahin einflussreichen Grundbesitzer und Stammesscheichs nachhaltig geschwächt werden.

Hatte eine gemeinsame Gegnerschaft gegen die britische Herrschaft die Iraker zusammengeführt, so war das neue Regime mit der Frage konfrontiert, was denn die irakische »Nation« ausmache. Die arabische Bevölkerung (75–80 %) war in eine starke schiitische Mehrheit (60–65 %) und eine sunnitische Minderheit (32–37 %) gespalten. Daneben war durch die von den Briten betriebene Eingliederung der ehemaligen osmanischen Provinz Mosul in den neuen Staat ein starker kurdischer Bevölkerungsteil gegeben (15–20 %). Außerdem schließlich existierten weitere ethnische und religiöse Minderheiten (darunter 3 % Christen). Mit der Niederschlagung der irakischen Revolte im Jahre 1920, die in hohem Maße von den Schiiten auf dem Lande getragen worden war, hatten die Briten eine sunnitisch-arabische Vorherrschaft errichtet. Bemühungen der Kurden um ein höheres Maß an Selbstverwaltung waren ignoriert oder bekämpft worden. Das neue Regime musste auf diesbezügliche kurdische Hoffnungen und Erwartungen reagieren. Bald stellte sich heraus, dass dieses diesbezüglich keine Konzeption hatte. Die Protagonisten eines arabischen Irak waren unfähig, auf kurdische Forderungen nach Eigenständigkeit positiv zu reagieren. So kam es ab 1961 zur Wiederaufnahme des Kampfes der Kurden für Autonomie, ja Selbstständigkeit. Er sollte – mit Unterbrechungen – fortgeführt werden, bis im Gefolge des zweiten Golfkriegs 1991 der kurdische Teil des Landes unter den militärischen Schutz der internationalen Gemeinschaft gestellt wurde.

Angesichts der sich früh öffnenden Risse in dem neuen Regime war Machthaber Qasim gezwungen, Bündnispartner zu suchen. Er fand sie 1959 in der *Kommunistischen Partei* (KPI), die zusammen mit anderen politischen Parteien nach dem Machtwechsel wieder zugelassen worden war. Ihre Anfänge gingen auf die frühen 1920er Jahre zurück. Außenpolitisch begünstigt durch die Allianz Großbritanniens und der Sowjetunion hatte sie im Zweiten Weltkrieg die pro-britische Regierung unterstützt, was ihr einen relativ großen innenpolitischen Spielraum verschafft hatte. Nach eigenen Angaben soll sie 1944 11 000 Mitglieder gehabt haben. Im Zeichen des Kalten Krieges war sie nach dem Krieg verboten und unter Nuri as-Sa'id teilweise blutig verfolgt worden. Unter dem neuen Regime erhielt sie starken Zulauf – nicht zuletzt von Angehörigen unterprivilegierter Gruppen. Dazu gehörten insbesondere auch Schiiten und Kurden. An einer panarabischen Ausrichtung des Irak waren diese nicht interessiert. Qasim freilich ging es nicht um Ideologie, für ihn zählte ihre politische Stärke. Zur Zeit der Annäherung zwischen Qasim und der KPI stand diese mit über 20 000 Mitgliedern, zwei Parteimilizen sowie den ihr angeschlossenen Organisationen von Frauen, Jugendlichen und Bauern auf dem Höhepunkt ihres Einflusses. Qasems Manöver freilich vertieften nicht nur den Widerstand aus dem Lager des ausgebooteten Abd as-Salam Aref, aus dem heraus im Februar 1959 ein Putschversuch unternommen wurde. Einen solchen unternahm im Oktober auch die mit der KPI rivalisierende *Ba'th*-Partei, bei dem Qasim verletzt wurde. Unter den Putschisten befand sich ein Mann namens Saddam Husain.

Jetzt rückte Qasem wieder von der KPI ab. Durch sein ständiges Taktieren hatte er sich fast allen politischen Kräften entfremdet. Auch in der Armee verlor er an Rückhalt. Viele seiner Handlungsweisen zwischen 1960 und seinem Ende sind nur schwer nachvollziehbar. Sein Versuch, über die Kuwait-Frage verlorenes politisches Terrain zurückzugewinnen (s. S. 177 f.), scheiterte. Schwer verständlich ist auch die Entscheidung im November 1961, die Gefängnisse für all diejenigen zu öffnen, die in der Vergangenheit in Putschversuche verwickelt waren – unter ihnen Abd as-Salam Aref. Beobachter vermuten, er habe sich seit dem gescheiterten Putschversuch vom Oktober 1959 seitens der *Ba'thisten* als »auserwählt« und persönlich nicht gefährdet gewähnt. Von diesen aber ging gerade neuerliche Gefahr aus. Die Partei hatte sich seit 1960 neu organisiert und erheblich an Mitgliedern und Sympathisanten gewonnen. 1963 soll sie 850 Mitglieder und 15 000 Sympathisanten gezählt haben. Qasem war über die Vorbereitungen eines Putsches – vor allem durch Hinweise aus den Reihen der *Kommunistischen Partei* – informiert. Es ist schwer zu erklären, warum er nicht handelte. So konnten Panzer der Armee unter dem ba'thistischen General Ahmad Hasan al-Bakr am 8. Februar 1963 nahezu ungehindert auf das Verteidigungsministerium vorrücken, in dem Qasim Zuflucht gesucht hatte. Ein großer Teil der Armee war in den kurdischen Landesteilen gebunden. Der Rest sah keine Veranlassung, dem ungeliebten General zu Hilfe zu kommen. Am 9. Februar wurde Qasem auf Anordnung eines von den Putschisten gegründeten *Nationalen Rates des Revolutionären Kommandos* standrechtlich erschossen.

Die Abrechnung des neuen Regimes mit den politischen Gegnern war blutig. Sie richtete sich vor allem gegen die KPI und ihr nahe stehende politische und gesellschaftliche Organisationen. In den Massakern taten sich die *Nationalgarde*, die Miliz der

Ba'th-Partei, besonders unrühmlich hervor. Die Zahl der Opfer ging in die Tausende. Bereits vor dem Ende der Monarchie hatten die KPI und die *Ba'th*-Partei politisch gegen einander rivalisiert, auch wenn letztere Organisationsstrukturen der KPI zum Teil übernommen hatte. Der kommunistische Internationalismus und der panarabische Nationalismus aber waren nicht mit einander zu vereinbaren. Nach der Revolution von 1958 hatte die KPI den entschieden größeren Zulauf und noch 1963 betrug die Zahl der Mitglieder und der »Kandidaten«, die die KPI bei öffentlichen Anlässen zu mobilisieren vermochte, ein Vielfaches der Gefolgschaft der *Ba'th*-Partei. Auch in der Armee bildeten ba'thistische Offiziere und Aspiranten der Partei keineswegs die Mehrheit. Deshalb war sich die Partei darüber im Klaren, dass sie zur Alleinregierung – noch – nicht in der Lage sein würde. Vor diesem Hintergrund wurde Abd as-Salam Aref, nunmehr zum Feldmarschall aufgerückt, zum Staatspräsidenten ernannt.

Auch wenn sie den Anschein einer Ein-Partei-Herrschaft zu verschleiern suchte, war doch die *Ba'th*-Partei die treibende Kraft hinter den Ereignissen. Und es waren Entwicklungen innerhalb der Partei, die diesen zweiten Anlauf, die Macht dauerhaft zu übernehmen, zum Scheitern bringen sollten. Programmatische Differenzen, Rivalitäten und Konflikte traten zwischen dem militärischen Flügel der Partei, der den Putsch durchgeführt hatte, und dem zivilen zutage. Innerhalb dessen wiederum rivalisierten die pan-arabisch-nationale (*qaumi*; s. S. 96 f.) Führung mit Sitz in Damaskus mit der irakisch-regionalen (*watani*) Führung. Gespräche mit Nasser über eine Neuauflage der 1961 gescheiterten *Vereinigten Arabischen Republik* führten zwar am 17. April 1963 zur *Charta von Kairo*, blieben aber ansonsten folgenlos. Verhandlungen mit den Kurden um einen Autonomiestatus waren von Anfang an nicht ernst gemeint; im Juni begann eine weitere Runde von Kämpfen zwischen den Truppen der Zentralregierung und der von Mustafa Barzani geführten *Pischmerga*-Miliz.

Dem innenpolitischen Chaos, das zugleich wesentlich ein Chaos innerhalb der *Ba'th*-Partei war, setzte Präsident Abd as-Salam Aref ein Ende. Mit seinen loyalen Truppen zwang er die ba'thistische »Nationalgarde« zur Kapitulation und rief am 18. November 1963 die Herrschaft des Militärs aus. Auch wenn auf diese Weise die ba'thistischen Offiziere, allen voran Ahmad Hasan al-Bakr als Vizepräsident, vorerst ihre Posten behalten konnten, war die *Ba'th*-Partei als Machtfaktor doch vorerst nachhaltig geschwächt. Aref, dessen Bewunderung für Nasser ihn in Konflikt mit Qasem hatte geraten lassen, konnte nun darangehen, seine Lieblingsidee, die Vereinigung mit Ägypten, zu verwirklichen. Damit beginnt die nasseristische Phase des nachrevolutionären Irak.

Anders als im Falle der *Ba'th*-Partei, über die Nasser frustriert war und die er verachtete (eine Folge auch des Scheiterns der *Vereinigten Arabischen Republik*), war er gegenüber den Avancen Arefs offen. Mit ihm ordnete sich einer seiner Führung unter und kam nicht ständig mit einem panarabischen Konkurrenzentwurf daher. Im Januar 1964 begannen die Gespräche und schon im Mai verkündete die Staatsführung eine neue Verfassung, die sich an die ägyptische Verfassung anlehnte. Die Tatsache freilich, dass sie »dem Islam« einen höheren Stellenwert beimaß als »dem Sozialismus« ließ unterschiedliche Gewichtungen der geistig-ideologischen Fundamente der neuen Ordnungen von Beginn an erkennen. Tatsächlich sollten die Entwicklungen zeigen, dass Aref der Sozialismus als gesellschaftliches und wirtschaftliches Ordnungsmodell fremd war.

Nach der Schaffung eines gemeinsamen Präsidentschafts- und Verteidigungsrates wurde am 14. Juli 1964, dem sechsten Jahrestag der Revolution, die *Arabische Sozialistische Union* (ASU), eine Einheitspartei nach ägyptischem Vorbild, ausgerufen. Dies war zugleich Startschuss eines umfangreichen Nationalisierungsprogramms. Dazu gehörten u. a. die Verstaatlichung von Banken und Versicherungen. Im Bereich der Landwirtschaft wurde die von Qasem begonnene Bodenreform fortgesetzt. Jetzt rächte sich aber, dass der Umbruch einer umfassenden konzeptuellen Grundlage entbehrte. Die eingeleiteten Maßnahmen waren halbherzig und selektiv. Die zum Teil entschädigten ehemaligen Eigentümer brachten das Geld ins Ausland; die Leitung der verstaatlichten Betriebe ging an Vertraute Arefs, vielen von ihnen Offiziere, über. Missmanagement und Korruption waren die Folge. In der Landwirtschaft waren die alten Großgrundbesitzer zwar entmachtet, blieben aber gleichwohl einflussreich genug, Teile der Bodenreform zu blockieren. In der Kurdenfrage begannen im März 1965 wieder die Waffen zu sprechen.

Anfang 1965 war die politische und wirtschaftliche Krise nicht mehr zu verbergen. Damit begannen aber auch das Vereinigungsprojekt an Dynamik und Aref an Unterstützung seitens der nasseristischen Kräfte zu verlieren. Ein erster dilettantischer Putschversuch scheiterte im September 1965. Am 16. April 1966 kam Abd as-Salam Aref ums Leben. Sein Bruder Abd ar-Rahman folgte ihm im Amt nach.

Ihm gelang es nicht, die wirtschaftliche Krise zu beenden und das Land politisch zu stabilisieren. Regierungen lösten einander ab, deren Legitimationsgrundlage, der Nasserismus, in dem Maß an Glanz verlor, in dem Nassers Charisma selbst verblasste. Die schmachvolle Niederlage der ägyptischen Armee im Juni 1967 versetzte der Attraktivität des Nasserismus den Todesstoß. Das war im Irak nicht anders, auch wenn die Regierung die diplomatischen Beziehungen mit den USA wegen deren einseitiger Unterstützung Israels im Krieg abbrach. So aber eröffneten sich neue politische Perspektiven für den ideologischen Gegenspieler, die *Ba'th*-Partei.

Abd as-Salam Aref hatte es nach seiner Machtübernahme versäumt, die politische Bühne systematisch von der *Ba'th*-Partei zu säubern. Auf diese Weise war ihr die Chance gegeben, sich neu aufzustellen. Dabei übernahm ein Netzwerk persönlicher und verwandtschaftlicher Beziehungen die Führung, das in der Kleinstadt Tikrit seine Wurzeln hatte. Zu ihnen gehörten Ahmad Hasan al-Bakr, der 1963 den Putsch gegen Qasem angeführt hatte und sein Neffe Saddam Husain, der bereits im Oktober 1959 einen Attentatsversuch gegen diesen unternommen hatte. In einer propagandistischen Imagekampagne war sie bemüht gewesen, die Makel ihrer Machtausübung von 1963 vergessen zu machen.

Am 17. Juli 1968 begann der nun geplante Putsch, indem eine Gruppe ba'thistischer Offiziere Abd ar-Rahman Aref für abgesetzt erklärte. Wie 1963 machten sich die Putschisten Spannungen zwischen dem Staatspräsidenten und seiner Umgebung zunutze. Nicht-ba'thistische Angehörige des Regimes – unter ihnen der Chef der *Republikanischen Garde* wurden instrumentalisiert, den Putsch auszuführen. Ohne Widerstand zu leisten, verließ Aref das Land; Ahmad Hasan al-Bakr wurde zum Staatspräsidenten ausgerufen. Ein *Revolutionärer Kommandorat* übernahm als höchstes Machtzentrum die Führung. Der Prozess der Säuberung verlief rasant: Hatten sich im ersten Kabinett noch ba'thistische und nicht-ba'thistische Mitglieder die Waage gehalten, so gelang es ba'thistischer Wühlarbeit in Staatsapparat und Militär bis zum 30. Juli, die Alleinherrschaft der *Ba'th*-Partei durchzusetzen. Anders als 1963 war diese jetzt nicht mehr bereit, die Macht zu teilen.

Nach der Machtübernahme der Partei in Syrien im März 1963 war der Irak das zweite Land, in dem dies gelang. Sie sollte die Geschicke beider Länder über Jahrzehnte bestimmen. Im Irak wurde ihre Herrschaft durch die militärische Intervention der USA im März 2003 beendet; in Syrien geriet sie durch den Volksaufstand, der im März 2011 begann, ins Wanken. Mit der definitiven Durchsetzung diktatorischer Machtausübung in Damaskus und in Bagdad zu Beginn der 1970er Jahre wurde sie zu einer dominierenden Kraft der Politik im östlichen arabischen Raum. Das Verhältnis zwischen den beiden ba'thistischen Zentren freilich war durchweg eher von Konfrontation, ja Konflikten denn durch gemeinsames politisches Handeln auf einer sie verbindenden ideologischen Grundlage gekennzeichnet.

Ein anderes Problem lag in der Vormachtstellung des militärischen Flügels über den zivilen. Zwei Mal war jener die Speerspitze der Putsche gewesen. Dies zu ändern war von Beginn an das Ziel jenes Mannes, der für die nächsten 35 Jahre die politische Bühne des Irak – erst als Nummer zwei aus dem Hintergrund, seit 1979 dann als uneingeschränkter Diktator – beherrschen sollte: des Neffens des Putschführers Ahmad Hasan al-Bakr, Saddam Husein. Beide stammten aus Tikrit, in den folgenden Jahren wurden Familienmitglieder und Parteifreunde aus dieser Stadt zunehmend die Grundlage der Machtausübung der *Ba'th*-Partei. Saddam vermochte seinen Onkel von den Gefahren zu überzeugen, die von der Armee für die Stabilität der *Ba'th*-Herrschaft ausgehen würden. Im Einvernehmen mit ihm konnte er sich daran machen, die Kräfteverhältnisse im Machtapparat zugunsten des zivilen Flügels der Partei zu verändern. Die politische Führung sollte bei diesem liegen. Die Armee würde die Stabilität der Machtstellung der Partei zu gewährleisten haben. Unmittelbar nach dem Putsch war der *Revolutionäre Kommandorat* (RKR) als höchstes Organ des Regimes gegründet worden. Anfang 1970 von fünf auf 15 Mitlieder erweitert umfasste er schließlich zehn Zivilisten. Hinter seinem Onkel Ahmad Hasan al-Bakr war Saddam stellvertretender Vorsitzender sowie zugleich Vizepräsident der Republik und stellvertretender Generalsekretär der regionalen und nationalen Führung der Partei. Auch übte er die Kontrolle über die wichtigsten Geheimdienste aus. Die Verfassung vom 16. Juli 1970 schrieb die Vormachtstellung des RKR fest: Er war höchste Institution des Lande. Zugleich nahm er die Funktion des Staatspräsidenten und Oberbefehlshabers der Streitkräfte ein.

Wieder war die Partei durch einen Putsch an die Macht gekommen. Die disziplinierte Arbeit der Kader hatte sich ausgezahlt. Ihre Verankerung in der irakischen Gesellschaft aber war schwach; die Zahl ihrer Mitglieder gering – sie lag bei etwa 5000. Die Staats und Parteiführung suchte dieses Defizit zu überspielen, indem sie – im Widerspruch zu dem gesamtarabischen Kern ihrer Parteiideologie – eine Welle irakisch-nationalistischer Propaganda in Gang setzte. Alle Iraker, welcher konfessionellen bzw. ethnischen Zugehörigkeit immer, sollten sich als Teil des Jahrtausende alten mesopotamischen Erbes betrachten, dessen Wahrung nunmehr die *Ba'th*-Partei für sich reklamierte. Diese Strategie sollte nicht nur die schiitische Bevölkerungsmehrheit ruhig stellen, die in Partei und Machtapparat kontinuierlich an Boden verlor, nachdem sie in der Frühphase der

Parteiarbeit bis in die Spitzenpositionen vertreten gewesen war. Auch die Kurden sollten sich als Iraker fühlen. Neben der Konsolidierung der Macht war die ungelöste kurdische Frage eine Herausforderung an die Stabilität des Regimes. Regierung und Partei waren deshalb bemüht, den Konflikt zu lösen. Die langen Verhandlungen mündeten am 11. März 1971 in ein Abkommen, das tatsächlich den Kurden »Autonomie« und eine angemessene Beteiligung an den gesamtstaatlichen Institutionen versprach. In den kurdischen Gebieten sollten die arabische und die kurdische Sprache gleichgestellt werden. Bald aber erwies sich, dass beide Seiten Hintergedanken gehegt hatten. In dem Maße, in dem sich die Herrschaft des ba'thistischen Regimes konsolidierte, schwand das Interesse Bagdads an einer ehrlichen Umsetzung der weit reichenden Abmachungen. Auf kurdischer Seite gewann Mustafa Barzani, langjähriger Streiter für die kurdische Sache, Zeit, seinen Führungsanspruch in der innerkurdischen Kräftekonstellation zu sichern. Im April 1974 brach der bewaffnete Konflikt, grausamer als je zuvor, erneut aus. Er sollte zeitweilig auf die regionalen Machtverhältnisse am Golf ausstrahlen.

Nach der Konsolidierung der Macht konnte das Regime darangehen, den »Sozialismus«, einen der drei Eckpunkte des Programms der Partei zu verwirklichen. Konsequenter als unter den vorangegangenen Regierungen seit 1958 wurde die Verstaatlichung der Industrie, der Bodenschätze und des Finanzsektors vorangetrieben. Auch die Bodenreform wurde kompromisslos weiter geführt. Bis Mitte der 1970er Jahre waren knapp 72 % der staatlichen Ländereien an etwa 250 000 Bauern verteilt. Die Verstaatlichung der *Iraq Petroleum Company* (IPC) und ihrer Töchter wurde zum Symbol einer sozialistischen Industriepolitik. Und die ab 1973 explodierenden Ölpreise gaben dem Regime die Mittel, die Bürger spüren zu lassen, dass sie von dessen Machtausübung profitierten.

Die Entwicklung der Erdölwirtschaft im Irak wird unten kurz dargestellt (s. S. 313 ff.). Die Verstaatlichung der Erdölwirtschaft war eine Forderung der irakischen Nationalbewegung seit den 1920er Jahren gewesen. Aber erst Qasem sollte darangehen, die irakische Erdölwirtschaft von britischer Kontrolle zu lösen. 1961 forderte er einen höheren Anteil des irakischen Staates an der IPC sowie die Erhöhung der Abgaben. Als diese darauf nicht einging, gründete er die *Iraq National Oil Company* (INOC), die auf einem Teil der nunmehr irakischen Felder mit der Förderung begann. Dies war ein Schritt in Richtung auf die Revolutionierung der Erdölwirtschaft. Im Juni 1972 tat das *Ba'th*-Regime den folgerichtigen letzten Schritt. Als sich die IPC weigerte, die INOC bei der Erschließung des Nord-Rumailah Ölfeldes zu unterstützen, wurde sie verstaatlicht. Der Irak verfügte nun über die Kontrolle von Produktion und Vertrieb seines wichtigsten Rohstoffs.

Unter den Vorzeichen des Ost-West-Konflikts bedeuteten die wirtschafts- und sozialpolitischen Maßnahmen ein Einschwenken Bagdads in das von der Sowjetunion geführte Lager. Dies wurde symbolisch deutlich, als der Irak im April 1969 als erster arabischer Staat diplomatische Beziehungen zu der Deutschen Demokratischen Republik (DDR) aufnahm. Mit der Sowjetunion entstand eine enge wirtschaftliche Zusammenarbeit, die viele Bereiche der Industrialisierung aber auch der militärischen Rüstung umfasste. Sie fand im *Vertrag über Freundschaft und Zusammenarbeit* von 1972 ihren Ausdruck. Dessen innenpolitisches Pendant war die Gründung der *Progressiven*

Patriotischen Nationalen Front, deren Programm in der *Charta der Nationalen Aktion* niedergelegt wurde. Auf diese Weise war ein doppeltes Ziel erreicht: nach außen die Bekundung der Nähe zum »progressiven Lager« und nach innen die Kontrolle der *Kommunistischen Partei des Irak*, des langjährigen ideologischen und politischen Rivalen der *Ba'th*-Partei.

In westlicher Wahrnehmung verband sich mit dem Linksrutsch des Regimes in Bagdad die Gefahr des Vordringens des sowjetischen Einflusses in die gesamte Golfregion, ein Zentrum westlicher Rohstoffversorgung. Dies umso mehr, als sich nachhaltige Veränderungen der internationalen und regionalen Machtkonstellation andeuteten. Bereits 1967 hatte die Regierung in London die Entschlossenheit bekundet, die politische und militärische Rolle Englands am Persischen Golf zu beenden (s. S. 255 f.). Ein Machtvakuum drohte zu entstehen. Die politische Landschaft in der Region musste neu gestaltet werden. Das galt insbesondere für die Zukunft der von Großbritannien fast 200 Jahre dominierten Scheichtümer und Emirate am Persischen Golf und Indischen Ozean.

Auf die internationalen Implikationen wird an anderer Stelle hingewiesen (s. S. 323 f.). In regionaler Dimension wurde Iran das machtpolitische Widerlager des Irak. In Teheran hatte der Schah nach den innenpolitischen Turbulenzen der 1950er und 1960er Jahre seine Stellung festigen können. Für beide Regimes, in Bagdad wie in Teheran, wurde die Projektion außenpolitischer Macht Teil ihrer Legitimation. War der Golf »persisch« oder »arabisch«? In den 1970er Jahren wurde diese Differenz um die geographische Bezeichnung ein Politikum. Und wo verlief die Grenze zwischen beiden Ländern am Schatt al-Arab, dem Zusammenfluss von Euphrat und Tigris – auf der irakischen oder der iranischen Seite? Angesichts der zunehmenden Bedeutung der Häfen für die Importe der rasch wachsenden Volkswirtschaften – eine Folge der seit 1973 explodierenden Einnahmen der Öl produzierenden Länder – war die Souveränität über die Wasserstraße von hoher wirtschaftlicher und politischer Bedeutung. Politisch gestützt durch die USA, die das drohende sicherheitspolitische Vakuum zu füllen bemüht waren, und militärisch durch den Westen aufgerüstet verfolgte der Schah eine aggressive Politik im »Persischen Golf«. Bereits 1969 erhob er Anspruch auf die Zugehörigkeit der gesamten Wasserstraße zu Iran. 1971 besetzte er drei strategisch wichtige Inseln in der Meerenge von Hormuz, auf die auch die Emirate Schardschah und Ra's al-Khaima Anspruch erhoben. Als die Auseinandersetzungen zwischen den Kurden und der Zentralregierung in Bagdad im April 1974 in einen neuerlichen Krieg mündeten, erhielten sie militärische Unterstützung durch Iran. Der Konflikt wurde erst im März 1975 – vorübergehend – beendet. In Algier verständigten sich beide Seite auf einen Kompromiss: Die Talweglinie des Schatt al-Arab wurde als Grenze anerkannt; der Schah stellte die Unterstützung für die Kurden ein. Damit brach deren Aufstand zusammen.

Zeitgleich mit der Niederschlagung des Kurdenaufstandes begann ein anderes Problem sichtbar zu werden, das künftig die Innen- und in gewisser Weise auch die Außenpolitik bestimmen sollte. Die Erstarkung des politischen Selbstbewusstseins der Schiiten. Schiiten hatten in der *Ba'th*-Patei von Anfang an ihren Platz. Nach der Revolution von 1958 hatte sie erheblichen Zulauf von Schiiten, die sich von der Partei ein Ende der Marginalisierung erhofften. Genau das Gegenteil aber war geschehen. Die

Wirtschaftspolitik der postrevolutionären Regimes hatte den »Speckgürtel« um Bagdad privilegiert; die Siedlungsgebiete der Schiiten südlich der Hauptstadt waren zurückgeblieben. Im Februar 1977 kam es zu örtlichen Erhebungen. Dabei trat eine Partei hervor, die sich als Speerspitze der Anliegen der Schiiten verstand. Die *Partei des islamischen Rufes* (*hizb ad-da'wa al-islamiyya*) war 1968 von Muhammad Baqir as-Sadr gegründet worden, einem der führenden schiitischen Theologen im Irak und einem der wenigen Geistlichen bis dato, die sich politisch für die Belange der Schiiten einsetzten.

Die blutige Unterdrückung der Unruhen war zugleich Teil einer Kampagne geworden, die Herrschaft der *Ba'th*-Partei weiter zu festigen. In den zurückliegenden fetten Jahren, die satte Staatseinnahmen gesehen hatten, waren Teile der »sozialistischen« Reformmaßnahmen wieder zurückgenommen worden. Der Sozialismus war künftig nur noch Fassade. Angesichts harter Repression ging die KPI 1979 in den Untergrund. Die Abkühlung der Beziehungen zur Sowjetunion glaubte man zu diesem Zeitpunkt in Kauf nehmen zu können.

Die *Ba'th*-Partei herrschte jetzt unverhohlen diktatorisch, Partei und Staat waren identisch. In dieser Situation griff Saddam Husain nun nach der ganzen Macht. Am 18. April 1937 in Tikrit geboren, war er im Haus des Bruders seiner Mutter, eines glühenden Gefolgsmanns Raschid Ali al-Gailanis, aufgewachsen. Seinen Nationalismus fand er in der *Ba'th*-Partei verwirklicht. Diese und sein Clan in Tikrit blieben der Bezugsrahmen seines politischen Handelns. Formal in der Hierarchie die Nummer zwei hinter seinem Onkel General Ahmad Hasan al-Bakr, war er doch bald zur bestimmenden Figur der ba'thistischen Politik geworden. Seine Netzwerke hatte er genutzt, um über ihm vertraute Persönlichkeiten seine Machtbasis auszubauen. Besondere Aufmerksamkeit hatte er dabei der »Volksmiliz«, einer bewaffneten Truppe der *Ba'th*-Partei, und der Kontrolle über die Geheimdienste gewidmet. Im Januar 1976 ließ sich Saddam Husain zum General befördern.

Nach der Unterdrückungskampagne gegen die Kurden, die Schiiten und die KPI ließ Saddam die Maske fallen. Am 16. Juli 1979 trat al-Bakr von allen Ämtern zurück; Saddam wurde umgehend als sein Nachfolger vereidigt. Dieser Machtwechsel war in der Partei nicht unumstritten, und es wurden Bedenken gegen die Machtfülle eines einzigen Mannes geäußert. So wurde die Säuberung der Parteiführung Saddams erste Tat als Diktator. Unter dem Vorwurf der Verschwörung, in die auch Saddams Erzrivale, der ba'thistische Präsident Syriens, General Hafiz al-Asad verwickelt sei, wurden am 28. Juli 1979 22 führende Parteileute zum Tode verurteilt. Die Zukunft des Landes stand im Zeichen totalitärer Machtausübung, auch wenn dem System durch ein Parlament und gelegentliche Wahlen der Schein von Legitimierung durch das Volk gegeben wurde.

Nicht aus der Innen-, sondern aus Fehleinschätzungen in der Außenpolitik heraus, sollte sich Saddam Husain in einer Weise verstricken, die den Irak im regionalen und internationalen Gefüge schließlich politisch isolierte und seine wirtschaftlichen Potenziale ruinierte. Die erste Fehleinschätzung verführte ihn zum Überfall auf Iran Anfang September 1980. Die Islamische Republik befand sich nach der Revolution, die im Februar 1979 zur Rückkehr und Machtübernahme Ayatollah Khomeinis geführt hatte, in einer Periode innenpolitischer Unruhen. Machtkämpfe unter den revolutionären Akteuren waren ausgebrochen, die das Land destabilisierten, die Armee war durch

Säuberungen geschwächt. Andererseits ließ die Propaganda aus Teheran eine Tendenz erkennen, den islamisch-revolutionären Funken auch in die Nachbarländer überspringen zu lassen. Auf Seiten der irakischen Schiiten, den Glaubensgenossen der Iraner, kam es zwar nicht zu einer flächendeckenden Erhebung, aber zu lokalen Konflikten mit der Staatsmacht. Einen Bombenanschlag an der Universität Bagdad am 1. April 1980 nahm Saddam zum Vorwand, drakonisch gegen die *Da'wa*-Partei vorzugehen. Unter den Ermordeten befanden sich auch Parteiführer Muhammad Baqir as-Sadr und seine Schwester. Wieder wurden Zehntausende von Schiiten unter Druck gesetzt, den Irak in Richtung Iran zu verlassen.

Auch wenn Saddam seinen Überfall als Abwehr einer Bedrohung zu rechtfertigen suchte, war unübersehbar, dass es ihm in Wirklichkeit darum ging, die machtpolitischen Gewichte in der Region tief greifend zu verändern. Mit Iran waren Rechnungen offen; das von ihm als schmachvoll empfundene Abkommen von Algier wurde am 21. September 1980 gekündigt. Die Schwäche des Regimes in Teheran schien ihm eigene militärische Überlegenheit zu gewährleisten. So reichten seine Kriegsziele von dessen Sturz bis zur Besetzung und Annektierung der auch von schiitischen Arabern bewohnten iranischen Erdölprovinz Khusistan, die in Bagdad *Arabistan* hieß. Ein solcher äußerer Erfolg würde der noch jungen Diktatur Saddams auch nach innen Legitimation verleihen.

Der von Saddam Husain begonnene Krieg sollte erst nach acht Jahren mit einem Waffenstillstand beendet werden. Dem anfänglichen Vormarsch insbesondere irakischer Panzerverbände folgte ein Stellungskrieg. Tatsächlich zeigte sich die reguläre iranische Armee geschwächt. Mit fortschreitendem Kriegsverlauf aber übernahmen die *Revolutionären Garden* (*pasdaran*), die nach der Gründung der Islamischen Republik aufgebaut worden waren, die Führung des Krieges. Mangels wirkungsvoller Waffensysteme und angesichts eines internationalen Waffenembargos ergänzten sie die Kriegsführung – gemeinsam mit den revolutionären Milizen (*basidsch*) – durch die Strategie der menschlichen Selbstaufopferung. Zugleich sah sich Saddam in seiner Erwartung getäuscht, dass die schiitischen Araber Khusistans in großer Zahl zu der irakischen Armee (die große Mehrheit der einfachen Soldaten waren Schiiten) überlaufen würden. Nach und nach begannen die Iraner die Kriegführung zu bestimmen, so dass am 20. Juni 1982 Saddam seinen Soldaten den Rückzug auf irakisches Territorium befahl und einen einseitigen Waffenstillstand verkündete.

Nun war das Regime in Teheran seinerseits entschlossen, den Krieg bis zum Sieg über die irakischen Truppen fortzusetzen. Dazu freilich zeigte es sich nicht in der Lage. Das Kriegsgeschehen begann auf Nebenkriegsschauplätzen ausgetragen zu werden: Ballungszentren und Industrieanlagen wurden angegriffen. Durch Angriffe auf Tankschiffe suchten beide Seiten den Ölexport des Gegners zu behindern. Das arabische Umfeld war gespalten. Das Lager derer, die den Irak unterstützten, bestand aus den Golfmonarchien, die sich im Mai 1981 zum *Golf-Kooperationsrat* (GKR; s. S. 248) zusammengeschlossen hatten, und Ägypten. Der GKR stellte Finanzmittel bereit, Ägypten lieferte Waffen. Im iranischen Lager standen Syrien, Libyen und das kommunistische Südjemen. Sie hatten die antiwestliche Ausrichtung der Revolution begrüßt und sahen in dem irakischen Angriff eine Stärkung der USA und Israels in der Region.

Tatsächlich hatten die USA mit dem Ausbruch der Revolution in Iran begonnen, ihre Einstellung zu dem Regime in Bagdad zu verändern. Die Annäherung erreichte ihren Höhepunkt in der Wiederaufnahme der diplomatischen Beziehungen (sie waren nach dem »6-Tage-Krieg« im Juni 1967 abgebrochen worden) im Dezember 1984 und einer sich daran anschließenden amerikanischen Rüstungshilfe, die auch die Lieferung moderner Kampfflugzeuge beinhaltete. Indem die amerikanische Marine 1987 dazu überging, kuwaitische Tanker zu schützen und iranische Bohrinseln zu zerstören, wurden die USA zum unmittelbaren militärischen Gegner Irans. Die Tatsache, dass keine der beiden Parteien den Krieg gewinnen konnte, machte sie schließlich bereit, sich auf ein vom Sicherheitsrat der UNO moderiertes Ende der Kampfhandlungen einzulassen. Am 20. August 1988 trat ein Waffenstillstand in Kraft. Der Erste Golfkrieg war damit vorüber.

Die menschlichen Verluste, die Sachschäden und finanziellen Kosten beider Seiten sind unterschiedlich veranschlagt worden. Für den Irak beziffert eine Schätzung die Kosten auf 450 Milliarden bei einer Auslandsverschuldung von 80 Milliarden Dollar. Damit war Saddam Husian nicht länger in die Lage, die Erwartungen einer Bevölkerung zu erfüllen, die sich nach acht Jahren Krieg und Entbehrung auf eine durchgreifende Verbesserung der Lebensverhältnisse richteten. In der letzten Phase des Krieges hatte er – unter dem Code *anfal* (Beute) – den neuerlich aufkeimenden Widerstand unter den Kurden gebrochen und diese für die »Kollaboration mit dem Feind« gestraft. Der Ort Halabdscha, in dem bei einem Giftgaseinsatz 5000 Zivilisten starben, steht für die besondere Grausamkeit dieser Unterdrückung.

Vor dem Hintergrund seiner prekären wirtschaftlichen Lage begann Saddam, die ölreichen arabischen Nachbarn des GKR aufzuordern, nicht nur die irakischen Schulden vollständig zu erlassen, sondern sich auch am Wiederaufbau des Irak zu beteiligen. Diese ihrerseits erhoben Forderungen nach Rückzahlung der Schulden. Indem sie – in Absprache mit Iran – darangingen, die Ölproduktion auszuweiten, begann der Ölpreis zu fallen, ein Umstand, der Saddam zu noch aggressiverer Polemik bestimmte. Bald schoss sich diese in besonderer Weise auf Kuwait ein: Das Land habe während des Krieges das Rumailah-Ölfeld angebohrt und damit den Irak um Einnahmen daraus gebracht. Tatsächlich dürfte Mitte des Jahres 1990 der Entschluss in ihm gereift sein, sich der enormen Ressourcen des Emirats militärisch zu bemächtigen. Am 2. August überschritten irakische Truppen die Grenze und besetzten Kuwait in wenigen Stunden. Die Herrscherfamilie verließ das Land. Am 8. August erklärte Saddam Husain Kuwait zur 19. Provinz des Irak.

Der Überfall war der Höhepunkt einer langen Geschichte von Ansprüchen Bagdads auf das Emirat. Der Irak und Kuwait waren Teile des Osmanischen Reiches gewesen. Solange Großbritannien seine Rolle als Protektoratsmacht ausgeübt hatte, gingen die Forderungen Bagdads nach einem Anschluss des kuwaitischen Territoriums ins Leere. Als Kuwait seinerseits 1961 in die Unabhängigkeit eintrat, hatte Qasim die Forderung der Besetzung Kuwaits einmal mehr erhoben; auch er hatte damit seine angeschlagene Legitimation zu stärken gesucht. Erst 1963 wurde die Souveränität Kuwaits von Bagdad anerkannt. Der Befehl zum Angriff auf das Emirat mag der Einschätzung des irakischen Diktators geschuldet gewesen sein, dass Washington den Schritt hinnehmen würde.

Tatsächlich hatten die USA und die internationale Gemeinschaft den Ernst der Lage unterschätzt. Mit dem sich abzeichnenden Ende der Sowjetunion befasst, hatten sie den Streit für einen gewöhnlichen »arabischen Bruderzwist« gehalten. So erklärt sich die Bemerkung der amerikanischen Botschafterin, ihre Regierung habe keine dezidierte Meinung zu innerarabischen Konflikten. Im Übrigen hatte Saddam Husain seit Ende des Krieges mit Iran durchaus zu dem Schluss kommen können, Washington betrachte den Irak als Ordnungsmacht am Golf.

Ist die amerikanische Enthaltung im Vorfeld des Konflikts schwer nachzuvollziehen, so zeigte sich Präsident George Bush (senior) nach dem Überfall entschlossen, ihn nicht hinzunehmen. Wie immer Washington Saddams Rolle bewertete – eine Dominanz des Diktators über die Ölreserven auch Kuwaits – 1990 20 Prozent der prospektierten Ölreserven am Golf – widersprach amerikanischen Interessen. Der UNO-Sicherheitsrat forderte den unmittelbaren Rückzug der irakischen Truppen und die Wiederherstellung der Souveränität Kuwaits. Spätere Resolutionen verhängten Sanktionen. Die Resolution 678 vom 29. November drohte Gewalt an, falls der *status quo ante* nicht bis zum 15. Januar 1991 wiederhergestellt sei. Nach dem Scheitern aller Vermittlungsbemühungen, in die auch der Generalsekretär der UNO und der Staatspräsident der Sowjetunion, einst eine befreundete Macht, Michael Gorbatschow, eingeschaltet waren, begann am 16. Januar die Operation *Desert Storm* (Wüstensturm). Am 28. Februar 1991 kapitulierte Saddam Husain. Der Zweite Golfkrieg war an sein Ende gekommen. Über die Gründe, warum der Krieg nicht bis zur Eroberung Bagdads und zum Sturz Saddam Husains weiter geführt wurde, ist später – insbesondere im Lichte der Politik George W. Bushs (junior) – viel diskutiert worden. George Bush senior pflegte zu betonen, das hätten die Resolutionen des Sicherheitsrats nicht gerechtfertigt.

Diese zweite Fehleinschätzung Saddam Husains bedeutete das Ende aller machtpolitischen Ambitionen. Zwar erhielt der Diktator Beifall aus Teilen der arabischen Öffentlichkeit und die Palästinenser bejubelten die nach Israel abgefeuerten etwa 40 Scud-Raketen. Die Unterstützung durch Jordanien, Jemen und die PLO war naturgemäß ohne Folgen für den Irak, schuf aber diesen in der Folge nachhaltige Probleme. Die Regierung in Riyadh hatte saudischen Boden für den Aufmarsch der Alliierten zur Verfügung gestellt, zu denen auch einige arabische Staaten gehörten. Aus Moskau war die erhoffte Unterstützung ausgeblieben; die Sowjetunion war gerade dabei, sich aus der Weltpolitik zu verabschieden. In Washington verkündete Präsident George Bush (senior) den Beginn einer »neuen Weltordnung«. Eine Ära der weltpolitischen Unipolarität brach an, deren Auswirkungen in den kommenden Jahren im Nahen Osten, auch im Irak, fühlbar werden sollten.

Die Innen- und wirtschaftspolitischen Auswirkungen des Krieges waren desaströs. Nach unterschiedlichen Schätzungen hatte der Krieg zwischen 200 000 und 400 000 Menschenleben gekostet. Wirtschaftlich war das Land weiter zurück gefallen. Jetzt veränderten sich die alten Verwerfungen zu offenen Konflikten. Mit der Perspektive der »neuen Weltordnung« vor Augen und verführt durch ominöse Ermutigungen des amerikanischen Präsidenten und des britischen Ministerpräsidenten, John Major, sich selbst zu helfen, erhoben sich die Schiiten im Süden und die Kurden im Norden. Mit seiner ganzen verbliebenen Militärmacht, insbesondere den Eliteverbänden der *Repub-*

likanischen Garden, ging Saddam gegen die Aufständischen vor und warf sie nieder. Ihre Schwäche schließlich lag neben der Unzulänglichkeit der Ausrüstung und einer mangelnden einheitlichen Führung in unterschiedlichen Vorstellungen über die Zukunft ihrer jeweiligen Gemeinschaften. Als die Alliierten Flugverbote nördlich des 36. und südlich des 33. Breitengrades verhängten, hatte Saddam seine Macht über den Irak bereits wieder konsolidieren können.

Die Zeit bis zum Ende der Herrschaft des Diktators am 9. April 2003 sollte für die arabische Bevölkerung des Landes zu einem qualvollen Alptraum werden. Sie war bestimmt durch Verarmung und Repression. Ausgangspunkt dieser Epoche war die Resolution 687, mit welcher der UNO-Sicherheitsrat am 3. April 1991 den Zweiten Golfkrieg für beendet erklärte. Gefordert wurden u. a. die Anerkennung der Souveränität Kuwaits und – besonders brisant – die kontrollierte Zerstörung aller Massenvernichtungswaffen innerhalb eines Jahres. Bis zur Erfüllung dieser Forderungen sollten die in der Resolution in Kraft gesetzten Sanktionen fortgeführt werden. Dabei handelte es sich um das Verbot sämtlicher Importe in den und Exporte aus dem Irak einschließlich der damit verbundenen Geldtransfers. Es war Ausdruck der durch das Ende der Sowjetunion entstandenen neuen internationalen Großwetterlage, dass mehr als 150 Mitgliedstaaten der UNO ihre Teilnahme an dem Sanktionsregime bekundeten.

Auf dem Rücken der irakischen Bevölkerung begann ein Katz und Maus Spiel zwischen Saddam Husain und der eigens zur Überwachung der Maßnahmen geschaffenen Sonderkommission, UNSCOM (*United Nations Special Commission*). Saddam verzögerte die Erfüllung der gestellten Bedingungen. Erst im November 1994 gab er dem Parlament grünes Licht, Kuwait anzuerkennen. In Sachen der Aufdeckung und Vernichtung der vermuteten Massenvernichtungswaffen war er nur zu kleinen Schritten bereit; und das nur, wenn sie nicht länger zu vermeiden waren. Derweil wirkten sich die anhaltenden Sanktionen verheerend auf weite Teile der Bevölkerung aus. Der Diktator nahm das in Kauf, hoffte er doch, die verzweifelte Lage der Bevölkerung würde das Sanktionsregime unterminieren. Er sollte diesbezüglich teilweise Recht behalten. Tatsächlich musste es auf Druck der internationalen öffentlichen Meinung gelockert werden. Im April 1995 beschloss der Sicherheitsrat ein Programm *Öl-für-Nahrungsmittel*. Es gestattete der irakischen Regierung, in jeweils 180 Tagen Öl im Wert von 2 Milliarden US-Dollar zu verkaufen und dafür Nahrungsmittel und humanitäre Güter zu erwerben. Der Betrag wurde später auf 5,2 Milliarden aufgestockt. Damit war das Spiel aber nicht ausgespielt. Im Vertrauen auf die Vertiefung der Risse in der Einschätzung der Sanktionen seitens der internationalen Gemeinschaft zeigte sich Saddam immer weniger kooperationsbereit. Schließlich brach die UNO das Unternehmen ab. Am 16. Dezember 1998 verließ das Team der UNSCOM den Irak. Als Strafaktion und ohne internationales Mandat flogen amerikanische und britische Bomber vier Tage lang schwere Luftangriffe gegen irakische Ziele.

Auch wenn die UNO im Dezember 1999 mit der *UN Monitoring Verification and Inspection Commission* (UNMOVIC) ein neues Instrument schuf, war das Embargo zahnlos geworden. Seine Bestimmungen wurden systematisch unterlaufen; die »Außenwirtschaftsbeziehungen« des Landes entarteten in einen umfänglichen Schmuggel, von dem internationale Geschäftspartner und die Angehörigen des Regimes profitierten. Vor diesem Hintergrund wurde der Druck der internationalen Gemeinschaft – auch auf die USA und Großbritannien, die Verfechter eines harten Kurses in der Sanktionsfrage – größer, die Sanktionen zu beenden.

Mit dem Regierungsantritt von Präsident George W. Bush und insbesondere nach den Terrorakten vom 11. September 2001 verschärfte sich der Ton: Bagdad wurde die Unterstützung der Aktivisten des Terrorakts unterstellt. In Reden und Verlautbarungen machte die Bush Administration unverhohlen klar, dass sie angesichts der Verweigerung Bagdads in Sachen Massenvernichtungswaffen einen Sturz des Regimes anstrebe. Indem der amerikanische Präsident in seiner Rede an die Nation vom 29. Januar 2002 den Irak auf die Achse des Bösen setzte, wurde das Land Teil der amerikanischen Strategie des Kampfes gegen den internationalen Terrorismus. Die Resolution 1441 des Sicherheitsrats vom 8. November 2002 gab Saddam Husain eine »letzte Chance«, sein Potenzial an Massenvernichtungswaffen offen zu legen. Zu diesem Zeitpunkt waren die militärischen Vorbereitungen der USA und Großbritanniens, das Regime gewaltsam zu stürzen, sollte es nicht kooperieren, bereits weit vorangeschritten.

Gestützt auf den Machtapparat, den er mit niemandem teilte, regierte Saddam Husain in den Jahren nach dem Zweiten Golfkrieg. Während er selbst und der Machtzirkel um ihn herum, in dem seine Familie und namentlich seine beiden Söhne eine herausragende Rolle spielten, wirtschaftlich profitierten, fielen große Teile der Bevölkerung in immer größere Not. Die Propaganda des Regimes wurde nicht müde, die Schuld dafür den von der internationalen Gemeinschaft verantworteten Sanktionen zuzuschieben. Wo Opposition oder Widerstand auch nur vermutet wurde, wurde sie grausam und abschreckend unterdrückt. Voller Misstrauen insbesondere auch gegen die Armee, ließ er die führenden Dienstgrade rasch rotieren. Dennoch gab es Attentats- und Putschversuche, den spektakulärsten im August 1996. Die Ba'th-Partei hatte nach 1979 an Bedeutung verloren, gleichwohl war sie noch immer ein wichtiges Instrument der Legitimation. Nach der Niederschlagung des schiitischen Aufstands suchte Saddam die Schiiten wieder für sich zu gewinnen; ihr Anteil an den führenden Positionen nahm zu. Einen radikalen Kurswechsel vollzog der Diktator in der Einschätzung der Stämme. Diese hatten naturgemäß nicht in das Weltbild einer zentralistisch regierenden arabisch-nationalistischen Partei gepasst, und so waren sie nach 1968 als »Sammelbecken des Rückschritts und der Reaktion« politisch bekämpft worden. Nach 1991 aber ging Saddam auf die Führer der wichtigsten Stämme zu. Insbesondere durch hohe materielle Leistungen erkaufte er sich deren Loyalität und Unterstützung.

Mit der Verhängung der Flugverbotszone im Norden hatten die kurdischen Gebiete begonnen, eine eigene Entwicklung zu nehmen. Hatten die Kurden und Saddam nach Kriegsende zunächst Verhandlungen über ein *Grundsatzabkommen* aufgenommen, so brachen im Herbst die alten Gegensätze und Kämpfe wieder auf. Am 19. Mai 1992 fanden in den kurdischen Gebieten Parlamentswahlen statt, aus denen die beiden großen Parteien, die *Demokratische Partei Kurdistans* (DPK) und die *Patriotische Union Kurdistans* (PUK) unter ihren Führern Mas'ud Barzani und Dschallal Talabani mit 50 Sitzen gleich stark hervorgingen (fünf weitere Sitze entfielen auf die christlichen Assyrer, zehn Sitze auf die Turkmenen). Am 4. Oktober 1992 billigte das Parlament einen Beschluss, wonach Kurdistan ein Bundesland innerhalb eines irakischen föderativen

Staates sein sollte. Dessen weiterer Ausbau freilich wurde durch den Ausbruch von Feindseligkeiten zwischen den beiden kurdischen Blöcken behindert. Von 1994 bis 1998 kämpften die Milizen beider Seiten um politischen Einfluss und die Verteilung von Einnahmen nicht zuletzt an den Grenzen zu Iran und der Türkei. Dies eröffnete Saddam die Möglichkeit, in Kurdistan Einfluss zurückzugewinnen. Nur langsam gelang es insbesondere der amerikanischen Diplomatie, die Parteien zu Gesprächen an einen Tisch zu bringen. Am 19. September 1998 unterzeichneten Barzani und Talabani einen Versöhnungsvertrag. Einen Monat später schlossen sie in London einen Friedensvertrag.

Gleichwohl sollte sich die Lage in Kurdistan auch in den folgenden Jahren nicht durchgreifend stabilisieren. Nur langsam entwickelten sich in den kurdischen Gebieten politische Strukturen und Institutionen, die weitestgehend unabhängig von der Zentralregierung in Bagdad handelten. Die wirtschaftliche Grundlage des entstehenden »Kurdistan« waren die Einnahmen aus dem Export von Erdöl und Erdgas, namentlich aus den Feldern um Kirkuk, den die Regierung in Arbil nunmehr eigenständig tätigte. Mit voranschreitendem Aufmarsch schlugen sich auch die Kurden ins Lager der amerikanisch-britischen Militärallianz. Am 22. Februar 2003 trafen sich in Arbil sechs irakische Exilpolitiker, um ein »Notkabinett« für den Tag nach dem Sturz des Diktators zu konstituieren; unter ihnen waren auch Mas'ud Barzani und Dschallal Talabani.

Die ersten Monate des Jahres 2003 standen im Zeichen von Bemühungen Washingtons und Londons, im UNO-Sicherheitsrat grünes Licht für ein militärisches Vorgehen gegen das irakische Regime zu erhalten. Angesichts der dramatischen Polarisierung der internationalen Gemeinschaft in dieser Frage, die auch den Sicherheitsrat spaltete, erwies sich dies aber als unmöglich. Gleichwohl ging der militärische Aufmarsch weiter; im März 2003 waren 250 000 amerikanische, unterstützt durch 45 000 britische Soldaten sowie eine gewaltige Schlagkraft an Waffen am Boden, in der Luft und zu Wasser in der Nachbarschaft zum Irak aufgeboten. In der Nacht zum 20. März begannen die Angriffe aus der Luft. Noch am selben Tag rückten amerikanische und britische Truppen von Kuwait aus auf Basra vor. Am 9. April rollten amerikanische Panzer durch Bagdad und am 14. April war mit der Eroberung Tikrits, der Heimatstadt Saddam Husains, die Besetzung des Landes abgeschlossen. Einen Tag später verkündete Präsident Bush das Ende des Regimes. Saddam Husain aber war es gelungen, sich dem Zugriff zu entziehen. Er wurde erst am 13. Dezember 2003 aufgefunden, nach einem Gerichtsverfahren am 5. November 2006 zum Tode verurteilt und am 30. Dezember hingerichtet. Zu der Zahl der Todesopfer auf irakischer Seite liegen sehr unterschiedliche Schätzungen vor: Je nachdem wie weit die Kollateralschäden sowie die nach Abschluss der militärischen Operationen in einer Phase des Chaos durch Terror getöteten Menschen in Betracht gezogen werden, sind es mehrere Hunderttausend; die amerikanischen Verluste lagen nach eigenen Angaben bei 138 Gefallenen.

Für die Iraker ist das 20. Jahrhundert einige Jahre früher als für die anderen arabischen Völker zu Ende gegangen. Sie standen und stehen aber vor den gleichen Herausforderungen: eine stabile und im Lichte des 21. Jahrhunderts durch das Volk legitimierte Ordnung zu schaffen. Zunächst die auswärtige Macht Großbritannien, dann durch Machtsucht und Habgier geleitete »Politiker« und Potentaten haben die

Bestrebungen der Iraker unterschiedlicher ethnischer und konfessioneller Zugehörigkeit nach einem Leben in einer selbstständigen und stabilen politischen Ordnung pervertiert. Nur langsam haben sich seit dem Sturz der ba'thistischen Herrschaft die Konturen einer Neuordnung des Landes ausgebildet. Nach und nach vermochte die amerikanische Zivilverwaltung die enorme Gewalt einzudämmen, die in weiten Teilen des Landes ausbrach. Auch der Wiederaufbau der zerstörten Infrastruktur vollzog sich nur schleppend. 2005 haben sich die Iraker eine neue Verfassung gegeben; sie wurde am 15. Oktober per Volksentscheid mit großer Mehrheit angenommen und entspricht demokratischen Normen. Die im Dezember desselben Jahres auf deren Grundlage durchgeführten Wahlen bedeuteten einen Schritt in Richtung auf die Konsolidierung demokratischer Prozesse und Institutionen. Wie anderswo im Prozess des arabischen Neubeginns freilich fehlten die Demokraten, um die demokratischen Prinzipien zum Wohle der Gesamtheit der Gesellschaft zu verankern. Mit dem Rückzug der amerikanischen Truppen Ende 2011 hat das Land seine Unabhängigkeit wiedererlangt. Auch im Jahre 2014 kam es freilich nahezu täglich zu Gewaltakten. Die Lebensbedingungen der Bürger lagen noch immer weit hinter denen der Vorkriegszeit.

Drei grundlegende Probleme stellen sich am Beginn des 21. Jahrhunderts mit Blick auf die Zukunft des Landes. Das erste liegt in der Frage nach dem Verhältnis der beiden islamischen Konfessionen. Mit dem – demokratisch legitimierten – politischen Übergewicht der schiitischen Mehrheit haben die arabischen Sunniten dauerhaft an Einfluss verloren. Von der Herrschaft der sunnitischen Osmanen über das Zweistromland über die Ära der britischen Herrschaft bis zur Diktatur der Ba'th-Partei war die sunnitisch-arabische Minderheit die vorherrschende Gemeinschaft. Mit dem Sturz des Regimes der Ba'th-Partei und der völligen Zerschlagung der politischen Strukturen und Institutionen, die von dieser geprägt waren, haben die Schiiten die Führung im Lande übernommen. Damit einher geht ein ausgeprägter Konfessionalismus, wie ihn die Geschichte des Irak nicht gekannt hat. Wird es gelingen, ein bürgerliches Zusammenleben zu organisieren, in dem die aufgerissenen Gräben zugeschüttet werden? Des Weiteren stellt sich diese Frage auch mit Blick auf religiöse Minderheiten wie u. a. die Christen und Yeziden, die seit 2003 immer wieder Opfer von konfessionell begründeter Gewalt gewesen sind.

Das zweite Problem liegt in der Frage nach der Stellung der Kurden im politischen System. Die Geschichte des Landes seit dem britischen Mandat war durch das Streben der Kurden nach einem autonomen Status gekennzeichnet. Insbesondere unter der Diktatur Saddam Husains waren diese brutal unterdrückt worden. Bereits in den 1990er Jahren waren Ansätze einer Selbstverwaltung geschaffen worden. Mit dem Ende der Ba'th-Herrschaft ist daraus ein Status geworden, der einer Unabhängigkeit nahe kommt. Die Einnahmen aus der Produktion von Erdöl und Erdgas, insbesondere aus den Feldern von Kirkuk (das die Kurden für sich beanspruchen), die seit 2003 einen eindrucksvollen Entwicklungssprung der kurdischen Region ermöglicht haben, haben diesem Status eine ökonomische Grundlage gegeben. Die Mehrheit der Iraker versteht den Irak als einen arabischen Staat und dies trotz der Tatsache, dass der erste Staatspräsident (und der Außenminister) des neuen Irak Kurden waren. Die Bestrebungen der Kurden werden von der Regierung in Bagdad, aber auch von den Regierungen in Ankara, Teheran und Damaskus mit Aufmerksamkeit, wenn nicht mit Besorgnis betrachtet.

Das dritte Problem hängt mit dem zweiten zusammen und liegt in der Frage nach der Verfasstheit des Landes: Wird der Irak wieder ein zentralistischer Einheitsstaat oder ein föderales Gebilde? Die Verfassung räumt den Regionen eine starke Autonomie ein. Deren Ausgestaltung aber ist umstritten. Wenn die Kurden nichts Geringeres als ein hohes Maß an Eigenständigkeit und Selbstverwaltung beanspruchen, könnten sich auch andere Teile des Landes – u. a. der sunnitisch-arabische Teil (in dem aber kaum Ressourcen vorhanden sind) – und die mit Erdölvorkommen gesegnete Region des Südostens – der Forderung nach einer föderalen Staatsstruktur anschließen. In diesem Falle wird ein gerechter Finanzausgleich zwischen den rohstoffreichen und rohstoffarmen Teilen des Landes entscheidend für den Zusammenhalt des künftigen Irak sein.

Auch in der Außenpolitik muss das neue Regime in Bagdad seinen Platz in der Region – insbesondere im Dreieck Iran, Türkei und Saudi-Arabien – finden. Enge Beziehungen zu Teheran liegen in der Natur der konfessionellen Gemeinsamkeit unter den Schiiten. Diese aber werden vom wahhabitisch geprägten Saudi-Arabien mit Misstrauen betrachtet. Die Beziehungen zur Türkei werden sich auf der Grundlage des doppelten gemeinsamen Interesses, des Exports von irakischem Öl und Gas durch die Türkei und der Kontrolle über die »kurdische Frage« gestalten. Die Bedeutung Jordaniens, insbesondere als Lebensader des irakischen Handels wird in dem Maße abnehmen, in dem der Irak und Iran am Golf politisch und wirtschaftlich miteinander kooperieren. Die Beziehungen zu Damaskus werden – nach dem Ende der Rivalität der beiden Flügel der *Ba'th*-Partei – auf eine neue Grundlage zu stellen sein. Die Qualität dieser neuen Beziehungen aber wird sich erst erkennen lassen, wenn sich in Damaskus die Konturen einer neuen Ordnung jenseits der *Ba'th*-Partei abzeichnen.

4.2 Der Maghreb

Der Maghreb umfasst – von Ost nach West – die Länder Libyen, Tunesien, Algerien, Marokko und Mauretanien. Ägypten nimmt eine Mittellage und Scharnierfunktion zwischen dem Maghreb und dem Maschrek, d. h. den arabischen Ländern des Vorderen Orients ein. Es ist auf vielfältige Weise mit beiden Regionen verbunden.

Die Länder Nordafrikas verstehen sich dezidiert als Teil der »arabischen Welt«. Ihre Geschichte ist von der Geschichte derselben nicht zu trennen. Während aber der östliche arabische Raum erst nach dem Ende des Ersten Weltkriegs unter die Herrschaft europäischer Mächte geriet, war die Kolonisierung Nordafrikas bereits zu dessen Beginn abgeschlossen.

Von hoher Warte aus gesehen wird gern die Nähe der Maghrebländer zu einander betont. Tatsächlich haben sie sich mit der Gründung der *Arabischen Maghreb-Union* (AMU) im Februar 1989 eine gemeinsame politische und wirtschaftspolitische Plattform gegeben. Mit Ausnahme Libyens wird die französische Sprache noch immer – eine Folge der Kolonisierung – weithin gesprochen und verstanden.

Die Tatsache aber, dass die AMU bis in die Gegenwart weitgehend wirkungslos blieb, lässt das Bestehen erheblicher Differenzen zwischen den Staaten des Maghreb erkennen. Sie ergeben sich nicht zuletzt auch aus ihrem unterschiedlichen Status in der Kolonialzeit.

Als Protektorate konnten Marokko und Tunesien rechtlich ihre Eigenstaatlichkeit bewahren. Ihre Monarchien blieben erhalten; in der Verwaltung sowie im Bildungs- und Erziehungswesen bestanden eigenständige Handlungsspielräume. Die Entwicklung von Bergbau und Industrie ließen relativ früh politische und gesellschaftspolitische Strukturen und Organisationen entstehen, die im Zuge der Unabhängigkeitsbewegung nach dem Ersten Weltkrieg eine aktive Rolle spielten. Zwar gab es auch in beiden Ländern Siedlungskolonialismus, doch wurden sie nachhaltig von finanzkapitalistischen Interessen geprägt. Demgegenüber wurde Algerien ab 1830 systematisch zu einer Siedlungskolonie Frankreichs gemacht. Sämtliche Algerier waren französische Staatsbürger, allerdings mit stark eingeschränkten Rechten. Unterricht in der arabischen Sprache war ihnen verboten. Die Unabhängigkeit erlangte das Land nach einem extrem blutigen Krieg, in dem etwa 1 Million Menschen ums Leben kamen. Da das Land als Siedlungskolonie systematisch ausgebeutet worden war, fehlten industrielle Strukturen nahezu völlig und mussten nach der Unabhängigkeit erst langsam und kostenintensiv geschaffen werden.

Libyen war nur seit 1911 über einen relativ kurzen Zeitraum (auch siedlungs-) kolonialistischer Durchdringung ausgesetzt. Die Grundlagen dafür waren in grausamen Kriegszügen Italiens vor allem nach dem Ersten Weltkrieg gelegt worden. Die Epoche der Unabhängigkeit war über Jahrzehnte durch die Persönlichkeit Mu'ammar al-Qadhafi's geprägt, der 1969 in einem Staatsstreich die Macht übernommen hatte. Die Entwicklungen im Inneren sowie die Politik Libyens im regionalen und internationalen Kontext waren Ursachen der Isolierung des Landes über weite Strecken der Entwicklung bis zur Ermordung al-Qadhafi's im Oktober 2011.

Auch die unterschiedliche Ausstattung mit Rohstoffen (Erdöl und Erdgas) war die Ursache für unterschiedliche Entwicklungen in Algerien und Libyen einer- und den anderen Maghrebländern andererseits. Mauretanien hat seit seiner Unabhängigkeit (1960) keine signifikante Rolle im Kontext der Mächtekonstellation Nordafrikas gespielt.

4.2.1 Marokko

Ein für die Geschichte Marokkos grundlegender Tatbestand ist die Teilung des Landes in zwei Herrschaftsbereiche: Im *Makhzan*, d. h. im Gebiet der Herrschaft (in der Regel den landwirtschaftlich nutzbaren Ebenen und den Städten), konnte der Monarch die Erhebung regelmäßiger Steuerabgaben durchsetzen; im *Siba-*, d. h. im Gebiet der Unbotmäßigkeit – meist den Gebirgsregionen – erkannten die vorwiegend berberischen Stämme den Herrscher nicht als ihr weltliches, sondern nur als geistliches Oberhaupt an. Tatsächlich hat die Dynastie der seit Mitte des 17. Jahrhunderts bis in die Gegenwart herrschenden Alawiden eine religiöse Legitimation, die auch politisch bedeutungsvoll geblieben ist: Als Scherifen leiten sie ihre Herkunft über Hasan, den ältesten Sohn Alis, des Vetters und Schwiegersohns Muhammads, vom Propheten ab. Als *Beherrscher der Gläubigen* (*amir al-mu'minin*) beruht auch die Herrschaft von König Mohammed VI. auf diesem besonderen Charisma.

Kerndaten Marokkos

Name des Landes (deutsch/arabisch/ englisch/französisch)	Marokko / al-Mamlaka al-Maghribiyya / Morocco / Le Maroc		
Bevölkerung in Mio.	32,9	Datum der Unabhängigkeit	2.3.1956 7.4.1976 (Westsahara)
Einwohner pro km²	76,5	Datum des Beitritts zur Arabischen Liga	1958
Fläche in Mio. km²	446 550 km² mit Westsahara 710 850 km²	Staatsform	Erbmonarchie
Landessprache (offizielle [Staats-]Sprache)	Arabisch, Berberisch	BIP in Mrd. US-Dollar	167,4
häufig gebrauchte Sprachen	Französisch	BIP pro Einwohner in US-Dollar	5052
Konfessionen	Muslime 99 % (Sunniten)	Lebenserwartung in Jahren	62
religiöse Minderheiten	—	Zusammensetzung der Bevölkerung (ethnisch)	Araber und Berber 99 %

Die Zweiteilung von Makhzan- und Siba-Gebieten sollte auch die ersten zwei Jahrzehnte der französischen Herrschaft bestimmen. Denn mit dem Ende des Ersten Weltkriegs sah sich Frankreich gezwungen, die 1912 begonnene und 1914 zunächst unterbrochene militärische Besetzung des Landes fortzusetzen. Sie sollte erst 1932 mit der Unterwerfung der Stämme des Hohen- und Anti-Atlas sowie der Randgebiete der Sahara abgeschlossen sein. Die Kraft der religiösen Legitimation des Herrschers sollten die Franzosen erfahren, als sich mit Sultan Sidi Mohammed Ben Youssef in den 1940er Jahren der Monarch selbst an die Spitze der nationalen Unabhängigkeitsbewegung stellte.

Der erste französische Generalresident in Marokko, Marschall Hubert Lyautey (1854–1934), war bemüht, das Land in einer Weise zu verwalten, die – anders als in Algerien – lokale Strukturen, Institutionen und Traditionen respektieren würde. An einer konsequent an französischen Interessen ausgerichteten Politik änderte das wenig. So zwang er gleich zu Beginn seiner Amtsführung Sultan Moulay Abd al-Hafis, den er für unzuverlässig hielt, zum Rücktritt und ernannte mit Moulay Youssef (reg. 1912–1927) einen gefügigeren Herrscher. In Regierung und Verwaltung hatten Franzosen u. a. in den Bereichen öffentliche Bauten, Gesundheit, Bildung und Justiz das Sagen. Realpolitik war es auch, dass sich Lyautey auf jene Kräfte stützte, die herkömmlich die Träger von Macht und Einfluss gewesen waren. Dies waren zum einen die Oberhäupter der großen Stämme (*qa'id*), mit denen sich jeder Sultan hatte arrangieren müssen. Ein starker Einfluss über die Grenzen der Stämme hinaus lag zum anderen bei den religiösen Netzwerken (*tariqa*), die das ganze Land bis in die Gegenwart überziehen. Ihre Zentren bilden die Heiligtümer (*zawiya*), deren Bedeutung auf der Verehrung ihrer heiligen Gründer beruht. Im Übrigen setzte Lyautey auf eine Politik des *divide et impera*. Dafür boten ihm die starken ethnischen Gemeinschaften der Berber (ca. 35–40 % Anteil an der Gesamtbevölkerung) die Grundlage. Von Marokko bis Libyen gelten sie, gegliedert in zahlreiche Stammes-verbände und in z. T. sehr unterschiedlichen sprachlichen Ausformungen, als die Urbevölkerung Nordafrikas. Sie wurden durch die arabische Invasion im 7. Jahrhundert islamisiert und mit der Zeit teilweise arabisiert. Dennoch haben sie weithin ihre ethnische und kulturelle Identität bewahrt. Lyautey trug dem Rechnung: Bereits im September 1914 bestimmte ein Gesetz, dass die marokkanischen Berberstämme künftig im Einklang mit ihren eigenen Gesetzen und Traditionen unter französischer Aufsicht regiert würden.

Auch in Marokko begann, wenn auch nicht als systematischer Siedlungskolonialis-mus wie in Algerien, die Niederlassung europäischer, vornehmlich französischer Staatsbürger. Ihre Interessen waren auf die Ausbeutung der Rohstoffe gerichtet. Sie schufen in Marokko eine Infrastruktur in Form von Häfen, Straßen und Eisenbahnen. Am Vorabend der Unabhängigkeit waren etwa 130 000 wirtschaftlich aktive französi-sche Staatsbürger in Marokko ansässig.

Auch wenn die französische Herrschaft zu Beginn des Ersten Weltkriegs lediglich ein Gebiet umfasste, das sich von Fes bis Marrakesch – einschließlich der Küstenstädte Rabat und Casablanca – erstreckte, so war diese doch so gefestigt, dass Frankreich in Marokko 34 000 Soldaten auszuheben vermochte, die an verschiedenen Fronten, nicht zuletzt auch in Syrien zum Einsatz kamen. Nach dem Krieg erwuchs die größte Her-ausforderung an die französische Herrschaft aus dem Widerstand, den die Berber des Rif-Gebirges, also in der spanischen Zone (s. S. 26), leisteten. Unter Führung von Abd al-Karim al-Khattabi, bekannt als Abd el-Krim, begann 1921 ein Aufstand, der in den folgenden Jahren Zehntausende spanischer Soldaten das Leben kostete. Getragen von islamischen Reformideen, die auch im übrigen Maghreb Verbreitung gefunden hatten, strebte er Selbstbestimmung und die Errichtung eines eigenen Staates an. Im Februar 1923 nahm er den Treueschwur der Stämme entgegen. Die Eroberung der Stadt Cha-ouen im Herbst 1924 stellte den Höhepunkt der Erhebung dar.

Das Kriegsgeschick wendete sich, als sich die Truppen der *Rifi* – so ihre gängige Bezeichnung – im April 1925 nach Süden wandten und in die französische Zone eindrangen. Damit forderten sie nicht nur Frankreich unmittelbar heraus. Als Abd el-Krim Anspruch auf das Sultanat über ganz Marokko erhob, begann auch die Unterstützung religiöser Kreise zu bröckeln. Vor den Mauern von Fes kam sein Aufstand im Juni 1925 zum Stehen. Im folgenden Monat verstärkte Frankreich seine Truppen. Als Paris Marschall Philippe Pétain Luyautey an die Seite stellte, bat dieser im August 1925 um seine Entbindung vom Posten des Generalresidenten. Im Mai 1926 wurde das Rif von den französischen Truppen besetzt. Abd el-Krim wurde in die Verbannung auf die Insel Réunion geschickt. Nach seiner Flucht von dort im Jahr 1947 lebte er bis zu seinem Tod 1963 in Kairo Der Nimbus des heldenhaften »arabischen« (nicht berberischen) Widerstandes beflügelte Nationalisten auch in anderen Teilen der arabischen Welt.

Mit dem Weggang Lyauteys ging Paris zunehmend von einer Politik der Kontrolle zur direkten Verwaltung über. Die Grundlagen dafür waren in der Vergangenheit gelegt worden: Die Franzosen hatten es verstanden, sich der Unterstützung der Führer der großen Stämme auf dem Land sowie der Paschas, d. h. städtischer Machthaber, zu versichern. Die Protektoratsmacht hatte von den Stammesführern bis dahin im Kollektivbesitz der Stämme befindliches Land erworben. Damit war eine doppelte Wirkung verbunden: Zum einen wurden Teile der darauf sesshaften Bauern frei, die nunmehr als Arbeitskräfte in die neugegründete Industrie abwanderten. Zum anderen entstand eine einheimische Oberschicht von Großgrundbesitzern, die zuvor die Stammesführer waren. Im Rahmen der von Lyautey praktizierten indirekten Verwaltung waren diese neuen Stammesführer/Großgrundbesitzer zugleich mit Funktionen in der Verwaltung und niederen Gerichtsbarkeit ausgestattet worden. So war eine neue Oberschicht entstanden, die einerseits den Interessen der Protektoratsmacht verbunden war, zugleich aber, hatten sie doch Privilegien zu verteilen, als Schaltstelle zwischen der Zentralverwaltung und den Stammesangehörigen fungierte.

Noch war die vollständige Unterwerfung des Landes nicht abgeschlossen, als mit Beginn der 1930er Jahre eine nationale Bewegung aktiv zu werden begann. Ausgangspunkt war ein Dekret der französischen Behörden (*dahir*), das als *Berber-Dahir* in die Geschichte Marokkos eingegangen ist. In ihm erhielten die Berberstämme Marokkos einen Sonderstatus in der Rechtsprechung, der die bereits 1914 getroffenen Regelungen erweiterte. Der *dahir* bestätigte, dass die Berberstämme weiterhin nach ihrem eigenen, d. h. berberischem Gewohnheitsrecht würden Recht sprechen dürfen; damit unterstanden sie direkt der Aufsicht der Protektoratsmacht und nicht mehr des Sultans. Im Gegensatz hierzu war die arabische Bevölkerung in allen das Gewohnheits- bzw. das islamische Recht berührenden Angelegenheiten den der Aufsicht des Sultans unterstehenden *Schari'a*-Gerichten unterstellt. Provozierender konnte die Politik des *divide et impera* nicht praktiziert werden; die arabisch-islamischen Nationalisten waren mobilisert. Auch wenn der *Dahir* im April 1934 modifiziert wurde, war die darin zum Ausdruck gebrachte Spaltung des marokkanischen Volkes in berbero- und arabophone Volksgruppen sowie in einen Islam der Berber und der Araber als Provokation empfunden worden.

Anhänger der *Salafiyya*-Bewegung (s. S. 33 f.), traditionalistische islamische Kreise im Umfeld der *Qaraouiyine*-Moschee, der traditionsreichen theologischen Lehrstätte in Fes, Anhänger des Panarabismus, Angehörige des städtischen Bürgertums und liberale Kräfte begannen sich in einer Protestbewegung zu verbünden, die im Namen des Islams die Einheit Marokkos forderte. Diese Ansprüche fanden in Kreisen Gehör, die zunächst die französische Herrschaft in der Hoffnung auf Privilegien begrüßt, sich aber bald enttäuscht gesehen hatten. Auch die noch rudimentären gewerkschaftlichen Kräfte schlossen sich ihnen an. Der Sultan, der in die Kritik geraten war, da er den *Dahir* unterzeichnet hatte, ergriff nun die Chance, sich an die Spitze der Nationalbewegung zu stellen. So ergab sich eine sich gegenseitig stärkende Wechselbeziehung: Der Sultan brauchte die Nationalisten, um einem weiteren Machtverlust entgegen zu wirken; die Nationalisten ihrerseits benötigten sein Prestige als religiöser Führer, um ihre Ziele als politische Bewegung zu vertreten und sich hinter ihm als eine Galionsfigur zu sammeln.

Mit dem *Comité d'Action Marocaine* (CAM) entstand im Mai 1934 die erste »Partei« in der französischen Zone. Noch stand die Unabhängigkeit nicht auf dem Programm. Ihre Forderungen beschränkten sich unter anderem auf Reformen im Rahmen des Protektoratsstatus.

Schrittweise gelang es der zunächst elitär städtischen Führung, auch auf dem Land und unter der Arbeiterschaft – bedingt durch die Weltwirtschaftskrise hatte eine Abwanderung vom Land in die Städte, insbesondere nach Casablanca, eingesetzt – Fuß zu fassen. 1937 reagierte die Protektoratsmacht; sie verbot das CAM und schickte einige ihrer Aktivisten in die Verbannung; unter ihnen befand sich Allal al-Fassi, der bald eine Schlüsselrolle in der Nationalbewegung spielen sollte. Er war 1910 in eine Familie mit einer langen theologischen Tradition hineingeboren worden. Auch er selbst hatte seine prägende Ausbildung an der berühmten *al-Qaraouiyine* erhalten und blieb Zeit seines Lebens auch einer der führenden intellektuellen Köpfe Marokkos. Mit der Gründung der *Unabhängigkeitspartei* (*Parti de l'Istiqlal*; PI/arab.: *hizb al-istiqlal*) 1943, der ersten wirklich nationalistischen Partei, radikalisierten sich die Forderungen. In einem im Januar 1944 veröffentlichten Manifest standen die vollständige Unabhängigkeit, die Wiederherstellung der »historischen« Grenzen Marokkos und freie Wahlen zu einer Nationalversammlung auf der Agenda. Nach seiner Rückkehr aus dem ersten Exil (1946) wurde Allal al-Fassi als Vorsitzender der *Istiqlal* zum Führer der nationalistischen Bewegung, die nach der vollständigen Unabhängigkeit Marokkos strebte.

Ermutigung erfuhren die Nationalisten auch aus einem internationalen Ereignis auf marokkanischem Boden: Wenige Wochen nach dem Beginn der Landung der alliierten Truppen in Nordafrika (s. S. 341) trafen sich vom 14. bis zum 26. Januar 1943 der amerikanische Präsident Franklin D. Roosevelt und der britische Premierminister Winston Churchill in Casablanca - der sowjetische Führer Joseph W. Stalin hatte mit dem Hinweis auf die entscheidende Phase der Schlacht von Wolgograd seine Teilnahme abgesagt -, um das weitere Vorgehen zu beraten. Wichtigstes Ergebnis der Konferenz war der Beschluss, den Krieg bis zur bedingungslosen Kapitulation Deutschlands fortzusetzen. Am 22. Januar lud der amerikanische Präsident Sultan Mohammed zu einem Essen ein. Unter den Gesprächsthemen bei diesem Anlass soll, so wird berichtet, auch die Befreiung von der Kolonialherrschaft nach dem Ende des Krieges gehört haben. Dass dieses Gespräch folgenlos blieb, nährte später die Enttäuschung der Nationalisten in Marokko und anderswo in Nordafrika.

Ab 1947 begann Sultan Mohammed aus der politischen Deckung zu gehen und offen die PI zu unterstützen. Immer häufiger machte er von seinem im Protektoratsvertrag festgehaltenen Recht auf Zustimmung zu Gesetzesvorlagen Gebrauch, indem er eben diese verweigerte. Die Unterstützung des Sultans und der Rekurs auf die religiösen Gefühle der Marokkaner ermöglichten es der PI zunehmend, auch die traditionsverhaftete ländliche Bevölkerung zu erreichen. Weitere Parteien traten ins Leben: Die 1947 gegründete *Parti Démocratique de l'Indépendence* (PDI) rekrutierte ihre Mitglieder hauptsächlich aus der Industrieregion um Casablanca und aus liberalen Kreisen. Damit waren auch Teile der neu entstehenden städtischen Arbeiterschaft zu der nationalen Bewegung übergegangen. Weil die politischen Ziele der PDI mit der PI konvergierten, blieben weitere Parteigründungen, die z. T. durch den Generalresidenten unterstützt wurden, ohne Bedeutung. Aus anderen arabischen Ländern erhielten die marokkanischen Nationalisten Unterstützung.

Frankreich erhöhte nun den Druck, den Sultan willfährig zu machen, indem es sich auf die Seite seiner Gegner und Rivalen unter den Stammesführern auf dem Land und den machtvollen Paschas in den Städten, unter ihnen besonders den Herrscher von Marrakesch, Pascha Thami el-Glaoui, stellte. Die Verbindung des scherifischen Sultans zu der säkular orientierten *Istiqlal* brachte el-Glaoui in Opposition zur Unabhängigkeitsbewegung. Am 23. Dezember 1950 stellte er die politische wie geistliche Autorität des Sultans öffentlich in Frage. Mohammed wurde genötigt, einen Teil seiner Rechte an die Protektoratsverwaltung abzugeben – eine Maßnahme, die in breiten Teilen der Öffentlichkeit als Erniedrigung wahrgenommen wurde und am Ende die nationalistischen Kräfte stärkte. Die Nachricht von der Ermordung des tunesischen Gewerkschaftsführers Farhat Hached durch die französische Terrororganisation *Rote Hand* (*main rouge*) am 6. Dezember 1952 führte zu Protestdemonstrationen, die von der französischen Armee blutig niedergeschlagen wurden. Die PI und die *Kommunistische Partei* wurden verboten und zahlreiche ihrer Parteigänger verhaftet.

Noch einmal suchten seine innenpolitischen Gegner die Absetzung des Sultans zu erzwingen. Wieder wurden sie von der französischen Protektoratsmacht unterstützt; diesmal umso entschlossener, als sich mit der absehbaren Niederlage Frankreichs in Indochina (definitiv besiegelt in der Schlacht von Dien Bien Phu, März bis Mai 1954) ein Ende der französischen Kolonialherrschaft dort abzeichnete – ein Umstand, der Paris nur entschlossener machte, die Besitzstände in Nordafrika zu halten. Der Sultan hatte am 17. Juni 1953 in einem offiziellen Kommuniqué die Unabhängigkeit Marokkos gefordert. Im August belagerte der Pascha von Marrakesch, unterstützt von Stammesführern der Berber, den Palast des Sultans in Rabat. Als dieser sich weigerte, ihrer Forderung nachzukommen, die ihm vorgelegten Gesetze zu unterschreiben, ordnete der Generalresident am 20. August seine Verbannung an. Zu seinem Nachfolger setzte er den Onkel des Sultans (und Schwiegersohn el-Glaouis), Mohammed Moulay Ben Arafa, ein. Eine Gruppe religiöser Führer und Scheichs islamischer Konvente, die überzeugt waren, dass die nationalistische Politik Sultan Mohammeds gegen die Religion verstoße, spielten dabei eine dubiose Rolle.

Damit aber war das Fanal zum Aufstand auch jener Schichten der Bevölkerung gegeben, die bislang von den Nationalisten nicht erreicht worden waren. In den Städten und auf dem Land erhob sich ein bewaffneter Widerstand, den die Sicherheitskräfte nicht länger einzudämmen vermochten. Die weitere Veräußerung marokkanischer Rechte an die Protektoratsmacht seitens des von ihr eingesetzten Sultans tat ein Übriges, der Bewegung Zulauf zu verschaffen, deren Operationen sich zunehmend auf den spanischen Teil des Landes verlagerten. Spanien hatte sich durch die französischen Maßnahmen übergangen gefühlt und gewährte den Nationalisten Unterstützung.

Terroristische Übergriffe gegen französische Soldaten, Bürger und Einrichtungen waren nun an der Tagesordnung. Einflüsse von außen wie der eskalierende Widerstand gegen Frankreich in Tunesien und der Ausbruch des Krieges gegen die Franzosen in Algerien trugen zur Verschärfung eines Klimas der Militanz bei. In der Nord- und Südzone des Landes kämpften die *Armées de Libération du Sud et du Nord* für die

Rückkehr des Sultans. Der Druck der USA, die um ihre Militärstützpunkte und ihren Einfluss fürchteten, tat ein Übriges, Paris bereit zu machen, ab September 1954 in Gespräche mit dem abgesetzten Sultan einzutreten. Am 28. August 1955 kam es in Aix-les-Bains zwischen Vertretern der Nationalisten und Frankreich zu einem Abkommen, in dessen Mittelpunkt die Abdankung Sultan Ben Arafas, die Bildung einer Regierung der nationalen Einheit und die Aufnahme von Gesprächen mit dem abgesetzten Sultan standen. Hatte die PI in den Unruhen nach der Verbannung des Sultans viel von ihrem Nimbus, die Speerspitze des Kampfes für die Unabhängigkeit zu bilden, eingebüßt, so war sie in Aix bemüht, die alte Stellung zurückzuerlangen.

Zu diesem Zeitpunkt hatten die innenpolitischen Gegner des Sultans ihren Widerstand aufgegeben. Thami el-Glaoui erklärte förmlich seine Unterwerfung und gelobte Sultan Mohammed seine Gefolgschaft; Sultan Ben Arafa erklärte am 1. Oktober seine Abdankung. Im Vertrag von Celle-Saint-Cloud bestätigte Frankreich am 6. November 1955 das Recht Sultan Mohammeds auf den marokkanischen Thron und kündigte Verhandlungen um die Unabhängigkeit Marokkos an. Die Bevölkerung bereitete ihm einen triumphalen Empfang, als er am 16. November 1955 aus seinem Exil auf Madagaskar nach Rabat zurückkehrte. Am 2. März 1956 wurde die Unabhängigkeit der französischen Zone proklamiert und im April übertrug Spanien dem Sultan mit sofortiger Wirkung die Legislative in der Nordzone. Ausgenommen waren die spanischen Enklaven (*presidios*) Ceuta und Melilla; die südmarokkanischen Regionen von Tarfaya und Ifni wurden – nicht ohne militärische Konflikte – erst später, nämlich 1958 bzw. 1969, wieder marokkanischer Verwaltung unterstellt. Im April 1960 konnte dieser Schritt im Falle der Stadt Tanger getan werden, die bis dahin als internationaler Freihafen verwaltet wurde.

Mit der Unabhängigkeit sah sich die Führung des jungen Staates neuen Herausforderungen gegenüber. Anders als in Tunesien, wo die Beys eher eine marginale Rolle auf dem Weg zur Unabhängigkeit gespielt hatten und der letzte Herrscher bald nach Erreichen derselben abgesetzt wurde (s. S. 205), hatte sich Sultan Mohammed an die Spitze der Nationalbewegung gestellt. Seine Legitimität war in fast allen politischen und gesellschaftlichen Lagern – von der PI über die *Kommunistische Partei*, die religiösen Eliten und die ländliche Bevölkerung – unumstritten. Mithin stand die Beendigung der alawidischen Dynastie nicht ernsthaft auf der politischen Tagesordnung. Gerade deshalb aber galt es, die Balance der Macht zwischen dem Herrscher und den Fraktionen der nationalen Bewegung neu zu bestimmen. Zugleich musste die Autorität des Staates gegenüber den Aktivisten, die für die Unabhängigkeit zur Waffe gegriffen hatten, namentlich die *Armée de Libération Nationale*, welche weiterhin vornehmlich im Süden militärisch aktiv war, wieder hergestellt werden. (Auch drangen Ausläufer der Gewalt des Befreiungskrieges, der 1954 im benachbarten Algerien begonnen hatte [s. S. 216 ff.], über die Grenze.) In der Außenpolitik musste sich das Land innerhalb der internationalen Ordnung, die sich nach dem Zweiten Weltkrieg herauszubilden begonnen hatte, positionieren; dies bezog sich auf die arabischen und afrikanischen Kontexte ebenso wie auf die globale Konstellation des Kalten Krieges. Das bedeutete zugleich, die Qualität der Beziehungen zu Frankreich grundsätzlich an die neuen Gegebenheiten zu anzupassen.

Angesichts der anhaltenden Besatzung marokkanischen Territoriums durch Spanien konnte die Eingliederung der bewaffneten Gruppen, die auf dem Weg zur Unabhängigkeit eine wesentliche Rolle gespielt hatten, in die neu aufgestellte nationale Armee (die *Forces Armées Royales*) nur schrittweise geschehen. Zwischen 1957 und 1959 kam es darüber hinaus zu Unruhen unter einer Reihe von Berberstämmen, namentlich des Rif. Die Gründe dafür reichten von lokalen Anliegen der Selbstverwaltung bis zu innenpolitischen Forderungen. Namentlich die von der PI für sich reklamierte Führungsrolle in der Politik weckte in den ländlichen und berberophonen Bevölkerungsteilen Befürchtungen, der Zuwachs der arabophonen städtischen Eliten im Macht- und Verwaltungsapparat könnte zu Lasten der Berber gehen.

Die politischen Turbulenzen Marokkos nach der Unabhängigkeit hatten also ihre Wurzeln nicht zuletzt in der Frage nach der künftigen Machtverteilung. Der Sultan, der nach der Unabhängigkeit den Titel eines »Königs« annahm, hatte wiederholt die Errichtung einer konstitutionellen Monarchie und die Anerkennung der Bürgerrechte für alle Marrokaner sowie demoratische Partizipation und die Garantie öffentlicher Freiheiten und gewerkschaftlicher Rechte in Aussicht gestellt. Dies entsprach den Erwartungen eines breiten Spektrums politischer Kräfte, die mit der Unabhängigkeit den Anbruch einer neuen Ära und für sich selbst eine aktive Rolle im politischen System erwarteten. Sie wurden bald enttäuscht, als Mohammed (jetzt: der Fünfte) über von ihm eingesetzte Regierungen die Kontrolle über die Politik Marokkos übernahm. In traditioneller Weise instrumentalisierte er dabei das Geflecht der Patronagebeziehungen, um ihm wichtige politische und gesellschaftliche Gruppen an sich zu binden. Bald beanspruchte er auch öffentlich eine Monopolstellung in Politik und Gesetzgebung. Daran sollte sich über seinen Tod hinaus bis zu der Verabschiedung einer neuen Verfassung im Jahr 1962 nichts ändern.

Der Anspruch auf die Ausübung absoluter Macht musste nicht zuletzt die PI herausfordern, die für sich selbst die Rolle der Speerspitze auf dem Weg in die Unabhängigkeit reklamiert hatte. Dies war freilich nicht länger realistisch, da ihr in den teils chaotischen Zuständen, die der Unabhängigkeit vorangegangen waren, die Kontrolle über die Entwicklungen und Akteure weitgehend entglitten war. Ihr Anspruch auf den Aufbau einer Einheitspartei ging ins Leere. Zu den Gruppierungen, die ihr diesbezüglich Widerstand leisteten, gehörten die PDI und die *Volksbewegung* (*Mouvement Populaire*; MP), die königstreue Interessenvertreterin der ländlichen berberophonen Teile der Bevölkerung.

In dem Ringen um die Macht taten sich auch bald innerhalb der PI Verwerfungen auf. Angesichts der anhaltenden wirtschaftlichen Abhängigkeit von dem bzw. Integration in das französische Wirtschaftssystem traten innerhalb der Partei Gegensätze zwischen unterschiedlichen sozialen Gruppen immer deutlicher zutage. 1959 spaltete sich die *Union Nationale des Forces Populaires* (UNFP) unter Mehdi Ben Barka, eine fortschrittliche Partei sozialdemokratisch-sozialistischer Orientierung, die enge Bindungen mit dem marokkanischen Gewerkschaftsverband *Union Marocaine du Travail* (UMT) unterhielt, von der alten *Istiqlal* ab, die nunmehr im Wesentlichen nur noch die traditionelle Bourgeoisie mit ihrer Basis in Fes vertrat. Im Mai 1960 schließlich übernahm der König selbst den Vorsitz über den Ministerrat. Mit Erfolg hatte er zu diesem Zeitpunkt sein anfänglich nur moralisches Ansehen in handfeste politische Macht umgemünzt und klargemacht, dass er die Monarchie als einzige wirklich repräsentative, von keiner

Organisation abhängige, überparteiliche Institution mit schiedsrichterlicher Funktion betrachtete. Damit aber führte er das politische System Marokkos an einen Wendepunkt. Denn nicht nur nahm er nunmehr unmittelbar Einfluss auf die Tagespolitik; er radikalisierte auch die politischen Oppositionsparteien und kooptierte dezidiert die konservativen, monarchischen Parteien. Die oppositionellen Kräfte begannen, die Monarchie, die sie als theokratisch-feudal abtaten, in Frage zu stellen.

Im Februar 1961 starb Mohammed V., sein Sohn Hassan II. wurde am 3. März inthronisiert und folgte ihm als König nach. Dieser war zunächst bemüht, dem Erscheinungsbild des politischen Systems als einer absoluten Monarchie entgegen zu wirken. Im Dezember 1962 nahmen die Marokkaner eine Verfassung an, die das Land zu einer konstitutionellen Monarchie erklärte. Die starke Stellung des Königs freilich wurde festgeschrieben. Die Legislative ging erstmals an ein Zweikammer-Parlament über, während die Trennung zwischen exekutiver und judikativer Gewalt zumindest postuliert wurde. Immer wieder hat Hassan II. während seiner Herrschaft die besondere Verantwortung des Königs für »sein« Volk unterstrichen. An seiner starken Stellung im System haben auch die zweite (1970) und die dritte (1973) Verfassung sowie deren Modifikation von 1980 nichts geändert. Im Übrigen wurde der König nicht müde, die Legitimation seiner Herrschaft zu unterstreichen, die ihm aufgrund seiner religiösen Abstammung und seiner Rolle als *Beherrscher der Gläubigen (amir al-mu'minin)* zugewachsen sei.

Das mit Hassan etablierte System ist nach seiner Person als *Hassan'sche Demokratie* beschrieben worden. Es war durch einen Widerspruch gekennzeichnet: Auf der einen Seite prägten zahlreiche politische Parteien – auch eine kommunistische und mehrere islamistische, Gewerkschaften und eine relativ freie Presse ihr Erscheinungsbild. Auf der anderen Seite wurde durchaus offiziell verlautbart, dass keine Verfassung die Macht des Königs einschränken könne, da dieser vor der Verfassung existiere und seine Macht göttlichen Ursprungs sei. In der politischen Praxis bedeutete marokkanische Innenpolitik über Jahrzehnte eine Mischung von Plebisziten, Wahlen und Referenden auf der einen und anhaltender Manipulation des »demokratischen« Raumes durch den König auf der anderen Seite. Dieses Spannungsverhältnis deutete sich bereits mit den Parlamentswahlen von 1963 an, in denen die königstreuen Parteien nur 69 der 144 Sitze in der Repräsentantenkammer gewinnen konnten. Als im März 1965 Studenten und Arbeitslose in Casablanca auf die Straße gingen und die Armee die sich ausbreitende Revolte niederschlug, erklärte der König das erste parlamentarische Experiment für gescheitert und rief den Ausnahmezustand aus. In den folgenden Jahren setzte er die Oppositionsparteien, insbesondere die UNFP, die der Beteiligung an Komplotten beschuldigt wurde, schweren Repressalien aus (u. a. durch politische Prozesse, Folter von inhaftierten Aktivisten, Entführungen und Pressezensur); Mehdi Ben Barka, der Gründer der UNFP, wurde am 29. Oktober 1965 – die Hintergründe wurden nie aufgedeckt – in Paris ermordet. Der Ausnahmezustand, in dem der König die unumschränkte Herrschaft ausübte, endete 1970 mit einem Volksentscheid für die Annahme einer neuen Verfassung. In den im selben Jahr stattfindenden Wahlen erzielten die königstreuen Mitte-Rechts-Parteien und »Unabhängigen« einen überwältigenden Erfolg.

Zwei Putschversuche aus den Reihen des Militärs ließen öffentlich werden, dass – jenseits der politischen Opposition, die vor allem in Gestalt der UNFP während des Ausnahmezustands unterdrückt worden war – auch im Militär Unzufriedenheit herrschte. Am 10. Juli 1971, während der Geburtstagsfeierlichkeiten des Königs im Palast von Skhirat, richteten Kadetten unter den Gästen ein Blutbad an; sie wurden von loyalen Armeeeinheiten überwältigt. Der König blieb unverletzt. Die Hintergründe waren wohl eher militärinterner Natur. Die Tatsache aber, dass es sich bei den Drahtziehern und führenden Offizieren ausschließlich um Berber handelte, legte außerdem den Schluss nahe, dass auch Frustration über die politische und gesellschaftliche Benachteiligung der Berber im Spiel war.

Auch über die Hintergründe des zweiten Versuchs des Militärs, gegen den König zu putschen, kann nur spekuliert werden. Auf dem Rückflug von Frankreich wurde am 16. August 1972 die Maschine des Königs von Flugzeugen der marokkanischen Luftwaffe beschossen. Wieder blieb der König unverletzt. Ob sich die Putschisten um den berberstämmigen General Oufkir gegen eine Politik der demokratischen Öffnung wandten, die zu einem Einflussverlust des Militärs geführt hätte, oder ob sie mit der oppositionellen UNFP in Verbindung standen, ist nicht geklärt. Das Vertrauen des Königs in die Armee war jedenfalls zerrüttet; im August 1972 löste er das Verteidigungsministerium auf und nahm von da an die Funktionen des Ministers und Generalstabschefs selbst wahr. In der Öffentlichkeit verlieh ihm der Umstand, dass er beide Attentate unversehrt überlebt hatte, die Aura eines besonderen religiösen Segens (*baraka*). Damit konnte er in Zukunft politisch punkten.

Hatte die Armee bis zu den Putschversuchen als sichere Stütze des Regimes und der Person des Königs gegolten, sah sich Hassan jetzt gezwungen, seine Herrschaft auf eine breitere gesellschaftliche Basis zu stellen, sowie erneut die Mitarbeit aller politischen Kräfte zu gewinnen. Durch die Enteignung des gesamten ausländischen Landbesitzes und die »Marokkanisierung« einiger Wirtschaftszweige, ein neues Investitionsgesetz und massive Einstellungen in den öffentlichen Dienst suchte er eine Allianz mit den mittleren Schichten zu schmieden. Darüber hinaus ließ er 1973 per Volksentscheid eine neue Verfassung annehmen, die ihm zwar die entscheidenden Machtbefugnisse beließ, jedoch die Rolle der Regierung stärkte und das Parlament aufwertete. Eine nachhaltige Stabilisierung der Herrschaft des Königs freilich sollten diese Maßnahmen nicht bewirken. Soziale Unruhen hielten an und dem Wirken der insbesondere linken Opposition konnte der König nur mit Repression begegnen.

Eine innenpolitische Beruhigung und Versöhnung mit den Parteien zeichneten sich ab 1974 im Zusammenhang mit der *Spanischen Sahara* (s. S. 198 ff.) ab. Für seine »außenpolitische Werbekampagne« zugunsten der marokkanischen Ansprüche musste er eine breite Unterstützung im Inneren mobilisieren. Verbotene Parteien wurden wieder zugelassen und Ende 1974 hatten sich bis auf wenige kleine Gruppierungen alle Parteien für die Mitarbeit an einer Regierung der nationalen Einheit ausgesprochen. Höhepunkt der Kampagne, durch die dem marokkanischen Anspruch auf die *Spanische Sahara* Nachdruck verliehen werden sollte, wurde der *Grüne Marsch*, zu dem beginnend am 6. November 1975 350 000 Marokkaner, angeführt vom Ministerpräsidenten, aufbrachen. Grüne Fahnen schwenkend und den Koran rezitierend marschierten bis vor die spanischen Befestigungsanlagen. Außenpolitisch wurde das Ziel insoweit erreicht, als sich Spanien nunmehr zu direkten Verhandlungen mit Marokko bereit erklärte. Innenpolitisch sah Hassan durch diese Aktion seine Position gestärkt, so dass er die Durchführung von Wahlen, die zuvor verschoben worden waren, ankündigte. Die Parlamentswahlen von 1977 und 1984 brachten den Mitte-Rechts-Parteien die absolute Mehrheit in der Repräsentantenkammer.

Während die Woge der Zustimmung in der Westsahara-Politik die politische Stellung des Regierungslagers festigte, verursachten die hohen Kosten für den bewaffneten Konflikt, der darüber mit der sahrawischen Befreiungsbewegung und Algerien ausgebrochen war, soziale Spannungen. Im Herbst 1978 und Frühjahr 1979 kam es zu zahlreichen Streiks und sozialen Konflikten. Preiserhöhungen für Grundnahrungsmittel, die 1980 auf Druck des Internationalen Währungsfonds durchgesetzt wurden, ließen 1981 die sozialen Unruhen weiter eskalieren. Auch 1984 sah sich die Regierung zum Einsatz der Sicherheitskräfte gezwungen. Der König witterte »Aufwiegeleien der Marxisten-Leninisten, der Zionisten und der Agenten Khomeinis« hinter den Unruhen. Mit letzteren war eine Kraft angesprochen, die in der marokkanischen Innenpolitik bis dahin kaum aufgefallen war. Jetzt reagierte das System: Im Juli 1984 wurden in einem politischen Prozess 71 Islamisten in Casablanca des Komplotts gegen den König und der Errichtung einer islamischen Republik angeklagt; 13 von ihnen wurden zum Tode verurteilt. Mit dem Entstehen einer islamistischen Bewegung war der König an einem Punkt herausgefordert, an dem er zu reagieren gezwungen war; verdankte er einen erheblichen Teil seiner Legitimität doch seiner Anerkennung als religiöser Führer. Im Januar 1988 wurde der Grundstein für den Bau der größten Moschee Afrikas gelegt; damit suchte er seinem Engagement für die Belange des Islams sichtbaren Ausdruck zu verleihen. Die islamistische Bewegung blieb unter Kontrolle; im Januar 1990 wurde die 1980 gegründete, aber nicht legalisierte Bewegung *Gerechtigkeit und Wohltätigkeit* (*Parti de la Justice et du Développement* (PJD); *hizb al-adala wa-t-tanmiya*), deren Vorsitzender seit Ende 1989 unter Hausarrest stand, aufgelöst.

Eine relativ günstige wirtschaftliche Entwicklung, die Aussöhnung mit Algerien (1988) und die fortgesetzte Bedienung nationalistischer Emotionen in der Frage der Westsahara brachten Marokkos Innenpolitik in der zweiten Hälfte der 1980er Jahre in ein relativ ruhigeres Fahrwasser. Die prekäre Lage der Menschen- und Bürgerrechte und der politischen Gefangenen aber sowie die Zustände in der von Marokkko beherrschten ehemaligen *Spanischen Sahara* blieben ein Dauerthema in der von marokkanischen und internationalen Menschenrechtsorganisationen öffentlich geführten Diskussion und belasteten zeitweilig auch die Beziehungen zu den außenpolitischen und wirtschaftlichen Partnern des Landes. Im dritten Jahr des mit dem Internationalen Währungsfonds vereinbarten wirtschaftlichen »Orientierungsplans« (1988–1992) traten wirtschaftliche Probleme und soziale Spannungen zutage. Die Arbeitslosigkeit (v. a. in den Städten unter den Jugendlichen) stieg an; die von den Gewerkschaften 1991 organisierten Proteste wurden unterdrückt. Anlässlich des 30. Jahrestages seiner Thronbesteigung am 3. März 1991 versprach Hassan die Abhaltung fairer Wahlen. Der 1993 abgehaltene Urnengang war freilich wiederum manipuliert; auch die fünfte Legislaturperiode (1993–1999), die am 8. Oktober eröffnet wurde, stand im Zeichen der Vorherrschaft der königstreuen Parteien.

Der innenpolitische Druck ließ den König den Entwurf einer neuen Verfassung vorbereiten, über den im September 1996 in einem Referendum abgestimmt wurde. Von den zwei Kammern des Parlaments sollten die »Repräsentanten« in allgemeiner und direkter Wahl für fünf (bisher sechs) Jahre und die »Räte«, d. h. die Vertreter der Gebietskörperschaften, Berufskammern und Gewerkschaften, für neun Jahre gewählt und alle drei Jahre zu einem Drittel erneuert werden.

Am 23. Juli 1999 verstarb Hassan nach 38-jähriger Herrschaft. Ihm folgte sein Sohn Mohammed VI.; noch am selben Tage nahm er den Treueid der wichtigsten Notabeln und Institutionenvertreter Marokkos entgegen. Zu Hassans Beisetzung am 25. Juli versammelten sich neben Massen marokkanischer Bürger auch rund 40 Staatsoberhäupter und Regierungschefs aus aller Welt; dazu die Generalsekretäre der UNO und OAU – ein Zeichen der Wertschätzung, die der König als gemäßigter Außenpolitiker, besonders in der westlichen, aber auch in der arabischen und muslimischen Welt genossen hatte. Zwar »Autokrat« und »aufgeklärter Despot«, war er zugleich »geliebt und gefürchtet« gewesen, wie es in Kommentaren hieß.

Der neue König versprach, die Politik seines Vaters fortzusetzen. Zwar erklärte er mit Blick auf die Innenpolitik, er halte es für einen Fehler, westlichen Demokratievorstellungen zu folgen; andererseits schien ihm doch geboten, wirtschaftlichen Fortschritt und gesellschaftliche Reformen voran zu bringen; auch stellte er Reformen in der Verwaltung, einen verbesserten Schutz der Menschenrechte und mehr Rechtsstaatlichkeit in Aussicht. Seinen ersten Staatsbesuch im Ausland unternahm der König, der 1993 an der Universität in Nizza in Jurisprudenz promoviert worden war, im März 2000 in Frankreich. Die soziale Situation blieb gespannt und war durch Streiks und Protestaktionen gekennzeichnet.

Die Parlamentswahlen vom November 2002 brachten keine nennenswerten Veränderungen der Machtverhältnisse. Nachhaltige Erschütterungen riefen demgegenüber Terrorattentate hervor, die am 16. Mai 2003 in Casablanca begangen wurden. Dabei starben 45 Menschen und 12 der 14 Selbstmordattentäter. Die Attentäter aus dem Slumviertel Sidi Moumen gehörten einer radikalen islamistischen Gruppe an, die sich als *salafiyya dschihadiyya*-Bewegung bezeichnete. In den nachfolgenden Prozessen standen rund 700 Personen vor Gericht. Unter dem Schock, den die Verbrechen auslösten, wurde namentlich massive Kritik an der islamistischen Bewegung geübt. Die staatliche Kontrolle über die Moscheen wurde verschärft. In seiner Rede zum vierten Jahrestag seiner Inthronisierung (30. Juli) stellte der König klar, dass nur er als oberste religiöse Autorität und Führer der Gläubigen das Recht habe, als Sprecher des Islams aufzutreten.

Von dem Terrorakt ging zusätzlicher Druck aus, bereits eingeleitete Reformen, namentlich bildungs- und entwicklungspolitische Maßnahmen, zu verstärken und zu beschleunigen. Durch eine Alphabetisierungskampagne sollte die Analphabetenrate von 48 % auf 20 % (2010) gesenkt werden; ein modifiziertes Arbeitsgesetz setzte das Arbeitsalter von 12 auf 15 Jahre hinauf. Der wirtschaftliche Reformkurs wurde beschleunigt und die Bemühungen um ausländische Investitionen wurden verstärkt. Der

Armutsbekämpfung und der Förderung der sozialen Felder Gesundheit und Beschäftigung wurde erhöhte Aufmerksamkeit zuteil. Ein wichtiger Teil des Reformkurses betraf Veränderungen des Familiengesetzes (*mudawana*) Mitte Mai 2004. Auch wenn sie marokkanischen Frauenorganisationen nicht weit genug gingen, wiesen sie doch Verbesserungen auf: u. a. die Aufhebung der Gehorsamspflicht der Ehefrau gegenüber dem Ehemann, die Gleichstellung bezüglich der Rechte und Pflichten in der Ehe, die Festlegung des Mindestheiratsalters für beide Geschlechter auf 18 Jahre, Scheidungserleichterungen für Frauen sowie Neuregelungen in Bezug auf das Erbe von Kindern. Am 12. April 2004 begann das offizielle Mandat der mit königlichem *dahir* vom 7. Januar eingerichteten *Instance Equité et Réconciliation* (IER), die aus der 1999 (noch auf Vorschlag König Hassans II.) eingerichteten *Instance d'Arbitrage Indépendante* hervorging. Einer Einrichtung, der die Regelung der finanziellen Entschädigung der Opfer von staatlichen Menschenrechtsverletzungen der 1960er, 1970er und 1980er Jahre oblag. Gegen Ende des Jahres lagen der IER rund 22 000 Dossiers zur Bearbeitung vor.

In einer Rede, die er am 14. Oktober 2005 vor dem Parlament hielt, ließ der König einmal mehr erkennen, dass er nicht an grundlegende Reformen des politischen Systems denke. Deshalb war es kaum verwunderlich, dass der Funke der Revolte sehr bald von Tunesien nach Marokko hinübersprang. Am 20. Februar 2011, dem sogenannnten »Tag der Würde«, gingen tausende Demonstranten für politische Reformen und mehr Demokratie auf die Straße; mehrere Menschen starben. Jetzt reagierte Mohammed. In einer Fernsehansprache am 10. März kündigte er weitreichende Reformen an. In ihrem Mittelpunkt stand die Ausarbeitung einer neuen Verfassung, die am 1. Juli 2011 in einem Referendum angenommen wurde. Die Veränderungen freilich hielten sich in Grenzen: Der König ist nicht mehr heilig, aber »unantastbar« und das Berberische (*Tamazight*) ist nun neben dem Arabischen offizielle Amtssprache. Dem Parlament und den politischen Parteien wird mehr Macht in der Regierung eingeräumt, Exekutive und Judikative werden klarer getrennt. Die Verfassung garantiert die zivile und soziale Gleichstellung von Männern und Frauen. Dies war eine Bestätigung der Reform des Personenstandsrechts von 2004.

Vielen Marokkanern gingen die Reformen nicht weit genug und die Oppositionsbewegung hatte zum Boykott des Referendums aufgerufen.So ist davon auszugehen, dass im neuen Jahrhundert der Reformdruck auf den König anhalten wird. Aus den Parlamentswahlen im November 2011 ging die PJD als Siegerin hervor. Es entsprach dem Buchstaben der neuen Verfassung, dass der König ihren Vorsitzenden, Abdelilah Benkirane, zum ersten islamistischen Ministerpräsidenten in der Geschichte Marokkos ernannte.

Durch die Jahrzehnte ist die Geschichte des unabhängigen Marokko von sozialen Unruhen begleitet gewesen. Zwar waren die religiöse Aura des Königs sowie die Möglichkeiten politischer Partizipation Ventile, durch die politischer Druck abgeleitet werden konnte. Relativ starke Gewerkschaften aber und eine politisierte Studentenschaft waren das Ferment, das die soziale Frage immer wieder auf die Tagesordnung brachte. Etwa 30 % der Bevölkerung lebten dauerhaft in Armut, davon die Hälfte in absoluter. Ein hoher Anteil der Erwerbsfähigen war arbeitslos, der informelle Sektor war und ist umfangreich. Nicht zuletzt auch die Klein- und Kleinstbauern des traditionellen Sektors, die von Landverteilung, Modernisierungsmaßnahmen und Genossenschaftsbildungen kaum profitierten, waren von fortschreitender Verarmung betroffen. Bevölkerungsexplosion, Defizite des Bildungswesens sowie despotisches Verhalten seitens einer korrupten Verwaltung führten zu wiederkehrenden städtischen Unruhen (1965, 1981, 1984, 1990). Die mittleren Schichten bestehend aus Industriearbeitern, Handwerkern, Händlern, Angestellten, Freiberuflern, waren von Liberalisierungs-, Privatisierungs- und Austeritätsmaßnahmen betroffen, mit denen die Regierung der Wirtschaftskrise seit Anfang der 1980er Jahre begegnete. Profiteure der Wirtschaftsentwicklung war wesentlich eine Elite die sich aus der – alten und neuen – ländlichen und städtischen Geschäfts- und Technokratenbourgeoisie rekrutierte. Politiker, hohe Beamte und Offiziere waren (und sind) oft gleichzeitig Geschäftsleute und/oder Landbesitzer – wie das Königshaus selbst, das der bedeutendste Großgrundbesitzer und seit den 1970er Jahren auch der größte Privatunternehmer Marokkos ist. Die Angehörigen dieser Eliten haben meist auch oder ausschließlich eine europäische Ausbildung genossen. Wie König Hassan und sein Sohn haben sie in der Regel in Frankreich studiert und sind in ihrem Lebensstil stark verwestlicht, in ihrem sozialen Verhalten indes traditionellen Mustern verhaftet. Patron-Klientel-Beziehungen sowie verwandtschaftliche Bindungen spielen eine anhaltend wichtige Rolle in der politischen, sozialen und wirtschaftlichen Interaktion.

Außenpolitisch hatten die ersten Jahre nach der Unabhängigkeit im Zeichen der Konsolidierung des Staatsgebietes gestanden. Erst Ende der 1950er und in den 1960er Jahren fielen die Gebiete von Tarfaya, Tanger und Ifni an Marokko zurück. Daneben galt es, von großmarokkanischen Gebietsträumen abzurücken: Der von *Istiqlal*-Führer Allal al-Fassi im Juli 1956 erhobene Anspruch auf die territoriale »Wiederherstellung« eines bis zum Senegal-Fluss reichenden Groß-Marokko wurde vom rechten Flügel der Partei unterstützt und schließlich am 25. Februar 1958 von König Mohammed in einer Rede aufgegriffen. Die am 28. November 1960 proklamierte *Islamische Republik Mauretanien* (s. S. 283 ff.) wurde von der marokkanischen Regierung deshalb zunächst nicht anerkannt. Erst nachdem am 28. Oktober 1961 Mauretanien in die UNO aufgenommen worden war, suchte König Hassan die Annäherung an Nouakchott. Die Anerkennung der Souveränität Mauretaniens wurde 1970 durch einen Freundschafts- und Solidaritätsvertrag untermauert.

Auch die Grenzen zu Algerien waren umstritten. Mit der Unabhängigkeit des Landes – Marokko hatte den Unabhängigkeitskampf Algeriens aktiv unterstützt – entwickelte sich ein Grenzdisput, der schon 1962 zu kleineren militärischen Auseinandersetzungen führte. Sie eskalierten im Oktober 1963 zu einem 3-wöchigen regelrechten Grenzkrieg, der erst durch Vermittlung der *Organisation für Afrikanische Einheit* (OAU) beigelegt wurde. Die Konfliktparteien einigten sich auf eine friedliche Lösung, und Marokko zog sich hinter seine kolonialen Grenzen zurück. In einer 1964 getroffenen Vereinbarung erkannte Algerien die Oase Figuig als marokkanisches Territorium an. Über die Frage nach der Zukunft der *Spanischen Sahara* brachen 1975 die Gegensätze wieder auf. Sie haben die bilateralen Beziehungen bis in die Gegenwart belastet.

In den Jahrzehnten des Ost-West-Konflikts hat sich Marokko als »westliches« Land verstanden. Dies umso mehr, als Algerien und Libyen zeitweise der rivalisierenden

Supermacht nahe standen. Zwar verfolgte Hassan offiziell eine Politik der Nichtpakt-gebundenheit. Das hinderte ihn nicht, mit den USA eine enge, auch militärische Zusammenarbeit zu unterhalten. Die Erklärung des US-Präsidenten Roosevelt in Casablanca im Januar 1944 (s. S. 188) für die Unabhängigkeit der Völker hatte nicht zufällig in Marokko besondere Aufmerksamkeit gefunden. Auch gelegentliche Differenzen, die im Zusammenhang mit der amerikanischen Politik im Nahen Osten auftraten, konnten die Beziehungen nicht dauerhaft belasten.

Der Vergangenheit geschuldet haben sich zu Frankreich privilegierte Beziehungen entwickelt. War das Verhältnis belastet, solange die territoriale Souveränität Marokkos noch nicht hergestellt und Frankreich in Algerien verwickelt war, so bildete sich seit der zweiten Hälfte der 1960er Jahre eine umfassende Partnerschaft heraus. Auch die Beziehungen zu Spanien entwickelten sich positiv, auch wenn über Jahrzehnte gelegentliche Forderungen Marokkos nach Rückgabe der beiden Enklaven Ceuta und Melilla die Beziehungen überschatteten. In den 1990er Jahren war Marokko über die Mittelmeerpolitik der EU eng verbunden und seit 1995 ein aktiver Teilnehmer am Barcelona-Prozess (s. S. 336 f.).

Regional hat sich die Außenpolitik Marokkos im Maghreb und im arabischen Kontext verortet. Als Monarchie hat es kontinierlich gute Beziehungen zu anderen arabischen Monarchien unterhalten. Auch gehören Saudi-Arabien, Kuwait und die Vereinigten Arabischen Emirate zu den wichtigsten Geldgebern Marokkos. Auffallend war die pragmatische und gemäßigte Haltung Rabats im arabisch-israelischen Verhältnis. Im Oktober-Krieg von 1973 hatte der König sein Engagement in der Angelegenheit Palästinas durch Entsendung von Truppen nach Syrien zur Unterstützung der arabischen Armeen bewiesen. Dies sowie sein Eintreten für die Sache des Islams werden auch dadurch unterstrichen, dass der König bis in die Gegenwart den Vorsitz des *al-Quds* Komitees innehat. Er wurde Hassan mit der Gründung des *Komitees zur Befreiung Jerusalems* (*al-Quds*) auf dem zehnten Außenministertreffen der *Organisation der Islamischen Konferenz* (OIK) im Mai 1979 angetragen. Nicht zuletzt auch vor dem Hintergrund der langen Tradition jüdischen Lebens auf marokkanischem Boden und der Tatsache, dass auch heute noch in Marokko eine nennenswerte jüdische Minderheit fortlebt (ca. 5000 Menschen), war Hassan bemüht, politische Fühler nach Israel auszustrecken, um zwischen den Palästinensern und Israel zu vermitteln. Im Juli 1986 hat der damalige israelische Ministerpräsident Schimon Schamir Marokko besucht. Mohammed VI. hat die Außenpolitik seines Vaters in ihren großen Zügen fortgesetzt.

Gegenüber der arabischen und islamischen ist die afrikanische Dimension der Außenpolitik Marokkos weniger ausgeprägt. Trotz der traditionsreichen Beziehungen mit den schwarzafrikanischen, namentlich den subsaharischen Staaten Westafrikas, hat Marokko auf die Gründung der OAU am 15. Mai 1963 reserviert reagiert und war auf der Gründungssitzung in Addis Abeba nicht vertreten. Einer der Gründe für Marokkos relativ schwache Stellung im afrikanischen Kontext über die Jahrzehnte war die Politik Rabats in der Frage der *Westsahara* oder *Spanischen Sahara*. Die Anwesenheit einer Delegation der von Marokko nicht anerkannten *République Arabe Sahraouie Démocratique* (RASD) auf dem 20. OAU-Gipfel 1984 hatte seinerzeit sogar den Austritt Marokkos aus der Organisation nach sich gezogen.

Das Problem der *Westsahara* ist ein Erbe der Kolonialzeit. Im 19. Jahrhundert hatten Frankreich und Spanien als Kolonialmächte um Westafrika rivalisiert. Von 1884 bis 1934 annektierte Spanien das Gebiet der »Westsahara« und verwaltete es seit 1958 als unmittelbares Hoheitsgebiet. Das Interesse Spaniens lag vornehmlich in den Phosphatvorkommen des Saqiya al-Hamra genannten Teils der Westsahara.

Ende der 1960er Jahre – damals waren die angrenzenden Länder bereits unabhängig – entwickelte sich ein sahrauisches Nationalgefühl. 1973 entstand die *Volksfront für die Befreiung von Saqiya al-Hamra und Río de Oro* (span.: *Frente Popular para la Liberación de Saguia El Hamra y Río de Oro*; abgekürzt *Polisario*-Front), die den bewaffneten Kampf gegen die spanische Verwaltung aufnahm. Ihr Ziel war, die Westsahara zu einem unabhängigen Staat zu machen. Unterstützung erhielt sie von Algerien und Libyen (bis 1983). Von Beginn an stieß die Polisario freilich auf den Widerstand Marokkos, das – wie später auch Mauretanien – bereits seit den 1950er Jahren Anspruch auf die *Spanische Sahara* erhoben hatte. Diesem Anspruch ließ König Hassan Taten folgen, als 1975 marokkanische Truppen mit dem *Grünen Marsch* Teile des Gebietes besetzten. Innenpolitisch stieß er damit auf breite Zustimmung in der marokkanischen Öffentlichkeit und in den folgenden Jahren wurde der Kampf um die *Westsahara* ein wichtiges Element der Legitimation der Herrschaft des Königs. Diese Politik stand freilich im Widerspruch zu einem Gutachten des Internationalen Gerichtshofs, das die Ansprüche Marokkos und Mauretaniens für ungerechtfertigt erklärte. Am 26. Februar 1976 endete offiziell die spanische Herrschaft. Einen Tag später rief der provisorische sahrauische Nationalrat die *Demokratische Arabische Republik Sahara* (DARS) aus. Nachdem Mauretanien 1979 auf seine Ansprüche verzichtet hatte, besetzte Marokko auch das südliche Drittel der *Westsahara*.

Der Widerspruch zwischen dem Anspruch und der Politik Marokkos auf der einen und dem Widerstand der *Polisario*, der Haltung der Vereinten Nationen und eines Teil der internationalen Gemeinschaft, darunter insbesondere auch Algeriens, auf der anderen Seite hat die Wirtschaft und Politik Marokkos streckenweise erheblich belastet. Für die Kriegführung musste Marokko zeitweise über 100 000 Soldaten aufbieten. 1985 wurde ein Schutzwall fertig gestellt, der über rund 2000 km entlang der Grenze zu Algerien Operationen der *Polisario* über die marokkanisch-algerische Grenzen hinweg verhindern soll. Viele Sahrauis sind in den Südwesten Algeriens geflohen, wo sie in der Gegend von Tindouf, unterstützt von internationalen Organisationen, in Lagern leben. Dort sind über die Jahrzehnte quasi staatliche Strukturen entstanden. In welcher Weise die marokkanische Politik gegenüber der *Westsahara* die Beziehungen Marokkos zu den Ländern Afrikas belastet hat, ist oben mit dem Hinweis auf das Jahr 1984 bereits angedeutet worden. Die Anerkennung der RASD durch Algerien hatte den Abbruch der diplomatischen Beziehungen zur Folge. Auch wenn sich die Beziehungen in der Folgezeit gelegentlich verbesserten, waren die Gegensätze über der Frage der *Westsahara* auch einer der Gründe, weshalb die 1988 gegründete *Maghreb-Union* (s. S. 183) nie mit politischem und wirtschaftlichem Leben hatte erfüllt werden können.

Die DARS war 1993 von über 70 Staaten diplomatisch anerkannt und ist seit 1982 Mitglied der OAU (seit 2002 *Afrikanische Union*). Mit den Jahren zeichnete sich ein internationaler Konsens zur Lösung des Konflikts auf der Basis eines UNO/OAU-

Friedensplans ab, mit dessen Durchführung der UNO-Generalsekretär 1986 beauftragt wurde und dem beide Parteien 1988 »im Prinzip« zugestimmt haben. Grundlage hierfür sind Resolutionen der OAU sowie gleich oder ähnlich lautende Resolutionen, die die UNO-Vollversammlung seit 1985 jedes Jahr verabschiedet. In ihnen wird das Recht der sahrauischen Bevölkerung auf Selbstbestimmung und Unabhängigkeit anerkannt. Danach soll eine UNO-Friedenstruppe »ohne militärischen und administrativen Zwang« in der *Westsahara* ein Referendum durchführen, in dem sich die Sahrauis für die Unabhängigkeit oder die Integration in Marokko entscheiden können. Im April 1991 nahm der Sicherheitsrat die endgültige Fassung des Friedensplans an; im September trat der Waffenstillstand zwischen Marokko und der *Polisario*, der international anerkannten Vertreterin der DARS, in Kraft.

Das eigentlich für Januar 1992 geplante Referendum ist freilich bis in die Gegenwart nicht abgehalten worden. Die Regierung in Rabat hat die Gültigkeit der vorgelegten Wählerlisten nicht anerkannt und arbeitet an ihrer »Vervollkommnung«. Diese beinhaltet sowohl die gezielte Vertreibung von Sahrauis als auch die Ansiedlung von Marokkanern auf dem Gebiet der Westsahara. Auch auf eine Kompromisslösung, die 2003 ins Gespräch gebracht worden war, konnten sich die Konfliktparteien nicht verständigen. Gemäß dem sogenannten *Friedensplan für die Selbstbestimmung des Volkes der Westsahara* soll eine 4- bis 5-jährige westsaharische Autonomie unter marokkanischer Souveränität eingerichtet und danach ein Referendum mit den Optionen »Unabhängigkeit«, »Integration in Marokko« oder »Autonomie innerhalb Marokkos« durchgeführt werden. Obwohl dieser Plan auf Grund der Zulassung der marokkanischen Siedler zur Wahl Risiken für die *Polisario*-Front birgt, hat diese auf Drängen Algeriens zugestimmt. Marokko dagegen hat den Plan abgelehnt und bis in die Gegenwart hat sich in Rabat diesbezüglich kein Sinneswandel eingestellt.

4.2.2 Tunesien

Das 1881 von Frankreich militärisch besetzte Tunesien war noch im Mai desselben Jahres im Vertrag von Bardo zum Protektorat erklärt worden (s. S. 24). Im Vertrag von La Marsa zwei Jahre später (8. Juni 1883) wurde die Abhängigkeit Tunesiens von Frankreich vertieft. Das Land verlor weitestgehend seine Selbstbestimmung. Allerdings entschied sich Paris für eine indirekte Ausübung der Macht, beließ also die Verwaltung des Beys am Platz. Die tatsächliche Macht aber lag beim französischen Generalresidenten (*Résident Général*) als dem Vertreter der französischen Regierung, die Zustimmung des Beys zu seinen Entscheidungen war Formsache. Zwar waren siedlungskolonialistische Interessen auch im Falle Tunesiens gegeben. Lebten zu Beginn des Protektorats 1200 Europäer (davon 700 Franzosen) im Land, waren es 1931 180 000 und am Ende der französischen Herrschaft 250 000 (davon 180 000 Franzosen). Doch waren – anders als im Falle Algeriens – daneben auch starke finanzkapitalistische Interessen bestimmend. Die internationale Verschuldung des Landes und die Sicherung der Bedienung der Schulden waren bereits ein entscheidendes Motiv für die Kolonisierung. In der Folge kauften Kapitalgesellschaften große Flächen – ein Fünftel des landwirtschaftlich nutzbaren Bodens –, die meist in Monokultur bewirtschaftet wurden. Daneben galt dem Bergbau (Phosphat, aber auch Metalle) das Interesse der ausländischen Investoren. Politisch und gesellschaftlich war damit eine im Vergleich zu Algerien andere Ausgangslage gegeben: Die einheimische Oberschicht wurde nicht verdrängt, sondern konnte, wenn auch als vernachlässigbare Größe, überleben. Gleichzeitig entstand sehr früh ab 1911 eine organisierte Arbeiterbewegung.

Der agrarischen Kolonisation ging der Ausbau der Infrastruktur einher; der Bau von Eisenbahnlinien und Straßen wurde vorangetrieben. Unternehmen unterschiedlicher Art ließen sich in der Nähe der Städte, vor allem von Tunis nieder. Beim Aufbau der Verwaltung und des Schulwesens wurde der Gebrauch der französischen Sprache gefördert. Auch entwickelte sich eine moderne, von französischen Werten geprägte intellektuelle und politische einheimische Elite.

Kerndaten Tunesiens

Name des Landes (deutsch/arabisch/ englisch/französisch)		Tunesien / al-Dschumhuriyya at-Tunisiyya / Tunisia / Tunisie	
Bevölkerung in Mio.	10,7	Datum der Unabhängigkeit	20.3.1956
Einwohner pro km²	66	Datum des Beitritts zur Arabischen Liga	1956
Fläche in km²	163 610	Staatsform	Republik
Landessprache (offizielle [Staats-]Sprache)	Arabisch	BIP in Mrd. US-Dollar	100
häufig gebrauchte Sprachen	Französisch, Berbersprachen	BIP pro Einwohner in US-Dollar	9478
Konfessionen	Muslime 99,1 % (Sunniten)	Lebenserwartung in Jahren	76
religiöse Minderheiten	—	Zusammensetzung der Bevölkerung (ethnisch)	Araber 98%, Berber 2 %

Die raschen, von außen angestoßenen Veränderungen hatten eine doppelte Wirkung. So wuchs der Lebensstandard breiter Schichten; weshalb die Fremdherrschaft vorerst hingenommen wurde. Gleichzeitig stießen Kolonisierung und Industrialisierung gesellschaftliche und demographische Veränderungen an. Sich entwickelnde Unterschiede im Niveau der Lebensführung hatten gesellschaftliche Spannungen zur Folge. Dies ging einher mit ersten Symptomen eines nationalen Erwachens. Denn auch wenn materielle Fortschritte für Teile der Bevölkerung spürbar waren, blieb die dahinter wirksame Machtausübung eine Fremdherrschaft. Im Februar 1907 gründete die Gruppe der *Jungen Tunesier* (*Jeunes Tunisiens*) die Wochenzeitung *Le Tunisien*. Ihre Mitglieder entstammten durchweg den mittleren und oberen Schichten und hatten französische Bildungseinrichtungen im Lande und/oder in Frankreich besucht. Sie bewunderten die materiellen Errungenschaften Europas, bestanden für sich selbst aber zugleich auf ihrer muslimischen Identität. In diesem Spannungsfeld begannen sie, den Begriff der tunesischen Nation mit Inhalt zu füllen. Ihre Forderungen nach Reformen – zunächst unterhalb der Schwelle der Beendigung des Protektorats – stießen bei der Protektoratsmacht freilich auf taube Ohren. Die Frustration entlud sich, als 1911 Italien das benachbarte Tripolitanien angriff und der osmanischen Herrschaft dort ein Ende setzte (s. S. 25 f. und 229). Im November kam es in Tunis zu Unruhen, die blutig unterdrückt wurden. Wenige Monate später, im März/April 1912, folgten erste soziale Proteste. Ein Bündnis zwischen Intellektuellen und Gruppen einer sich organisierenden einheimischen Arbeiterschaft bahnte sich an. Paris witterte Gefahr und holte zum Schlag gegen die *Jungen Tunesier* aus. Ihr Führer, Ali Bash Hanba, ging ins Exil.

Der Erste Weltkrieg berührte Tunesien nachhaltig. Zwar gab es Tunesier (ihre Zahl war gering), die einen deutschen Sieg erhofften und sich auf die Unabhängigkeit vorbereiteten. Das Land als ganzes aber war in den Kriegsverlauf an der Seite Frankreichs eingebunden. 80 000 Tunesier waren in der französischen Armee rekrutiert; von ihnen verloren 20 000 ihr Leben. In Tunesien selbst konnten einheimische Geschäftsleute von der Abwesenheit der Franzosen profitieren, die in der Armee Dienst taten.

Das Ende des Krieges ließ die Erwartungen platzen, die nicht zuletzt durch die Versprechungen Woodrow Wilsons geweckt worden waren (s. S. 44). Vergessen waren auch die Worte von Ministerpräsident Georges Clemenceau, Frankreich werde sich der Opfer des tunesischen Volkes erinnern. In der Wirtschaft nahmen Franzosen das Ruder wieder fest in die Hand. 1919/20 verschlechterte sich die wirtschaftliche Lage für viele Tunesier, auch weil neue Steuern erhoben wurden. Vor diesem Hintergrund und befeuert durch die Unabhängigkeitsbestrebungen in Ägypten und im Maschrek sowie den Aufstand der Berber unter Abd al-Krim in Marokko (s. S. 186) begannen Aktivisten der *Jungen Tunesier* wieder an ihre Aktivitäten vor dem Krieg anzuknüpfen. Im März 1919 gründeten sie die *Parti Tunesien*. Aus ihr ging wenig später die *Parti Libéral Constitutionnel Tunisien* (arab.: *al-hizb ad-dusturi al-hurr at-Tunisi*) hervor. In den politischen Entwicklungen der folgenden Jahre wurde sie abgekürzt als *Dustur*-Partei (*Verfassungspartei*) bekannt. Ihre Träger waren im Wesentlichen städtische Notabeln. Neben der Einführung einer Verfassung, die die demokratische Vertretung der (tunesischen und französischen) Bevölkerung garantierte, gehörten die Einsetzung einer Regierung, die einer gewählten Versammlung verantwortlich sein würde, die Gleichheit aller Bürger vor dem Gesetz sowie die Gewährung bürgerlicher Freiheiten zu den zentralen Forderungen ihres Programms. Eine Mobilisierung breiter Massen blieb der Partei versagt. Den von ihr publizierten Eingaben und Aufrufen verschloss sich die Protektoratsmacht. Ab der Mitte der 1920er Jahre verstärkte die Gründung von Gewerkschaften den politischen Druck auf die französischen Behörden. Aber auch deren Aktionen – so die von der *Confédération Générale des Travailleurs Tunisiens* (CGTT) organisierten Streiks wurden niedergeschlagen.

Zu Beginn der 1930er Jahre schien die Protektoratsmacht Tunesien fest im Griff zu haben. Veranstaltungen wie die Feier zum 50-jährigen Jubiläum des Protektorats 1931, mit der eine erneute Kampagne der Französisierung verbunden war, sollten das

Selbstbewusstsein der Protektoratsmacht unterstreichen. Auf der anderen Seite aber bedeuteten sie zugleich Rückenwind für die Opposition, ihren Widerstand wieder zu aktivieren. In der Frage der naturalisierten Tunesier – also der Tunesier mit französischer Staatsbürgerschaft, mit deren Annahme die Abkehr von islamischem und die Unterstellung unter französisches Recht verbunden war – konnten sowohl religiöse als auch nationalistische Emotionen angesprochen werden. Schien doch ein solcher Schritt die islamische tunesische Identität des Landes zu unterminieren. Der Kern der Aktivisten bestand nunmehr aus – in der Regel noch jugendlichen – Persönlichkeiten. Anders als die Gründerväter der *Destour*-Bewegung dem städtischen, ja dörflichen Kleinbürgertum vor allem aus dem Sahel und der Insel Djerba entstammend, hatten sie das französisch geprägte Schulwesen durchlaufen. Namentlich das *Collège Sadiki* war zu einer Kaderschmiede der neuen Kräfte geworden. Viele hatten auch ihre Universitätsausbildung in Frankreich abgeschlossen. Für die anstehenden Auseinandersetzungen mit der Protektoratsmacht brachten sie eine doppelte Voraussetzung mit: das geistige Rüstzeug, den politischen Gegner, d. h. Frankreich, realistisch einzuschätzen, sowie die Kenntnis des politischen Umfeldes in Europa auf der einen und ein Verständnis der tunesischen Nation, die sie zugleich in den islamischen Kontext einzuordnen vermochten, auf der anderen Seite. Der biographische Hintergrund Habib Bourguibas, (Bu Ruqaiba), der in den kommenden Jahrzehnten eine führende Rolle spielen sollte, steht für viele Karrieren dieser Generation: 1903 in bescheidenem Milieu in Monastir geboren, trat er 1913 in das *Collège Sadiki* ein, 1924 ging er nach Paris. Als er 1927 nach Tunesien zurückkehrte, war er von dem Studium der Rechte und der politischen Wissenschaften ebenso geprägt wie von dem intellektuellen und politischen Gärungsprozess in Frankreich, an dem er in der Umgebung tunesischer und anderer Studenten teil gehabt hatte. Im Unterschied zu der Generation der Gründer der *Dustur*-Bewegung suchten die neuen Führungspersönlichkeiten die Mobilisierung und die Interaktion der breiten Massen, denen viele von ihnen entstammten. Ihr Sprachrohr wurde die 1932 gegründete Zeitung *L'Action Tunisienne*.

Die Auswirkungen der Weltwirtschaftskrise verschärften die Spannungen zwischen breiten Schichten der Tunesier, namentlich auf dem Lande, und den französischen Siedlern. Mit den sich zuspitzenden sozialen Spannungen wurden auch die Töne nationalistischer Propaganda schärfer und die Forderung nach Unabhängigkeit wurde laut. Speerspitze der Bewegung wurde die junge Garde um Bourguiba. Auf dem Kongress der *Destour* in Ksar-Helal im März 1934 kam es zum Eklat: Unter dem Namen *Parti Neo-Destour* (PND) gründeten die Dissidenten um Bourguiba eine Organisation, in deren Programm nun auch offiziell die Forderung nach Unabhängigkeit aufgenommen wurde. Die neue Partei trug die Proteste auf die Straße. Jetzt reagierten die Franzosen mit Härte: Im September wurde die Führung der Partei verhaftet und interniert. Zu einem kurzen versöhnlichen Zwischenspiel kam es im Zeichen der *Volksfrontregierung*, die im Mai 1936 in Paris an die Macht kam. Über ihre Jugendorganisation und kulturelle Veranstaltungen vertiefte die *Neo-Destur* Partei ihre Verankerung in der Bevölkerung. Der Sturz der *Volksfront* aber verschärfte die Konfrontation von neuem. Ähnlich wie im Falle der nationalistischen Kräfte in Marokko und Algerien reagierten die Franzosen auch in Tunesien brutal. Am 9. April 1938 kamen bei Zusammenstößen zahlreiche

Menschen ums Leben. Mehr als 700 Aktivisten, darunter die ganze Führung der *Neo-Destour*, wurden verhaftet und der Ausnahmezustand ausgerufen. Erst 1943 sollten Bourguiba und seine Mitstreiter aus der Haft entlassen werden.

Die Niederlage Frankreichs gegen Hitler-Deutschland im Juni 1940 ließ unter der politischen Elite Tunesiens die Hoffnung auf Unabhängigkeit aufkommen. Mit der Besetzung des Landes durch deutsche und italienische Truppen im November 1942 (s. S. 340 ff.) wurden die Befugnisse der Protektoratsverwaltung eingeschränkt. Doch den Führern der nationalistischen Bewegung schien Zurückhaltung angezeigt. Mit seiner Thronbesteigung im Juni 1942 hatte Bey Moncef – wie kein anderer seiner Vorgänger auf dem Thron des Landes – begonnen, sich in die Politik einzumischen. Zusammen mit anderen politischen Führern suchte er zwar eine stärkere Beteiligung der Tunesier an der Verwaltung, zugleich aber war sein Kurs auf die Neutralität zwischen dem französischen Protektorat und den Achsenmächten ausgerichtet. Dazu trug auch das Misstrauen bei, das die politische Elite Tunesiens den Plänen des faschistischen Regimes in Italien Nordafrika gegenüber hegte, das seine Ansprüche auf Tunesien noch immer nicht völlig aufgegeben hatte.

Mit dem Einzug der Alliierten im Mai 1943 endete eine Episode, die den pragmatischen Vertretern der nationalen Bewegung einen relativ breiten Spielraum gelassen hatte. Jetzt geriet das Land aufs Neue umfassend unter das Joch der französischen Kolonialmacht. Bey Moncef wurde abgesetzt und nach Algerien verbannt. Zu seinem Nachfolger machten die Franzosen seinen Cousin al-Amin (Lamine); bei seiner Abdankung 1957 sollte er der letzte Bey in Tunis gewesen sein. Eine Kampagne gegen »Kollaborateure« wurde eingeleitet. Unter diesen Bedingungen war die nationale Bewegung darauf bedacht, die Protektoratsmacht nicht durch allzu weitreichende Forderungen herauszufordern.

Erst nach Kriegsende sollte sie eine neue Dynamik erfahren. Das Massaker im algerischen Sétif (s. S. 216) hatte Schockwellen durch den ganzen Maghreb gesandt und die Entschlossenheit Frankreichs offenbart, die nationale Bewegung zu unterdrücken. Diese freilich sah sich durch die Tatsache ermutigt, dass die französischen Mandatsgebiete Syrien und Libanon mit Kriegsende ihre Unabhängigkeit erhalten hatten. Die *Neo-Destour* hatte sich von dem Schlag von 1938 erholt und die Gewerkschaften unterstützten nationalistische Forderungen durch Streiks. 1946 war mit der *Union Générale des Travailleurs Tunisiens* (UGTT) ein eigenständiger tunesischer Gewerkschaftsverband gegründet worden; auf dem Weg zur Unabhängigkeit sollte er eine wichtige Rolle spielen. Die Anhänger von *Neo-Destour* und Gewerkschaften stellten nunmehr eine wirkliche Massenbewegung dar. Im Übrigen waren die Nationalisten bemüht, ihre Forderungen auch auf internationaler Bühne, u. a. der UNO, die 1949 die Unabhängigkeit Libyens beschlossen hatte, vernehmbar zu machen. Nur zögernd gab die Protektoratsmacht nach. Die Reformvereinbarungen vom Februar 1951 räumten zwar den Tunesiern eine stärkere Beteiligung an Regierung und Verwaltung ein; umfassende legislative und exekutive Gewalt sowie ein nationales Parlament blieben ihnen aber weiterhin versagt.

Auf die Protestaktionen, in denen die *Neo-Destour* die führende Rolle spielte, reagierte Frankreich wiederum mit verstärkter Repression. Im Januar 1952 wurde Bourguiba ein weiteres Mal verhaftet. Nun verlagerte sich die Gewalt in den Untergrund.

Bewaffnete *fellagha* (»Banditen«) griffen französische Objekte an und terrorisierten die Siedler. Diese organisierten den Gegenterror der *Roten Hand* (*main rouge*). Der Fall von Dien Bien Phu im Frühjahr 1954 brachte schließlich die Wende. Wie in Indochina sah sich die französische Regierung auch in Tunesien zu Verhandlungen gezwungen. Am 31. Juli 1954 wurde die Autonomie des Landes proklamiert. Dennoch zogen sich die Verhandlungen hin. Für Frankreich komplizierte nicht zuletzt der Ausbruch des Aufstands in Algerien (1954) die Lage. In der *Neo-Destour* entbrannte ein Richtungskampf zwischen den Anhängern Habib Bourguibas und Salah ben Youssefs, des Generalsekretärs der Partei. Ihm war es in der Zeit der Exilierung Bourguibas gelungen, einen Teil der Parteibasis hinter sich zu bekommen. Den Weg Bourguibas, mit Frankreich Schritt für Schritt zu einer Übereinkunft zu gelangen, lehnte er ab. Radikaler als jener sah er die Zukunft Tunesiens im Kontext des Befreiungskampfes der Nordafrikaner insgesamt. Auf dem Parteikongress im November 1955 aus der *Neo-Destour* ausgeschlossen, ging er nach Kairo, von wo aus er über Jahre – auch beflügelt durch den Panarabismus Nassers agitierte. Im April 1955 war Tunesien innere Autonomie eingeräumt worden; für die Außen- und Sicherheitspolitik würde Frankreich weiter zuständig sein. Nachdem aber Paris im November Marokko die Unabhängigkeit zugesagt hatte, ließ sich ein solcher Schritt auch für Tunesien nicht länger hinausschieben. Am 20. März 1956 wurde das Protokoll unterzeichnet, das den *Bardo-Vertrag* vom 12. Mai 1881 für hinfällig erklärte. Unverzüglich erklärte die tunesische Regierung die Unabhängigkeit des Landes. Nur die Marinebasis Bizerte blieb weiterhin in französischer Hand.

Mit der Unabhängigkeit wurde Habib Bourguiba bis zu seiner Entmachtung im November 1987 die bestimmende Figur der tunesischen Politik. Gestützt auf die *Neo-Destour* Partei – ab 1964 *Parti Socialiste Destourien* (PSD) –, übte er eine im Wesentlichen autokratische Herrschaft aus. Zwar waren andere Parteien und politische und gesellschaftliche Organisationen zugelassen, von einem demokratischen Pluralismus kann jedoch nicht gesprochen werden. Das politische System war praktisch eine Einparteiherrschaft mit dem Parteivorsitzenden und Staatspräsidenten an der Spitze.

Im Augenblick der Unabhängigkeit freilich war Bey Lamine amtierendes Staatsoberhaupt. Erst am 25. Juli 1957 wurden von der Verfassunggebenden Versammlung die Absetzung des Bey und die Errichtung einer Republik beschlossen. Bourguiba wurde zum kommissarischen Staatspräsidenten ernannt. Die Proklamation der Verfassung am 1. Juni 1959 und die im November abgehaltenen Wahlen zur Nationalversammlung und zum Amt des Staatspräsidenten bestätigten den Herrschaftsanspruch Bourguibas und der PND. Bereits zuvor war es dem neuen starken Mann gelungen, rivalisierende Kräfte und Persönlichkeiten sowohl aus dem konservativen gesellschaftlichen Lager als auch innerhalb der Partei auszuschalten. Auch war er bemüht gewesen, den einflussreichen Gewerkschaftsverband UGTT (vormals CGTT) unter seine Kontrolle zu bringen. Gemäß der Verfassung wurden dem Präsidenten nunmehr weitestreichende Vollmachten eingeräumt, direkten Einfluss auf die Zusammensetzung der wichtigsten Institutionen zu nehmen.

Erste Schritte wurden getan, Tunesien zu einem modernen Staat zu machen, wie er der Mehrheit innerhalb der PND vorschwebte. Dazu gehörte unter anderem die Etablierung eines säkularen Justizsystems, die Auflösung der religiösen Stiftungen, die Einführung eines im Vergleich mit anderen arabisch-islamischen Staaten liberalen Personalstatuts, das die Gleichberechtigung der Frau festschrieb und für alle tunesischen Staatsbürger ungeachtet ihrer Religion Gültigkeit besitzen sollte.

Von Beginn an hatte die junge Republik mit wirtschaftlichen Problemen zu kämpfen, die von sozialen Spannungen begleitet waren. Der Abzug der französischen Siedler und die Instabilität, die von dem algerischen Kampf um Unabhängigkeit auch nach Tunesien ausstrahlte, führten zu einer dramatischen Kapitalflucht. Ab 1959 suchten Partei und Regierung der Krise mit einem Wirtschaftsplan zu begegnen, der sozialistische und planwirtschaftliche Züge trug. Deren Kernstück war die Kollektivierung der Landwirtschaft, insbesondere der Kleinbauern, die – teilweise mit Zwang – in Genossenschaften zusammengefasst wurden. In diese Jahre fiel auch der Beginn des systematischen Ausbaus des Tourismus als Quelle von Deviseneinnahmen zur Förderung der ehrgeizigen Entwicklungsprojekte. Als Ahmed Ben Salah, der starke Mann hinter diesem von Bourguiba als »konstitutioneller Sozialismus« bezeichneten Programm, daran ging, auch die Mittel- und Großbetriebe in Genossenschaften zu verwandeln und damit die feudale Basis eines Großteils der Bourgeoisie tangierte, kam es zu Unruhen. Im September 1969 fiel er in Ungnade und wurde zum Sündenbock für alle wirtschaftlichen Schwierigkeiten gemacht, vor Gericht gestellt und zu zehn Jahren Zwangsarbeit verurteilt. 1973 gelang es ihm aus dem Gefängnis zu entfliehen. Trotz seines Scheiterns hat er in den 1960er Jahren der Entwicklung Tunesiens seinen Stempel aufgedrückt.

Mit dem Ende der Ära Ben Salah aber waren die wirtschaftlichen und sozialen Probleme nicht gelöst. Die Re-Liberalisierung der 1970er Jahre führte vielmehr zu einer Verschärfung der Einkommensunterschiede. Hatten sich die Gewerkschaften in den ersten Jahren nach der Unabhängigkeit dem Willen der Regierung unterworfen, so brachten sie nunmehr die Entschlossenheit der Arbeiter zu Ausdruck, für die Verbesserung ihrer Lage zu kämpfen. Ihnen schlossen sich die Studenten als starke Kraft des Widerstands gegen das Regime an. Die Kette von Streiks und sozialen Unruhen eskalierte am *Schwarzen Donnerstag*, dem 26. Januar 1978: Dutzende von Menschen wurden getötet, als die Sicherheitskräfte gegen Demonstranten vorgingen. Zum ersten Mal kam dabei auch die Armee innenpolitisch zum Einsatz. Schlaglichtartig wurde die politische Instabilität des Landes auch zwei Jahre später sichtbar: Am Jahrestag des *Schwarzen Donnerstag* griff ein bewaffnetes Kommando von etwa 60 Mann mit heterogenem oppositionellen Hintergrund im südtunesischen Gafsa, dem Zentrum der Phosphatförderung, Einrichtungen der Regierung an und hielt die Stadt eine Woche lang besetzt. Die Regierung machte Libyen für den Angriff verantwortlich.

Immerhin sah sich das Regime nunmehr gezwungen, das politische System für breitere politische Kräfte zu öffnen. Die meisten politischen Gefangenen (mit Ausnahme der islamischen Fundamentalisten) wurden entlassen. Vorsichtige Schritte in Richtung auf ein Mehrparteiensystem wurden unternommen. Allerdings erlangte keine der Oppositionsparteien in den Parlamentswahlen 1981 einen Sitz in der Nationalversammlung; die Staatspartei registrierte 94,6 % der abgegebenen Stimmen für sich. Auch die 1983 intensivierten Bemühungen um ein Mehrparteiensystem blieben auf halbem Wege stecken. Sowohl der *Mouvement des Démocrates Socialistes* (MDS) als auch der einst von dem exilierten Ben Salah gegründete *Mouvement de l'Unité Populaire* (MUP) zerfielen in unterschiedliche Gruppen. Die einst starke *Kommunistische Partei* hatte 1981 lediglich 0,78 % der Stimmen erhalten. Verboten blieben die vom Regime als extremistisch eingestuften panarabischen und islamischen Parteien, der *Mouvement de la Tendance Islamiqe* (später: *an-Nahdha* oder *Ennahda*) unter der Führung von Rachid Ghanouchi und der *Rassemblement National Arabe*.

Zunehmend standen die Entwicklungen auch im Zeichen der Frage nach der Nachfolge Bourguibas. Preiserhöhungen und Streichungen von Subventionen für Grundnahrungsmittel führten im Winter 1983/84 zu Unruhen aufgrund der hohen Nahrungsmittelpreise. 84 Tote, 590 Verletzte unter der Zivilbevölkerung und 348 Verletzte unter den Sicherheitskräften lassen das Ausmaß der Auseinandersetzungen erkennen. Nach den Unruhen richtete sich der Volkszorn gegen Premierminister Mohammed Mzali, der seit seiner Amtsübernahme 1980 als Nachfolger Bourguibas aufgebaut wurde. Jetzt kamen andere Varianten ins Spiel. Als starker Mann profilierte sich zunehmend General Zine El Abidine Ben Ali, der im April 1986 das Innenministerium übernommen hatte. Am 2. Oktober löste dieser den amtierenden Ministerpräsidenten ab. Die Kontrolle über die Sicherheitskräfte war die Voraussetzung für den unblutigen Putsch im Oktober/November 1987. Auf der Grundlage eines ärztlichen Bulletins, in dem Bourguiba für senil erklärt wurde, erfolgte dessen Absetzung am 7. November 1987. Für den Rest seines Lebens – er starb am 6. April 2000 im Alter von 96 Jahren stand er in seiner Geburtsstadt Monastir unter Hausarrest. Gemäß der Verfassung folgte der amtierende Ministerpräsident dem abgesetzten Staatspräsidenten im Amt.

Damit war die politische Laufbahn einer der bemerkenswertesten Persönlichkeiten des nationalen Aufbruchs der Araber und ihres Strebens nach Unabhängigkeit und Moderne beendet. Von Frankreich immer wieder gedemütigt hatte er gleichwohl den Glauben an das Land, dessen politische und geistige Werte er bewunderte, nicht verloren. Gegen radikalere Vorstellungen führte er Tunesien im Einvernehmen mit Frankreich in die Unabhängigkeit. Der Versuchung, im Zweiten Weltkrieg diese mit Deutschland gegen Frankreich zu erringen, war er nicht erlegen. Frankreich prägte auch seine Vorstellungen von jener Moderne, nach der auch die Tunesier zu streben haben würden. Sein Herrschaftsstil war autokratisch. Als *combattant suprème* beanspruchte er eine herausragende Stellung im politischen System.

Die geopolitische Lage und die Abhängigkeit von auswärtiger wirtschaftlicher Unterstützung haben seit dem Eintritt in die Unabhängigkeit die Außenpolitik Tunesiens bestimmt. Zu einer engen Ausrichtung auf den Westen hatte es – trotz proklamierter Prinzipien der Blockfreiheit – keine Alternative gegeben. Zwei Mal durchliefen die Beziehungen zu Frankreich kritische Phasen: Einmal mit Bezug auf die Oberhoheit über Bizerte. Seit 1959 erhob die tunesische Regierung die Forderung nach der Räumung der Marinebasis. Nachdem es 1961 zu einer militärischen Eskalation gekommen war, führten die Verhandlungen im Oktober 1963 zum Abzug aller französischen Truppen. Ein neuerlicher Konflikt brach aus, als Bourguiba 1964 – im Zuge der 1962 von Planungsminister Ben Salah eingeleiteten Kooperativenbewegung – die Nationalisierung ausländischer Ländereien bekanntgegeben hatte. Er wurde 1965 beigelegt. Anlässlich des ersten offiziellen Besuchs des tunesischen Staatspräsidenten in Paris im Juni 1972 wurde die Absicht unterstrichen, mit der ehemaligen Kolonialmacht zusammenzuarbeiten. Ein Partner enger politischer, sicherheitspolitischer und wirtschaftlicher Zusammenarbeit wurden die USA. Auch der israelische Luftangriff auf das PLO-Hauptquartier in Tunis am 1. Oktober 1985 und der Luftangriff der USA auf die libyschen Städte Tripolis und Benghazi am 15. April 1986 (s. S. 235) führten nur vorübergehend zu einer Eintrübung der Beziehungen.

Neben den Beziehungen zum Westen war die Staatsführung bemüht, Tunesien im arabischen Kontext zu verankern. Signifikant dafür wurden nicht zuletzt die Positionen im Konflikt um Palästina. Dies gilt für die Ablehnung des ägyptisch-israelischen Separatfriedens 1979 wie für die Aufnahme von 1000 PLO-Kämpfern und die Einrichtung des Hauptquartiers der PLO nach deren Evakuierung aus Beirut (1982). Die Verlegung des Sitzes der Arabischen Liga von Kairo nach Tunis im Gefolge des Abschlusses des Camp David-Abkommens (1978/79) konnte auch als offizielle Anerkennung der gefestigten Stellung Tunesiens im arabischen Lager bewertet werden.

Unter den Nachbarn in Nordafrika entwickelten sich die Beziehungen zu Marokko und Algerien im Großen und Ganzen stabil und kooperativ. Anders im Falle Libyens: Nach der Machtübernahme al-Qadhafis 1969 ließ die wirtschaftliche Komplementarität beider Volkswirtschaften – finanzielle Ausstattung auf libyscher und Arbeitskräfte auf tunesischer Seite – ein enges politisches Zusammengehen als empfehlenswert erscheinen. Anlässlich eines Treffens der beiden Staatschefs auf Djerba im Februar 1974 wurde – ohne Wissen des tunesischen Kabinetts – eine Erklärung über eine Union beider Länder unterzeichnet. Angesichts des heftigen Widerstands aus Regierung und Partei aber wurde sie im Juli 1975 von Bourguiba widerrufen. Im September 1985 wurden die Beziehungen abgebrochen, nachdem Libyen begonnen hatte, Zehntausende tunesischer Arbeiter über die Grenze abzuschieben.

Der Absetzung Bourguibas durch Ben Ali waren Differenzen zwischen beiden voran gegangen, die sich nicht zuletzt am Umgang mit den Aktivisten des verbotenen *Mouvement de la Tendance Islamique* entzündeten. Dieser hatte im Laufe des Jahres seine gewalttätigen Aktionen verstärkt; Höhepunkt waren Anschläge auf vier Hotels am 2. August 1987. Während der Staatspräsident drakonische Strafen forderte, war der Ministerpräsident nicht bereit, den Fall, bei dem ohnehin im ersten Verfahren sieben Todesurteile gefällt worden waren, neu aufzurollen. Mit der Amtsenthebung des Staatspräsidenten soll er seiner eigenen Absetzung – manche kolportieren: seiner Ermordung – zuvorgekommen sein. In einer Erklärung kündigte der neue Staatspräsident am 7. November eine Liberalisierung und Demokratisierung des Systems an. Im Rahmen der »Entbourguibisierung« wurden bis Ende des Jahres eine Reihe von diesbezüglichen Maßnahmen – darunter auch die Freilassung zahlreicher politischer Gefangener – eingeleitet. Im Februar 1988 wurde die PSD in *Rassemblement Constitutionnel Démocratique* (RCD) umbenannt; drei weitere Parteien wurden bis zum Jahresende zugelassen, sodass Ende 1988 sieben Parteien auf der politischen Bühne agierten. Zugleich aber sicherte eine Änderung der Verfassung vom 12. Juli 1988 die politische Vormachtstellung des Staatspräsidenten.

Die ersten Präsidentschafts- und Parlamentswahlen nach der Machtübernahme Ben Alis ließen am 2. April 1989 Zweifel an der Glaubwürdigkeit des neuen Präsidenten und

»seiner« Partei aufkommen. Ohne Konkurrenten kandidierend erhielt Ben Ali 98,27 % der abgegebenen Stimmen. Mochte dieses Ergebnis noch seinem persönlichen Ansehen geschuldet sein, wurde das Ergebnis der Wahl für das Parlament kritisiert. Mit 80,48 % der abgegebenen Stimmen erhielt der RCD alle 141 Sitze, was seitens der Opposition zu heftiger Kritik an dem Wahlgesetz führte. Zugleich verschärften sich die Spannungen zu der verbotenen islamistischen Partei. In der Hoffnung auf Legalisierung hatte sich diese in *Partei der Wiedergeburt (hizb an-nahdha; Ennahda)* umbenannt. Aber trotz einiger symbolischer Gesten seitens des Staatspräsidenten, die den arabisch-islamischen Charakter Tunesiens bestätigen sollten, war die Partei nicht legalisiert worden. Als »Unabhängige« hatten ihre Kandidaten immerhin etwa 15 % der Stimmen erhalten. In seiner Rede zum zweiten Jahrestag seiner Machtübernahme unterstrich Ben Ali dann noch einmal mit Nachdruck, dass es in Tunesien keinen Platz für eine religiöse Partei gebe. Aus Protest ging Parteichef Rachid Ghannouchi nach Frankreich ins Exil.

Die Zersplitterung der Oppositionsparteien und die Manipulation von Wahlen und Abstimmungen stärkten in der Folge die Entwicklung zu einer Alleinherrschaft des Staatspräsidenten und des RCD. Die Verzögerung von wiederholt angekündigten Liberalisierungsmaßnahmen wurde nicht zuletzt mit den immer wieder auch gewalt-tätigen Aktivitäten der Anhänger der verbotenen islamistischen *Ennahda* Partei, nicht zuletzt unter den Studenten, gerechtfertigt. Im März 1991 wurde die islamistische Studentenunion verboten. Die Brutalität der Konfliktaustragung auf Seiten der militanten islamistischen Bewegung trug dazu bei, eine harte Haltung seitens der Machthaber gegenüber den Anhängern der *Ennahda* gerechtfertigt erscheinen zu lassen. Die Arbeit von Menschenrechtsorganisationen wurde zunehmend eingeschränkt. Ein wichtiger Baustein in der Strategie des Präsidenten, den Islamisten Wind aus den Segeln zu nehmen und zugleich das Wohlwollen des Auslands zu erhalten, war die Förderung der Gleichstellung der Frauen, wie sie in dem Personalstatut von 1956 vorgezeichnet war. Dessen Gleichstellungsgebot entsprechend wurde 1992 das Arbeitsgesetz abgeändert. Über die Einführung der 9-jährigen Schulpflicht ab Herbst desselben Jahres sollte die Anzahl der Mädchen mit Schulbildung erhöht werden.

Die Parlaments- und Präsidentschaftswahlen vom März 1994 ließen erkennen, wie weit das politische System durch den Präsidenten eingeschränkt war. Wieder war Ben Ali der einzige Kandidat, nachdem die Kandidatur anderer Bewerber durch Tricks und Schikanen verhindert worden war. Auf den Staatspräsidenten, der damit für weitere fünf Jahre gewählt wurde, entfielen 99,91 % der Stimmen. Die Regierungspartei RCD fuhr mit 97,73 % der abgegebenen Stimmen gleichfalls einen triumphalen Erfolg ein. An diesen Größenordnungen sollte sich auch bei folgenden Wahlen nicht viel ändern. 1996 konnte die Ereignislosigkeit der tunesischen Politik durch fünf runde Jahrestage belebt werden: 1300 Jahre Bestehen der religiösen Hochschule *az-Zaituna*, 60 Jahre Erscheinen der französischsprachigen Tageszeitung *La Presse de Tunisie*, 50 Jahre Wirken des Gewerk-schaftsverbandes UGTT, 40 Jahre Unabhängigkeit und 40 Jahre Umsetzung des bereits erwähnten fortschrittlichen Personalstatuts.

Neben der Einschränkung der Arbeit der politischen Opposition und der Presse-freiheit waren die Menschenrechtsverletzungen der schwerste Makel an dem System Ben Ali. Während die Menschenrechtsorganisationen im Lande bedrängt und verfolgt wurden, konnte das Regime die wachsende internationale Kritik nicht unterdrücken oder manipulieren. Am 6. April 2000 präsentierte die UNO-Menschenrechtsorganisation einen Bericht, in dem Verbesserungen im Bereich der Bürger- und Menschenrechte angemahnt wurden. Bereits im März war es zu Protesten von Menschrechtsaktivisten gekommen, die auch den ausländischen Druck auf das Regime erhöhen sollten. Dessen Reaktion war kaum mehr als kosmetisch, und die Menschenrechtsfrage blieb von da an dessen Achillesferse. Am 19. März 2001 veröffentlichte eine Gruppe von Oppositionspolitikern, darunter der im Londoner Exil lebende Führer der *Ennahda*, Rachid Ghannouchi, einen Appell, in dem sie die Bildung einer »patriotischen und demokratischen Front« (gegen die Staatsführung) und eine Generalamnestie forderten. Zu Protestaktionen kam es im Vorfeld und nach Ausbruch des Krieges im Irak im März 2003. Sie bedeuteten ein Dilemma für das Regime, das enge Beziehungen zum Westen, insbesondere auch den USA unterhielt. Dass das Regime gleichwohl nicht erschüttert war, zeigten die Präsidentschafts- und Parlamentswahlen am 24. Oktober 2004, in denen Ben Ali – bei drei Gegenkandidaten – 94,40 % der Stimmen und »seine« Partei, der RCD, alle 152 über die Wahlkreise zu vergebenden Sitze erhielt.

Die Verschärfung der sozialen Spannungen, die in den folgenden Jahren zu Protesten und Aufständen führten, hatten weitere Einschränkungen politischer Grundrechte, namentlich der Meinungs-, Presse- und Versammlungsfreiheit zur Folge. Kritik wurde nicht geduldet. Auf diese Weise war auch der Erfolg des Präsidenten gesichert, der in den Wahlen vom Oktober 2009 89,28 % der Stimmen erhielt. Es bedurfte einer Revolution, um dem Regime Anfang 2011 ein Ende zu setzen.

Die Außenpolitik Tunesiens in der Ära Ben Ali bewegte sich innerhalb der von seinem Vorgänger abgesteckten Koordinaten. Der Maghreb, der Mittelmeerraum, der Nahe Osten und Afrika waren die geographischen Schwerpunkte der tunesischen Diplomatie. In Europa waren Frankreich und Italien die wichtigsten Partner. Die besondere politische Aufmerksamkeit galt der *Arabischen Maghreb-Union* (s. S. 183), die im Februar 1989 in Marrakesch gegründet worden war. Der Ausbau der wirtschaftlichen und entwicklungspolitischen Zusammenarbeit waren die Hauptziele einer pragmatischen Außenpolitik. An der Mittelmeerpolitik der Europäischen Union, die 1995 in Barcelona auf eine neue vertragliche Basis gestellt wurde (s. S. 336 f.), nahm Tunesien aktiv Anteil. Und die EU blieb der mit Abstand wichtigste Handelspartner des Landes. Zu Irritationen im Verhältnis zu den USA und einer Reihe von arabischen Staaten kam es im Zusammenhang mit der Krise am Persischen Golf, die durch den Überfall des Irak auf Kuwait im August 1990 ausgelöst wurde (s. S. 177 f.). In Tunis machte man kein Hehl aus der Ablehnung einer militärischen Lösung und der Einmischung auswärtiger Mächte und beteiligte sich an den Bemühungen einer friedlichen Beilegung. Der Beschluss der Arabischen Liga vom 10. September 1990, deren Sitz wieder nach Kairo zurück zu verlegen, sorgte in Tunis für Verstimmung.

Angesichts der Exzesse terroristischer Gewalt, die in den 1990er Jahren insbesondere in Algerien und Ägypten zu verzeichnen waren, gewann die Abwehr des religiösen Extremismus – in der Innenpolitik Ben Alis ein Leitmotiv seiner Politik – hohe Priorität auch in der Außenpolitik. Das bedeutete eine enge Abstimmung und Zusammenarbeit der Sicherheitskräfte, insbesondere unter den Maghrebstaaten. Nach dem Terrorakt vom 11. September 2001 in New York wurde Ben Ali ein geschätzter Partner Washingtons im Kampf gegen den internationalen Terrorismus. Diese Entwicklung freilich war innenpolitisch nicht unproblematisch. Wie angedeutet war die autokratische Machtausübung seit Beginn der Jahre ab 2000 immer wieder Gegenstand der Kritik im – vornehmlich europäischen – Ausland. In einigen Fällen waren daraus diplomatische Verwicklungen – auch mit Frankreich und Deutschland – entstanden. Den Initiativen zu einer verstärkten Demokratisierung des arabischen Raumes, die unter den Bezeichnungen *Middle East Partnership Initiative* (MEPI) und *Broader Middle East and North Africa Initiative* (s. S. 330) von Präsident George W. Bush gestartet wurden, suchte sich Ben Ali zu entziehen. Dass Washington das MEPI-Regionalbüro ausgerechnet an seiner Botschaft in Tunis ansiedelte, entfachte Kritik seitens tunesischer Oppositioneller und internationaler Organisationen. Gleichwohl verlief der Besuch des tunesischen Präsidenten in Washington vom 17. bis 18. Februar 2004 einschließlich des Empfangs bei Präsident George W. Bush für das tunesische Regime zufriedenstellend. Mit der Unterzeichnung von Abkommen über Investitionsförderung (u. a. im Energiebereich) schien Ben Ali sein eigentliches Ziel erreicht zu haben.

Doch die sozialen Fehlentwicklungen waren nicht zu übersehen und trafen nicht zuletzt die Absolventen eines Bildungssystems, dessen systematischen Ausbau bereits Bourguiba vorangetrieben hatte. Knapp die Hälfte der heranwachsenden Jugendlichen hatte eine höhere Bildungsanstalt besucht, und ein Drittel der 18- bis 25-jährigen besaß einen Hochschulabschluss. Ohne Chance auf einen angemessenen Beruf mussten sich viele mit gering bezahlten Jobs oder im informellen Sektor durchschlagen – wie Mohamed Bouazizi mit ambulantem Obst- und Gemüseverkauf auf einem Karren, immer auf der Hut vor Kontrollen der Polizei und Behörden.

Die sozialen Spannungen entluden sich im Januar 2008 in Gafsa, dem Zentrum der tunesischen Phosphatförderung. Trotz erheblicher Gewinne der staatlichen Phosphatgesellschaft waren über Jahre Stellen abgebaut oder mit auswärtigen Arbeitskräften besetzt worden. Ein geschlossener Klüngel von regimenahen Vertretern in Verwaltung und Business teilte sich die Gewinne. Unter den Menschen in der Region hatte sich Armut ausgebreitet. Am 7. Januar schlug eine Allianz von Bergarbeitern, Hausfrauen und Hochschulabsolventen auf den Bahngleisen Zelte auf, um über die Blockade der Phosphatindustrie ihren Forderungen Gehör zu verschaffen. Über Monate war das Regime bemüht, die Proteste zu unterdrücken.

Wirtschaftliche und soziale Fehlentwicklungen hatten der Revolte den Boden bereitet. Die neo-liberalen Wirtschaftsreformen Ben Alis hatten nicht nur das Ziel wirtschaftlicher und sozialer Stabilisierung verfehlt. Sie verschärften die sozialen Spannungen. Eine Clique um den Präsidenten und seine Gattin, später als »Kleptokratie« bezeichnet, hatte insbesondere die Privatisierungen in der Industrie als Teil einer Strategie der Selbstbereicherung betrachtet. In den in hohem Maße vom Ausland abhängigen Sektoren des Tourismus und der Billigproduktion, namentlich im Textilsektor, waren signifikante Lohnerhöhungen nicht durchzusetzen, ohne dass die Unternehmer mit Produktionsverlagerung drohten.

Nicht zuletzt aufgrund dieser Entwicklungen begann in Tunesien am 17. Dezember 2010 die dritte arabische Revolte. Dies war angesichts der Fassade von Stabilität, die das

Regime Ben Ali errichtet hatte, überraschend. Tatsächlich hätte das angesichts der Vergleichbarkeit der sozioökonomischen Entwicklung auch in anderen arabischen Ländern der Fall sein können. Im zentral-tunesischen Sidi Buzid übergoss sich Mohamed Bouazizi mit Benzin und steckte sich in Brand. Wenig später erlag er seinen Verletzungen. Die Mischung aus Verzweiflung und Protest, aus der heraus die Tat geschah, war symptomatisch für die Lage zahlreicher junger Menschen im arabischen Raum. An einer weiterführenden Schule ausgebildet war er arbeitslos und musste sein Geld durch den Verkauf von Gemüse verdienen. Angesichts von Korruption und Ungerechtigkeit und von den Behörden gedemütigt, setzte der 26-Jährige seinem Leben ein Ende. Sein Tod am 4. Januar 2011 gab der Protestbewegung, die bereits Tunis erreicht hatte, neue Nahrung.

Als Ben Ali klar wurde, dass er nicht länger auf die Loyalität der Sicherheitskräfte zählen konnte, flüchtete er am 14. Januar nach Saudi-Arabien.

Der Sturz des Staatspräsidenten in der Folge dieser Ereignisse war ein Rückschlag für jene auswärtigen Mächte, die in ihm – wie in anderen Potentaten in der Region – einen Anker der regionalen Stabilität gesehen hatten. Dies gilt nicht zuletzt auch für Frankreich. Am 12. Januar 2011 – nur wenige Tage vor seinem Sturz am 14. Januar – bot ihm die französische Außenministerin Michèle Alliot-Marie die Unterstützung der »bewährten französischen Sicherheitskräfte« an.

Mit dieser Revolte war der Weg für den Aufbau einer neuen politischen und gesellschaftlichen Ordnung frei. Dass es nicht leicht sein würde, ihn zu finden, war angesichts des Fehlens einschlägiger politischer Erfahrungen der Tunesier vorherzusehen. Ein langes Ringen unterschiedlicher politischer und gesellschaftlicher Strömungen um die neue Verfassung begann. In ihm waren die islamistischen Gruppen zunächst die stärkste Kraft. Als die neue Verfassung aber am 26. Januar 2014 in der Verfassunggebenden Versammlung fast einstimmig angenommen wurde, hatten die Tunesier (arabische) Geschichte geschrieben. Alle Tunesier (und Tunesierinnen) haben darin als gleichberechtigte Bürger (und Bürgerinnen) ihren Platz.

4.2.3 Algerien

Zu Beginn des 20. Jahrhunderts hatten Algerien und die muslimischen Bewohner des Landes – die im Lande lebenden Juden waren 1870 den französischen Siedlern (*colons*) gleichgestellt worden – keine eigene Identität. Territorial an Frankreich angegliedert waren die drei Departements Algier, Constantine und Oran im Parlament in Paris durch französische Siedler vertreten. Die muslimischen Algerier – die arabische Mehrheit sowie die berberische Minderheit – waren zwar französische Untertanen (*sujets français*), aber nicht französische Staatsbürger (*citoyens français*); sie waren allenfalls Bürger zweiter Klasse. Der Übertritt in die volle französische Staatsbürgerschaft war an einen umfangreichen Katalog von Voraussetzungen geknüpft; einen besonderen Stellenwert hatten darunter der verbindliche Verzicht auf ihr muslimisches Personenstandsrecht und die vollständige Unterwerfung unter die französische Rechtsprechung. Das Französische war alleinige Amts- und Unterrichtssprache. Lediglich in einer kleinen Zahl von staatlich beaufsichtigten Koranschulen war der Gebrauch des Arabischen erlaubt.

Kerndaten Algeriens

Name des Landes (deutsch/arabisch/ englisch/französisch)	Algerische Demokratische Volksrepublik / Al-Dschumhuriyya al-Dschaza'iriyya ad-Dimuqratiyya asch-Scha'biyya / Algeria / Algérie		
Bevölkerung in Mio.	38,7	Datum der Unabhängigkeit	5.7.1962
Einwohner pro km²	16	Datum des Beitritts zur Arabischen Liga	1962
Fläche in Mio. km²	2,3	Staatsform	Republik
Landessprache (offizielle [Staats-]Sprache)	Arabisch	BIP in Mrd. US-Dollar	190,7
häufig gebrauchte Sprachen	Französisch; Berbersprachen	BIP pro Einwohner in US-Dollar	7333
Konfessionen	Muslime (Sunniten)	Lebenserwartung in Jahren	76
religiöse Minderheiten	Ibaditen	Zusammensetzung der Bevölkerung (ethnisch)	Araber, Berber (ca. 20 %)

Französische Kolonisten (unter ihnen naturalisierte Italiener, Malteser und Spanier) hatten die fruchtbarsten Teile des Bodens, namentlich im Bereich der Küstenebene, in Besitz genommen und produzierten für den Export. Wein wurde ein Hauptexportgut des Landes. Die einheimischen Besitzer wurden vertrieben bzw. durch Schikanen zur Aufgabe ihres Besitzes gezwungen. Innerhalb der Schicht der europäischen Siedler bildete sich eine Agrarbourgeoisie heraus; zu Beginn der 1950er Jahre verfügten 22 000 europäische Eigentümer über 2,7 Millionen Hektar, das waren 40 % der bebaubaren Böden. Die durchschnittlichen Flächen der französischen Siedler betrugen 120 Hektar, die der algerischen Bauern 11 Hektar.

Die sich wiederholenden Aufstände gegen die französische Herrschaft – zu solchen kam es auch noch während des Ersten Weltkriegs – wurden mit größter Härte unterdrückt. Wie fest Frankreich Algerien im Griff hielt, zeigt die Tatsache, dass während des Ersten Weltkriegs – neben zahlreichen algerischen Arbeitern in der Rüstungsindustrie – 170 000 Algerier in der französischen Armee dienten. Die Zahlen der gefallenen Algerier schwanken zwischen 20 000 und 80 000. Der Logik des gegenüber Algerien praktizierten politischen, wirtschaftlichen und kulturellen Kolonial- und Unterdrückungssystems entspricht es, dass mit der Gründung des *Nordafrikanischen Sterns* (*Etoile Nord-Africaine*; ENA) in Frankreich im Jahr 1925 die erste organisierte Zelle des algerischen Nationalismus entstand.

Vor dem Hintergrund des besonderen Status Algeriens als Teil Frankreichs und der systematischen Unterdrückung einer muslimisch-algerischen Identität verlief der Prozess der Loslösung von Frankreich anders als in Marokko und Tunesien. Nicht die

Unabhängigkeit, sondern die volle Gleichstellung der muslimischen Algerier als »Franzosen« einerseits und die ausdrückliche Respektierung ihrer kulturellen Eigenart andererseits standen lange im Mittelpunkt »nationalistischer« Bestrebungen. Der Befreiungskrieg selbst (1954–1962) sollte schließlich durch eine Brutalität gekennzeichnet sein, die die Gewalt im Unabhängigkeitskampf Marokkos und Tunesiens bei weitem überstieg. Ideologisch und politisch waren die Unabhängigkeitsbewegung und der algerische Entwicklungsweg seit der Unabhängigkeit (1962) von Strömungen geprägt, die vor dem Hintergrund der spezifisch algerischen Ausgangslage zu verstehen sind: einem kulturell-identitären Arabismus in einem sozialistisch orientierten Einparteisystem, in dem die Partei die »nationale« Avantgarde verkörpern sollte.

In dem Bewusstsein, Algerien fest dem Mutterland eingegliedert zu haben – mehr als 800 000 Franzosen lebten zu diesem Zeitpunkt in *l'Algérie Française*) – feierte Frankreich 1930 den 100. Jahrestag der Eroberung Algiers als des Beginns der Unterwerfung des ganzen Landes und der Assimilation seiner Bevölkerung. Denkmäler erinnerten ebenso daran wie Kongresse und die Einweihung von Entwicklungsleuchttürmen: Schulen, Krankenhäusern, Waisenheimen, Armenhäusern, Agrarhochschulen und Berufsschulen. Ihren Höhepunkt erreichten die Feierlichkeiten am 14. Juni 1930 bei Sidi Ferruch (Sidi Fredj), jenem 30 km westlich von Algier gelegenen Ort, von dem die französische Eroberung Algeriens ihren Ausgang genommen hatte. Einmal mehr waren die Organisatoren bemüht, das koloniale Algerien als eine gemeinsame französisch-arabische Leistung, offiziell tituliert als »Feier der Union der französischen und einheimischen Bevölkerung«, auszugeben. Unter den Jubelpersönlichkeiten befanden sich auch »Franzosen« algerischen Ursprungs; Angehörige jener dünnen Schicht Algerier, die mit europäischer Kultur und Erziehung Bekanntschaft gemacht hatten (*évolués*) und die auf »die tiefe Union des französischen und einheimischen Volkes« hinwiesen.

Der Pomp der Feierlichkeiten ließ übersehen, dass der Widerstand gegen die Herrschaft der Franzosen begonnen hatte; oder besser zunächst: gegen die auf Diskriminierung der algerischen Bevölkerung beruhende Form der Machtausübung. Mehr in Gestalt einer Bürgerrechts- denn einer Nationalbewegung kam eine Schrift daher, die Ferhat Abbas nach dem Jubiläum veröffentlichte. Er war in einer Kleinstadt im Osten des Landes als Sohn eines Provinzverwalters und Grundbesitzers geboren. Er hatte französische Schulen besucht und teilte französische Wertvorstellungen. Sein größter Wunsch war, in den Genuss der vollen Privilegien eines französischen Staatsbürgers zu gelangen. Seine Schrift *Le jeune Algérien. De la colonie vers la province* (Der junge Algerier. Von der Kolonie zur Provinz) war ein Plädoyer, die französische Kolonialherrschaft in Algerien durch die aufgeklärten Werte der französischen Republik zu ersetzen. Wie weit er von der Forderung nach Selbstbestimmung oder Eigenständigkeit entfernt war, lässt sein berühmt gewordenes Wort erkennen: »Algerien als Vaterland ist ein Mythos. Ich habe es nicht entdeckt. Ich habe die Geschichte befragt; ich habe die Toten und die Lebendigen befragt; ich habe Friedhöfe besucht. Nicht einer hat es mir gegenüber erwähnt.«

Ein derartiger Standpunkt stand nicht nur im Widerspruch zum Programm des *Nordafrikanischen Sterns*. Auch aus islamischen Kreisen erfuhr Ferhat Abbas Widerspruch. Hier wie im Falle Ägyptens auch (s. S. 33 f.) wirkte die Synthese der islamischen

Reformbewegung um Muhammad Abduh und nationalistischer Inspiration fort. In Algerien stand Abd al-Hamid Ben Badis (1889–1940) an der Spitze der Bewegung. Er lehnte die Idee Abbas' einer Assimilierung mit Nachdruck ab. Seine Antwort auf die oben zitierten Einlassungen war die Betonung der Eigenständigkeit der algerischen Geschichte, der religiösen und sprachlichen Einheit, der eigenen Kultur, Sitten und Gebräuche. Der durch den Kolonialismus entstandenen Entfremdung galt es durch die Rückbesinnung auf die Werte des Korans und des Propheten entgegen zu wirken. Das Konzept der Reform des Islams verband sich mit dem Konzept des Nationalismus. Aber auch Ben Badis forderte nicht die Unabhängigkeit Algeriens. Separat, aber den Franzosen gleichgestellt sollte der Status der Algerier sein. »Der Islam ist meine Religion, arabisch meine Sprache, Algerien mein Vaterland«, war das Motto der Bewegung, das insbesondere in den von ihr betriebenen (Koran-)Schulen verbreitet wurde.

Nicht aus Algerien, sondern aus den Reihen der etwa 100 000 in Frankreich lebenden algerischen Arbeiter kamen erste Impulse zu einer Unabhängigkeitsbewegung. Auf die Gründung des *Etoile Nord-Africaine* war bereits hingewiesen worden. Ihr Führer, Messali Hadsch (1898–1974), war über die *Kommunistische Partei* zur nationalen Arbeiterbewegung gelangt. 1927 legte die Gruppe ihr Programm vor. Darin wurden unter anderem die Unabhängigkeit für Algerien, der Abzug der französischen Besatzungstruppen, die Beschlagnahmung der Plantagen französischer Siedler und eine Neuverteilung des Ackerlands an einheimische Bauern gefordert. Nicht dieses Programm freilich, sondern die gemäßigteren Aktivisten im Gefolge von Ferhat Abbas sollten bis auf weiteres das Verhältnis zwischen Frankreich und der politischen Elite Algeriens bestimmen. Hoffnungen auf Zugeständnisse kamen auf, als 1936 die französische Volksfrontregierung unter Léon Blum die Regierung in Paris übernahm. Diese hatte eine tiefgreifende Neugestaltung des Verhältnisses zwischen Frankreich und seine Kolonien auf ihre Fahnen geschrieben. Im Juni 1936 trafen sich die islamischen Reformer um Ben Badis und die Fürsprecher einer Assimilation auf einem Kongress. Gemeinsam forderten sie die volle Staatsbürgerschaft für eine ausgewählte Gruppe frankophiler Algerier, ohne dass diese ihren zivilen Status als Muslime würden aufgeben müssen. In Paris und Algier, wo es zu Unruhen kam, rangen Befürworter und Gegner um das Projekt. Am Ende setzte sich die Koloniallobby durch: Der Gesetzesentwurf, den Léon Blum eingebracht hatte, wurde 1938 fallen gelassen, ohne dass er in der Nationalversammlung jemals diskutiert worden wäre. Von nun an hatte die Stunde der algerischen Nationalbewegung geschlagen.

Die Forderung nach Unabhängigkeit war nun nicht mehr zu überhören. 1937 wurde der *Nordafrikanische Stern* aufgelöst. Als Nachfolgeorganisation entstand im selben Jahr die *Partei des Algerischen Volkes* (*Parti du Peuple Algérien*; PPA). Auch die Stimme des vormals gemäßigten Ferhat Abbas klang jetzt radikaler. Nach dem Beginn der Besetzung Nordafrikas durch die Alliierten proklamierte er 1943 in einem Manifest u. a. das Selbstbestimmungsrecht des algerischen Volkes. Es war auch ein Nachklang der Ermutigung des Unabhängigkeitsstrebens seitens des amerikanischen Präsidenten Franklin D. Roosevelt anlässlich der Konferenz von Casablanca im Januar 1943 (s. S. 188). 1946 entstand die *Bewegung für den Triumph der Demokratischen Freiheiten* (*Mouvement pour le Triomphe des Libertés Démocratiques*; MTLD). Dieser war seit 1947 die *Organisation Spéciale* (OS) verbunden, die 1950 zerschlagen wurde. Aus ihr ging im

April 1954 das *Comité Révolutionnaire pour l'Unité* (CRUA) hervor. Am 1. November 1954 griffen bewaffnete Gruppen des CRUA französische Objekte an: Polizeiposten, elektrische Transformatoren, Autobusse, Kasernen. Damit begann der bewaffnete Aufstand gegen die Kolonialmacht. Noch am selben Tag gaben Flugblätter des CRUA die Gründung der *Nationalen Befreiungsfront* (*Front de Libération Nationale*; FLN) und der *Nationalen Befreiungsarmee* (*Armée de Libération Nationale*) bekannt.

Das Ende des Zweiten Weltkriegs hatte unter den Nationalisten neue Hoffnungen geweckt, die sich freilich umgehend zerschlagen hatten. Nach insbesondere von dem algerischen Zweig der *Confédération Générale des Travailleurs* (CGT) am 1. Mai 1945 organisierten Demonstrationen und ersten Opfern in Algier und Oran kam es am 8. Mai, dem Tag der offiziellen Siegesfeiern anlässlich der Kapitulation Deutschlands, in Sétif zu einer Eskalation der Gewalt und schließlich zu blutigen Massakern. Ausgangspunkt war die Forderung algerischer Nationalisten gewesen, auf der örtlichen Siegesparade neben der französischen auch die algerische Flagge mitzuführen. Die Unruhen hielten den ganzen Mai hindurch an. Die Zahl der Opfer schwankt: Neben etwa 100 getöteten Europäern waren – nach offiziellen Angaben – etwa 1500 (nach anderen Quellen 8000, ja bis zu 45 000) algerische Opfer zu beklagen. Die Franzosen hatten ihr hartes Einschreiten als Warnung an die Nationalisten verstanden; der Effekt aber war ein anderer: Viele Algerier wurden in die Arme der Nationalisten getrieben. Nach außen herrschte für neun Jahre gespannte Ruhe, während die OS auf den bewaffneten Aufstand hinarbeitete. Als der Unabhängigkeitskrieg am 1. November 1954 ausbrach, war Sétif noch eine lebendige Erinnerung. Die Brutalität des Unabhängigkeitskrieges hatte dort ihr Vorspiel.

Die Sprengsätze, die koordiniert am 1. November 1954 in mehreren Teilen Algeriens explodierten, waren das Werk eines zunächst noch kleinen Haufens von 900 bis 3000 Kämpfern, der in der FLN organisiert war. Seine Forderungen waren klar: »Die Errichtung eines algerischen souveränen, demokratischen und sozialen Staates im Rahmen der islamischen Prinzipien«. Terror und Gegenterror waren fortan an der Tagesordnung. Die Kette grausamer Ereignisse erfuhr im August 1956 in Philippeville einen ersten Höhepunkt, wo algerische Kämpfer 123 Männer, Frauen und Kinder töteten. Die Zahl der Opfer der französischen Gegenmaßnahmen wurde von Frankreich mit 1200, von der FLN mit 12 000 angegeben. Die FLN war zu diesem Zeitpunkt zur bestimmenden Kraft des Kampfes geworden; andere Widerstandsorganisationen waren in ihr aufgegangen. Die FLN hatte auch nicht vor dem Terror gegenüber algerischen Landsleuten zurück geschreckt, wenn es darum ging, rivalisierende Persönlichkeiten oder Gruppen auszuschalten.

Der Aufstand sah zunächst nach einem Kampf zwischen David und Goliath aus. Bereits 1955 hatten die Franzosen einige der Kommandanten im Inland getötet oder gefangen gesetzt. Damit war die Führung stärker ins Ausland, namentlich nach Kairo, ausgewichen, von wo aus der ägyptische Präsident Gamal Abd an-Nasir (Nasser) den Kampf unterstützte. Im Oktober 1956 gelang es den Franzosen, auch die vom Ausland operierende Führung zu schwächen: Sie fingen eine marokkanische Maschine ab, an Bord derer sich führende Persönlichkeiten des Aufstands befanden, darunter Ahmed Ben Bella, der spätere – erste – Staatspräsident des unabhängigen Algerien, und Mohammed Boudiaf, der oberste Kommandant der inländischen Führung. Sie wurden in französische Gefängnisse gebracht, wo sie den Rest des Krieges verbrachten. Krieg und Terror drangen nunmehr in die Städte, nicht zuletzt die Hauptstadt Algier ein. Aber auch die Ausschaltung aller Führer der FLN in der Hauptstadt im Herbst 1957 – in der *Schlacht um Algier* – konnte den Krieg nicht beenden.

Entwicklungen außerhalb Algeriens hatten daran Anteil. Mit Unterstürzung Ägyptens und weiterer blockfreier Staaten gelang es 1957, die algerische Frage auf die Tagesordnung der UNO-Vollversammlung zu setzen. Ein Jahr später verkündete die FLN die Bildung einer Übergangsregierung; nach ihrer Gründung in Kairo nahm die *Provisorische Regierung (Gouvernement Provisoire de la République Algérienne;* [GPRA]) ihren Sitz in Kairo. In Frankreich zeigten sich Risse in der Front gegen den Krieg in Algerien. Führende Intellektuelle, unter ihnen der Philosoph Jean-Paul Sartre, machten gegen den Krieg mobil. Mit Besorgnis betrachteten die Armee und die Siedlergemeinschaft in Algerien die bröckelnde Unterstützung für die algerische Kolonie. Im Mai 1958 putschte eine Gruppe französischer Siedler gegen die Regierung; mit Unterstützung der Führung der in Algerien eingesetzten französischen Truppen erklärten sie am 13. Mai die sofortige Selbstverwaltung durch ein *Komitee der öffentlichen Sicherheit.* Dies beschleunigte das Ende der *Vierten Republik* und führte zur Machtübernahme durch General Charles de Gaulle, der im September die *Fünfte Republik* ausrief. In einem ersten Schritt suchte er die Aufständischen zu versichern, Algerien werde französisch bleiben; damit verband er das Versprechen nachhaltiger Reformen zugunsten der Algerier.

Angesichts des anhaltenden Widerstands der FLN aber rückte er bald davon ab. Im September 1959 sprach er erstmals von der algerischen Selbstbestimmung. Dabei blieb er trotz der Proteste der Siedler. Im Juni 1960 kam es zu ersten Verhandlungen mit der Übergangsregierung der *Algerischen Republik* in Evian. Trotz des eskalierenden Terrors seitens der französischen Siedler hielt die französische Regierung im Januar 1961 ein Referendum zur Frage der algerischen Selbstbestimmung ab; 75 % der Wähler sprachen sich dafür aus. Ein Putschversuch aus den Reihen der Fremdenlegion musste nach vier Tagen abgebrochen werden, da er keine Unterstützung in der Militärführung fand. Die *Organisation de l' Armée Secrète* (OAS), ein bewaffneter Arm militanter Siedler, intensivierte die Gewaltakte in dem Maße, in dem ihre Position 1961/62 erodierte.

Die Verhandlungen wurden fortgesetzt und schließlich unterzeichneten am 18. März 1962 beide Seiten in Evian Verträge, in denen Algerien die vollständige Unabhängigkeit verliehen wurde. Nahezu einstimmig sprachen sich die Algerier am 1. Juli in einem Referendum für die Unabhängigkeit (5,9 Millionen Stimmen dafür und 16 000 dagegen) aus. Am 3. Juli erklärte de Gaulle Algerien für unabhängig. Die Feierlichkeiten in Algier fanden erst zwei Tage später statt; auf diese Weise fielen sie auf den Jahrestag der französischen Besetzung der Stadt am 5. Juli 1830. 132 Jahre hatte die französische Herrschaft gedauert. Der Exodus der Franzosen (*pieds noires*) und der Algerier, die auf ihrer Seite gestanden hatten (*harkis*), begann. Es herrschten anarchische Zustände; tausende von Harkis wurden umgebracht, rund 1800 Europäer verschwanden. Innerhalb der Führung der FLN brachen Kämpfe um Macht- und Führungspositionen aus, die erst im September beendet werden konnten. Am 23. September 1962 proklamierte die Nationalversammlung die *République Algérienne Démocratique et*

Populaire. Ahmed Ben Bella, der den Krieg in französischer Internierung verbracht hatte, wurde erster Regierungschef.

Dieser Schritt konnte die Tatsache kaum verdecken, dass es unter den Führungspersönlichkeiten der FLN durchaus widersprüchliche programmatische Konzepte gab, die Zukunft des Landes zu gestalten. Ahmed Ben Bella war es gelungen, eine Koalition mit Houari Boumedienne zu schmieden. Er war Oberkommandierender jener Teile der ALN gewesen, die über Jahre vom Boden der arabischen Nachbarländer, namentlich Marokkos und Tunesiens, aus operiert hatten, um dem militärischen Druck der Franzosen auszuweichen. Die von ihnen errichteten starken Grenzbefestigungen hatten die ALN allerdings nicht abwehren können. Die Allianz zwischen der politischen und militärischen Führung sollte – über die Regierung Ben Bellas hinaus – Langzeitwirkung haben: Das Militär war zum Rückgrat des politischen Systems geworden und behielt sich fortan als eine Art Staat im Staate letzte Entscheidungen vor. Und noch eine Verwerfung tat sich auf: nämlich zwischen einer technokratisch-westlichen, politisch eher links stehenden und in der französischen Sprache verwurzelten Führung auf der einen und einer Elite auf der anderen Seite, für die der Krieg um die Befreiung Algeriens nach mehr als einem Jahrhundert des Kolonialismus, der die Gesellschaft ihrer – insbesondere arabisch-islamischen – Traditionen beraubt hatte, nur einen Sinn gehabt haben konnte: die Schaffung eines islamischen Staates.

Ben Bella wurde im Juni 1965 von Houari Boumedienne, der ihm als Verteidigungsminister gedient hatte, gestürzt. Im Mittelpunkt des Handelns der Regierung Ben Bellas hatten erste Schritte gestanden, die agrarische Hinterlassenschaft der nach Frankreich geflohenen *colons* zu regeln. Die Einrichtung von Institutionen der Selbstverwaltung von Ländereien, die vormals im Besitz der Siedler gewesen waren – die Flächen betrugen 2,7 Millionen Hektar und stellten mehr als ein Drittel der gesamten bebaubaren landwirtschaftlichen Fläche Algeriens dar – gilt als die zentrale, wenn auch unvollendete und keineswegs unumstrittene politische Leistung des ersten Präsidenten.

Boumediennes 13-jährige Herrschaft hat Algerien geprägt. Die Bemäntelung des Putsches als *Réajustement Révolutionnaire* (»revolutionäre Kurskorrektur«) sollte die Kontinuität revolutionärer Tradition zum Ausdruck bringen. Nunmehr würde die Revolution allerdings wieder in ihre authentische Bahn zurückgeführt werden. Boumedienne hatte an der (islamischen) *al-Azhar*-Universität in Kairo studiert; er hatte also ein tief sitzendes Gespür für eben jene arabisch-islamische Authentizität und Identität Algeriens. Zugleich waren die Folgen des Kolonialismus in Gestalt von Unterentwicklung, Rückständigkeit der Landwirtschaft, Analphabetismus und mangelhaft qualifizierter Arbeitskraft Herausforderungen der Regierung. So galt es für ihn, zwei grundlegende Ziele zur gleichen Zeit zu verfolgen: Zum einen ein Industrialisierungskonzept umzusetzen, das die Unterentwicklung überwinden und Algerien auf dem Weltmarkt konkurrenzfähig machen würde, und zum anderen eine identitäre Grundlage zu schaffen, auf welcher die Masse der Bevölkerung für das gewaltige »nationale« Projekt würde mobilisiert werden können. Ersteres sollte das Land dem Sozialismus und dessen Glauben an die Überwindung von Unterentwicklung annähern; letzteres die algerische Gesellschaft in die Tradition der islamischen Bewegung eines Ben Badis zurückführen.

Mit der Machtübernahme Boumediennes setzte eine forcierte Industrialisierung ein. Sie beruhte auf – mit Beginn der 1970er Jahre explodierenden – Einnahmen aus dem Export von Erdöl und Erdgas (s. S. 316 ff.), dem Aufbau eines staatlichen Industriesektors um den Kern der Produktionsgüterindustrie, vornehmlich Stahl und Petrochemie, sowie einer Agrarreform als zentralen Bestandteils der Steigerung der großenteils staatlich vermittelten Binnenmarktnachfrage. Die als »algerisches Modell« propagierte Entwicklungsstrategie sollte das Land wirtschaftlich unabhängig machen. Anstatt von hoch entwickelten kapitalistischen Ländern durch Importe von Technologie und Produktionsmitteln dauerhaft abhängig zu bleiben, würde der Staat zunächst den Aufbau einer Schwerindustrie betreiben, welche in der Folge in ausgreifenden Industrialisierungsschritten weitere Branchen entstehen lassen würde (*industries industrialisantes*). Strategisches Ziel war also nicht der Export von Waren in die Industrieländer, sondern die Entwicklung des eigenen Binnenmarktes. Die Mechanisierung der Landwirtschaft, der Wohnungsbau, die Bewässerung und andere infrastrukturelle Vorhaben lassen das Spektrum der Maßnahmen zur Stärkung der Binnennachfrage erkennen.

Dieses in seinem Zeithorizont prätentiöse und in seinem Anspruch gigantische Industrialisierungsvorhaben, aus der Logik des »Aufholens« kolonial bedingter Rückständigkeit geboren, wurde seit 1967 in mehreren Planperioden in Angriff genommen. Die politische Trägerschaft sollte in den Händen der FLN liegen. Nach den internen Flügelkämpfen der Zeit nach der Unabhängigkeit hatte sie nunmehr die alleinige Machtausübung übernommen. In ihr rivalisierten freilich noch immer unterschiedliche Strömungen um Macht und Einfluss: Sozialisten boumediennescher Prägung, Vertreter einer kulturellen Arabisierung und islamische Traditionalisten, aber auch Pragmatiker, die politische Reformen, die Entideologisierung der Entwicklungsstrategie sowie parteiinterne Demokratisierung wünschten. In der Verfassung von 1976 wurde die Dominanz der FLN über das politische System festgeschrieben: Sie würde als einzige zugelassene Partei den Präsidentschaftskandidaten stellen und die Kandidaten für das Parlament vorschlagen. In der im selben Jahr verabschiedeten *Nationalen Charta* wurde festgeschrieben, dass die sozialistische Option zur Entwicklung des Landes vorangetrieben werden und das Land in eine neue »revolutionäre Phase« eintreten sollte.

Das System sollte seinen Gründer – Boumedienne starb früh und überraschend am 27. Dezember 1978 – nicht lange überleben. Von Beginn an musste die Politik einer forcierten Arabisierung zur Schaffung einer nationalen Identität fast zwangsläufig mit einem Entwicklungsmodell in Widerspruch geraten, das auf die Erreichung »moderner« westlicher industrieller Standards ausgerichtet war. Zwischen dem konservativen, um Islamisierung und Arabisierung bemühten Teil der Gesellschaft, und einer Elite, die sich mit Blick auf die Erreichung ihrer ehrgeizigen entwicklungspolitischen Ziele technologische Spitzenleistungen aneignen musste, entstand eine wachsende Kluft. Der nationale Diskurs und die ökonomisch-soziale Wirklichkeit standen einander zunehmend unvereinbar gegenüber. Verschärft wurde diese Entwicklung durch einen Bevölkerungszuwachs, mit dem die Wirtschaftsleistung nicht Schritt halten konnte, und der Abwanderung einer von einer verfehlten Agrarpolitik arbeitslos gewordenen Landbevölkerung in die Städte. Die in den arabisierten Schulen ausgebildeten Jugendlichen drängten auf einen modernen Arbeitsmarkt. Die Korruption verschärfte die Spannungen.

Zum Nachfolger Boumediennes war nach internen Machtkämpfen im Januar 1979 Chadli Bendjedid, Offizier wie sein Vorgänger, gewählt worden. Unter dem Druck der sich dramatisch verschärfenden sozialen Situation unternahm dieser erste Schritte gesellschaftlicher und politischer Liberalisierung. Die staatlichen Eingriffe in die Wirtschaft wurden zurückgefahren. 1987 wurde das Planungsministerium abgeschafft und mit der Restrukturierung der großen Staatsunternehmen begonnen. Eine durchgreifende Verbesserung der Lebensumstände der Masse der Algerier wurde freilich nicht erreicht. Hatten in Zeiten hoher Staatseinnahmen die Spannungen noch verdeckt werden können, eskalierten die Widersprüche des algerischen Sozialismus mit dem Einbruch des Ölpreises zu Beginn der 1980er Jahre zu offenen gesellschaftlichen Konflikten. Ein Streik von Schülern und Studenten, beantwortet durch harte Repression, führte im Herbst 1988 zu einer sozialen Explosion, die auch die anderen großen Städte Algeriens ergriff und allein in Algier mehr als 500 Todesopfer forderte.

Eine Kursänderung war unumgänglich geworden; mit einer neuen Verfassung vom Februar 1989 sollte sie eingeleitet werden. Diese verzichtete auf ideologische Vorgaben. Die *Nationale Charta* wurde nicht mehr erwähnt. Die Menschen- und Bürgerrechte wurden gestärkt. Indem das Recht eingeräumt wurde, Vereinigungen politischen Charakters zu gründen, waren die Voraussetzungen für ein Mehrparteiensystem gegeben. Die FLN hatte das Machtmonopol verloren, das sie seit der Unabhängigkeit reklamiert hatte. Erhalten blieb freilich die starke Stellung des Staatspräsidenten. Und auch die Armee sollte – wenn auch informell – als »Schild der Demokratie und der Freiheiten« weiterhin eine zentrale Rolle spielen. Bis Ende 1989 wurden 15 Parteien legalisiert; darunter die *Parti Social-Démocrate* (PSD), die *Islamische Heilsfront (Front Islamique du Salut* (FIS), die säkularistische, aus der Berberbewegung hervorgegangene *Rassemblement pour la Culture et la Démocratie* (RCD) und die *Front des Forces Socialistes* (FFS). Auch die Medienlandschaft wurde vielfältiger.

Gewinner der Veränderungen war die FIS. Wie keine andere politische Bewegung verstanden es die Islamisten, sich nachträglich an die Spitze des sozialen, aber auch moralisch-politischen Protests zu stellen, der in den Unruhen vom Oktober 1988 seinen ersten Höhepunkt erreicht hatte. Mit ihrem Führer Abassi Madani verkörperte die *Heilsfront* den einen Strang revolutionärer historischer Legitimität. Er war ein Mann der ersten Stunde des Befreiungskrieges gewesen. Die Zeit von 1955 bis zur Unabhängigkeit hatte er im Gefängnis verbracht. Wegen deren sozialistischer Ausrichtung hatte er sich von der FLN distanziert und islamistischen Zirkeln angeschlossen. Sein Studium hatte er mit einer Promotion in Erziehungswissenschaften in London abgeschlossen. Die Ereignisse des Oktobers 1988 hatten ihn dazu gebracht, sich stärker politisch zu engagieren; die Verfassung vom Februar 1989 hatte ihm die Möglichkeit eröffnet, die *Heilsfront* zu gründen. Ali Benhadj (auch Belhadj) war eine anders geartete Führungsfigur. 1956 geboren gehörte er zu einer Generation, für die der Befreiungskrieg nicht mehr prägend war. 1977 wurde er in der islamistischen Bewegung aktiv und unterstützte eine islamistische Guerilla. Nach seiner Verhaftung 1983 vier Jahre später wieder auf freien Fuß gesetzt, schloss er sich einer islamistischen Predigerbewegung an. In seinen rhetorischen Fähigkeiten lag seine Beutung für die FIS. In deren Programm mischten sich religiös-historische Feindbilder mit Versatzstücken des arabischen Nationalismus;

Träume von einer noch immer nicht vollendeten nationalen Unabhängigkeit mit kulturell-religiösem Streben nach eigenständiger Identität. Das war intellektuell schmalbrüstig, entsprach aber der Sehnsucht einer breiten Öffentlichkeit, namentlich einer perspektivlosen Jugend. Vermittelt durch die rhetorischen Qualitäten seiner Führer wurde die FIS rasch zu einer Massenbewegung, der gegenüber die anderen Parteien, auch nicht die islamistischen, keine Chance hatten.

Bereits der erste Test, die Gemeinderatswahlen vom 12. Juni 1990, bestätigte diese Ausgangslage. In diesen ersten freien und pluralistischen Wahlen seit der Unabhängigkeit erhielt die FIS 55,8 % der Stimmen im landesweiten Durchschnitt, in einigen Großstätten waren es 80 %. Das Wahlergebnis war das Fanal zu einem Machtkampf zwischen der nunmehr selbstbewusst gewordenen Bewegung und der Regierung. Am 23. Mai 1991 rief die *Heilsfront* zu einem Generalstreik auf, die Machthaber verhängten den Ausnahmezustand. Militär wurde eingesetzt, die Führer der FIS vorübergehend verhaftet. Im Oktober kündigte Präsident Chedli Bendjedid Parlamentswahlen für den 26. Dezember an. Die FIS war auf dem Weg zu einem Triumph: Sie errang 188 der insgesamt 430 Sitze. Abgeschlagen folgten dahinter die FFS mit 25 und die Staatspartei FLN mit 15 Mandaten. Für den zweiten Wahlgang, der für den 16. Januar 1992 vorgesehen war, ließ sich mithin eine dramatische Mehrheit der *Heilsfront* vorhersagen. Dazu kam es nicht mehr, denn am 11. Januar putschte die Armee. Der Präsident wurde zum Rücktritt gezwungen. Algerien sollte bis auf weiteres von einem Staatsrat regiert werden. An seine Spitze wurde Mohammed Boudiaf berufen. Er war einer der Väter des Befreiungskrieges gewesen, hatte sich aber nach der Unabhängigkeit mit der politischen Führungsriege überworfen und seither im marokkanischen Exil gelebt. Die FIS wurde aufgelöst, ihre führenden Köpfe verhaftet. Immerhin war es der FIS gelungen, sich für einen Augenblick als stärkste politische Kraft in Algerien zu etablieren. Mit ihrer auf islamisch-moralische Kategorien Bezug nehmenden Propaganda hatte sie es vermocht, sich in die Tradition der algerischen nationalistischen Bewegung – vom *Nordafrikanischen Stern* über PPA und MTLD bis zur FLN – zu stellen und ein System anzugreifen und zu demaskieren, dessen Korruptheit offenkundig war und das vor dem Hintergrund der moralischen Ansprüche der algerischen Revolution jede Glaubwürdigkeit verloren hatte. Die Frage freilich, ob und in wieweit die FIS als wirklich demokratische Partei gewertet werden darf, die pluralistische Spielregeln akzeptiert hätte, ist immer wieder gestellt worden. Angesichts eines hohen Anteils an Nichtwählern im ersten Urnengang (41 %) hatte die Partei tatsächlich nur die Stimmen etwa eines Viertels der algerischen Wählerschaft erhalten. Äußerungen einiger ihrer Führungspersönlichkeiten, namentlich auch Madanis selbst, deuten darauf hin, dass ihr Ziel die Errichtung einer auf der *Schari'a* beruhenden Ordnung war.

Aber auch den Militärs, die mit dem Putsch die Macht übernommen hatten, fehlte die politische Legitimation. Bereits vor dem Putsch hatte es vereinzelte Anschläge radikalislamischer Gruppen gegeben. Mit dem Abbruch des demokratischen Experiments aber setzte eine Eskalation der Gewalt ein, die bald den Charakter eines Bürgerkriegs annahm. Anfang Februar 1992 war es zu Massenverhaftungen von Mandatsträgern der FIS gekommen. Mit dem Verbot der Partei im März eskalierte die Repression. Auch die Zahl der Anschläge seitens der islamischen Extremisten nahm zu. Auf beiden Seiten kam es in der Folgezeit zu Metzeleien, die eine terroristische Dimension annahmen. Es war, als ob die schlimmsten Gewaltexzesse des Befreiungskrieges aufgerufen würden.

Am 29. Juni 1992 wurde Boudiaf während einer Veranstaltung in Annaba von einem Leibwächter ermordet. Er hatte begonnen, die Korruption zu bekämpfen und versucht, Gespräche mit den Islamisten aufzunehmen. Dies gab der Vermutung Raum, seine Ermordung sei von den Drahtziehern des Putsches betrieben worden. Tatsächlich hatte sich auf Seiten der Staatsmacht (die Algerier sprechen andeutungsvoll vom *pouvoir*) diejenigen durchgesetzt, die die vollständige Auslöschung des bewaffneten Widerstands forderten (mit einem ebenfalls französischen Wort: *éradicateurs*) und jede verhandelte Lösung ablehnten. Das Wiederaufleben der Folter wurde zu einem der widerwärtigsten Elemente der »Kriegführung«. Der Staatsmacht standen die *Armée Islamique du Salut* (AIS), der bewaffnete Arm der FIS, sowie die menschenverachtenden *Groupes Islamiques Armés* (GIA) an Gewalttätigkeitt in nichts nach. Ihre selbst ernannten jugendlichen Emire setzten nach Belieben »religiöse« Vorschriften durch: Sie verboten Parabolantennen und nahezu alle Arten von Musik; Friseursalons wurden geschlossen, »Kollaborateure« ebenso erschossen wie kleine Staatsdiener. Frauen wurden nicht nur umgebracht, weil sie es ablehnten, den *hidschab* (die Bekleidung des Kopfes und des Oberkörpers) zu tragen, sondern auch weil sie sich weigerten, eine »Ehe auf Zeit« einzugehen. Am 1. November 1994, 40 Jahre nach dem Beginn des Befreiungskrieges befanden sich das Land, die politische Herrschaft und die gesellschaftliche Ordnung im Chaos.

Erste Versuche, den Konflikt politisch zu beenden, wurden ab 1993 unternommen. Keine der involvierten Parteien aber war zu einem konkreten Gesprächsangebot bereit. Zu einem von außen angestoßenen Vermittlungsversuch kam es gegen Jahresende 1994. Vom 21. bis 22. November sowie wenig später vom 8. bis 13. Januar 1995 trafen sich am Sitz der katholischen Gemeinschaft Sant'Egidio in Rom Vertreter algerischer Parteien sowie einige FIS-Repräsentanten im Exil. Ziel der Gespräche war es, den Konfliktlösungsvorschlägen der Teilnehmer, die auch eine Rehabilitation der FIS beinhalteten, durch eine internationale Informationskampagne Gewicht zu verleihen. Aber auch dieser Faden wurde nicht weiter gesponnen. Aus den Präsidentschaftswahlen am 16. November 1995 ging General Liamine Zeroual (61,01 % der abgegebenen gültigen Stimmen) als klarer Sieger hervor. Während diese keinen unmittelbaren Einfluss auf das Konfliktgeschehen hatten, bedeuteten sie doch immerhin einen Schritt in Richtung auf die Legitimation der Staatsführung. In dieselbe Richtung wies die Verabschiedung einer neuen Verfassung, die per Referendum am 28. November 1996 mit großer Mehrheit angenommen wurde. Damit begann sich auch die Sicherheitslage im Land langsam zu verbessern. Am 5. Juli 1997 wurde der seit dem Februar 1992 geltende Ausnahmezustand aufgehoben. Wenige Tage später wurde Abbasi Madani, der ehemalige Vorsitzende der FIS, aus der Haft entlassen. Die AIS, aufgerieben durch die Sicherheitskräfte ebenso wie von Machtkämpfen mit den GIA kündigte einen Waffenstillstand an, der vom 1. Oktober 1997 an in Kraft treten sollte. Im Übrigen stand das Jahr 1997 im Zeichen von Wahlen. Nachdem im März mit dem *Rassemblement National Démocratique* (RND) eine neue, das Programm des Präsidenten verkörpernde Partei gegründet worden war, fanden im Juni und Dezember Wahlen zu beiden Kammern des Parlaments statt. Im Oktober waren Gemeinde- und Regionalparlamente neu gewählt worden.

Aus - offiziell - gesundheitlichen Gründen stellte Präsident Zeroual sein Amt vor dem Ablauf seiner Amtszeit zur Verfügung. Nach intensiven und kontroversen Diskussionen verständigten sich wichtige politische Kräfte sowie das Militär darauf, die Kandidatur von Abdelaziz Bouteflika zu unterstützen. Aus Protest gegen Manipulationen im Vorfeld der Wahlen traten sechs andere Kandidaten einen Tag vor dem Wahltag zurück. Bouteflika wurde am 15. April 1999 mit 73,76 % der Stimmen gewählt. Auch er hatte seine politischen Wurzeln im Befreiungskrieg. 1937 im marokkanischen Oujda geboren, hatte er sich 1956 der FLN angeschlossen und war von Boumedienne gefördert worden. Von 1963 bis 1979 war er dessen Außenminister gewesen. Im Machtkampf mit Bendjedid um die Nachfolge Boumediennes unterlegen, hatte er es vorgezogen, ins Ausland zu gehen, von wo er erst 1989 zurückgekehrt war.

Oberste Priorität hatte die weitere Eindämmung der Gewalt. Als erste Maßnahme kündigte der neue Präsident eine Amnestie an. Am 13. Juli 1999 trat zudem ein Gesetz zur »Wiederherstellung der staatsbürgerlichen Eintracht« in Kraft. Der von Bouteflika, gegen innere Widerstände, auch in den folgenden Jahren vorangetriebene Versöhnungsprozess stellte einen wesentlichen Beitrag zur Wiederherstellung von Sicherheit und Stabilität in Algerien dar. Die Schreckensbilanz des Jahrzehnts seit 1992 wird nach unterschiedlichen Quellen mit von 120 000 bis 180 000 Toten beziffert.

Der Ausbruch von Protesten unter der berberischen Bevölkerung der Kabylei ließ ein anderes gesellschaftliches, zugleich aber auch kulturell-identitäres Problem Algeriens zutage treten. Etwa 20 % der Bevölkerung Algeriens sind Berber; ihr Hauptsiedlungsgebiet ist – neben den Großstädten – die Kabylei, eine Region im algerischen Bergland. Zwar war die berberophone Minderheit in das politische System Algeriens integriert. Aktive politische Parteien liberaler Orientierung – die *Front des Forces Socialistes* (FFS) und der *Rassemblement pour la Culture et la Démocratie* (RCD) vertreten die Interessen der Berber, seit Algerien zu einem Mehrparteiensystem übergegangen ist. Aber die systematische Politik der Arabisierung und der Betonung der arabisch-islamischen Identität Algeriens hatte ein Gefühl kultureller Zweitklassigkeit aufkommen lassen. Wiederholt war es zu militanten Protesten gekommen. Nicht nur hatten die Berber am Gebrauch der französischen Sprache als gemeinsamer *Lingua Franca* Algeriens festgehalten. Sie hatten auch die Anerkennung und Verwirklichung eines pluralistischen Identitäts- und Kulturkonzepts gefordert, das die Anerkennung der berberischen als einer zweiten nationalen Sprache beinhalten würde. Der Vorwurf der Benachteiligung der Kabylei in der Wirtschafts- und Gesellschaftspolitik der Zentralregierung hatte die Differenzen verstärkt.

Auslöser der Unruhen vom April 2001 war der Tod eines Gymnasiasten in den Räumen der *Gendarmerie Nationale* in der Nähe von Tizi-Ouzou, der Hauptstadt der Kabylei. In der Folge beinhalteten die gewaltsam verlaufenden Massenproteste weitreichende sprachpolitische, sozial-, wirtschafts- und entwicklungspolitische Forderungen der Berber. Erst am 23. Juni räumte der Präsident ein, berberisch könne als »nationale Sprache« anerkannt werden. In den nachfolgenden Gesprächen und Verhandlungen der Regierung mit Vertretern der Berber konnte jedoch keine Einigung erzielt werden. Zeitgleich verlaufende soziale Proteste gegen Wohnraum- und Wassermangel, Arbeitslosigkeit und mangelhafte Gesundheitsversorgung erhielten durch die Unruhe in der

Kabylei weiteren Zündstoff. 2001 hatte der Präsident grundlegende Reformen der Staatsstrukturen, der Justiz, des Bildungs-, Presse- und Informationswesens sowie des Familienrechts versprochen. Nichts davon kam voran. Die Unzufriedenheit der Bevölkerung über die schlechten Lebensbedingungen – akuten Trinkwassermangel, unzureichende Stromversorgung, schlechte Wohnraumsituation, Mängel der Verkehrs-infrastruktur sowie hohe Jugendarbeitslosigkeit – lösten in ländlichen Gebieten Nord- und Südalgeriens zum Teil gewalttätige Unruhen aus. Die anhaltenden Proteste in der Kabylei behinderten ein geregeltes Funktionieren der staatlichen Institutionen. Und noch immer kam es zu terroristischen Anschlägen von Seiten radikaler islamistischer Organisationen. Konflikte zwischen Präsident Bouteflika und Ministerpräsident (und Generalsekretär der FLN) Ali Benflis, bei dem es bereits um die politische Positionierung für die Präsidentschaftswahlen 2004 ging, verhinderten effektvolles Regierungshandeln.

Am 8. April 2004 fanden diese Präsidentschaftswahlen statt. Im Vorfeld hatte das Militär erklärt, es werde sich aus dem Wahlkampf heraushalten und keine Präferenzen verlautbaren. Neben dem Amtsinhaber traten fünf weitere Kandidaten an. Die Wahl verlief störungsfrei. Der Aufruf einiger Berberorganisationen, sie zu boykottieren, wurde selbst in der Kabylei nicht umfassend befolgt. Dass Präsident Bouteflika mit einem Er-gebnis von 84,99 % der Stimmen ein zweites Mandat von fünf Jahren erhielt, entsprang nicht zuletzt der Zustimmung einer großen Mehrheit der Algerier zu dessen Umgang mit dem Terrorismus und der Erleichterung über die Verbesserung der Sicherheitslage.

Terroristische Akte wurden, wenngleich eher punktuell, auch in den folgenden Jahren verübt. Ihre Urheberschaft lag namentlich bei einer Organisation, die ihren Ursprung in den GIA hatte und sich als *Groupe Salafiste pour la Prédication et le Combat* (GSPC) bezeichnete. 2007 benannte sie sich um in *al-Qaida au Maghreb Islamique*. Ihre Mitglieder rekrutiert sie bis in die Gegenwart aus einer über die sozialen Probleme frustrierten Jugend. In dem Maße, in dem es Bouteflika gelang, den Einfluss der Armee zurückzudrängen, wurde der Präsident zum allein bestimmenden politischen Macht-zentrum. 2008 beschloss das Parlament mit der Mehrheit des Präsidenten eine Änderung der Verfassung, die die Präsidentschaft auf zwei Amtszeiten beschränkt hatte. Auf dieser Grundlage wurde Bouteflika am 10. April 2009, obwohl mit gesundheitlichen Problemen kämpfend, mit 90,24 % der Stimmen für eine dritte Amtszeit gewählt. Wieder wurde der Vorwurf der Wahlfälschung erhoben; ein Teil der Opposition boykottierte die Wahl.

In seiner Außenpolitik war das Regime der FLN seit der Unabhängigkeit bemüht, sein gesellschaftliches Selbstverständnis zur Grundlage der regionalen und internationalen Standortbestimmung Algeriens zu machen. In den Beziehungen zu Frankreich gab es naturgemäß unmittelbaren Handlungsbedarf. Etwa eine Million Menschen waren aus Algerien in das französische Mutterland geflohen. Hunderttausende von Algeriern lebten z. T. seit Jahrzehnten in Frankreich. Nur schrittweise entkrampfte sich das Ver-hältnis. Mit den Jahren aber entstanden politisch, wirtschaftlich und kulturell enge und zum Teil privilegierte Beziehungen. Gelegentliche politische Divergenzen haben das Verhältnis nicht mehr dauerhaft belasten können. Hier und da aber wirft die Vergan-genheit noch immer ihre Schatten. Nur langsam hat Frankreich »die Ereignisse von Algerien«, wie der Algerienkrieg lange genannt wurde, aufgearbeitet.

Frankreich ist zum wichtigsten Partner Algeriens geworden, aber nicht zum einzigen. Von Anfang an hatte die algerische Regierung begonnen, diversifizierte Kontakte zu dem arabischen und afrikanischen Umfeld sowie zu allen Ländern zu unterhalten, mit denen Algerien wirtschaftlich und technologisch zusammenarbeitet, also den (heutigen) EU-Staaten, den USA, den mediterranen Ländern sowie Japan. Die ursprünglich einmal dominanten Beziehungen mit sozialistischen Ländern wurden mit den Jahren zurück gefahren.

Dass die arabische Welt einen besonderen Stellenwert einnimmt, liegt auf der Hand. War die Staatsführung doch politisch und kulturell bemüht, der durch die Kolonial-herrschaft ihrer selbst entfremdeten Gesellschaft wieder eine arabisch-islamische Identität zurückzugeben. Ägypten, Marokko und Tunesien, aber auch andere Staaten hatten im Befreiungskrieg politische und militärische Unterstützung geleistet. Nach der Unabhängigkeit haben die Spannungen mit Marokko, d. h. Grenzstreitigkeiten sowie der 1975 über der Frage der *Spanischen Sahara* ausgebrochene Konflikt (s. S. 199), die Außenbeziehungen belastet. Bereits in den 1980er Jahren konnte Algerien nicht mehr die dominante Rolle als Sprecher der blockfreien Bewegung spielen wie in der Ära Boumedienne. Damals war das Land auf dem afrikanischen Kontinent ein gewichtiger politischer Akteur gewesen, war in der arabischen Welt als Sprecher der »Verweige-rungsfront« (gegen Israel; s. S. 69 f. und S. 99) aufgetreten und hatte international die Anliegen der *Gruppe der 77* für eine neue Weltwirtschaftsordnung offensiv und effektiv vertreten. Die ganze Spannbreite der algerischen Diplomatie unter Boumedienne bis zum Ausbruch des Bürgerkrieges wird sichtbar, wenn man einerseits die Kontakte zu den zahlreichen Befreiungsbewegungen aus aller Welt, die in Algier »akkreditiert« waren, andererseits den effizienten diplomatischen Apparat betrachtet, mit dem sich Algerien immer wieder für Vermittlungsdienste zwischen Konfliktgegnern angeboten hat und der dort als effizienter und loyaler Makler zur Wirkung gebracht worden war.

Präsident Bouteflika, der von 1963 bis 1979 selbst Außenminister Algeriens gewesen war, setzte neue Akzente. Die algerischen Medien sprachen von einer »Rückkehr Algeriens auf das diplomatische Parkett« und der »wiedergefundenen außenpolitischen Aura«. In seiner Rede am 21. September 1999 vor dem *Foreign Relations Committee* des amerikanischen Kongresses machte er die Prioritäten deutlich: Algerien werde sich für die Außenwelt öffnen, um sowohl die Bedürfnisse der Bevölkerung befriedigen zu können als auch im Einklang mit den weltpolitischen Veränderungen zu agieren. Damit waren für die kommenden Jahre fünf Achsen der algerischen Außenpolitik abgesteckt: Die Stärkung der Rolle des Landes in Afrika und in internationalen Organisationen; das maghrebinische Umfeld, das insbesondere durch die Divergenzen mit Marokko und durch Bemühungen um eine Aktivierung der *Arabischen Maghreb-Union* akzentuiert war; der nahöstliche Aktionsraum, der auch die Türkei und Iran sowie namentlich die – wie Algerien – Öl und Gas produzierenden Monarchien auf der Arabischen Halbinsel umfasste; die Beziehungen zu Europa, namentlich der EU, mit welcher am 19. Dezember 2001 nach 5-jährigen Verhandlungen in Anwesenheit Präsident Bouteflikas in Brüssel ein Assoziierungsvertrag unterzeichnet wurde. Auch die Beziehungen mit den USA gehören schließlich zum Gesamtbild der Außenpolitik Algeriens. In seiner Rede in New

York im September 2003 hatte der Präsident eine US-(Wirtschafts-)Partnerschaft mit Algerien als »möglich und wünschenswert« erklärt.

Signifikante Ereignisse im Bereich der algerischen Außenpolitik lassen sich diesen Achsen zuordnen. So verbesserten sich die Beziehungen zu Frankreich weiter. Ein deutliches Zeichen dafür setzte der umjubelte Besuch von Präsident Jaques Chirac in Algier und Oran vom 2. bis zum 4. März 2003. Mit ihm kam erstmals ein französischer Staatspräsident seit der Unabhängigkeit des Landes auf Staatsbesuch. In seiner Rede vor dem Parlament am 3. März kündigte Chirac eine »neue Ära der Kooperation« an. Auch für die amerikakritische Haltung Frankreichs zu der Invasion im Irak erhielt Chirac Beifall. Gerade dieses Ereignis aber drohte die Beziehungen Algeriens einzutrüben. Während die Wellen des Protests im Parlament und der Öffentlichkeit hoch schlugen, war die Regierung bemüht zu verhindern, dass diese belastende Auswirkungen auf das Verhältnis mit den USA haben würden. Den Besuch des iranischen Präsidenten Muhammad Khatami in Algier vom 2. bis zum 4. Oktober 2004 wertete die algerische Presse als diplomatisches Ereignis des Jahres. Zugleich war Algier bemüht, durch die Intensivierung des NATO-Mittelmeerdialogs sein Engagement im Rahmen der gemeinsamen Strategie zur Bekämpfung des Terrors zu bekunden. Mit dem Inkrafttreten des algerisch-europäischen Assoziierungsvertrages erfuhr der Prozess der Annäherung zwischen Algerien und der EU seit 2005 weitere Impulse.

Der Ausbruch der Proteste im benachbarten Libyen, der mit dem Sturz von Diktator Mu'ammar al-Qadhafi im Oktober 2011 endete, hat einmal mehr erkennen lassen, wie diffizil sich die algerische Außenpolitik im geopolitischen Umfeld des Landes gestaltet. Vor dem Hintergrund einer massiven terroristischen Bedrohung im Inneren (die auch in der Gegenwart fortschwelt) und den unverändert angespannten Beziehungen zum Nachbarland Marokko war ein politischer Ausgleich mit dem gefestigten Regime in Tripolis eine ständige Herausforderung an die algerische Außenpolitik. Nur zögerlich hat Algier den Umbruch in Libyen angenommen. Der NATO-Einsatz im Jahr 2011 fand dort keine Unterstützung; so war der algerische Luftraum für Überflüge von Kampf-flugzeugen gesperrt. Kurz vor dem Sturz des Diktators gewährte Algier der Ehefrau al-Qadhafis und einem Teil seiner Kinder und Enkel Asyl. Tatsächlich haben das Ende des Diktators und die Ausbreitung terroristischer Gruppen von Libyen aus in die Nach-barländer die Terrorgefahr auch in Algerien wieder steigen lassen.

Eine Erinnerung an die Hochzeit einer aktiven Außenpolitik Algeriens in alle Richtungen war die Berufung des algerischen Diplomaten Lakhdar Brahimi zum Son-dergesandten der UNO und der Arabischen Liga für Syrien im Jahr 2012. Bereits während des Befreiungskrieges hatte er die FLN im Ausland vertreten. 1991 bis 1993 war er Außenminister Algeriens gewesen. Vor seiner Mission in Syrien hatte er für die UNO u. a. in Afghanistan (1997–1999) und im Irak (2004–2006) als Sonderbeauftragter fungiert. Mit dem säkular-ba'thistischen Regime in Damaskus hatte Algier traditionell freundschaftliche Beziehungen unterhalten.

Grundlage der wirtschaftlichen Entwicklung Algeriens sind bis in die Gegenwart die Einnahmen aus dem Export von Erdöl und Erdgas. 2007 entfielen 98 % der Export-einnahmen auf den Energiesektor. Obwohl potentiell ein wohlhabendes Land – aller-dings immer abhängig von Schwankungen der Rohstoffpreise – ist die gesellschaftliche

Situation durch soziale Gegensätze und verbreitete Armut gekennzeichnet. Die Probleme des unter Houari Boumedienne eingeführten Weges der autozentrierten Entwicklung waren bereits oben angedeutet worden. Landflucht, ein unkontrolliertes Wachstum der Städte, die Zersiedelung landwirtschaftlich nutzbaren Bodens, Wohnraum-, Transport- und Infrastrukturprobleme hatten es scheitern lassen. Sie belasten die algerische Gesellschaft bis in die Gegenwart. Unter seinem Nachfolger Chadli Bendjedid kam es zu einer Korrektur dieses Kurses; die staatlichen Eingriffe wurden zurück gefahren und die großen Staatsunternehmen restrukturiert. Der zeitweilige Verfall der Preise für Öl und Gas machte drastische Sparmaßnahmen notwendig. Die soziale Schere konnte auf diese Weise nicht geschlossen werden. Der Bürgerkrieg in den 1990er Jahren bedeutete eine erhebliche Belastung auch der wirtschaftlichen Entwicklung.

In der Ära Bouteflika wurde das Bekenntnis zur Marktwirtschaft verstärkt. Unrentable Betriebe wurden still gelegt, der Bankensektor reformiert. Der Druck auf weitere Liberalisierung wurde nicht zuletzt durch die mit der EU seit 2001 geschlossenen Abkommen im Rahmen der Mittelmeerpartnerschaft erhöht. Dabei stieß die Regierung freilich auf anhaltenden Widerstand der Gewerkschaften.

Nicht überwunden werden konnten die Strukturprobleme Algeriens, die einer ausgeglichenen wirtschaftlichen und gesellschaftlichen Entwicklung entgegenstehen. Dazu gehört das schnelle Anwachsen der Bevölkerung, mit dem das Wirtschaftswachstum nicht Schritt halten kann; die (Jugend-)Arbeitslosigkeit wird offiziell mit ca. 20 % angegeben – inoffizielle Schätzungen sprechen von 30 %. Ein weiteres gravierendes Problem liegt in Korruption und Vetternwirtschaft. Noch immer bestehen Netzwerke und Seilschaften fort, die sich in den Zeiten ausbildeten, da die FLN noch Staatspartei war. Sie sind aufs intensivste mit führenden Kreisen der Armee und der Sicherheitskräfte verbunden. So versickern die Einnahmen des Staates zu einem beträchtlichen Teil unkontrolliert. Eine wirtschaftliche Besserung, die für breite Bevölkerungsschichten spürbar und auch notwendig wäre, um das durch extremistische Gruppen mobilisierbare Potenzial an Demoralisierten (vor allem der jungen Generation) zu reduzieren, ist auf diese Weise blockiert.

2010 befand sich Algerien bereits im Zustand von sozialen Unruhen und Protesten, als am 17. Dezember im benachbarten Tunesien die Revolte begann. Ende Dezember griffen die Unruhen auf Algerien über. Die Erhöhung von Nahrungsmittelpreisen zu Beginn 2011 heizten sie weiter an. Oppositionsparteien, Gewerkschaften und Menschenrechtsorganisationen schlossen sich den zunächst spontanen Protesten an, bei denen es – wie in Tunesien – zu Selbstverbrennungen kam. Als die Repression seitens der Sicherheitskräfte die Unruhen nicht unterbinden konnte, reagierte die Regierung politisch. Mit der Rücknahme der Preiserhöhungen und der Erhöhung der Gehälter im öffentlichen Dienst suchte sie dem sozialen Druck entgegen zu arbeiten. Ein Ende der Unruhen war damit nicht erreicht. Immerhin aber war die Perspektive auf einen tief greifenden Regimewechsel, wie er in Tunesien und Ägypten stattgefunden hatte, bis auf weiteres abgewendet. Auf der anderen Seite war der prekäre Gesundheitszustand von Präsident Bouteflika, der diesen zu längeren krankheitsbedingten Auslandsaufenthalten zwang, kaum geeignet, Hoffnungen auf eine spürbare Veränderung des politischen und gesellschaftlichen Zustands Algeriens zu nähren. Im Rollstuhl und kaum noch fähig, seinen Stimmzettel abzugeben, wurde Bouteflika im April 2014 für eine vierte Amtszeit gewählt.

4.2.4 Libyen

Das Gebiet des heutigen Libyen war im Verlauf des 16. Jahrhunderts unter osmanische Herrschaft geraten. Das eigentliche Herrschaftsgebiet hatte im Wesentlichen die an das Mittelmeer grenzenden Regionen Cyrenaika (arab. Barqa) und Tripolitanien umfasst. Das sich südlich daran anschließende ausgedehnte wüstenhafte Gebiet des Fezzan war durch weite Teile der Geschichte eher Hinter- und Transitland zwischen den Küstenregionen und dem subsaharischen Afrika gewesen. Erst mit der Gründung des heutigen libyschen Staates 1951 sind die drei Gebiete zu einer gemeinsamen staatlichen Existenz zusammengeführt worden.

Kerndaten Libyens

Name des Landes (deutsch/arabisch/ englisch/französisch)	Libyen / Daulat Libiya / Libya / Libye		
Bevölkerung in Mio.	6	Datum der Unabhängigkeit	24.12.1951
Einwohner pro km²	3,4	Datum des Beitritts zur Arabischen Liga	1953
Fläche in Mio. km²	1,7	Staatsform	Republik
Landessprache (offizielle [Staats-]Sprache)	Arabisch	BIP in Mrd. US-Dollar	57
häufig gebrauchte Sprachen	Berbersprachen	BIP pro Einwohner in US-Dollar	9372
Konfessionen	Muslime 96,6 % (Sunniten)	Lebenserwartung in Jahren	74
religiöse Minderheiten	Christen 2,7 %	Zusammensetzung der Bevölkerung (ethnisch)	Araber 70 %, Berber 25 %

Nach der Besetzung Algeriens durch Frankreich in den 1830er Jahren (s. S. 21 ff.) hatten die Osmanen den Zugriff auf Libyen, das seit 1711 von der Dynastie der Qaramanli weithin eigenständig regiert worden war, wieder gefestigt. Nahezu zeitgleich begann sich der religiöse Orden der Sanusiyya in der Cyrenaika auszubreiten. Begründer der nach ihm benannten Bruderschaft war der in der Nähe von Mostaganem (Algerien) 1787 geborene Muhammad ibn Ali as-Sanusi al-Khattabi. Nach Studien in seiner Heimat, wo er mit den mystischen Strömungen des Islams bekannt geworden war, hatte er sich 1826 nach Mekka begeben. Ähnlich dem Gründer der *Wahhabiyya* (s. S. 15 f. und S. 239 f.)

suchte er eine Erneuerung des Islams, war aber in der Auslegung der »Prinzipien des Islams« weniger dogmatisch als jener, zugleich öffnete er sich dem Einfluss mystischen (sufischen) Gedankenguts. 1842 gründete er das erste religiöse Zentrum (*zawiya*) auf »libyschem« Boden in al-Baida. Von dort entsandte der »Groß-Sanusi« seine Missionare in benachbarte Gebiete und ins subsaharische Afrika. Nach seinem Tode (1859) setzte sein Sohn Muhammad al-Mahdi as-Sanusi (1844–1902) die Expansion fort. Die Verlegung des Zentrums des Ordens in die süd-cyrenaikische Oase Kufra (1895) war auch Ausdruck von dessen Wandlung zu einem Ordensstaat mit wachsendem politischem Ansehen und Einfluss. Die jungtürkische Revolution 1908 ließ Hoffnungen auf größere Autonomie auch des Sanusi-Staates aufkommen.

Die Aufteilung der Einflussgebiete europäischer Mächte in Nordafrika um die Wende vom 19. zum 20. Jahrhundert (s. S. 21 ff.) ließ die Cyrenaika und Tripolitanien als die einzigen Gebiete übrig, die für die Verwirklichung des kolonialistischen Ehrgeizes Italiens im Mittelmeerraum noch zur Verfügung standen. Dies war in mehreren internationalen Verträgen bestätigt worden. Bereits seit dem Ende des 19. Jahrhunderts hatte die *Banco di Roma* mit der »friedlichen Durchdringung« der libyschen Gebiete begonnen. In einigen Städten, darunter Benghazi und Tripolis, waren Zweigstellen errichtet worden, über die die Kontrolle Italiens über die lokale Wirtschaft wie Handel, Leichtindustrie, Landwirtschaft und maritime Aktivitäten ausgeübt werden konnten. Der Vorwurf, die Osmanen unterwanderten die wirtschaftlichen Interessen Italiens, sollte schließlich als Rechtfertigung für die militärische Intervention herhalten.

Am 26. September 1911 begannen italienische Truppen mit der Invasion der Cyrenaika und Tripolitaniens. Nach der Besetzung einiger Städte, darunter Benghazi, Tripoli und Tobruk, verkündete die italienische Regierung am November 1911 die Annektierung der beiden Provinzen. Damit war der Widerstand der pro-osmanischen Kräfte nicht gebrochen und erst auf internationalen Druck hin kam es im Oktober 1912 zu einer Vereinbarung zwischen Rom und Konstantinopel, die freilich noch nicht eine definitive Klärung der Herrschaftsverhältnisse beinhaltete. Bis zum Ausbruch des Ersten Weltkriegs konnte Italien zwar weitere Gebiete unterwerfen; besonders in der Cyrenaika aber war der Widerstand hartnäckig. Im Verlauf des Krieges musste Italien weitere Rückschläge hinnehmen; lediglich an der Küste konnte es seine Positionen auf libyschem Gebiet halten.

Nach Kriegsende war Italien bemüht, seine Stellung wieder zu festigen. Dabei konnte es sich auf einen Vertrag stützen, in dem Italien im April 1915 in London die Souveränität über Libyen zugesprochen worden war. Militärisch durch den Krieg geschwächt suchte Rom zunächst eine politische Formel für den Ausbau seiner Vorherrschaft. Im *legge fundamentale* – d. h. einer grundlegenden Vereinbarung – wurde der Herrschaft der Sanusi in der Cyrenaika und der Führung der 1918 ausgerufenen *Tripolitanischen Republik* 1919 die Einrichtung einer autonomen Verwaltung angeboten, die ein eigenes Parlament und eine wenigstens teilweise Selbstregierung beinhalten würde. Aus Gründen, die teils von Italien teils von den lokalen Machthabern zu verantworten waren, wurden die Vereinbarungen aber nicht in politische Wirklichkeit umgesetzt. Auch scheiterten Bemühungen, die Cyrenaika und Tripolitanien unter der Herrschaft der Sanusi zu vereinigen. Mit der Machtübernahme durch die Faschisten unter Mussolini im Oktober 1922 wendete sich das Blatt auch in Libyen.

Bereits 1921 hatte Rom begonnen, wieder die militärische Karte zu spielen. Jetzt setzte eine flächendeckende Rückeroberung ein, die bis Ende 1922 Tripolitanien und Fezzan unter italienische Herrschaft brachte. Demgegenüber hielt sich in der Cyrenaika ein hartnäckiger Widerstand. Nachdem sich Sayyid Idris as-Sanusi, seit 1916 amtierendes Oberhaupt der Sanusiyya, im Dezember 1922 ins ägyptische Exil abgesetzt hatte, übernahm 1923 Omar al-Mukhtar dessen Führung. Der Sanusi-Familie nahe stehend hatte er eine Erziehung zum Religionsgelehrten genossen, sich aber bereits während des Ersten Weltkriegs dem Widerstand gegen Italien angeschlossen. Nach seiner Rückkehr aus Kairo 1923, wohin er zunächst Sayyid Idris gefolgt war, entfesselte er einen Guerillakrieg im Gebiet des Jebel (Dschebel) Akhdar. Er wurde von italienischer Seite mit großer Härte geführt. Schätzungen zufolge sollen im Zeitraum der italienischen Herrschaft (1911–1943) 250 000 bis 300 000 Menschen ums Leben gekommen sein, bei einer Gesamtbevölkerung von etwa 1 Million. Erst im Januar 1931 konnten die Italiener die Oase Kufra erobern. Am 11. September fiel ihnen Omar in die Hände. Fünf Tage später wurde er gehängt. Omar al-Mukhtar wurde ein bis heute verehrter Nationalheld in Libyen.

Der nun in großem Stil einsetzende Siedlungskolonialismus wurde von der faschistischen Propaganda nationalistisch verbrämt. Die libysche Küste wurde zur *quarta sponda* (zum vierten Ufer) Italiens; Italien würde *Tripoli Latina* Frieden und Aufklärung bringen. Als selbst ernannter »Beschützer des Islams« besuchte Mussolini im März 1937 Tripolis. Bis 1940 hatten sich etwa 110 000 Italiener in Libyen niedergelassen, die 225 000 Hektar Land bebauten. Die Infrastruktur in Gestalt von Straßen und öffentlichen Einrichtungen wurde ausgebaut. Die Libyer selbst freilich profitierten wenig von dem Aufschwung: Mit Ausnahme einer kleinen Minderheit, die in den Genuss der *cittadinanza Italiana speziale* kamen, waren sie in Politik, Wirtschaft und Verwaltung marginalisiert. Ihre Landwirtschaft stand im Schatten der Siedler und die einheimische Güterproduktion war italienischen Importgütern unterlegen.

Der Eintritt Italiens in den Zweiten Weltkrieg an der Seite Deutschlands im Juni 1940 bedeutete den Anfang vom Ende der Herrschaft Italiens über sein »viertes Ufer«. Mit dem italienischen Überfall auf Ägypten war Nordafrika 1940 Kriegsgebiet geworden (s. S. 340 f.). Um eine Niederlage der Italiener gegen die von Ägypten aus operierenden britischen Truppen zu verhindern, wurden deutsche Truppen zu ihrer Unterstützung nach Nordafrika verlegt. Die ersten Soldaten des »Afrika-Korps« landeten im Februar 1941 in Tripolis. Im weiteren Verlauf der Kampfhandlungen wurde Tobruk zu einer umkämpften Festung. Mit der Niederlage in der zweiten Schlacht von El Alamain Ende Oktober/Anfang November 1942 hatte sich das Blatt endgültig gegen die Achsenmächte gewendet. Nach dem Rückzug der Italiener und Deutschen aus Nordafrika im Verlauf des Jahres 1943 übernahmen Militärverwaltungen der Briten (Cyrenaika und Tripolitanien) und Franzosen (Fezzan) die Aufsicht über die libyschen Landesteile. Hatte es unter den libyschen Notabeln, namentlich in Tripolitanien, Differenzen gegeben, wem – Italienern oder Briten – ihre Loyalität gehörte, hatte sich der in Kairo exilierte Sanusi-Emir Sayyid Idris vorbehaltlos auf die britische Seite geschlagen. 1944 kam er zu einem Besuch und zwei Jahre später definitiv in die Cyrenaika zurück.

Wie anderswo in Nordafrika hatten sich auch in den libyschen Landesteilen nationalistisch orientierte Kräfte formiert, die sich unter den Bedingungen der britischen und französischen Verwaltung relativ frei hatten entfalten können. Zwei Gruppen, deren eine aus älteren Stammesführern, deren andere aus jüngeren, in Ägypten ausgebildeten Nationalisten bestand, propagierten die Idee der Unabhängigkeit der Cyrenaika unter der konstitutionellen Monarchie der Sanusi-Dynastie. Dabei blieb die Frage, ob ohne oder mit Vereinigung mit Tripolitanien, offen. 1948 berief Idris einen Nationalkongress ein. Als dessen Führer und mit Unterstützung einer großen Mehrheit seiner Mitglieder erklärte sich Idris am 1. Juni 1949 zum Emir der unabhängigen Cyrenaika.

Die Nationalisten Tripolitaniens hatten unterschiedliche Vorstellungen über die künftige Staats- und Regierungsform. Eine Mehrheit unter ihnen trat aber für ein vereintes Libyen ein. Da zwischen dem guten Dutzend verschiedener Nationalistengruppierungen und Emir Idris kein Einvernehmen erzielt werden konnte, schaltete sich die internationale Gemeinschaft ein. Hatte die Regierung in Rom zunächst gehofft, am Vorkriegsstatus Libyens festhalten zu können, musste sie sich jedoch bald internationalem Druck beugen. Im Februar 1947 gab Italien seinen Anspruch auf Souveränität über seine frühere Kolonie auf. Eine Kommission bestehend aus britischen, französischen, amerikanischen und sowjetischen Diplomaten traf Anfang 1948 in Libyen ein und votierte schließlich für dessen Unabhängigkeit. Diese vage Empfehlung freilich kontrastierte mit Plänen in London, Paris und Rom, eine Art von – zeitlich befristetem Patronat über die drei Landesteile zu errichten. Als es in Libyen zu Protesten kam, wurde die Angelegenheit der UNO übergeben. Am 21. November 1949 entschied die Vollversammlung die Schaffung eines geeinten unabhängigen libyschen Staates. Eine aus Angehörigen der drei Landesteile bestehende Nationalversammlung sollte eine Verfassung ausarbeiten und Wahlen vorbereiten. Auf der Grundlage ihrer Vorarbeiten trat das vereinigte Libyen unter seinem konstitutionellen König Idris am 24. Dezember 1951 in die Unabhängigkeit ein.

Am Ende hatten sich die USA durchgesetzt. Während die europäischen Mächte – obwohl durch den Krieg geschwächt – ihre Ambitionen kolonialistischer Vorherrschaft noch immer nicht vollständig hatten ablegen wollen, unterstützte Washington die Bestrebungen der Völker Nordafrikas und des Vorderen Orients auf ihrem Weg in die Unabhängigkeit. Während des Suezkrieges (s. S. 65 f.) 1956 sollte es darüber zu einem Konflikt mit London und Paris kommen. Diese Politik stand auch im Zeichen des heraufziehenden globalen Konflikts mit der Sowjetunion, die sich ihrerseits an die Seite der weltweiten Befreiungsbewegungen stellte. Als Gegenleistung freilich erwarteten die USA, dass sich die dergestalt befreiten jungen Staaten in das von ihnen geführte Lager schlagen würden. Diese Erwartung lag auch der Ausgestaltung der künftigen Beziehungen zu dem libyschen Königreich zugrunde.

Die Geschicke des unabhängigen Libyen begannen unter schwierigen Bedingungen. Die Geschichte der drei Teile des Landes war weithin unabhängig voneinander verlaufen und wies wenig »nationale« Gemeinsamkeiten auf. Die italienische Kolonialmacht hatte die herkömmlichen Eliten bewusst von der Teilhabe an Verwaltung und bürokratischen Institutionen ausgeschlossen. Vielmehr war sie bemüht gewesen, die traditionellen Netzwerke namentlich der Sanusiyya in der Cyrenaika zu zerschlagen. Auch eine Bourgeoisie, die die Trägerin einer nationalen Identität hätte sein können, war nicht entstanden. Die materiellen Errungenschaften schließlich, die in den Jahren der Kolonialzeit erreicht worden waren, waren während des Krieges 1940–1943 weitgehend zerstört worden. Am Beginn seiner Unabhängigkeit war Libyen ein bettelarmes Land. Die Herrschaft von König Idris war zunächst durch einen Spagat zwischen dem föderalen Staatsaufbau und zentralistischer Machtausübung gekennzeichnet. Dies verzögerte nicht nur den Aufbau nationaler Institutionen der Verwaltung, sondern auch eine ausgewogene ökonomische Entwicklung der drei Landesteile, da diesbezüglich wichtige Entscheidungskompetenzen bei den föderalen Parlamenten und Regierungen lagen.

Ansätze eines demokratischen Lebens kamen zum Erliegen, als nach den ersten (und einzigen) Wahlen vom Februar 1952 die politischen Parteien abgeschafft wurden. Die Rolle des Parlaments, dessen Mitglieder die größeren Stämme vertraten, beschränkte sich darauf, die Entscheidungen des Königs und seines *diwans* (königliches Kabinett) abzusegnen. Dieser bestand im Wesentlichen aus Angehörigen der Stammeselite der Cyrenaika. In dem Geflecht persönlicher, familiärer und tribaler Beziehungen war Korruption ein ausgeprägter Faktor politischer und wirtschaftlicher Interaktion.

In der Außenpolitik erfüllte der König die Erwartungen der Mächte, die bei der Entstehung Libyens Pate gestanden hatten. Das Land schloss sich eng dem »westlichen« Lager an. 1953 und 1954 wurden militärische Abkommen mit Großbritannien und den USA geschlossen. Die Luftwaffenbasis Wheelus sollte zum Symbol werden: zunächst für die engen Beziehungen des Landes zu den USA; nach der Revolution für einen anti-imperialistischen Kurs des neuen Regimes. Die in das Land fließenden Gelder westlicher Staaten und Finanzorganisationen ließen die Regierung bald zum größten Arbeitgeber im Lande werden. Sie leisteten einen Beitrag zur Stabilisierung des Systems und trugen dazu bei, noch immer aktiven zentrifugalen Kräften entgegen zu wirken.

Die Entdeckung von Erdöl 1959 veränderte die wirtschaftliche und politische Ausgangslage des Landes tiefstgreifend. Als der erste Öltanker am 25. Oktober 1961 von Marsa al-Burayqa (Brega) ablegte, markierte dies den Beginn einer neuen Phase der Staatsbildung. Hatte der König diesen Prozess bis dahin nur zurückhaltend vorangetrieben, so erhielt er nunmehr eine neue Dynamik. Sie fand 1963 in der Änderung der Verfassung ihren Niederschlag, die Libyen nunmehr von einem Bundes- in einen zentralistisch regierten Staat verwandelte.

Gleichwohl sind die verbleibenden Jahre bis zur Revolution durch einen Mangel an Entschlossenheit gekennzeichnet, die libysche Gesellschaft umfassend zu modernisieren. Die traditionelle Elite begünstigte bei der Verteilung der Erdöleinnahmen ausschließlich loyale Stämme, Familien und Personen. Politische Macht und ökonomische Zuwendungen blieben in einer Hand konzentriert. Die Regierungen zwischen 1964 und 1969 zeigten sich nicht in der Lage, dieser Entwicklung eine Alternative entgegen zu setzen; zum einen waren sie selbst fest in die herrschenden Strukturen eingebunden, zum anderen sabotierten die konservativen Mitglieder des königlichen *diwan* als Bollwerk der politischen Reaktion alle Ansätze zu Reformen.

In dieser Situation der blockierten sozioökonomischen Transformation und einer repressiven Innenpolitik, die nach wie vor das Entstehen von Massenorganisationen verhinderte, stürzte eine Gruppe junger Offiziere am 1. September 1969 die Sanusi-Monarchie und proklamierte die *Libysche Arabische Republik*. Bis dahin waren die Streitkräfte ein Abbild der schwachen Staats- und Nationbildung gewesen. Der etwa 7000

Mann umfassenden und von britischen Offizieren ausgebildeten *Royal Libyan Army* (RLA) waren Milizen an die Seite gestellt, deren stärkste die *Cyrenaican Defence Force*, eine Art Leibgarde des Königs – rekrutiert aus den Sanusi ergebenen Stämmen – gewesen war. Die Masse der Soldaten der RLA entstammte den unteren Schichten der Gesellschaft.

Nach dem Vorbild Ägyptens (s. S. 64) hatten sich die Verschwörer als die *Freien Offiziere* zusammengetan. Sie bekleideten mittlere Ränge; gemeinsam war ihnen ihre ländliche Herkunft. Eine Woche nach dem unblutigen Machtwechsel trat der nunmehr vom Hauptmann zum Oberst beförderte Mu'ammar al-Qadhafi als *Revolutionsführer* auf. Die Macht lag in den Händen eines 14-köpfigen *Revolutionären Kommandorats* (*Revolutionary Command Council*; RCC).

Vorbild für die Maßnahmen des Revolutionsrats und seines Vorsitzenden in den ersten Jahren der Revolution war Gamal (Dschamal) Abd an-Nasir (Nasser). In der *Charta von Tripolis* gingen Libyen, Ägypten und der Sudan am 27. Dezember 1969 eine lockere Föderation ein. Als Nasser am 28. September 1970 starb, sah sich al-Qadhafi als dessen Erbe. Bereits im Juni 1970 war – ein Akt mit Symbolgehalt – die US-Luftwaffenbasis Wheelus nach dem Abzug der letzten amerikanischen Soldaten geschlossen worden. Im September konkretisierte er sein politisches Programm: Entfernung aller ausländischen Truppen von libyschem Boden, Neutralität, arabische Einheit und Verbot aller politischen Parteien. Voran gegangen war eine tief greifende Säuberung der staatlichen Institutionen von Angehörigen der alten Elite. Die Verfassung vom Dezember 1969 hatte den RCC zur höchsten Instanz gemacht, der auch den Ministerrat einsetzte. Durch die Gründung der *Arabischen Sozialistischen Union* (ASU) nach nasseristischem Vorbild wurde die Mobilisierung der Massen zentralisiert. Ihre sozialistische Stoßrichtung sollte nicht zuletzt die überkommenen sozialen, vor allem auch tribalen Trennlinien und Identitäten zerstören.

Bald aber erwies sich die ASU als zu einer wirklich tiefgreifenden Umgestaltung nicht in der Lage – zu hartnäckig hielten sich die Strukturen der alten Ordnung. Vor diesem Hintergrund kündigte al-Qadhafi in einer Rede am 16. April 1973 in Zuwara ein *Fünf-Punkte-Programm* einer radikaleren Umgestaltung an:»Volkskomitees« sollten gebildet werden, mittels derer die bürokratischen Hierarchien und das Mobilisierungsdefizit der ASU überwunden würden. Die Ausformulierung einer eigenen politischen Ideologie, *Dritte Universale Theorie* genannt, die einen alternativen Weg zwischen Kapitalismus und Kommunismus aufzeigen sollte, stärkte ab 1975 das aktivistische Element im politischen System. Die ASU wurde als Einheitspartei abgewertet und in die allen offen stehenden »Basisvolkskonferenzen« eingegliedert. Von den Basisvolkskonferenzen alle zwei Jahre gewählt und diesen verantwortlich, sollten Volkskomitees in neu geschaffenen Verwaltungskörperschaften gestärkte exekutive Funktionen wahrnehmen. Die Proklamation der *dschamahiriyya* (Pluralbildung von *dschumhuriyya*: Republik; eine künstliche sprachliche Schöpfung, die den hierarchielosen Volkscharakter des Systems zum Ausdruck bringen sollte) und die Selbstauflösung des Revolutionsrats am 2. März 1977 schlossen diesen Prozess ab und stellten die definitive Zäsur in der politischen Entwicklung des post-nasseristischen libyschen Staates dar. Die neue Verfassung von 1977 enthielt nur noch vier Paragraphen: Erstens ist der offizielle Name *Sozialistische*

Libysche Volksrepublik. Zweitens ist der heilige Koran das Gesetz der Gesellschaft. Drittens ist die direkte Volksherrschaft die einzige Autorität; und viertens ist die Verteidigung der Heimat Pflicht eines jeden Bürgers und jeder Bürgerin.

Künftig tagten die Basisvolkskonferenzen jährlich in drei ordentlichen Sitzungen; von ihnen waren zwei lokalen Belangen gewidmet, während auf der dritten überwiegend nationale Themen diskutiert und jene Resolutionen verfasst wurden, die auf der jährlich einmal einberufenen ordentlichen Tagung des *Allgemeinen Volkskongresses* per imperativem Mandat in Kraft gesetzt wurden.

Diese grundstürzende politische Umgestaltung erfolgte nicht ohne Widerstand. Er erhob sich sowohl in der Bevölkerung, namentlich unter Studenten im März 1975, als auch im Revolutionsrat. Im August 1975 kam es zu einem Putschversuch. Zur Verteidigung der Revolution begannen sich deswegen 1977 revolutionäre Komitees zu bilden. Im März 1979 wurde offiziell ein *Revolutionssektor* proklamiert, der dem »Herrschaftsbereich« mit seinen legislativen und exekutiven Institutionen gegenübergestellt war. Seine Aufgabe waren die Sicherung des Systems und die Bekämpfung der *Feinde der Revolution*. In der Folge entwickelten sich die Revolutionskomitees – mit *Revolutionsführer* al-Qadhafi an der Spitze – zu einem omnipräsenten Instrument politischer Unterdrückung.

Hatte Teil eins des *Grünen Buches*, der Kampfschrift al-Qadhafis, angelehnt an Maos berühmtes *Rotes Buch*, die Theorie der neuen revolutionären Herrschaftsordnung niedergelegt, zielte der zweite Teil auf die Revolutionierung der Wirtschaftsordnung. Die Hauptforderungen, die Abschaffung des privaten Binnenhandels und die Umwandlung privater Unternehmen in Volksbesitz, zielten auf die Entmachtung der in den 1960er und in den ersten Jahren nach der Revolution reich gewordenen Händlerfamilien. Ausländischer (u. a. italienischer) Besitz war bereits 1970 verstaatlicht worden; Maßnahmen der Nationalisierung im Banken- und Versicherungssektor waren gefolgt. Die Revolutionierung des Erdölsektors (s. S. 316 ff.) war ein weiterer Schritt: Beginnend mit der *British Petroleum* (November 1971) waren bis 1974 nach und nach alle anderen ausländischen Ölunternehmen in libyschen Besitz übergegangen. Zwischen Oktober 1973 und Januar 1974 sprang der Preis für libysches Öl von $ 4,6 auf $ 15,7 pro Barrel.

Fortan leistete sich das Regime eine verschwenderische Ausgabenpolitik. Die Industrialisierung wurde vorangetrieben. Neben der Petrochemie hatte das Stahlwerk in Misrata Symbolgehalt für den Ehrgeiz des Regimes. Ähnlich spektakulär war das *Great Man Made River Project* im Bereich der Infrastrukturentwicklung: Ein Leitungssystem sollte täglich fünf Millionen Tonnen Wasser von den Aquiferen bei Tazerbu und Sarir im Südosten des Landes über eine Entfernung von 2400 km in die Küstenregionen transportieren. Davon sollte nicht zuletzt die Landwirtschaft, ein weiterer Schwerpunkt der Entwicklungsplanung, profitieren. Erst in Folge der Finanzkrise ab 1987 verlor der Staat seine Gestaltungsfähigkeit. Mit der Einleitung einer Politik wirtschaftlicher Öffnung (*infitah*) wurde Ende der 1980er Jahre auch ein privater Wirtschaftssektor wieder zugelassen. In den Hochzeiten des Wirtschaftsbooms waren mehr als 1,5 Millionen Fremdarbeiter aus arabischen und schwarzafrikanischen Staaten ins Land geholt worden. Zwischen 1986 und 1996 wurden Hunderttausende von ihnen in der Regel mit rüden Methoden wieder außer Landes geschafft.

Auch nach außen entfaltete das Regime politischen Ehrgeiz. Panarabismus, Antizionismus, Antiamerikanismus und überhaupt die Betonung der Eigenständigkeit sowie eines »dritten Weges« waren Parameter der Außenpolitik. 1979 wurden das Außenministerium und die Botschaften in »Volksbüros« umgewandelt. Verschiedene Vereinigungsprojekte – so mit Ägypten, Sudan, Tschad, Tunesien, Marokko und Syrien – erwiesen sich als ebenso ephemer, wie andere Pläne dieser Art in Afrika und im arabischen Raum. Nicht immer ging der Diktator dabei friedlich vor: 1973 ließ er 40 000 Libyer zur Grenze mit Ägypten marschieren, fiel im gleichen Jahr in Tschad ein und unterstützte 1980 Guerilleros bei einer Aktion in der südtunesischen Bergwerksstadt Gafsa. Bezüglich Israels forderte al-Qadhafi dessen Zerstörung und nahm nicht nur Konflikte mit den arabischen Staaten in Kauf, die den Ausgleich mit Israel suchten; er überwarf sich auch mit der PLO, wann immer Yasir Arafat Verhandlungslösungen anstrebte.

Gegenüber den beiden Supermächten, den USA und der Sowjetunion, deren politische und gesellschaftliche Systeme er ablehnte, suchte er gleichen Abstand zu wahren, auch wenn letztere zum wichtigsten Lieferanten von Waffen wurde. Auf eine Kette von auch militärischen Provokationen – bereits im Februar 1980 war die US-Botschaft in Tripolis geschlossen worden – reagierten die USA am 15. April 1986 mit einem Luftangriff auf Tripolis und Benghazi. Die Beschuldigung, in Rabta eine Anlage zur Herstellung von chemischen Kampfstoffen zu betreiben und den internationalen Terrorismus zu unterstützen, war die Grundlage für von 1987 an verhängte Sanktionen. Sie sollten künftig die wirtschaftliche Zusammenarbeit und die Kommunikation mit Libyen erheblich einschränken. Am 21. Dezember 1988 explodierte eine Maschine der amerikanischen Fluggesellschaft *PanAm* über dem schottischen Lockerbie (270 Tote), am 19. September 1989 eine Maschine der französischen UTA über Niger. Washington und die internationale Gemeinschaft machten die libysche Führung dafür verantwortlich. Daraufhin verschärfte der UNO Sicherheitsrat die Sanktionen. Die Strafmaßnahmen fanden im *Iran and Libya Sanctions Act* (ILSA), den der Kongress in Washington im August 1996 beschloss, ihren Höhepunkt. Libyen war in der internationalen Gemeinschaft politisch und wirtschaftlich isoliert; oder in der Terminologie Washingtons: ein »Schurkenstaat« (*Rogue State*).

Die 1990er Jahre waren durch innen- und außenpolitische sowie wirtschaftliche Stagnation gekennzeichnet. Die Weigerung der libyschen Führung, bei der Aufklärung der Flugzeugabstürze mitzuwirken und zwei von den USA und Großbritannien als tatverdächtig bezeichnete Männer auszuliefern, isolierte das Land vor allem auf internationaler Ebene. Von der Mittelmeerpolitik der EU, die 1995 in Barcelona (s. S. 336) auf eine neue Grundlage gestellt wurde, war das Land ausdrücklich ausgeschlossen. Die internationalen Sanktionen suchte das Regime durch eine Verstärkung der regionalen Zusammenarbeit im arabischen und afrikanischen Raum zu unterlaufen. Die Voraussetzung dafür aber war, die Unterstützung für radikale Organisationen aufzugeben. Libyen habe mit dem Staatsterrorismus gebrochen, bestätigte der ägyptische Präsident Mubarak in einem Interview im Oktober 1998. Auch in der Palästinafrage begann das Regime Pragmatismus zu zeigen. Den radikalen palästinensischen Organisationen wurde die Unterstützung entzogen, mehr und mehr stellte sich Tripolis hinter die Politik von Palästinenserführer Arafat. Auch die Zwei-Staaten-Lösung, die mit dem Plan des saudischen Kronprinzen Abdallah offiziell die Unterstützung der *Arabischen Liga* erhielt, fand Akzeptanz in Tripolis.

Angesichts der durch die verschärften Sanktionen zunehmend eingeschränkten wirtschaftlichen Handlungsspielräume des Staates musste das Regime privatwirtschaftlichen Aktivitäten wieder größeren Raum geben. Das bedeutete auch, Schritte zur Begrenzung der Willkür der Revolutionskomitees und Revolutionsgerichte zu unternehmen. Während die politische Opposition im Ausland relativ wirkungslos blieb, machte sich im Inneren eine islamistische Opposition bemerkbar. Zwar war in der Verfassungserklärung vom März 1977 einzig der Koran zum Gesetz der Gesellschaft erklärt worden; in der Praxis aber war das Regime nicht nur nicht bemüht, eine flächendeckende Einführung der *Schari'a* durchzusetzen. Vielmehr hatte al-Qadhafi wiederholt beteuert, der Koran könne von jedem verstanden, mithin von jedem auch ausgelegt werden. In Verbindung mit den sozialistischen Grundlinien des Gesellschaftsentwurfs des *Grünen Buches* waren damit Bemühungen des Revolutionsführers verbunden, die Geistlichkeit in Politik und Gesellschaft zu marginalisieren. Besonders bemerkenswert war die gesellschaftliche Sichtbarkeit von Frauen.

Islamistischer Widerstand gegen das Regime hatte sich Mitte der 1980er Jahre bemerkbar zu machen begonnen. Der Beginn des Konflikts freilich reichte an den Anfang des revolutionären Umbaus. In seiner Rede in Zuwara von 1973 hatte al-Qadhafi namentlich die Anhänger der *Muslimbruderschaft* und der algerischen *Islamischen Befreiungsfront* als »Schädlinge des Volkes« bezeichnet. Aus Afghanistan zurückkehrende Kämpfer gegen die Invasion der sowjetischen Truppen verschärften den Konflikt. Nach ersten Zusammenstößen im Jahr 1989 war 1995 das blutigste Jahr der Konfrontation. Bereits im Januar hatte al-Qadhafi in einer Rede die Fortsetzung des Kampfes gegen die »neuen Häretiker« angekündigt und die algerischen FIS-Führer Madani und Belhadj (s. S. 220 f.) als »Scharlatane, die die einfachen Leute verführen«, bezeichnet.

Eine Wende in der Haltung des Regimes in Sachen Lockerbie trat 1998 ein. Im April äußerte die Führung ihre Zustimmung zu einem Prozess gegen die mutmaßlichen Täter basierend auf schottischem Recht in einem neutralen Land. Im August fiel die Entscheidung auf die Niederlande und wenige Tage danach bestätigte der UNO-Sicherheitsrat die Aufhebung der Wirtschaftssanktionen für den Fall, dass Libyen die Angeklagten ausliefere. Nachdem dies im April 1999 geschehen war, kam es im Sicherheitsrat zu einem entsprechenden Beschluss. Die Außenbeziehungen Libyens normalisierten sich. Zur dritten EU-Mittelmeerkonferenz vom 15. bis 16. April 1999 in Stuttgart wurde das Land als Sondergast eingeladen. Lediglich die bilateralen Sanktionen der USA blieben in Kraft, solange über die Entschädigungsforderungen der Angehörigen der Lockerbie-Opfer noch nicht entschieden war. Am 3. Mai 2000 begann der Prozess in Den Haag. Am 31. Januar 2001 fällte das Gericht sein Urteil: einer der Angeklagten wurde schuldig gesprochen; der andere wurde entlastet.

Das wachsende Interesse des Regimes an der Zusammenarbeit mit den westlichen Staaten trat in der Reaktion auf den Terrorakt vom 11. September 2001 zutage. al-Qadhafi verurteilte die Anschläge und billigte den USA das Recht auf Vergeltung zu. Das Ende der von den USA verhängten Sanktionen war damit allerdings noch immer nicht erreicht. Erst 2003 konnten Fragen der Entschädigung sowohl der *PanAm-* als auch der

UTA-Opfer geregelt werden. Auch stellte die libysche Regierung nunmehr die insbesondere von den USA geforderte Abrüstung der Massenvernichtungswaffen in Aussicht. Mit dem Beitritt Libyens zu verschiedenen internationalen Konventionen – u. a dem Atomwaffensperrvertrag und der Chemiewaffenkonvention – wurden 2004 Zug um Zug zahlreiche der Sanktionen und Beschränkungen aufgehoben. Parallel hierzu verlief die Wiederherstellung des Netzes diplomatischer Beziehungen – auch mit den USA. Geschäftsleute, Diplomaten und Spitzenpolitiker, insbesondere auch aus der EU, gaben sich in Tripolis die Klinke in die Hand.

Die Normalisierung der außenpolitischen Beziehungen – nicht zuletzt eine Reaktion auf die Sanktionen – hatte nur bedingt Auswirkungen auf die Situation im Lande selbst. Die Modernisierung der Wirtschaft verlief zögerlich. Widerstand dagegen kam von den alten Machtzirkeln, die am Fortbestand ihrer die Korruption begünstigenden Netzwerke interessiert waren. Die reformorientierte Regierung von Schukri Ghanem (2003–2006) scheiterte daran, dass sie vom *Allgemeinen Volkskongress* permanent sabotiert wurde; Unklarheiten über Entscheidungskompetenzen verlängerten den Stillstand. Das steigerte Frustrationen in der Bevölkerung, namentlich der Jugend, denn Libyen hat eine der jüngsten Bevölkerungen der arabischen Welt. War die Entscheidung des Regimes, das Land aus der Isolierung zu führen, auch ein Signal gewesen, sie trage für die Verbesserung der Lebensbedingungen der Menschen sorge, so sahen sich diese getäuscht; namentlich die Jugendarbeitslosigkeit blieb ein anhaltendes Problem. Über die Medien, den Sender *al-Dschazira* (*al-Jazira*; s. S. 313) und zunehmend auch über das Internet hatten sich die Libyer ein Bild von den Veränderungen in der Welt machen können. Möglichkeiten zu politischen Aktivitäten blieben versperrt; die Appelle der internationalen Gemeinschaft, zu Rechtstaatlichkeit und zum Respekt der Menschenrechte zurückzukehren, blieben weitgehend ungehört. Freilich, angezogen von lukrativen Geschäften mit dem Regime fühlte sich die internationale Gemeinschaft kaum gedrängt, Druck auf das Regime auszuüben,

Ab 2006 schien Seif al-Qadhafi, der zweitälteste Sohn des Diktators, ein Sprecher der Frustrierten zu werden. In Interviews und Reden begann er die Notwendigkeit eines Umbaus des Systems zum Ausdruck zu bringen. Zunehmend wurde er als möglicher Nachfolger seines Vaters gesehen. Seine Ernsthaftigkeit und die Frage, inwieweit er auch im Namen seines Vaters spreche, konnten nach Lage der Dinge keinem Test unterzogen werden. Wie vorstehend bereits angedeutet, war es nie gelungen, die Oppposition im Lande vollständig zu unterdrücken. In ihr hatten die Islamisten stets eine besondere Rolle gespielt. Wie verbreitet aber Protest und Widerstand waren, zeigte sich 2006 bei Krawallen in Benghazi. Eine Kundgebung gegen die dänischen Muhammad-Cartoons artete in eine Protestaktion gegen das Regime aus. Die Demonstranten zündeten Büros der Revolutionskomitees an und vewüsteten staatliche Hoheitszeichen und Symbole, darunter auch Portraits al-Qadhafis. Mindestens ein Dutzend Demonstranten wurden von den Sicherheitskräften erschossen. Zu ähnlichen Vorfällen kam es auch in den folgenden Jahren.

Vor diesem Hintergrund war es wenig verwunderlich, dass die arabische Revolte bald auch nach Libyen übersprang. Anfang 2011 standen Tunesien und Ägypten vor dem Machtwechsel. Am 17. Februar kam es zu Demonstrationen gegen das Regime in Tripolis. Nicht zufällig war Benghazi der Schauplatz, denn seit der Revolution von 1969 hatte das Regime den Osten des Landes mit Misstrauen betrachtet und wirtschaftlich vernachlässigt. Dort hatte sich der vorstehend angesprochene Widerstand gehalten. Bald sprang der Funke des Protests auch nach Tripolis über. Als die Sicherheitskräfte scharf zurückschossen, erhielt die Protestbewegung eine militante Dimension; mit Hilfe des Auslands begann sie sich zu bewaffnen. Soldaten der libyschen Armee liefen zu den Aufständischen über. In Benghasi konstituierte sich am 27. Februar ein *Nationaler Übergangsrat*, der die politischen und militärischen Schritte zu koordinieren suchte und den Rücktritt al-Qadhafis forderte.

In seiner Rhetorik machte der Diktator aus seiner Verachtung für die Aufständischen und aus seiner Entschlossenheit kein Hehl, die Revolte mit allen Mitteln niederzuschlagen. Als seine Truppen erfolgreich nach Osten vorzudringen begannen, beschloss die internationale Gemeinschaft einzugreifen. Mit der Resolution 1973 vom 17. März stimmte der Sicherheitsrat der UNO der Verhängung einer Flugverbotszone zu und genehmigte »alle notwendigen Maßnahmen« zum Schutz libyscher Zivilisten. Das machte den Weg für einen militärischen Einsatz der NATO frei. Diese war in den folgenden Monaten bemüht, insbesondere durch Luftangriffe das militärische Potenzial des Machthabers zu schwächen und die Operationen der von Osten nach Westen vorrückenden Aufständischen zu unterstützen. Am 23. August ergriffen al-Qadhafi und seine Söhne die Flucht aus Tripolis. Mit dem Fall Sirtes am 20. Oktober 2011 wurde er ergriffen und getötet. Dem libyschen Übergangsrat fiel die Aufgabe zu, auf den Ruinen einer gescheiterten Diktatur ein neues System aufzubauen.

Damit war eine Ära an ihr Ende gekommen. Mit dem Umsturz vom 1. November 1969 hatte der 26-jährige Hauptmann/Oberst die Epoche der zweiten arabischen Revolte abgeschlossen. Sein Idol, Gamal Abd an-Nasir (Nasser), hatte sie mit einem vergleichbaren Schlag 1952 eingeleitet. Wie auch anderswo im arabischen Raum waren die Ideale bald auf der Strecke geblieben. Gekennzeichnet von Macht- und Verteilungskämpfen hatte eine Jahrzehnte dauernde Phase der Stagnation eingesetzt, die durch autokratische Machtausübung und Korruption gekennzeichnet war.

4.3 Die Arabische Halbinsel

Die Förderung von Erdöl und Erdgas hat – mit der Ausnahme Jemens, wo keine nennenswerten Vorräte gefunden wurden – das Erscheinungsbild der Arabischen Halbinsel fundamental verändert. Erst nach dem Zweiten Weltkrieg wurden aus in weiten Teilen stark beduinisch geprägten Gesellschaften moderne Staaten. Wo traditionell Lehmhütten standen, schossen Städte in teilweise atemberaubender Architektur aus dem Boden. An die Stelle der Wüstenpisten traten vielspurige Autobahnen und modernste Flughäfen. Gesundheits- und Bildungswesen – kostenfrei für die einheimische Bevölkerung – entsprechen den Standards der entwickelten Welt.

Der Reichtum hat zu einer nachhaltigen Veränderung der gesellschaftlichen Strukturen geführt. An der Spitze der Pyramide stehen die Mitglieder der herrschenden Familien. Der Rest der einheimischen Vollbürger wird an den Einnahmen des Staates beteiligt. Die Einheimischen aber stellen in vielen Staaten nur eine Minderheit dar. Ihnen folgt in der sozialen Stellung die große Zahl derjenigen Ausländer, darunter auch Amerikaner und Europäer, die an verantwortlicher Stelle für das Bildungswesen, die Wirtschaft, das Gesundheitswesen, d. h. den Entwicklungsprozess insgesamt, zuständig sind. Auf der untersten gesellschaftlichen Stufe (und nur marginal am Einkommen des Staates beteiligt) stehen die Millionen von Fremdarbeitern, die insbesondere aus vielen Teilen Asiens stammen und insbesondere im Bauwesen beschäftigt sind.

Die nach dem Zweiten Weltkrieg angehäuften Vermögen haben einige der Staaten auf der Arabischen Halbinsel wirtschafts- und weltpolitisch zu *Global Players* gemacht. Das gilt nicht zuletzt für Saudi-Arabien, das zu einem engen Partner der USA geworden ist. Gefördert durch finanzielle Mittel hat der konservative wahhabitische Islam im islamischen Raum eine bis dahin nicht gekannte Dynamik erfahren. Entscheidungen über Ölpreis und Fördermenge haben immer wieder eine weltweite Bedeutung gehabt. Die einheimische Elite ist in beiden Welten zu Hause: der Welt der *dischdascha*, dem herkömmlichen weißen Gewand der männlichen Bewohner der Arabischen Halbinsel, und der Welt westlicher Geschäftskleidung; kulturelle und gesellschaftliche Traditionen werden scheinbar spannungsfrei neben einander gelebt. Gleichwohl war der Veränderungsdruck im öffentlichen Raum gewaltig: In wachsendem Maße fanden aus dem Westen importierte Institutionen von Regierung und Verwaltung Einzug.

4.3.1 Saudi-Arabien

Die Geschichte des heutigen »Königreich Saudi-Arabien« beginnt 1902. Historiker nennen es den dritten saudischen Staat. Der erste war 1744/45 gegründet worden. Grundlage der Staatsgründung war die enge Verbindung von Muhammad ibn Sa'ud (gest. 1765), des Herrschers des zentralarabischen Stadtstaates Dir'iyya, mit dem Theologen Muhammad ibn Abd al-Wahhab (ca. 1704–1792) gewesen. Letzterer hatte eine islamische Reformbewegung begründet, die die strikte Anwendung der *Schari'a* und das Bekenntnis zur absoluten Einheit Gottes (*tauhid*) in den Mittelpunkt von Lehre und Praxis des Islams rückte. Radikal zurückgewiesen wurden (und werden) alle »Neuerungen« (*bida'*) wie die Mystik, der Totenkult und die Heiligenverehrung. Ibn Sa'ud verpflichtete sich, die neue Lehre zu verbreiten. Ibn Abd al-Wahhab, nach dem diese als *Wahhabiyya* bezeichnet wurde, seinerseits verlieh dem Herrscher eine religiös-ideologische Legitimation. Die Verbreitung dieses Gottesstaates im *dschihad* (als anhaltender »Bemühung«) gegen nicht-wahhabitische Muslime lag in der Natur dieses religiös-radikalen Gemeinwesens. Auf dieser Grundlage, die als Bündnis zwischen der *Al* (Familie) *Sa'ud* und der *Al asch-Scheich* (des Begründers der *wahhabiyya*) bis in die Gegenwart Bestand hat, verbreitete sich der erste saudische Staat über große Teile der Arabischen Halbinsel. Er fand 1818 mit der Zerstörung Dir'iyyas durch ägyptische Truppen (auf Anordnung des osmanischen Sultans in Konstantinopel) sein Ende (s. S. 15 f.). Der bald darauf wieder erstandene zweite saudische Staat erlag 1891 inneren Wirren. Der Todesstoß kam von einem ehemaligen »Vasallen« der saudischen Herrscher. Innersaudische Konflikte hatten Raum für den Aufstieg der Familie der Raschid vom Stamm der Schammar gegeben. Hauptstadt ihres Gebietes war Ha'il im nördlichen Nadschd. Muhammad ibn Raschid (gest. 1897), der bedeutendste Herrscher der Dynastie, erlangte die vollständige Unabhängigkeit des Dschebel Schammar und trat in offene Konkurrenz zu der Al Sa'ud. 1891 eroberte er Riyadh. Der letzte saudische Herrscher fand mit seiner Familie in Kuwait Asyl.

Von hier aus eroberte dessen Sohn Abd al-Aziz ibn Abd ar-Rahman Al Sa'ud (1880–1953) im Jahr 1902 Riyadh (in unmittelbarer Nachbarschaft des zerstörten Dir'iyya) in einem militärischen Handstreich (mit 40 Männern) zurück und legte damit den Grundstein für den Wiederaufstieg des saudischen Staates. Eine systematische Ausdehnung des Gebiets im Nadschd begann mit der Eroberung der ostarabischen Region al-Hasa (1913), die Ibn Sa'ud (wie er abkürzend genannt wird) den Osmanen abnahm. Damit empfahl er sich den Briten, als diese im November 1914 in den Krieg gegen das Osmanische Reich eintraten. Andererseits bedrohte die neue und militärisch schlagkräftige Macht das fein gesponnene Netzwerk britischer Machtausübung im geopolitischen Umfeld des jungen Staates. Ein britisch-saudischer Vertrag von 1915 war zunächst eine Fortschreibung der Verträge mit den arabischen Scheichtümern in den vorangegangen Jahrzehnten (s. S. 28), sollte er doch sicher stellen, dass der saudische Emir nichts unternehmen würde, was britischen Interessen und vertraglichen Verpflichtungen mit anderen Scheichtümern und Staaten widersprechen würde. Waffenlieferungen und britische Geldzahlungen sollten das Fundament des Vertrages erhärten. Diese Regelungen bezogen sich naturgemäß nicht zuletzt auf den haschemitischen Scherifen in Mekka, dessen arabischer Aufstand (s. S. 38 ff.) ein Faktor britischer Kriegführung im Vorderen Orient war.

Nach ersten militärischen Erfolgen gegen die Rivalen der Banu Raschid im Qasim in den Jahren 1904 bis 1906 hatte sich Abd al-Aziz auf weitere Eroberungen strategisch vorbereitet. Ein wesentlicher Schritt lag in der Umwandlung der notorisch unzuverlässigen Beduinen zu einer disziplinierten und auch in Krisenzeiten loyalen Armee. Dazu verwirklichte er einen Plan, den bereits sein Großvater Faisal ibn Turki gehegt hatte: deren Ansiedlung mit dem Ziel staatlicher Kontrolle. 1911/12 wurden sie, nunmehr als *ikhwan* (*Brüder im Geiste*), in landwirtschaftlichen Siedlungen zusammengeführt. In deren Bezeichnung als *hudschar* (sing.: *hidschra*) lag eine Anspielung auf die Auswanderung des Propheten Muhammad (622) aus dem heidnischen Mekka nach Medina, mit welcher dieser die Grundlagen eines islamischen Staates gelegt hatte. Zugleich wurden die *ikhwan* einer intensiven Indoktrinierung seitens wahhabitischer Theologen unterzogen, in der die Verdienste des *dschihad* gegen Nicht-Wahhabiten einen besonderen Stellenwert einnahmen. Mit der Besetzung der wohlhabenden osmanischen Provinz al-Hasa verfügte Ibn Sa'ud über Einnahmen, mit denen er in den Jahren des Weltkriegs, in denen sich die Aufmerksamkeit auf andere Schauplätze richtete, den Aufbau seiner Streitmacht vorantreiben konnte.

Die Ära des Stillhaltens war beendet, als sich das Ende des Krieges abzeichnete. Die Ambitionen Husains, des Scherifen von Mekka – 1916 legte er sich den Titel eines Königs zu –, Herrscher eines großarabischen Reiches zwischen der Arabischen Halbinsel und dem Mittelmeer zu werden, war für Ibn Sa'ud Rechtfertigung, eine finale Auseinandersetzung mit dem Rivalen zu suchen. Sie begann im Mai 1918 mit einem Krieg um Khurma, eine Siedlung im Grenzgebiet zwischen Nadschd und Hedschaz. Für Großbritannien kam diese Konfrontation – noch vor dem Ende des Weltkrieges – zur

Kerndaten Saudi-Arabiens

Name des Landes (deutsch/arabisch/ englisch/französisch)	Saudi-Arabien / al-Mamlaka al-Arabiyya as-Sa'udiyya / Saudi Arabia / L'Arabie Saoudite		
Bevölkerung in Mio.	29,9	Datum der Unabhängigkeit	23.9.1932
Einwohner pro km²	14	Datum des Beitritts zur Arabischen Liga	1945
Fläche in Mio. km²	2,1	Staatsform	Erbmonarchie
Landessprache (offizielle [Staats-]Sprache)	Arabisch	BIP in Mrd. US-Dollar	682
häufig gebrauchte Sprachen		BIP pro Einwohner in US-Dollar	24 237
Konfessionen	Muslime (90 % Sunniten, 10 %Schiiten)	Lebenserwartung in Jahren	74
religiöse Minderheiten	—	Zusammensetzung der Bevölkerung (ethnisch)	Saudi-Araber 80 %, Araber 10 %, Afro-asiatische Arbeits-migranten 10 %

Unzeit. Während London einerseits auf Ibn Sa'ud Druck ausübte, von einer weiteren militärischen Expansion Abstand zu nehmen, war es andererseits nunmehr bemüht, auch Husain in das Netzwerk von Verträgen einzubauen, das in den ersten Kriegsjahren geknüpft worden war. Dies freilich bedeutete, dem Scherifen hinsichtlich der tatsächlichen Nachkriegsplanungen, die durchaus nicht mit den getroffenen Versprechungen vereinbar waren, reinen Wein einzuschenken. Mehr als die Stellung eines Königs des Hedschaz war darin von London nicht vorgesehen. Die Verhandlungen zogen sich bis 1923 hin. Mit seiner kompromisslosen Weigerung, die Realität anzuerkennen, verspielte er den Rest britischen Wohlwollens. Der Weg, die eingefrorene Konfrontation fortzusetzen, wurde für Ibn Sa'ud nunmehr frei. Dass sich Husain – nach der Abschaffung des Kalifats durch die Kemalisten in der Türkei im März 1924 – selbst zum Kalifen proklamierte, war für Abd al-Aziz eine weitere Provokation, die einen Krieg rechtfertigte.

Ibn Sa'uds Feldzug gegen den Hedschaz begann im September 1924 mit der Eroberung von Ta'if. Die Brutalität der Kriegführung der *ikhwan* war schockierend. Überzeugt, es handle sich um eine persönliche Abrechnung des saudischen Emirs mit dem Scherifen, nötigten die Notabeln des Hedschaz Husain zum Verzicht seiner Herrschaft zugunsten seines Sohnes Ali. Doch Ibn Sa'ud hatte weiter reichende Pläne. Im Oktober 1924 rückte er kampflos in Mekka ein, im November 1925 ergaben sich nach längerer Belagerung Dschedda und Medina. Zuvor hatten ihn die Briten ihrer Neutralität versichert. Damit war die Stellung der Haschemiten unhaltbar geworden.

Am 22. Dezember 1925 übergab Ali die Herrschaft an den saudischen Emir. Dieser erklärte sich zum *Sultan des Nadschd und König des Hedschaz*. König Husain ging über Transjordanien – wo die Briten mittlerweile seinen Sohn Abdallah als Emir etabliert hatten (s. S. 118 f.) – nach Zypern ins Exil. Auch Großbritannien stand angesichts dieser Entwicklungen einer neuen machtpolitischen Konstellation gegenüber. London anerkannte die Realität. 1927 schlossen beide Seiten einen Vertrag, der das Abkommen von 1915 ersetzte. Die saudische Unabhängigkeit und Souveränität wurden ohne Einschränkungen anerkannt. Mit der Annektierung der Provinz Asir (1930/32) und der Eroberung der Provinz Nadschran (1934) rundete der saudische Herrscher das Territorium des neuen Staates ab. Am 18. September 1932 ließ sich Abd al-Aziz zum Herrscher des Königreichs Saudi-Arabien ausrufen.

Der Herrscher hatte sich als genialer Stratege gezeigt. Zugleich hatte er einen außenpolitischen Realismus an den Tag gelegt, der ihn für seine Schritte die jeweils günstige Machtkonstellation abwarten ließ. Nach der Ausrufung des Königreichs galt es, dessen staatliche Existenz zu festigen. Dabei kam es darauf an, eine Autorität zu begründen, die nicht allein aus dem *dschihad* gegen Nicht-Wahhabiten resultierte. Auch musste eine wirtschaftliche Grundlage gelegt werden. In seiner Außenpolitik musste sich der neue Staat in die Landschaft der Staaten einfügen, die durch England und Frankreich gestaltet worden war.

Wie aber war verantwortliche staatliche Existenz mit dem dschihadistischen Radikalismus der *Ikhwan* zu vereinbaren? Der Eroberung von Medina waren schwere Verwüstungen der Friedhöfe, namentlich der schiitischen Grabstädten dort einhergegangen. Eine mit Zwang durchgesetzte Wahhabisierung des Hedschaz musste Abd al-Aziz verhindern. Zu gewichtig waren die Einnahmen aus der Pilgerfahrt für die – zunächst ohnehin noch schwache – Wirtschaft des jungen Staates. Mit ihren Streifzügen, mehr herkömmliche Raubzüge als *dschihad*, provozierten die *Ikhwan* Verwicklungen mit der britischen Mandatsmacht im Irak und in Transjordanien. Auch die ersten Schritte technischer Modernisierung sowie die wachsende Zahl ausländischer Besucher stießen auf den Widerstand der Fanatiker. Als es nicht gelang, mäßigend auf die *Ikhwan* einzuwirken, diese vielmehr ihrerseits zu offener Rebellion übergingen, entschloss sich Abd al-Aziz, sie militärisch auszuschalten. In mehreren Gefechten wurden sie 1929 von loyalen Truppen Ibn Sa'uds geschlagen.

Der saudisch-wahhabitische Staat war von Anfang an (und ist es bis in die Gegenwart trotz tief greifender innerer Veränderungen geblieben) ein von inneren und äußeren Spannungen und Widersprüchen geprägtes Gemeinwesen. Die wahhabitische Doktrin machte ihn lange zu einem Fremdkörper innerhalb seines geopolitischen und religiösen Umfeldes. Die radikale Interpretation von Koran und *Schari'a* war nicht nur vielen Muslimen auf der Arabischen Halbinsel, die durchaus einen lebendigen Volksislam praktizierten, zuwider. Auch das relativ liberale religiöse Klima, das im Hedschaz, namentlich in den Zentren Dschedda, Mekka und Medina, die von jeher jährlich von Tausenden von Pilgern aus allen Teilen der islamischen Welt besucht wurden, herrschte, war Objekt ihres Eifers, den »richtigen« islamischen Glauben zu verbreiten. Indem die Theologen alle nicht-wahhabitischen Muslime zu »Ungläubigen« erklärten (*takfir*), legitimierten sie ein gewalthaftes Vorgehen mit dem Ziel, den »rechten« Glauben durchzusetzen. Damit aber traten sie in eine offene Konfrontation auch mit dem osmanischen Sultan (der als Kalif zugleich religiöses Oberhaupt war), für den der freie Zugang der Muslime aller Couleur zu den heiligen Städten und die Ausrichtung der jährlichen Pilgerfahrt nach Mekka Teil seiner religiösen und politischen Legitimation bedeuteten. Das war der Grund, weswegen er seinerzeit seinem Vasallen in Kairo befohlen hatte, gegen die Wahhabiten vorzugehen (s. S. 15 f.).

Besonders tief war der Graben, der die Wahhabiten von den Schiiten trennte. Nicht nur erachteten sie den Anspruch der schiitischen Imame als legitime Herrscher der Gemeinde in der Nachfolge des Propheten für nicht mit dem Koran vereinbar. Die Praxis der Schiiten, die Heiligkeit der Imame (Abkömmlinge des Propheten Muhammad über Ali) nach ihrem Tode in aufwändigen Grabbauten mit goldenen Kuppeln und einem Pilgerkult sichtbar zu machen, galt (und gilt) als Ausdruck von Vielgötterei. Die Eroberung von Kerbela im heutigen Irak (seinerzeit unter osmanischer Herrschaft), einer den Schiiten besonders heiligen Stadt, im Jahr 1802, hat die feindselige Einstellung auf Seiten der Schiiten bis in die Gegenwart geprägt. Die schiitischen Heiligtümer dort waren verwüstet worden, so auch die Grabmoschee des Prophetenenkels und dritten Imams, Husain ibn Ali. Die Zerstörung schiitischer Heiligtümer sollte sich fortsetzen, als die wahhabitischen Saudis 1925 Medina und den ganzen Hedschaz ihrem sich ausweitenden Staat einverleibten.

In der Gegenwart sind die Beziehungen zu Iran (und dem seit 2003 von der arabisch-schiitischen Mehrheit dominierten Irak) sowie die Stellung der schiitischen Minderheit in Saudi-Arabien selbst noch immer von dem wahhabitisch-schiitischen Konflikt wesentlich geprägt.

Das konservative Islamverständnis der wahhabitischen Theologen war eine hohe Barriere auf dem Weg der Modernisierung und politischen Öffnung des Landes, zu der sich der Herrscher nach der Gründung des Königreiches (1932) gedrängt sah. In den 1930er Jahren begannen die Erkundung und Ausbeutung von Erdöllagern auf saudischem Boden und nach dem Ende des Zweiten Weltkriegs hatte der Staat wachsende Einnahmen. Saudi-Arabien konnte sich dem Druck, Elemente westlicher Lebensweise, Technik und Zivilisation sowie staatlicher Institutionen in Politik und Gesellschaft zu übernehmen, nicht länger verschließen. Alle »Neuerungen«, von denen nichts im Koran stand, stießen freilich auf den teilweise erbitterten Widerstand des theologischen Establishments. Von der Einrichtung eines Telegrafen und des Radios über die Nutzung von Automobilen und Flugzeugen bis zur Einführung des Fernsehens – gegen alles machte es mobil. Es bedurfte der Autorität und der Überzeugungskraft des Staatsgründers und seiner Nachfolger, sich Schritt um Schritt dem technologischen Fortschritt zu öffnen. Gegensätze taten sich zwischen der Lebensweise der – vor allem westlichen – Ausländer, die seit den 1950er Jahren in immer wachsenden Zahlen auf allen Ebenen der Entwicklung in das Königreich kamen, und der einheimischen Bevölkerung auf. Insbesondere mit Blick auf die kulturellen und religiösen Unterschiede kam es nicht selten zu Konflikten. Das wahhabitische Establishment suchte die Kontakte zu den Ausländern zu verhindern oder zumindest so weit als möglich einzuschränken.

Aber auch innerhalb der saudischen Gesellschaft traten Spannungen zwischen einer neuen Elite, die mit westlichen Lebensstilen vertraut war (nicht zuletzt auch, weil Studenten, später auch Studentinnen, in wachsender Zahl ins Ausland, namentlich in die USA gingen), und breiten Teilen der Gesellschaft zutage, die weitgehend unter dem Einfluss der Theologen standen. Eine Religionspolizei (*mutawwi'a*) sorgte (und sorgt) für die Einhaltung von religiösen Ge- und Verboten. Für viele bedeutete das ein Leben auf doppeltem Boden: In der Öffentlichkeit nach den Geboten der *Wahhabiyya* und im Privaten unter dem Einfluss eines westlichen *way of life*. Auch in der Außenpolitik ist es zu Kontroversen zwischen dem Königshaus und dem wahhabitischen Establishment gekommen, dies insbesondere in der jahrzehntelangen engen Anlehnung an die USA.

Eine weitere widersprüchliche Eigentümlichkeit lag im Verhältnis von Erfordernissen von Staatlichkeit und dem Fortleben tribaler und familiärer Traditionen. Bis zum Ende des zweiten Staates war das saudische Gemeinwesen eher durch eine Schwäche des Zentrums und die Vitalität tribaler Loyalitäten gekennzeichnet. Die Al Sa'ud selbst verkörperte diese Spannung, war sie doch Familie (oder Stamm) auf der einen Seite, beanspruchte aber zugleich die Führung des »saudischen« Staates. Mit der Gründung des dritten Staates verschob sich das Gewicht zugunsten des Staates; dies umso nachhaltiger, je größer die Einnahmen aus dem Ölverkauf wurden, die der saudische Staat (vertreten durch seinen König) zu verteilen hatte. Tribale und familiäre Loyalitäten aber spielen weiterhin eine nachhaltige Rolle. Ein Aspekt, der das komplizierte Verhältnis zwischen dem Staat und dem König auf der einen und der gesellschaftlichen Wirklichkeit der Stämme auf der anderen Seite beleuchtet, war die Heiratspolitik von König Abd al-Aziz. Über die Heirat sollte zugleich die Loyalität des Stammes der Frau gewonnen werden. Zugleich sah sich (und sieht sich noch) der König gehalten, die nicht zuletzt finanziellen und wirtschaftlichen Bedürfnisse und Ansprüche der Angehörigen des Hauses Sa'ud zu erfüllen. Ein nicht geringer Teil der Einnahmen aus der Öl- und Gasproduktion wird in einer Familie verteilt, die mittlerweile mit Männern und Frauen, Alten und Jungen ca. 22 000 Mitglieder umfasst. Erst die mit den steigenden Einnahmen wachsende Komplexität der Verwaltung und die steigenden Anforderungen an die Innen- und Außenpolitik haben den König veranlasst, Teile der staatlichen Autorität einer Regierung im modernen Sinne zu übertragen. An dem Primat der Familie Sa'ud und dem entsprechenden Zugang zu den Ressourcen ist bislang innerhalb der Familie kaum Zweifel geübt worden. Gelegentliche politische und weltanschauliche Abweichler haben deren Zusammenhalt nicht ernsthaft erschüttern können. Bis in die Gegenwart aber kann der König keine Maßnahmen über die Köpfe der Geistlichkeit hinweg treffen. Auch wo in Jahrzehnten aufgebaute staatliche Institutionen – etwa in der Justiz und im Erziehungswesen – an die Stelle vormals religiöser Einrichtungen getreten sind, können die Positionen der Geistlichkeit nicht einfach ignoriert werden. Bis zum Tode des Staatsgründers am 9. November 1953 ist der Aufwuchs staatlicher Einrichtungen nur langsam vonstatten gegangen. Zunächst wurden ein Finanz- und Außenministerium gegründet. Erst kurz vor seinem Ableben wurde ein Ministerrat eingerichtet.

Der für das Königreich nachhaltigste Impuls, der das Land in wenigen Jahren vom Status eines prekären Wüstenstaates mit vormodernen politischen und gesellschaftlichen Strukturen in die Glitzerwelt eines *Hightech*-Eldorados katapultierte, war die Entwicklung der Ölindustrie. Noch die Auswirkungen der Weltwirtschaftskrise ab 1928 waren für das Königreich verheerend. Grundlage der Einkommen im Hedschaz waren

Pilgerfahrt, Handel und Landwirtschaft. Im Nadschd dominierten die Landwirtschaft der festen Siedlungen und die Viehzucht der Beduinen, während in Ostarabien die Perlenfischerei den Anbau von Datteln für den Export ergänzte. Das änderte sich zunächst auch noch nicht grundlegend, als im Mai 1933 die amerikanische Ölfirma *Standard Oil of California* (SOCAL) eine Konzession für die Ölerschließung erhielt. Weitere Konzessionen wurden in den folgenden Jahren vergeben. 1944 wurden diese in der *Arabian American Oil Company* (ARAMCO) zusammengefasst. Am Ende des Zweiten Weltkriegs war Dammam an der Ostküste des Königreichs zu einem Zentrum der Ölproduktion geworden. Bis 1943 war die Ölproduktion in Saudi-Arabien strikt geschäftsmäßiger Natur gewesen. Angesichts der kriegsbedingten Schwierigkeiten, das Öl zu den Märkten zu bringen, und der damit verbundenen Einnahmeverluste für das Land begann die US-Regierung, massive Wirtschaftshilfe zu leisten. Damit war ein erster Schritt in Richtung auf die enge Allianz getan, die sich mit dem Ausbruch des Kalten Krieges und dessen Weiterungen im Nahen Osten zwischen Saudi-Arabien und den USA herausbildete. Das Treffen Präsident Roosevelts mit König Abd al-Aziz am 15. Februar 1945 war ein sichtbares Zeichen für die sich verändernde Qualität der Beziehungen (s. S. 129 f.).

Die Geschichte Saudi-Arabiens ist auch nach dem Ableben von König Abd al-Aziz wesentlich eine Geschichte seiner Herrscher. Stand die Endzeit des Staatsgründers im Zeichen politischer Erstarrung, so geriet das Land unter seinem Nachfolger Sa'ud ibn Abd al-Aziz (reg. 1953–1964) in politische und wirtschaftliche Turbulenzen. Der neue König war auf seine Aufgabe wenig vorbereitet. Wie sein Vater trennte auch er nicht den Staatshaushalt von seinen privaten Ausgaben. Ohne Augenmaß nutzte er die steigenden Einnahmen nach eigenem Gutdünken. Saudi-Arabien geriet an den Rand eines Staatsbankrotts. Politisch wurden die vereinzelten Proteste freilich erst gravierend, als die Ölarbeiter der ARAMCO, inspiriert durch das sozialistische Gedankengut, das in Teilen der arabischen Welt an Boden gewann, zu Streiks übergingen. Arbeitsniederlegungen saudischer und ausländischer Ölarbeiter wurden 1953 und 1956 niedergeschlagen. Außenpolitisch geriet das Land in das Spannungsfeld zwischen der steigenden Welle des arabischen Nationalismus auf der einen und der Stärkung amerikanischen Einflusses auf der anderen Seite. Anfangs hatte sich Sa'ud mit Nasser arrangiert und im Suezkrieg von 1956 hatte Saudi-Arabien Ägypten noch unterstützt

Das änderte sich nach einem Besuch Sa'uds in Washington Anfang 1957. Indem er die im darauf folgenden März verkündete *Eisenhower-Doktrin* (s. S. 321) öffentlich unterstütze und den Pachtvertrag für die US-Luftwaffenbasis in Dhahran erneuerte, geriet er in einen offenen Konflikt mit Nasser, der sich anschickte, einen aggressiven arabischen Nationalismus, der den Sturz der feudalen Ordnungen forderte und sich hinter oppositionelle Kräfte stellte, zu propagieren. In dieser Situation innerer und äußerer Gefährdung musste sich Sa'ud dem Drängen führender Familienmitglieder beugen und Machtbefugnisse an seinen Bruder Faisal (ibn Abd al-Aziz) abgeben, der im März 1958 zum Ministerpräsidenten ernannt worden war. Ihm gelang es zwar, den Haushalt zu stabilisieren; er konnte aber nicht verhindern, dass mit Unterstützung des Königs vorübergehend der Einfluss liberaler Kräfte in der Regierung, bekannt als *freie Prinzen*, stärker wurde. Bald begann der Ausbruch des Bürgerkriegs im Jemen, in den ägyptische

Truppen auf Seiten der Republikaner beteiligt waren (s. S. 66 und S. 278), die Sicherheit auch Saudi-Arabiens zu gefährden. So wurde Faisal von der Herrscherfamilie ein weiteres Mal als Ministerpräsident an die Macht gebracht. Zugleich kündigte er in einem *10-Punkte-Plan* politische und gesellschaftliche Reformen an – darunter eine Verfassung, eine unabhängige Justiz und die Abschaffung der noch immer legalen Sklaverei. Als sich der König notwendigen Einschnitten in sein persönliches Budget widersetzte, drängte die Familie die wahhabitischen Gelehrten, den König abzusetzen. Dies geschah in einem Rechtsgutachten am 2. November 1964. Zugleich wurde Faisal zum König ernannt.

Nicht die Umsetzung des *10-Punkte-Plans* wurde ein Schwerpunkt der Politik Faisals (reg. 1964–1975). Gleichwohl wurde er gesellschaftspolitisch zum Reformer. Außen-politisch begann er, den Einfluss Saudi-Arabiens im arabischen und islamischen Raum zu stärken. Die Erdölpolitik stellte er wie auch andere Ölproduzenten auf eine neue Grundlage. Gegenüber seinem verschwenderischen Vorgänger war er fromm und religiös gebildet. Dies stärkte seine Stellung gegenüber dem wahhabitischen Establish-ment, das in den Auseinandersetzungen um König Sa'ud an Einfluss gewonnen hatte. Ein Schwerpunkt seiner Reformen war die Erziehungs- und Bildungspolitik. Gegen den Widerstand der Theologen setzte er u. a. die Einrichtung von Mädchenschulen durch. Nicht immer waren Kompromisse ohne Konflikte zu erzielen. So stürmten wahhabiti-sche Eiferer als Reaktion auf die ersten Fernsehsendungen eine Fernsehstation im zentralarabischen Buraida. Außenpolitisch stand zunächst der Konflikt mit Ägypten an der Spitze der Agenda. In der Armee bildeten sich nasseristische Zellen, von denen bis 1969 mehrere Putschversuche ausgingen. Im jemenitischen Bürgerkrieg standen sich ägyptische und saudische Militärs und Berater unmittelbar gegenüber. Erst die verheerende Niederlage der ägyptischen Armee im Sechs-Tage-Krieg gegen Israel im Juni 1967 machte den Weg zu einer Wiederannäherung frei. Nassers Einfluss in der arabischen Welt war im Abnehmen, der Einfluss Saudi-Arabiens im Aufstieg begriffen. Der Aufbau religiöser Institutionen, von Riyadh finanziert, wurde ein Instrument, saudischen Einfluss jenseits der Landesgrenzen zu stärken. 1962 wurde in Mekka die *Islamische Weltliga* (*rabitat al-alam al-islami*) gegründet; sie hat seither islamische Kräfte und Bewegungen im Nahen Osten, in Afrika und Asien unterstützt und ein breites Umfeld von Sympathisanten mit der konservativen saudisch-wahhabitischen Auslegung des Islams weltweit zu schaffen gesucht.

Verstärkt begann sich Saudi-Arabien auch in den politischen Problemen der arabi-schen Welt zu engagieren. Seit Anfang der 1970er Jahre drängte Riyadh Washington im israelisch-arabischen Konflikt zu einer ausgewogeneren Haltung. Drohungen, über den Ölhahn Druck auszuüben, wurden erstmals während des Nahostkrieges im Oktober 1973 wahr gemacht, als arabische Produzenten ein Ölembargo gegen die USA und die Europäische Gemeinschaft (EG) verhängten (s. S. 318). Auch wenn diese Maßnahme nicht unbedingt den ökonomischen Interessen des Königreichs entsprach, war sie be-zeichnend für die Tatsache, dass sich Saudi-Arabien nicht mehr dem Druck der arabi-schen Welt verschließen konnte, sein neues Gewicht zugunsten arabischer Anliegen und Interessen einzubringen.

Faisal wurde am 25. März 1975 ermordet. Der Täter sei geistesgestört gewesen, war die offizielle Begründung. Wahrscheinlicher ist, dass es sich um einen persönlichen

Racheakt gehandelt hat – seitens des Bruders eines Neffens Faisals, der seinerzeit beim Sturm auf die Fernsehstation von Buraida getötet worden war. Die Nachfolge trat sein Halbbruder Khalid (ibn Abd al-Aziz) an. Da der König gesundheitlich angeschlagen war, nahm sein Bruder Fahd (ibn Abd al-Aziz) als Kronprinz die Amtsgeschäfte wahr. Wie hart die Zwänge der Modernisierung und die konservative wahhabitische Staatsideologie noch immer aufeinander prallten, sollte sich 1979 einmal mehr dramatisch erweisen. Am 20. November besetzte eine Gruppe militanter Islamisten die Große Moschee von Mekka und nahm mehrere 100 Pilger als Geiseln. Die Terroristen setzten sich aus 500 bis 1000 Saudis, anderen Arabern von der Halbinsel und einigen Ägyptern zusammen. Ihr Anführer war Dschuhaiman al-Utaibi, ein wahhabitischer Fanatiker und Angehöriger des Stammes der Utaiba. Seine Vorfahren hatten bereits am Aufstand der *ikhwan* gegen Ibn Sa'ud teilgenommen. Utaibi behauptete, einer seiner Gefährten, Muhammad ibn Abdallah al-Qahtani, sei der erwartete Mahdi, mithin stehe der Jüngste Tag bevor. In einer Sammlung von Briefen hatte er die Familie Sa'ud als korrupt kritisiert; sie führe ein ausschweifendes Leben, unterdrücke das Volk und schließe Bündnisse mit den Ungläubigen. Erst als ein Rechtsgutachten vorlag, das den Einsatz von Waffengewalt auf dem Gelände der Moschee erlaubte, gingen die Sicherheitskräfte mit Hilfe französischer Spezialeinheiten gegen die Besetzer vor. Al-Qahtani wurde getötet. Utaibi und 63 seiner Gefolgsleute wurden öffentlich hingerichtet. Nicht jedermann in dem konservativen wahhabitischen Establishment tat sich mit dieser Entscheidung leicht.

Auch von Seiten der schiitischen Minderheit erwuchs dem Königreich in den 1980er Jahren eine Bedrohung seiner Stabilität. Die Rückkehr Ayatollah Khomeinis nach Teheran im Februar 1979 und die Gründung der *Islamischen Republik Iran* ermutigten die diskriminierte und unterdrückte religiöse Minderheit in der Ostprovinz, Veränderungen zu fordern. Die über die Jahre wiederkehrenden Proteste wurden niedergeschlagen. Die zugleich eingeleiteten Maßnahmen schufen keine durchgreifende Verbesserung ihres politischen Status. Zugleich nutzten iranische Pilger die jährliche Wallfahrt, um gegen die saudische Herrschaft über die heiligen Stätten zu protestieren. 1987 kam es zu Unruhen, bei denen Hunderte von Pilgern ums Leben kamen.

Am 13. Juni 1982 starb König Khaled, sein Bruder Fahd, der ohnehin seit langem die Geschäfte geführt hatte, wurde offiziell König. Er ernannte seinen Halbbruder Abdallah (ibn Abd al-Aziz) zum Kronprinz. Fahd galt innerhalb der Familie als Liberaler und verfügte bereits über fast 30 Jahre Erfahrungen in verschiedenen Regierungsämtern. Für das erste Jahrzehnt seiner Herrschaft sollte die Außenpolitik die größte Herausforderung seiner Amtsführung werden. Bereits 1979 hatte Saudi-Arabien nach dem Abschluss des ägyptisch-israelischen Friedensvertrages (s. S. 69 f.) einem Beschluss der Arabischen Liga folgend die Beziehungen zu Kairo abgebrochen. Damit war ein Partner verloren gegangen, den das Land in den Spannungen und Konflikten der nächsten Jahre benötigt hätte. Seit 1980 lagen die Nachbarn Irak und Iran im Krieg miteinander. Zwar waren die Beziehungen zum Irak, dessen Diktator eine – auch gegen Saudi-Arabien gerichtete Politik arabisch-sozialistischer Vorherrschaft verfolgt und relativ enge Beziehungen mit Moskau unterhalten hatte, gespannt gewesen. Doch ging von der Islamischen Republik, die eine aggressive anti-saudische

Linie verfolgte, nach Einschätzung der saudischen Führung, eine größere Gefahr für die Stabilität und Sicherheit des Königreichs aus. Darin wurde diese von den USA bestärkt. So schlug sich Riyadh auf die Seite des irakischen Diktators – bis zum Ende des Krieges hat Saudi-Arabien seine Kriegführung mit erheblichen Mitteln unterstützt. Die politische Antwort auf die Herausforderungen war die Gründung eines eigenen Sicherheitspaktes. 1981 schlossen sich das Königreich und die fünf anderen Golf-staaten mit ähnlichen politischen, gesellschaftlichen und wirtschaftlichen Strukturen zum *Golf-Kooperationsrat* (*Gulf Cooperation Council;* GCC) zusammen. Sein Ziel sollte die Koordinierung und Vereinheitlichung der Wirtschafts-, Industrie- und Verteidigungspolitik in den Golfstaaten sein. Nach Lage der Dinge war der GCC zur Zeit seiner Gründung zuvorderst ein Ausdruck gemeinsamer sicherheitspolitischer Interessen. Bewusst wurden benachbarte Länder, so der Jemen, der Irak und Jordanien nicht zur Teilnahme eingeladen.

Neben der Lage am Golf wurde die sowjetische Invasion in Afghanistan, die Ende 1980 begann, zu einer Herausforderung an die saudische Außenpolitik. Mehr noch als der Golfkrieg hatte das Geschehen am Hindukusch eine globale Dimension. In der Abwehr des sowjetischen Angriffs, der in der Einschätzung westlicher Politiker die Gefahr barg, die Sowjetunion könne ihren Einfluss bis an den Golf ausweiten, hat Saudi-Arabien eine Schlüsselrolle gespielt. Es unterstützte mit erheblichen finanziellen Mitteln den Aufbau antisowjetischer islamistischer Netzwerke in Afghanistan und in dessen Nachbarschaft. Zahlreiche Saudis, darunter Usama Bin Ladin, engagierten sich in Aktivitäten militanter Gruppen. Als sich die Sowjetunion 1989 gezwungen sah, den Rückzug aus Afghanistan anzutreten, lag nicht nur Afghanistan in Ruinen, sondern wurde über Jahre Schauplatz von Machtkämpfen von Warlords und radikalen Islamisten bis die Bewegung der *Taleban* im September 1996 die Macht in Kabul übernahm. Das Zusammenwirken von westlicher, insbesondere amerikanischer strategischer Planung, saudi-arabischer Finanzierung extremistischer Kämpfer und lokalen wie regionalen Organisation islamistischer Gruppen hinterließ weit über die Zeit der sowjetischen Besatzung hinaus eine schwere Belastung für die Stabilität am Hindukusch, in Zentralasien, Pakistan und der nordwestlichen Region des indischen Subkontinents. In seiner Innenpolitik war der König bemüht, auf die wahhabitischen Kritiker seiner Modernisierungspolitik zuzugehen. Seit 1986 wurde dies symbolisch dadurch zum Ausdruck gebracht, dass sich König Fahd den Titel *Hüter der beiden Heiligen Stätten* (*khadim al-haramain asch-scharifain*) zulegte.

Die nächste – weitreichende, weil weit in die Zukunft deutende – Herausforderung war mit dem Überfall des irakischen Diktators Saddam Husain auf Kuwait am 2. August 1990 gegeben. Auch für Saudi-Arabien hatten die 1980er Jahre eine nachhaltige Min-derung ihrer Einnahmen aus Öl und Gas gebracht, und die Golfstaaten sahen sich nicht in der Lage, die Forderungen des Diktators zu seiner finanziellen Entlastung und Unterstützung zu erfüllen (s. S. 177). Nach intensiven Beratungen innerhalb des saudischen Regimes und in enger Abstimmung mit den USA, die den König zu überzeugen gesucht hatten, dass der Schlag Saddams nur ein erster Schritt auf dem Weg einer auch gegen das Königreich gerichteten Aggression sei, gab der König bekannt, er habe die amerikanische Regierung gebeten, Truppen zum Schutz vor einem irakischen

Angriff in Saudi-Arabien zu stationieren. Damit begann der militärische Aufbau der Allianz, die im Januar/Februar 1991 die irakischen Besatzer aus Kuwait vertreiben und ihnen eine vernichtende Niederlage zufügen sollte. Die Entscheidung musste das religiöse Establishment in doppelter Weise provozieren: Zum einen unterwarf sich das Königreich dem Schutz der amerikanischen »Ungläubigen«; zum anderen befanden sich jetzt deren Soldaten auf dem Boden der heiligsten Stätten des Islams. Die Entscheidung führte zu einem tiefen Riss in dem politischen, insbesondere aber geistlichen Establishment. Zwar erklärte die führende religionspolitische Institution des Landes, der *Rat der führenden Gelehrten* (*hay'at kibar al-ulama*) in einem Rechtsgutachten den vor allem amerikanischen Aufmarsch für legal. Die radikaleren Kräfte aber wandten sich ab und gingen auf offene oder verdeckte Opposition. Auch für Usama bin Laden war dies der Punkt, an dem er beschloss, nach dem erfolgreichen Kampf gegen die Sowjetunion in Afghanistan nunmehr den Krieg gegen die ungläubigen Amerikaner (und den Westen) sowie das illegitime Establishment des saudischen Herrschaftssystems aufzunehmen.

Zwar war der zweite Golfkrieg Ende Februar 1991 mit der Befreiung Kuwaits beendet. Kleinere amerikanische Truppenkontingente aber blieben im Königreich. Und die Ereignisse hinterließen auch in der Innenpolitik ihre Spuren. Liberale Kräfte forderten eine Reform des politischen Systems und mehr Partizipation. Der König kam ihnen entgegen: Am 1. März 1992 veröffentlichte Fahd in einem königlichen Dekret einen verfassungsähnlichen Text, das *Grundgesetz der Herrschaftsausübung* (*an-nizam al-asasi li-l-hukm*). In Artikel 1 werden Koran und Sunna als *Verfassung* (*dustur*) Saudi-Arabiens genannt. Staatsform ist die Monarchie der Söhne des Staatsgründers und deren Söhne, unter denen der Kronprinz durch den jeweiligen König bestimmt wird (Art. 5). Die Bürger geloben dem König auf der Grundlage von Koran und Sunna Gehorsam in guten wie in schlechten Zeiten (Art. 6). In welcher Form und mittels welcher Vertretung der Bürger diese Huldigung (*bai'a*) vollzogen werden soll, wird nicht erwähnt. Auch die Regierungsgewalt basiert auf den Bestimmungen von Koran und Sunna, die zugleich die Kriterien für die Geltung des Grundgesetzes und anderer »Gesetze« des Staates sind (Art. 7). Als weitere bindende Elemente der Herrschaftslegitimation werden Gerechtigkeit (*adl*), Beratung (*schura*) und Gleichheit (*musawat*) gemäß dem islamischen Recht genannt (Art. 8). Die Teilung der Gewalten in eine judikative, exekutive und eine verordnende ist vorgesehen. Im August 1993 verkündete der König die Einrichtung einer *Beratenden Versammlung* (*madschlis asch-schura*). Zwar verfügt dieser nicht über gesetzgeberische Kompetenz, aber seine Zusammensetzung – bis 2003 wuchs er von zunächst 60 auf 120 (männliche) Mitglieder an – ließ erkennen, dass der König entschlossen war, den politischen und gesellschaftlichen Tatbeständen, die über die Jahre mit dem Prozess der Modernisierung und wirtschaftlichen Entwicklung verbunden waren, Rechnung zu tragen. Berufen wurden Angehörige der neuen Mittelklasse: Im Westen ausgebildete Persönlichkeiten, darunter Geschäftsleute, Technokraten, Diplomaten und pensionierte Offiziere. Auch fanden die Regionen des Königreichs bei der Berufung Berücksichtigung. Der behutsamen Öffnung des Systems standen die Forderungen der Religiösen gegenüber. In einem *Memorandum des guten Rates* wurden eine umfassende Islamisierung des Staates unter der Kontrolle wahhabitischer Gelehrter und die Lösung des Königreichs von dem Einfluss der USA gefordert. Zwar weigerte sich die Regierung, sich auch nur auf eine diesbezügliche Diskussion einzulassen; sie kam ihnen aber darin entgegen, dass sie u. a. die Befugnisse der Religionspolizei ausweitete.

Dass die Auseinandersetzungen um die staatliche Verfasstheit und den außenpolitischen Kurs des Landes auch militante Reaktionen zeitigten, sollte sich ab Mitte der 1990er Jahre erweisen. Am 13. November 1995 explodierte eine Autobombe vor dem Hauptquartier einer amerikanischen Einheit in Riyadh. Sieben Menschen, darunter fünf Amerikaner, starben. Bei einem anderen Anschlag auf einen amerikanischen Wohnkomplex in Dhahran im Juni 1996 fanden 19 Amerikaner den Tod. Wenn auch keine verlässlichen Informationen über die Urheber zutage kamen, tauchte in den Spekulationen hartnäckig der Name eines Mannes auf, der mit dem Attentat auf das *World Trade Center* in New York am 11. September 2001 die Welt in Schrecken versetzen sollte: Usama bin Ladin. Aus Protest gegen die amerikanische Präsenz im Lande hatte er Saudi-Arabien verlassen und – aufbauend auf seinen Erfahrungen und Verbindungen in Afghanistan – mit dem Aufbau einer terroristischen Organisation begonnen; der *al-Qa'ida* (die »Basis«; s. S. 309). In der Ideologie der Organisation wurden die USA als Besatzungsmacht fest gemacht, die das System der herrschenden Familie gegen ihre rechtgläubigen Gegner schütze. Deshalb gelte es, die Amerikaner aus dem Königreich zu vertreiben, um wieder eine legitime Regierung auf der Grundlage des wahhabitischen Verständnisses des Islams zu errichten. Für das Regime war damit ein Dilemma verbunden: Auf der einen Seite waren die USA eine unverzichtbare Säule der Sicherheit des Königreichs und der Stabilität der Herrschaft der Familie Sa'ud; und viele Saudis übernahmen Bestandteile der materiellen Kultur des Westens – die Bewunderung für Bildungswesen und Technologie der USA waren weit verbreitet. Begleitet freilich war dies auf der anderen Seite in einem breiten Spektrum der saudischen Bevölkerung von Unbehagen, ja Feindseligkeit. Die Gründe dafür waren vielfältig: unter ihnen war vor allem die amerikanische Haltung in der Palästinafrage, die als einseitig auf der Seite Israels stehend wahrgenommen wurde, wirkungsmächtig. Mit dem Ausbruch der *al-Aqsa-Intifada* im Herbst 2000 (s. S. 141 f.) verfestigte sich diese Einstellung weiter. Auch die konsequente Einhaltung des Embargos gegen den Irak seit 1991, das mit den Jahren die materielle Not der irakischen Bevölkerung verschärfte, brachte die Bevölkerung gegen die USA auf. Auf amerikanischer Seite sorgte die Zurückhaltung der saudischen Regierung, die USA in die Ermittlungen gegen die Terroristen von Riyadh und Dhahran einzubinden, für Verstimmung. So war das saudisch-amerikanische Verhältnis bereits vor dem Terrorakt in New York am 11. September 2001 erheblich belastet.

Die Tatsache, dass 15 der 19 Attentäter aus Saudi-Arabien stammten, schockierte die Amerikaner. Weithin wurde das Königreich nunmehr als Hort des Bösen gesehen und die Frage, ob Saudi-Arabien ein Freund oder nicht vielmehr ein Feind der USA sei, wurde in der Öffentlichkeit, den Medien und in Sicherheitskreisen diskutiert. Dies umso mehr, als die intensiven Untersuchungen der Ursachen, Hintermänner und Hintergründe des Terrorakts bald das Ausmaß erkennen ließ, in dem wohlhabende saudische Bürger, private Stiftungen sowie offizielle und halboffizielle saudische Organisationen in die Finanzierung islamistischer Netzwerke involviert waren. Auf saudischer Seite stieß die Militäraktion gegen die *Taleban*-Machthaber in Afghanistan auf Kritik. Das Königreich war einer von drei Staaten, die das Regime in Kabul anerkannt hatten, und für viele wahhabitisch eingestellte Saudis war das strenggläubig auf der *Schariʿa* basierende Regime die Verwirklichung eines wahrhaft islamischen Staates. Auch konnte die Regierung in Riyadh, die einen Teil ihrer Legitimation aus der Rolle als islamischer Führungsmacht ableitete, einen Krieg gegen ein islamisches Land nicht gutheißen. Aus ihrer Sicht folgerichtig verbot die saudische Regierung deshalb alle von saudischem Boden aus gegen Afghanistan gerichteten Operationen. Die energiepolitische Zusammenarbeit aber, der Kern der saudisch-amerikanischen Beziehungen, blieb von der politischen Krise weitgehend unberührt. Forderungen nach einem Ölembargo verhallten unerhört. Auch in Sachen des Ölpreises, der die westlichen Volkswirtschaften nicht über Gebühr belasten würde, arrangierte sich Riyadh weiterhin mit amerikanischen Interessen.

Diese für das saudisch-amerikanische (westliche) Verhältnis charakteristische Ambivalenz war auch in der nächsten Krise – diesmal in der unmittelbaren Nachbarschaft zu beobachten: Zwar lehnte Saudi-Arabien die amerikanische Militärintervention im Irak im März 2003 ab. Als sich aber abzeichnete, dass Washington davon nicht Abstand nehmen würde, arrangierte sich die saudische Führung und suchte das Beste daraus zu machen. Nach dem Ende der Bedrohung durch den irakischen Diktator konnte Riyadh nunmehr den weitgehenden Abzug des amerikanischen Militärs von saudischem Boden erreichen. Damit aber war der König endlich einer seit langem erhobenen Forderung der Religiösen entgegengekommen.

Angesichts der Verschlechterung des Gesundheitszustands von König Fahd hatte Kronprinz Abdallah begonnen, Schritt um Schritt die Regierungsgeschäfte auszuüben. Er galt als konservativ mit guten Beziehungen zum religiösen Establishment und einer distanzierten Einstellung gegenüber dem amerikanischen Einfluss. Bald erwies sich Abdallah als ein Mann, der in der Lage war, auf der einen Seite dem unabweisbaren inneren und äußeren Druck nach politischen Reformen statt zu geben und zugleich das konservative Lager nicht in einem Maße zu befremden, das die Stabilität des Landes hätte gefährden können. Gegenstand der Reformdebatte waren der Konsultativrat und die Regionalversammlungen. Die Frage lautete, ob ihre Mitglieder nicht gewählt werden sollten. Gewaltenteilung, eine Justizreform, garantierte Bürger- und Menschenrechte, insbesondere auch mehr Rechte für Frauen waren weitere Themen. Sie wurden dem Kronprinzen im Januar 2004 in einem von 104 Liberalen unterzeichneten Memorandum vorgetragen. Im April legten darüber hinaus Vertreter der schiitischen Minderheit ein Memorandum vor, in dem sie ihre Gleichstellung mit den Sunniten forderten. Wenig später empfing Abdallah eine schiitische Delegation, mit der er deren Inhalt erörterte – ein bis dahin unerhörter Vorgang. Im Juni trat ein *Nationales Dialogforum* zusammen, in dem verschiedene Reformvorschläge diskutiert wurden.

Der Druck auf die Regierung und zugleich die Rechtfertigung von Reformen wurden durch eine Serie von Terrorakten und die Aufdeckung von gewalttätigen Netzwerken im Königreich erhöht. Im Mai 2003 kam es zu drei terroristischen Anschlägen, bei denen zahlreiche Menschen ums Leben kamen. Dies war der Auftakt von Verfolgungen, wie sie das Königreich bis dahin nicht gekannt hatte. Wie gut das terroristische Netzwerk, das die Regierung *al-Qa'ida* zuordnete, organisiert war, zeigte sich, als im November trotz der Verfolgung ein weiteres Attentat begangen wurde, bei dem 17 Menschen starben. Die Maßnahmen der Behörden richteten sich jetzt auch gegen radikale wahhabitische Geistliche, die für die »Glaubenskämpfer« Partei ergriffen hatten. Zahlreiche Prediger wurden entlassen, andere wurden einer stärkeren Kontrolle unterstellt.

Am 1. August 2005 starb König Fahd und Abdallah, der die Regierungsgeschäfte bereits seit Jahren geführt hatte, folgte ihm nach. Er setzte seinen Reformkurs behutsam, aber mit deutlichen Signalen fort. Die Stellung des Konsultativrates wurde gestärkt und erste Schritte in Richtung auf eine Verbesserung der Stellung der Frauen unternommen. Das stärkste Zeichen setzte der König Anfang 2013, als er zum ersten Mal 30 Frauen für den Rat nominierte – von mittlerweile insgesamt 150 Mitgliedern. In einzelnen Regionen wurden Wahlen zu Volksvertretungen durchgeführt, allerdings noch ohne Parteien und ohne die Beteiligung von Frauen. Der Einfluss des geistlichen Establishments, nicht zuletzt aber auch der Religionspolizei, wurde weiter zurückgedrängt.

Noch immer aber ist das Land eine absolutistische Monarchie. Der Koran sei die Verfassung des Landes, wie es immer wieder heißt. Damit ist zugleich der Primat des islamischen Rechts in der Justiz angesprochen. Während in Bereichen der Wirtschaft internationales Recht angewandt wird, stellt die *Schari'a* in zahlreichen Feldern des gesellschaftlichen Lebens, nicht zuletzt auch im Strafrecht und dem Personenstandsrecht – die Grundlage der Rechtspraxis dar. Damit bleibt der wahhabitische Islam ein essentieller Bestandteil der Legitimität des politischen und gesellschaftlichen Systems, nicht zuletzt auch des Herrschers selbst. Das hat sich unter Abdallah nicht grundlegend verändert. Doch wird der Geltungsbereich nicht-islamischen Rechts, namentlich in Form von »Anordnungen«, kontinuierlich ausgeweitet.

Die wirtschaftliche Grundlage des saudischen Staates ist – spätestens mit dem Ende des Zweiten Weltkriegs die Förderung und Vermarktung von Erdöl und Erdgas. Über Jahrzehnte war das Königreich zugleich bemüht, aufbauend auf der Erdölwirtschaft einen Industrialisierungsprozess in Gang zu setzen. Schrittweise wurde die ARAMCO (s. S. 316 f.) in staatlichen Besitz überführt; seit den 1950er Jahren begann der Staat der Motor auch einer breiteren wirtschaftlichen Entwicklung zu werden. Nach wie vor aber flossen die Gewinnanteile und Gebühren, die die ARAMCO an die saudische Regierung zahlte, direkt an den Herrscher. Auch wenn die Regierung mit den Jahrzehnten eine Kontrolle der Einkünfte hergestellt hat und eine ordentliche Haushaltsführung eingeführt wurde – u. a. wurde 1952 die Zentralbank (*Saudi Arabian Monetary Agency/ SAMA*) und 1962 die *General Petroleum and Mineral Organization* (PETROMIN) gegründet – hat das Herrscherhaus noch immer einen kaum zu kontrollierenden Zugriff auf die Einnahmen.

Die Zahl der auf diese Weise alimentierten Mitglieder der Familie Sa'ud wird heute auf 6000 Personen geschätzt. Die rasche wirtschaftliche Entwicklung hat zu einem Zustrom von Arbeitern aus vielen Teilen der Welt geführt. Trotz der Bemühungen um die »Saudisierung« des Arbeitsmarktes – das Land hat eine der höchsten Geburtenraten der Welt – ist es bis in die Gegenwart nicht gelungen, die Zahl ausländischer Arbeiter nennenswert zu reduzieren. Die Gründe dafür reichen von einem unzureichenden System der allgemeinen und beruflichen Bildung bis zur Ablehnung gewerblicher Arbeit auf Seiten junger Saudis. Man bevorzugt den öffentlichen, staatlich abgesicherten Dienst und meidet eher eine Anstellung oder Tätigkeit im Bereich der privaten Wirtschaft. Obwohl genaue Angaben zur Bevölkerungsentwicklung nicht zugänglich sind, dürfte bei einer Gesamtbevölkerung von geschätzten 29 Millionen Einwohnern der Anteil ausländischer Arbeitnehmer bei 7 Millionen liegen.

Grundlage der Außenpolitik war seit dem Ende des Zweiten Weltkriegs die enge Allianz mit den USA. Sie sicherte das Königreich gegen seine Widersacher in der internationalen und regionalen, ja auch inneren Politik. Zwar war das Bündnis auch wiederholt Belastungen ausgesetzt. Alles in allem aber war das Königreich für die USA – nicht zuletzt im Bereich der Energiepolitik – ein verlässlicher Partner, der mit Bezug auf Fördermengen und Preisgestaltung den Interessen Washingtons Rechnung zu tragen pflegte. Den tiefsten Einbruch erlebten die Beziehungen im Zusammenhang mit dem Terroranschlag vom 11. September 2001. Die Tatsache, dass Abdallah die erste Auslandsreise nach seiner offiziellen Machtübernahme nach Peking unternahm, sollte auch als Geste verstanden werden, dass das Königreich über außenpolitische Optionen verfüge. Zwar haben die Beziehungen in den folgenden Jahren (und in der ersten Amtszeit Präsident Barak Obamas [2009–2012]) nicht mehr die herkömmliche Intensität erreicht; gleichwohl sind die Machteliten in Riyadh und Washington überzeugt, dass es angesichts der Instabilität und der Unwägbarkeit der politischen Gesamtsituation im Nahen und Mittleren Osten zu engen Beziehungen noch immer keine Alternative gibt.

Bis zu seiner Niederlage im Juni 1967 bedeuteten Präsident Nasser, der Nasserismus und andere »linke« Ideologien eine Herausforderung für die Stabilität des Königreiches. Mit der Besetzung der Westbank und Ost-Jerusalems (als der einem sunnitischen Muslim drittheiligsten Stadt) entstand der saudischen Politik ein anhaltendes Dilemma. Auf der einen Seite musste das Königreich als – dem eigenen Anspruch entsprechend – islamische Vormacht alle Bemühungen um die Befreiung der besetzten Gebiete unterstützen und konnte sich nicht aus der Loyalität des »arabischen Lagers« ausklinken; dieses aber war nicht selten von radikaleren Mächten geprägt. Auf der anderen Seite setzte die enge Abhängigkeit von den USA der saudischen Politik Grenzen. Erleichterung war in Riyadh zu spüren, als in den neunziger1990er Jahren eine politische Lösung greifbar nahe schien. Im Jahr 2002 verkündete Kronprinz Abdallah einen Plan (der von der Arabischen Liga angenommen wurde), nach welchem Israel die Anerkennung seitens der arabischen Staaten in Aussicht gestellt wurde, wenn es in der palästinensischen Frage zu einer Einigung gekommen sein würde.

Eine unmittelbare Herausforderung ging in der Wahrnehmung Riyadhs von Iran aus. Mit dem Schah von Persien (bis 1978) hatte die saudische Führung den gemeinsamen Kampf gegen linke Kräfte in der Region geteilt. Mit der Gründung der *Islamischen Republik* taten sich religiöse Gegensätze zwischen dem wahhabitischen Purismus und der schiitischen Grundlage des revolutionären Staates auf. Wenn auch nicht ohne

Vorbehalte unterstützte das Königreich Saddam Husain im ersten Golfkrieg (1980–1988). Unter Präsident Muhammad Khatami (1997–2004) entspannten sich die Beziehungen. Die Außenpolitik seines Nachfolgers Mahmud Ahmadinezhad (2005–2013), der – nach der Beseitigung des irakischen »Widerlagers« durch den Sturz Saddam Husains 2003 – bemüht war, Irans Rolle im Nahen Osten eine hegemoniale Dimension zu verleihen, und dabei auch die konfessionelle Karte spielte, begann in Riyadh als Bedrohung wahrgenommen zu werden. Diese Wahrnehmung war umso akuter, als Teheran nicht bereit war, sein Atomprogramm, das 2002 bekannt geworden war und das in der Einschätzung der internationalen Gemeinschaft auf den Bau einer Atomwaffe angelegt sein könnte, vollständig offen zu legen. Zwar vermied Riyadh eine offene Konfrontation mit Iran; das Königreich fühlte sich aber der Mehrheit der Staatengemeinschaft verbunden, die entschlossen war, Iran ggf. auch mit militärischen Mitteln den Bau eines atomaren Sprengkörpers zu verwehren.

Die arabische Revolte hat 2011 auch Saudi-Arabien erreicht und die Regierung zum Handeln gezwungen. Außenpolitisch war die saudische Führung bemüht, einem Überspringen der Funken in die Nachbarschaft entgegen zu wirken. Im Jemen vermittelte sie erfolgreich zwischen Diktator Ali Abdallah Salih und der Protestbewegung. In Bahrain waren 2011 saudische Sicherheitskräfte an der Niederschlagung der Proteste gegen den König des Inselstaates, die wesentlich von der schiitischen Bevölkerungsmehrheit getragen wurden, beteiligt. In Syrien unterstützte Riyadh die Opposition gegen Präsident al-Asad mit finanziellen und militärischen Mitteln. Auch in Ägypten ergriff das Königreich nach dem Sturz von Präsident Mubarak Partei. Der Wahlsieg Muhammad Mursis und der unter seiner Präsidentschaft wachsende Einfluss der *Muslimbruderschaft* wurden in Riyadh als Gefährdung der Stabilität und Sicherheit auf der Arabischen Halbinsel wahrgenommen. Dessen Sturz durch einen Putsch des Militärs im Juli 2013 wurde dort nicht nur begrüßt; vielmehr wurde das neue Militärregime mit erheblichen finanziellen Zuwendungen gestützt.

Saudisches Handeln war nicht zuletzt darauf gerichtet, dem Einfluss Irans in der Region entgegen zu wirken, dies auch mit Blick auf die Schiiten im eigenen Lande. Diese freilich waren nicht die einzigen Urheber von Unruhen nach dem Beginn der arabischen Revolte. Im Februar und März 2011 kam es zu Protesten gegen die Regierung, die von liberalen und islamistischen Kräften getragen wurden. Am *Tag des Zorns*, dem 11. März 2011, forderten sie u. a. ein gewähltes Parlament, eine unabhängige Justiz sowie die Freilassung aller politischen Gefangenen. Die Regierung antwortete mit einer Mischung von Repression und finanziellen Zuwendungen. Insgesamt 130 Milliarden US-Dollar wurden aufgewendet, um u. a. die verbreitete Arbeitslosigkeit und die Wohnungsnot zu bekämpfen. Die *Umma*-Bewegung, eine Gründung islamistischer Intellektueller, die der *Muslimbruderschaft* nahestanden, wurde aufgelöst und die Bruderschaft selbst im März 2014 auf die Liste terroristischer Organisationen gesetzt. Führende Persönlichkeiten der liberalen und der Bürgerrechtsbewegung wurden festgenommen und zu langen Haftstrafen verurteilt. Besonders hartnäckig waren die Proteste, die seit Januar 2011 von der schiitischen Minderheit in der Ostprovinz ausgingen. Heftige Repression konnte die Besorgnis der saudischen Führung auch 2013 nicht beenden, dass die Ausweitung der Unruhen die Stabilität des gesamten Landes gefährden könnten.

Gleichwohl schien König Abdallah die Botschaft der Proteste verstanden zu haben und setzte den Reformprozess fort. Eine nahezu spektakuläre politische Maßnahme setzte an einem Punkt Akzente, auf den sich die interne und öffentliche Diskussion in den letzten Jahren zunehmend zugespitzt hat: der Stellung der Frau in Politik und Gesellschaft des Königreiches. In diesem Politikfeld war herkömmlich die konservative wahhabitische Interpretation des Islams besonders nachhaltig spürbar gewesen. Ihr stand zunehmend die Tatsache entgegen, dass Frauen nicht zuletzt als Unternehmerinnen und in zahlreichen Berufen längst gleiche Tätigkeiten auszuführen begonnen hatten wie Männer. Viele hatten im Ausland studiert, mussten sich aber nach ihrer Rückkehr mit einer den Männern nachgeordneten Stellung abfinden. Als in besonderer Weise symptomatisch wurde mit den Jahren die Tatsache ins Feld geführt, dass es Frauen verwehrt ist, selbst am Steuer eines Autos zu sitzen.

Bereits 2002 waren mit der Schließung der *Allgemeinen Direktion für Mädchenerziehung* die Mädchenschulen der Kontrolle der wahhabitischen Gelehrten entzogen worden. 2009 öffnete die *King Abdullah University of Science and Technology* in Thuwal (Provinz Mekka) ihre Tore. Im Unterschied zu anderen Bildungseinrichtungen im Königreich dürfen an ihr Männer und Frauen gemeinsam studieren; auf dem Campus ist es Frauen erlaubt, Auto zu fahren. Im Januar 2013 schließlich verordnete der König, dass dreißig der 150 Abgeordneten des Konsultativrates weiblichen Geschlechts sein sollten. Die Biographien der von ihm Berufenen ließen erkennen, in welch hohem Maße Frauen bereits in einigen Berufen und Funktionen Spitzenstellungen einnehmen.

Neben den sozialen Herausforderungen steht das Königreich am Beginn des neuen Jahrhunderts drei grundlegenden Fragen gegenüber: Wird der Einfluss der Geistlichkeit in der Gesellschaft weiter zurückgedrängt werden können, ohne die Legitimation des Hauses Sa'ud zu unterminieren? Wird es zu tiefer greifenden politischen Reformen kommen, die dem Tatbestand gesellschaftlicher und weltanschaulicher Pluralität im Lande entsprechen? Und wird es gelingen, innerhalb der Familie Sa'ud zu einer Regelung der Nachfolge des Königs zu gelangen, die die Stellung der Jüngeren (d. h. der Generation der Enkel bzw. der Urenkel des Staatsgründers) stärkt?

4.3.2 Die Emirate am Persischen Golf

Wenn hier vom »Persischen Golf« gesprochen wird, dann entspricht das internationaler Gepflogenheit. Selbstverständlich ist es dennoch nicht. Mit der Machtübernahme der arabisch-nationalistischen *Ba'th*-Partei in Bagdad 1968 war der »persische« durch den »arabischen« Charakter des Gewässers rhetorisch herausgefordert worden. Der Diktator Saddam Husain hatte die Terminologie geradezu zum Ausdruck eines Kampfes um Vorherrschaft über das Gewässer gemacht (s. S. 194). Der Schah von Persien und auch die Machthaber in der Islamischen Republik Iran haben ihrerseits mit der Benennung des Gewässers einen politischen Anspruch verbunden. Um den Anschein von

Parteinahme in dieser Auseinandersetzung zu vermeiden, hat sich seither in der internationalen Gepflogenheit der Terminus *Golf* durchgesetzt.

Die Entstehung der Staatenwelt der *Emirate* ist das Ergebnis des schrittweisen Rückzugs Großbritanniens von *East of Suez*, nicht zuletzt aus dem Nahen und Mittleren Osten, nach dem Ende des Zweiten Weltkriegs. Im Januar 1968 erklärte der damalige britische Premierminister Harold Wilson die Entschlossenheit der Regierung, die britische Herrschaft auch im Persischen Golf zu beenden. Zu diesem Zeitpunkt befanden sich noch neun Emirate unter britischem Protektorat: Bahrain, Katar, Abu Dhabi, Dubai, Schardscha, Ra's al-Khaima, Umm al-Qaiwain, Fudschaira und Adschman. Nun begann die Suche nach staatlicher Ordnung – dies in einer Region, in der staatliche Ordnungen im modernen Sinn des Begriffs allenfalls ansatzweise bestanden hatten. Das Ergebnis, das sich Anfang der 1970er Jahre abzeichnete, stellte einen Kompromiss zwischen divergierenden lokalen, regionalen und internationalen Interessen dar. Sieben Scheichtümer schlossen sich 1971/72 zu den *Vereinigten Arabischen Emiraten* (VAE) zusammen. Katar und Bahrain wurden unabhängige Staaten. Kuwait hatte seine Unabhängigkeit bereits 1961 erhalten. Oman war zwar Großbritannien »vertraglich« verbunden, hatte sich aber nicht in einem formalen Abhängigkeitsverhältnis befunden.

Mit der Unabhängigkeit setzte eine rasche, teilweise atemberaubende wirtschaftliche Entwicklung ein. Jahrhunderte lang waren Land- und Viehwirtschaft sowie die Perlen fischerei Grundlagen des Wirtschaftslebens gewesen. Einige Emirate hatten einen ausgedehnten Handel, der bis nach Indien, Südostasien und Ostafrika reichte, unterhalten. Insgesamt aber waren die Lebensbedingungen der Menschen bescheiden, hart, ja primitiv gewesen. Mit der Unabhängigkeit begann in den meisten der neuen Staaten ein Wirtschaftsboom, der auf der Förderung von Erdöl und Erdgas beruhte. Millionen von ausländischen Arbeitskräften veränderten die demographische Struktur grundlegend und ließen die Einheimischen zu – teilweise kleinen – Minderheiten werden. Das Pro-Kopf-Einkommen der Einheimischen heute gehört heute zu den höchsten der Welt. Die Vollbürger haben Anspruch auf ein kostenloses und hoch entwickeltes Erziehungs- und Gesundheitswesen.

Wie auch im großen Nachbarn Saudi-Arabien veränderten sich die Lebensbedingungen der Menschen tiefgreifend; eine dramatische Modernisierung, insbesondere der materiellen Kultur, setzte ein. Wo traditionell einstöckige Hütten aus Lehm das Erscheinungsbild der Ansiedlungen bestimmt hatten, entstanden in wenigen Jahrzehnten modernste Städte, die durch die Skyline ein z. T. hohes architektonisches Niveau erreichen. Die Entsalzung von Meerwasser wurde die Grundlage für die Begrünung von Flächen von ehedem wüstenhafter Natur. Die flächendeckende Klimatisierung veränderte das Lebensgefühl und den Lebensrhythmus der Menschen. Kulturell wurden die jungen Staaten Teil einer globalisierten Welt. Das Nebeneinander bzw. die Verschmelzung einheimischer Traditionen mit der westlichen Zivilisation und Kultur, die die Einbettung in die Weltwirtschaft und die Präsenz der zahlreichen Fremden mit sich brachte, ist in den meisten dieser kleinen Staaten leichter gelungen als in dem von rigorosen religiösen *wahhabitischen* Vorschriften eingeengten Saudi-Arabien. Gegen Ende des 20. Jahrhunderts haben die Eliten einzelner Staaten der Region sogar begonnen, sich in den globalen Kultur- und Kunstbetrieb einzubringen: Dies geschieht durch die Zulassung von Ablegern westlicher Universitäten ebenso wie durch den Aufbau von Filialen berühmter europäischer und amerikanischer Museen sowie durch eine aktive Teilnahme am internationalen Kunstmarkt.

Gemeinsamkeiten stehen signifikante Unterschiede unter den Emiraten gegenüber. Sie beziehen sich sowohl auf konfessionelle und ethnische als auch auf tribale Gegebenheiten. Neben fragmentierten Staaten wie Bahrain und Oman finden sich homogene Gesellschaften wie die kleinen Emirate innerhalb der VAE. Auch der Grad der Politisierung der Schiiten am Golf ist unterschiedlich. Während die Geschichte Bahrains von wiederkehrenden Konflikten zwischen Schiiten und Sunniten gekennzeichnet ist, haben die schiitischen Gemeinschaften Katars und Kuwaits weithin die herrschenden Dynastien in ihren Ländern unterstützt. Auch sind die Strategien der Legitimierung der Herrschaft der einzelnen Familien unterschiedlich: So haben die Herrschenden in Bahrain und Kuwait Parlamente zugelassen, die Spielräume kontrollierender und gesetzgeberischer Autorität besitzen, während in anderen Emiraten politische Teilhabe eher symbolischer Natur ist. Der religiöse Faktor spielt im Unterschied zu Saudi-Arabien in den Emiraten für die Machtausübung eine allenfalls nachgeordnete Rolle.

Mit der Unabhängigkeit waren zunächst Befürchtungen regionaler Instabilität verbunden. Sie nährten sich aus unterschiedlichen Gründen. Die gezogenen Grenzen wurden in Einzelfällen zwischen Nachbarn infrage gestellt. In Teilen der Arabischen Halbinsel operierten in den 1970er Jahren Befreiungsbewegungen, die sich am revolutionären Leninismus inspirierten und von außen unterstützt wurden. Die herkömmliche Machtelite einzelner Familien, die auch die jungen Staatswesen beherrschten, war herausgefordert. Auch von der sich bald ergebenden Überzahl ausländischer Arbeitskräfte schien eine Bedrohung der Stabilität auszugehen. Schließlich wurden Konflikte zwischen der herkömmlichen Lebensart, ihren gesellschaftlichen und wertegebundenen Eigentümlichkeiten, mit dem überwältigenden Eindringen westlicher materieller und geistiger Kultur vorher gesagt. Vor diesem Hintergrund hat die Region eine ebenso überraschende wie eindrucksvolle Stabilität bewiesen. Lediglich der Anspruch des Irak auf Kuwait und die Invasion des irakischen Diktators Saddam Husain in dem Emirat im August 1990 (s. S. 177) führten zum Konflikt und einem regionalen Krieg. Anfang 1991 wurden die irakischen Besatzer durch eine von den USA geführte Allianz vertrieben. Bereits 1971 hatte Iran drei Inseln in der Meerenge von Hormuz besetzt, die von den Emiraten Schardschah und Ra's al-Khaima beansprucht werden. Eine diplomatische Lösung dieser Kontroversen steht noch aus.

In der entstandenen komplexen sicherheitspolitischen Gemengelage haben die USA die Briten als führende externe Macht abgelöst. Angesichts der Anfang der 1970er Jahre einsetzenden Veränderungen auf dem Ölmarkt und der Aktivitäten pro-sowjetischer Kräfte sahen die USA eine starke amerikanische militärische Präsenz als notwenig an. Die Bedrohung amerikanischer insbesondere energiepolitischer Interessen schien sich nach den Revolutionen in Afghanistan (1978) und Iran (1979) zuzuspitzen. Präsident Jimmy Carter reagierte darauf mit einer eigenen Sicherheitsdoktrin (s. S. 325). Katar wurde die militärische Basis des *Middle East Command* und Bahrain ein zentraler Stützpunkt der US-Flotte im Indischen Ozean.

Alle Emirate sind Mitglieder des 1981 gegründeten *Golf-Kooperationsrats*; in diesem Rahmen sind sie Saudi-Arabien eng verbunden. Grundlage der Mitgliedschaft ist die Tatsache, dass sich – bei allen Differenzierungen im Einzelnen – die politischen, gesellschaftlichen, wirtschaftlichen und kulturellen Strukturen und Verhaltensmuster ähneln. Wie im Falle der in Saudi-Arabien herrschenden Familie Sa'ud, liegt die Macht auch in den kleineren Emiraten in den Händen herrschender Familien. Anders als im Falle der Monarchien in Jordanien und Marokko werden die Golfstaaten dynastisch regiert: Wichtige Kabinettsposten werden durch Mitglieder der herrschenden Dynastie besetzt. Sie stellt u. a. Premier-, Außen-, Innen- und Verteidigungsminister. Auch in der Verwaltung sind Familienmitglieder generell weit überproportional vertreten. Bei aller Verwestlichung des äußeren Erscheinungsbildes beruhen die Machtverhältnisse auf alten Traditionen, die in der überkommenen Kultur der Stämme auf der Arabischen Halbinsel wurzeln. Wenn auch weniger puristisch als im wahhabitisch geprägten Saudi-Arabien (auch in Katar dominiert der wahhabitische Islam) spielt der Islam als gesellschaftsprägende und identitätsstiftende Kraft eine herausragende Rolle. Den Volkswirtschaften aller Mitglieder des GCC ist gemeinsam, dass sie ihre Grundlage in der Förderung und Vermarktung von Erdöl und -gas haben.

Der Ausbruch der arabischen Revolte im Dezember 2010 hat auch die Emirate nicht unberührt gelassen. In einzelnen unter ihnen kam es zu Protesten und Demonstrationen. Die Bandbreite der Antworten der Regimes lag zwischen der Verbesserung der wirtschaftlichen und sozialen Situation der Protestierenden, politischer Liberalisierung und gewalthafter Unterdrückung.

4.3.2.1 Kuwait

Seit sich Anfang des 18. Jahrhunderts Beduinen des Anaiza(Anaza-)Stammes, aus Innerarabien kommend, südlich der Bucht von Kuwait niederließen, stand die Siedlung unter der Führung der Sabah-Familie (*Al Sabah*). Handel, Fischfang, Bootsbau und Perlenfischerei waren die Grundlage der Wirtschaft. Lange Zeit beschränkte sich der Einfluss des regierenden Scheichs weitgehend auf politische Entscheidungen. Wirtschaftlich war er abhängig von der Kaufmannschaft der Stadt. Erst als Kuwait Ende des 19. Jahrhunderts zunehmend in den Interessenbereich europäischer Mächte und des Osmanischen Reichs geriet, verschob sich das Machtverhältnis zwischen dem Herrscherhaus und der Händleroligarchie zugunsten der Sabah-Familie. Als die Osmanen versuchten, Kuwait fester in ihr Reich zu integrieren und eine Verlängerung der Bagdad-Bahn bis in das Scheichtum planten, sah Großbritannien seine Interessen am nördlichen Golf gefährdet. Im Jahre 1899 schloss es mit Scheich Mubarak (herrschte 1896–1915) ein Schutzabkommen. Wenige Wochen vor Ausbruch des Ersten Weltkriegs wurde das Scheichtum zum britischen Protektorat erklärt. Zwischen 1914 und 1961 wurde Kuwait außenpolitisch durch Großbritannien vertreten. Nach innen entwickelte sich der regierende Scheich – wirtschaftlich gestützt auf die britische Großmacht – zum unumschränkten Herrscher. Nur kurzlebig war ein *Gesetzgebender Rat*, der auf Druck der Kaufmannschaft und einer jung-kuwaitischen Bewegung 1938 gewählt wurde.

Kerndaten Kuwaits

Name des Landes (deutsch/arabisch/ englisch/französisch)	Kuwait / Daulat al-Kuwait / Kuwait / Koweit		
Bevölkerung in Mio.	3	Datum der Unabhängigkeit	19.6.1961
Einwohner pro km²	168	Datum des Beitritts zur Arabischen Liga	1961
Fläche in km²	17 818	Staatsform	Konstitutionelle Erbmonarchie
Landessprache (offizielle [Staats-]Sprache)	Arabisch	BIP in Mrd. US-Dollar	153
häufig gebrauchte Sprachen	Englisch	BIP pro Einwohner in US-Dollar	47982
Konfessionen	Muslime 76,7 % (Sunniten 65 %, Schitten 35 %)	Lebenserwartung in Jahren	77
religiöse Minderheiten	Christen 17,3 %	Zusammensetzung der Bevölkerung (ethnisch)	Kuwaiti 31,3%, andere Araber 27,9%; Asiaten 37,8%

Außenpolitisch kam es zum Konflikt mit dem saudischen Emirat, dessen Herrscher Abd al-Aziz ibn Sa'ud nach dem Ende des Ersten Weltkriegs die Expansion seines Herrschaftsgebiets fortsetzte (s. S. 240 ff.). Zuständigkeitshalber wurden die Verhandlungen seitens Großbritanniens geführt. Im Vertrag von Uqair trat Kuwait 1922 zwei Drittel seines Territoriums an den saudischen Herrscher ab und schuf eine *Neutrale Zone* (die 1965 zwischen Kuwait und Saudi-Arabien aufgeteilt wurde).

1961 entließ Großbritannien das Protektorat in die Unabhängigkeit. Damit begann eine neue Ära: Kuwait wurde zu einer konstitutionellen Monarchie und einem reichen Ölstaat. 1962 erhielt das Land eine Verfassung. Danach liegt die gesetzgebende Gewalt beim Emir und der Nationalversammlung. Der Emir hat das Recht, das Parlament aufzulösen. Die Innenpolitik Kuwaits ist seit der Unabhängigkeit gekennzeichnet durch die Auseinandersetzung zwischen dem Herrscher und dem Parlament. 1963 fanden erste Wahlen statt, an denen aber nur ein kleiner Kreis männlicher Vollbürger teilnehmen konnte. 1976 wurde das Parlament aufgelöst. Vor dem Hintergrund der schweren Wirtschaftskrise Anfang der 1980er Jahre, die durch den Zusammenbruch der Börse *al-Manakh* (1982) ausgelöst wurde, wurde es wieder einberufen. Die Ereignisse von 1990/ 91, d. h. die Besetzung Kuwaits durch irakische Truppen und seine Befreiung (s. S. 177 f.) bedeuteten zwar keinen Bruch, aber doch einen Einschnitt in der Entwicklung Kuwaits. Die Frage nach der Ursache für den so schnellen Zusammenbruch des kuwaitischen

Staates und nach dem Management der Krise durch die herrschende Familie wurde offen diskutiert und zwang diese zu einer weiter reichenden Erneuerung des parlamentarischen Lebens und der Ausweitung der Mitbestimmung. In den Wahlen der folgenden Jahre konnten islamistische, aber auch liberale Kräfte an Stärke gewinnen. Im Mai 2005 beschloss das Parlament das aktive und passive Wahlrecht für Frauen und in den Wahlen von 2009 konnten drei Frauen in die Volksvertretung einziehen. Auch die Entscheidung des Verfassungsgerichts, dass Frauen ohne das Einverständnis ihrer Ehemänner reisen und das Parlament ohne Kopfbedeckung würden betreten können, stärkte die Stellung der Frauen. Die Stärke des Parlaments gegenüber dem Herrscher erwies sich, als es am 24. Januar 2006 nach dem Tod des Emirs Dschabir al-Ahmad Al Sabah den zum neuen Staatsoberhaupt aufgestiegenen langjährigen Kronprinzen für abgesetzt erklärte und den Ministerpräsidenten Sabah al-Ahmad Al Sabah zum neuen Emir wählte.

Die Außenpolitik Kuwaits war und ist durch die Nachbarschaft so unterschiedlicher Mächte wie Saudi-Arabien, Iran und dem Irak bestimmt. Während sich die Beziehungen zu dem wahhabitischen Königreich nach der Aufteilung umstrittener Territorien gefestigt hatten, wurde der iranische Nachbar mit Misstrauen betrachtet. Dieses schloss auch die starke iranische Minderheit im Land ein. Auf dem Höhepunkt des irakisch-iranischen Krieges, in dem Kuwait den Irak mit erheblichen finanziellen Mitteln unterstützte, wurden zahlreiche Iranischstämmige des Landes verwiesen.

Eine wirkliche Bedrohung kam jedoch von anderer Seite. Beginnend mit der Staatlichkeit Kuwaits und des Irak nach dem Ersten Weltkrieg wurde letzterer ein Nachbar von unberechenbarer Bedrohlichkeit. Unter Bezug auf die osmanische Verwaltung und die Geschichte Kuwaits als britisches Protektorat ist der Status Kuwaits in Kuwait Stadt, der Hauptstadt des Landes, (und London) sowie in Bagdad immer wieder unterschiedlich bewertet worden. Während die Kuwaitis selbst die Eigenständigkeit Kuwaits reklamieren, ist diese in Bagdad zeitweise bestritten und das Emirat als Teil des Irak beansprucht worden. So erfolgte die Anerkennung der Unabhängigkeit Kuwaits durch den Irak erst im Jahre 1963. Bis dahin blocklierte die Sowjetunion auf Seiten Bagdads auch den Beitritt des Emirats zu den Vereinten Nationen. Nach wiederholten Drohungen irakischer Nationalisten kam es schließlich im Gefolge des ersten Golfkrieges (1980–1988) zum offenen Konflikt. Kuwait hatte Saddam Husain mit erheblichen finanziellen Mitteln unterstützt. Als sich die Regierung weigerte, auf Saddams Forderung nach einem Schuldenerlass einzugehen, kam es zu Spannungen. Diese eskalierten angesichts unterschiedlicher Einschätzungen betreffend die Preis- und Förderpolitik und gipfelten in dem irakischen Vorwurf, Kuwait beute völkerrechtswidrig das zum Irak gehörige Rumaila-Ölfeld aus. Ohne Vorwarnung und Kriegserklärung besetzten irakische Truppen am 2. August 1990 das Emirat. Große Teile der Bevölkerung flohen, die Herrscherfamilie setzte sich zeitweise nach Saudi-Arabien und Jordanien ab. Im *Zweiten Golfkrieg*, der vom 17. Januar bis zum 26. Februar 1991 dauerte, wurde Kuwait von einer von den USA geführten Allianz befreit. Dabei kam es zu erheblichen Zerstörungen auf kuwaitischem Gebiet. Die 732 brennenden Ölquellen wurden bis zum November 1991 gelöscht. Die USA wurden von nun an der Garant der Sicherheit des Emirats. Ein Teil der militärischen Operationen im Rahmen der amerikanischen Invasion des Irak im März/April 2003 wurde von kuwaitischem Boden aus geführt. Teile der 2011 aus dem Irak abgezogenen amerikanischen Truppen verblieben in Kuwait. Die USA garantieren auch den neuen Grenzverlauf zum Irak, der im Februar 1992 durch eine UN-Kommission festgelegt wurde.

Die Invasion und der sich anschließende Krieg sind für viele Kuwaiter ein traumatisches Erlebnis geblieben. Tragische Folgen hatten die Ereignisse für etwa 900 000 palästinensische Arbeiter in Kuwait. Unter dem Vorwurf der Kollaboration mit dem Irak wurden sie ausgewiesen. Erst 2007 – vier Jahre nach dem Sturz Saddams – wurde wieder ein kuwaitischer Botschafter nach Bagdad entsandt. Dies wurde möglich, nachdem die nunmehr gewählte Regierung dort den neuen Grenzverlauf zwischen beiden Ländern anerkannt hatte.

Wirtschaftlich erholte sich das Land dank seiner hohen finanziellen Reserven, die dem irakischen Zugriff entzogen gewesen waren, relativ rasch. Auch nach der Wiedererrichtung des kuwaitischen Staates blieben die Einnahmen aus dem Erdöl die Grundlage der kuwaitischen Wirtschaft. Die erste Konzession hatte 1934 die britisch-amerikanische *Kuwait Oil Company* erhalten. Nach dem Zweiten Weltkrieg entwickelte sich das Land zu einem der bedeutendsten Erdölproduzenten des Nahen und Mittleren Ostens. Nach dem »Yom-Kippur-Krieg« 1973 (s. S. 135) beteiligte sich Kuwait am Ölboykott der OAPEC (s. S. 318). Dem Trend der Entwicklungen folgend wurden 1975 alle ausländischen Erdölgesellschaften verstaatlicht; mit der *Kuwait Oil Company* wurde 1980 eine Dachorganisation geschaffen, in der die ölrelevanten Aktivitäten des Emirats zusammengefasst sind. Auch in der Gegenwart sind Erdölprodukte mit einem Anteil von 90% an den Gesamtausfuhren mit Abstand die wichtigsten Exportgüter.

Der rasche Zusammenbruch Kuwaits im August 1990 und die Flucht der Herrscherfamilie vor den irakischen Besatzern haben dauerhaft Spuren im Verhältnis der Al Sabah zu den Bürgern hinterlassen. So nimmt es nicht Wunder, dass der Ausbruch der arabischen Revolte unter den Golfstaaten – neben Bahrain – in Kuwait die nachhaltigste Wirkung gezeigt hat. Dies kommt neben den Demonstrationen in der Öffentlichkeit in dem gespannten Verhältnis zwischen dem Emir und dem Parlament zum Ausdruck. Allein 2012 wurde das Parlament zwei Mal neu gewählt. Aus Protest gegen das Wahlrecht boykottierte die Opposition die Wahlen vom Dezember 2012. Ihre Forderungen reichen vom Kampf gegen die Korruption bis zur Wahl des Ministerpräsidenten durch das Parlament. Die Abschaffung der Monarchie steht – noch – nicht auf der Agenda.

4.3.2.2 Bahrain

Die Emire von Bahrain entstammen einer Familie, die seit der politischen Machtübernahme auf der Insel im Jahre 1783 nahezu ununterbrochen die Herrschaft in ihren Händen gehalten hat. Bahrain war bis zu diesem Zeitpunkt von Schiiten bewohnt und wurde über längere Zeiträume von Iran aus beherrscht. Die Einwanderung von mit der Familie Khalifa (*Al Khalifa*) verbundenen sunnitischen Stämmen Ende des 18. Jahrhunderts führte zu der bis heute gegebenen Aufspaltung der einheimischen Bevölkerung in Schiiten (ca. 70 %) und Sunniten. Wie anderswo an der »Vertragsküste« des

Persischen Golfs auch geriet das Emirat während des 19. Jahrhunderts in britische Abhängigkeit. 1892 wurde Bahrain formal zu einem Protektorat Großbritanniens.

Kerndaten Bahrains

Name des Landes (deutsch/arabisch/ englisch/französisch)	Königreich Bahrain / Mamlakat al-Bahrain / Bahrain / Bahrein		
Bevölkerung in Mio.	1,2	Datum der Unabhängigkeit	15.8.1971
Einwohner pro km²	1646	Datum des Beitritts zur Arabischen Liga	1971
Fläche in km²	750	Staatsform	Konstitutionelle Monarchie
Landessprache (offizielle [Staats-]Sprache)	Arabisch	BIP in Mrd. US-Dollar	20 214
häufig gebrauchte Sprachen	Englisch	BIP pro Einwohner in US-Dollar	19 455
Konfessionen	Muslime 70,3 % (mehrheitlich Schiiten)	Lebenserwartung in Jahren	75
religiöse Minderheiten	Christen 14,5 % , Hindus 9,8 %, Buddhisten 2,5 %	Zusammensetzung der Bevölkerung (ethnisch)	Bahraini 46 5, andere Araber 4,7 %, Asiaten 45,5 %

War Großbritannien bis dahin vornehmlich daran interessiert, die Außenpolitik des Landes zu kontrollieren, stieg nach dem Ende des Ersten Weltkriegs das Interesse auch an dessen inneren Entwicklungen. 1904 wurde Bahrain Sitz eines britischen politischen Agenten und 1936 des Residenten für den (Arabischen) Golf. Die Insel wurde so der wichtigste imperiale Stützpunkt *East of Suez*; seit 1935 verfügten die Briten auch über eine Flottenbasis. Die enge Allianz Großbritanniens mit der herrschenden sunnitischen Al Khalifa stieß immer wieder auf Widerstand in Teilen der Bevölkerung. Bereits 1895 waren Unruhen ausgebrochen, bei ihrer Niederschlagung durch britische Truppen hatte es Tote gegeben. Als 1911 eine Gruppe bahrainischer Kaufleute die Forderung nach der Eingrenzung des britischen Einflusses erhob, wurde ihr Anführer kurzer Hand nach Indien ausgewiesen. 1923 betrieben die Briten die Absetzung des Emirs, an dessen Stelle sein Sohn eingesetzt wurde. Zugleich brachten sie einen Reformprozess in Gang. Es entstanden staatliche Bildungseinrichtungen (auch für Mädchen), Behörden und säkulare Gerichte. Andere Maßnahmen betrafen die Abschaffung der Sklaverei und Frondienste, die Einrichtung staatlicher Steuereinziehung u.a.m. Wie hoch in London der strategische

Stellenwert der Insel eingeschätzt wurde, wurde deutlich, als 1935 das Kommando für den ganzen Mittleren Osten vom iranischen Buschehr nach Bahrain verlegt wurde.

Ansätze einer organisierten Arbeiterschaft entstanden, nachdem bereits 1932 die Erdölförderung eingesetzt hatte. 1938 kam es zu einem ersten Arbeiterstreik. Nach dem Zweiten Weltkrieg verschärften sich die sozialen und politischen Spannungen. Antibritische Proteste mischten sich mit Forderungen nach der Einführung einer Volksvertretung und der Begrenzung der Macht der Al Khalifa durch eine Verfassung. Zugleich traten auch konfessionelle Spannungen immer stärker hervor: Hintergrund der Forderungen nach politischem Wandel war die unübersehbare soziale, wirtschaftliche und politische Schlechterstellung der schiitischen Mehrheit der Bevölkerung. Streiks der Bus- und Taxifahrer 1954 weiteten sich zu einer Konfliktsituation aus, in die breite Teile der Bevölkerung hineingezogen wurden. Auf Kundgebungen mit über 10 000 Menschen wurden Forderungen nach der Entlassung der britischen Berater, dem Recht auf Selbstbestimmung der Bevölkerung (gegen den Fortbestand der Herrschaft der Al Khalifa), der Schaffung eines Parlaments, der Ausarbeitung eines einheitlichen Zivil- und Strafrechts und nach der Anerkennung der Bildung von Gewerkschaften durch die Arbeiter erhoben. Aus einem losen Netzwerk von Klubs und unterschiedlichen gesellschaftlichen Gruppierungen konstituierte sich im Oktober 1954 eine *Volksversammlung*, die ihrerseits ein Exekutivkomitee wählte, dem jeweils vier Vertreter beider Konfessionsgruppen angehörten. So war der Kern einer parlamentarischen Institution geboren. 1955 formierte sich die *Nationale Befreiungsfront*. Die Auseinandersetzungen spitzten sich bis 1956 zu. Als sich der Emir zu grundlegenden Veränderungen nicht bereit fand, kam es zu Straßenschlachten. Der Aufstand wurde mit Hilfe britischer Truppen niedergeschlagen; ein Teil der Anführer wurde verhaftet und zu langjährigen Haftstrafen verurteilt.

Angesichts der engen Verflechtung britischer Politik mit den herrschenden Kreisen auf der Insel wurde dort die Ankündigung des britischen Rückzugs als Schock empfunden. Sie rief zunächst den Schah von Persien auf den Plan, der die Forderung nach Eingliederung der Insel in Iran erhob. 1957 hatte das iranische Parlament die Zugehörigkeit Bahrains zu Iran als »14. Provinz« einmal mehr bekräftigt, ein Anspruch der von Großbritannien zurückgewiesen wurde. Erst im Mai 1970 kam es zwischen London und Teheran zu einem Kompromiss, nach dem Bahrain als unabhängiger Staat ins Leben treten würde. Dies war mit der Unabhängigkeitserklärung vom 15. August 1971 der Fall. Tags darauf schloss der junge Staat ein Sicherheitsbündnis mit Großbritannien.

Zwei Jahre nach dem Eintritt in die Unabhängigkeit wählten – gleichzeitig mit dem Inkrafttreten der ersten Verfassung – im Dezember 1973 die männlichen Vollbürger Bahrains erstmalig ein Parlament. Frauen waren nicht wahlberechtigt. In der Verfassung waren u. a. die Rede- und Pressefreiheit festgeschrieben und für den Fall der Parlamentsauflösung Neuwahlen innerhalb von zwei Monaten vorgesehen. Die Herrschaft des Emirs als Staatsoberhaupt Bahrains wurde erblich und an die Al Khalifa gebunden bestimmt. Das parlamentarische Leben sollte freilich nicht von langer Dauer sein. Angesichts anhaltender Spannungen mit der Parlamentsmehrheit löste der Emir im August 1975 die Volksvertretung auf und setzte Teile der Verfassung außer Kraft. Oppositionelle politische Aktivitäten und politische Parteien wurden verboten. Die Revolution in Iran

(1979) rief Befürchtungen einer Erhebung der schiitischen Mehrheit wach. Dies umso mehr, als die Regierung in Manama Saddam Husain in seinem Krieg gegen Iran unterstützte. Tatsächlich kam es 1981 zu einem Putschversuch, für den die Regierung eine schiitische *Islamische Front für die Befreiung Bahrains* verantwortlich machte.

Auch in den folgenden Jahren blieb es auf der Insel unruhig. Eine Koalition von Linken, Liberalen und Islamisten bildete eine Oppositionsbewegung, die die Demokratisierung des Regimes und die Wiedereinsetzung der Verfassung forderte. Die Spannungen wurden durch sinkende Öleinnahmen sowie eine hohe Arbeitslosigkeit, insbesondere unter den Jugendlichen des schiitischen Teils der Bevölkerung, befeuert. Die beiden Golfkriege (1980–1988; 1991) hatten negative Auswirkungen auf die Wirtschaft des Landes. Im Sommer 1994 kam es zu Demonstrationen für Arbeitsplätze vor dem zuständigen Ministerium. Die Sicherheitskräfte setzten Tränengas ein, um die Demonstrationen aufzulösen. Die Ereignisse bildeten den Beginn eines Aufstands (*intifada*), der über die nächsten Jahre das politische Klima in dem Inselstaat prägen sollte. Als sozialer Protest beginnend erhielt er bald eine konfessionelle Komponente, indem schiitische Geistliche auf Seiten der Protestierenden eine führende Rolle spielten. Die politische Führung Bahrains beschuldigte Iran, die Fäden des Aufstands zu ziehen.

Erst mit der Machtübernahme durch Hamad bin Isa Al Khalifa (1999) kam es zur Einleitung von Reformen. Ein Referendum bestätigte eine *National Action Charta*, die Wahlen, Frauenrechte und die Freilassung der politischen Gefangenen vorsah. Am 14. Februar 2002 benannte sich der *Staat Bahrain* (*daulat al-Bahrain*) in das *Königreich Bahrain* (*mamlakat al-Bahrain*) um. Die 1975 ausgesetzte Verfassung wurde – in veränderter Fassung – wieder in Kraft gesetzt. Die gewählte Parlamentskammer teilt ihre legislativen Kompetenzen mit einer zweiten Kammer, deren Mitglieder durch den König ernannt werden. Aus den seither abgehaltenen Wahlen gingen die sunnitischen Islamisten als Gewinner hervor. Neben der Forderung nach strengeren Moralvorschriften brachten sie u. a. Gesetzesvorlagen ein, die die Einrichtung einer Sittenpolizei, die Einführung *Scharia*-gemäßer Körperstrafen und die Einschränkung bürgerlicher Freiheiten unter dem Verweis auf islamische Werte zum Inhalt hatten. Dabei war die Handschrift Saudi-Arabiens unverkennbar. Im November 1986 waren beide Länder durch einen von Saudi-Arabien finanzierten Damm (*causeway*) miteinander verbunden worden. Dahinter steckten neben wirtschaftspolitischen auch sicherheitspolitische Erwägungen. Zugleich aber verstärkte sich auch der konservativ-wahhabitische Einfluss auf der Insel.

Grundlage der Wirtschaft waren bereits vor der Unabhängigkeit die Einnahmen aus dem Erdölsektor. Schon in den 1970er Jahren aber zeichnete sich die Erschöpfung der Vorräte ab. Zwar profitierte Bahrain zunächst von der Ansiedlung von Banken, die ihre Aktivitäten im Libanon nach dem Ausbruch des Bürgerkrieges (1975) eingestellt hatten. Gleichwohl begann Bahrain seit den 1980er Jahren von finanziellen Hilfeleistungen abhängig zu werden, die vor allem von Seiten der finanzstarken Mitglieder des *Golf-Kooperationsrates* (GCC) geleistet wurden, dem Bahrain 1981 beitrat. Finanzielle Zuwendungen kamen auch von den USA. Denn unbeschadet des Abschlusses eines Sicherheitsabkommens mit Großbritannien unmittelbar nach der Unabhängigkeit wurden diese zum machtvollsten außenpolitischen Partner des Landes. In den

Konflikten in der Region hat Bahrain auf Seiten Washingtons gestanden, auch wenn die Intervention im Irak 2003 auf kritische Reaktionen stieß. Im Oktober 1991 unterzeichneten beide Seiten ein Sicherheitsabkommen, das Bahrain zum Heimathafen der 5. US-Flotte machte.

Die Geschichte Bahrains im 20. Jahrhundert ist nicht zuletzt durch Protestbewegungen gekennzeichnet. Wirtschaftliche, soziale und religiös-konfessionelle Motive spielten in ihnen eine Rolle. Auch haben sich Teile der Bevölkerung wiederholt gegen die Dominanz auswärtiger Mächte, insbesondere Großbritanniens aufgelehnt. Die größte Herausforderung für die innere Stabilität lag und liegt in der Tatsache, dass es nie gelang, die schiitische Mehrheit politisch und gesellschaftlich zu integrieren. Von wichtigen öffentlichen Positionen fern gehalten sowie ökonomisch und sozial marginalisiert stellt sie bis in die Gegenwart ein erhebliches Protestpotenzial dar. Deshalb war es nicht verwunderlich, dass der Funken der arabischen Revolte zu einem frühen Zeitpunkt auf die Insel übersprang. Bereits im Oktober 2010 war es mit Blick auf die anstehenden Parlamentswahlen zu Protesten gegen das Wahlrecht gekommen. Ab Mitte Februar 2011 sind diese, inspiriert von den Protesten auf dem *Platz der Befreiung* (Tahrir) in Kairo, im Kontext der arabischen Revolte zu sehen. Zentraler Schauplatz wurde der *Perlen-Platz* in Manama. Die mehrheitlich schiitischen Demonstranten forderten eine Verbesserung ihrer Lebensverhältnisse, mehr Arbeitsplätze und die Bekämpfung der in der Herrscherfamilie grassierenden Korruption. Außerdem verlangten sie eine Ausweitung der legislativen Kompetenzen der zweiten Kammer des Parlaments, eine Korrektur des Zuschnitts der Wahlkreise, der sunnitische Kandidaten begünstigt, und ein Ende der Einbürgerung arabischer und südasiatischer Sunniten. Nachdem der Versuch der Regierung, die Demonstranten durch finanzielle Zuwendungen zu beruhigen, nichts gefruchtet hatte, setzte sie auf Gewalt. Mitte März wurden die Aufstände gewaltsam niedergeschlagen. Dabei kamen auch Sicherheitskräfte des *Golf-Kooperationsrates*, namentlich aus Saudi-Arabien, zum Einsatz. Nach dem Bericht einer Untersuchungskommission sollen bis November 2011 40 Menschen getötet worden sein. Trotz harter Gerichtsurteile gegen die Anführer der Proteste hielten die Spannungen auch in der Folgezeit an. Der König stellte Verfassungsänderungen in Aussicht, die die Stellung des Parlaments stärken sollten.

4.3.2.3 Katar

Bis ins 19. Jahrhundert hatte es auf der Halbinsel Katar weder ein staatliches Gebilde gegeben noch hatte sie überhaupt jemals eine politische oder wirtschaftliche Bedeutung gehabt. Dies wird angesichts des Fehlens einer größeren Oase, der Lage abseits der Seehandelsrouten und durch das Fehlen eines wirtschaftlich aktiven Hinterlandes verständlich. Auch als Stützpunkt lockte die wasserarme Halbinsel niemanden. Im 18. Jahrhundert beherrschten Stämme aus Innerarabien die wenigen festen Siedlungen. Erst im 19. Jahrhundert bauten die in Doha residierenden Emire der Al Thani ihre Autorität auf der gesamten Halbinsel aus. Seit 1871 herrschten sie dort uneingeschränkt, nominell freilich der osmanischen Oberherrschaft unterworfen. Diese endete mit dem Abschluss des Protektoratsvertrags mit Großbritannien im Jahr 1916.

Bis zur Unabhängigkeit des Landes machten die periphere Lage und die britische Dominanz Katar zu einem nahezu geschichtslosen Platz. Daran änderten auch die Entdeckung von Erdöl im Jahre 1939 und die nach dem Zweiten Weltkrieg einsetzende Förderung zunächst wenig. Einen Streit mit dem benachbarten Bahrain um die Insel Hawar regelte vorläufig die britische Protektoratsmacht.

Wie auch für die anderen Emirate am Golf bedeutete der Eintritt in die Unabhängigkeit ein einschneidendes Ereignis. Bahrain vergleichbar hatte sich das Emirat britischen Plänen verweigert, Teil eines mit anderen Scheichtümern gemeinsamen Staates zu werden. Am 3. September 1971 wurde der *Staat Katar* (*daulat Qatar*) unabhängig. Die vorläufige Verfassung von 1972 bezeichnete zwar die Regierungsform als demokratisch und sah einen Ministerrat sowie eine *Beratende Versammlung* (*madschlis asch-schura*) vor. In der politischen Praxis aber handelte es sich (bis in die Gegenwart) um die absolute und erbliche Herrschaft des Emirs aus dem Hause der Al Thani. Nach familieninternen Auseinandersetzungen übernahm 1972 Scheich Khalifa bin Hamad Al Thani die Herrschaft. 1995 wurde er durch seinen Sohn, Hamad bin Khalifa, abgesetzt, während er zu einem Ferienaufenthalt in der Schweiz weilte. Nach Lage der Dinge darf vermutet werden, dass derartige Eingriffe in die Machtausübung nicht ohne Abstimmung mit der dominanten auswärtigen Schutzmacht, zunächst Großbritannien, später den USA, vorgenommen wurden.

Kerndaten Katars

Name des Landes (deutsch/arabisch/ englisch/französisch)	Katar / Daulat Qatar / Qatar / Qatar		
Bevölkerung in Mio.	2,1	Datum der Unabhängigkeit	3.9.1971
Einwohner pro km²	186	Datum des Beitritts zur Arabischen Liga	1971
Fläche in km²	11 606	Staatsform	Erbmonarchie
Landessprache (offizielle [Staats-]Sprache)	Arabisch	BIP in Mrd. US-Dollar	182
häufig gebrauchte Sprachen	Englisch	BIP pro Einwohner in US-Dollar	102 904
Konfessionen	Muslime (Sunniten) 77,5 %	Lebenserwartung in Jahren	78
religiöse Minderheiten	Christen 8,5 %, andere 14 %	Zusammensetzung der Bevölkerung (ethnisch)	Katari 14 %, andere Araber 26%, 18 % indischen bzw. pakistanischen und 10% iranischen Ursprungs

An der absolutistischen Machtausübung durch den Emir änderte das wenig. Immerhin erfolgten Maßnahmen der Liberalisierung der Innenpolitik: Frauen erhielten das Wahlrecht zum *Zentralen Gemeinderat* (*Municipal Council*) und 2005 wurde eine neue Verfassung verabschiedet, die vorsieht, dass 30 der 45 Mitglieder der *Beratenden Versammlung* aus Wahlen hervorgehen sollen. Ein Schritt von geradezu geschichtlicher Tragweite war die Gründung des Fernsehsenders *al-Dschazira* im Jahr 1996. Damit war geradezu eine mediale Revolution im ganzen arabischen Raum eingeleitet. Zum einen hatte »der Westen« damit seine Machtstellung verloren, jene Informationen zu lancieren, die aus seiner Perspektive relevant waren, westliche Interessen und Handlungen zu legitimieren. Diese Machstellung war bis dahin mit Stationen wie CNN und BBC International verbunden. Wahrnehmungen begannen sich zu verändern, indem Bilder und Informationen geliefert wurden, die sich am politischen und kulturellen Hintergrund des arabischen Konsumenten orientierten. Das politische Geschehen, namentlich aber jene Konflikte in denen »der Westen« involviert war (u. a. der Nahostkonflikt oder die amerikanische Invasion im Irak 2003), wurde in veränderte Kontexte gestellt. Wie sehr damit der Nerv getroffen war, zeigten amerikanische Bemühungen während der Irak-Invasion 2003, die Kriegsberichterstattung des Senders zu behindern. Zum anderen waren die Sendungen – professionell gestaltet und rund um die Uhr, weitgehend frei von den Tabus, die seitens der autoritären Regimes vorgegeben waren. Regimekritische Kommentare und Talkshows wurden möglich – dies bis zu jenem Punkt, dass auswärtige Machthaber beim Emir von Katar zu intervenieren suchten, derartige Sendungen zu stoppen. Schnell wurde *al-Dschazira* zum meist gesehenen, zitierten und bei vielen auch gefürchteten arabischen Sender.

Die Gründung al-Dschaziras auf dem Boden Katars hatte eine innen- und fast noch wichtiger außenpolitische Dimension. Nach innen konnte der Emir demonstrieren, dass sich eine Alleinherrschaft des Staatsoberhauptes und geistiger, politischer und gesellschaftlicher Pluralismus nicht ausschließen. Zusammen mit dem rasch steigenden Einkommen der katarischen Bürger war dies Teil der Legitimation des Herrschers und Symptom für »väterliche« Fürsorge. Nach außen begann Katar als ein Akteur von rasch wachsender Bedeutung wahrgenommen zu werden. Grundlage dieses neuen außenpolitischen Ehrgeizes waren die geradezu explodierenden Einnahmen aus dem Verkauf von Erdöl und Erdgas. Bereits 1926 erbohrte die *Anglo-Persian Oil Company* das heute noch bedeutsame *Dukhan*-Feld, auf dem seit 1949 Öl gefördert wird. 1964 begann die Förderung im Schelfbereich vor der Küste. 1974 übernahm die staatliche *Qatar General Petroleum Company* formal alle Konzessionen, assoziiert freilich auch weiterhin mit ausländischen Unternehmen. Mit dem Beginn der Ergasförderung erwuchs dem Staat eine weitere reichlich sprudelnde Einnahmequelle. Das *North Field* gilt als die bislang größte Lagerstätte von Erdgas weltweit. Die Entwicklung der Einwohnerzahl reflektiert die phänomenalen Veränderungen der letzten Jahrzehnte: 1945 lebten 28 000 Menschen auf dem Gebiet Katars; heute sind es ca. 2,1 Millionen. Von ihnen sind nur etwa 250 000 katarische Bürger. Sie verfügen über das höchste Pro-Kopf-Einkommen der Welt.

Der wirtschaftliche Boom wurde die Grundlage einer selbstbewussten Außenpolitik des Emirs. Mit Iran und Saudi-Arabien unterhält das Land Beziehungen auf Augenhöhe.

1981 war es Mitbegründer des *Golf-Kooperationsrates* (GCC). Wie im Falle der anderen Emirate ist aber die enge Anlehnung an eine auswärtige Macht die Grundlage seiner Sicherheitspolitik. Deren zentraler Baustein ist seit den 1980er Jahren das enge Bündnis mit den USA. Sie unterhalten dort eine Luftwaffenbasis; dort ist auch das mittelöstliche Hauptquartier des *Central Command* der amerikanischen Streitkräfte, des für Einsätze im Nahen und Mittleren Osten zuständigen militärischen Kommandos stationiert. Von dort wurden wesentliche Teile der Operationen gegen den Irak in der Kuwaitkrise (1990/91) und der amerikanischen Invasion im Irak (2003) geführt. Erfolgreich war Emir Hamad bin Khalifa auch darin, Doha zu einem Forum internationaler Konferenzen zu politischen, wirtschaftlichen und kulturellen Themen von globaler Dimension zu machen. Die spektakulärste Bestätigung des globalen Aktionismus des Emirats war die Entscheidung des Fußballweltverbands FIFA, die Fußballweltmeisterschaft der Männer 2022 in dem Emirat auszutragen. Damit hatte sich Katar gegen die Mitbewerber aus den USA, Südkorea, Japan und Australien durchgesetzt. Die Entscheidung ist freilich aus zahlreichen Gründen weltweit auf eine breite Kritik gestoßen.

Besonders kennzeichnend für den außenpolitischen Ehrgeiz des Emirats war der Beitrag der Luftwaffe Katars im Rahmen der NATO-Operation gegen den libyschen Diktator al-Qadhafi im Jahr 2011. Das Engagement freilich war nicht unumstritten. Wiederholt erhoben regionale wie internationale Beobachter den Vorwurf, das Emirat stelle sich auf die Seite namentlich der islamistischen, insbesondere salafistischen Kräfte und trage somit zur Verschärfung der Spannungen innerhalb der Länder des Umbruchs mit anderen oppositionellen Gruppierungen bei. Bemerkenswert war auch der Spagat, den das Emirat im Konflikt mit Israel macht: Mit dem Friedensprozess während der 1990er Jahre (s. S. 139 ff.) kam es zu einer Annäherung an den jüdischen Staat, die insbesondere die wirtschaftlichen Beziehungen berührte. Diese aber hinderte den Emir nicht, sich auf palästinensischer Seite, so für die *Hamas*-Bewegung, politisch und finanziell zu engagieren. Katar trug nachhaltig zum Wiederaufbau Gazas nach den Zerstörungen während des Krieges im Winter 2008/09 bei. Spektakulär war der Besuch des Emirs in Gaza im Oktober 2012. Er war das erste Staatsoberhaupt, das Gaza besuchte, seit dort 2007 die *Hamas* die Macht übernommen hatte

Die arabische Revolte hat in Katar naturgemäß nicht zu Unruhen geführt wie andernorts in der arabischen Welt. Gleichwohl waren ihre Auswirkungen auch in dem reichen Emirat spürbar. Für 2013 stellte der Emir Wahlen zu der *Beratenden Versammlung* in Aussicht. Dann sollten 30 der 45 Abgeordneten durch den Bürger berufen werden. Hier und da wurde auch Kritik an der autokratischen Führung erhoben. Nachhaltiger waren die Auswirkungen in der Außenpolitik feststellbar. Auf die nicht zuletzt finanzielle Unterstützung vor allem islamistischer Kräfte in den umbrechenden arabischen Gesellschaften wurde bereits hingewiesen. Rivalitäten und Konflikte konnten nicht ausbleiben und tatsächlich traten sie im Zusammenhang mit dem Umbruch in Syrien an die Öffentlichkeit. Unverhohlen wurde der Sender *al-Dschazira* der Weisung der Regierung unterworfen. Da sich der Emir frühzeitig auf den Sturz des Asad-Regimes festgelegt hatte, wurde jede Berichterstattung, die das Regime mit Blick auf die Kriegführung hätte ent-, die Opposition aber belasten können, unterbunden. Damit verlor der Sender seit 2011 in der arabischen Öffentlichkeit viel von seiner über die Jahre aufgebauten Reputation. Die Verwerfungen mit anderen arabischen Gegnern des syrischen Regimes traten zutage, als im März 2014 Saudi-Arabien, die Vereinigten Arabischen Emirate und Bahrain ihre Botschafter aus Doha abzogen – mit der Begründung, Katar gehe nicht entschieden genug gegen diejenigen vor, die die Sicherheit der GCC-Staaten bedrohten (gemeint waren die *Muslimbrüder*) und unterstütze »feindlich gesinnte Medien« (gemeint war *al-Dschazira*). In der Herrschaft über das Emirat war es bereits im Juni 2013 zu einem Machtwechsel gekommen, als Scheich Hamad die Regierung an den erst 33-jährigen Sohn Tamim bin Hamad Al Thani übergeben hatte. In wieweit dieser friedliche Übergang im Zusammenhang mit innen – und/oder außenpolitischen Differenzen stand und was er insbesondere für die Außenpolitik des Landes, nicht zuletzt im Kontext der arabischen Revolte, bedeuten würde, war Gegenstand von Spekulationen. Beobachter sahen darin auch eine Reaktion auf Druck aus Saudi-Arabien und eine Geste des Regimes, künftig seinen außenpolitischen Ehrgeiz zurückzunehmen.

Jedenfalls ist am Beginn des neuen Jahrhunderts – mit Blick auf den Anspruch Katars auf die Rolle eines *Global Players* – die Frage aufgeworfen, inwieweit das Land überhaupt in der Lage ist, diese Rolle auszufüllen. Nicht nur politisch hat es den Eindruck aufkommen lassen, seine Kapazitäten überdehnt und Gegenkräfte auf den Plan gerufen zu haben. Auch die ihm zugesprochene Fußballweltmeisterschaft 2022 droht zum Bummerang zu werden. Jenseits der ohnehin von Beginn an geäußerten Kritik an der Entscheidung sind nach zahlreichen Unfällen auf den WM-Baustellen mit Dutzenden von Opfern die Bedingungen öffentlich gemacht worden, unter denen die Arbeiter, von denen die meisten aus asiatischen Ländern stammen, zu arbeiten gezwungen sind: In Enthüllungen britischer Zeitungen und einem im November 2013 veröffentlichten Gutachten der Menschenrechtsorganisation *Amnesty International* ist von systematischer Ausbeutung und Zwangsarbeit die Rede. Diese Vorwürfe aber können auf die Arbeitsbedingungen ausgedehnt werden, auf denen die rasante Entwicklung der Ölstaaten auf der gesamten Arabischen Halbinsel und in den Emiraten am Persischen Golf nicht unwesentlich beruht.

4.3.2.4 Vereinigte Arabische Emirate

Die Vereinigten Arabischen Emirate (VAE) sind das Ergebnis der Bemühungen, die politische Landschaft am Golf neu zu ordnen, nachdem Großbritannien Ende der 1960er Jahre seine Entschlossenheit bekundet hatte, seine Herrschaft dort zu beenden. Sechs Emirate schlossen sich im Dezember 1971 zu einem Bundesstaat zusammen: Abu Dhabi, Dubai, Schardschah, Umm al-Qaiwain, Adschman und Fudschaira. Das Emirat Ra's al-Khaima folgte im Februar 1972. In jedem dieser Emirate liegt die Machtausübung, teilweise zurückgehend bis auf das 18. Jahrhundert, in den Händen einer Familie: der Al Nahyan in Abu Dhabi, der Al Maktum in Dubai, der beiden Zweige der Al Qasimi in Schardschah und Ra's al-Khaima, der Al Mu'alla in Umm al-Qaiwain, der Al Scharqi in Fudschaira sowie der Al Nu'aimi in Adschman.

Kerndaten Vereinigte Arabische Emirate

Name des Landes (deutsch/arabisch/ englisch/französisch)		Vereinigte Arabische Emirate / al-Imarat al-Arabiyya al-Muttahida / United Arab Emirates / Emirats arabes unis	
Bevölkerung in Mio.	5,4	Datum der Unabhängigkeit	2.12.1971
Einwohner pro km²	65	Datum des Beitritts zur Arabischen Liga	1971
Fläche in km²	83 600	Staatsform	Föderale Erbmonarchie
Landessprache (offizielle [Staats-]Sprache)	Arabisch	BIP in Mrd. US-Dollar	258
häufig gebrauchte Sprachen	Persisch, Englisch, Hindi, Urdu	BIP pro Einwohner in US-Dollar	48 158
Konfessionen	Muslime 99,1 % (Sunniten)	Lebenserwartung in Jahren	77
religiöse Minderheiten	—	Zusammensetzung der Bevölkerung (ethnisch)	Emirati 20%; arabische und iranische 43%; Südasiaten 30%, andere 8%

Die Grundlagen für den neuen Bundesstaat waren schon zur Zeit der britischen Oberhoheit geschaffen worden, als auf Initiative Großbritanniens die Truppe der *Trucial Oman Scouts* und damit eine kleine, aber effiziente föderative Streitmacht geschaffen worden war. Seit 1952 trafen sich die Herrscher der einzelnen Scheichtümer zwei Mal jährlich unter dem Vorsitz des britischen Repräsentanten in Bahrain, um die Verwaltungen der jeweiligen politischen Einheiten auf einander abzustimmen. Seit 1956 wurden parallel zu den *Trucial Oman Scouts* auch Polizeieinheiten und Streitkräfte in den einzelnen Scheichtümern aufgebaut. Der Staatsgründung vorangegangen waren territoriale Dispute u. a. um die auch von Saudi-Arabien beanspruchte Oase Buraimi und die von Iran besetzten Inseln Abu Musa und die beiden Tanab.

Angesichts der notorischen Rivalitäten, Eifersüchteleien und Konflikte der Herrscher unter einander sowie der instabilen Machtverhältnisse innerhalb der Scheichtümer war die Gründung der VAE eine politische Errungenschaft; das Ausmaß an innerer Stabilität und namentlich auch die starke Stellung der VAE innerhalb ihres geopolitischen Umfeldes sind es noch mehr. Die Gründe liegen in dem politischen und wirtschaftlichen Ausgleich, der zwischen den Scheichtümern von so unterschiedlicher Flächengröße, Rohstoffausstattung und Wirtschaftsleistung hergestellt wurde. Denn das flächenmäßig größte Emirat ist mit 65 000 km² Abu Dhabi, es verfügt über ca. 80 % der Vorräte an

Erdöl und Ergas. Das kleinste Emirat ist mit $259\,\text{km}^2$ Adschman ohne nennenswerte Ressourcenausstattung.

Mit der Staatsgründung gaben die sieben Mitglieder einen Teil ihrer Souveränität – u. a. für die Bereiche Außenpolitik, Verteidigung, Infrastruktur, Erziehung, Geldpolitik sowie Wirtschafts- und Sozialgesetzgebung – an den Bundessaat ab. Der seit 1951 bestehende Rat der Herrscher wurde zum *Obersten Rat*, mithin zur Legislative und Exekutive. Auch wenn herkömmlich den Herrschern von Abu Dhabi und Dubai – beide haben ein Vetorecht – eine stärkere Stellung eingeräumt wird, sind die Herrscher insgesamt gleichberechtigt. Die täglichen Geschäfte werden von einer Regierung geführt, die vom *Obersten Rat* eingesetzt wird. Ein *Nationaler Föderationsrat* mit 40 Mitgliedern, Abu Dhabi und Dubai je acht, Schardscha und Ra's al-Khaima je sechs, übrige vier, hat beratende Funktion. Durch die aktive Mitarbeit am Gesetzgebungsverfahren hat sich dieser über die Jahre als Vorläufer eines Parlamentes Respekt erworben.

Kern der Geschichte der VAE seit ihrer Gründung war ihre wirtschaftliche Entwicklung. Während sich diese in aller Öffentlichkeit vollzogen hat, geschah das politische Regieren weitestgehend unter Ausschluss der Öffentlichkeit. Entscheidungen wurden durch persönliche Abstimmung unter wenigen führenden Persönlichkeiten der herrschenden Familien getroffen. Selten wurden Kontroversen in der Öffentlichkeit ausgetragen. Die Nachfolge der Herrschenden, vor der Staatsgründung nicht selten der Ausgangspunkt von Machtkämpfen und die Quelle von Instabilität, wurde innerhalb der Familien vorbereitet und geschah bruchlos. Von besonderen Emotionen war der Tod von Scheich Zayed bin Sultan Al Nahyan am 3. November 2004 begleitet. Seine Biographie reflektierte wie kaum ein anderer Tatbestand die rasante Veränderung der Lebensumstände der Menschen auf dem Gebiet der VAE – materiell zwischen Sand, Hitze und Dürre am Beginn seines Lebens und verschwenderisch fließendem Wasser, klimatisierten Räumen und begrünten Flächen an dessen Ende. Der Lebensstil entwickelte sich vom harten beduinischen Kampf um das tägliche Überleben zum luxuriösen Genuss in städtischen Palästen; und politisch von den überkommen informellen Strukturen des Stammes zur Gestaltung eines höchst komplexen Gemeinwesens unter den Bedingungen der Weltwirtschaft. Scheich Zayed kann als politischer Visionär gelten, ohne dessen Weitblick die VAE nicht zustande gekommen bzw. nicht stabil geblieben wären. Unter ihm fiel die Entscheidung, die Einnahmen zur umfassenden Entwicklung von Gesellschaft und Staat zu nutzen. Auch das Hinscheiden von Scheich Maktum bin Raschid Al Maktum, des Herrschers des zweitwichtigsten Emirats Dubai und Mitbegründers sowie stellvertretenden Präsidenten der VAE im Januar 2006, zeitigte keine Erschütterungen. Ein kleiner Schritt in Richtung auf mehr politische Teilhabe der einheimischen Bevölkerung wurde ebenfalls gemacht: Seither wird die Hälfte der Mitglieder des *Nationalen Föderationsrats* in einem Prozess indirekter Wahlen bestimmt.

Auch die Außenpolitik der VAE war wenig spektakulär. Die Grenzen mit Saudi-Arabien und Oman wurden in den 1970er Jahren festgelegt. Dieser Ausgleich war die Voraussetzung dafür, dass auch die VAE 1981 dem *Golf-Kooperationsrat* beitreten konnten. Grundlage der Sicherheitspolitik wurden die Beziehungen zu den USA. Mit ihnen wurden 1995/96 Sicherheitsabkommen abgeschlossen. Eine sicherheitspolitische Kooperation besteht auch mit Großbritannien und Frankreich. Gleichwohl machte die

Regierung eine Gratwanderung zwischen der Unterstützung der internationalen Gemeinschaft und eigenen regionalen Interessen. Während die VAE die militärische Operation gegen Saddam Husain zur Befreiung Kuwaits unterstützten, suchten sie gegenüber Iran einen eigenen Weg. Dieser war nicht frei von Widersprüchen: Auf der einen Seite hält Iran mit Abu Musa und den beiden Tanab drei Inseln besetzt, die von den VAE beansprucht werden. Auf der anderen Seite sind die VAE, namentlich Dubai, ein unentbehrlicher Wirtschaftspartner Irans. Vor dem Hintergrund der gegen Iran seit mehr als drei Jahrzehnten verhängten Sanktionen ist das Emirat – legal, aber auch in einer politischen Grauzone – handels- und finanzpolitisch das Tor der *Islamischen Republik Iran* zur Welt gewesen. Von politischem Opportunismus dürfte auch die Tatsache bestimmt gewesen sein, dass die VAE eines von nur drei Ländern waren, die in den 1990er Jahren das Regime der *Taleban* in Afghanistan anerkannt haben.

Wirklich spektakulär und im vollen Licht der internationalen Öffentlichkeit haben sich die wirtschaftlichen Entwicklungen vollzogen. Mit dem Niedergang der Perlenfischerei in den 1930er Jahren hatten die Menschen in den Emiraten eine traditionelle Einkommensquelle verloren. Lediglich Dubai konnte über seine Handelsverflechtungen nennenswerte wirtschaftliche Aktivitäten entfalten. Die Förderung und der Verkauf von Erdöl und Erdgas wurden die Grundlage der Bedeutung, die die VAE im internationalen Kontext erlangt haben. Angesichts der Ungleichheit der Ausstattung mit diesen Ressourcen lag von der Gründung der VAE an die entschiedene Verantwortung für deren Überleben bei Abu Dhabi, das über etwa 80 % der Rohstoffe verfügt. Ein solidarischer Ausgleich, der im Wesentlichen von Abu Dhabi bestritten wurde, wurde die Voraussetzung einer nachhaltigen wirtschaftlichen Entwicklung auch in den kleineren Emiraten. Vom Niedergang des Bankenwesens im Libanon in den 1980er Jahren konnte insbesondere Dubai profitieren, wo mittlerweile die Einnahmen vor allem aus dem Dienstleistungsbereich den Öl- und Gassektor übertreffen.

Ein Beispiel dafür, dass tief verwurzelte Rivalitäten, Konkurrenzdenken und Eifersüchteleien zwischen den herrschenden Familien der Koordinierung der Wirtschaftspolitiken nachgeordnet wurden, zeigte sich in der Finanzkrise, die 2009 auch einige der Golfstaaten erreichte. Nicht zuletzt mit überambitionierten Bauvorhaben hatten sich Unternehmen in Dubai übernommen. Es drohte die Gefahr, dass das staatliche Konglomerat *Dubai World* zahlungsunfähig und würde verkauft und zerschlagen werden müssen. Im November entschied die Regierung in Abu Dhabi, dem benachbarten Emirat mit einer Finanzspritze von 10 Milliarden US-Dollar zu Hilfe zu kommen. Bis dahin hatten die Finanzprobleme Dubais und seiner Staatsfirmen weltweit die Aktienmärkte erschüttert.

Wie in anderen Emiraten am Golf hat die wirtschaftliche Entwicklung seit der Unabhängigkeit zu tief greifenden Veränderungen der Bevölkerung geführt. Die Zahl der Einwohner lag zur Zeit der Staatsgründung bei ca. 180 000. 2013 hat sie die 5 Millionen Marke erreicht. Davon sind 80 % Ausländer, unter ihnen 70 % Araber und 30 % Iraner, Inder, Bangladeschis, Pakistanis und Philippinos sowie Europäer und Amerikaner. Die wenigsten von ihnen haben die Staatsbürgerschaft erhalten.

Vor dem Hintergrund der skizzierten Gesamtsituation ist es nicht verwunderlich, dass die arabische Revolte in den VAE nur ephemere Auswirkungen zeitigte. Im Februar

2011 forderten 100 Intellektuelle, die Abgeordneten des *Nationalen Föderationsrats* in direkten Wahlen zu bestimmen. Andere Meldungen besagten, dass es im darauf folgenden April Verhaftungen unter politischen Aktivisten gegeben habe. Immerhin traten im September 2011 468 unabhängige Kandidaten an, um die Hälfte des Parlaments, also 20 Sitze, neu zu besetzen. Das Interesse unter den Wählern war gering. In Verlautbarungen kündigte die Regierung an, das Parlament solle Schritt um Schritt mehr Kompetenzen erhalten, um »die Kluft zwischen dem Volk und der Regierung zu verkleinern«.

4.3.2.5 Oman

Im Unterschied zu den anderen Emiraten und Scheichtümern am Persischen Golf hat Oman eine lange Geschichte gefestigter Staatlichkeit. Im 19. Jahrhundert erstreckte sich das omanische Reich vom nördlichen Ufer des Arabischen Meeres über den ostafrikanischen Küstenstreifen bis Mosambik. Zwischen 1840 und 1856 wurde Sansibar sein Herrschaftszentrum. 1749 hatte die Al Bu Sa'id die Herrschaft in Maskat angetreten, die sie mit wechselndem Geschick bis in die Gegenwart innehat. Der wachsenden Dominanz Großbritanniens konnte sich auch Oman nicht entziehen. Unter britischer »Schirmherrschaft« teilte sich 1861 das Sultanat in zwei Teile, die sich nunmehr getrennt entwickelten: Sansibar und Maskat. Seit 1873 wurden die finanziellen Zuwendungen der anglo-indischen und seit 1949 der britischen Regierung an den Sultan in Maskat ein wesentlicher Bestandteil der omanischen Staatseinnahmen.

Kerndaten Omans

Name des Landes (deutsch/arabisch/ englisch/französisch)	Oman / Saltanat Oman / Oman / Oman		
Bevölkerung in Mio.	3,2	Datum der Unabhängigkeit	1971
Einwohner pro km²	10	Datum des Beitritts zur Arabischen Liga	1971
Fläche in km²	309 500	Staatsform	Erbmonarchie
Landessprache (offizielle [Staats-]Sprache)	Arabisch	BIP in Mrd. US-Dollar	81
häufig gebrauchte Sprachen	Englisch, Urdu, indische Sprachen	BIP pro Einwohner in US-Dollar	26 519
Konfessionen	Muslime (Ibaditen 75 %)	Lebenserwartung in Jahren	74
religiöse Minderheiten	Sunniten, Schiiten, Christen, Hindus	Zusammensetzung der Bevölkerung (ethnisch)	Araber, starke Minderheit von Arbeitsmigranten

Zwei Tatbestände haben die Geschichte Omans durch weite Teile des 20. Jahrhunderts geprägt: Zum einen die *Ibadiyya*, eine religiöse Richtung im Islam, deren Entstehung auf die Spaltungen zurückgeht, die dieser bereits in den ersten Jahrzehnten nach dem Tod des Propheten Muhammad erfuhr; ihr gehören heute etwa 75 % der Bevölkerung Omans an. Zum anderen die Rivalität zwischen Nizwa, dem religiösen Zentrum des ibaditischen Islams, und Maskat, dem Sitz des Sultans. Der Niedergang des Sultanats von Maskat in der zweiten Hälfte des 19. Jahrhunderts – nicht zuletzt eine Folge der Aufgabe des Sklavenhandels, die die Briten in einem Abkommen von 1873 durchgesetzt hatten – ließ das Imamat von Nizwa erstarken. Ab 1913 kam es zu anhaltenden Zusammenstößen, aus denen keine Seite als Sieger hervorging. 1920 vermittelte Großbritannien einen Kompromiss: In dem Abkommen von Sib anerkannte der Sultan die Autonomie des Imamats in Nizwa; dafür würde der Sultan für die Außenpolitik des Staates verantwortlich sein. Zwei sehr unterschiedliche Gemeinschaften koexistierten für die nächsten Jahrzehnte auf omanischem Boden. Das ausgeprägt religiöse und stammesmäßig organisierte Landesinnere und die dem Indischen Ozean zugewandte Küstenregion von Maskat. Sie stand unter starkem britischem Einfluss und von hier ging schrittweite die Modernisierung des Landes aus. Im Unterschied zu den anderen Emiraten aber war Oman zu keinem Zeitpunkt formal britischer Herrschaft unterworfen

Unter Sultan Sa'id bin Taimur, der 1932 die Macht übernahm, begann, wenn auch sehr zögerlich, ein Prozess der Modernisierung. Es gelang, die Finanzen des Landes zu konsolidieren. Dabei kamen dem Sultan die Ölfunde Ende der 1940er Jahre zugute. Außenpolitisch suchte er die Emanzipation von Großbritannien. Auf diesem Felde aber waren seine Handlungsspielräume nicht nur durch die anhaltend starke finanzielle Abhängigkeit begrenzt. Im August 1952 erhob Saudi-Arabien Anspruch auf die Oase Buraimi. Dessen Unterstützung von Seiten der ARAMCO ließ erkennen, dass wesentlich (amerikanische) Ölinteressen im Spiel waren, und der Sultan benötigte britische Rückendeckung, diesen Anspruch abzuwehren. Die Rückgewinnung Buraimis durch die *Trucial Oman Levies* im Oktober 1955 war zugleich der Beginn eines langen militärischen Konflikts des Sultans mit dem Imamat in Nizwa. In ihm ging es um nichts Geringeres als um dessen vollständige Eingliederung in den omanischen Staat. Erst 1959 konnte dieser Schritt – mit britischer militärischer Unterstützung vollzogen werden. Der Imam ging nach Saudi-Arabien ins Exil. In dem nunmehr vereinigten Staat war die Autorität des Sultans stärker als je zuvor.

Mit der vollzogenen Eingliederung war auch der Weg für eine intensivere Erdölexploration in Gebieten frei, die bislang zum Herrschaftsbereich des Imams gehört hatten. 1967 trat Oman in den Kreis der Ölförderländer ein. Damit aber verschärfte sich der Druck, den Prozess der Modernisierung voranzutreiben. Der Sultan war nur zu sehr bescheidenen Schritten bereit, die die überkommenen gesellschaftlichen, insbesondere auch auf stammesmäßiger Zugehörigkeit beruhenden Strukturen nicht in Frage stellen würden. Dem gegenüber drängte Großbritannien auf weiterreichende Schritte: Oman sollte eine zentralistische und auf institutionalisierten Strukturen aufgebaute Verwaltung erhalten. Die Öleinnahmen sollten zum Ausbau der Infrastruktur genutzt werden. Dem verweigerte sich der Sultan hartnäckig. Entsprechende Maßnahmen schienen umso dringender, als seit 1965 in der südlichen, an den Südjemen grenzenden Provinz Dhofar eine Bewegung zu operieren begann, die sich – unter dem Namen *Popular Front for the Liberation of Oman and the Arabian Gulf* (PFLOAG) – die marxistische Revolutionierung der gesamten Region auf die Fahnen geschrieben hatte. Sie wurde von der benachbarten *Demokratischen Volksrepublik Jemen* (Südjemen) und durch nasseristische Kräfte unterstützt. Hintergrund des Aufstands waren nicht zuletzt die wirtschaftliche Unterentwicklung und Vernachlässigung dieses Landesteiles durch die Regierung in Maskat. Während Großbritannien auch anderswo am Golf dabei war, neue Strukturen für die Zeit nach dem britischen Rückzug *East of Suez* zu schaffen, betrieb es, besorgt um die Stabilität der Region in Oman, den Sturz von Sultan Sa'id. Dabei konspirierte Großbritannien mit dessen Sohn. Der Staatsstreich war erfolgreich; der neue Sultan, Qabus bin Sa'id, trat am 23. Juli 1970 die Herrschaft an. Sein Vater starb am 19. Oktober 1972 im Exil in London.

Das Urteil der Historiker über Sultan Sa'id fällt gemischt aus. Das Ausmaß an Unterentwicklung und Isolation des Landes und des Regimes wird gern mit der Tatsache veranschaulicht, dass bis zu seinem Sturz jeden Abend die Stadttore von Maskat geschlossen werden mussten. Während die einen auf die Abschottung gegenüber äußeren Einflüssen, die Innovationsfeindlichkeit und archaisch anmutende wirtschaftliche Produktionsverfahren in Ackerbau, Viehzucht und Handwerk verweisen, stellen andere die mit der Abschaffung des Imamats verwirklichte Einheit des Landes und die ausgeglichene Haushaltspolitik des Herrschers heraus. Qabus, der neue Herrscher, 1940 geboren, hatte zwischen 1958 und 1964 einen Teil seiner Erziehung und seine militärische Ausbildung in England erfahren. Er ließ keine Gelegenheit aus, den Neuanfang zu betonen, der mit seiner Machtübernahme gegeben sei. Das Land erhielt eine neue Flagge; und aus dem *Sultanate of Muscut and Oman* wurde *Sultanate of Oman*. In den folgenden Jahren fand das Land Anschluss an die Industrialisierung und suchte den Eintritt in die internationale Völkergemeinschaft.

Vorrangiges Entwicklungsziel für die erste Dekade nach dem Staatsstreich war die Überwindung der durch die Isolation verursachten Rückständigkeit in Infrastruktur, Wirtschaft und Gesellschaft. Dazu gehörten der Aufbau eines zentralen Regierungs- und Planungsapparats, der Bau von Schulen und Hospitälern, die Entwicklung des Verkehrs- und Kommunikationsnetzes sowie die Gewährleistung der Wasser- und Elektrizitätsversorgung. Den wirtschaftlichen Maßnahmen ging die Förderung eines omanischen Nationalbewusstseins einher. Es sollte die ausgeprägt tribale Identifikation, insbesondere unter den Stämmen im Landesinneren, ergänzen und langfristig ersetzen. Bereits im November 1970 wurde der erste 5-Jahres-Plan verkündet. Mit militärischer Unterstützung der Nachbarn, Großbritanniens und des Schahs von Persien wurde der Kampf gegen die PFLOAG aufgenommen. Nicht zuletzt durch die Aussicht auf wirtschaftliche Entwicklung für die einheimische Bevölkerung konnte 1975 der Krieg beendet und die Provinz Dhofar wieder fest in den Staat integriert werden.

Der Prozess politischer Modernisierung verlief demgegenüber nur schleppend. Zum Zeitpunkt des Staatsstreichs war Oman eine absolute Monarchie. Nur langsam begann Sultan Qabus Schritte in Richtung auf politische Teilhabe der Bevölkerung zu unternehmen. Auf sein Geheiß wurde im Oktober 1981 eine beratende Staatsversammlung (*al-madschlis al-istischari ad-dauli*) konstituiert, deren 59 Mitglieder – alle ernannt durch den Sultan – sich aus unterschiedlichen gesellschaftlichen Gruppen und allen Provinzen des Landes zusammensetzten. Die zu beratenden Themen waren auf wirtschaftliche Fragen beschränkt. 1991 trat ein *Konsultativrat* (*madschlis asch-schura*) mit erweiterten Befugnissen an dessen Stelle.

Erst mit dem Erlass 101 proklamierte der Sultan am 6. November 1996 ein *Grundgesetz des Staates*. Artikel 52 sah ein neues Organ der Volksvertretung, den *Staatsrat* (*madschlis ad-daula*) vor; er trat 1997 ins Leben. Seither bilden der *madschlis asch-schura* (die *Beratende Versammlung*; 82 Mitlieder) als erste, der *Staatsrat* (41 Mitglieder) als zweite Kammer den *Omanischen Rat* (*madschlis Oman*). Während die Angehörigen des Oberhauses (der zweiten Kammer) ausnahmslos vom Sultan ernannt werden, werden die Abgeordneten der ersten Kammer durch ein eingeschränkt allgemeines Wahlverfahren bestimmt. 1997 erhielten auch Frauen das aktive und passive Wahlrecht. Wenige Frauen zogen seither in die *Beratende Versammlung* ein. Auch übertrug der Sultan einige Kabinettsposten an Frauen. Symptome innenpolitischer Opposition zeigten sich 2005, als etwa 100 Personen unter dem Verdacht islamistischer Umtriebe festgenommen wurden. Ein breiterer Widerstand war dahinter freilich nicht sichtbar.

Wie andernorts auf der Arabischen Halbinsel bildete der Ölexport – ab Ende der 1960er Jahre – die Grundlage der wirtschaftlichen Entwicklung. Aber bereits in den 1980er Jahren wurde ersichtlich, dass die Vorräte weit geringer als in anderen Emiraten sein würden. Ende der 1980er Jahre begann deshalb ein Prozess der Omanisierung: Für den öffentlichen Dienst und die private Wirtschaft wurden Quoten für die Beschäftigung einheimischer Omanis festgelegt. Zugleich wurde auf arbeitsintensive Projekte verzichtet. Auf diese Weise wurde der Entstehung eines Missverhältnisses zwischen Einheimischen und zugewanderten Arbeitskräften entgegen gearbeitet, das für die Bevölkerungsentwicklung in den ölreichen Staaten der Arabischen Halbinsel charakteristisch ist.

Mit der Machtübernahme durch Sultan Qabus wurde auch die außenpolitische Isolierung des Landes überwunden. 1971 trat Oman der UNO und der Arabischen Liga bei. 1981 wurde das Land Gründungsmitglied des GCC. Sicherheitspolitisch besteht eine enge Anbindung an die USA. Bemerkenswert sind die relativ guten Beziehungen zu Iran. Daran haben auch Bemühungen Washingtons nichts geändert, diese zu lockern. Wiederholt – nicht zuletzt im Zusammenhang mit den seit 2002 geführten Verhandlungen um das iranische Nuklearprogramm – hat der Sultan seine Beziehungen genutzt, um zwischen Teheran und der internationalen Gemeinschaft zu vermitteln.

Der Beginn der arabischen Revolte war auch in Oman mit Protesten verbunden. Forderungen nach politischen Reformen und der Schaffung von Arbeitsplätzen wurden laut. Bei Demonstrationen in den Kupferwerken von Suhar kamen von Februar bis April 2011 mehrere Menschen zu Tode. Der Sultan geriet unter Druck. Mehrere der Korruption beschuldigte Minister wurden abgelöst, im öffentlichen Dienst neue Stellen geschaffen und die Sozialleistungen verbessert. Vor allem aber versprach Sultan Qabus größere Machtbefugnisse für die *Beratende Versammlung*. Im Oktober 2011 fanden Wahlen zu dieser statt. 1133 Kandidaten, darunter 77 Frauen, standen zur Wahl. Eine von ihnen war erfolgreich.

4.3.3 Jemen

Die Geschichte Jemens ist über weite Zeiträume durch die Herrschaft der zaiditischen Imame – dabei handelt es sich um Angehörige eines Zweiges der *Schi'a*, der dem sunnitischen Islam relativ nahe steht – bestimmt. Von ihnen ging auch der Widerstand aus, als die Osmanen in der zweiten Hälfte des 19. Jahrhunderts im Jemen wieder die Macht übernahmen, die sie dann bis zum Ende des Ersten Weltkrieges ausübten. Für die Geschichte des Landes ist auch die Tatsache von Bedeutung, dass Großbritannien 1839 in Aden die Herrschaft übernommem hatte (s. S. 28). Bis zum Rückzug der Briten (1967) war der Hafen als Handels- und Bunkerplatz von großer, auch überregionaler Bedeutung.

Mit dem Ende des Ersten Weltkriegs errichtete Imam Yahya Hamid ad-Din eine unabhängige Herrschaft. Das Gebiet des neuen Staates erhielt erst in kriegerischen Auseinandersetzungen mit dem expandierenden Saudi-Arabien und im Konflikt mit Großbritannien feste Konturen. 1934 musste Imam Yahya die nördliche Provinz Asir an König Abd al-Aziz bin Sa'ud abtreten. Gegen England ließ sich der Anspruch auf die Sultanate im Hinterland von Aden und am Indischen Ozean nicht durchsetzen, die durch Verträge zu britischen Protektoraten geworden waren. Mitte der 1930er Jahre hatte das Herrschaftsgebiet die Ausdehnung der späteren *Arabischen Republik Jemen*. Religiös war die Bevölkerung zu etwa gleichen Teilen in schiitische Zaiditen im nördlichen Kernland und sunnitische Schafiiten im südlichen Bergland und in der Küstenebene Tihama gespalten.

Die absolute Machtausübung lag beim Imam, der eine religiöse Legitimation hatte. Zur Machtelite gehörten neben seiner Familie die Führer der zaiditischen Stämme sowie die Geistlichkeit. Die Schafiiten waren fast vollständig von der Machtausübung ausgeschlossen. Die Niederlage von 1934 zwang den Imam zum Aufbau einer modernen Armee. Junge Männer wurden nach Bagdad zur Ausbildung geschickt. Dort freilich lernten sie nicht nur das militärische Handwerk, sondern kamen auch mit modernen politischen Ideen in Berührung. Deshalb wurde dieses Experiment bald beendet. Mehr und mehr verschloss sich der zaiditische Staat – nicht zuletzt auch gegen die Reformbestrebungen, die aus dem britischen Aden in das Hochland einzudringen begannen.

Wie in anderen arabischen Staaten auch bot das Militär Angehörigen der mittleren und unteren Schichten der Gesellschaft – im jemenitischen Falle schafiitischer Glaubenszugehörigkeit – Aufstiegschancen. Dort begann sich auch die politische Opposition zu bilden. Daneben signalisierten die Aktivitäten junger städtischer reformorientierter Intellektueller den Aufbruch in eine neue Epoche. Diese *Freien Jemeniten* sahen sich als Repräsentanten aller Schichten des Volkes. Der Ruf nach politischer Teilhabe wurde laut. Ein Putschversuch, an dem unterschiedliche Kräfte beteiligt waren, scheiterte im Jahr 1948. Zwar wurde der Imam getötet, aber sein Sohn, Imam Ahmad, setzte die Politik des Vaters fort. Nunmehr aber wurden radikalere Forderungen nach der Abschaffung des Imamats als Staatsform erhoben. Am 26. September 1962 waren es Offiziere, die den Schlag führten. Imam Muhammad al-Badr, erst eine Woche an der Macht, wurde abgesetzt. Die Offiziere, die sich nach ägyptischem Vorbild als *Komitee der Freien Offiziere* bezeichneten, riefen die *Arabische Republik Jemen* aus. Sie hatten die Unterstützung wichtiger zaiditischer Stämme; aber auch das nasseristische Ägypten stand an ihrer Seite.

Kerndaten Jemens

Name des Landes (deutsch/arabisch/ englisch/französisch)	Jemen / al-Dschumhuriyya al-Yamaniyya / Yemen / Le Yémen		
Bevölkerung in Mio.	25,4	Datum der Unabhängigkeit	3.10.1918 (Nordjemen), 30.11.1967 (Südjemen); Vereinigung beider Jemen 22.5.1990
Einwohner pro km²	48	Datum des Beitritts zur Arabischen Liga	1945
Fläche in km²	528 076	Staatsform	Republik
Landessprache (offizielle [Staats-]Sprache)	Arabisch	BIP in Mrd. US-Dollar	21,6
häufig gebrauchte Sprachen	—	BIP pro Einwohner in US-Dollar	972
Konfessionen	Sunniten etwa 65 % und Zaiditen/ Schiiten 35 %	Lebenserwartung in Jahren	65
religiöse Minderheiten	—	Zusammensetzung der Bevölkerung (ethnisch)	Araber, afro-arabische Minderheit

Der Imam war nach Saudi-Arabien entkommen. In dem Bürgerkrieg, der nun entbrannte, standen sich Royalisten und Republikaner gegenüber. Die auswärtige Unterstützung der Kriegsparteien war massiv. Es ging um Weltanschauungen und Ideologien, divergierende politische und gesellschaftliche Konzepte, aber nicht zuletzt auch um politische Macht. Nasser warf sein ganzes Prestige in die Waagschale der Republikaner; auf dem Höhepunkt des Engagements standen 70 000 ägyptische Soldaten im Jemen, ohne dass ein Durchbruch erzielt werden konnte. Saudi-Arabien ergriff auf Seiten der Royalisten Partei. Erst nach dem Abzug der Ägypter 1967 begannen die Konfliktparteien, auf einander zuzugehen. Einem von den *Freien Jemeniten* dominierten *Republikanischen Rat* gelang 1970 ein Ausgleich zwischen Modernisten, ländlichen Führern, Militärs und Religionsgelehrten. Ausdruck des Kompromisses wurde die Verfassung vom Dezember 1970. Dem Parlament wurde eine starke Stellung gegeben; die *Scharia* zur Quelle der Gesetzgebung erklärt.

Von 1974 bis zum Ausbruch der Revolte im Jahr 2011 hat das Militär die führende Rolle in der Politik der *Arabischen Republik Jemen* gespielt. Gleichwohl wurden auch Zivilisten in den Herrschaftsapparat einbezogen. Wichtige Schritte der Modernisierung wurden von dem militärischen Kommandorat eingeleitet, der im Juni 1974 unter

Ibrahim al-Hamdi die Macht übernahm. Er suchte den Einfluss der Stämme zurück zu drängen und die Balance zwischen Zaiditen und Schafiiten in Regierung und Verwaltung zu verbessern. Al-Hamdi wurde im Oktober 1977, sein Nachfolger im Juni 1978 ermordet. Im Juli wählte der *Gründungsrat des Volkes*, ein Ersatz des aufgelösten Parlaments, Ali Abdallah Salih zum Staatspräsidenten. Er sollte erst im Zuge der arabischen Revolte im Winter 2011/12 zum Rücktritt gezwungen werden. Mit der Gründung des *Allgemeinen Volkskongresses* (AVK) im Jahr 1982 suchte er seine Machtbasis zu verbreitern. Sein Ziel war nicht zuletzt die politische Mobilisierung der Bevölkerung für die Zentralregierung und deren Stärkung gegenüber den partikularistischen Interessen der Stämme.

Bis zur Vereinigung der beiden jemenitischen Staatsgebiete im Jahr 1990 nahm der südliche Jemen, d. h. Aden und das Hinterland der britischen Kolonie, eine eigenständige Entwicklung. Die Eröffnung des Suezkanals 1869 und der Ausbau der Dampfschifffahrt seit den 1870er Jahren hatten die Bedeutung des Handelsplatzes kontinuierlich wachsen lassen. Spätestens mit der Ausbaggerung des Hafens 1895 war Aden Knotenpunkt des regionalen und internationalen Handels. 1936 wurde es zur Kronkolonie erklärt. Mit den Sultanen, den Herrschern im südjemenitischen Hinterland, wurden Verträge geschlossen; es blieb bis in die 1940er Jahre weitgehend von der Stadt Aden abgeschottet. Ab 1959 begann sich eine immer wachsende Zahl von Sultanaten zusammenzuschließen. 1963 trat die *Federation of South Arabia* ins Leben, der auch Aden beitrat. Auf einer Konferenz in London 1964 wurde vereinbart, dass sie bis spätestens 1968 die Unabhängigkeit erhalten sollte.

Die Stadt selbst veränderte sich dynamisch. Allein die Militärbasis beschäftigte 1955 20 000 lokale Arbeiter; die Bevölkerungszahl war auf 140 000 angewachsen. Die Ausweitung des Bildungssystems seit Anfang der 1950er Jahre, Zeitungen und die Gründung gewerkschaftlicher Organisationen vermittelten Impulse zu neuen auch politischen Auseinandersetzungen. In den 1950er Jahren erhielten diese zunehmend eine antikoloniale Stoßrichtung. Trägerin der Proteste wurde die im Februar 1963 gegründete *National Liberation Front* (NLF), zu deren Strategien auch der bewaffnete Kampf gehörte. In den Protektoraten gelang es ihr, lokale tribale Revolten zu nutzen und zu steuern. In Aden setzte sie ausgebildete Kämpfer ein. Stand die Führung zunächst unter starkem nasseristischem Einfluss, radikalisierte sie sich Anfang 1966 unter dem Einfluss junger marxistisch geschulter Kader. Daneben hatten die Gewerkschaften, die sich 1956 im *Aden Trade Union Congress* zusammengeschlossen hatten, maßgeblichen Anteil an der Unterminierung der britischen Macht. Im Verlauf des Jahres 1967 setzte sich die NLF politisch und militärisch in den Protektoraten, danach auch in Aden durch. Nachdem Großbritannien bereits zuvor signalisiert hatte, sich zurück zu ziehen, lösten sich die von London unterstützten Kräfte auf. Die NLF übte einen führenden Einfluss in Armee und Polizei aus. Am 30. November 1967 endete die britische Herrschaft. Am selben Tag wurde die *Demokratische Volksrepublik Südjemen* proklamiert. Mit der Schließung des Suez-Kanals im Gefolge des voran gegangenen Juni-Krieges (s. S. 67 f.) hatte Aden seine Bedeutung verloren. In den inneren Kämpfen während der nächsten zwei Jahre wurden die Sultane vertrieben, die traditionellen Gesellschaftsstrukturen lösten sich zugunsten einer sozialistischen Ordnung auf.

Die anschließenden Machtkämpfe konnte der marxistische Flügel für sich entscheiden. Die Verfassung von 1970 besiegelte diese Entwicklung: Danach war die *Demokratische Volksrepublik Jemen* eine Volksdemokratie, in der die Gewalt von der Arbeiterklasse ausging; Grundlage der Politik war der »wissenschaftliche Sozialismus«. Weitere Auseinandersetzungen führten im Oktober 1978 zur Gründung der *Jemenitischen Sozialistischen Partei* (JSP). Im Dezember übernahm Abd al-Fattah Isma'il als Präsident die Macht. In weiteren inneren Machtkämpfen erfuhr der Südjemen – in enger Anlehnung an die Sowjetunion und die Deutsche Demokratische Republik (DDR) – in den folgenden Jahren eine sozialistische Umgestaltung.

Gleichwohl hatte das Ende der britischen Kolonialherrschaft 1967 auch Hoffnungen auf die Vereinigung aller Gebiete des Jemen entstehen lassen. Dem standen die tief greifenden Unterschiede zwischen den politischen Systemen zunächst entgegen. Und tatsächlich waren im September 1972 im Grenzgebiet zwischen den beiden jemenitischen Staaten Kämpfe ausgebrochen. Ein von der Arabischen Liga vermittelter Waffenstillstand enthielt erstmals auch eine Verständigung über die Vereinigung beider Landesteile. Diese wurde im März 1979 bekräftigt und Ende 1981 einigten sich beide Seiten auf eine gemeinsame Verfassung. Die Machtkämpfe im Inneren Südjemens hatten Ende der 1980er Jahre wieder gemäßigtere Kräfte an die Macht kommen lassen. Auch war die Attraktivität des sozialistischen Modells in raschem Niedergang begriffen. Dies waren Voraussetzungen dafür, dass am 30. November 1989 der Präsident der *Arabischen Republik Jemen*, Ali Abdallah Salih, und der Generalsekretär der *Jemenitischen Sozialistischen Partei*, Ali Salim al-Baid, ein Programm unterschreiben konnten, das die schrittweise Vereinigung beider Jemen vorsah. Als sich im Nordjemen Proteste dagegen seitens der konservativen Kräfte und der Islamisten aus Furcht vor marxistischen Einflüssen aus dem Süden mehrten, wurde die Vereinigung vorverlegt. Am 22. Mai 1990 wurde die *Jemenitische Republik* in Aden proklamiert. Die Führung in Aden hatte zuvor ihre sozialistischen Grundsätze aufgegeben.

Die Vereinigung der beiden Jemen war von einem kurzen innenpolitischen Frühling begleitet. Etwa 30 Parteien mit unterschiedlichen Programmen wurden gegründet. Von ihnen sollten freilich nur drei, nämlich der nordjemenitische AVK, die südjemenitische JSP sowie die konservativ-islamische *Reformpartei* (*at-tadschammu' al-yamani li-l-islah*) die Geschicke des Landes bestimmen. Das Programm der letzteren war durch die Interessen der Stämme und religiöser Kräfte, insbesondere der *Muslimbruderschaft* (unterstützt von Saudi-Arabien), gekennzeichnet. Aus den Wahlen vom 27. April 1993 ging der von Präsident Ali Abdallah Salih geführte AVK als stärkste Kraft hervor (122 Sitze; *Islah* 62, JSP 56).

Das Wahlergebnis ließ eine klare Dominanz nordjemenitischer Kräfte erkennen. Zwar kam es zu einer Koalition der drei Parteien, doch bald brachen Konflikte zwischen dem nordjemenitischen Bündnis aus Stammesvertretern, Militärs und Technokraten auf der einen und südjemenitischen Parteikadern auf der anderen Seite aus. Sie eskalierten 1994 zu einem Bürgerkrieg, als am 21. Mai Angehörige der JSP-Führung eine *Demokratische Republik Jemen* ausriefen. Anfang Juli war der Jemen – diesmal militärisch – wieder vereint. Die JSP sollte von nun an keine bestimmende Rolle mehr spielen. Dass sie die Wahlen vom April 1997, die allgemein als frei und fair eingeschätzt wurden, boykottierte, ließ sie völlig im Abseits verschwinden. Das Gefühl der Dominanz des Nordens über den Süden aber sollte dort auch in den folgenden Jahren weit verbreitet bleiben. Am 23. September 1999 wurde der Präsident zum ersten Mal direkt gewählt. Ali Abdallah Salih erhielt 96,3 % der Stimmen.

Die folgenden Jahre bis zum Ausbruch der Revolte im Jemen waren schwierig. Innenpolitisch nahm das Regime zunehmend autokratische Züge an. Das war nicht zuletzt auch eine Folge des Terrorattentats vom 11. September 2001. Zwar waren Jemeniten nicht unmittelbar involviert; aber *al-Qa'ida* hatte auch im Jemen Fuß befasst. Auch dort war es zu Terrorattacken gekommen, sie waren nicht zuletzt eine Folge der schlechten Wirtschaftslage. 1991 waren Hunderttausende jemenitischer Arbeiter aus Saudi-Arabien ausgewiesen worden; dies als Reaktion darauf, dass Präsident Salih Sympathien für die Besetzung Kuwaits durch den Irak hatte erkennen lassen. Die damit verbundene innenpolitische Destabilisierung, die mit Entführungen auch von Ausländern verbunden war, erstickte den Tourismus, über den Devisen hätten ins Land kommen können. Vor diesem Hintergrund war das Regime Salihs ein willkommener Partner der USA im »Kampf gegen den Terror« im Jemen. In der Präsidentschaftswahl vom September 2006, die von beachtlicher Konkurrenz gekennzeichnet war, erhielt Salih 77,2 % der Stimmen. Gerüchte wollten wissen, dass in den nächsten Wahlen, die für 2013 vorgesehen waren, sein Sohn Ahmad ins Rennen gehen würde.

An den Rändern des Landes, das – unter Vernachlässigung seiner politischen, gesellschaftlichen und religiösen Divergenz – von San'a aus zentralistisch regiert wurde, nisteten Konflikte, die die Stabilität anhaltend gefährdeten. Im Süden eskalierte das Gefühl der Marginalisierung zu einer offenen Protestbewegung. Bereits die Parlamentswahlen vom 27. April 2003 hatten die südjemenitische JSP bei nur 8 Sitzen gesehen (AVK 238, *Islah* 46). Ab 2007 begann eine Bewegung unter der Bezeichnung *al-hirak al-dschunubi* (*Southern [Yemen] Movement*) mit gewaltsamen Protesten die Sezession voran zu treiben. In Norden kam es im Sommer 2004 im Südwesten der Provinz Sa'da erstmals seit dem Bürgerkrieg in den 1960er Jahren wieder zu gewaltsamen Auseinandersetzungen zwischen Sicherheitskräften und Anhängern eines zaiditischen Gelehrten, Husain Badr ad-Din al-Huthi. Unklar ist, ob es sich um eine Gegenbewegung der Huthis zu der anhaltenden Erosion der gesellschaftlichen und politischen Stellung der Zaiditen im Jemen zugunsten der sunnitischen Schafiiten, um einen Widerstand gegen den seit den 1980er Jahren stärker werdenden Einfluss der salafitisch-wahhabitischen Lehre oder um einen Protest auch gegen die »Unterwerfung« Präsident Salihs unter die USA und um ihm unterstellte Beziehungen zu Israel handelte. Trotz des Todes des Gelehrten bereits im September 2004 konnten die verlustreichen Auseinandersetzungen zwischen der *Huthi*-Bewegung und der Zentralregierung bis zum Ende des Jahrhunderts nicht nur nicht beigelegt werden; im September 2014 besetzten *Huthi*-Milizen San'a und begannen, Einfluss auf die Regierung zu nehmen.

Die innenpolitischen Verwerfungen werden durch zwei Tatbestände verschärft. Der eine ist die Armut des Landes. Der Jemen gehört zu den ärmsten Ländern der Welt. Die ohnehin geringen Ölreserven neigen sich dem Ende zu; selbst Wasser ist knapp. Der

Regierung Präsident Salihs war es nicht nur nicht gelungen, die Wirtschaft zu konsolidieren; die teilweise von außen aufgedrängten Reformen hatten die Kluft innerhalb der Gesellschaft vertieft. Sie verläuft nunmehr insbesondere zwischen den Bevölkerungen in den Städten und auf dem Land. Dass die Unterschiede auch eine politische (Rivalität zwischen dem Norden und dem Süden des Landes) bzw. religiöse (zwischen der schafiitisch-sunnitischen Mehrheit und der zaiditisch-schiitischen Minderheit) Dimension haben, ist kaum von der Hand zu weisen.

Ein zweiter Tatbestand sind die Abhängigkeit des Landes von auswärtiger Hilfe bzw. die Einmischung von außen. Die Armut hat Jemen seit dem Ende des Bürgerkrieges zu einem Empfänger internationaler Entwicklungshilfe werden lassen. Das beinhaltete auch Zuwendungen aus dem Lager der reichen Nachbarn, die Jemen bei der Gründung des GCC seinerzeit ausgeschlossen hatten. Finanzielle Hilfeleistung war nicht selten verbunden mit politischen Interessen. Eine Tradition der Einmischung geht bis auf den Bürgerkrieg zurück, in dem Ägypten und Saudi-Arabien (und zeitweilig Jordanien) hinter den kriegführenden Parteien standen. Mit Saudi-Arabien verbindet den Jemen nicht nur die Nachbarschaft, die Grenzen sind an vielen Punkten unmarkiert. Saudi-Arabien hat vielmehr in den 1930er Jahren mit der Provinz Asir Territorium annektiert (s. S. 242), das noch immer von San'a reklamiert wird. Auch bestehen enge familiäre Verbindungen; so ist z. B. die Familie Bin Ladin, welcher der Gründer der Terrororganisation *al-Qa'ida* entstammt, jemenitischen Ursprungs. Die Folgen der saudischen Verstimmung aus dem Jahr 1990/91 sind bereits angedeutet worden. Auch Kuwait hat die Beziehungen zu San'a erst 1999 wieder aufgenommen. Dass gelegentlich die Vermutung geäußert wird, Iran, der schiitische Rivale Saudi-Arabiens, unterstütze die Huthi-Rebellen, liegt fast in der Natur der Sache. Wie die USA ist auch die Führung Saudi-Arabiens besorgt, der Jemen könne zerfallen und zum Tummelplatz radikaler islamistischer Kräfte werden. Vor diesem Hintergrund hatte sich ein enges Zusammenwirken zwischen Washington, Riyadh und San'a im »Kampf gegen den Terrorismus« ergeben; dem Zusammenhalt des Landes hat dies nachhaltig geschadet.

Im Januar 2011 ist der Funke der arabischen Revolte auch auf den Jemen übergesprungen. Wie anderswo forderten die Demonstrierenden Gerechtigkeit und Würde. Damit war die Forderung nach dem Rücktritt des Präsidenten verbunden, den sie auch für die wirtschaftliche Misere verantwortlich machten. Besorgt, es könnte zu unkontrollierten Entwicklungen in dem Nachbarland kommen, suchte Saudi-Arabien zu vermitteln. Im November 2011 erklärte Ali Abdallah Salih seinen Rücktritt; Voraussetzung dafür war die Garantie seiner Immunität. Zum Interimspräsidenten wurde im Februar 2012 sein Stellvertreter Abed Rabbo Mansur Hadi gewählt. Über die Zukunft sollte ein Nationaler Dialog beraten, der im März 2013 seine Arbeit aufnahm. Nach dem Abschluss seiner Arbeit im Januar 2014 standen die Ausarbeitung einer neuen Verfassung sowie Parlaments- und Präsidentschaftswahlen auf der politischen Agenda.

Dazu ist es nicht gekommen. Hinter der Fassade des Nationalen Dialogs war Interimspräsident Hadi bemüht gewesen, seine Stellung zu festigen. Wichtige Posten in der Regierung waren mit seinen Anhängern besetzt worden; breite Kreise des politischen und gesellschaftlichen Spektrums fühlten sich marginalisiert. Hinzu kam die Verschärfung der wirtschaftlichen Situation. Im November 2014 erzwangen die Huthis die Einsetzung eines neuen, aus Technokraten bestehenden Kabinetts. Bevor die Arbeit an einer neuen Verfassung im Januar 2015 beendet war, stellten sie weitere Bedingungen. Der Präsident und die Regierung traten zurück. Die Huthis füllten das Vakuum, indem sie am 6. Februar eine Verfassungserklärung erließen und einen Übergangsrat einsetzten, der die Regierungsgeschäfte führen sollte.

Zwei Wochen später gelang es Hadi, sich nach Aden abzusetzen, von wo aus er San'a für von den Huthis »besetzt« erklärte. Das war das Fanal für die Fortsetzung des Krieges. Anfang April stürmten sie den Amtssitz Hadis in Aden; dieser floh nach Saudi-Arabien. Ein seit Anfang März von den Saudis angeführtes Eingreifen einer arabischen Koalition aus der Luft hatte sich als wirkungslos erwiesen.

Am Anfang des neuen Jahrhunderts ist unklar, ob sich die zaiditischen Huthis nach Durchsetzung ihrer Teilhabe an der Macht in San'a wieder in ihre Gebiete im Norden des Landes zurückziehen werden; oder ob es zu einer grundlegenden Ablösung der seit 1962 herrschenden schafiitischen Sunniten kommen wird.

4.4 Die Staaten am Rande der arabischen Welt

Es gibt gute Gründe, die im Folgenden genannten vier Staaten im Rahmen einer Geschichte der arabischen Welt im 20. Jahrhundert lediglich kursorisch – gleichsam der Vollständigkeit halber – abzuhandeln. Geographisch am Rande des insbesondere auch durch die arabische Sprache geprägten Raumes – die Komoren sind im Indischen Ozean zwischen der ostafrikanischen Küste und Madagaskar gelegen – haben sie an den geschichtlichen und kulturellen Interaktionen und Kontexten der Araber nur marginalen Anteil. Ihre »Arabität« kommt vornehmlich in ihrer Mitgliedschaft in der Arabischen Liga, die sie – nicht zuletzt aus wirtschaftlichen Gründen – nach der Unabhängigkeitserklärung gesucht haben, zum Ausdruck. Mit den arabischen Völkern teilen sie den Tatbestand, von denselben europäischen Mächten kolonisiert worden zu sein, die im 20. Jahrhundert jene beherrscht haben. Ihre Unabhängigkeit erhielten sie im zeitlichen Zusammenhang mit deren Entkolonisierung.

4.4.1 Mauretanien

In historischer Dimension ist das Land nur von fern der arabischen Geschichte verbunden. Die ausgedehnten Wüstengebiete – zwei Drittel des heutigen Territoriums – waren zeitweise Teil der im Nordwesten Afrikas entstehenden Berberreiche. Der Staat Mauretanien, der 1960 in die Unabhängigkeit eintrat, ist das Erlebnis französischer Kolonialpolitik. Um eine Sicherheitszone zwischen seinen west- und nordafrikanischen Besitzungen zu schaffen, unterwarf Frankreich Mauretanien von Süden aus und band es administrativ an seine schwarzafrikanischen Kolonien. 1903 wurde es Protektorat. Ab 1920 war es Kolonie innerhalb von Französisch-Westafrika.

Kerndaten Mauretaniens

Name des Landes (deutsch/arabisch/ englisch/französisch)	Mauretanien / al-Dschumhūriyya al-islāmiyya al-mūrītāniyya / Mauritania / Mauritanie		
Bevölkerung in Mio.	3,4	Datum der Unabhängigkeit	28.11.1960
Einwohner pro km²	3	Datum des Beitritts zur Arabischen Liga	1973
Fläche in Mio. km²	1,0	Staatsform	Islamische Republik
Landessprache (offizielle [Staats-]Sprache)	Arabisch	BIP in Mrd. US-Dollar	2,7
häufig gebrauchte Sprachen	Hassaniyya, Französisch, afrikanische Sprachen, Berbersprachen	BIP pro Einwohner in US-Dollar	931
Konfessionen	Muslime	Lebenserwartung in Jahren	62
religiöse Minderheiten	—	Zusammensetzung der Bevölkerung (ethnisch)	schwarze Mauren 40 %, weiße Mauren 30 %, Schwarz-afrikaner 30 %

Wie der Sudan reicht das Land in den afrikanischen Raum hinein. Anders freilich als dieser ist es flächendeckend vom Islam – weithin auch in seiner bruderschaftlichen (sufischen) Tradition – geprägt. Die Mehrheit der Bevölkerung ist arabisch-berberischen Ursprungs; und seit 1966 ist Arabisch (nach langer Vorherrschaft des Französischen, das noch immer als erste Fremdsprache an den Schulen verbindlich ist) alleinige Amtssprache. Vornehmlich im Süden des Landes, im Gebiet des Senegal-Flusses, leben afrikanische Völker. Die Suche nach einer mauretanisch-nationalen Identität hat denn auch die Geschichte des Landes seit der Unabhängigkeit mitgeprägt. Charakteristisch und auch heute noch bestimmend ist die Struktur der Gesellschaft, innerhalb derer sich der Einzelne in seiner Zugehörigkeit zu Ethnien, Stämmen, Familien und – eine Besonderheit innerhalb der arabischen Gesellschaften – nach Kasten versteht. Die »weißen Mauren« sind eine berberisch-arabische Mischbevölkerung mit arabisch-islamischer Kultur und und arabischem Dialekt (*hassaniyya*), während unter »schwarzen Mauren« ehemalige Sklaven (*abid*; Sing. *abd*) und Freigelassene (*haratin*; Sing. *hartani*) schwarzafrikanischen Ursprungs zu verstehen sind, die sich sprachlich und kulturell ihren vormaligen Herren angepasst haben. Die Begriffe »weiß« und

»schwarz« sind aber insofern irreführend, als auch viele aus Verbindungen mit schwarzen Sklavinnen stammende »weiße« Mauren der ehemals edlen Kasten dunkelhäutig sind. Die ebenfalls muslimischen schwarzafrikanischen Mauretanier sind Stämmen zuzuordnen, die in den anderen Staaten des Senegalgebiets anzutreffen sind und ihre eigenen Sprachen und Traditionen besitzen. Ihre Sprachen sind in Mauretanien anerkannte Nationalsprachen. Trotz des offiziellen Verbots der Sklaverei vertreten Beobachter die Ansicht, dass sie immer noch nicht vollständig der Vergangenheit angehört.

In den 1950er Jahren leitete Frankreich den Übergang zur Unabhängigkeit ein. Anders als in den nordafrikanischen Staaten gab es in Mauretanien keine starke nationale Bewegung, die die Entlassung in die Eigenständigkeit erzwungen hätte. Innerhalb des im Vorfeld der Unabhängigkeit entstehenden Spektrums politischer Parteien wurde die *Parti du Regroupement Mauritanien* stärkste Bewegung. In den Wahlen 1959 gewann sie sämtliche Sitze.

Ihr Führer, Moktar ould Daddah, sollte zur beherrschenden politischen Figur der ersten Jahre nach der Unabhängigkeit werden. Einer Familie von Korangelehrten entstammend hatte er zunächst eine traditionelle religiöse Erziehung genossen, bevor er in Paris Rechtswissenschaften und orientalische Sprachen studierte. Nach seinem Wahlsieg 1959 war er zunächst Ministerpräsident geworden. Nach dem Eintritt in die Unabhängigkeit (November 1960) wurde er im August 1961 erster Staatspräsident Mauretaniens. Staatliche Strukturen fehlten weitgehend. Spannungen entluden sich zwischen der arabischsprachigen Mehr- und der afrikanischen Minderheit. Wirtschaftlich war das Land unterentwickelt. Vor diesem Hintergrund begann Ould Daddah eine autoritäre Herrschaft zu errichten. Die politischen Parteien wurden in der Einheitspartei *Parti du Peuple Mauritanien* verschmolzen. Der Generalsekretär der Partei und der Staatspräsident waren in seiner Person verbunden, die über praktisch unbegrenzte Macht verfügte. Die Präsidentschaftswahlen 1966, 1971 und 1976 entschied er zu seinen Gunsten. Die Einführung des Arabischen, auch als Unterrichtssprache, führte zu Spannungen mit Vertretern des afrikanischen Teils der Bevölkerung, die auf der Dominanz des Französischen bestanden. Die Differenzen entluden sich in »Rassen«-Unruhen, die auch Todesopfer forderten. Nach diesen Ereignissen sollten die gegensätzlichen Ethno-Nationalismen, der »schwarzafrikanische« und der »arabische« – zu Hauptthemen der politischen Mobilisierung in der mauretanischen Gesellschaft werden.

Auch in der Außenpolitik galt es, den Standort Mauretaniens zu bestimmen. Der historisch begründete Anspruch Marokkos auf das ganze Staatsgebiet des Landes (s. S. 197) ließ zunächst die Einordnung in die politischen Strukturen Afrikas und insbesondere die enge Anlehnung an Frankreich geboten erscheinen. Nach der Anerkennung Mauretaniens durch Marokko 1970 bewegte sich Moktar verstärkt auf die Arabische Liga zu. 1973 trat Mauretanien der Organisation bei. Mit dem Ausbruch des Konflikts um die *Spanische Sahara* 1975 (s. S. 198 ff.) einigte er sich mit Marokkos König auf die Teilung der spanischen Kolonie. Der Krieg um die Westsahara verstärkte die Verankerung Mauretaniens im Maghreb und machte die »Brücken«-Funktion zwischen dem Maghreb und dem subsaharischen Afrika noch schwieriger. Zugleich hatte er nachhaltig negative Auswirkungen auf die Staatsfinanzen. Als eine Dürreperiode die wirtschaftliche Situation weiter verschlechterte, entschloss sich die Armee, die erst im Zuge des Saharakonflikts nennenswert in Erscheinung getreten war, zum Eingreifen. Am 10. Juli 1978 beendete ein Putsch die Herrschschaft Moktar ould Daddahs. Damit aber war die Machtfrage nicht geklärt. Bis 1984 lösten sich eine Reihe von Obristen in der Staatsführung ab. Gleichwohl lassen sich zwei Errungenschaften festhalten: Außenpolitisch gab die neue Führung den Anspruch Mauretaniens auf Teile der Westsahara auf; innenpolitisch wurde die Sklaverei per Gesetz abgeschafft.

Erst unter Oberst Maaouya Ould Sid'Ahmed Taya sollte das Land wieder zu relativer Stabilität zurückfinden. Im Dezember 1984 an die Macht gekommen, hat er Mauretanien über mehr als 20 Jahre regiert. Nicht zuletzt unter internationalem Druck wurden ab 1991 Schritte zur Institutionalisierung von Pluralismus und Wahlen unternommen: Zwischen Juli 1991 (Referendum über eine neue Verfassung, die Mauretanien zur Islamischen Präsidialdemokratie erklärte) und April 1992 (Regierungsübernahme durch eine zivile Regierung) erlebte Mauretanien den Übergang von einem Militärregime zu politischen Institutionen und Mechanismen nach Vorbildern westlicher Demokratie. Freilich, auch wenn sich Präsident Maaouya in den folgenden Jahren Wahlen stellte (die freilich zumeist von der Opposition boykottiert wurden), so sollte dies doch kaum die autoritäre und stark personalisierte Machtausübung, gestützt auf die neu gegründete *Parti Républicain Démocratique et Social* (PRDS), antasten. 1983 begann die Regierung, Ländereien zu verstaatlichen, deren Besitzer nicht eindeutig zu ermitteln waren. Unter dem Vorwurf der Verschwörung gegen die Regierung kam es zwischen 1989 und 1991 zu schweren Rassenunruhen, in deren Verlauf Tausende »afrikanische« Mauretanier in die benachbarten Länder vertrieben wurden. In seiner Außenpolitik wandete sich Maaouya Mitte der 1990er Jahre zunehmend den USA und Europa zu. Im Oktober 1999 folgte er mit der Anerkennung Israels dem Vorbild Ägyptens, Palästinas und Jordaniens. Nach einem gescheiterten Putschversuch beendete ein Putsch vom August 2005 die lange Herrschaft Maaouyias, der sich zur Teilnahme an dem Begräbnis des saudischen Königs Fahd außer Landes befand. Gerechtfertigt wurde der Machtwechsel mit der Beendigung der politischen Unterdrückung durch den abgesetzten Machthaber.

Ließ die Wahl eines zivilen Präsidenten am 11. März 2007 noch die Hoffnung auf Demokratisierung aufkommen, so wurde diese durch einen neuerlichen Militärputsch am 6. August 2008 zunächst wieder zunichte. Unter den Maßnahmen, den andauernden Protesten zu begegnen, war der Abbruch der Beziehungen zu Israel. Erst ein Jahr später, am 18. Juli 2009, fand Mauretanien zu demokratischen Institutionen zurück. Mit ca. 52 % der Stimmen wurde der Anführer des Putsches, General Mohamed Ould Abdel Aziz, zum Staatspräsidenten gewählt.

In dem mehr als einem halben Jahrhundert staatlicher Eigenständigkeit hat sich die mauretanische Gesellschaft stark verändert. Die Bevölkerung – am Ende der Kolonialzeit ca. 3 Millionen – hat sich verdoppelt; über 45 % der Einwohner sind jünger als 15 Jahre. Eine Verstädterung hat sich vollzogen: Allein in Nouadibou und Nouakchott konzentriert sich ein Drittel der Bevölkerung. Nahezu die Hälfte der Mauretanier lebt heute in einer Gemeinde mit mehr als 5000 Einwohnern; noch zu Beginn des Jahrhunderts waren es kaum 3 %. Während die Bewohner vormals ganz überwiegend Ackerbau und Viehzucht betrieben, hängt die Mehrheit heute von Erwerbsquellen in den Städten ab. Stellten zum Zeitpunkt der Unabhängigkeit die Nomaden noch etwa zwei Drittel der Bevölkerung dar, so wird ihr Anteil heute auf weniger als 5 % geschätzt.

Trotz ihrer Abkoppelung vom Nomadenleben prägen tribale Identitäten weiterhin in mehr oder minder neu erfundener Form das kollektive Gedächtnis; sie bestimmen Feindschaften und Verbundenheiten und strukturieren Loyalitäten und Allianzen, die aus den Stämmen vor allem politische Einheiten machen. Der tribale Zusammenhalt hat nach wie vor die Kraft, den schwachen Staat zu ersetzen. Die »Ethnie«, die »Kaste«, der »Stamm« oder Zuordnungen aufgrund der Hautfarbe – die »Schwarzafrikaner« oder »Schwarzmauretanier« gegen die »Mauren«; die »Schwarzen« gegen die »Weißen« – sie erscheinen als die wesentlichen Träger der Rangordnungen in der gegenwärtigen gesellschaftlichen Landschaft Mauretaniens. Veränderungen der sozialen und politischen Hierarchien haben eingesetzt: Immerhin haben vereinzelt *Haratin* Zugang zu führenden politischen Positionen gefunden.

Auch in der mauretanischen Gesellschaft hat sich ein Prozess der »Islamisierung« (s. S. 306 ff.) vollzogen. Bereits in der Verfassung vom 20. Mai 1961 benannte sich das Land als *République Islamique de Mauritanie*. Gleichwohl trug das Verfassungssystem säkulare Züge. Erst ab 1980 begannen »islamische Werte« und das islamische Recht (*schari'a*) einen höheren Stellenwert in der Gesellschaft zu erhalten. Die schnelle Arabisierung des Schulwesens seit 1973 hatte zur Folge, dass die öffentlichen Bildungsanstalten praktisch in das traditionelle Bildungssystem mit seinem hauptsächlich religiösen Inhalt zurückgeführt wurden. Ein Rat von Geistlichen überprüft heute die Vereinbarkeit der Gesetze mit der *Schari'a*.

Die wirtschaftliche Grundlage des Landes ist schwach. Mauretanien ist eines der ärmsten Länder der Welt. Die wichtigsten Wirtschaftszweige sind die Landwirtschaft, der Fischereisektor und der Erzabbau. Hoffnungen auf die Entwicklung eines Ölsektors haben sich zerschlagen. Die politische und gesellschaftliche Islamisierung fand im Aufstieg eines islamischen Finanz- und Bankensektors eine Entsprechung. Er wird von tribalen Netzwerken getragen, die zugleich im Staatsapparat stark vertreten sind und als lokale Schaltstellen einer globalen islamischen Finanz fungieren. Insgesamt ist die starke Fragmentierung der mauretanischen Wirtschaft in Form von tribalen, familiären und religiösen Netzwerken auffallend.

Die Auswirkungen der arabischen Revolte waren auch in Mauretanien zu spüren. Wie in anderen nordafrikanischen Ländern waren autokratische Herrschaftsausübung, Armut und Korruption Auslöser von Protesten, die Anfang 2011 ausbrachen. In Nachahmung Mohamed Bouazizis in Tunesien (s. S. 211 f.) steckte sich am 17. Januar ein Mann in Brand. Weitere Demonstrationen und Proteste der Gewerkschaften folgten. Am 25. April 2011 rief eine außerparlamentarische Bewegung zu einem *Tag des Zorns* auf. Die Proteste setzten sich auch in der Folgezeit fort.

Gleichwohl verharrt das Land weiterhin in Stagnation. Im Oktober 2012 wurde ein Attentat auf Präsident Mohamed Ould Abdel Aziz verübt. Aus den Präsidentschaftswahlen im Juni 2014 ging dieser aber – gegen vier andere Kandidaten antretend – mit mehr als 80 % der Stimmen als Sieger hervor. Die größeren Oppositionsparteien hatten, wie bereits in der Vergangenheit, die Wahl boykottiert.

4.4.2 Somalia

Der Bezug Somalias zur Geschichte der Araber ist nur locker. Sprachlich gehören die etwa 12 Millionen Somalis (einschließlich derer außerhalb der Landesgrenzen) zur kuschitischen Sprachfamilie; Somali war im Zeitraum von der Unabhängigkeit bis zum Zerfall des Staates Nationalsprache. Die Verbindung zum arabischen, der semitischen Sprachfamilie angehörigen, Raum wurde insbesondere über die Handelsplätze an der Küste des Horns von Afrika hergestellt; die engen Handelskontakte mit der Arabischen Halbinsel bewirkten bereits früh die Islamisierung der Bevölkerung dort.

Kerndaten Somalias

Name des Landes (deutsch/arabisch/ englisch/französisch)	Somalia / Dschumhuriyyat as-Sumal al-Fidiraliyya / Somalia / Somalie		
Bevölkerung in Mio.	7,5–12,9	Datum der Unabhängigkeit	26.6.1960 (Norden) 1.7.1960 (Süden)
Einwohner pro km²	16	Datum des Beitritts zur Arabischen Liga	1974
Fläche in km²	637 657	Staatsform	Republik
Landessprache (offizielle [Staats-]Sprache)	Somali, Arabisch	BIP in Mrd. US-Dollar	2,6
häufig gebrauchte Sprachen	Italienisch, Englisch	BIP pro Einwohner in US-Dollar	283
Konfessionen	Muslime (Sunniten)	Lebenserwartung in Jahren	51
religiöse Minderheiten	—	Zusammensetzung der Bevölkerung (ethnisch)	Somali 85 %, Bantu 15 %

Als Ergebnis der Kolonisierung in den letzten Jahrzehnten des 19. Jahrhunderts erfolgte schließlich die Aufteilung der von Somalis besiedelten Gebiete in die Territorien Französisch-Somaliland, das Protektorat Britisch-Somaliland und Italienisch-Somaliland. Das gesamte Innere der Siedlungsgebiete fiel unter äthiopische Oberhohheit; der südwestliche Teil des somalischen Siedlungsraums schließlich wurde dem zu Britisch-Ostafrika gehörigen Kenia zugeschlagen. Die Kolonisierung Somalias verlief, insbesondere in Britisch-Somaliland, nicht ohne Widerstand; erst 1920 konnte dieser weitgehend niedergerungen werden. Sein Anführer, Said Mohammed Abdille Hasan, der seine Volksgenossen zum »Heiligen Krieg« gegen die ungläubigen Fremden aufrief, genießt auch heute noch große Verehrung unter den Somalis.

Die Geschichte der Somalis vor der Unabhängigkeit ist weitgehend auch eine Geschichte der widerstreitenden Interessen der Kolonialmächte am Horn von Afrika. Als Ergebnis des Ersten Weltkriegs trat Großbritannien 1925 das westlich des Juba-Flusses gelegene Juba-Land an Italien ab. Dort erfolgte die Ansiedlung einiger hundert italienischer Bauernfamilien mit dem Ziel, eine exportorientierte Baumwoll- und Bananenkultur aufzubauen; dabei entstanden in den küstennahen Siedlungsgebieten eine Reihe von technischen und sozialen Infrastruktureinrichtungen. Nach dem Abessinien-Feldzug 1935 erreichte der italienische Kolonialbesitz in Ostafrika seine größte Ausdehung. Im Verlauf des Zweiten Weltkriegs und während der Nachkriegszeit kam das gesamte Horn von Afrika (außer Französisch-Somaliland; s. S. 294 ff.) bis 1950 unter britische Militärverwaltung. Hatten die somalischen Nationalisten auf die Vereinigung aller Somalis in einem unabhängigen Staat gehofft, so sahen sie sich enttäuscht: Während die Briten ihre Herrschaft im nördlichen Somaliland fortsetzten, wurde der Süden – Somalia – von den Vereinten Nationen für ein weiteres Jahrzehnt der Treuhandschaft Italiens übergeben.

Erste Äußerungen eines somalischen Nationalismus lassen sich bis in die 1930er Jahre zurückverfolgen. Unter den verschiedenen Gruppen und Clubs sollte die *Somali Youth League* (SYL) mit den Jahren die stärkste Wirkung entfalten. Im Mai 1943 in Mogadishu als *Somali Youth Club* gegründet, repräsentierten die 13 Gründungsmitglieder die wichtigsten somalischen Clanverbände. Im Norden trat mit der *Somali National League* (SNL) eine zweite nationalistische Partei an ihre Seite. In den folgenden Jahren übernahmen Somalis führende Positionen in der Verwaltung ihrer Länder. 1956 kam es zu ersten Wahlen im südlichen Somalia: Der *Territorial Council*, bislang eher mit exekutiven Aufgaben betraut, wandelte sich zu einer legislativen Versammlung. Mit 43 (von 60 für die somalische Bevölkerung bestimmten Sitzen) wurde die SYL die mit Abstand stärkste Partei. Auch im Norden verstärkten sich die Unabhängigkeitsbestrebungen. Der 1. Juli 1960 war von der UNO als Ende der italienischen Treuhandschaft festgelegt worden. Bereits am 26. Juni 1960 wurde Britisch-Somaliland unabhängig. Am 1. Juli 1960 verschmolzern beide Teile Somalias zur Republik Somalia. Hauptstadt wurde Mogadishu.

Damit war zwar ein historischer Schritt getan. Ihr Ziel aber, die Vereinigung aller Somalis in einem Staat (zeitweilig von Großbritannien unterstützt) hatten die Nationalisten nicht erreicht. Von den fünf Sternen auf der somalischen Flagge konnten nur zwei zu einem Staat zusammengeführt werden. Die anderen drei Sterne standen für die Somalis in Französisch-Somaliland, Äthiopien (Ogaden) und Kenia (*Northern Frontier District*). Das Streben nach »Groß-Somalia« sollte die Politik des Staates von Anfang an belasten.

Zwei weitere Tatbestände machten die Ausgangslage für den neuen Staat schwierig: Zum einen das wirtschaftliche Gefälle zwischen dem Norden und dem Süden. Überwog im Norden traditionelle nomadische Subsistenzwirtschaft, hatten sich im Süden (durch italienische Siedler) Ansätze europäisch bestimmter kolonial-kapitalistischer Produktionsweisen herausgebildet. Von nachhaltiger Bedeutung schließlich war die tiefe Gliederung der Gesellschaft in vielfältige Verwandtschaftsverbände (*clans*), die auch konfliktträchtige Beziehungen untereinander aufweisen. Alle Somalis verstehen sich als Abkömmlinge einer weitverzweigten Genealogie, die patrilinear auf den Propheten Muhammad zurückgeführt wird. Der Stammbaum gliedert sich in die beiden großen Abstammungslinien der hauptsächlich Kamel- und Schafzucht treibenden Samaale und der stärker landwirtschaftlich tätigen Sab, die wiederum in sechs große Clan-Familien zerfallen. Die Somalis stellen somit zwar eine ethnisch-sprachlich-kulturelle Einheit dar, eine Art von »Nation«, jedoch keine politische Handlungseinheit. Die postkoloniale Geschichte sollte bestätigen, dass die Somali-Gesellschaft auf der politischen Ebene eine Tradition der Anarchie aufweist, die einen Mangel an institutionalisierter, autoritärer Ordnung zur Folge hat.

Der Beginn der Unabhängigkeit stand durchaus in der Logik eben dieses Denkens und Handelns in den Kategorien von Clans und Regionen: Interimspräsident wurde ein Hawiye aus dem Süden, erster Premierminister der als Majerteyn zur Darod-Familie gehörende Dr. Abdirashid Ali Shermarke. Der Norden war mit 33, der Süden mit 90 Sitzen im Parlament vertreten. Das aber änderte nichts daran, dass sich der Norden vom Süden dominiert fühlte. Die herkömmlichen historischen und kulturellen Divergenzen zwischen den beiden Landesteilen wurden durch die unterschiedliche wirtschaftliche und politische Entwicklung der britisch und italienisch verwalteten Kolonialgebiete vergrößert. Erste innenpolitische Unruhen, namentlich im Norden, brachen aus. Nach außen wurde die somalische Politik bald von der Dynamik des pansomalischen Nationalismus eingeholt. Im Jahre 1963 unterstützte der somalische Staat einen Aufstand der Somalis im Ogaden, von 1963 bis 1967 einen Kleinkrieg der Somalis in Nordost-Kenia (sogenannter »Shifta-Krieg«) und führte im Jahre 1964 einen Grenzkrieg gegen Äthiopien.

In diesen ersten Jahren der Republik suchten die Eliten über einen modernen, d. h. die traditionellen Clan-Strukturen übergreifenden somalischen Nationalismus, die Abgrenzungen und Verwerfungen in der somalischen Gesellschaft zu überwinden. Indem sich dieser nach außen wandte, sollte eine nach innen wirkende Kohäsion erzeugt werden. Mitte der 1960er Jahre aber erwies sich die pansomalische Stoßrichtung als gescheitert. Die clanübergreifenden Allianzen begannen sich aufzulösen. Der Kampf um die Ressourcen des Staates zeitigte Sieger und Besiegte und zersplitterte das Spektrum der politischen Kräfte. In den Parlamentswahlen im März 1969 standen über 60 Parteien zur Wahl.

Die Ermordung von Präsident Dr. Abdirashid Ali Shermarke am 15. Oktober 1969 war das Fanal für die Machtübernahme durch das Militär sechs Tage später. Das Machtzentrum des in *Somali Democratic Republic* umbenannten Staates bildete ein aus 24 Militärs bestehender *Supreme Revolutionary Council*; an seiner Spitze stand Mohammed Siyad Barre. Nach Auflösung der Parteien sollte nunmehr ein am sowjetischen Vorbild ausgerichteter (allerdings mit kulturellen und religiösen Traditionen der Somalis verschmolzener) »wissenschaftlicher Sozialismus« die Übel von Gesellschaft und Politik heilen, an denen die Republik gescheitert war. Dabei standen der Kampf gegen Clanwesen und Korruption im Vordergrund. Grundlage einer breit angelegten Erziehungskampagne war die Einführung einer somalischen Schriftsprache im Jahr 1972. Die Staatssprache Somali wurde nunmehr mit lateinischen Buchstaben geschrieben. Die Zahl der Schüler vervierfachte sich. Vor dem Hintergrund dieser »Somalisierung« ist überraschend, dass das Land 1974 der Arabischen Liga beitrat. Tatsächlich war der Schritt letztlich wirtschaftlichem Opportunismus geschuldet. Viele Somalis suchten Arbeit in den Ölländern der Arabischen Halbinsel. Auch hatte Saudi-Arabien seit langem einen hohen Stellenwert als Abnehmer von in Somalia gezüchtetem Vieh.

Bald aber wurde auch das neue Regime von den Geistern der Vergangenheit eingeholt. So war auch Siyad Barres Politik nicht frei von tribalen Bindungen. Auch das Klima war nicht durch den wissenschaftlichen Sozialismus zu beeinflussen: die ländliche Entwicklungskampagne traf mit der verheerenden Dürre von 1974/75 zusammen. Die Alphabetisierung schuf Erwartungen auf angemessene Beschäftigung, die nicht erfüllt werden konnten. Denn die nach sozialistischen Leitbildern gegründeten Staatsbetriebe, Staatsfarmen, staatlichen Handelsgesellschaften und staatlich kontrollierten Genossenschaften erwiesen sich als unproduktiv, ineffizient, korruptionsanfällig und kostenintensiv. Das Stadt-Land-Gefälle vertiefte sich. Die daraus resultierende Binnenwanderung ließ Slums an den Rändern der Städte, insbesondere Mogadishus, entstehen. Damit aber waren zugleich tief greifende Wandlungen in der noch immer in hohem Maße durch Nomadentum geprägten Gesellschaft angestoßen.

Das Ende des Barre-Regimes aber sollte wiederum aus dem Scheitern der Außenpolitik resultieren. Um die Stagnation im Inneren zu überspielen und das sich aufbauende Konfliktpotenzial abzuleiten, begann das Regime, die im Ogaden operierende *Western Somali Liberation Front* zu unterstützten. Dies eskalierte im Februar 1978 zu einem offenen Krieg mit Äthiopien, der bereits im März nach einer veheerenden Niederlage der somalischen Truppen bei Jijiga beendet werden musste. Die Folgen waren dramatisch und ein Wendepunkt für Barres Regime: Viele hunderttausend Ogaden-Somalis flohen in die Republik und belasteten die ohnehin schwachen politischen und ökonomischen Strukturen. Besonders in den von den Isaq bewohnten nördlichen Gebieten, wo die meisten Flüchtlinge untergebracht wurden, kam es zu Spannungen.

Die Aufgabe des »wissenschaftlichen Sozialismus« war Voraussetzung und zugleich Folge des nun anstehenden Wandels der Blockallianzen. Anfangs hatte die Sowjetunion das Militärregime umfänglich unterstützt. Nachdem 1974 das kaiserliche Regime in Äthiopien gestürzt worden war und einer neuen – sozialistischen – Ordnung Platz gemacht hatte, hatte sich Moskau schrittweise Addis Abeba zugewandt. Zug um Zug war Mogadishu deshalb in das Fahrwasser der USA geraten. Nach Antritt der Reagan-Administration im Jahr 1980 wurde Somalia militärisch in das »westliche« Bündnis integriert.

Bis zum Ende des Ost-West-Konflikts sollte dieses ein wichtiger Stützpfeiler der weiteren Herrschaft Siyad Barres sein. Denn im Laufe der 1980er Jahre verschlechterte sich die innersomalische Situation auf allen Ebenen. Infolge der miserablen Wirtschaftslage gewann eine von der Regierung nicht mehr zu kontrollierende Schattenwirtschaft an Boden. In der Verwaltung grassierte Korruption. Es kam zu Unruhen und vereinzelten Umsturzversuchen. Einhergehend mit erhöhten Spannungen zwischen einzelnen Clans und äthiopischer Destabilisierungspolitik wurden somalische Exil- und Oppositionsgruppen an den Grenzen und im Lande selbst aktiv. Dies waren seit 1981 die *Somalische Demokratische Rettungsfront* (SDSF), die sich namentlich aus Angehörigen der Mijertein rekrutierte, und die *Somalische National-Bewegung* (SNM) im Norden des Landes, dem ehemaligen Britisch-Somaliland. Mehr und mehr befand sich die Regierung im Krieg gegen ihre eigene Bevölkerung.

Im Mai 1988 brach der Bürgerkrieg im Norden Somalias offen aus. In kurzer Zeit brachte die SNM große Teile der Städte Burao und Hargeisa unter ihre Kontrolle. In den weiteren Kämpfen verloren etwa 50 000 Menschen ihr Leben; über 300 000 Bewohner der Region flohen über die Grenze nach Äthiopien. Um die Jahreswende 1990/91 begann die Schlacht um Mogadishu; sie endete mit der Flucht des Diktators am 26. Januar 1991. Versuche, die Einheit des Staates zu retten, scheiterten wiederum nicht zuletzt an gegensätzlichen Interessen der Clans und Stämme. Im Mai 1991 rief die SNM im Norden Somalias einen eigenen Staat aus, die *Republik Somaliland*; sie umfasst das Gebiet des ehemaligen Britisch-Somaliland. Der – ehemals italienische – Süden versank im Bürgerkrieg.

Somalia wurde zu einem gescheiterten Staat. Rivalisierende bewaffnete Gruppen bekämpften sich in regionalen Kleinkriegen; Kriegsherren stiegen auf, deren Macht auf einer Bürgerkriegsökonomie, d. h. auf Raub, Erpressung, Schutzgeldern etc. beruhte. Zum Teil führten sie Stellvertreterkriege, angeführt von den Nachbarn, namentlich Äthiopien und Eritrea. Flüchtlingsströme ließen eine humanitäre Katastrophe entstehen. Zwischen 1992 und 1995 mischte sich die internationale Gemeinschaft in Gestalt diverser Friedensmissionen ein. Mit deren Scheitern verflüchtigte sich ihr Interesse an dem Land. Erst im Kontext des »Kampfes gegen den Terror« nach dem 11. September 2011 zog Somalia – als potentielles Aufmarschgebiet islamistischer Terroristen – die Aufmerksamkeit wieder auf sich

Bei ihren Bemühungen um die Stabililsierung des Landes setzte die internationale Gemeinschaft auf die Kriegsherren. So auch während der Friedensverhandlungen, die zwischen 2002 und 2005 in Kenia geführt wurden. Das ab 2004 zustande gekommene *Transitional Federal Government* (TFG), an dessen Spitze bis 2008 der ehemalige Kriegsherr Abdullahi Yusuf stand, bedeutete einen neuerlichen Versuch, in Mogadishu wieder den Kern einer funktionsfähigen Regierung zu installieren. Während sich dies als Illusion erwies, trat der politische Islam in Gestalt der *Union Islamischer Gerichtshöfe* ins Bild. Bei ihnen handelte es sich um ein locker gefügtes Bündnis von Clan-Interessen und religiös-ideologischen Strömungen, hervorgegangen aus dem Zusammenschluss verschiedener lokaler und regionaler *Schari'a*-Gerichte und deren Milizverbänden. Die sich hier möglicherweise auftuende Chance wurde freilich seitens der internationalen Gemeinschaft unterminiert: Aus Furcht vor einem »zweiten Afghanistan«, einer »*Talebanisierung*«, sowie aus einer Art von terroristischem Generalverdacht gegenüber der somalischen Bevölkerung unterstützten die USA im Dezember 2006 eine Militärintervention Äthiopiens, die zu einer Zerschlagung der islamischen Gerichtsmilizen führte. Dieser Gewaltakt aber stärkte radikale Islamistengruppen, unter denen die *asch-Schabab* (»Die Jugendlichen«) in den folgenden Jahren Angst und Schrecken verbreiteten. Unter Vermittlung der UNO konstituierte sich zwar seit Juni 2008 eine neue Übergangsregierung unter Einbeziehung gemäßigter Islamisten. Ihren Sicherheitskräften gelang es aber trotz erheblicher internationaler Unterstützung nicht, sich gegen die *Schabab* durchzusetzen, die auch weiterhin große Teile des Landes und der Hauptstadt kontrollierten. Immerhin gesteuert von UNPOS (*United Nations Political Office for Somalia*) wurde 2012 eine neue Verfassung geschrieben und ein von einem Ältestenrat gewähltes Parlament etabliert, das im September 2012 einen neuen Präsidenten gewählt hat.

Am Ende des arabischen Jahrhunderts bestehen auf dem Gebiet »Somalias« etwa 15 politische Einheiten, die in der einen oder anderen Weise staatsähnliche Eigenschaften aufweisen. Die bemerkenswerteste unter ihnen ist die *Republik Somaliland*, die sich 1991 – freilich nicht anerkannt von der internationalen Gemeinschaft – als unabhängiger Staat erklärte. Unter Rückgriff auf traditionale lokale Mechanismen der Konfliktregelung und der Ressourcenkontrolle entstand eine Staatlichkeit mit einer durch Wahlen legitimierten Regierung. Gegenüber dem völlig zerstörten »Somalia« erweist sich die Republik Somaliland – bei vielen fortbestehenden Problemen – als ein relativ stabiles und wirtschaftlich funktionierendes Gebilde.

1998 hat sich das östlich an Somaliland angrenzende »Puntland« für autonom erklärt. Obwohl dessen politische Führung damit weniger weit gegangen ist als die Republik Somaliland, weist es doch staatliche Strukturen auf. Anhaltende Machtkämpfe aber waren die Ursache für wirtschaftliche Stagnation und Armut. Vor diesem Hintergrund sollte Piraterie zu einem Geschäft und einer Einkommensquelle für die verarmte Bevölkerung werden. Das war kein ganz neues Phänomen, denn Vorläufer davon lassen sich bis ins 19. Jahrhundert zurückverfolgen. Auch konnten sich die Piraten in der regionalen Tradition der *shifta* sehen – je nach Standpunkt: Bandit, Rebell, Gangster oder Revolutionär. Ein *shifta* zu werden, war traditionell eine sozial akzeptierte Handlungsweise, mit der Missstände in das Bewusstsein der Öffentlichkeit gerückt und Unterstützung zum Kampf für Gerechtigkeit mobilisiert werden konnten. Tatsächlich haben viele Piraten betont, dass es ursprünglich darum gegangen sei, die reichen somalischen Fischgründe gegen europäische und asiatische Raubfischer zu verteidigen. Ab 2007 kam es zu systematischen Akten von Kaperei gegen die Schiffahrt, die sich am Horn von Afrika, d. h. an der Einfahrt zum Golf von Aden und zum Roten Meer (sowie dann weiter zum Suez-Kanal) in einer besonders exponierten Lage befindet. Was zunächst als ein relativ improvisiertes Unternehmen begann, wurde bald zu planvoll durchgeführten Aktionen. Die Piraten-*shifta* bildeten eine paramilitärische Bruderschaft mit einem strengen und komplexen System von Regeln und Strafen. Die internationale Gemeinschaft reagierte militärisch: Unter Operationsnamen wie *Atalanta* oder *Ocean Shield* waren multinationale Marineverbände im Einsatz, die Handelsflotten zu schützen.

Der somalische Staat, wie er 1960 ins Leben getreten war, dürfte der Vergangenheit angehören. Die Bemühungen der internationalen Gemeinschaft konzentrieren sich auf die Beendigung des Bürgerkrieges und die Wiederherstellung der Stabilität in dem von Mogadishu aus regierten Teil des Landes. Wenn dies erreicht sein wird, werden die autonom oder selbständig gewordenen Teile des Landes über ihr Verhältnis zueinander zu verhandeln haben. Dass es dabei zu einer Wiederherstellung eines Staates »Somalia« kommen wird, ist eher unwahrscheinlich. Namentlich die vorstehend genannten quasi-staatlichen Gebilde, die *Republik Somaliland* und *Puntland* werden auf einem hohen Maß von Eigenständigkeit bestehen.

4.4.3 Dschibuti

Wie Somalia ist auch Dschibuti das Ergebnis europäischer Kolonialpolitik am Horn von Afrika. Mit der Öffnung des Suezkanals 1869 wuchs das Interesse auch Frankreichs, zur Sicherung des Schiffsverkehrs durch die Wasserstraße vom Mittelmeer zum Indischen Ozean in der Region selbst direkte politische und militärische Präsenz zu zeigen. Bereits 1839 hatte sich England durch die Erwerbung des Hafens von Aden (s. S. 28) am Ausgang des Roten Meeres festgesetzt; als Antwort darauf hatte Frankreich seinerseits 1840 territoriale Ansprüche am Horn von Afrika angemeldet. 1862 erwarb es den Hafenplatz Obock am Golf von Tadjoura. In den folgenden Jahren dehnte Paris seine kolonialen Besitzungen in der benachbarten Region schrittweise aus. Nachdem 1892 der Ort Dschibuti (Djibouti) an Frankreich gefallen war, wurde das gesamte von Frankreich verwaltete Gebiet 1896 zur Kolonie *Französische Somaliküste* erklärt; Hauptstadt wurde nunmehr Dschibuti, zu diesem Zeitpunkt nur ein kleiner Platz mit etwa 5000 Einwohnern.

Kerndaten Dschibutis

Name des Landes (deutsch/arabisch/ englisch/französisch)	Dschibuti / Dschumhuriyyat Dschibuti / Djibouti / République de Djibouti		
Bevölkerung in Mio.	0,7	Datum der Unabhängigkeit	27.6.1977
Einwohner pro km²	34	Datum des Beitritts zur Arabischen Liga	1977
Fläche in km²	23 200	Staatsform	Republik
Landessprache (offizielle [Staats-]Sprache)	Arabisch, Französisch	BIP in Mrd. US-Dollar	0,8
häufig gebrauchte Sprachen	Somali, Afar	BIP pro Einwohner in US-Dollar	1099
Konfessionen	Muslime 94 %	Lebenserwartung in Jahren	62
religiöse Minderheiten	Christen 6 %	Zusammensetzung der Bevölkerung (ethnisch)	Somali (Issa) 60 %, Afar 35 %

In der französischen Bezeichnung der Kolonie als *Französische Somaliküste* wird erkennbar, warum einer der fünf Sterne in der Flagge Somalias (s. S. 288 f.) auf Dschibuti verweist: Der Clan der somalischen Issa stellte von Anfang an die Mehrheit der Bevölkerung (heute etwa 60 %). Im Süden des Landes angesiedelt reicht dessen Ausdehnung ins benachbarte Somaliland hinüber. Den anderen großen Teil der Bevölkerung stellen die Afar (der kuschitischen, aber nicht der somalischen Sprachfamilie zugehörig; heute etwa 35 % der Bevölkerung). Im Norden des Landes lebend sind sie mit Stammesverwandten in Äthiopien und Eritrea verbunden. Zum Rest der Bevölkerung zählen u. a. Araber. Damit ist – wie Somalia – auch Dschibuti nicht natürlicher Teil der arabischen Welt. Der Beitritt zur Arabischen Liga im Jahr 1977 war mithin stärker politischen und wirtschaftlichen Interessen geschuldet. Seither tritt das Arabische als Amtssprache an die Seite des Französischen.

Neben seiner Rolle als französischer Stützpunkt – noch heute ist dort ein starkes Kontingent französischer Soldaten stationiert – erlangte Dschibuti, dessen wirtschaftliche Ressourcen für Industrie und Landwirtschaft extrem begrenzt sind, durch seinen Hafen regionale Bedeutung. 1897 schloss Frankreich mit dem äthiopischen Kaiser Menelik ein Abkommen über den Bau einer Eisenbahnlinie von Dschibuti nach Addis Abeba, deren Bau 20 Jahre in Anspruch nahm. Ihre Fertigstellung 1917 war die Grundlage eines nachhaltigen wirtschaftlichen Aufschwungs. In Dschibuti wurde nicht nur der größte Teil der äthiopischen Handelsgüter umgeschlagen. Die Stadt wurde auch zu einer Drehscheibe des Karawanenhandels mit dem somalischen und äthiopischen Hinterland. Auch einige Länder der Arabischen Halbinsel benutzen den Hafen als Umschlagplatz für ihre Handelswaren. In der internationalen Schifffahrt rangiert Dschibuti heute unter den vier bedeutendsten Bunkerstationen der Welt. Mit der Unabhängigkeit Somalias (1960) wurde der Hafen geradezu ein Seismograph der zahlreichen Kriege, Konflikte und Umbrüche in der Nachbarschaft des Landes.

Nachdem sich *Französisch-Somaliland* 1942 den Alliierten angeschlossen hatte, erhielt Dschibuti nach dem Zweiten Weltkrieg den Status eines Überseeterritoriums mit einer eigenen Territorialversammlung. Es entstanden erste politische Parteien; nach Lage der Dinge waren sie stark ethnisch orientiert. Eine weiter reichende Autonomie wurde 1956 gewährt. Durch ein eigenes Kabinett und ein Territorialparlament begann sich Dschibuti selbst zu verwalten.

Wachsendem Druck nach Unabhängigkeit seitens der UNO, der OAU und der Arabischen Liga widerstand Paris zunächst. Zu groß war noch immer die strategische Bedeutung des Platzes. In der zweiten Hälfte der 1950er Jahre kam Dschibuti zunehmend in den Sog pansomalischer Bestrebungen (s. S. 289 f.). Soziale Spannungen zwischen den (somalischen) Issa und den Afar wurden durch die Spannungen zwischen pansomalischen Nationalisten – ab 1960 fortgesetzt von der auf die Heimholung aller somalischen Völker gerichteten Politik des somalischen Staates – und Äthiopien überlagert, die jeweils konkurrierende historisch, ethnisch und ökonomisch begründete Ansprüche auf den Kleinstaat geltend machten. Frankreich reagierte mit wechselnden politischen Bündnissen mit den unterschiedlichen Gruppen: Bis 1958 begünstigte es die

Issa, danach bis 1976 die Afar; im Zuge der Vorbereitungen auf die Unabhängigkeit wiederum die Issa.

Hatte sich die Bevölkerung in einem 1958 abgehaltenen Referendum mehrheitlich für einen Verbleib bei Frankreich ausgesprochen, geriet die 1967 durchgeführte Volksbefragung in das Spannungsfeld zwischen den Nachbarstaaten Somalia und Äthiopien. Während die Afar mit Frankreich und Äthiopien sympathisierten, vertraten die Issa einen rigorosen Somali-Nationalismus, der auf die Unabhängigkeit des Gebiets und auf einen Anschluss an Somalia drängte. Noch immer aber stimmte eine Mehrheit (60 %) für die Fortdauer der französischen Herrschaft (wobei freilich massive Manipulation seitens der französischen Behörden im Spiel war). Die seit 1967 eingeführte neue Bezeichnung der Kolonie als *Französisches Territorium der Afar und Issa* trug freilich nunmehr den ethnischen Realitäten Rechnung.

Gleichwohl stieg der Druck, das Territorium in die Unabhängigkeit zu entlassen. Nicht nur ging er von internationalen Organisationen aus; im Inneren wurden insbesondere somalische politische Gruppierungen und militante Organisationen aktiv. Ein Referendum im Mai 1977 erbrachte eine Zustimmung von 99,75 % für die Unabhängigkeit. Es wurde allerdings von zahlreichen Afar boykottiert, die einen Verbleib bei Frankreich vorgezogen hätten. Am 27. Juni 1977 erlangte das Land als *Republik Dschibuti* seine Unabhängigkeit. Per Akklamtion wurde der Chef der somalisch dominierten *Ligue Populaire Africaine pour l'Indépendence* (LPAI), Hassan Gouled Aptidon, zum ersten Staatspräsidenten ausgerufen.

Die Ausgangslage der jungen Republik war schwierig. Wirtschaftlich bedeutete der Gegensatz zwischen dem entwickelten Gebiet der Hauptstadt und dem nicht zuletzt auch infrastrukturell vernachlässigten Hinterland eine Belastung für eine ausgewogene Entwicklung. In die gleiche Richtung wirkte die einseitige Ausrichtung auf den Hafen, die Eisenbahn und den Handelssektor. Immer wieder sollten Konflikte in der Nachbarschaft negative Effekte auf den Handelsplatz haben. Der bei Eintritt in die Unabhängigkeit beginnende Ogaden-Krieg löste einen Flüchtlingsstrom in Richtung auf den neuen Staat aus. Politisch belastete der ethnische Gegensatz zwischen den beiden großen Bevölkerungsgruppen die Stabilität; und nur langsam entwickelte sich eine Art gemeinsamer Identität. Mit der Ersetzung der LPAI durch das *Rassemblement Populaire pour le Progrès* (RPP) versuchte Gouled, die Afar stärker einzubinden. Im Juni 1981wurde er in den Präsidentschaftswahlen des neuen Staates als einziger Kandidat und Führer des RPP mit über 80 % der Stimmen auf sechs Jahre ins Amt des Präsidenten gewählt. Gegen die Gründung einer neuen, vor allem von unzufriedenen Afar aus dem Exil getragenen Oppositionspartei im August 1981 ging die Regierung hart vor und erklärte Dschibuti durch Verfassungszusatz im Oktober 1981 zum Einparteistaat. Die 65 Abgeordneten der Nationalversammlung konnten daher in den ersten Parlamentswahlen des neuen Staates im Mai 1982 nur über eine Einheitsliste der RPP gewählt werden. Allerdings trug Gouled dafür Sorge, dass bei der Sitzverteilung eine deutliche ethnische Ausbalancierung (35 Somali/28 Afar) gegeben war.

Die Folgen dieser Maßnahmen waren gemischt. Auf der einen Seite ging Gouled aus den Präsidentschaftswahlen 1987 gestärkt hervor. Auf der anderen Seite begann sich Opposition gegen die Herrschaft der Staatspartei zu regen. Eine 1991 gegründete Afar dominierte *Front pour la Restauration de l'Unité et de la Démocratie* (FRUD) nahm den Kampf gegen das Regime auf. Es kam zu bewaffneten Zusammenstößen zwischen Afar-Rebellen und Regierungstruppen. Die Erfolge der Rebellen bewogen die Regierung, wieder zum Mehrparteiensystem zurückzukehren. Mit einem Friedensabkommen 2004 waren die Kampfhandlungen weitgehend beendet. Bei den Parlamentswahlen 2003 hatten die in der *Union pour l'Alternance Démocratique* vereinigten Oppositionsparteien fast 37 % der Stimmen gewonnen. Sämtliche Sitze jedoch waren an die von der RPP geführte *Union pour la Majorité Présidentielle* mit 62,7 % Stimmenanteil gegangen. An den Präsidentschaftswahlen 2005 und den Parlamentswahlen 2008 nahm die Opposition aus Protest nicht teil. Präsident Gouled war 1999 aus Gesundheitsgründen zurückgetreten. Sein Nachfolger war Ismail Omar Guelleh geworden, der 2005 wiedergewählt wurde.

Vor dem Hintergrund der insgesamt schwierigen Ausgangslage des Landes hat sich die politische und wirtschaftliche Lage mit den Jahrzehnten stabilisiert. Der Ausbau von Handel und Dienstleistungen stand im Mittelpunkt der Entwicklungsplanung. Allerdings haben sich die lange gehegten Pläne eines »Hongkong am Roten Meer« auch nicht im Ansatz verwirklichen lassen und die Abhängigkeit von Äthiopien konnte nicht verringert werden. Mit internationaler Unterstützung wurden die Dienstleistungskapazitäten für die internationale Schifffahrt gestärkt. In bescheidenem Maße wurde auch die Industrialisierung vorangetrieben. Eine geschickte Diplomatie ließ Dschibuti die Konflikte zwischen Somalia und Äthiopien (sowie Eritrea), in denen das Land zeitweise aufgerieben zu werden drohte, überleben. Beide machten historisch, ethnisch und wirtschaftlich begündete Ansprüche auf das Territorium geltend. Hassan Gouled verstand es, durch eine Politik der strikten Neutralität und Friedenssicherung in Form von Reisediplomatie und Kooperationsabkommen zur Absicherung der Unabhängigkeit beizutragen. So leistete der Kleinstaat auch Hilfestellung beim Zustandekommen der äthiopisch-somalischen Friedensgespräche in der zweiten Hälfte der 1980er Jahre.

Bereits im September 1977 war der junge Staat der Arabischen Liga beigetreten. Dies war eine Bestätigung der alten Verbindungen zwischen den Völkern des Horns von Afrika und den Arabern namentlich auf der Arabischen Halbinsel (mit den Heiligen Stätten). Dem Beitritt lag aber auch ein wechselseitiges Interesse zugrunde: Für die arabische Seite war er ein weiterer Schritt auf ihrem Weg, das Rote Meer zu einem gemeinsamen Meer der Araber zu machen und damit eine gegen die nicht-arabischen Staaten – Israel und Äthiopien (Eritrea) – gerichtete sicherheitspolitische Kontrolle auszuüben. Für Dschibuti bedeutete er eine weitere Rückversicherung, nicht in den Konflikten zwischen Äthiopien und Somalia sowie unter den Somalis aufgerieben zu werden. Namentlich Saudi-Arabien hat den Beitritt durch kontinuierliche finanzielle Zuwendungen honoriert. Im Übrigen war (und ist weiterhin) die ehemalige Kolonialmacht Frankreich, mit der Dschibuti ein Beistandsabkommen verbindet, militärisch präsent. Der Kampf gegen den islamistischen Terrorismus nach 2001 und die Bekämpfung der Piraterie vor der somalischen Küste seit 2007 (s. S. 293) haben die strategische Bedeutung Dschibutis im internationalen Kontext erhöht. Sowohl die USA als auch Deutschland unterhalten seither militärische Einrichtungen in dem Kleinstaat.

Die Nähe zur arabischen Welt sollte für Dschibuti auch im Kontext des Ausbruchs der arabischen Revolte bestätigt werden: Anfang 2011 kam es zu Demonstrationen und Protesten. Hintergründe waren Frustrationen über die Ein-Mann-Herrschaft des Präsidenten, der in den Wahlen vom April 2005 – bei Enthaltung der Opposition – 100 % der Stimmen bekommen hatte. Im Januar und Februar 2011 gingen Zehntausende auf die Straße und protestierten gegen eine Verfassungsänderung im Vorjahr, mit der dieser die Voraussetzung für eine dritte Amtszeit geschaffen hatte. Weitere Proteste wurden unterdrückt und wenig später wurde Ismail Omar Guelleh für eine dritte Amtszeit wiedergewählt.

4.4.4 Komoren

Der Name ist noch der deutlichste Hinweis auf den arabischen Charakter der Inselgruppe, die 1993 Mitglied der Arabischen Liga wurde. Ansonsten sind die vier *Mondinseln* (*dschuzur al-qamar*) vom Geschehen in der arabischen Welt im 20. Jahrhundert nur marginal berührt worden. Auch ist die Insel Mayotte den Weg in die Unabhängigkeit nicht mitgegangen. Während die Inseln Grande Comore, Anjouan und Mohély im Juli 1975 diesen Schritt taten, ist Mayotte unter französischer Herrschaft geblieben und hat am 31. März 2011 den Status des 101. französischen Departements erhalten. Die arabische Sprache hat, hinter dem Komorischen (einer Variante des Swahili) und Französischen, nur nachgeordnete Bedeutung.

Kerndaten der Komoren

Name des Landes (deutsch/arabisch/ englisch/französisch)		Komoren / Udzima wa Komori (komorisch) / Al-Ittihad al-Qumuri / Comoros / Union des Comores	
Bevölkerung in Mio.	0,7	Datum der Unabhängigkeit	6.7.1975
Einwohner pro km²	343	Datum des Beitritts zur Arabischen Liga	1993
Fläche in km²	2236	Staatsform	Republik
Landessprache (offizielle [Staats-]Sprache)	Komorisch	BIP in Mrd. US-Dollar	0,4
häufig gebrauchte Sprachen	Französisch, Arabisch	BIP pro Einwohner in US-Dollar	691
Konfessionen	Muslime (Sunniten) 98 %	Lebenserwartung in Jahren	63
religiöse Minderheiten	Christen 2 %	Zusammensetzung der Bevölkerung (ethnisch)	—

Neben starkem ostafrikanischem hat auch der Einfluss arabischer Seefahrer und Kolonisten, im 18. und 19. Jahrhundert Wirtschaft und Gesellschaft der Inselgruppe geprägt. Die vorkoloniale soziale Organisation zeigte stark afrikanische Züge, aber die Herrschaft auf den Inseln lag in den Händen arabischer Familien. In der zweiten Hälfte des 19. Jahrhunderts kamen die Sultanate verstärkt unter französische Herrschaft. 1847 verboten die Franzosen die Sklaverei und förderten die Ansiedlung französischer Kolonisten. 1886 wurden die Komoren französisches Protektorat. 1912 erhielten sie den Status einer Kolonie.

Mit der Kolonisierung entstanden neue Herrschaftsformen. Die Sultane verloren ihre politische und wirtschaftliche Machtstellung zu Gunsten der Siedler. Die Macht lag nunmehr in den Händen mehrerer Kolonialgesellschaften, denen große Anteile des Bodens gehörten. Dessen Bebauung beruhte nicht zuletzt auf Zwangsarbeit. Den Handel betrieben einheimische Araber, aber auch eingewanderte Inder und Chinesen. 1946 erhielten die Inseln als »Überseeterritorium« (*Territoire d'outre-mer*) Teilautonomie und eigenständige politische Einrichtungen. Eine »grüne« und eine »weiße« Fraktion, die in den Wahlen gegen einander antraten, wurden die Vorläufer der Parteienbildung. Ihre programmatischen Unterschiede bezogen sich nicht zuletzt auf das Verhältnis zu Frankreich: Während letztere sich Frankreich gegenüber versöhnlich zeigten, neigten die »Grünen« zu nachhaltiger Abgrenzung. Insgesamt war die politische Situation bis in die beginnenden 1960er Jahre von Stagnation gekennzeichnet.

Nachhaltige Anstöße zu einer Unabhängigkeitsbewegung kamen zunächst von außen. 1962 konstituierte sich im tansanischen Dar es Salaam der *Mouvement de Libération Nationale des Comores*. Unterstützt von der *Organisation der Afrikanischen Einheit* forderte er die Unabhängigkeit und die Loslösung der Inseln von Frankreich. Dass damit freilich nicht zugleich Mayotte gemeint war, machte eine Gegenbewegung auf der Insel klar, die separatistischen Bestrebungen eine Absage erteilte. Sie erhielt Zulauf, als 1962 die Hauptstadt der Inselgruppe von Mayotte nach Moroni auf Grande Comore verlegt wurde. Künftig sollten die Geschicke Mayottes und der drei anderen Inseln getrennte Wege nehmen. Dieser Tatbestand wurde in den kommenden Jahren an der Wahlurne bestätigt: Eine überwältigende Mehrheit der Wähler auf Mayotte stand der Unabhängigkeitsbewegung fern. Im entscheidenen Referendum im Dezember 1974 sprachen sich rund 95 % der Teilnehmer für eine Unabhängigkeit aus. Die Neinstimmen entfielen fast zur Gänze auf Mayotte und machten dort 65,30 % aus. Als das Parlament in Moroni am 6. Juli 1975 einseitig die Unabhängigkeit ausrief, galt das nicht für Mayotte.

Das Ausscheiden der Insel aus dem entstehenden komorischen Staatsverband war nicht der einzige Tatbestand, der in den kommenden Jahren die Unabhängigkeit belastete und dem jungen Staat einen schwierigen Start bescherte. Eifersüchteleien und Rivalitäten zwischen den drei anderen Inseln gefährdeten immer wieder den inneren Zusammenhalt. In der Wirtschaft hatte die Kolonialmacht wenig für eine sozial ausgewogene Entwicklung getan. Die Ausbeutung durch die Kolonialgesellschaften hatte die unselbstständig Beschäftigten in der Landwirtschaft, dem wichtigsten Wirtschaftssektor, ökonomisch und gesellschaftlich marginalisiert. Über Jahre war die Bevölkerung von Subventionen von außen abhängig. Die Importe, u. a. das Grundnahrungsmittel Reis, waren nur etwa zur Hälfte durch Exporte gedeckt. Unterentwickelt waren auch der Erziehungs- und Gesundheitssektor.

Erster Präsident des neuen Staates war Ahmed Abdallah, einer der reichsten Männer des Landes. Schon im August kam es zu einem von Frankreich unterstützen Putsch. Damit war eine Kette von Machtwechseln eingeleitet, die das Land in den nächsten Jahrzehnten erleben sollte. Im Januar 1976 kam mit Ali Soilih ein Mann an die Macht, der tiefer greifende Reformen anstrebte. Mit Unterstützung des sozialistischen Regimes in Tansania führte er eine sozialistische Wirtschaftsplanung ein. Auf der Tagesordnung standen u. a. die Kontrolle des Staates über den Handel, eine Landreform und die Dezentralisierung der Verwaltung sowie die Eingliederung von Mayotte. Im Sommer 1976 wurden alle politischen Parteien verboten. Mit diesem Programm verlor er sowohl die Unterstützung der alten Wirtschaftselite als auch Frankreichs. Dem ausbrechenden Chaos innenpolitischer Kämpfe machte im Mai 1978 eine von außen intervenierende Söldnertruppe ein Ende. Ihr Anführer, Bob Denard, 1929 in Bordeaux geboren, hatte sich nach Einsätzen in der französischen Kolonialarmee in Indochina und Nordafrika in den 1960er Jahren als Söldnerführer selbstständig gemacht. Seine Dienste bot er der französischen Regierung (und dem Geheimdienst) an, wo immer es in dem zerfallenden französischen Kolonialimperium vor allem in Afrika die Interessen Frankreichs zu erfordern schienen. Mit Unterstützung aus Paris wurde Ahmed Abdallah wieder eingesetzt. Eine neue Verfassung machte die Komoren 1978 zu einer *Islamischen Föderativen Republik*. Die konservative Wende (die auch auf die Eingliederung Mayottes verzichtete) fand nicht nur Unterstützung in Paris; auch die arabischen Ölländer ließen sich die Orientierung auf eine traditionelle islamische Gesellschaftsordnung einiges an finanziellem Einsatz kosten.

Die horrende Korruption verschärfte die inneren Gegensätze. Die Proteste wurden zunächst massiv unterdrückt. Ab Mitte der 1980er Jahre führte internationaler Druck zu einer Öffnung des Systems. Als Ahmed Abdallah aber versuchte, sich aus der Umklammerung der Söldner und seiner zweifelhaften ausländischen Geschäftsfreunde zu lösen, wurde er im November 1989 ermordet. Viele sahen dahinter wieder die Hand Bob Denards, der mittlerweile komorischer Bürger (und Muslim) sowie der eigentliche Herrscher geworden war. Sein Versuch, die Kontrolle des Staates an sich zu reißen, scheiterte – diesmal am Widerstand aus Paris. Die Söldner mussten die Komoren verlassen.

Unter dem neuen Staatspräsidenten, Said Mohamed Djohar, kehrte das Land zu einer Mehrparteienordnung zurück. Aber auch die Wahlen im November 1992 brachten keine Stabilisierung der Lage. Im September 1995 trat Bob Denard mit einer Truppe von 50 Söldnern erneut in Aktion und setzte den Präsidenten ab. Wieder stellte sich Paris gegen ihn und setzte einen eigenen Kandidaten ein. Aber die Grundübel komorischer Politik, nämlich Korruption, undurchsichtige Geschäfte und die Machtspiele der alten Führungsschichten in Verbindung mit der anhaltenden Einmischung Frankreichs, führten zur Verschlimmerung der Lage. Jetzt zog auch die Gefahr eines Staatszerfalls auf, indem zwei Inseln nacheinander mit Sezession drohten.

Eine Verfassungsreform von 2001 trug den starken zentrifugalen Bestrebungen Rechnung. Der Staat sollte nurmehr in einer losen *Union der Komoren* zusammengehalten werden. Jede Insel erhielt ihr halbautonomes Parlament und sollte einen eigenen Präsidenten wählen, die Präsidentschaft des Gesamtstaates zwischen ihnen rotieren. Eine Verfassungsänderung 2009 stärkte demgegenüber wieder die Macht der Zentralregierung, auch erklärte sie die Komoren zu einem »islamischen Staat«.

Zu Beginn des 21. Jahrhunderts bleibt der Gesamtzustand der Komoren noch immer prekär. Immerhin haben sich demokratische Prozesse zu verfestigen begonnen. Dies ist eine Errungenschaft in einem Staat, der in seiner kurzen Geschichte Politikänderungen im Wesentlichen in Form von Putschen erfahren hat und dessen politische Oberschicht in ihrer Mehrheit eher auf persönliche Bereicherung denn auf das Wohl des Staates ausgerichtet war. Eine Eingliederung von Mayotte, der vierten der »Mondinseln«, ist freilich nicht am politischen Horizont auszumachen. Im Gegenteil – vor dem Hintergrund der anhaltend kritischen Gesamtsituation der *Union der Komoren* erscheint das französische Überseeterritorium Mayotte wie ein Paradies und übt starke Anziehungskraft auf die Bewohner der drei anderen Inseln aus. Dies umso mehr, als jeder bzw. jede auf der Insel Geborene Bürger der Europäischen Union ist.

5   Das 20. Jahrhundert – Wandel wohin?

Vorstehende Übersicht über die Geschichte der 22 Mitgliedsländer der Arabischen Liga im 20. Jahrhundert, namentlich aber seit ihrer Erringung der Unabhängigkeit, zeigt die Vielfalt der politischen, gesellschaftlichen, kulturellen und wirtschaftlichen Entwicklungen. Die geographische und geopolitische Lage, die klimatischen und räumlichen Gegebenheiten und Ressourcen, unterschiedliche kulturelle Prägungen, aber auch – insbesonders mit Blick auf die Kolonialzeit – verschiedenartige geschichtliche Kontexte waren diesbezüglich wirksame Faktoren. Die Nähe, die aus der gemeinsamen Hochsprache und der Zugehörigkeit der überwältigenden Mehrheit der Menschen zur islamischen Religion resultiert, und die gleichzeitige Distanz zu einander, ein Ergebnis der inneren Verschiedenheit, haben die Geschichte vor dem und seit dem Ende des Zweiten Weltkriegs geprägt und die »arabischen Völker« in einen Spannungszustand versetzt: Das Gefühl von Gemeinsamkeit und zugleich das Bestreben nach Eigenständigkeit, ja Dominanz, waren über weite Strecken Triebfedern der Politik. Das Schicksal der Arabischen Liga ist Ausdruck dieser Widersprüchlichkeit. Und die Wechselbeziehung von arabischem Ideal und einzelstaatlichen Entwicklungen, hat auch den Beginn der »dritten arabischen Revolte« gekennzeichnet, die 2011 ausgebrochen ist.

Angesichts der Rivalitäten zwischen den einzelnen arabischen Staaten, die seit dem Ende des Ersten Weltkriegs entstanden, sowie der großen Unterschiede zwischen den politischen Ordnungen waren Koordination und Integration im gesamtarabischen Kontext nur bedingt möglich. Über weite Teile ihres Bestehens versagte die Arabische Liga, auf innerstaatliche und auswärtige Herausforderungen wirkungsvoll zu reagieren. Selbst subregionale Zusammenschlüsse hatten keinen dauerhaften Bestand oder bestanden nur auf dem Papier fort – so etwa die im Februar 1989 gegründete *Union du Maghreb Arabe* (s. S. 183). Lediglich der 1981 gegründete *Gulf Cooperation Council* (GCC; s. S. 248), ein »Club« der sechs Ölmonarchien auf der Arabischen Halbinsel, kann als halbwegs stabile Regionalorganisation betrachtet werden. Auf der Strecke blieben auch Bemühungen zu regionaler wirtschaftlicher Zusammenarbeit. Zwar wurden über die Jahrzehnte immer wieder entsprechende Vereinbarungen getroffen und Institutionen gegründet; sie standen freilich zumeist nur auf dem Papier. Ein Ausgleich zwischen den Staaten, die mit (Öl- und Gas-)Ressourcen ausgestattet, und denen, die rohstoffarm sind, ist ausgeblieben. Besonders drastisch tritt dieser Umstand in der Tatsache zutage, dass die Ölstaaten Millionen von Fremdarbeitern, insbesondere aus Asien, importierten, während zahlreiche ärmere arabische Staaten mit den sozialen Folgen der Arbeitslosigkeit breiter Teile der Bevölkerung zu kämpfen haben. Auch der Umstand, dass der innerarabische Handel nur 5 % des Außenhandels der arabischen Staaten ausmacht, ist für die nur schwache Ausprägung einer regionalen Vision der arabischen Eliten bezeichnend.

Das Spannungsverhältnis zwischen suprastaatlichen Ordnungsvorstellungen und einzelstaatlichem Egoismus hat die »arabische« Politik seit der Unabhängigkeit der Staaten zeitweilig als ein wechselvolles Kaleidoskop von Allianzen erscheinen lassen. Mit dem Panarabismus ist die weitestreichende Vision benannt: Sie umfasst die kulturelle und supranationale Vereinigung aller Araber. Auch die geschichtliche Dimension eines Groß-Syrien (*bilad asch-Scham;*) hat die politischen Führungen über Jahrzehnte ge- und verführt. Demgegenüber haben regionale Einheits- bzw. Vereinigungsbestrebungen mit Blick auf Nordafrika keine nachhaltig mobilisierende Rolle gespielt. Der Panarabismus schien auf dem Vormarsch, als sich 1958 Ägypten und Syrien zur *Vereinigten Arabischen Republik* zusammenschlossen. Ihr Auseinanderbrechen (1961) war ein Vorzeichen darauf, dass sich die Blütenträume einer arabischen Einheit kaum würden verwirklichen lassen. In den Jahren danach haben sich die »Panarabisten« in Kairo, Damaskus, Bagdad und – am Ende – in Tripolis gegenseitig im Wege gestanden, ja vorsätzlich blockiert. Als sich die Panarabisten auch dem Sozialismus verschrieben, entstand in den konservativen arabischen Regimes eine starke Gegenkraft. Mit dem Ende des Zweiten Weltkriegs wurden politische Ordnungsvorstellungen wieder lebendig, die sich an der Idee des »Groß-Syrien« inspirierten. Auch ein Zusammengehen der haschemitisch regierten Staaten (Irak und Jordanien) stand bisweilen auf der Agenda. Nachdem die Ba'th-Partei in Damaskus und Bagdad die Macht übernommen hatte, rivalisierten die »regionalen« politischen Führungen in beiden Hauptstädten um die Herrschaft in einem vereinigten Staat.

Namentlich der Faktor »Israel« aber hat das Netzwerk der innerarabischen Beziehungen zeit- und teilweise bis zum Zerreißen gespannt. Von einer gleichsam instinktiven Ablehnung des Staates seit dessen Gründung 1948 geleitet haben es die Araber gleichwohl nicht vemocht, in einer gemeinsamen Strategie eine Antwort auf die von ihnen als Herausforderung wahrgenommene Existenz des jüdischen Staates zu finden. Die Politik in Sachen Israel wurde vielmehr instrumentalisiert, um Unterschiede und Konflikte, die sich aus politischen, sozialen und ideologischen Differenzen speisten, zu akzentuieren. Als die arabischen Akteure in ihrer großen Mehrheit zu Beginn der 1990er Jahre zu einem Frieden bereit waren, war es der jüdische Staat, der Bedingungen und Tatsachen schuf, unter denen ein für die arabischen Regierungen und die Palästinenser annehmbarer oder zumindest gesichtswahrender Friedensschluss nicht zu erreichen war.

Das 20. Jahrhundert war für die arabischen Völker ein Zeitraum tiefstgreifenden Wandels in nahezu allen Bereichen des öffentlichen und privaten Lebens. In vorstehenden Länderbeiträgen sind Elemente davon angesprochen worden. Sie sollen im Folgenden zu Achsen zusammengefasst werden, die das Ausmaß an Veränderungen und Entwicklungen jenseits der Grenzen arabischer Einzelstaatlichkeit deutlich machen.

Bevölkerungsentwicklung und Verstädterung haben das Erscheinungsbild des arabischen Raums nachhaltig geprägt. Bereits in der Zwischenkriegszeit hatten die einsetzende Industrialisierung und die Auswirkungen weltweiter wirtschaftlicher Veränderungen und Krisen Menschen zur Abwanderung in die Städte bewogen. Zwischen 1950 und dem Ende des Jahrhunderts hat sich die Bevölkerung in den Staaten der Arabischen

Liga mehr als vervierfacht. Lag sie 1950 noch bei ca. 80 Millionen, war sie bis 2010 auf etwa 334 Millionen Menschen angewachsen. Dabei beträgt der Anteil der unter 15-Jährigen an der Gesamtbevölkerung im regionalen Durchschnitt etwa 35 %. Je nach ihrer Ressourcenausstattung waren die sozialen Auswirkungen in den einzelnen Staaten naturgemäß unterschiedlich. Einige unter ihnen waren nicht in der Lage, das Wirtschaftswachstum mit der Bevölkerungsexplosion in Übereinstimmung zu bringen. Brotunruhen und soziale Proteste waren die häufig wiederkehrenden Folgen. Zahlreiche Menschen leben unter der Armutsgrenze (u. a. Algerien 25 %, Jordanien 30 %, Sudan 40 %, West Bank und Gaza 46 %, Jemen 45 %) und Jugendarbeitslosigkeit ist eine verbreitete Erscheinung. Wanderungsbewegungen waren die Folge: Die Ströme bewegten sich von den armen in die aufgrund von Öleinnahmen wohlhabenderen Staaten. Noch nachhaltiger führten sie zu einer Abwanderung vom Land in die Städte: 1960 betrug die Urbanisierungsrate noch etwa 25 %; bis zum Jahr 2000 stieg sie auf 60 %. Es war die Jugend, von der 2010/11 der Beginn der dritten arabischen Revolte ausgegangen ist.

Der Stand der sozialen und menschlichen Entwicklung im arabischen Raum ist Gegenstand einer Reihe von Berichten gewesen, die seit 2002 von einer Gruppe unabhängiger arabischer Wissenschaftler im Auftrag von der UNDP (*United Nations Development Program*) erstellt worden sind. In diesen *Arab Human Development Reports* geht es um die politischen und gesellschaftlichen Faktoren, die eine tiefgreifende Modernisierung und Entwicklung der arabischen Gesellschaften erschwert und behindert haben. Dazu gehört nicht zuletzt das Erziehungs- und Bildungswesen, das in zahlreichen arabischen Staaten den Anforderungen einer modernen Wissensgesellschaft nicht gewachsen war.

Der *Nationalismus* wurde die wirkungsmächtigste Idee bei der Gestaltung der politischen Landschaft der arabischen Völker nach dem Ende des Ersten Weltkriegs. Das Scheitern der Bemühungen um unabhängige Staatlichkeit stellte die arabischen Eliten vor neue Herausforderungen. Wie würde die Unabhängigkeit gegen europäische Mächte zu erringen sein, die sich als derart überlegen erwiesen, die arabischen Völker nach Belieben aufzuteilen? Von allen Völkern des 1918 untergegangenen Osmanischen Reiches gelang es nur den Völkern Anatoliens (vornehmlich Türken und Kurden), in einem aufopfernden Befreiungskrieg (1919–1922) die Pläne der europäischen Siegermächte zunichte zu machen und 1923 einen eigenen, unabhängigen Staat zu gründen, die Türkische Republik. Die Abschaffung des Kalifats per Beschluss des Parlaments in Ankara im März 1924 bedeutete den letzten Schritt auf dem langen Weg der Wandlung der überkommenen Ordnung und öffnete den Blick für neue politische und geistige Rahmenbedingungen, auch für die arabischen Völker. In den folgenden Jahrzehnten gelegentlich unternommenen Versuchen, die Kalifatsidee auf der politischen Agenda zu halten, waren keine konkreten Erfolge beschieden. Zu einer nationalstaatlichen Ordnung gab es keine Alternative. Die auf Betreiben Saudi-Arabiens 1969 gegründete *Organisation der Islamischen Konferenz* (seit 2011: *Organisation für Islamische Zusammenarbeit*), ein Kompromiss zwischen einer vagen »islamischen« Soldarität und der nationalstaatlichen Wirklichkeit, führt auch in der Gegenwart kaum mehr als ein politisches Schattendasein.

Das vom Kemalismus geprägte Entwicklungsmodell der Türkei freilich fand angesichts ihres nur schwer verhohlenen anti-religiösen Charakters wenig Anklang. Die Diskussion aber um das Verhältnis von Staat und Religion war heftig und kontrovers. 1925 – ein Jahr nach der Abschaffung des Kalifats – veröffentlichte der al-Azhar-Gelehrte Ali Abd ar-Raziq ein Traktat, in dem er feststellte, dass das Kalifat keine Begründung in den Grundprinzipien des Islams habe. Er wurde seines Amtes enthoben. Noch die Ermordung Farag Fodas (Faradsch Fauda) im Juni 1992, eines ägyptischen Intellektuellen, der sich für die Trennung von Staat und religiösem Gesetz einsetzte, lässt die politische Sprengkraft der Debatte erkennen. Zwar war die Grundtendenz der bedeutendsten politischen Kräfte zwischen Marokko und dem Irak säkularistisch, aber der Islam bildete einen religiösen Rahmen, den kein Politiker in Frage stellen konnte, der sich um Unterstützung der Gesellschaft bemühte. In ihrem Kampf um Unabhängigkeit und gesellschaftliche Neuordnung suchten sie in zahlreichen Fällen den Rückenwind religiöser Kräfte – populäre Theologenpersönlichkeiten, theologische Lehrstätten, Moscheen, sufische Orden. Immerhin aber war – nicht zuletzt unter wahhabitischem Einfluss – nach der Eroberung des Hedschaz durch Ibn Sa'ud (s. S. 240 ff.) ein konservativer Ruck unter führenden Theologen unübersehbar. Das gilt nicht zuletzt auch für die führenden Vertreter der Salafiyya (s. S. 33 f.).

Das Entstehen nationalistischer Kräfte, die seit den 1920er Jahren auf die Unabhängigkeit hinzuwirken begannen, war mit der Ausbildung konstitutioneller und demokratischer Institutionen und Mechanismen, zuvorderst Verfassungen, Wahlen und Parlamente, verbunden. Mit Blick auf die Entwicklungen nach dem Zweiter Weltkrieg kann es als geradezu tragisch bezeichnet werden, dass die europäischen Mandatsmächte, welche die ihnen »anvertrauten« Gesellschaften zur »Reife« europäischer Staatlichkeit hätten führen sollen, ihr Mandat missbrauchten, die demokratischen Ansätze in den jungen Staaten um der Wahrung ihrer eigenen Interessen willen zu manipulieren. Der Faschismus italienischer bzw. deutscher Provenienz hat die arabischen Gesellschaften nur sehr partiell und oberflächlich zu infizieren vermocht.

Nach dem Zweiten Weltkrieg hat sich der Wandel der Gesellschaften und ihrer Eliten beschleunigt. Die herkömmlichen Führungsschichten in den Städten: die Notabeln, Kaufleute, Feudalherren und z. T. auch die Geistlichkeit, verloren die Macht an die Träger der neuen Entwicklungsstrategien, insbesondere Militärs und Bürokraten, Technokraten und Manager, die im Zuge der Ausweitung des öffentlichen Sektors von diesen kooptiert wurden. Ein Prozess der Differenzierung sozialer Schichten ließ einen Mittelstand ebenso entstehen wie ein Proletariat an den Rändern zahlreicher Städte. Die mit den Jahren gegründeten politischen Parteien gingen teilweise ein Bündnis mit einem Militär ein, das sich ebenso wesentlich aus der unteren Mittelschicht rekrutierte – so im Fall der Ba'th-Regimes im Irak und in Syrien sowie der FLN in Algerien. Im Ergebnis bildeten sich Staatsklassen heraus, die den Staatsapparat, die wichtigsten Produktionsmittel und die Finanzierungspotenziale kontrollierten. Mit ihrer sozialen Basis – städtische Mittelschichten, reformbegünstigte Bauern, mittlere Grundbesitzer – waren die Staatsklassen über weit verzweigte Klientelnetze verbunden. Institutionen der Demokratie wurden entweder vollständig abgeschafft oder hatten nur noch kosmetischen Charakter.

Der »arabische Sozialismus« ergänzte als Integrationsideologie der Unabhängigkeitsbewegungen den älteren Nationalismus. Mit dem Ziel, einen eigenen, von West und Ost unabhängigen Entwicklungsweg zu beschreiten, sollte er die Legitimität der neuen Regimes konsolidieren. In seinen vom marxistischen Begriff des Sozialismus weit entfernten Harmonievorstellungen, die der *Arabische Sozialismus* Nassers mit dem *Algerischen Sozialismus* Houari Boumediennes, dem *Destour*-Sozialismus in Tunesien, oder auch mit al-Qadhafis *Dritter Universaltheorie* teilte, drückten sich auch islamische Traditionsbestände aus, die zur Rechtfertigung der »Revolution« herangezogen wurden. In den konservativen Staaten der Arabischen Halbinsel standen mit den frühen 1950er Jahren die Einnahmen aus der Produktion und Vermarktung von Erdöl und Erdgas als »Rente« zur Verfügung, mit der sich die Machthaber der Anhängerschaft breiter Teile ihrer Gesellschaften zu versichern bemüht waren.

Welchen Weg der Entwicklung die Regimes – zunächst im Kontext des Ost-West-Konflikts, seit den 1990er Jahren nachhaltig unterstützt durch die politischen und wirtschaftlichen Interessen »des Westens« – über Jahrzehnte auch verfolgten, die meisten von ihnen führten in den Staatskapitalismus, über den sich klientilistische Anhängerschaften – bei autoritärer Ausübung der Macht durch die Herrschenden, bereicherten. Vor diesem Hintergrund war der Ausbruch der dritten arabischen Revolte 2011 von dem Ruf nach (politischer und wirtschaftlicher) Gerechtigkeit und nach Würde begleitet.

Dem Nationalismus ist mit dem *politischen Islam* in der zweiten Hälfte des 20. Jahrhunderts die radikalste politische, gesellschaftliche und kulturelle Alternative sowohl zu den bestehenden Machtverhältnissen als auch zu den aus dem Westen importierten Entwicklungskonzepten und Ideologien aus dem Boden der islamischen Religion heraus erwachsen. Die Denk- und Argumentationsmuster seiner Vordenker rufen Vergleiche mit den Schemata insbesondere der marxistisch-leninistischen Interpretation von Staat, Gesellschaft und Revolution wach, bedienen sich jedoch einer Terminologie, die aus den Kontexten des Korans, der islamischen Theologie und der Frühzeit der Geschichte der islamischen Gemeinde abgeleitet wird. Das Terrorattentat auf das *World Trade Center* in New York am 11. September 2001 brachte auf monströse Weise die beiden zentralen Ziele islamistischer Ideologen und ihrer diffusen Gefolgschaft auf den Punkt: die Mobilisierung der Gemeinschaft der Muslime auf dem Weg zu neuer Grandeur nach einer Epoche gefühlter Unterlegenheit und den Kampf gegen alles, was innerhalb und außerhalb der islamischen Gesellschaften als »westlich« denunziert wird.

Tatsächlich war die seit der zweiten Hälfte des 18. Jahrhunderts einsetzende politische Dominanz europäischer Mächte von Nordafrika bis Südostasien und dem subsaharischen Afrika bis Zentralasien von der Frage begleitet, wo denn die religiösen Gründe für die Schwäche »der Muslime« gegenüber »den Franken« (Europäern) lägen. Der Niedergang der islamischen Gesellschaften wurde zu dem »Abfall« vom Glauben in Beziehung gesetzt. Unter den zahllosen und facettenreichen Antworten auf die Frage fand sich auch diese: Die Rückkehr zu einem richtig verstandenen Islam werde vom Wiederaufstieg der islamischen Welt und der Befreiung von der politischen und zivilisatorischen Vorherrschaft europäisch-westlicher Mächte begleitet sein. Die rigorose Ablehnung aller »Neuerungen« (*bida'*; Sing. *bid'a*) und die militante Durchsetzug des wahhabitischen Verständnisses von »göttlicher Einheit« (*tauhid*) lassen bereits im

19. Jahrhundert einen Zusammenhang von »richtig« verstandenem Islam und Politik erkennen.

Die bedeutenden Denker der frühen *Salafiyya* (s. S. 33 f.) vermochten keinen grundlegenden Widerspruch zwischen Kernelementen der vom Westen vertretenen Moderne und einem auf ihre Weise »richtig« verstandenen Islam zu erkennen. Mit dem für die Araber enttäuschenden Ausgang des Ersten Weltkriegs verstärkte sich der wahhabitische Einfluss unter führenden Theologen, die sich nun deutlicher gegen europäische Entwicklungskonzepte, namentlich säkularisierende Tendenzen, abzugrenzen suchten. Eine weitere Politisierung des Islams signalisierte die Gründung der *Muslimbruderschaft* durch Hasan al-Banna – einen Lehrer und nicht Theologen – 1928 im ägyptischen Isma'iliyya. Als Gegenmodell zu dem radikalen Laizismus, der von Mustafa Kemal in der Türkei propagiert und institutionalisiert wurde, sollte der Islam wieder Grundlage der Gesellschaftsordnung sein; damit verbunden wäre der Kampf gegen fremde Besatzung und westliche Dekadenz.

Politisch standen die folgenden Jahrzehnte auch in zahlreichen arabischen Ländern (wie in der Türkei und Iran) im Zeichen westlicher Entwicklungskonzepte. Hinter dieser Fassade aber radikalisierte sich nicht nur die *Muslimbruderschaft* und breitete sich über Ägypten hinaus im arabischen Raum – nicht zuletzt in Syrien – aus. Vielmehr wurde das Konzept des »politischen Islams« von einer Reihe von Denkern – im sunnitischen Bereich waren die meisten unter ihnen keine Theologen, sondern hatten bürgerliche Berufe – zu einer Ideologie der Revolution nach innen wie nach außen verfestigt. Der wirkungsmächtigste unter ihnen sollte der Ägypter Seyyid Qutb werden. 1906 geboren, übte er zunächst – zeitweise auch als Mitglied der säkularen *Wafd*-Partei (s. S. 57 ff.) – eine journalistische Tätigkeit aus. Sein »Erweckungserlebnis« hatte er während eines Aufenthalts in den USA (1949–1951); der von ihm so wahrgenommene moralische Verfall der amerikanischen Gesellschaft stieß ihn ab und veranlasste ihn zu einer Rückbesinnung auf den Islam. 1951 trat er der *Muslimbruderschaft* bei. Neben einem Korankommentar ist es vor allem das Buch »Meilensteine« (*ma'alim fi-t-tariq*), in dem er den Weg zu einer Revolutionierung aller islamisch geprägten Gesellschaften im Geiste des »richtig verstandenen« Islam und den Kampf gegen einen als verworfen wahrgenommenen Westen beschreibt. Die Analyse, die den »heidnischen« (*dschahili*) Charakter der zeitgenössischen islamischen Gesellschaften in den Mittelpunkt stellt, führt über die muslimische Avantgard, die über die »richtige« Lesart des Korans verfügt, zur Revolution. In einem geradezu leninistischen Sinne ist damit auch die Gewalt gerechtfertigt. Qutb wurde im nasseristischen Ägypten mehrfach ins Gefängnis geworfen und 1966 hingerichtet.

Die Diskussion darüber, ob Qutb tatsächlich die Anwendung von Gewalt im »revolutionären« Prozess gerechtfertigt habe, ist auch innerhalb der *Muslimbruderschaft* geführt worden. Kein Zweifel kann daran sein, dass sich zahlreiche Prediger der Gewalt und des Terrors auf ihn berufen oder sich an ihm orientiert haben. Im Aufruf zur Revolution hat der Begriff des *dschihad*, hier ist eine religiöse Pflicht des Kampfes gegen die »Heiden« gemeint, eine zentrale Rolle gespielt. Mit Qutb ist dem religiösen Verständnis von Islam eine bislang allenfalls in Ansätzen erkennbare ideologische Dimension zugewachsen. Im Jahrhundert von zur Vernichtung ganzer Kategorien von

Menschen aufrufenden europäischen Ideologien, namentlich dem Nationalsozialismus und dem Marxismus-Leninismus, hat er eine islamische Variante formuliert: Versatzstücke dieser Religion werden zu einer Agenda gemünzt, die das Töten im Namen des Islams nicht nur rechtfertigt, sondern geradezu fordert. Gewollt oder nicht gewollt – Qutb ist ein zentrales Glied in einer Kette von Entwicklungen, die den arabischen Raum am Beginn seines 21. Jahrhunderts in einen heillosen Zustand geführt hat. Im Westen tut man sich bis in die Gegenwart schwer, dieses Phänomen zu verstehen bzw. zu benennen: Aus einer »Re-Islamisierung« in den 1970er Jahren wurde mit den Jahrzehnten ein »islamischer Fundamentalismus«, »Islamismus«, »radikaler Islam« oder »islamistischer Radikalismus«.

Auch unter dem Aspekt des politischen Islams ist die Niederlage der arabischen Armeen gegen Israel im Juni 1967 als Wendepunkt zu verstehen. Sie schien schlagartig zu suggerieren, dass die Protagonisten säkularer, dem Westen entlehnter Entwicklungsparadigmen nicht in der Lage gewesen waren, ihre Länder, nach innen wie nach außen, auf die gleiche Augenhöhe mit diesem zu führen. Damit war der Weg für die über Jahrzehnte im Hintergrund wirkenden, lange unterdrückten islamistischen Kräfte und Bestrebungen frei. Immer stärker trat nun auch Saudi-Arabien, geführt von seinem charismatischen Herrscher Faisal ibn Abd al-Aziz, ins Bild. Im Fahrwasser einer stärkeren Betonung der islamischen Religion in Politik und Gesellschaft begannen auch radikalere Strömungen und Organisationen aktiv zu werden. Mit seinen zunehmend sprudelnden (s. S. 317) Einnahmen aus dem Verkauf von Erdöl waren das Königreich bzw. interessierte Kreise dort in der Lage, materielle Hilfestellung zu leisten. Die Revolution in Iran, die 1979 zur Errichtung einer *Islamischen Republik* führte, tat ein Übriges, radikal-islamistische Kräfte zu befeuern. Auch wenn der schiitische Hintergrund der Ereignisse in Iran nicht zu verkennen war, schien sie doch zu bestätigen, dass aus der Religion eine Dynamik tiefgreifender Umgestaltung erwachsen würde.

Bereits in den frühen 1970er Jahren kam es zu vereinzelten Gewalttaten, die auf das Konto radikaler Organisationen gingen. Am 6. Oktober 1981 wurde der ägyptische Präsident Anwar as-Sadat von Mitgliedern einer radikalen Zelle in der Armee ermordet. Der Weg von diesen seinerzeit noch vereinzelten Gewalttaten zu der chaotischen Situation, in die Teile der arabischen Welt zu Beginn ihres 21. Jahrhunderts geraten sind, ist lang und komplex. Ihn nachzuzeichnen würde den hier gegebenen Rahmen sprengen; in den Darstellungen der einzelnen Länder und der internationalen Politik werden Hinweise auf die politische Wirkung des Phänomens gegeben. Im Rückblick sind im Inneren die zunehmenden wirtschaftlichen und sozialen Probleme, namentlich die Öffnung der Schere zwischen Arm und Reich, welche nicht zuletzt auf Korruption und Klientelismus zurückzuführen war, sowie – damit verbunden – mangelnde Legitimation der Herrschenden zu nennen. In diesem Zusammenhang ist vor allem auf den brutalen Bürgerkrieg in Algerien in den 1990er Jahren und auf den Kampf extremistischer Gruppen gegen das Mubarak-Regime in Ägypten in diesem Zeitraum zu verweisen. Auswärtiger Einfluss tat ein Übriges: Mit der sowjetischen Invasion in Afghanistan in den 1980er Jahren rüsteten die USA, finanziell und organisatorisch unterstützt durch Saudi-Arabien und Pakistan militante islamistische Gruppen auf, den Kampf gegen die Sowjetunion in Afghanistan zu führen. Die Bewegung der *Taleban* hatte hier ihren Ursprung. Andere Konflikte wie die Kriege im Kaukasus und auf dem Balkan trugen zur Radikalisierung und Ausbreitung extremistischer Gruppen bei. Als am 11. September 2001 bei einem Attentat auf die beiden Hochhäuser des *World Trade Center* in New York fast 3000 Menschen den Tod fanden, wurden die Organisation *al-Qa'ida* und ihr damaliger Anführer Usama bin Ladin synomym für eben diese terroristische Kriegführung extremistischer islamistischer Gruppen. Der »Kampf gegen den Terror« schließlich, wie er im Jahrzehnt danach von westlichen Mächten, angeführt von den USA, geführt wurde, ließ ein Klima der Gewalt und Gewaltbereitschaft entstehen, das diesen Organisationen und Gruppen eine Rechtfertigung für terroristische Gewalt im Namen »des Islams« gab. Insbesondere der Krieg in Afghanistan und die mit erkennbar fingierten Argumenten und »Beweisen« gerechtfertigte Invasion im Irak 1983 (s. S. 180 f.) trugen zur Eskalation einer teilweise regelrechten Kriegführung bei.

Am Ausbruch der dritten arabischen Revolte (2010/11) hatten radikale islamistische Organisationen an keiner Stelle Anteil. Die Solidarität von Millionen von Menschen im Kampf gegen die Regimes war vielmehr ihr Markenzeichen. Politische Unerfahrenheit der neuen Führungen mit demokratischen Mechanismen aber, ökonomische Stagnation und das Beharrungsvermögen der alten Führungskräfte öffneten radikalen Organisationen politische Räume, in die einzudringen sie entschlossen waren. Dabei hat sich zu Beginn des 21. arabischen Jahrhunderts eine kaum noch zu überschauende Diffusität radikaler islamistischer Organisationen und deren Gewalttaten ausgebildet.

Jenseits von, aber auch in Zusammenhang mit den skizzierten Entwicklungen hat sich das Erscheinungsbild - gesellschaftlich und kulturell - des öffentlichen Raumes in den arabischen Staaten über die letzten Jahrzehnte des arabischen 20. Jahrhunderts verändert. Es ist »islamischer« geworden. Im äußeren Erscheinungsbild macht sich diese Feststellung an Phänomenen wie dem Kopftuch der Frauen oder der Beachtung religiöser Vorschriften in der Öffentlichkeit – namentlich während des Fastenmonats Ramadan – fest. Hinter diesen vordergründigen Beobachtungen sind es u. a. die Gebiete des Rechtswesens, der Medien und des kulturellen Lebens, die eine stärker konservativ-islamische Einfärbung aufweisen. Diese war zum einen politisch gewollt: Die Herrschenden glaubten, auf diese Weise der Propaganda radikaler islamischer Kreise entgegenwirken zu können. Darüber hinaus aber war ein islamischer Konservativismus auch eine Reaktion des Schutzes gegen einen von außen andringenden Westen, der als politisch und kulturell bedrohlich wahrgenommen wurde. Nicht zuletzt die Palästinafrage wurde der Lackmustest für die Verbindlichkeit der von den westlichen Mächten immer wieder geltend gemachten Prinzipien des Völkerrechts und der Menschrechte: In den »doppelten Standards« – d. h. in der Kluft zwischen den verkündeten Prinzipien einerseits und der Unterstützung des Staates Israel auch da, wo dieser krass gegen diese Prinzipien verstieß, andererseits – erkannten breiteste Teile der arabischen Öffentlichkeiten eine Arroganz, gegen die nur ein Rückzug auf die eigenen Traditionen schützen würde.

Von den politischen Entwicklungen seit den 1950er Jahren ist das Zusammenleben zwischen den muslimischen arabischen Mehrheiten und nicht-muslimischen religiösen sowie nicht-arabischen ethnischen Minderheiten nicht unberührt geblieben. Der arabische Nationalismus identifizierte den Staat mit dem Arabertum und dem Islam. Auf ethnische Minderheiten wie die Kurden und die Berber wurde eingegangen. Unter den religiösen Minderheiten waren die Christen die stärksten, nachdem die Juden Anfang der 1950er Jahre arabische Länder verlassen hatten, in denen sie z. T. seit mehr als zwei Jahrtausenden gelebt hatten. Der arabische Nationalismus, der arabisch-israelische Konflikt, das Aufkommen einer militanten islamistischen Bewegung sowie die Schwächung von Staatlichkeit waren über die Jahrzehnte Rahmenbedingungen, innerhalb derer die Stellung der Christen, aber auch anderer religiöser Gruppen, schwieriger, ja prekär wurde. Viele haben es vorgezogen auszuwandern.

Die *Stellung und die Rolle der Frauen* gehören zu den Tatbeständen, die das Gesicht der arabischen Gesellschaften des 20. Jahrhunderts geprägt haben. Wie im Falle anderer Neuerungen und Wandlungen kamen wichtige Impulse aus dem Umfeld von Muhammad Abduh (s. S. 34). Das Thema der »Befreiung der Frau« (*tahrir al-mar'a*) bzw. der »neuen Frau« (*an-nisa al-dschadida*) – Titel zweier einflussreicher Bücher von Qasim Amin (1863–1908) – hat das Jahrhundert durchzogen.

Naturgemäß ist die Entwicklung, je nach den politischen und gesellschaftlichen Rahmenbedingungen, unterschiedlich verlaufen; im Kontext einer – wie vorstehend angedeuteten – in Teilen säkularen Modernisierung in Nordafrika und im *Fruchtbaren Halbmond* schneller und weiter reichend als in den von, – nicht zuletzt bedingt durch die Religion, – konservativen Traditionen geprägten Gesellschaften der Arabischen Halbinsel. Auf den Beitrag der beginnenden Frauenbewegung zum Widerstand gegen die kolonialistische Unterwerfung Ägyptens und anderer arabischer Länder ist bereits hingewiesen worden (s. S. 58). Nach ersten Forderungen für mehr Rechte und Bildungschancen für Frauen bereits Ende des 19. Jahrhunderts setzte Anfang der 1920er Jahre eine regelrechte Frauenbewegung ein. In Ägypten und einigen anderen arabischen Ländern öffneten die Universitäten ihre Tore für Frauen. Waren es zunächst nur wenige, vornehmlich aus den mittleren und oberen Schichten der Gesellschaft, so ist die universitäre Erziehung in den letzten Jahrzehnten auch für den weiblichen Teil der Gesellschaft selbstverständlich geworden. In einigen Ländern übersteigt der Anteil der Frauen an den Universitäten den der Männer. Mit der Verbreitung von Bildung und Ausbildung traten Frauen in beruflicher Tätigkeit zunehmend in die Öffentlichkeit. Mehr und mehr drängen Frauen in Berufe, die herkömmlich Männern vorbehalten waren. Aufsehen erregte der libysche Staatschef al-Qadhafi, wenn er sich auf seinen Auslandsreisen mit weiblichem Schutzpersonal umgab.

Wie in Europa auch ist die Frauenemanzipation von einzelnen Aktivistinnen angestoßen worden. Sie hat aber mit den Jahrzehnten den Charakter einer starken gesellschaftlichen Bewegung angenommen. Vereinigungen und Verbände von Frauen wurden gegründet, die sich z. T. um Zeitschriften und andere Veröffentlichungen gruppierten. Kernstücke des Kampfes waren Gleichberechtigung und die Teilhabe an elementaren politischen Entscheidungen, namentlich an Wahlen. Hier erfolgte der Durchbruch erst im Zusammenhang der zweiten arabischen Revolte, die mit der Revolution in Ägypten 1952 begann. Während in vielen Ländern Frauen das aktive und passive Wahlrecht erstreiten konnten, sind sie auf der Arabischen Halbinsel, nicht zuletzt in Saudi-Arabien, davon noch weit entfernt. Immerhin wurden in einigen Golfstaaten Frauen in das Kabinett aufgenommen. Namentlich auch im Bereich des Familien- und Personenstandsrechts müssen Frauen in vielen Ländern noch Einschränkungen der Gleichheitsrechte hinnehmen. Wie groß an diesem Punkt die Differenzen sind, lässt ein Vergleich der Situation der Frauen in Tunesien und Saudi-Arabien erkennen: In ersterem bestimmte bereits 1956 ein Gesetz die vollständige Gleichheit von Mann und Frau. Suchten islamistische Kräfte nach der Revolution dort (2011) zunächst Abstriche zu machen, bekräftigt auch die Verfassung vom Januar 2014 – auf nachhaltige Proteste von Frauen hin – die vollständige Gleichheit. In Saudi-Arabien benötigen Frauen die Erlaubnis ihrer Ehemänner, wenn sie allein verreisen wollen. Das Fahren von Autos ist ihnen nicht gestattet. Im Zusammenhang mit Eheschließung und Scheidung herrschen weithin im arabischen Raum überlieferte Regelungen vor, die Frauen gegenüber den Männern diskriminieren. Lediglich in Tunesien ist die Mehrehe ausdrücklich verboten. Die im Jahr 2004 im Personalstatut Marokkos durchgeführten Reformen lassen erkennen, wie weit der Weg der Gleichstellung von Mann und Frau in den arabischen Gesellschaften noch ist.

Als Huda Scha'rawi und ihre Mitstreiterinnen 1923 am Bahnhof von Kairo ihre Schleier ablegten (s. S. 58), war dies eine symbolische Geste für das Streben nach Emanzipation und nach Beendigung einer Diskriminierung gewesen, die strukturell die Stellung der Frauen in der ägyptischen Gesellschaft und in zahlreichen anderen islamisch geprägten Gesellschaften bestimmt hatte. Auch für viele Frauen in den nachfolgenden Generationen galten Schleier und Kopftuch als Symbol einer überlebten gesellschaftlichen Ordnung, ja als Ausdruck der Unterordnung der Frau. Kein Kopftuch oder Schleier zu tragen, galt als modern. Das hat sich seit den 1970er Jahren verändert. Hatte der iranische Herrscher Reza Schah im Januar 1936 ein Schleierverbot erlassen, so ordnete die Regierung der *Islamischen Republik Iran* das Tragen des Tschador in der Öffentlichkeit an. Unabhängig aber von behördlichen Maßnahmen und der »Islamisierung« der Gesellschaften insgesamt haben sich Frauen entschlossen, eine »islamische Kleidung« zu tragen. Sie ist nicht zuletzt auch Ausdruck der Verunsicherung bezüglich der Identität ihrer Gesellschaften und des Zweifels an einer Moderne, die Züge westlicher Interessenpolitik trägt und von doppelten Standards westlicher Politik geprägt ist. Andererseits hat sich unter dem Kopftuch ein Feminismus entwickelt, der gleichsam aus dem Bekenntnis zur Religion die umfängliche Verwirklichung von Menschen- und Bürgerrechten für die Frauen fordert.

Auch in Kunst und Literatur sind Frauen aus dem Schatten ihrer herkömmlichen Stellung herausgetreten. Als gefeierte Sängerinnen und namentlich auch als Schauspielerinnen, insbesondere im Film, füllen sie die Feuilletons der Zeitungen. Ohne den Beitrag von Frauen kann die Geschichte der arabischen Literatur der Gegenwart nicht geschrieben werden. Mit ihren männlichen Kollegen teilen sie die Darstellung der großen gesellschaftlichen und politischen Probleme und Herausforderungen, aber aus einer spezifisch weiblichen Sicht. Auch die Auswirkungen der großen Konflikte im Nahen Osten, insbesondere in Palästina, auf die arabischen Gesellschaften sind Themen der von Autorinnen verfassten Literatur. Als Frauen sind sie Spannungen in besonderer Weise ausgesetzt, die aus dem Verlust der Bindekraft der Tradition herrühren. Unüberhörbar ist das emanzipatorische Aufstehen gegen die Dominanz eines männlichen Herrschaftsanspruchs, der durch nichts mehr gerechtfertigt ist als eben die brüchig und hohl gewordene Tradition. Dabei gehen sie nicht selten sprachlich an die Grenzen: Unverblümte erotische und sexuelle Darstellungen sind Tabubrüche künstlerischer und stilistischer Natur, die den Bruch der herkömmlichen Gesellschaftsordnungen reflektieren.

Im *kulurellen Leben* spiegelt sich das mitunter spannungsvolle Verhältnis von westlicher Modernität und arabischer Tradition in besonderer Weise. Auch wenn die Akzeptanz der westlichen Kultur und Zivilisation in Teilen der arabischen Öffentlichkeit geringer geworden ist, »der Westen« auf Zweifel, Vorbehalte und Proteste stößt, ja von Extremisten militant bekämpft wird, geht es in Begegnung und Interaktion einer breiten Mehrheit der arabischen Gesellschaften letztendlich nicht um Abschottung, sondern um die Frage, wie sich eine Symbiose gestalten lässt. Im Erziehungswesen haben westliche, insbesondere amerikanische Universitäten eine starke Anziehungskraft; und wer es sich leisten kann – das gilt namentlich auch für die Jugend in den reichen (und kulturell konservativen) Ölstaaten – schickt seine Kinder ins westliche Ausland, um dort einen »degree« zu erwerben. Der Araber, der auf der Arabischen Halbinsel die *dischdascha*, die traditionelle Gewandung des Mannes, und in seinem weltweit verzweigten Business den Nadelstreifenanzug trägt, ist zum Symbol dieses Lebens in zwei Welten geworden. In den letzten Jahren sind Ableger international renommierter Bildungseinrichtungen in einigen der Golfstaaten gegründet worden.

Die Entwicklung in den Künsten, namentlich der erzählenden Literatur und Poesie, in der Malerei, der bildenden Kunst und der Architektur ist ohne die permanente Auseinandersetzung mit europäischen und amerikanischen Vorbildern nicht zu denken. Allerdings – so wird man einräumen müssen – ist die gesellschaftliche Breitenwirkung »moderner« Kunst geringer als in Europa und den USA (ja selbst als in der indischen und fernöstlichen Kultur). Das ist auch einer der Gründe, warum viele arabische Künstler und Künstlerinnen im westlichen Ausland leben und dort arbeiten. In den Ölstaaten am Golf sind Museen entstanden, die traditionelle wie westlich-moderne Kunst zeigen. Ist es nur das Streben nach Renommé, wenn die Eliten gerade dieser Staaten berühmte Museen aus Europa und den USA einladen, Teile ihrer Schätze permanent bei ihnen auszustellen?

Die wohl spektakulärste – weil unmittelbar für jeden sichtbare – Entwicklung hat sich auf dem Gebiet der Architektur vollzogen. Bereits vor dem Ersten Weltkrieg waren Architekten in den Europa aufgeschlossenen arabischen Städten bemüht gewesen, einheimische und europäische Stilelemente zu verbinden. Nicht immer ist das überzeugend gelungen; aber in einigen Fällen hat es orginelle Lösungen gegeben. Unter ihnen ist der ägyptische Architekt Hasan Fathi (1900–1989) einer der bekanntesten Namen. Mit dem Ölboom am Golf hat sich das Erscheinungsbild der Region radikal verändert. Aus Ortschaften, deren Bauten in der unscheinbaren und wenig dauerhaften Lehmbauweise errichtet waren, sind Skylines geworden, die den Vergleich zu amerikanischen und asiatischen Metropolen nicht zu scheuen brauchen. Neben einer Nachahmung westlicher Bauformen gibt es aber auch – finanziell aufwändige – attraktive Synthesen mit traditionellen Stilelementen.

Im öffentlichen Raum haben die *Medien* als Instrumente und Foren der Information und Mobilisierung der Gesellschaften einen hohen Stellenwert erhalten. Die arabische Sprache war von jeher (mit der göttlichen Offenbarung, dem Koran, als ihrem - weithin so wahrgenommenen – Höhepunkt) ein besonderer Stolz der Araber. Mit der Modernisierung der arabischen Gesellschaften seit dem Ende des Ersten Weltkriegs waren die Eliten bemüht, eine arabische Hochsprache als Medium der Kommunikation zwischen dem Atlantik und dem Indischen Ozean zu formen. Über die Jahrhunderte kultureller Stagnation war die Kenntnis der in den theologischen, historischen und wissenschaftlichen Texten verwendeten Hochsprache das Privileg einer schmalen Schicht von Gebildeten gewesen. Die breiten Massen hatten sich in den lokalen Dialekten, die von einander stark abweichen, verständigt. Bereits. oben (s. S. 32 f.) war beschrieben worden, wie die arabische Sprache und Hochkultur in der zweiten Hälfte des 19. Jahrhunderts als Vehikel des Stolzes auf eine arabische Identität wieder entdeckt worden war. Im 20. Jahrhundert haben Sprachakademien an diese Ansätze angeknüpft. Mit der Ausbreitung der Schulbildung ist jeder Araber in der Lage, in der so entstandenen Hochsprache (*fusha*) zu kommunizieren. Auch können in ihr die sich ständig vermehrenden und erneuernden Begriffe in Wissenschaft und Technik zum Ausdruck gebracht werden.

Die Ausbildung der Hochsprache war auch eine Voraussetzung für die wachsende Bedeutung der Medien. Die Zeitungen bedienen sich ihrer, das Gleiche gilt für Rundfunk und Fernsehen. Über Jahrzehnte waren die Herrschenden bemüht, über die Medien »ihrem« Volk innerhalb der jeweiligen Landesgrenzen ihre Botschaften zu vermitteln. Das änderte sich, als überregionale Tageszeitungen – z. T. mit Sitz der Redaktionen in Europa – entstanden. Diese unterlagen weniger der unmittelbaren Kontrolle einer Regierung. Eine nachhaltige Veränderung der Medienlandschaft war mit der Gründung von Fernsehsendern verbunden, die seit Mitte der 1990er Jahre nunmehr alle arabischen Zuschauer im Blick hatten. Der Sender *al-Dschazira* (s. S. 267 ff.), der in Doha (Katar) seinen Sitz hat, war lange der bekannteste unter ihnen: Sein Markenzeichen war, dass in ihm Foren für nahezu alle Inhalte politischer und kultureller Natur Platz eingeräumt wurden. Den kritisierten Regierungen war es kaum möglich, den Empfang des Senders flächendeckend zu blockieren. Die großen westlichen Fernsehstationen – so etwa *BBC International* und *CNN* – verloren ihr Nachrichtenmonopol – und damit der Westen seine Deutungshoheit über Ereignisse und Entwicklungen. Welchen Beitrag *al-Dschazira* zum Ausbruch und zu den Verläufen der dritten arabischen Revolte geleistet hat, werden die Historiker zu klären haben.

Im Übergang zu der Darstellung der internationalen Dimension arabischer Politik schließlich muss zwangsläufig auf *die Rolle des Erdöls* (und *-gases*) eingegangen werden. Ohne die Erdölwirtschaft kann die Geschichte dieses Raumes im 20. Jahrhundert nicht geschrieben werden. Das gilt naturgemäß für die wirtschaftliche Entwicklung: In den Öl und Gas produzierenden Staaten zwischen Algerien und Oman sind die Einnahmen aus der Förderung und Verarbeitung dieser fossilen Energieträger die Grundlage der Volkswirtschaften insgesamt gewesen. Namentlich für die im *Golf-Kooperationsrat* zusammengeschlossenen »Ölstaaten« haben die Rohstoffe im wahrsten Sinn des Wortes existentielle Bedeutung. 1990 lagerten mehr als 81 Milliarden Tonnen Erdöl im arabischen Raum. Das entsprach ca. 60 % der damals erkundeten Vorräte. Mit Abstand größter Produzent war Saudi-Arabien, gefolgt vom Irak, Kuwait und den Vereinigten Arabischen Emiraten. Die Qualität des Öls, die relativ leichte Zugänglichkeit zu den Lagerstätten sowie der günstige Zugang zu den Märkten machten die arabischen Länder (und Iran) als Produzenten besonders attraktiv. Seit den 1970er Jahren wird auch das die Ölförderung begleitende Erdgas zunehmend kommerziell genutzt.

Auch die innenpolitische Entwicklung in zahlreichen arabischen Staaten ist nicht ohne den Faktor Erdöl zu vestehen: In den Händen der politischen Führungen waren die Öleinnahmen ein Instrument der Absicherung ihrer Herrschaft, ja ihrer Legitimität zu herrschen überhaupt. Eine Generation von Politikwissenschaftlern hat die Öl-»Rente« zur Grundlage ihrer theoretischen Erklärung der Herrschaftsweise in den »Rentierstaaten« gemacht: Die Einnahmen aus einer finanziellen »Rente«, einer bedingungslosen Zuwendung also, für die keine wirtschaftliche Produktionsleistung erbracht zu werden braucht, waren der Kern ihrer Deutung namentlich der politischen Systeme auf der Arabischen Halbinsel, Libyens und Algeriens. Regionalpolitisch hat die Verfügung über die Öleinnahmen den Produzenten – allen voran Saudi-Arabien – außenpolitisches Gewicht und Handlungsspielräume verliehen, die ihnen anderenfalls angesichts ihrer geopolitischen Lage und Ressourcenausstattung verwehrt geblieben wären.

Mit Blick auf die überwältigende Bedeutung des Erdöls für die Volkswirtschaften der Industriestaaten war der ungehinderte Zugang zu den Ölquellen im Nahen Osten zu marktgerechten Preisen durch das gesamte Jahrhundert hindurch eine wichtige Grundlage der Gestaltung ihrer Beziehungen zu der Region. Nicht wenige Beobachter waren versucht, »das Öl« als Bestimmungsfaktor »westlicher« Nahostpolitik überhaupt heraus zu stellen. In der Forderung »kein Blut für Öl«, die im Zusammenhang von Nahostkriegen mit »westlicher« Beteiligung immer wieder erhoben wurde, wird die Tragweite dieser Lesart der Geschichte des Nahen Ostens erkennbar.

Die Anfänge der Ölindustrie im Vorderen Orient liegen im Kaukasus. In der Nähe von Baku hatten vor allem europäische und amerikanische Ölgesellschaften und Ölbarone bereits in der zweiten Hälfte des 19. Jahrhnderts mit der Förderung und dem Verkauf von Erdöl begonnen. Um 1900 wurde der weltweite Bedarf (etwa 20 Millionen Tonnen) fast zu gleichen Teilen aus amerikanischen und »russischen« (sprich: kaukasischen) Ölquellen gedeckt. Aus heftigen Konkurrenzkämpfen war die amerikanische *Standard Oil Company* zunächst als die stärkste Ölgesellschaft hervorgegangen.

Im Nahen Osten schlug die Stunde des Öls im Jahr 1908, als der australische Investor und Glücksritter William Knox D'Arcy im südlichen Iran ein ergiebiges Ölfeld entdeckte. Für das Geschäft war der Augenblick umso glücklicher, als nahezu zeitgleich – nachdrücklich betrieben von der Admiralität unter Winston Churchill – die Befeuerung der britischen Flotte von der Kohle auf den Treibstoff Öl umgestellt wurde; eine Maßnahme, die nicht zuletzt darauf gerichtet war, der britischen Flotte operationale Überlegenheit über die im Aufbau befindliche deutsche Kriegsflotte zu verschaffen. So lag es in der Natur der Sache, dass sich die britische Admiralität mit einem Mehrheitsanteil der Aktien in die neu gegründete *Anglo-Persian Oil Company* (APOC) einkaufte. Die politische Führung in Berlin entschied demgegenüber, auf diesen Zug nicht aufzusteigen. Bis zur Niederlage von 1918 setzte Berlin auf die 1912 gegründete *Turkish Petroleum*

Company (TPC), die über Förderrechte in Mesopotamien verfügte. Nach einem 1914 noch vor Kriegsausbruch erzielten Kompromiss mit der APOC und der zu 40 % britischen *Royal Dutch Shell* blieb der Deutschen Bank lediglich ein Anteil an ihr von 25 %. Aktivitäten entfaltete die TPC nicht. Nach dem Krieg übernahm Frankreich den deutschen Anteil.

Der Krieg hatte die strategische Bedeutung des Öls erkennen lassen. Wirtschaftliche und sicherheitspolitische Interessen hatten sich unauflöslich zu verflechten begonnen. Vor diesem Hintergrund war London nunmehr bemüht, die Herrschaft über die Region von Mosul zu festigen und damit sein Ölimperium von Persien auf den Irak auszuweiten. Dabei stieß es freilich auf den Widerstand der Türkei und vor allem der USA. Die türkischen Nationalisten, die 1923 die Türkische Republik gegründet hatten, erhoben Anspruch auf Mosul. Die USA hatten sich zwar nach Kriegsende politisch wieder auf sich selbst zurückgezogen; doch war Washington von der Befürchtung umgetrieben, die eigenen Ölvorräte könnten bald erschöpft sein. Amerikanische Unternehmen drängten also ebenfalls in das irakische Ölgeschäft. Washington instrumentalisierte die Ansprüche Ankaras auf den Nordirak im Interesse seiner Ölunternehmen. Nur langsam kam eine Übereinkunft zustande: Am Ende verkaufte London die Hälfte des Anteils der APOC and der TPC an ein amerikanisches Konsortium aus sieben Ölfirmen. Damit war auch der Weg zur Lösung der Mosul-Frage frei. 1926 wurde die von der Türkei beanspruchte Provinz dem Irak zugeschlagen. Zuvor hatte sich Bagdad dem Druck der britischen Mandatsverwaltung beugen müssen und die Konzession für die jetzt (aus der TPC) neu konstituierte *Iraq Petroleum Company* (IPC) unterschrieben. Diese umfasste das gesamte irakische Staatsgebiet. Die Regierung in Bagdad hatte keinerlei Mitsprache-rechte. Sie wurde mit einem Gewinnanteil von vier Schilling pro Tonne Rohöl abgefunden. Zugleich wurde die »rote Linie« gezogen (*Red-Line*-Abkommen), die mit Ausnahme Kuwaits den gesamten arabischen Osten mit der Türkei und Teilen der Ägäis umfasste: Bei Konzessionsausschreibungen innerhalb dieses Gebiets sollte die IPC meistbegünstigt und ihren Mitgliedsgesellschaften untersagt sein, miteinander in Konkurrenz zu treten.

In den kommenden Jahren drängten amerikanische Ölgesellschaften immer stärker im Nahen Osten vor. In Kuwait musste sich die APOC das Feld mit der *Gulf Oil Company* teilen. Namentlich in Saudi-Arabien aber kamen amerikanische Neuan-kömmlinge zum Zuge. 1933 vergab König Ibn Sa'ud das Recht zur Ausbeutung der Ölfelder in seinem Reich an die USA. Eine Reihe amerikanischer Unternehmen begannen nun tätig zu werden; im März 1938 stießen die Ölsucher auf ölführende Schichten. Am 1. Mai 1939 öffnete der König persönlich das Ventil der ersten Rohrleitung für den Öltransport. Das Wüstenreich sollte fortan eine enorme Verantwortung für das wirtschaftliche Wohlergehen des industriellen Westens überneh-men. 1944 schlossen sich die in Saudi-Arabien tätigen Ölgesellschaften zur *Arabian-American Oil Company* (ARAMCO) zusammen. Zugleich war mit der Ölproduktion eine strategische Partnerschaft zwischen dem Königreich und den USA begründet, die - mit Schwankungen gegen Ende des Jahrhunderts - bis in die Gegenwart Bestand hat.

Nach dem Zweiten Weltkrieg hat sich die Erdölproduktion auf der Arabischen Halbinsel erheblich ausgeweitet. Sie wurde die wirtschaftliche Grundlage auch der

Staaten, die Anfang der 1970er Jahre ins Leben traten (s. S. 255 ff.). In Nordafrika wurden Libyen und Algerien nach Erreichung der Unabhängigkeit wichtige Ölproduzenten. Auch in anderen arabischen Ländern – so in Syrien und Ägypten – wurde Erdöl gefördert, auch wenn in ihnen die Erdölproduktion nur einen Teil der gesamtwirtschaftlichen Leistung darstellt und sie nicht zu den »Ölproduzenten« in der engeren Bedeutung des Wortes zählen. Seit den 70er Jahren ist der Verkauf von Erdgas in wachsendem Maße neben die Erdölproduktion getreten.

Über Jahrzehnte haben internationale Ölgesellschaften – trotz gelegentlicher Einbrüche des Ölpreises im Kontext von Krisen der Weltwirtschaft und politischer Konflikte im Nahen Osten – in den arabischen Staaten enorme Gewinne gemacht. Die Förderländer selbst wurden lange nur marginal beteiligt. Neben den Gebühren für die Konzessionen erhielten sie vereinbarte Zahlungen für die Menge geförderten Öls. An Entscheidungen der Konzerne über Menge und Preisgestaltung auf dem Markt waren die Regierungen nicht beteiligt. Das änderte sich nach dem Zweiten Weltkrieg in mehreren Schritten. Noch 1953 war der iranische Ministerpräsident Muhammad Mosaddegh am Widerstand Englands und der USA daran gescheitert, die *Anglo-Iranian Oil Company* zu nationalisieren. In einer dramatischen Geste hatte Nasser drei Jahre später den Suezkanal verstaatlicht und damit eine enorme Welle der Popularität weithin unter den Arabern ausgelöst. Die Übernahme der Ölproduktion als ein panarabisches Projekt war ein nächstes verlockendes Ziel. Am 16. April 1959 wurde in Kairo der erste arabische Ölkongress eröffnet. Er war ein Schritt – die Abwesenheit des Irak, dessen Machthaber Abd al-Karim Qasem sich mit Nasser überworfen hatte, ließ erkennen, wie lang der Weg einer koordinierten »arabischen« Ölpolitik sein würde – auf dem Weg der Veränderung des Verhältnisses zwischen den Ölgesellschaften und den Regierungen der Ölstaaten. Vorherrschend waren Themen wie die nationale Souveränität über das Erdöl, die Aussetzung der Erdölkonzessionen, die Verstaatlichung der Bohranlagen, Pipelines und Raffinerien, die Autonomie der Preispolitik sowie der Aufbau einer integrierten Erdölindustrie und Erdölwirtschaft zum Nutzen einer gesamtarabischen Wirtschaftsentwicklung.

Die Auseinandersetzung um die Zukunft der Ölproduktion aber war keine rein arabische oder nahöstliche Angelegenheit. Betroffen von Preissenkungen der Konzerne nach dem Ende des Zweiten Weltkriegs, die die entwicklungspolitischen Projekte und Strategien der Regierung in Gefahr brachten, hatte Venezuela einen Kompromiss mit den Ölgesellschaften durchgesetzt, der auf einer Gewinnbeteiligung von 50 zu 50 beruhte; dies hatten die amerikanischen Ölgesellschaften am Golf zähneknirschend auch für ihre anderen Geschäftspartner übernommen. Neuerliche Preissenkungen seitens der Ölgesellschaften stärkten den Willen zum Widerstand bei den Regierungen der Förderländer. Im September 1960 lud die irakische Regierung zu einer zweiten Konferenz der Ölländer nach Bagdad ein; sie ist als Gründungskonferenz der *Organization of the Petroleum Exporting Countries* (OPEC) in die Geschichte eingegangen. Beteiligt waren der Irak, Iran, Kuwait, Saudi-Arabien und Venezuela, die ungefähr 80 % der Weltrohölexporte auf sich vereinigten. An der Spitze der Agenda der Beteiligten standen die Reduzierung der Konzessionen auf die tatsächlichen Fördergebiete sowie die Änderung des Gewinnteilungsprinzips. Damit aber war Ölpolitik keine arabisch-nationalistische

Angelegenheit mehr; namentlich auch die Gründung der *Organization of Arab Petroleum Exporting Countries* (OAPEC) seitens der drei Ölmonarchien Saudi-Arabien, Kuwait und Libyen im Januar 1968 in Beirut ließ erkennen, worum es zuvorderst ging: das Geschäft.

Die Tragweite der Neuverteilung der Macht im Ölgeschäft sollte sich erst Anfang der 1970er Jahre ermessen lassen. Im Irak hatte zwar bereits Abd al-Karim Qasem die Konzessionen der IPC auf die tatsächlichen Fördergebiete der Gesellschaft reduziert und die frei werdenden 99 % des Staatsgebiets einer eigenen staatlichen Gesellschaft überlassen (der *National Iraqi Oil Company*; NIOC). Nach und nach machte das unter den anderen OPEC-Ländern Schule und in den neu entdeckten Ölfeldern wurden nationale Gesellschaften tätig. Einen nachhaltigen Schub aber erfuhren die Veränderungen durch al-Qadhafi. Nach dem Sturz der Monarchie in Libyen ging er bereits im Dezember 1969 auf Konfrontationskurs mit den großen Ölkonzernen. Im Frühjahr 1970 begann eine Preisoffensive. Den Forderungen nach höheren Preisen, die sich aus volks- und betriebswirtschaftlichen Kalkulationen speisten, wurde durch die Verstaatlichung von Tankstellenketten und Produktionsdrosselungen auch politischer Nachdruck verliehen. Unterstützung erhielt die aggressive Strategie von Algerien, dem Irak, Kuwait und Saudi-Arabien. Auf der 35. OPEC-Konferenz in Wien Ende Juni 1973 kam die Forderung hinzu, Zugang zu den Technologien der Industriestaaten zu bekommen, ihre eigenen Raffinerie- und petrochemischen Produkte in diesen absetzen zu können und die Zusammenarbeit mit erdölimportierenden Entwicklungsländern zu verstärken. Am 16. Oktober schufen die die Ölminister der Golfstaaten einen neuen Präzedenzfall, in dem sie unter Geltendmachung souveränen Rechts den Preis für arabisches Leichtöl von 2,59 US-Dollar auf 5,12 US-Dollar pro Fass (ein *Barrel* umfasst 159 Liter) anhoben; ein Preis, der bereits am 22. Dezember 1973 noch einmal verdoppelt wurde.

Die Ölpreisrevolution war in vollem Gange, mit den sprunghaft wachsenden Einnahmen aber wuchs der Druck auf die Regierungen der Ölstaaten, Strategien des »Recycling«, d. h. der Rückführung der gigantischen Finanzmassen in die Weltwirtschaft, zu entwickeln. Nach dem Niedergang des Weihrauch- und Kaffeehandels, der Perlenfischerei und des Schiffsbaus war der größte Teil der Arabischen Halbinsel ein einziges Armenhaus gewesen. Jetzt machten Petrodollars gewaltige infrastrukturelle Entwicklungen im Städtebau, im Transport- und Verkehrssektor, in der Bodenkultivierung und Meerwasserentsalzung, im Gesundheitswesen sowie im Bildungsbereich finanzierbar. Politisch bildete sich das von Beobachtern als »Erdöl-Rentier-Staat« charakterisierte Herrschaftsparadigma heraus: Es setzt das Vorherrschen autoritärer Herrschaftsformen mit dem staatlichen Interesse an hohen Erdölpreisen in Beziehung. Diese orientierten sich am Überlebenskalkül der Staatsbürokratien und Regimes – gleichgültig, ob sie sich traditionalistisch-dynastisch (wie auf der Arabischen Halbinsel) oder revolutionär (wie im Irak, in Libyen oder Algerien) legitimierten. Auch wenn diese Theorie nicht alle mit dem Erdölboom zusammenhängenden politischen Phänomene zu erklären vermag, machte das Monopol auf die Einkünfte aus der Erdölwirtschaft, d. h. den Ölkonzessionen, dem Ölverkauf und dem Ölproduktenhandel, den Staat von der Gesellschaft in hohem Maße unabhängig.

Die Bedeutung des Öls aus dem Nahen Osten und Nordafrika hat über Jahrzehnte auch das politische Kalkül der vom Erdöl abhängigen Mächte bestimmt. Die Transportwege zur See und zu Lande wurden Brennpunkte strategischer Planungen. Der Suez-Kanal und die Meerenge von Hormuz, das Nadelöhr zwischen dem Persischen Golf und dem Indischen Ozean, wurden als besonders sensibel wahrgenommen. Für Israel war die Offenheit der Straße von Tiran eine Frage von Krieg und Frieden. Pipelines, die zumeist auf das Mittelmeer ausgerichtet waren, waren neben der Schifffahrt Lebenslinien der westlichen Energieversorgung. Wie gefährdet sie waren, hat sich mehrfach erwiesen. In ihren Planungen für die Zeit nach dem Ersten Weltkrieg hatte das palästinensische Haifa als Terminal einer Ölpipeline für die Briten einen besonderen Stellenwert gehabt. Mit dem Ausbruch des Krieges zwischen Israel und seinen arabischen Nachbarn 1948 musste sie geschlossen werden. Über syrisches Territorium erreichten die Pipelines aus dem Irak, vor allem aber die aus Saudi-Arabien kommende große Pipeline der ARAMCO das Mittelmeer. Im Zusammenhang mit den regionalen Konflikten im Nahen Osten der 1970er und 1980er Jahre wurde ihr Betrieb eingestellt. Mit dem Verladen des Öls auf Supertanker gewannen die Seewege weiter an Bedeutung. Während des Kalten Krieges lagen sich im Mittelmeer die 6. US-Flotte und die 3. sowjetische Eskadra gegenüber. Die wachsende Bedeutung der nordafrikanischen Staaten für die Rohstoffversorgung Europas hat zum Bau ausgedehnter Pipelinesysteme zwischen dem südlichen und nördlichen Ufer des Mittelmeers geführt.

Der Machtzuwachs auf dem Ölsektor seitens der Produzenten hat auf arabischer Seite zeitweilig die Versuchung genährt, das Öl als politisches Druckmittel einzusetzen. Den Bürgern der EU nachhaltig eingeprägt haben sich die Ereignisse im Herbst 1973. Verärgert über die Unterstützung Israels im vierten arabisch-israelischen Krieg (»Yom-Kippur-Krieg«) im Oktober dieses Jahres (s. S. 135 ff.) und frustriert über die als generell einseitig empfundene Parteinahme der westlichen Staatengemeinschaft für Israel drosselten eine Reihe arabischer Produzenten – unter ihnen Saudi-Arabien – ihre Ölproduktion. In zahlreichen europäischen Ländern kam es zu Verknappungen auf dem Ölmarkt. Im Oktober/November 1973 führten u. a. Fahrverbote für Kraftfahrzeuge an Sonntagen zu einer bis dahin nicht gekannten Beunruhigung. Gleichzeitig wuchs das Bewusstsein für das Ausmaß an Abhängigkeit der Industriestaaten von der Erdölversorgung aus einer politisch so krisenreichen Region. Kurzfristig waren die Ereignisse kaum mehr als ein ephemeres Intermezzo. Mittelfristig gingen von der »Ölkrise« Impulse für eine Aktivierung der Mittelmeer- und Nahostpolitik der damals noch Europäischen Gemeinschaft (EG) aus (s. S. 334 ff.). Langfristig führten Bemühungen um eine Verringerung der Abhängigkeit vom Erdöl aus den arabischen Staaten zu einem nachhaltigen Umbau der Beziehungen zwischen diesen und den westlichen Industriestaaten. An die Stelle von Machtkalkül trat das Bewusstsein der Partnerschaft und wechselseitig gemeinsamer Interessen auf dem Energiesektor. Auch Probleme und Divergenzen im Zusammenhang der Preisgestaltung konnten im politischen Raum einvernehmlich beigelegt werden.

6 Die arabischen Staaten in der internationalen Politik seit dem Zweiten Weltkrieg

6.1 Die Koordinaten des Ost-West-Konflikts

Das Ende des Zweiten Weltkriegs bedeutete auch mit Blick auf die Stellung der arabischen Völker im internationalen System einen tiefen Einschnitt. Die bereits unabhängigen Staaten, die nach Unabhängigkeit strebenden nationalen Bewegungen sowie die mit den Jahren ihre Unabhängigkeit erlangenden Staaten verorteten sich in einer Weltordnung, die von der Existenz zweier Staatenblöcke gekennzeichnet war. Deren Vormächte waren die USA und die Sowjetunion. Die Epoche dieser weltpolitischen Konfrontation, der auch eine weltanschauliche Polarisierung zugrunde lag, wurde über Jahrzehnte als *Kalter Krieg* wahrgenommen. Während sich der von Washington geführte Block zu wirtschaftlichem Liberalismus und freiheitlicher pluralistischer Demokratie bekannte, beruhten Staat und Gesellschaft in dem von Moskau dominierten Lager auf sozialistisch-kollektivistischen Ordnungsvorstellungen, die von der *Kommunistischen Partei* geprägt waren.

Die europäischen Mächte, die die arabische Welt imperialistisch beherrscht hatten, waren geschwächt. Die USA und die Sowjetunion waren bemüht, in das entstandene Vakuum einzudringen. Dabei ging es sowohl um das weltpolitische Kräftegleichgewicht als auch in rasch zunehmender Bedeutung um die Ressourcen des Nahen Ostens und Nordafrikas, vornehmlich Erdöl und Erdgas.

Die Konfrontation zwischen den beiden Supermächten war unmittelbar mit dem Ende des Zweiten Weltkriegs am nordwestlichen Rand des Nahen Ostens ausgebrochen: in der Türkei und Iran. Auf amerikanische Vorschläge zur Neuregelung des Statuts der Meerengen von Bosporus und Dardanellen nach dem Ende des Krieges antwortete Moskau im August 1946 mit der Forderung insbesondere nach einer gemeinsamen Verteidigung der Meerengen durch die Türkei und die Sowjetunion. Beide Forderungen wurden durch Ankara, unterstützt durch die USA und England, zurückgewiesen. In der Folge gab die Türkei ihre seit der Gründung der Republik (1923) verfolgte Außenpolitik der »vollständigen Ungebundenheit« (*tam bağımsızlık*) auf und näherte sich, auch ermutigt durch die *Truman-Doktrin* (März 1947), in der der amerikanische Präsident versicherte, »freien Völkern beizustehen, die sich der angestrebten Unterwerfung durch bewaffnete Minderheiten oder äußeren Druck« widersetzten, rasch den USA an. 1952 wurde sie Mitglied der NATO.

Im benachbarten Iran hatte die Sowjetunion auf der Grundlage der anglo-sowjetischen Vereinbarung von 1941, ihren Einfluss in der nördlichen – sowjetischen – Zone beträchtlich verstärkt. Sowjetische Truppen befanden sich auf iranischem Boden. Zielgruppen sowjetischer politischer und propagandistischer Unterstützung waren namentlich ethnische Minderheiten, vor allem Aserbaidschaner und Kurden. Die Entwicklungen fanden in der Ausrufung einer Aserbaidschanischen bzw. Kurdischen Republik mit den Hauptstädten Täbris bzw. Mahabad ihren Höhepunkt. Moskau ignorierte zunächst die Aufrufe der Vereinten Nationen, die Truppen aus Iran zurückzuziehen. Erst als dies auf amerikanischen Druck hin geschah, kassierten iranische Truppen die eingesetzten Regierungen und lösten die entstandenen Staaten Ende 1946 auf. Der junge Schah Mohammed Reza (er herrschte von 1941 bis 1979) näherte sich rasch Washington an. 1956 wurde Iran Mitglied des von den USA ins Leben gerufenen *Bagdad-Pakts*.

Das Vordringen Amerikas im arabischen Raum war zum einen eine Folge des Kriegsverlaufs, der zum Teil von Nordafrika aus erfolgt war. Auf der Konferenz von Casablanca im Januar 1943 hatte Roosevelt anlässlich eines Treffens mit Sultan Mohammed, der mit der nationalen Bewegung in Verbindung stand (s. S. 188), seine Sympathie für die Unabhängigkeit Marokkos erkennen lassen. Wichtiger noch, weil von unmittelbar politischen Implikationen, war zum anderen das zunehmende Interesse Washingtons am Zugang zu den Ölressourcen der Region. Seit den 1930er Jahren hatten amerikanische Ölunternehmen begonnen, sich im arabischen Raum zum engagieren. 1933 waren die ersten Aktivitäten in Saudi-Arabien zu verzeichnen. Da das Land de jure unabhängig war, war dies zunächst eine Angelegenheit zwischen den amerikanischen Unternehmen selbst und der saudischen Regierung. Mit den raschen Veränderungen aber in der Region, namentlich angesichts der Perspektive des Eintritts einer Anzahl arabischer Staaten in die Unabhängigkeit, sowie des sich bald abzeichnenden Konflikts mit der Sowjetunion und deren Ausgreifen in die Region, war die Erdölfrage mit Kriegsende Teil einer politischen Großwetterlage geworden, innerhalb derer die amerikanische Politik im Nahen Osten künftig eine bestimmende Rolle zu spielen haben würde.

Das wachsende Gewicht amerikanischer Politik im arabischen Osten und in Iran musste auf ambivalente Reaktionen auf Seiten der europäischen Kolonialmächte, nicht zuletzt Großbritanniens, stoßen. Während London nach Kompromissen zwischen dem Unabhängigkeitsstreben der arabischen Nationalisten und der Wahrung des britischen Einflusses im arabischen Raum suchte, unterstützte Washington im Prinzip den Eintritt der arabischen Völker in die Unabhängigkeit. Damit sollte auch der Propaganda Moskaus, die auf die Unterstützung des antikolonialen Befreiungskampfes der Völker abhob, Wind aus den Segeln genommen werden. Auf der anderen Seite konnte Washington auf den anhaltenden Einfluss Londons in Teilen des arabischen Raums und damit auf Großbritannien als engem Verbündenten in der Auseinandersetzung mit Moskau nicht verzichten. Nicht nur der Fall der umstrittenen Unabhängigkeit Libyens (s. S. 231) lässt das Ausmaß an Differenzen erkennen, von denen der machtpolitische Ablösungsprozess in Nordafrika und im Nahen Osten begleitet war.

Von besonderer Tragweite sollte sich eine Entscheidung erweisen, die sich bald nach dem Ende des Krieges als vordringlich erwies: über die Zukunft Palästinas. Auch die Sowjetunion hatte sich in der UNO 1947 den Befürwortern des Teilungsplans Palästinas angeschlossen. Moskau anerkannte den jüdischen Staat am 16. Mai 1948, zwei Tage nach seiner Ausrufung; ein Schritt, den Washington bereits wenige Stunden nach der Proklamation getan hatte. In dieser Frühzeit des nunmehr aufgebrochenen

Nahostkonflikts hegte die sowjetische Führung noch die Hoffnung, die israelische Staatsführung würde sich dem sozialistischen Lager annähern. Hintergrund dieser Einschätzung war die Tatsache, dass zahlreiche führende Persönlichkeiten der zionistischen Bewegung in sozialrevolutionären Bewegungen in Russland und Osteuropa aktiv gewesen waren. Die *Arbeitspartei* war durch Jahrzehnte die führende Kraft zionistischer Agitation gewesen. Viele Aktivisten sprachen Russisch. Vor diesem Hintergrund entschied die Führung in Moskau, Israel in dem ausbrechenden Waffengang mit den Arabern militärisch zu unterstützen. Schwerpunkt der Maßnahmen wurden Rüstungslieferungen, die Moskau über die Tschechoslowakei abwickelte.

Angesichts der auch nach Abschluss der Waffenstillstandsverträge mit den arabischen Nachbarn 1949 anhaltenden gewaltsamen Zusammenstöße zwischen der israelischen Armee und arabischen militanten Gruppen, der Weigerung der arabischen Staaten, Israel anzuerkennen, sowie der fortgesetzten Drohungen aus arabischen Hauptstädten gegen die Existenz des jüdischen Staates stellte die Regierung in Jerusalem bald die Weichen in Richtung auf eine Ausrichtung auf die USA als künftiger Schutzmacht. Gleichwohl war Washington bemüht, unter den Arabern das Profil einer Macht zu erhalten, die sich für ihr Streben nach Unabhängigkeit einsetzen würde. Dabei war die amerikanische Regierung gelegentlich auch bereit, Divergenzen mit Israel in Kauf zu nehmen. In einer dreiseitigen Erklärung (*Tripartite Declaration*) im Mai 1950, in der sie die Waffenstillstandsverträge garantierten, legten sich die USA, Großbritannien und Frankreich auf Zurückhaltung bei der Lieferung von Waffen an die Konfliktparteien fest. Und in der 1956 ausbrechenden Suezkrise forderte Präsident Dwight D. Eisenhower Israel auf, sich von der in einem Blitzkrieg eroberten Sinaihalbinsel zurück zu ziehen. Es war freilich für viele Jahrzehnte das letzte Mal, dass Washington sein Gewicht als Schutzmacht Israels so nachhaltig ausspielte und in die Politik Jerusalems zugunsten eines arabischen Akteurs aktiv eingriff.

Erst der Widerstand Nassers gegen das strategische *grand design* Washingtons, das darauf gerichtet war, die Staaten im Nahen Osten in ein antisowjetisches Paktsystem einzubinden (s. S. 65), und der anhaltende Druck linksrevolutionärer Kräfte im arabischen Raum, die sich politisch auf Moskau hin orientierten und die konservativen Klientelregimes im Nahen Osten bedrohten, ließen Israel zu einem strategischen Verbündeten der USA aufsteigen. Seither gehörte die Sicherung der Existenz Israels zu den grundlegenden Standpunkten Washingtons im Nahen Osten – neben der Wahrnehmung seiner wirtschaftlichen, namentlich energiepolitischen Interessen. Nicht zuletzt im Sicherheitsrat der UNO haben sich die amerikanischen Regierungen über Jahrzehnte als vorbehaltlose Parteigänger der Position Israels verstanden und durch ihr Veto alle Resolutionsentwürfe blockiert, die in Jerusalem als »antiisraelisch« wahrgenommen wurden.

Im Übrigen sagte *Eisenhower* in der nach ihm benannten *Doktrin* im Januar 1957 zu, die prowestlichen Regimes vor kommunistischer Unterwanderung oder einer Bedrohung von Seiten der Sowjetunion zu schützen.

Das Scheitern des Versuchs Englands und Frankreichs im Herbst 1956, mit militärischen Mitteln die Kontrolle über den Suezkanal zurück zu gewinnen, bedeutete das definitive Ende der Vorherrschaft europäischer Mächte im Nahen Osten. Die USA, die sich den Plänen entgegengestellt hatten, waren in die Rolle einer Vormacht eingetreten. Nasser freilich verweigerte sich diesem Anspruch Washingtons. Er suchte vielmehr einen Platz zwischen den beiden Lagern. Nach der Konferenz in Bandung im April 1955 begann er, eine führende Rolle in der Bewegung der »Blockfreien« zu spielen. Als Washington ihn mit Sanktionen unter Druck zu setzen suchte, wandte er sich Moskau zu. Der Ost-West-Konflikt war im Nahen Osten angekommen. Es ist nicht möglich, eine eindeutige und dauerhaft gegebene Zuordnung der arabischen Staaten zu den beiden Lagern vorzunehmen. Mit den Jahren veränderten sich die Allianzen und einige Regierungen suchten pragmatisch mit beiden Seiten auszukommen. Mit relativer Sicherheit wird man die konservativen und traditionalistisch regierten Regimes dem amerikanischen Lager zuschreiben können. Algerien und Libyen, Südjemen (bis zur Vereinigung mit dem Norden), Nassers Ägypten sowie Syrien und der Irak lassen - zunächst zeitweilig - eine Ausrichtung auf Moskau erkennen. Das gilt auch für die PLO ab 1967.

Der Konflikt zwischen Israel und den Arabern, der 1948 ausbrach, wurde zu einem Eckstein im Gebäude der Nahostpolitik der USA. Die Niederlage der ägyptischen, jordanischen und syrischen Armeen im Juni 1967 (Sechs-Tage-Krieg) führte zur Besetzung des palästinensischen Westjordanlandes (einschließlich Ost-Jerusalems), das seit 1948 unter jordanischer Verwaltung gestanden hatte, und der syrischen Golanhöhen. Die USA unterstützten Jerusalem darin, die Rückgabe der besetzten Gebiete mit der Anerkennung des Existenzrechts Israels und dem Abschluss eines Friedensvertrages zu verknüpfen. 1971 wechselte der Nachfolger Nassers, Anwar as-Sadat, die Fronten und trat in das amerikanische »Lager« über. Nicht zuletzt der Diplomatie des amerikanischen Außenministers Henry Kissinger war es zu danken, dass eine neuerliche militärische Niederlage Ägyptens im vierten arabisch-israelischen Krieg im Oktober 1973 (s. S. 69 f.) abgewendet werden konnte. Damit waren Voraussetzungen für Gespräche geschaffen, die am 1. November 1977 zur Reise Präsident as-Sadats nach Israel, den Verhandlungen in *Camp David* im September 1978 und dem Abschluss eines israelisch-ägyptischen Friedensvertrages im März 1979 führten.

Dass Ägypten an die Seite der USA trat, bedeutete eine nachhaltige Schwächung der Position Moskaus im arabischen Raum. Zwar unterstützte es die »Ablehnungsfront«, d. h. jene Staaten (und die PLO), die den Friedensvertrag zurückwiesen, propagandistisch. Aber Differenzen zwischen der Sowjetunion und ihrer Klientel in einigen arabischen Hauptstädten waren nicht zu übersehen. Zu keinem Zeitpunkt haben Politik und Propaganda der sowjetischen Führung Hoffnungen bestärkt (wie sie bei einigen arabischen Führern durchaus bestanden), die Existenz Israels auszulöschen. Auch passten Politik und Gesellschaftspolitik der »progressiven« arabischen Herrscher nicht in das leninistische Geschichtsschema, nach dem sich die arabischen Gesellschaften, in denen Revolutionen stattgefunden hatten, auf dem Weg in die sozialistische, am Ende in die klassenlose Gesellschaft befänden. Die *Kommunistischen Parteien* waren geduldet, wenn die herrschende Gruppe ihrer Unterstützung bedurfte; sie wurden unterdrückt, wenn dies nicht länger der Fall war. In Moskau (und in anderen sozialistischen Hauptstädten wie in Ost-Berlin) musste man das Konzept des »national-demokratischen« Entwicklungsweges erfinden, um eine halbwegs belastbare ideologische Grundlage für die Beziehungen zu haben.

Der amerikanischen Politik waren am Persischen Golf neue Herausforderungen erwachsen. 1967 hatte die von der *Labour*-Partei geführte Regierung in London beschlossen, die britische Präsenz und Vorherrschaft am Persischen Golf, die seit dem 19. Jahrhundert Bestand hatte (s. S. 28), zu beenden. Damit drohten ein Machtvakuum zu entstehen und Auseinandersetzungen von Stellvertretern auszubrechen. Die Perspektive einer Destabilisierung der Golfregion und einer Verschiebung der Gewichte zwischen den beiden Lagern trat ins Blickfeld. Im Irak hatte 1968 die *Ba'th*-Partei die alleinige Macht übernommen. Im Hintergrund zog ein Mann die Fäden, der als arabischer und irakischer Nationalist die Ideologie des arabischen Nationalismus sozialistischer Einfärbung in der Golfregion und darüber hinaus im ganzen arabischen Raum auszubreiten bestrebt war, Saddam Husain. Damit freilich stieß er auf den geballten Widerstand weitesthin im arabischen Raum, nicht nur in seiner unmittelbaren Nachbarschaft auf der Arabischen Halbinsel. Eine besonders heftige Feindschaft entwickelte sich zwischen Bagdad und Teheran.

In dem sich abzeichnenden machtpolitischen Poker sah Schah Mohammed Reza Pahlawi eine Chance, Träume einer Rolle Irans als regionalpolitischer Vormacht am Golf verwirklichen zu können. Der Kampf zwischen Saddams arabischem und dem iranischen Nationalismus des Schahs erhielt einen geopolitischen Fokus: die Wasserstraße des Schatt al-Arab, des Grenzflusses zwischen dem Irak und Iran. Aber wo würde diese Grenze verlaufen? Auf der iranischen oder der irakischen Seite? Diese Frage stellte sich seit Anfang der 1970er Jahre auch deshalb umso nachdrücklicher, als sich mit den sprunghaft gestiegenen Öleinnahmen das Entwicklungstempo der Anrainerstaaten am Persischen Golf rasant beschleinigt hatte. Die Frage der Grenze am Schatt al-Arab war mithin eine Frage nach der Kontrolle des Zugangs zu insbesondere den iranischen Häfen Abadan und Khorramschahr. In seiner politischen Rhetorik stellte Saddam Husain den »Arabischen« Golf dem »Persischen« Golf des Schahs gegenüber. Nach einem Spannungszustand, der beide Seiten an den Rand eines Krieges führte, verständigten sich Bagdad und Teheran 1975 auf einen Kompromiss im Grenzstreit: die Talweglinie des Schatt al-Arab. Im internationalen Sprachgebrauch bürgerte sich die Bezeichnung »der Golf« ein.

Für die USA bedeuteten die Entwicklungen am Golf zu Beginn der 1970er Jahre eine neue Herausforderung. Mit Blick auf die Auseinandersetzung mit Moskau um den arabischen Raum und den Nahen Osten insgesamt war die Situation noch komplexer geworden. Dem die Region übergreifenden Systemwettbewerb und dem israelisch-arabischen Konflikt als Ebenen der Ost-West-Auseinandersetzung trat die Gestaltung der Golfregion an die Seite. Hier aber konnte Washington in einem regionalen System handeln, das insgesamt für eine amerikanische Führungsrolle offen war. Das Interesse Washingtons, nach dem Rückzug der Briten eine aktive Rolle bei der Stabilisierung der Golfregion zu spielen, war nicht zuletzt auch durch die Veränderungen bedingt, die sich auf dem Rohstoffmarkt, namentlich im Verhältnis von Produzentenländern, Erdölunternehmen und Verbrauchern ergaben (s. S. 316 ff.). Im Jahre 1971 zeichnete sich die neue Ordnung in dieser Region ab, die über fast zwei Jahrhunderte als die »Vertragsküste« (*Trucial Coast*) oder sogar als »Piratenküste« bekannt gewesen war. Die Pläne, aus den Emiraten einen einzigen Staat zu formen, hatten sich nicht verwirklichen lassen.

Kuwait behielt seine Unabhängigkeit. Unabhängig wurden auch Bahrain (nachdem der Schah von Persien iranische Ansprüche auf die Insel aufgegeben hatte), Katar und Oman. Die sechs Emirate Abu Dhabi, Dubai, Schardscha, Fudschaira, Adschman und Ra's al-Khaima schlossen sich zu den *Vereinigten Arabischen Emiraten* (VAE) zusammen.

Damit hatte Washington ein politisches Arrangement zustande gebracht, das weitgehend »westlichen« Interessen entsprach. Der Einfluss der Sowjetunion konnte sich nur im Irak und an den Rändern der Region auswirken. Dies war insbesondere an der Südostecke der Arabischen Halbinsel der Fall. 1967 hatte Großbritannien die Kronkolonie Aden in die Unabhängigkeit entlassen. Dort hatte sich bald ein marxistisches Regime durchgesetzt, das in enge Beziehungen zur Sowjetunion und ihren Vasallen trat (s. S. 279 f.). Über die *Demokratische Volksrepublik Jemen* (Südjemen) unterstützten die Regierungen des Ostblocks dann auch kommunistische Zellen und Gruppierungen, die sich an den Rändern der Halbinsel organisierten und militärisch gegen die Regimes operierten. Von ihnen war die in der omanischen Provinz Dhufar aktive *Popular Front for the Liberation of Oman and the Arab Gulf* (PFLOAG) zeitweise die bekannteste.

Washington setzte auf eine doppelte Strategie: der militärischen Bekämpfung einer- und der Unterstützung der Regimes andererseits. Mit den Jahren wurden Abkommen geschlossen, die namentlich der im Mittleren Osten und Indischen Ozean operierenden amerikanischen Luftwaffe und Marine Nutzungsrechte auf einheimischen Militärbasen gewährten. Von hoher strategischer Bedeutung wurden die *U.S. Central Command's Forward Headquarters* und das *Combined Air Operation Center* in Katar sowie der *U.S. Naval Forces Central Command* in Bahrain. Seit dem zweiten Golfkrieg (1991; s. S. 171) griffen die USA von diesen Stützpunkten aus direkt in die militärischen Operationen in der Region ein. Bis zur Revolution in Iran waren vor allem Iran und Saudi-Arabien »Stellvertreter« (*Proxies*) der Bemühungen Washingtons, den sowjetischen Einfluss einzudämmen. Die Zusammenarbeit auf allen Gebieten des Militärwesens wurde verstärkt. Umfangreiche Rüstungslieferungen waren die Grundlage der Modernisierung der Armeen beider Länder. Diese Kooperation hatte zugleich eine nicht unwesentliche Nebenwirkung: ein Teil der seit Beginn der 1970er Jahre sprunghaft gestiegenen Ausgaben für Erdöl konnte wieder vereinnahmt werden.

Mit der Revolution in Iran und dem Sturz des Schahs Anfang 1979 brach ein Pfeiler amerikanischer Sicherheitspolitik rasch und nachhaltig zusammen. Mit der Besetzung der amerikanischen Botschaft in Teheran am 4. November 1979 und der anschließenden Geiselnahme von 52 amerikanischen Diplomaten über 444 Tage, die von Revolutionsführer Ayatollah Khomeini gebilligt wurde, machten die revolutionären Herrscher deutlich, dass die Herausforderung an die USA eine zentrale Koordinate in der Außenpolitik der *Islamischen Republik* sein würde. Die Veröffentlichung von Dokumenten, die die – nicht zuletzt geheimdienstliche Verwicklung der USA im ganzen Nahen Osten enthüllte, füllte zahlreiche Bände. Sie sollte die amerikanische Nahostpolitik in den Augen jener nationalistischen Kräfte nachhaltig desavouieren, die – wie die *Islamische Republik* – nach einer eigenständigen und nicht länger – wie unter dem Schah – fremd bestimmten Außenpolitik strebten.

Die iranische Revolution war freilich nur eine von mehreren revolutionären Veränderungen, die die Sicherheitsarchitektur im Raum zwischen dem Mittelmeer und dem Indischen Ozean auf neue Grundlagen stellten. Im April 1978 hatte sich in Afghanistan mit der *Afghanischen Volkspartei* eine kommunistische Partei an die Macht geputscht und die »Demokratische Republik Afghanistan« gegründet. Bereits 1974 war in Äthiopien der kaiserlichen Herrschaft von Haile Selassie ein Ende bereitet worden. Putschende Offiziere übernahmen die Macht. In dem anschließenden Bürgerkrieg suchte der regierende *Revolutionsrat* (amharisch: *derg*) die militärische Unterstützung Moskaus und setzte ein kommunistisch inspiriertes Nationalisierungsprogramm in Gang.

Die Entwicklungen bedeuteten eine Stärkung der Positionen der Sowjetunion an den Rändern des Nahen Ostens. Die Revolutionäre in Teheran, die bald nach ihrer Machtübernahme daran gingen, in Iran eine schiitische Variante der Theokratie zu errichten, standen ideologisch zwar dem »sozialistischen Lager« diametral gegenüber; radikale Vertreter des Regimes aber machten kein Hehl daraus, dass auch Teheran bemüht sein würde, »seine« Revolution zu exportieren. Angesichts der Bedrohung des Status quo und der Stabilität der Region sah sich Washington herausgefordert, die Prinzipien der amerikanischen Politik am Golf neu zu formulieren. In der letzten Ansprache zum *State of the Union* in seiner Amtszeit stellte Präsident Jimmy Carter am 23. Januar 1980 klar: die USA würden, falls notwendig, militärische Gewalt einsetzen, um ihre nationalen Interessen zu verteidigen. Die *Carter-Doktrin* wurde die programmatische Grundlage des Ausbaus der militärischen Präsenz der USA am Golf, in die, neben Saudi-Arabien, auch die Emirate einbezogen wurden. Diese waren über die Gefährdung ihrer Sicherheit nicht zuletzt seitens der großen Mächte der Region, der Islamischen Republik Iran und des Irak, besorgt; nicht zu Unrecht, wie die Besetzung Kuwaits durch den Irak und mehrerer kleiner Inseln in der Meerenge von Hormuz durch Iran erweisen sollte.

Ende Dezember 1980 marschierte die Sowjetunion in Afghanistan ein. Die Kremlführung behauptete, damit einem Hilferuf der »legitimen Regierung« in Kabul nachzukommen. Bereits im September 1980 hatten irakische Truppen Iran überfallen und befanden sich in der Provinz Khuzistan auf dem Vormarsch. Die Reaktion Washingtons erfolgte mehrgleisig. Zum einen begann der massive Ausbau der amerikanischen militärischen Präsenz am Golf. Zum anderen unterstützte Washington Regierungen und Widerstandsbewegungen, die die amerikanische Wahrnehmung bezüglich der sowjetischen Bedrohung teilten. Zusammen mit Pakistan und Saudi-Arabien organisierte Washington einen Widerstand in Afghanistan. In ihm spielten neben der »Nordallianz« afghanischer Stämme, vor allem militante islamistische Krieger, die sich nicht zuletzt aus Pakistan und arabischen Ländern rekrutierten, eine besonders nachhaltige Rolle. Auf die Entwicklungen kann an dieser Stelle nicht eingegangen werden. 1989 verließen die sowjetischen Truppen das Land. Der politische Preis aber für den erfolgreichen Widerstand der »Afghanen« gegen die Sowjets war hoch. Afghanistan versank im Chaos des Machtkampfs um Kabul. In Pakistan hatte der Militärdiktator Zia ul-Haqq eine Islamisierung von Staat und Gesellschaft betrieben, die künftig das Land tiefgreifend destabilisieren sollte. Und der Geist des militanten Islamismus, der in den folgenden Jahrzehnten weithin, nicht zuletzt auch im arabischen Raum, zur Bedrohung der politischen und gesellschaftlichen Ordnungen sowie des individuellen Lebens der Menschen werden sollte, war aus der Flasche (s. S. 306 ff.). Der Terrorakt in New York vom 11. September 2001 sollte deutlich machen, dass der Welt über den Nahen Osten hinaus in einer Militanz, die sich auf den Islam berief, eine neue Bedrohung erwachsen war.

Der Überfall der Truppen des irakischen Diktators Saddam Husain auf Iran bedeutete dem gegenüber für Washington zunächst eine Entlastung von dem Druck, den die revolutionäre islamisch geprägte Rhetorik und Propaganda aus Teheran erzeugt hatte. Besonders schockierend war die Geiselnahme an der amerikanischen Botschaft in Teheran im Oktober 1979 gewesen, die bis Januar 1981 dauern sollte. So folgte Washington dem Geschehen über eine Reihe von Jahren eher mit niedriger Aufmerksamkeit. Immerhin aber setzte eine Annäherung zwischen Washington und Bagdad ein. Dies bis zu dem Punkt, dass die amerikanische Regierung der Propaganda Saddam Husains, Iran habe den Krieg begonnen, ebenso wenig widersprach, wie man jede Kritik an der irakischen Kriegführung, die auch den Einsatz von Giftgas beinhaltete, unterließ. Das zeitweise Vordringen iranischer Truppen, namentlich der Revolutionsgarden (*pasdaran*), auf irakisches Territorium, ließ die Beziehungen Bagdads zu Washington enger werden. Während die Sowjetunion in Afghanistan einen erfolglosen Krieg gegen einen von den USA massiv unterstützten Gegner führte und dem Krieg am Golf nur geringe Aufmerksamkeit widmen konnte, begannen die USA Saddam Husain auch militärisch zu unterstützen. Im November 1984 – 17 Jahre nach ihrem Abbruch – wurden die diplomatischen Beziehungen wieder aufgenommen. Nur am Rande engagierte sich Washington in dem Krieg unmittelbar militärisch: Vor dem Hintergrund der Befürchtung, Iran könne Erdöltanker, die die Meerenge von Hormuz passierten, versenken und damit den Ölexport aus der Region zum Erliegen bringen, eskortierte die amerikanische Marine Tankschiffe. 1987 begannen Verhandlungen um einen irakisch-iranischen Waffenstillstand. Sie wurden vornehmlich im Rahmen der UNO geführt. Ein am 20. August 1988 geschlossener Waffenstillstand beendete diesen Krieg, der als Erster Golfkrieg in die Annalen eingegangen ist.

Das Ende des Ersten Golfkrieges und der erzwungene Rückzug der Sowjetunion aus Afghanistan bedeuteten auch für den arabischen Raum eine Zäsur. Während die Tage der Sowjetunion gezählt waren, waren die USA nunmehr die einzige Großmacht von globaler Dimension; sie allein war in der Lage, auf die Geschicke des Nahen Ostens Einfluss zu nehmen. Iran und der Irak waren durch den Krieg geschwächt. Der Tod Ayatollah Khomeinis am 3. Juni 1989 machte den Weg zur Konsolidierung der iranischen Wirtschaft und zu einer pragmatischeren Ausrichtung insbesondere auch der Außenpolitik unter Staatspräsident Haschemi Rafsandschani und ab 1997 Muhammad Khatami frei. Die ideologisch motivierte Konfrontation mit dem – so Teheran – »großen Satan«, den USA, wurde zurückgefahren, ohne freilich zu Ansätzen der Annäherung oder gar Zusammenarbeit zu führen. Auch bezüglich des einsetzenden Friedensprozesses zwischen dem – so Teheran – »kleinen Satan«, Israel, und der PLO legte die iranische Führung Pragmatismus an den Tag.

Auch die Stellung Bagdads war nach dem Krieg geschwächt. Die Öl produzierenden Staaten auf der Arabischen Halbinsel hatten Saddam Husain mit erheblichen Summen finanziell unterstützt. Unklar war, wie der irakische Diktator diese würde zurückzahlen können. 1990 zettelte er einen Streit mit Kuwait an, indem er die Regierung des Emirats beschuldigte, Erdölvorkommen auf irakischem Gebiet angezapft zu haben. Zuvor hatte sich Kuwait geweigert, Bagdad die während des Krieges aufgelaufenen Schulden zu erlassen. Am 2. August überfielen irakische Truppen das Emirat und besetzten es im Handstreich. Die einheimische Bevölkerung und die Herrscherfamilie wurden vertrieben oder ergriffen die Flucht.

Mit der nachhaltigen Schwächung der Sowjetunion in der nahöstlichen Gleichung der Mächte und der Eindämmung des irakischen Diktators durch die internationale Gemeinschaft im Gefolge der Befreiung Kuwaits Anfang 1991 war die »Ablehnungs-front« in der Palästina-Politik entscheidend geschwächt. Washington hatte nunmehr einen breiten Spielraum für Bemühungen, den Konflikt zwischen Israel und den Pa-lästinensern zu lösen. Die palästinensische *Intifada*, die 1987 nach Jahren scheinbarer Ruhe ausgebrochen war, hatte gezeigt, dass der Widerstand der Palästinenser weiterhin lebendig war. Vorübergehend hatte auch die PLO die Kontrolle über das Geschehen verloren. Unter erheblichem Druck auf den Führer der PLO, Yasir Arafat, sah sich dieser im Dezember 1988 gezwungen, eben den Schritt zu tun, der von der westlichen Welt seit langem gefordert wurde: das Recht Israels auf Existenz zu bestätigen und der Gewalt als Strategie zur Erringung palästinensischer Ziele zu entsagen. Damit war im Prinzip der Weg für direkte Verhandlungen zwischen Israel und der PLO um eine *Zwei-Staaten-Lösung* frei.

Bevor diese aber begannen, durchliefen das internationale und das regional-nahöstliche Staatensystem eine kurze aber dramatische Phase von Erschütterungen. Am 9. November 1989 war die Berliner Mauer gefallen und der Weg zur Wiedervereinigung Deutschlands frei geworden. Das bedeutete aber auch das Ende der globalen Ost-West-Konfrontation. Mit den ethnischen Unruhen im Kaukasus in den 1980er Jahren hatte sich der Zusammenbruch der Sowjetunion angekündigt. Sie zerfiel endgültig im Verlaufe des Jahres 1991. Der Prozess der Wiedervereinigung Deutschlands, der am 3. Oktober 1990 besiegelt wurde, hatte im arabischen Raum eine Entsprechung. Das kommunis-tische Regime in Aden brach zusammen. Nord- und Südjemen begannen einen Prozess der Wiedervereinigung. Er war im Mai 1990 abgeschlossen. Auch auf der Jemen gegenüber liegenden Seite des Eingangs zum Roten Meer, dem Horn von Afrika, hatten sich Veränderungen vollzogen, die die Stellung der USA in der Region festigten. In Somalia hatte der Militärdiktator Siyad Barre lange auf der sowjetischen Seite gestanden. Ende der 1970er Jahre wandte er sich von Moskau ab und Washington zu. 1991 wurde er gestürzt. Seither waren die Somalis zum Teil bürgerkriegsartig mit sich selbst beschäftigt. Fast zeitgleich wurde in Äthiopien die kommunistische Herrschaft des *derg* beendet, als eine Koalition oppositioneller Kräfte im Mai 1991 den Militärdiktator Mengistu vertrieb. Moskau war zu diesem Zeitpunkt nicht mehr in der Lage, ihn zu stützen.

In dieser Phase des Zwielichts im internationalen System geschah der irakische Überfall über seinen Nachbarn. Hatte Saddam Husain gehofft oder gar erwartet, die Kremlführung werde ihm diplomatisch oder politisch zur Seite stehen? Baute der irakische Diktator auf den Jahrzehnte langen Mechanismus der Unterstützung Moskaus für eine, wenn auch stets ambivalente, »progressive« arabische Führung? Sollte dies das Kalkül Saddams gewesen, hatte er die Zeichen der Zeit gründlich missverstanden. Der amerikanische Präsident George Bush (senior) ließ vom Beginn der Krise an keinen Zweifel daran, dass die USA die Reaktion der internationalen Gemeinschaft auf die Herausforderung anführen würden. In Übereinstimmung mit Beschlüssen des Sicherheitsrats forderte er ultimativ den bedingungslosen Rückzug der irakischen Truppen und die Wiederherstellung der Souveränität des Emirats. Während Verhandlungen oder Kompromisse ausgeschlossen wurden, wurde zu Wasser und zu Lande – vornehmlich auf dem Boden Saudi-Arabiens eine schlagkräftige Militärpräsenz einer internationalen Allianz – darunter auch arabische Staaten – aufgebaut. Nur halbherzig versuchte Moskau zu vermitteln. Nach Auslaufen des Ultimatums begann am 16. Januar 1991 unter dem Operationsnamen *Desert Storm* (Wüstensturm) der Zweite Golfkrieg. Am 27. Februar war Kuwait befreit; einen Tag später wurde ein Waffenstillstand geschlossen. Mit dem Sieg der von den USA geführten Allianz hatte sich zugleich das internationale System definitiv verändert. Es war unipolar geworden. Die Sowjetunion befand sich im Prozess der Auflösung. Unermüdlich beschwor Präsident Bush bis zum Ende seiner Amtszeit eine »neue Weltordnung«, die fortan gelten sollte.

Der amerikanische Präsident hatte davon Abstand genommen, Bagdad zu erobern und den Sturz der ba'thistischen Diktatur herbeizuführen. Die Resolutionen der UNO hätten das nicht legitimiert, so später immer wieder seine Begründung. Indirekt aber ermutigte Washington die Bevölkerung, sich gegen Saddam Husain zu erheben. Als im März die Kurden im Norden und die schiitischen Araber im Süden des Landes tatsächlich aufstanden, versagte ihnen Washington die Unterstützung. Während die Kurden immerhin unter einen internationalen Schutz gestellt und durch eine Flugverbotszone geschützt wurden, sah die Welt zu, wie die Kampfflugzeuge und Panzer der irakischen Armee den Aufstand im Süden niederwalzten. Das Regime in Bagdad überlebte. Es sollte erst zwölf Jahre später unter Führung eines anderen Bush, George Walker, gestürzt werden.

Unter dem Eindruck internationaler wie regionaler Veränderungen hatte Präsident Jimmy Carter 1980 die nach ihm benannte Doktrin zur Leitlinie amerikanischer Politik und Sicherheitspolitik am Golf gemacht. Mit dem Ende des Ersten (Irak-Iran) und dem Ende des Zweiten Golfkrieges (gegen den Irak zur Befreiung Kuwaits) wurde die Doktrin des *double containment* (der zweifachen Eindämmung) Grundlage amerikanischer Präsenz am Golf. Iran sollte isoliert bleiben. Neben unmittelbarer amerikanischer Militärpräsenz blieb Saudi-Arabien der stärkste Pfeiler der amerikanischen Sicherheitsarchitektur in der Region. Der Irak wurde mit scharfen Sanktionen unter Kuratel gestellt.

Auch wenn sich arabische Staaten an *Desert Storm* beteiligt hatten, so hatte die gewaltige militärische Operation gegen einen arabischen Staat doch einen enormen Druck auf das arabische Selbstbewusstsein bedeutet. Einige Regierungen hatte sich auf die Seite Saddam Husains gestellt; und insbesondere die arabische »Straße« hatte starke antiwestliche Emotionen zum Ausdruck gebracht. Die wenigen Raketen, die Saddam Husain gegen Israel hatte zum Einsatz bringen können, waren von Palästinensern auf den Dächern ihrer Häuser mit Jubel begrüßt worden. Und die Tatsache, dass der Angriff der von »Ungläubigen« geführten Allianz von saudischem Boden, der durch die Lage von Mekka und Medina quasi geheiligt ist, aus geführt wurde, hatte bei vielen religiöse Gefühle verletzt. So lag es in der politischen Logik, dass sich die amerikanische Regierung nach der Befreiung Kuwaits von der Besetzung durch den Irak nunmehr den besetzten Gebieten zuwandte, die einem Araber und Muslim besonders nahe sind, den durch Israel besetzten Gebieten Palästinas. Auch in der Krise um Kuwait hatte die irakische Propaganda auf der Tastatur der mit der Palästinafrage verbundenen Emotionen spielen können. Nach zähen Vorbereitungen seitens des amerikanischen Außenministers James Baker, der insbesondere den Widerstand des israelischen Ministerpräsidenten Yitzhak Shamir zu überwinden hatte, begannen die Friedensverhandlungen im Oktober 1991 in Madrid. Co-Vorsitzender der Eröffnungsgespräche war der sowjetische Präsident Mikhail Gorbatschow. Das sowjetische Imperium befand sich im Zustand der Auflösung. Die Geste des amerikanischen Präsidenten, seinen sowjetischen Partner zu dieser Ehre zu erheben, war jetzt nur noch eine Erinnerung an ein fast halbes Jahrhundert, in dem die Sowjetunion der machtvolle Gegenspieler der USA in der Welt, im Nahen Osten und im israelisch-arabischen Konflikt gewesen war. Im Verlauf des Jahres 1991 hörte die Sowjetunion auf zu existieren.

Das letzte Jahrzehnt des 20. Jahrhunderts sah die USA als die alleinige externe Großmacht auf der Bühne des Nahen Ostens. Der unberechenbare irakische Diktator war, nach der saloppen Rhetorik in Washington, *in the box*; das Regime in Teheran stark mit sich selbst und dem Wiederaufbau nach dem Krieg absorbiert. Unter Vermittlung Norwegens war es 1993 zu direkten Verhandlungen zwischen Israel und den Palästinensern gekommen. Aus dem »Madrid-Prozess« war der »Oslo-Prozess« geworden. Das Foto, das einen strahlenden amerikanischen Präsidenten Bill Clinton und den Handschlag zwischen Ministerpräsident Yitzhak Rabin und PLO Chef Yasir Arafat auf dem Rasen vor dem Weißen Haus am 13. September 1993, dem Tag des Abschlusses des »Oslo-Abkommens«, zeigt, ging um die Welt und verhieß einen bevorstehenden Friedensschluss. Ein von den USA koordinierter Friedensprozess schien in vollem Gang. Die Etappen der Verhandlungen zwischen Israel und der PLO trugen die Namen von Verhandlungsorten in den USA. Doch bereits die Ermordung Rabins am 4. November 1995 warf einen dunklen Schatten über den »Friedensprozess«. Das Scheitern der Verhandlungen von Camp David im Juli 2000, das 22 Jahre zuvor den wohl größten Erfolg der amerikanischen Nahostdiplomatie gesehen hatte, beendete das Jahrzehnt einer *Pax Americana* und der damit verbundenen Hoffnungen. In Palästina war eine große Chance verspielt. Und im Irak blieb unter dem Sanktionsregime der arabische Teil der Bevölkerung der Diktatur Saddam Husains ausgeliefert. Mit dem provozierenden Auftritt des – noch – Oppositionsführers Ariel Sharon auf dem Tempelberg mit seinen islamischen Heiligtümern, am 28. September 2000, mit dem er den Anspruch Israels auf ganz Jerusalem bekunden wollte, begann die zweite palästinensische *Intifada*. Die einzige positive Hinterlassenschaft Washingtons auf dem Gebiet des Nahostkonflikts war abermals nur ein Plan: die *Clinton Parameter* (s. S. 141).

Der Beginn des neuen Jahrhunderts hat einen dramatischen Niedergang des amerikanischen Einflusses im Nahen Osten gesehen. Im Januar 2001 übernahm George W. Bush in Washington die Präsidentschaft. Seine Antwort auf die Herausforderung des Terrorakts auf die beiden Türme des World Trade Center in New York am 11. September führte zu einem fast flächendeckenden Verlust an Ansehen der USA im Nahen Osten. In das entstandene Vakuum suchte seit 2005 Iran einzudringen. Jene Macht, die bereits in den 1970er Jahren des vorangegangen Jahrhunderts den Anspruch auf eine Rolle als Ordnungsmacht erhoben hatte.

Der amerikanische Präsident war überzeugt, dass Gewalt und Terror, wie sie sich am 11. September 2001 in ihrer monströsesten Variante gezeigt hatten, sowie die Bedrohung amerikanischer Interessen im Nahen Osten (und Israels) letztendlich in den autokratischen Strukturen der Regime in der Region wurzelten. Diese Einschätzung war nicht zuletzt einem neo-konservativen Weltbild geschuldet. Die marktwirtschaftliche Demokratie westlichen Musters habe sich als quasi endgültiges gesellschaftliches Modell geschichtlich durchgesetzt. Gegebenenfalls würde diese auch mit militärischen Mitteln global zu etablieren sein. Die somit angesagte Konfrontation war zugleich kulturalistisch unterfüttert. Im Jahrgang 1993 der Zeitschrift *Foreign Affairs* war der amerikanische Politologe Samuel P. Huntington der Frage nachgegangen, ob es zu einem »Kampf der Kulturen« kommen werde. Nach dem Ende der tiefen ideologischen Ost-West-Verwerfung werde sich ein *Clash of Civilizations* als globales Ordnungsmuster ausbilden. Von besonderer Schärfe sei dabei der Zusammenprall der christlich mit der islamisch geprägten Kultur (*civilization*). Für die folgenden Jahre bestimmte Huntingtons Feststellung von der geschichtlich gegebenen »blutigen Grenze mit dem Islam« die akademisch-wissenschaftliche, kulturpolitische und außenpolitische Debatte. 2002 entwickelte der Präsident eine *National Security Strategy* (NSS); in ihr sollte Sicherheit weltweit vornehmlich durch die Förderung von Demokratie und den Aufbau freier marktwirtschaftlicher Ordnungen hergestellt werden. Für den Nahen Osten wurde diese Strategie in den folgenden Jahren in der *Greater Middle East Initiative* festgeschrieben. Deutlich ging der Präsident zu Saudi-Arabien auf Distanz, war doch die Mehrheit der am 11. September beteiligten Terroristen saudischen Ursprungs. Für den Irak – wie bereits zuvor für Afghanistan – erhielt die NSS die Dimension einer militärischen Intervention.

Afghanistan betreffend hatte der Sicherheitsrat der UNO bereits am 12. September 2001 den Weg für einen Militäreinsatz frei gemacht. Daneben konzentrierte sich der militärische Kampf gegen den Terrorismus auf den Irak und den Sturz des Regimes in Bagdad. In neo-konservativen Kreisen war das Überleben des Saddam Husain nach dem Ende der Operation »Desert Storm« stets als »unfinished business« verstanden worden. Der Sohn des Befreiers Kuwaits sah nun den Zeitpunkt gekommen, im Rahmen des »Kampfes gegen den Terror« und unter dem Banner der Demokratisierung des Nahen Ostens den Regimewechsel in Bagdad herbei zu führen. Im Sommer 2002 mehrten sich die Anzeichen dafür, dass die US-Regierung zu einem militärischen Vorgehen gegen Bagdad entschlossen war. Nach mehrwöchigen Verhandlungen kam im Sicherheitsrat am 8. November die Resolution 1441 zustande. In ihr wurde festgestellt, dass der Irak seinen Verpflichtungen zur Abrüstung nicht nachgekommen war; eine Legitimation zur Anwendung von Waffengewalt war mit ihr aber nicht gegeben. In den folgenden Monaten waren insbesondere Washington und London bemüht, Beweise zu erbringen, dass der Irak Massenvernichtungswaffen besitze und den internationalen Terrorismus unterstütze. Fakten dafür konnten nicht beigebracht werden.

Am 20. März begannen die Kampfhandlungen mit der Bombardierung Bagdads. Am 1. Mai verkündete ein von Selbstbewusstsein strotzender Präsident auf dem Flugzeugträger USS Abraham Lincoln, dass die Mission abgeschlossen sei. Bereits damals aber war abzusehen, dass die Pläne Washingtons gescheitert waren, auf den Ruinen der ba'thistischen Diktatur eine neue Ordnung zu errichten, die den Vorstellungen des Präsidenten von einer Demokratisierung des Nahen Ostens auch nur entfernt entsprechen würde.

Hinter der Dramatik des Kampfes gegen den Terrorismus trat das amerikanische Engagement im Konflikt zwischen Israel und den Palästinensern zunächst zurück. Ohnehin hatte George W. Bush sein Amt in der Überzeugung angetreten, dass eine Lösung den Konfliktparteien selbst überlassen werden müsste. Diese Überzeugung hatte sich mit dem Scheitern der intensiven Vermittlungstätigkeit seines Vorgängers, das in Camp David im Juli 2000 besiegelt schien, verfestigt. Der Ausbruch der zweiten *Intifada* im Herbst 2000, die durch zahlreiche palästinensische Gewaltakte gegen israelische Zivilisten gekennzeichnet war, legte es Washington nahe, den internationalen und palästinensischen Terrorismus in einem Kontext zu sehen. Der Spruch des israelischen Ministerpräsidenten Ariel Sharon, was dem einen sein Bin Ladin, sei dem anderen sein Arafat, blieb in Washington unwidersprochen. Erst 2004 bekannte sich der amerikanische Präsident zu der Zwei-Staaten-Lösung.

Der anhaltende Stillstand im Friedensprozess, der Bau einer Mauer zwischen Israel und den besetzten Gebieten, welche tief in palästinensisches Gebiet einschnitt, die anhaltende Siedlungstätigkeit in den palästinensischen Gebieten sowie die sich vertiefenden sozialen Gegensätze führten und zu einem wachsenden Einfluss der *Hamas*. Die Polarisierung unter den Palästinensern verschärfte sich, als sich die internationale Gemeinschaft weigerte, das Ergebnis der Wahlen in Palästina vom Januar 2006, die einen Sieg der *Hamas* gesehen hatten, anzuerkennen. Der Krieg, der im Sommer (Juli) 2006 von *Hamas* und *Hizbollah* provoziert wurde und über einen Monat auf libanesischem Territorium ausgetragen wurde, überraschte auch in Washington. Hatte man dort – und in europäischen Hauptstädten – gehofft, Israel werde die *Hizbollah* militärisch besiegen und zerschlagen, sah man sich getäuscht.

Der Krieg im Libanon ließ nicht nur erkennen, wie weit sich radikal islamistische Kräfte als politische Akteure verselbständigt hatten. Zugleich betrat mit der Islamischen Republik Iran eine weitere Macht die Bühne des Nahen Ostens. Jetzt erwies sich, dass mit Saddam Husain mehr gefallen war als nur ein lokaler Potentat. Die Zerschlagung des Regimes in Bagdad und die Unfähigkeit der USA, eine neue stabile Ordnung dort zu schaffen, hatten ein Vakuum entstehen lassen, das zu füllen sich Teheran unter Präsident Mahmud Ahmadinezhad anschickte. In enger Allianz mit Damaskus war Teheran bemüht, seinen Einfluss sowohl am Golf als auch im Vorderen Orient, insbesondere im Libanon, zu verstärken. Noch im Krieg der USA gegen die *Taleban* in Afghanistan im Herbst 2001 hatte Iran die »Nordallianz«, den langjährigen Gegner der *Taleban*, unterstützt und war mithin ein - wenn auch unerklärter – Alliierter der USA gewesen. Washington war nicht bereit gewesen, dem Rechnung zu tragen. In seiner Rede zum *State of the Union* am 29. Januar 2002 hatte Präsident Bush Iran auf der *Achse des Bösen* angesiedelt. Damit hatten in Teheran definitiv diejenigen Kräfte Aufwind erhalten, die

331

ideologisch wie politisch zu Washington in Konfrontation standen und denen der pragmatische außenpolitische Kurs Präsident Muhammad Khatamis (in Verbindung mit seinen Bemühungen, das System im Inneren zu liberalisieren) seit je ein Dorn im Auge gewesen war. Im Februar 2004 hatte Khatami seine Mehrheit im Parlament verloren. Im Juni 2005 wurde mit Mahmud Ahmadinezhad ein Politiker gewählt, der sich nach innen wie nach außen wieder radikalen khomeinistischen Politikkonzepten verbunden fühlte.

Bereits mit der Endeckung eines geheimen iranischen Atomprogramms im Jahre 2002 hatte sich die internationale Gemeinschaft durch Teheran herausgefordert geführt. Im politisch zerstörten Irak waren nunmehr in Gestalt der arabisch-schiitischen Mehrheit im Lande Kräfte erwachsen, über die Teheran unmittelbar auf die Entwicklungen im Land Einfluss nehmen konnte. Das bedeutete zugleich die Fähigkeit, Druck auf die USA ausüben, die Besetzung des Landes zu beenden. Mit der Machtübernahme Präsident Ahmadinezhads im Sommer 2005 schließlich suchte Teheran durch eine seit langem nicht mehr gehörte, gegen Israel gerichtete aggressive Rhetorik breitere Massen in den arabischen Staaten zu mobilisieren, die vom jeweiligen Regime im eigenen Land, von Misswirtschaft und Korruption, von der Fortsetzung arroganter israelischer Besatzungspolitik in Palästina sowie von westlicher, insbesondere amerikanischer Machtpolitik im Nahen Osten, nicht zuletzt im Irak, frustriert waren. Die Unterstützung der *Hizbollah* im Libanon-Krieg 2006 in Verbindung mit dem Atomprogramm ließ Washington erkennen, dass aus amerikanischer (und israelischer) Sicht in Iran eine neue Bedrohung amerikanischer Interessen und eine Herausforderung an die USA als nahöstlicher Ordnungsmacht erwachsen waren. Diese Einschätzung wurde auch in arabischen Hauptstädten zwischen Kairo und Abu Dhabi geteilt.

Die Gefahr weiterer Radikalisierung und politischer Destabilisierung schien mit der Machtübernahme der *Hamas* in Gaza im Juni 2007 zu eskalieren. Jetzt räumte Präsident Bush der Lösung des israelisch–palästinensischen Konflikts hohe Priorität ein. Auf einer Konferenz in Annapolis sollten im November 2007 die Weichen für einen Abschluss von Friedensverhandlungen bis Ende 2008 gestellt werden. Zugleich sollten Fortschritte bei der Konfliktlösung die Voraussetzung bieten, eine breite Allianz gegen Iran zu schmieden, der sich auch arabische Staatsführungen anschließen würden.

Nichts konnte den Verlust der Fähigkeit der USA, die Rolle einer Ordnungsmacht im Nahen Osten zu spielen, nachhaltiger verdeutlichen als das Scheitern dieses Konzepts. Anstelle des Friedens war Ende 2008 ein neuer Krieg ausgebrochen. Diesmal zwischen Israel und der *Hamas* in Gaza. Wieder gelang es Israel nicht – trotz großer Opfer auf palästinensischer Seite –, die *Hamas* zu zerschlagen. Zugleich widersetzte sich Teheran den Forderungen der internationalen Gemeinschaft in Sachen seines Atomprogramms. Und im Irak blieb Iran neben den USA eine mitbestimmende Vormacht.

Als Präsident George W. Bush im Januar 2009 das *Oval Office* im Weißen Haus räumte, hinterließ er im Nahen Osten einen Scherbenhaufen. Deshalb wurde weithin begrüßt, dass sein Nachfolger Barack Husain Obama umgehend seine Bereitschaft verlauten ließ, einen Neuanfang zu machen.

Vom Beginn seiner Amtszeit an war Präsident Obama bemüht, in der Nahostpolitik der USA neue Akzente zu setzen. Er gratulierte den Iranern zum traditionellen Neujahrsfest am 21. März 2009 und machte – freilich in sehr allgemeiner Form – Gesprächsangebote. In einer Rede an der Kairo-Universität am 4. Juni 2009 suchte er neue Töne gegenüber der arabischen Welt und dem Islam anzuschlagen. Der Regierung Israels machte er deutlich, dass er die Siedlungspolitik als ein Hindernis auf dem Weg zum Frieden mit den Palästinensern betrachte. Bald freilich wurde die Kluft unübersehbar, die zwischen den Vorsätzen und Ankündigungen auf der einen und den Handlungsspielräumen des Präsidenten auf der anderen Seite bestand. In Sachen der Siedlungspolitik verweigerte sich der isrelische Ministerpräsident Benjamin Netanjahu der Forderung nach einem Siedlungsstopp; dabei spielte der den Präsidenten gegen den Kongress aus, in dem pro-israelische Kräfte über eine Mehrheit verfügten. Gegenüber Iran tat er wenig, dem Eindruck entgegen zu wirken, es gehe Washington letztlich um einen Regimewechsel in Teheran. In der Frage des nuklearen Programms Teherans steuerte er einen schwankenden Kurs, indem er sich zwar der Drohung Israels anschloss, gegebenenfalls eine militärische Lösung zu suchen, eine solche aber hinauszuschieben bemüht war. Mit seiner Zweideutigkeit in Sachen Iran begann er, die konservativen arabischen Regimes und herkömmlichen Alliierten Washingtons auf der Arabischen Halbinsel zu befremden, die die Wahrnehmung einer Bedrohung seitens Irans teilten.

Der Ausbruch der arabischen Revolte Ende 2010 hat Washington völlig überrascht. Nur zögerlich begann die amerikanische Regierung, sich von den unter Druck geratenen Herrschern abzukehren und den neuen oppositionellen Kräften zuzuwenden. Nirgendwo aber war Washington in der Lage, auf die Entwicklungen Einfluss zu nehmen. Das Dilemma der USA war unübersehbar: Während die Protestbewegungen in den Staaten des Umbruchs ein klares Bekenntnis der Parteinahme vermissten, machten die Herrscher des *Golf-Kooperationsrats*, namentlich Saudi-Arabiens, aus ihrer Verstimmung darüber, dass Washington die Verbündeten von ehedem fallen gelassen habe, keinen Hehl. Namentlich die Haltung des Präsidenten gegenüber dem Aufstand in Syrien seit 2011 legte die Ohnmacht amerikanischer Politik im Nahen Osten bloß. Während regionale Mächte, insbesondere Iran, Saudi-Arabien und Katar, ihre jeweilige Klientel auf Seiten der Regierung bzw. der Opposition handfest unterstützten, kamen aus Washinton lediglich widersprüchliche Erklärungen und Handlungsankündigungen. Den Tiefpunkt erreichte die amerikanische Politik in Syrien nach dem Einsatz von Chemiewaffen durch das Regime am 21. August 2013. Hatte der Präsident einen solchen zunächst als »rote Linie« bezeichnet, bei deren Überschreitung die USA militärisch intervenieren würden, zog er sich in seiner tatsächlichen Antwort überraschend auf eine von Russland ins Gespräch gebrachte diplomatische Linie zurück. Sie bestand in der von der UNO überwachten Vernichtung aller chemischen Potenziale des syrischen Regimes.

Damit verspielte Präsident Obama weiteren Kredit. Sowohl bei der syrischen Opposition als auch bei den Gegnern Präsident Asads in der Region; darunter auch die Türkei. Demgegenüber instrumentalisierte die russische Regierung unter Präsident Wladimir Putin den Konflikt in Syrien konsequent mit dem Ziel der Rückkehr Russlands als einer Macht im arabischen Raum, in dem die Sowjetunion in der zweiten Hälfte des 20. Jahrhunderts ein die USA herausfordernder Akteur gewesen war. Die amerikanisische Ohnmacht wurde im palästinensisch-israelischen Konflikt bestätigt. Trotz eines beispiellosen persönlichen Einsatzes des amerikanischen Außenministers John Kerry

2013/14 verweigerten sich die Konfliktparteien, namentlich die israelische Regierung, einer Kompromisslösung.

Das 20. Jahrhundert der Araber, dessen Beginn von den tiefen Eingriffen des europäischen Imperialismus gekennzeichnet war, endete in einem politischen Chaos, das nicht zuletzt der Entscheidung des amerikanischen Präsidenten geschuldet war, auf die Rolle einer Ordnungsmacht im Nahen Osten zu verzichten.

6.2 Die Nahostpolitik der EU

Mit dem Ende des Zweiten Weltkriegs hatten die USA die europäischen Kolonialmächte im arabischen Raum als auswärtige Vormacht abzulösen begonnen. Der Suezkrieg im Oktober 1956 (s. S. 65 f.) markiert das Ende einer Ära. Großbritannien musste sich aus Ägypten zurückziehen, das es 1882 besetzt hatte. Zeitgleich hatten Frankreich und Italien ihre Einflussgebiete aufgeben müssen. Die Parteinahme der USA auf Seiten der arabischen Nationalisten hatte dabei keine geringe Rolle gespielt. Nur an den Rändern der arabischen Welt konnten England und Frankreich Restposten behaupten. In Algerien tobte seit 1954 ein Befreiungskrieg, der 1962 mit der Unabhängigkeit des Landes endete. Wenig später entschied die britische Regierung, Englands Herrschaft am Persischen Golf zu beenden. Dass sich London und Paris dem Druck aus Washington hatten beugen müssen, warf ein Licht auf die neuen Machtverhältnisse. Die Epoche des europäischen Imperialismus war unwiderruflich vorüber.

Geschichte und Geopolitik aber haben Europa und das südliche und östliche Ufer des Mittelmeers in eine Nachbarschaft gerückt, der sie nicht ausweichen können. So lag es nahe, dass auch ein Europa, welches sich seit dem Abschluss der *Römischen Verträge* (1957) neu aufzustellen begann, die Gestaltung seiner Beziehungen zu den nichteuropäischen Nachbarn in die Hand zu nehmen suchte. 1970 schufen sich die Regierungen der damals noch sechs Mitgliedstaaten der Europäischen Gemeinschaft (EG) mit der *Europäischen Politischen Zusammenarbeit* (EPZ) ein Instrument effektiverer Koordinierung ihrer Außenbeziehungen. Bereits im Mai 1971 stimmten die Außenminister einem Bericht des »Politischen Komitees« der EPZ zu, in dem sich die Sechs auf Grundpositionen zum arabisch-israelischen Konflikt verständigten. Im November 1972 tat der Europäische Rat ein übriges: Er beschloss eine »globale Mittelmeerpolitik«, d.h. ein Rahmenwerk auf dessen Grundlage die EG mit allen Anrainerstaaten des Mittelmeeres und Jordanien, die es wünschten, globale Abkommen schließen würde, die ein breites Instrumentarium wirtschaftlicher Zusammenarbeit von der vollständigen Öffnung der Gemeinschaft für Industrieprodukte bis zu finanzieller und technischer Hilfe beinhalteten.

Zwar bestand kein erklärter Zusammenhang zwischen den Bemühungen um einen »globalen« Ansatz der außenwirtschaftlichen Beziehungen der EG mit den Mittelmeerstaaten und dem Versuch einer politischen Abstimmung innerhalb der EPZ. Aber die »Energiekrise«, die durch die Verhängung des arabischen Ölembargos Ende 1973 ausgelöst wurde (s. S. 318), sollte bald erweisen, dass die Neugestaltung der Wirtschaftsbeziehungen im Sinne der Partnerschaftlichkeit und Ausgewogenheit ein wichtiger Baustein innerhalb der Gesamtbeziehungen zwischen beiden Räumen sein würde. Mit der Idee des *Europäisch-Arabischen Dialogs* (EAD), die die Arabische Liga im Dezember 1973 unterbreitete, traf man auf europäische Überlegungen zu einer neuen Form der Gestaltung der Beziehungen zum arabischen Raum. Angesichts der Besonderheit der Beziehungen Westeuropas, die durch die Doppelgleisigkeit der wirtschaftlichen und politischen Außenbeziehungen, die unterschiedlichen Beziehungen der Mitgliedstaaten der EG zu Israel und den arabischen Staaten sowie das amerikanisch-israelische Misstrauen gegenüber europäischen Initiativen gegenüber der Region gekennzeichnet war, musste dieser »Dialog« eine neue Form der diplomatischen und politischen Interaktion zwischen beiden Seiten annehmen. Seine Konzeption entstand in der ersten Hälfte des Jahres 1974. Sieben Arbeitsgruppen wurden gebildet; sie umfassten die Gebiete Landwirtschaft, Industrialisierung, Infrastruktur, Handel, Finanzen, wissenschaftliche und technische Zusammenarbeit sowie Kultur, Arbeit und Soziales. Das alles in allem vom Ergebnis her unergiebige Verhandlungsgeschehen wurde im April 1983 mit einer internationalen Konferenz im Rahmen der Arbeitsgruppe zu »Kultur, Arbeit und Soziales« in Hamburg abgeschlossen.

Da die politische Dimension der euro-arabischen Beziehungen, namentlich auch der israelisch-arabische Konflikt, aus dem »Dialog« ausgeschlossen war, musste diese an anderer Stelle angesiedelt werden. Denn mit der Verhängung des Ölembargos gegen die Mehrheit der westeuropäischen Staaten hatten die Araber die EG zu einer Stellungnahme zugunsten ihrer politischen Positionen im Konflikt mit Israel zu drängen gesucht. Eine europäische Positionsbestimmung war umso dringender geworden, als die USA und die Sowjetunion die EG von den Verhandlungen, die nach dem Oktoberkrieg 1973 in Genf begonnen worden waren (s. S. 69), ausgeschlossen hatten. Die Nahosterklärung der – nach der Aufnahme dreier neuer Mitglieder - Neun vom 6. November 1973 bedeutete deshalb den Beginn einer aktiven Politik und machte deutlich, dass sich die EG der veränderten Situation im Nahen Osten angepasst hatte und Friedensbemühungen zu unterstützen willens war, die auf der Grundlage international anerkannter Tatbestände und Resolutionen eingeleitet würden. Nicht zuletzt auf Betreiben des Außenministers der Bundesrepublik Deutschland, Hans-Dietrich Genscher, haben die in den folgenden Jahren wiederholt abgegebenen Nahosterklärungen der EG das Selbstbestimmungsrecht der Palästinenser mit zunehmender Deutlichkeit akzentuiert. Der Höhepunkt dezidierter europäischer Positionierung im Nahostkonflikt war mit der Erklärung von Venedig im Juni 1980 erreicht. In ihr sprach sich die EG für das Selbstbestimmungsrecht des palästinensischen Volkes aus und forderte, die PLO – zu diesem Zeitpunkt international noch als terroristische Organisation eingestuft – solle in die Friedensverhandlungen für den Nahen Osten einbezogen werden. Dabei zog die EG auch das Entstehen eines palästinensischen Staates in Betracht.

Die USA standen einer aktiven Rolle der EG im Mittelmeer skeptisch bis ablehnend gegenüber. Bereits beim Abschluss von Handelsabkommen mit Mittelmeerstaaten in den 1960er Jahren sah sich die Gemeinschaft ständigem Argwohn der USA ausgesetzt, die befürchteten, Marktanteile zu verlieren. Die Erweiterung dieser Abkommen verstärkte den amerikanischen Widerstand. Die amerikanische Reaktion auf die Feststellung der prinzipiellen Bereitschaft zur Aufnahme des EAD im März 1974 fiel heftig aus: So erklärte Präsident Richard Nixon in einer Rede in Chicago am 15. März 1974, die EG rotte sich gegen die USA zusammen. Deshalb war es nicht verwunderlich, dass die Erklärung von Venedig in Washington und natürlich in Jerusalem auf heftige Kritik stieß. Der israelische Ministerpräsident Menachem Begin nannte die PLO »die arabische SS« und verglich die Erklärung mit der Beschwichtigungspolitik gegenüber Hitler.

Tatsächlich markierte die Erklärung (in Verbindung mit dem Auslaufen des EAD 1983) das Ende eines Jahrzehnts einer doch recht aktiven europäischen Nahostdiplomatie. Für die nächsten anderthalb Jahrzehnte sollte sie verstummen. Das war nicht nur dem amerikanischen und israelischen Widerstand geschuldet. Vielmehr hatten sich die Prioritäten mit Blick auf die Region verändert. Der Libanon forderte die Aufmerksamkeit der Regierungen (s. S. 111 ff.) – nicht zuletzt auch dadurch, dass immer wieder Bürger auch europäischer Staaten Opfer von Terror und Geiselnahme wurden. Mit dem Ausbruch des irakisch-iranischen Krieges ergaben sich neue Herausforderungen für die Stabilität der Region und die Ölversorgung Europas. Und am Ende des Jahrzehnts der 1980er Jahre waren es die USA, die die Speerspitze im Kampf gegen die aggressive Expansionspolitik des Irak bilden mussten. Als nach intensiven diplomatischen Bemühungen seitens Washingtons im Oktober 1991 in Madrid der palästinensisch-israclische Fricdensprozcss begann (s. S. 139), fanden sich die Europäer auf der Seitenlinie wieder.

Erst Mitte der 1990er Jahre trat die nunmehr Europäische Union (EU) als Akteur wieder sichtbar in Erscheinung. Wichtigstes Forum der aktivierten Mittelmeerpolitik wurde die *Euro-Mediterrane Partnerschaft* (EUROMED). Nach Barcelona, dem Ort ihrer Gründung (1995) benannt, war es das Ziel des »Barcelona-Prozesses«, einen Raum des Friedens, der Stabilität und des gemeinsamen Wohlstands rund um das Mittelmeer sowie eine euro-mediterrane Freihandelszone zu schaffen. In Analogie zur *Konferenz über Sicherheit und Zusammenarbeit in Europa* (KSZE) basierte die Partnerschaft auf einer Struktur von drei »Körben«: der politischen und Sicherheitspartnerschaft mit den Zielen u. a. der Beachtung der Menschenrechte, der demokratischen Normen und des politischen Pluralismus; der Wirtschafts- und Finanzpartnerschaft mit den Zielen u. a. der nachhaltigen Entwicklung, der Bekämpfung der Arbeitslosigkeit, der Reduzierung des Nord-Süd Wohlstandsgefälles und der Förderung der regionalen Integration, sowie der Partnerschaft der Zivilgesellschaften im kulturellen, sozialen und menschlichen Bereich. Bald jedoch endete der *Barcelona-Prozess* in der Sackgasse. Das Spektrum der Gründe dafür war breit: Es reichte von der Belastung durch den stagnierenden israelisch-palästinensischen Friedensprozess bis zu unterschiedlichen Erwartungen und Interessen auf beiden Seiten des Mittelmeers: Mit dem Terrorakt vom 11. September 2001 trat die Sicherheit an die Spitze der europäischen Agenda. Die arabischen Staaten forderten demgegenüber nachhaltige Konzessionen der EU bei der wirtschaftlichen Zusammenarbeit, nicht zuletzt im Bereich der Landwirtschaft. Neben ausbleibenden signifikanten wirtschaftlichen Fortschritten blieben auch Demokratisierung und Menschenrechte auf der Strecke. Die EU zeigte kein wirkliches Interesse an einer tief greifenden Veränderung der Herrschaftsstrukturen unter den südlichen Anrainern. Der Status quo schien ihre Sicherheitsinteressen am effizientesten zu gewährleisten.

2004 wurde der *Barcelona-Prozess* durch die *Europäische Nachbarschaftspolitik* (ENP) ergänzt. Sie sollte ähnliche Ziele - gerichtet an jene Nachbarn der EU, die nicht Teil der Mittelmeerpolitik sind und keine Perspektive einer Mitgliedschaft in der EU haben, verfolgen. Ein, wenn auch unausgesprochenes, Eingeständnis des Scheiterns der Mittelmeerpolitik schließlich lag in dem im März 2008 vom Europäischen Rat gefassten Beschluss, den *Barcelona-Prozess* in eine *Union für das Mittelmeer* umzuwandeln. Die Initiative war wesentlich auf Betreiben des französischen Präsidenten Nicolas Sarcozy zustande gekommen und stieß von Beginn an bei den europäischen, aber auch einigen nicht-europäischen mittelmeerischen Partnern der EU auf Bedenken. Sie erübrigte sich mit dem Beginn der arabischen Revolte.

Auch im Kontext des palästinensisch-israelischen Friedensprozesses war die EU nicht in der Lage, substantielle Impulse anzustoßen, die zu einer Lösung des Jahrzehnte alten Konflikts führen würden. Auf der positiven Seite ist die finanzielle Unterstützung zu konstatieren, die von Seiten der EU geleistet wurde, seit den Palästinensern im Zuge des Oslo-Prozesses Mitte der 1990er Jahre die Verantwortung zu autonomen Regelungen ihrer Angelegenheiten übertragen wurde. Ohne diese Zahlungen hätte die palästinenesische Autonomiebehörde die in vieler Hinsicht schwierigen, ja dramatischen letzten Jahre nicht überlebt. Auf der negativen Seite ist festzustellen, dass es die EU nicht vermocht hat, diesen enormen materiellen Beitrag in einen konkreten politischen Fortschritt umzusetzen. Vom Scheitern der *Road Map*, die im Juni 2002 von Präsident George W. Bush verkündet wurde, war bereits die Rede (s. S. 142). Daran änderte auch die Tatsache nichts, dass die EU mit der Schaffung des Amtes eines Sonderbeauftragten für den Nahost-Friedensprozess der Konfliktbeilegung besondere Bedeutung beimaß. Die EU zeigte sich nicht in der Lage, Druck auf Israel auszuüben, die Politik der Besiedelung der palästinensischen Gebiete auf der Westbank und in Ost-Jerusalem zu beenden. Auf der palästinensischen Seite geriet die EU ins Abseits, als sie sich weigerte, das Ergebnis der palästinensischen Wahlen von 2006 anzuerkennen und mit der *Hamas*, die als Siegerin daraus hervorgegangen war, zusammenzuarbeiten. Mit Blick auf den Krieg im Libanon im Juli/August 2006, die Machtübernahme der *Hamas* in Gaza im Juni 2007 und den Krieg in Gaza im Winter 2008/09 stand die EU wieder an der Seitenlinie.

Wie gering das Gewicht der EU als eines politischen Akteurs im Nahen Osten war, hatte sich zuvor bereits im Vorfeld des Ausbruchs des Irak-Krieges im März 2003 erwiesen. Während England der wichtigste militärische Partner der USA in diesem Konflikt gewesen war und Deutschland eine Beteiligung kategorisch abgelehnt hatte, konnte der amerikanische Verteidigungsminister Donald Rumsfeld auf einer Pressekonferenz am 22. Januar spöttisch, ja verächtlich Europa in ein »altes« und damit zugleich »neues«, amerikafreundliches Europa teilen: Der Ausdruck wurde weithin als abwertende Bezeichnung für jene europäischen Länder verstanden, die eine Teilnahme am Krieg ablehnten und/oder sich kritisch dazu äußerten.

Der Ausbruch der arabischen Revolte hat die EU überrascht. Mit dem Sturz einer Reihe von Diktatoren waren tragende Säulen der Mittelmeerpolitik und des Sicherheitsgefüges zusammengebrochen, das ihr zugrunde gelegen hatte. Nur langsam fand Brüssel eine kohärente Antwort. Während das Europäische Parlament die Proteste unterstützte, agierte die Exekutive zurückhaltend. Schließlich wurden umfangreiche

Pakete der Zusammenarbeit geschnürt. Darin ging es um Handelserleichterungen und Kredite sowie um die Unterstützung der Zivilgesellschaft beim Aufbau der Demokratie. In Abstimmung mit den bilateralen Maßnahmen der Mitgliedsländer trat Brüssel unter dem Motto der »Partnerschaft mit den Ländern der südlichen Nachbarschaft« in das neue Jahrhundert der Beziehungen ein.

Mit den Umbrüchen erhielt auch die Lösung des Palästinakonflikts eine gesteigerte Dringlichkeit. Aber nur zögerlich zog die EU Konsequenzen aus dieser Einsicht. Immerhin wurde der Ton zwischen Brüssel und Jerusalem, namentlich die israelische Siedlungspolitik betreffend, rauher. Die Kennzeichnungspflicht für Produkte aus den besetzten Gebieten wurde verschärft. Auch der Ausschluss der Siedlungen von jeglichen Fördermaßnahmen wurde strenger gefasst.

6.3 Deutschland und die arabische Welt

Für Deutschland ist der arabische Raum im 20. Jahrhundert nur ein politischer Seitenschauplatz gewesen. Und für die Araber hat Deutschland allenfalls am Rande an der Gestaltung ihrer politischen Geschicke teilgenommen. Trotzdem – oder vielleicht gerade deshalb – wird im Kontext der Beziehungen insbesondere seitens der Araber immer wieder von einer deutsch-arabischen Freundschaft gesprochen.

Bis zum Ende des Osmanischen Reiches kann von deutsch-arabischen Beziehungen eigentlich kaum gesprochen werden. Soweit Deutsche mit bzw. unter Arabern zu tun hatten, geschah dies im Kontext der Politik Deutschlands gegenüber dem Osmanischen Reich. In der zweiten Hälfte des 18. Jahrhunderts hatten sich Preußen und das Reich politisch und wirtschaftlich einander angenähert. In Erinnerung bleibt Helmuth von Moltke, militärischer Wegbereiter der deutschen Einheit in den 1860er Jahren, nicht zuletzt durch seine Memoiren, die ein lebhaftes Bild der politischen und gesellschaftlichen Verhältnisse im Osmanischen Reich in den 1830er Jahren vermitteln. Moltke baute damals die neue osmanische Armee auf, die – gegen seinen den Rat zu früh in die Schlacht geschickt – 1839 bei Nisib gegen den »Ägypter« Ibrahim Pascha (s. S. 16 f.) antrat und vernichtend geschlagen wurde. Langsam entwickelte sich in der zweiten Hälfte des 19. Jahrhunderts in Palästina eine vor allem religiös inspirierte Tätigkeit deutscher Siedler. Unter ihnen wurden die Templer die bekannteste Gruppe. Zahlreiche deutsche Reisende besuchten Palästina, das nach dem nicht zuletzt von europäischen Mächten erzwungenen Rückzug Ägyptens für europäische Einflüsse geöffnet wurde.

Nach der Gründung des Deutschen Reiches (1871) tat sich dieses schwer, in den Wettbewerb der europäischen Mächte um kolonialen Besitz noch nachhaltig einzugreifen. England, Frankreich, Russland und Österreich-Ungarn hatten sich in Ägypten, Nordafrika, im Kaukasus und auf dem Balkan zum Osmanischen Reich gehörende Gebiete einverleibt. Nach der Niederlage im Russisch-Türkischen Krieg (1887–1888) sah sich der Sultan gezwungen, ausländische Unterstützung für die Reorganisation seiner Streitkräfte in Anspruch zu nehmen. Mit dem militärischen Sieg im Krieg gegen Frankreich (1870/71) und der Gründung des Deutschen Reiches – sowie angesichts der Zurückhaltung Bismarcks gegenüber einem Engagement Deutschlands im

Orient – schienen sich dem Sultan die erstarkenden Deutschen besonders zu empfehlen. Für Berlin wurde Konstantinopel in den folgenden Jahren zu einem Partner, deutsche Träume, im Konzert der europäischen Mächte doch noch einen Part zu spielen, zu verwirklichen. Zugleich sollten Investitionen der weltweit expandierenden deutschen Wirtschaft den Weg bereiten, Anatolien und die arabischen Teile des Reiches für deutsche Rohstoffinteressen und als Absatzmärkte für deutsche Produkte zu öffnen. Neben der Militärmission wurde die Bagdadbahn das prestigeträchtigste Projekt im Rahmen dieser zugleich politischen wie wirtschaftlichen Zielsetzung. Das Schienennetz würde Konstantinopel mit Mesopotamien, dem großsyrischen Raum und der Arabischen Halbinsel verbinden.

Zu einem zumindest propagandistischen Höhepunkt der deutschen Präsenz im arabischen Orient wurde der Besuch Kaiser Wilhelms II. in Palästina im Oktober/November 1898. Weithin sichtbare Bauwerke wie die Erlöserkirche und das Auguste Victoria Krankenhaus in Jerusalem sind Zeugen nicht nur der persönlichen religiösen Gefühle des Kaisers, sondern auch der Bedeutung, die Wilhelm einer sichtbaren deutschen Präsenz in Palästina mit Blick auf seine Legitimation als preußisch-christlicher Kaiser beimaß. Zuvor hatte er seinem Freund, Sultan Abdülhamit II., in Konstantinopel einen Besuch abgestattet. Auf dem Rückweg von Jerusalem kam es anlässlich eines Besuchs des Kaisers am Grab des – in Europa – legendären Sultan Saladin (1138–1193) in Damaskus zu dem berühmten Ausspruch: »Möge der Sultan und mögen die 300 Millionen Mohammedaner [...] dessen versichert sein, dass zu allen Zeiten der deutsche Kaiser ihr Freund sein wird«. Mit Blick auf Empfindlichkeiten des Sultans und die Beziehungen zwischen dem Deutschen und dem Osmanischen Reich weigerte sich Wilhelm, die von Theodor Herzl erbetene Unterstützung für eine jüdische Besiedlung Palästinas zu gewähren. Herzl war eigens nach Jerusalem gereist, um den Kaiser dort zu treffen. Trotz seiner Vorbehalte freilich bekannte Wilhelm in privaten Äußerungen sein Interesse und seine Sympathie für die Bewegung und die Idee, Palästina durch das »fleißige« und »wohlhabende« Volk Israel zu kolonisieren.

Der 1916 ausbrechende arabische Aufstand, der die Errichtung eines arabischen Staates zum Ziel hatte, sah Deutschland an der Seite des um seinen Bestand kämpfenden Osmanischen Reiches. Der Aufruf des Sultan-Kalifen zum »Heiligen Krieg« gegen die Entente, eine Idee des deutschen Freiherrn und Nahostexperten Max von Oppenheim, verhallte ungehört. Als letzten Akt der Militärmission übergab General Liman von Sanders am 31. Oktober 1918 den Oberbefehl über seine Truppen an der Palästina-Front dem türkischen General Mustafa Kemal Pascha.

Mit dem Ende des Krieges waren auch die Träume deutscher Großmachtpolitik im Nahen und Mittleren Osten – in ihren abenteuerlichsten Varianten hatten sie vom Osmanischen Reich über Iran und Afghanistan bis nach Indien gereicht – ausgeträumt. Ende der 1920er Jahre kam es zur Anbahnung engerer Beziehungen zu Saudi-Arabien. Während der Rest des Vorderen Orients unter britischem und französischem Einfluss stand, hatte der im Entstehen begriffene souveräne saudische Staat einen größeren außenpolitischen Handlungsspielraum. Im April 1929 wurde ein Freundschaftsabkommen geschlossen, das auch einige Handelsregelungen enthielt. Und eine Mischung von wechselseitigen wirtschaftlichen und politischen Interessen war es auch, die den

Beziehungen während der 1930er Jahre zugrunde lag. Weitreichend waren sie nicht, und die im Januar 1939 in Dschedda errichtete deutsche diplomatische Vertretung musste knapp sieben Monate später wieder schließen. Erst 1954 wurden die Beziehungen wieder aufgenommen.

Auch in der Außenpolitik des nationalsozialistischen Deutschland hatte der arabische Raum einen eher marginalen Stellenwert. Zwar hatte schon die Weimarer Regierung die Bedeutung des Erdöls für die Energieversorgung Deutschlands erkannt und Fühler in den Nahen Osten ausgestreckt. Nach dem Ende der deutschen Beteiligung an der *Turkish Petroleum Company* (s. S. 314 f.) geschah das durch eine auch privatwirtschaftliche Beteiligung Deutschlands an der *British Oil Development Company* (BOD). Im Auftrag des irakischen Staates, der soeben seine Unabhängigkeit erhalten hatte, sollte diese Ölvorräte in einem Konzessionsgebiet östlich des Tigris erschließen. Von Beginn an aber waren die Pläne von deutscher Seite nur halbherzig verfolgt worden und nach 1933 nahm die nationalsozialistische Führung bald von ihnen Abstand. Mit der Wiederaufrüstung und den einsetzenden Vorbereitungen zum Krieg war für Berlin ein Fördergebiet uninteressant geworden, das aufgrund langer Transportwege in hohem Maße anfällig für Unterbrechung war. Mit dem Beginn der Kriegführung gegen die Sowjetunion wurde die Erreichung der südkaukasischen Ölfelder bis zur Wende des Krieges bei Stalingrad (Wolgograd) ein strategisches Ziel der deutschen Kriegsführung. Der Zugang zu ihnen hätte den notorischen Engpass bei der Treibstoffversorgung der Truppen, ein strategischer Nachteil gegenüber den Alliierten, beenden sollen.

Als sich die Hoffnungen Berlins, London doch noch als Verbündeten im Kampf gegen die Sowjetunion zu gewinnen, als nicht realisierbar erwiesen, wendete sich das Interesse der deutschen Regierung politischen Kräften im arabischen Raum zu, durch deren Unterstützung insbesondere der britische Einfluss geschwächt bzw. unterminiert werden sollte. Dabei richtete sich der Blick namentlich auf nationalistische Strömungen. Mit dem Beginn des palästinensischen Aufstands 1936 wurden die Orientalisten in Berlin auf den palästinensischen Aktivisten Hadsch Amin al-Husaini (s. S. 126 f.) aufmerksam. Dieser unterhielt auch Kontakte zu arabischen Nationalisten, insbesondere im Irak, die ihrerseits an engeren Beziehungen zu Berlin interessiert waren. Die Haltung Berlins aber war zweideutig und unentschlossen. Zwar kam es im November 1941 zu einem Treffen al-Husainis mit Hitler; bereits im April/Mai desselben Jahres hatte Berlin den Aufstand der irakischen Nationalisten unter Führung Raschid Ali al-Gailanis militärisch zu unterstützen gesucht (s. S. 164 f.). Insgesamt aber erwies sich das deutsche Engagement als weder geeignet, auf die Entwicklungen in der Palästina-Frage Einfluss zu gewinnen; noch konnte es Englands Position im Nahen Osten ernsthaft gefährden. Dies freilich war nicht nur eine Folge der Überdehnung der militärischen Kräfte Deutschlands. Auch die nationalsozialistische Rassenideologie ließ Araber als Menschen zweiter Klasse erscheinen. Mit der endgültigen Niederlage des deutsch-italienischen »Afrika-Korps« Mitte 1943 war Deutschland definitv als Mitspieler im arabischen Raum ausgeschieden.

Tatsächlich war Hitler eher gegen seinen Willen militärisch im arabischen Raum verwickelt worden. Die Expedition nach Nordafrika zwischen 1941 und 1943, als »Afrikakorps« gelegentlich fast mythisch verklärt, war militärisch zwar eine bemerkenswerte Leistung, erfolgte aber ohne klare politische und/oder militärpolitische Zielsetzung. Auslöser der Operation war das desaströse Scheitern des Angriffs des italienischen Verbündeten gegen Ägypten. Im Dezember 1940 und Januar 1941 bereiteten britische Truppen den italienischen Verbänden bei Sidi Barani eine vernichtende Niederlage. Nach einigem Zögern – der Angriff auf Russland war bei Hitler schon beschlossene Sache – entschied dieser, Mussolini zu Hilfe zu kommen. Bereits im Herbst 1940 war die deutsche Luftwaffe bemüht gewesen, von Sizilien aus die britischen Verbindungs- und Versorgungslinien, namentlich von Malta nach Ägypten, zu stören. Die Niederlage der Italiener zum Jahrwechsel 1940/41 machte eine direkte Unterstützung notwendig. Als die deutschen Truppen unter General Erwin Rommel im Februar 1941 nahe Tripolis landeten, war damit eine zweite Front gegen England eröffnet. Der Vorstoß zum Suezkanal sollte die britische Position im Nahen Osten und als Folge in Südasien erschüttern. Der Überfall auf die Sowjetunion freilich (22. Juni 1941) ließ die Kriegführung in Nordafrika bald in den Schatten eines Unternehmens treten, dessen militärische und politische Dimension den Schauplatz Nordafrika bei weitem überragte.

Tatsächlich gelang es zunächst, die Briten nach Ägypten zurückzuwerfen und über anderthalb Jahre konnte sich das Afrikakorps erfolgreich militärisch behaupten. Von Anfang an freilich waren die Probleme des Nachschubs die Achillesverse des Unternehmens, denn die britische Luftwaffe und Marine kontrollierten die Verbindungswege durch die Straße von Sizilien. Dies war schließlich auch die wichtigste Ursache für das Scheitern des Unternehmens. Die strategische Wende des Krieges begann im Herbst 1942: Ende Oktober verlor das deutsch-italienische Heer – den Briten und ihren Hilfstruppen aus dem Commonwealth personell und materiell weit unterlegen – die Schlacht bei al-Alamain. Mitte November landeten anglo-amerikanische Truppen in Marokko und Algerien. Wenig später musste die 6. deutsche Armee bei Stalingrad kapitulieren. Al-Alamain steht mithin für die tiefgreifende Wende des Kriegsgeschehens insgesamt. Mit der Landung der Alliierten musste ein Zwei-Fronten-Krieg geführt werden. Tunesien wurde zu einem weiteren Kriegsschauplatz. Am 13. Mai 1943 kapitulierten die deutschen und italienischen Soldaten bei Tripolis. Zur selben Zeit gerieten auch in Tunesien die letzten Soldaten in die Gefangenschaft der Alliierten. Für diese war nun der Weg zur Landung in Sizilien offen.

Die Kriegführung gegen die Sowjetunion und in Nordafrika machten die Spielräume für die Unterstützung deutschfreundlicher Kräfte unter den Arabern klein. Das erfuhren insbesondere die Nationalisten im Irak, die sich im Mai 1941 gegen England aufzulehnen suchten (s. S. 164 f.). Mit der Niederlage Frankreichs im Juni 1940 und der Einsetzung des Pétain-Regimes in Vichy waren auch in die französischen Verwaltungen Nordafrikas und des Vorderen Orients Vertreter entsandt worden, die die Interessen Deutschlands zu berücksichtigen hatten. Als sich die Aufständischen im Irak an Deutschland um Hilfe wandten, war Berlin zwar im Prinzip bereit, diese zu leisten. Die tatsächlich zur Verfügung stehenden Kräfte aber waren sehr bescheiden. In Nordafrika gebunden, konnte die Wehrmacht nicht mehr als symbolische Kontingente abkommandieren. Dass die entsandte Fliegerstaffel im Libanon mangels Treibstoff am Boden bleiben musste und von der *Royal Airforce* zerstört wurde, ohne im Irak zum Einsatz gekommen zu sein, ist symptomatisch für die Probleme der deutschen Kriegführung im Nahen Osten.

Demgegenüber wurde England aktiv: Britische Panzer und Infanterieverbände rückten zusammen mit den Truppen des *Freien Frankreich* am 8. Juni 1941 in Syrien ein und besetzten am 21. Juni Damaskus. Drei Wochen später, am 12. Juli, kapitulierten die Einheiten des Vichy Regimes.

Der Vorstoß des Afrikakorps in Nordafrika 1941/42 hatte unter arabischen Nationalisten die Hoffnung geweckt, mit Hilfe Deutschlands die Herrschaft Englands und Frankreichs beenden zu können. Während die führenden Protagonisten der nationalen Bewegungen im Maghreb eher Zurückhaltung zeigten, sich allzu nah an die Achsenmächte anzulehnen – nicht zuletzt auch, weil sie italienischen Plänen die Zukunft Nordafrikas betreffend misstrauten, kam es insbesondere seitens der ägyptischen Nationalisten zu zeitweilig konkreten Kontakten. Persönlichkeiten wie der spätere Staatspräsident Anwar as-Sadat trafen Anstalten, Ägypten auf den Fall eines deutschen Sieges vorzubereiten. Die Niederlage bei al-Alamain schloss diese Perspektive. Mit der Landung der Alliierten in Nordafrika hatte sich das Blatt gewendet. Und mit der Konferenz von Casablanca im Januar 1943 (s. S. 188) taten sich neue politische Perspektiven der Entkolonialisierung auf. Der Iraker Raschid Ali al-Gailani und der Palästinenser Hadsch Amin al-Husaini waren die prominentesten Verteter unter einer Gruppe arabischer Nationalisten in Berlin, die – vergeblich - bemüht waren, das nationalsozialistische Regime zu einem stärkeren Engagement im arabischen Raum zu bewegen. Dass sich die nationalsozialistische Führung nicht bereit fand, ein klares Bekenntnis zum Recht der Araber auf Unabhängigkeit abzulegen, beeinträchtigte dauerhaft die Attraktivität Deutschlands unter den arabischen Nationalisten.

Gemischt war auch die Antwort arabischer Eliten auf die natinalsozialistische Ideologie, insbesondere den antisemitischen Rassismus. Auf der einen Seite gewann dieser in dem Maße an Attraktivität, in dem die jüdische Einwanderung nach Palästina als Bedrohung wahrgenommen wurde und die Konturen eines jüdischen Staates immer deutlicher hervortraten. Namentlich die Affinität Amin al-Husainis zur nationalsozialistischen Führung dürfte in erheblichem Maße auf einer ideologischen Geistesverwandtschaft beruht haben. Der Mufti und das Regime in Berlin waren geneigt, sich gegenseitig für ihre politischen Zwecke zu instrumentalisieren. Auf der anderen Seite war ja die nationalsozialistische Rassenpolitik eine der Ursachen für den quantitativen Sprung der Zahlen der nach Palästina einwandernden Juden. Mehr noch: Als Dämpfer nationalsozialistischer Propaganda erwies sich das *Ha'avara*-Abkommen von 1933. Danach durften vermögende deutsche Juden nach Palästina auswandern, wenn sie beträchtliche Teile ihres Vermögens in Form deutscher Waren dorthin transferierten. Die britische Propaganda ihrerseits ließ es sich nicht entgehen darauf hinzuweisen, dass das Abkommen unmittelbar dazu führe, einen jüdischen Nationalstaat mit deutschem Kapital zu errichten.

Immerhin aber haben nationalsozialistisches und faschistisches Gedankengut nach 1933 im ganzen arabischen Raum – wenn auch in unterschiedlicher Intensität – Spuren gezeigt. Insbesondere in Ägypten, im Libanon, in Syrien und im Irak entstanden gesellschaftliche und politische Gruppierungen und Parteien, die für faschistisches Gedankengut offen waren. Sie haben aber nirgendwo und zu keinem Zeitpunkt eine bestimmende Rolle gespielt; weder in der Kriegs- noch in der Nachkriegszeit. Im Übrigen

muss darauf hingewiesen werden, dass die nationalsozialistische Ideologie nur bruch-
stückweise im arabischen Raum bekannt war. Nationalsozialistisches Rassendenken
blieb den Arabern fremd, ja wurde weithin abgelehnt. Nicht wenige waren sich bewusst,
dass auch die Araber zu den niederen Rassen zählten, über die sich die Nationalsozialisten erhoben. Auch schwante ihnen, dass dieser Dünkel einer der Gründe sei, die die
Nazis zurückhaltend machten, sich bezüglich der Zukunft der arabischen Völker für die
Zeit nach dem Krieg eindeutig fest zu legen.

Nach dem Zweiten Weltkrieg schlugen die beiden deutschen Staaten ab 1949
unterschiedliche Wege im Nahen Osten ein. Die Bundesrepublik verstand sich als
Nachfolgerin des Deutschen Reiches, dessen Armee am 8. Mai 1945 bedingungslos
kapituliert hatte. Die Beziehungen zur arabischen Welt standen für Bonn deshalb zunächst im Schatten des Bemühens der westdeutschen Regierung, unter dem Schatten des
Holocaust die Beziehungen zu dem jungen Staat Israel zu gestalten. Für Bundeskanzler
Konrad Adenauer war eine Politik der Wiedergutmachung zugleich auch der Weg, ein
»neues Deutschland« sichtbar zu machen und damit die Tür zum Eintritt in das westliche Bündnis zu öffnen – eine Politik, deren Notwendigkeit sich aus dem Ausbruch des
Kalten Krieges ergab. Das am 10. September 1952 in Luxemburg geschlossene
Wiedergutmachungsabkommen war ein erster Schritt in Richtung auf einen Ausgleich
zwischen der Bundesrepublik und Israel.

Die arabischen Staaten hatten den westdeutschen Staat bald nach seiner Entstehung
anerkannt. Die bilateralen Beziehungen beschränkten sich im Wesentlichen auf wirtschaftliche Kontakte. Anfang der 1960er Jahre freilich verschlechterten sich die Beziehungen, als geheim gehaltene Rüstungsgeschäfte zwischen der Bundesrepublik und Israel bekannt wurden. Aus Verärgerung darüber und angesichts einer weiteren
politischen Annäherung zwischen Bonn und Jerusalem lud der ägyptische Präsident
Nasser den Vorsitzenden des Staatsrats der Deutschen Demokratischen Republik, Walter
Ulbricht, zu einem Besuch am Nil ein. Im Februar 1965 behandelte Nasser seinen
Besucher wie ein Staatsoberhaupt. Daraufhin kündigte Bundeskanzler Ludwig Ehrhard
an, die Bundesregierung strebe die Aufnahme diplomatischer Beziehungen zwischen
Bonn und Jerusalem an. Als dies am 12. Mai 1965 geschah, brachen am folgenden Tag
zehn arabische Staaten auf der Grundlage eines Beschlusses der Arabischen Liga ihre
Beziehungen zu Bonn ab. Die übrigen – Marokko, Tunesien und Libyen – riefen ihre
Botschafter zurück. Die DDR begann mit der Eröffnung von Handelsvertretungen in
arabischen Hauptstädten. Obwohl in diesem Schritt noch keine völkerrechtlich-diplo-
matische Anerkennung gegeben war, waren die Beziehungen der beiden deutschen
Staaten zum arabischen Raum für die kommenden Jahre in den Geltungsbereich der
Hallstein-Doktrin geraten.

Diese besagte, dass die Anerkennung der DDR von Seiten eines dritten Staates als
»unfreundlicher Akt« gewertet werde; die Regierung in Bonn allein würde Deutschland
vertreten. Zwei deutsche Staaten werde es nicht geben. Vor diesem Hintergrund befanden sich die Beziehungen zwischen Ost-Berlin und Jerusalem von Anfang an in der
Sackgasse. Die DDR erhob den Anspruch, ein neuer deutscher Staat der »Arbeiter und
Bauern« zu sein. Als solcher würden ihm keinerlei Verpflichtungen aus der deutschen
Vergangenheit erwachsen. Die Sowjetunion, das sozialistische Bruderland, an das sich

die DDR auf allen Gebieten bald anschloss, hatte 1947 zwar für die Teilung Palästinas gestimmt und 1948 den Staat Israel anerkannt (s. S. 320 f.). Die Annäherung Israels aber an die USA ließ einen politischen und ideologischen Graben zu Israel entstehen. Die DDR folgte nunmehr der sowjetischen Ideologie und Propaganda. Zunehmend stereotyp wurde Israel als Lakai des faschistischen Lagers abgetan. Spätestens nach 1967 gewann die antiisraelische Propaganda Ost-Berlins an Feindseligkeit und Aggressivität. Erst als das Ende der DDR bereits absehbar war, vollzog die DDR-Führung einen Schwenk: In seiner Regierungserklärung vom 17. November 1989 kündigte der neue DDR-Ministerpräsident Hans Modrow eine Wende der Haltung der DDR zu Israel und die Unterstützung einer friedlichen und gerechten Lösung des Nahost-Problems an. Im Januar 1990 kam es in Kopenhagen zu ersten Kontakten auf dem Weg zur Herstellung diplomatischer Beziehungen.

Mit der de facto Anerkennung der DDR durch Ägypten und angesichts des gleichzeitigen Abbruchs der Beziehungen der arabischen Staaten zur Bundesrepublik war der Politik der DDR im Nahen Osten (doch, wie sich herausstellen sollte, nicht nur dort) ein außenpolitischer Durchbruch gelungen. Von nun an unterhielt Ost-Berlin, ein treuer Paladin Moskaus, enge Beziehungen zu den »progressiven« Kräften und Regimes in der arabischen Welt. Neben Ägypten (bis zu as-Sadats Kurswechsel [s. S. 68 f.]) waren dies insbesondere Algerien, Syrien, der Irak und die *Demokratische Volksrepublik Jemen* (Südjemen). Besonders eng entwickelten sich seit den 1970er Jahren die Beziehungen zur PLO. Dies nicht nur ideologisch und politisch. Auch bei der militärischen Ausbildung von Kämpfern und über Waffenlieferungen arbeiteten das kommunistische deutsche Regime und die PLO zusammen. Auch die kommunistische Propaganda, gerichtet an die Befreiungsbewegungen in der Region, ging z. T. von ostdeutschem Boden aus. Über die Jahrzehnte freilich gestaltete sich auch die Arabienpolitik der DDR pragmatisch. Während man ideologisch die repressiven Regimes in ein kommunistisches Deutungsschema einzuordnen suchte, hielt die Staats- und Parteiführung auch dann an den Beziehungen fest, wenn die »befreundeten« Regimes die Kommunistischen Parteien in ihren Ländern brutal unterdrückten oder marginalisierten.

Die Beziehungen der Bundesrepublik zu den arabischen Staaten erholten sich relativ rasch von dem Rückschlag des Jahres 1965. In den folgenden Jahren nahmen eine Reihe arabischer Staaten die diplomatischen Beziehungen wieder auf, bevor ein Beschluss der Arabischen Liga im März 1972 den Mitgliedern freistellte, die Beziehungen zu Bonn wieder herzustellen. Die sozialliberale Regierung unter Willy Brandt hatte 1969 die *Hallstein-Doktrin* aufgegeben, worauf eine Welle der diplomatischen Anerkennung Ost-Berlins seitens arabischer Hauptstädte in Gang gesetzt wurde. Bagdad war die erste unter ihnen, die diesen Schritt tat. Von nun an war Deutschland in zahlreichen arabischen Ländern mit zwei Botschaften (in Gestalt der Herder- und Goethe-Institute auch zwei Kulturinstituten) vertreten. Unbeschadet der weltanschaulichen Ausrichtung eines jeweiligen Regimes waren die Wirtschaftsbeziehungen die Grundlage der politischen Beziehungen der Bundesrepublik Deutschland. Dass die arabischen Partner politische »Defizite« auch der bundesdeutschen Politik durchaus wahrnahmen, zeigt die Tatsache, dass Bonn auch den Boykottmaßnahmen seitens der arabischen Ölproduzenten der Jahre 1973/74 (s. S. 318) unterworfen wurde. Andererseits hat die

Bonner Regierung von 1973 an bis zur Erklärung von Venedig 1980 eine Vorreiterrolle bei der Formulierung einer europäischen Position im israelisch-arabischen Konflikt eingenommen (s. S. 334 f.).

Mit der sozial-liberalen Regierung unter Bundeskanzler Willy Brandt trat eine Wende auch der deutschen Nahostpolitik ein. In der Regierungserklärung vom 28. Oktober 1969, aber noch eindeutiger in diversen Interviews, hatte die neue Regierung dargelegt, dass sie als Grundlage ihrer nahostpolitischen Konzeption Beziehungen zu allen Staaten der Region anstrebe und diese im Geiste der Ausgewogenheit gestalten wolle. Das waren neue Töne. Bis zu diesem Zeitpunkt war eine auf den Nahen Osten ausgerichtete Politik der Bundesrepublik Deutschland auf die Gestaltung der Beziehungen mit Israel und auf das Verhältnis zur DDR, mithin auf die deutsche Frage ausgerichtet. Dass diese Politik emotional und politisch von einer breiten Öffentlichkeit getragen war, konnte an der enormen Anteilnahme an dem militärischen Erfolg Israels im 6-Tage-Krieg 1967 abgelesen werden. Die Bemühungen Außenminister Hans-Dietrich Genschers in den 1970er Jahren, über das Selbstbestimmungsrecht (das Bonn auch für die Deutschen in der DDR forderte) eine gerechte Lösung im Konflikt zwischen Israel und den Palästinensern herbeizuführen, die ggf. in einem Nebeneinander zweier Staaten im Raum zwischen dem Mittelmeer und dem Jordan liegen würde, hieß zum ersten Mal, die arabische (palästinensische) Seite als politischen Akteur zu akzeptieren, dessen Interessen mit dem grundsätzlich anerkannten Existenzrecht Israels in Ausgleich zu bringen sein würden. Im Übrigen gehörten die Verurteilung von Gebietserwerb durch Gewalt und die Forderung nach Sicherheit und Integrität aller Staaten der Region zu den Kernelementen der Nahostpolitik der sozial-liberalen Regierung.

In der politischen Realität ist das Prinzip des Rechts Israels auf Existenz bis in die Gegenwart die unerschütterliche Grundlage jeder Politik Deutschlands mit Blick auf den arabischen Raum. Der historische Hintergrund dieses Prinzips ist der Holocaust. Israel wird als Heimstätte der Überlebenden gesehen. Das Engagement verbindet sich zugleich mit der Zurückweisung jeder Form von Antisemitismus. Der Einsatz für die Existenz Israels wurzelte zutiefst in der Übernahme von Verantwortung für die Untaten des Holocaust und war Ausdruck eines entschlossenen »Nie wieder!«.

Die Auswirkungen dieser grundsätzlichen Position führten in der Tagespolitik – bei allem guten Willen namentlich den Palästinensern gegenüber – zu Einseitigkeiten mit Blick auf die Interessen und die Politik Israels. Bundeskanzler Helmut Schmidt musste das erfahren, als er 1980 in Verhandlungen mit Saudi-Arabien über die Lieferung deutscher Kampfpanzer eintrat. Der Widerstand des israelischen Ministerpräsidenten Menachem Begin ging bis zur persönlichen Verunglimpfung des Kanzlers, der das Geschäft aufgeben musste. Umgekehrt liefert Deutschland bis in die Gegenwart – im Widerspruch mit den Prinzipien deutschen Rüstungsexports – Waffen und Ersatzteile an die israelische Armee, die in den besetzten palästinensischen Gebieten eine völkerrechtswidrige Besatzungspolitik zementiert. Mit der Lieferung von U-Booten, von denen weit reichende strategische Waffen abgefeuert werden können, trägt Deutschland darüber hinaus zur militärischen Überlegenheit Israels im ganzen Nahen Osten bei.

Die Verbindung des Holocaust mit der Verpflichtung auf das Recht Israels auf Existenz, die nach 1980 sowohl in Deutschland als auch in Israel an Nachhaltigkeit zunahm, führte zu einer Art Dogma, nach dem es unzulässig sei, die Politik Israels zu kritisieren. Dies hat die Politik Deutschlands immer wieder in einen Konflikt zwischen den Prinzipien deutscher (und internationaler) Politik und der Hinnahme einer Politik Israels geführt, die mit eben diesen Prinzipien unvereinbar war. Erinnert sei an die anhaltende Besatzung und Besiedlung der Westbank und Ost-Jerusalems sowie an die Errichtung einer Sperrmauer zwischen Israel und den palästinensischen Gebieten, die tief in letztere einschneidet. Im Sicherheitsrat der UNO hat Deutschland wiederholt gegen Resolutionen gestimmt, die eindeutig völkerrechtswidrige Praktiken verurteilten.

Im Rückblick ist es erstaunlich, wie wenig abträglich sich die deutsche Parteinahme für Israel auf die Beziehungen der Araber – der Regierungen wie der Öffentlichkeiten – zu Deutschland ausgewirkt haben. Die Wirtschaftsbeziehungen blieben, nach dem »Ölschock« der 1970er Jahre, auf hohem Niveau. Namentlich deutsche Industrieprodukte genießen hohes Ansehen. Auch in Teilen der arabischen Welt, in denen historisch andere europäische Mächte dominierend waren – so auf der Arabischen Halbinsel (England und die USA) und in Nordafrika (Frankreich) – bleiben deutsche Produkte anhaltend begehrt. Auf der politischen Ebene blieben die Beziehungen weitgehend frei von nachhaltigen Störungen.

Der Friedensprozess zwischen Israel und den Palästinensern in den 1990er Jahren (s. S. 139 ff.) eröffnete der deutschen Regierung neuen Raum, ihrer Politik wieder eine konzeptuelle Grundlage zu geben. Mit der Unterzeichnung der *Declaration of Principles* am 13. Dezember 1993 war das Nullsummendenken, das die deutsche Nahostpolitik – namentlich nach »Venedig« – Jahrzehnte lang bestimmt hatte – dass nämlich jedes Zugehen auf arabisch-palästinische Positionen zu Lasten der deutsch-israelischen Beziehungen gehen bzw. in Israel auf Ablehnung stoßen könnte - überlebt. Bereits vom 7. bis zum 9. Dezember 1993 war Yasir Arafat auf Einladung des Außenministers Gast der Bundesregierung. Nunmehr konnte das seit langem wiederholte Versprechen eingelöst werden, man werde sich auf palästinensischer Seite engagieren, wenn die feindselige Konfrontation zwischen Israel und der PLO überwunden sein werde. Deutschland war der erste Staat, der Anfang August 1994 in Ramallah ein Büro eröffnete, das der Koordinierung der deutschen und internationalen Hilfe dienen sollte. Über dieses wurden große Teile der umfangreichen finanziellen Transfers abgewickelt, mit denen Deutschland den Aufbau einer palästinensischen Verwaltung und die Rudimente einer palästinensischen Wirtschaft unterstützte. Innerhalb der EU wurde Deutschland zum größten Geber. Eine aus der Geschichte resultierende Mitverantwortung für das Geschick der Palästinenser wurde freilich nie eingeräumt. Diese, so eine Verknüpfung geschichtlicher Tatbestände, liege darin, dass vom Holocaust starke Impulse auf die Gründung des jüdischen Staates ausgegangen seien, Deutschland mithin an der »Katastrophe« (*nakba*) des palästinensischen Volkes eine Mitschuld trage. Gleichwohl sind seit Mitte der 90er Jahre das palästinensische Schicksal und Tatbestände aus Vergangenheit und Gegenwart (Vertreibung, Flüchtlingsdasein, Unterdrückung durch Besatzung) in einer breiten Öffentlichkeit mit wachsender emotionaler Anteilnahme wahrgenommen und kritisiert worden.

Die konzeptuelle Dimension dieser Politik ist in der Nahostreise von Bundeskanzler Helmut Kohl im Sommer 1995 hervorgetreten. Sein Besuch sei ein »weiterer

Beweis für das elementare Interesse, das man in Deutschland am Friedensprozess im Nahen Osten« habe, sagte der Kanzler bei seinem Besuch bei Yasir Arafat in Gaza am 7. Juni.

Die Bonner und später die Berliner Nahostpolitik hat auf diesen Ansätzen nicht aufzubauen vermocht. Der Widerspruch zwischen einem Bekenntnis zum Friedensprozess auf der einen und dem Mangel an Erkenntnis, dass Israel mit der Siedlungspolitik die Grundlagen eben dieses Friedensprozesses unterminiere – und somit fehlender Kritik daran – blieb eklatant. Mit dem Ausbruch der zweiten palästinensischen *Intifada* im Herbst 2000 und der Aufnahme des »Kampfes gegen den Terror« war die Berliner Politik weitestgehend von der Sorge um die Sicherheit Israels geleitet. Die seit 2003 entstehende Sperranlage zwischen Israel und den palästinensischen Gebieten wurde in den politischen Kreisen Berlins nicht nur mit Verständnis hingenommen, sondern gelegentlich bewusst verniedlicht. Die Umsetzung des Friedensplans von Außenminister Joschka Fischer (im Amt 1998–2005), zuerst formuliert 2002 und später als *Road Map* von der internationalen Gemeinschaft dem »Friedensprozess« zugrunde gelegt, wurde nicht zuletzt auch durch die Einseitigkeit blockiert, mit der auch Berlin der palästinensischen Regierung immer neue Bedingungen auferlegte, während gleichzeitig die israelische Siedlungspolitik die Aussichten auf eine Zwei-Staaten-Lösung kontinuierlich verdüsterte. So verwunderte es nicht, dass Berlin der Linie der internationalen Gemeinschaft folgte, als diese dem Ergebnis der Wahlen zum palästinensischen Parlament im Januar 2006 die Anerkennung verweigerte (s. S. 142).

Wie stark breite Teile der politischen Klasse in Berlin im arabisch-israelischen Verhältnis noch immer auf Israel und dessen besonderen Stellenwert im außenpolitischen System Deutschlands fixiert sind, hat die Rede von Bundeskanzlerin Angela Merkel in der Knesseth am 18. März 2008 erkennen lassen. Auf beiden Seiten – der Kanzlerin wie der israelischen Abgeordneten – war die Situation emotional aufgeladen. Zwar signalisierte die Kanzlerin, dass aus der deutschen Verantwortung für die *Schoa* auch eine besondere Verantwortung für die Gestaltung des Friedensprozesses im Nahen Osten erwachse; zugleich aber stellte sie mit Nachdruck die besondere Verantwortung Deutschlands für die Sicherheit Israels heraus: »Diese historische Verantwortung Deutschlands ist Teil der Staatsräson meines Landes. Das heißt, die Sicherheit Israels ist für mich […] niemals verhandelbar«.

Die Wiedervereinigung Deutschlands ist im arabischen Raum weithin positiv aufgenommen worden. Dies nicht zuletzt angesichts der Tatsache, dass auch die Beziehungen der DDR zur arabischen Welt dort auf große Akzeptanz gestoßen sind. Mit der nahezu zeitgleichen Wiedervereinigung der beiden Jemen (s. S. 280) hatten die Entwicklungen in Europa ein Pendant im arabischen Raum nach dem Fall der Berliner Mauer und dem Zusammenbruch der Sowjetunion. Nachhaltigen Zuspruch erfuhr die deutsche Politik von arabischer Seite, als Bundeskanzler Gerhard Schröder bereits im August 2002 seine Ablehnung eines Krieges gegen den Irak emphatisch zum Ausdruck brachte.

Auf der bilateralen Ebene lag der Schwerpunkt der politischen Beziehungen zum arabischen Raum auf Ägypten. Während deutsche Firmen in Nordafrika und besonders auf der Arabischen Halbinsel gute Geschäfte machten, waren Bonn und später Berlin mit politischen Besuchen sparsam. Mit Blick auf die Öl produzierenden Staaten auf der Arabischen Halbinsel änderte sich dies erst zu Beginn des neuen Jahrhunderts. Demgegenüber verbanden sich mit Ägypten politische Interessen an der Stabilität im Vorderen Orient und an der Sicherheit Israels. Die Eröffnung der deutsch-ägyptischen Universität in Kairo im Jahr 2003 war wohl das deutlichste Signal, dass deutsch-arabische Beziehungen mehr sein können als bloßes Geschäft.

Auf die tief greifenden Veränderungen im arabischen Raum seit 2011 hat Deutschland verhalten reagiert. Im Vordergrund der Reaktion standen praktische Maßnahmen, die unter dem Stichwort der »Transformationspartnerschaft« zusammengefasst wurden. Das Spektrum der Hilfestellung war breit gefächert. Ziel war es, zum Aufbau demokratischer Institutionen, zur Stärkung der Zivilgesellschaft und zu mehr Rechtsstaatlichkeit beizutragen. Einer aktiven Einflussnahme in die politischen Prozesse stand die deutsche Regierung skeptisch bis ablehnend gegenüber. In der Abstimmung im Sicherheitsrat der UNO über einen Militäreinsatz zum Schutz der Zivilbevölkerung in Libyen am 17. März 2011 enthielt sich Deutschland. Eine Intervention in den Krieg in Syrien fand in Berlin keine Befürworter. Deutschland beschränkte sich dort auf humanitäre Hilfe und die Aufnahme einer relativ bescheidenen Zahl von Flüchtlingen.

Insbesondere von arabischer Seite wird gern von einer deutsch-arabischen Freundschaft gesprochen. Dahinter steht die Wahrnehmung, dass Deutschland eben kein imperialistisches Design im Nahen Osten und in Nordafrika gehabt habe. Auch sind viele Araber von der deutschen Variante von Nationalismus fasziniert, die sich wesentlich an der Gemeinsamkeit von Sprache, Kultur und Volkszugehörigkeit festmache; während die Deutschen zur Einheit gefunden hätten, hätten die Araber ihre Zersplitterung nicht überwinden können. Arabische Nationalisten haben unter diesem Gesichtspunkt mit Interesse auf die deutsche Einigung unter Bismarck geblickt. Andere sehen in der Tatsache, dass auch Deutschland den Pariser Vorortverträgen nach dem Ersten Weltkrieg unterworfen war, eine Art von Schicksalsgemeinschaft; hatten doch eben diese Verträge der Verwirklichung der Träume der arabischen Völker von Selbstbestimmung und Unabhängigkeit über Jahrzehnte hinweg entgegen gestanden. Aus deutscher Perspektive freilich ist es nicht immer leicht, den Enthusiasmus nachzuvollziehen, zu unterschiedlich sind die Wahrnehmungen des Staates Israel aus arabischer und deutscher Perspektive.

7 Am Beginn des 21. Jahrhunderts

Das 20. Jahrhundert der Araber erweist sich im Rückblick als ein Jahrhundert des Übergangs – ein Jahrhundert von *Trial and Error*. Auch für die Europäer ist nach dem Zusammenbruch der durch Jahrhunderte legitimierten Ordnung im Jahr 1918 der Weg der Neuordnung ihres Kontinents nicht geradlinig verlaufen. Er hat sie in furchtbare Katastrophen geführt. Mit der Europäischen Union aber ist das Fundament für eine neue Ordnung gelegt, die – bei allen Unsicherheiten – zukunftsfähig ist. Dies ist den Arabern auf ihrem Weg seit dem Zusammenbruch der osmanischen Ordnung im Jahr 1918 nicht gelungen.

Der Beginn des 21. Jahrhunderts der Araber – er entspricht dem Jahr 2011 des Kalenders – verläuft turbulent. Hoffnungen, aber auch Enttäuschungen und Zweifel begleiten ihn. Die Hoffnungen machen sich am Sturz einer Reihe von Potentaten sowie daran fest, dass unter nahezu allen Teilen der arabischen Völker die Entschlossenheit gewachsen ist, ihre Geschicke in die eigenen Hände zu nehmen: Gerechtigkeit und Würde nach innen und Selbstbestimmung nach außen sind die erstrebten Ziele. Damit stehen sie in der Tradition arabischer Nationalisten seit sich mit dem Ende des Osmanischen Reiches die Chance dazu zu ergeben schien. Genau daran aber machen sich auch Enttäuschung und Zweifel fest. Zwei Mal sind sie aufgebrochen; zwei Mal sind sie gescheitert – ein Mal an äußeren Widerständen und ein Mal sowohl an den Unzulänglichkeiten und Fehlern der eigenen politischen Führungen als auch an den Rahmenbedingungen der internationalen Ordnung. Wird der dritte Anlauf gelingen?

Klar ist, dass es sich – wie insbesondere auch bei der zweiten Revolte um einen Prozess handelt, der in der zeitlichen Dimension von einem Jahrzehnt und mehr gesehen werden muss. Tunesien, wo die Revolte am 17. Dezember 2010 ihren Ausgang nahm und das sich drei Jahre nach dem Sturz der Diktatur eine neue Verfassung gab, die eine breite gesellschaftliche Zustimmung gefunden hat, hat ein Signal der Hoffnung gesetzt; Demokratie, Pluralismus, Respekt der Menschenrechte bei gleichzeitiger Verwurzelung in den Werten der eigenen Kultur und Religion sind mit Blick auf das 21. Jahrhundert vereinbar. Damit ist zugleich ein Weg vorgezeichnet. Ihn müssen die Tunesier nun in ihrem politischen Leben und ihrer wirtschaftlichen Entwicklung beschreiten.

Anderswo ist die Revolte erst einmal zum Stehen gekommen, ja im Chaos versunken. Das wird nicht das letzte Wort der Geschichte sein. Der Grund für diese optimistische Annahme liegt in der geradezu dramatischen Entschlossenheit der arabischen Jugend, den angestoßenen Wandel nicht bereits am Beginn der Strecke zum Stillstand kommen zu lassen. Nach Phasen politischer Regeneration und versuchter Repression wird sie den Faden der Revolte wieder aufnehmen, um das Ziel zu erreichen.

In Abwesenheit führungsstarker politischer Eliten, die aus der Revolte selbst erwachsen wären, und angesichts des Mangels an demokratischer Erfahrung erscheint es naheliegend, dass rückwärts gewandte Kräfte versuchen, den Prozess zu hijacken, um in den trüben Wassern der politischen Unruhen zu fischen und ihre Ziele zu erreichen. Mehr noch als Angehörige der alten Führungen handelt es sich dabei um religiöse Extremisten. Sie waren nicht dabei, als in Tunesien, Ägypten, Libyen, Jemen, Bahrain und anderwärts die Menschen auf die Straße gingen, um für den Wandel zu kämpfen. In dem Maße, in dem im Verlauf der revolutionären Prozesse politische Vakuen und staatsfreie Räume entstanden, haben sie an Einfluss zu gewinnen versucht. Religiös-extremistische Gruppen und politische Ordnungsvorstellungen, die sich an der Vergangenheit inspirieren, werden sich aber als ephemer erweisen – nicht zuletzt aufgrund der Tatsache, dass es sich bei ihnen um kleine Minderheiten in den arabischen Gesellschaften handelt. In vielen Fällen sind es Aktivisten der in den sozialen und wirtschaftlichen Entwicklungen der letzten Jahrzehnte zu kurz Gekommenen, die den Ausweg aus der Krise in rückwarts gewandten Ideen suchen und diese ihren Gesellschaften mit Gewalt zu oktroyieren bemüht sind.

An der Gestaltung der Zukunft der arabischen Gesellschaften sollte Europa aktiven Anteil haben. Es waren europäische Mächte, die die erste arabische Revolte unterdrückt und durch die Unterstützung der Potentaten, gemeinsam mit den USA, zum Scheitern der zweiten Revolte beigetragen haben. Nicht nur vor diesem Hintergrund hat die Europäische Union nun eine Mitverantwortung für eine Zukunft im 21. Jahrhundert, die nur gemeinsam gedacht werden kann. Europa braucht eine »inklusive« Wahrnehmung, d. h. ein Bewusstsein davon, dass die Entwicklungen unter den arabischen Völkern auch seine Zukunft betreffen. Lange hat sich Europa eine »exklusive« Wahrnehmung geleistet: Die arabische Nachbarschaft südlich und östlich des Mittelmeers, das waren »die anderen«; die Wahrnehmung war eher negativ besetzt und nicht zuletzt durch »den Islam« bedrohlich eingefärbt. Eine neue inklusive Wahrnehmung ist die Voraussetzung für eine partnerschaftliche Beziehung mit Blick auf die Zukunft. In diesem Geist gilt es auch, den europäischen Beitrag zum Gelingen der Wandlungsprozesse zu gestalten. Die Stellung Europas im internationalen System des 21. Jahrhunderts wird wesentlich von der Qualität seiner Beziehungen zu seiner arabischen Nachbarschaft abhängen.

Die turbulenten gewalthaften Begleitumstände, unter denen die neuen Ordnungen ins Leben treten, lassen manche Beobachter daran zweifeln, dass die Grenzen, die von den europäischen Mächten nach dem Ersten Weltkrieg gezogen worden sind – das *Sykes-Picot-System* –, Bestand haben werden. Eine Politik aber, die die bestehenden staatlichen Grenzziehungen infrage stellt, verliert ihren Kompass. Die Staatsgründungen im Raum Groß-Syrien – Irak – Türkei waren gewiss problematisch und entsprachen nicht den Erwartungen und Bestrebungen der einheimischen politischen Eliten der Zeit. Aber sie haben bei einem großen Teil der Bürger eine Legitimation erfahren, die im Großen und Ganzen Grundlage der Stabilität des Staatensystems gewesen ist. Es neu ordnen zu wollen, wäre ein Konzept für ein totales Chaos, das nicht nur die Region selbst, sondern das internationale System insgesamt, namentlich die europäischen Nachbarn, nachhaltig berühren würde. Das bedeutet nicht davon Abstand zu nehmen, Korrekturen vorzunehmen, wo diese durch die Bürger akzeptiert werden – vor allem mit Bezug auf die Kurden; hier gälte es, den Bestand der Grenzen mit dem Erwachen einer kurdischen Identität jenseits derselben zu einer politischen Synthese zu bringen.

Die Frage nach den Grenzen richtet sich nicht zuletzt an Israel, das ja auch ein Produkt des von außen gesteuerten Staatenbildungsprozesses ist. Wo liegt die Zukunft der Palästinenser? Nur zwei Varianten (wenn man deren »Transfer« ausschließen will) bieten sich an: die Ein-Staat-Lösung, also ein gemeinsamer Staat für Juden und Palästinenser oder die Zwei-Staaten-Lösung, also zwei Staaten auf der Grundlage der Waffenstillstandslinien von 1949. Bis auf weiteres hält die internationale Gemeinschaft an letzterer fest. Israel aber weigert sich, seine Grenzen fest zu legen. Solange es aber keine Lösung für die Auseinandersetzung zwischen Israelis und Palästinensern gibt, wird Palästina eine schwärende Wunde bleiben, die die Stabilität des Staatensystems im Nahen Osten insgesamt sowie die Stabilität der einzelnen angrenzenden Staaten und Gesellschaften gefährdet. Auch hier wird sich Europa nicht entziehen können, partnerschaftlich zu einer Lösung beizutragen, die den Ansprüchen der Beteiligten und den Grundlagen des internatioanlen Rechts entspricht.

8　Bibliographie

Allgemeine Geschichte

Titel zu Politik, Wirtschaft, Gesellschaft in der Geschichte des 20. Jahrhunderts und der Gegenwart des arabischen Vorderen Orients und Nordafrikas.

Abu-Izzeddin, N.M.: The Druzes: a new study of their history, faith and society, Leiden 1993

Abu Jaber, K.S.: The Arab Ba'th Socialist Party: history, ideology and organization, Syracuse 1966

Abu-Lughod, L. (Hrsg.): Remaking women: feminism and modernity in the Middle East, Princeton 1998

Afkhami, M. (Hrsg.): Faith and freedom. Womens's human rights in the Muslim world, London 1995

Afshar, H. (Hrsg.): Women in the Middle East: perceptions, realities and struggles for liberation, London 1993

Ajami, F.: The Arab predicament: Arab political thought and practice since 1967, New York 1981

AlDailami, S./Pabst, M.: Der arabische Umbruch – eine Zwischenbilanz. Interne Dynamik und externe Einmischung, München 2014

Alkazaz, A.: Regionale Gruppierungen und Organisationen, in: Steinbach, U./Hofmeier, R./ Schönborn, M. (Hrsg.): Politisches Lexikon Nahost/Nordafrika, 3. Aufl., München 1994, S. 347–361

Allan, J.A./Mallat, Ch. (Hrsg.): Water in the Middle East: legal, political and commercial implications, London 1995

Allan, T.: The Middle East water question: Hydropolitics and the global economy, London/New York 2001

Alterman, J.B.: New media new politics? From satellite television to the internet in the Arab world, Washington 1998

Amery, H.A./Wolf, A.T. (Hrsg.): Water in the Middle East: a geography of peace, Austin 2000

Amin, S.: The Arab nation. Nationalism and class struggles, London 1983

Amuzegar, J.: Managing the oil wealth: OPEC's windfalls and pitfalls, London 1999

Anderson, M.S.: The eastern question 1774–1923, London 1966

Arabien Ploetz – Die arabische Welt. Geschichte, Probleme, Perspektiven, Freiburg/Würzburg 1978

Arnefeldt, P./Al-Hassan, N. (Hrsg.): Mapping Arab women's movements: A century of transformations from within, Kairo 2012

Asad, T./Owen, R. (Hrsg.): The Middle East. Sociology of »developing societies«, London 1983

Atiyeh, G.N.: The contemporary Middle East 1948–1973. A selective and annotated bibliography, Boston 1975

Ayalon, A.: The press in the Middle East. A history, Oxford 1994

Ayubi, N.N.: Over-stating the Arab state. Politics and society in the Middle East, London 1995

Aziz, N.: Kurdistan. Menschen, Geschichte, Kultur, Nürnberg 1992

Barakat, H.I.: The Arab world; society, culture, and state, Berkeley, Cal., 1993

Barandat, J.: Wasser. Regionaler Konfliktstoff weltweiter Bedeutung, Hamburg 1995

Barthel, G./Stock, K. (Hrsg.): Lexikon Arabische Welt, Wiesbaden 1994

Barthel, G./Nimschowski, H. (Hrsg.): Die Araber an der Wende zum 21. Jahrhundert: Studien zu Evolution und Revolution in Nordafrika und Nahost, Berlin 1987

Barthel, G. (Hrsg.): Die arabischen Länder: eine wirtschaftsgeographische Darstellung, Gotha 1987

Baumann, H./Ebert, M. (Hrsg.): Die Verfassungen der Mitgliedsstaaten der Liga der Arabischen Staaten, Berlin 1995

Bayat, A.: Making Islam democratic. Social movements and the post-islamist turn, Stanford 2007

Beblawi, H./Luciani, G. (Hrsg.): The rentier state. Essays in the political economy of Arab countries, London 1987

Beck, M. [u. a.] (Hrsg.): Der Nahe Osten im Umbruch. Zwischen Transformation und Autoritarismus, Wiesbaden 2009

Beck, M.: Die Erdöl-Rentier Staaten des Nahen und Mittleren Ostens. Interessen, erdölpolitische Kooperation und Entwicklungstendenzen, Münster 1993

Behrendt, G.: Nationalismus in Kurdestan, Hamburg 1993

Benoist, M.: Histoire des Alaouites, Paris 1994

Benz, W./Graml, H. (Hrsg.): Weltprobleme zwischen den Machtblöcken. Das Zwanzigste Jahrhundert III (Fischer Weltgeschichte, Bd. 36), Frankfurt a.M. 1981

Berger, J./Büttner, F./Spuler, B.: Nahost-Ploetz: Geschichte der arabisch-islamischen Welt zum Nachschlagen, Freiburg/Würzburg 1987

Berger, M.: The Arab world today, New York 1962

Berque, J.: Les Arabes d'hier à demain, Paris 1960

Bialer, U.: Oil and the Arab-Israeli conflict, 1948–63, New York 1999

Bill, J.A./Leiden, C.: Politics in the Middle East, 3. Aufl., Boston 1978

Bonine, M.E. (Hrsg.): Populations, poverty, and politics in Middle East cities, Gainesville, Fla., 1997

Brentjes, B.: Die Araber. Geschichte und Kultur, Wien und München 1971

Brökelmann: B.: Die Spur des Öls. Sein Aufstieg zur Weltmacht, Berlin 2010

Brown, C.L.: International politics in the Middle East: old rules, dangerous game, Princeton, N.Y., 1992

Brown, N.: Constitutions in a non-constitutional world: Arab basic laws and the prospects of accountable government, Albany, N.Y., 2001

Bruinessen, M. van: Agha, Scheich und Staat. Politik und Gesellschaft Kurdistans, Berlin 2003

Büren, R.: Nassers Ägypten als arabisches Verfassungsmodell, Opladen 1972

Büttner, F./Scholz, F.: Islamisch-orientalische Welt: Kulturtradition und Unterentwicklung, in: Nohlen, D./Nuscheler, F. (Hrsg.): Handbuch der Dritten Welt, Bd. 6: Nordafrika und Naher Osten, 3. Aufl., Bonn 1993, S. 16–85

Büttner, F./Scheffler, Th./Weiher, G.: Die Entdeckung des Nahen Ostens durch die deutsche Politikwissenschaft, in: Nuscheler, F. (Hrsg.): Dritte-Welt-Forschung. Entwicklungstheorie und Entwicklungspolitik, Opladen 1985, S. 416–435

Büttner, F. (Hrsg.): Reform und Revolution in der islamischen Welt. Von der osmanischen Imperialdoktrin zum arabischen Sozialismus, München 1971

Bulloch, J./Darwish, A.: Water wars: coming conflicts in the Middle East, London 1993

Butros, G.M.: Who's who in the Arab world, München 1993

Carré, O./Michaud, G.: Les Frères musulmans (1928–1982), Paris 1983

Celasun, M. (Hrsg.): State-owned enterprises in the Middle East andNorth Africa: privatisation performance and reform, London 2001

Chiari, B./Kollmer, D.H. (Hrsg.): Wegweiser zur Geschichte. Naher Osten, Paderborn u. a. 2009

Cinar, E.M. (Hrsg.): The economics of women and work in the Middle East, New York 2001

Cleveland, W.L./Bunton, M.: A history of the modern Middle East, 4. Aufl., Boulder, Col., 2008

Cook, D./Allison, O: Understanding and addressing suicide attacks: The faith and politics of martyrdom operations, Westport 2007

Cook, M.A. (Hrsg.): Studies in the economic history of the Middle East, London 1970

Cook, St.A.: Ruling but not governing: The military and political development in Egypt, Algeria, and Turkey, Baltimore 2007

Cooper, Ch.A./Sidney, A. (Hrsg.): Economic development and population growth in the Middle East, New York 1972

Council on Foreign Relations (Hrsg.): The new Arab revolt: What happened, what it means, and what comes next, New York 2011

Cragg, K.: The Arab christian: A history in the Middle East, London 1992

Dawisha, A.: The second Arab awakening: Revolution, democracy and the islamist challenge from Tunis to Damascus, New York 2013

Dawisha, A./Zartman, I.W. (Hrsg.): Beyond coercion: the durability of the Arab state, London 1988

Dawn, C.E.: From Ottomanism to Arabism: Essays on the origin of Arab nationalism, Chicago u. a. 1973

Deschner, G.: Die Kurden. Das betrogene Volk, Erlangen 1989

Diamond, L./Plattner, M.F./Brumberg, D. (Hrsg.): Islam and democracy in the Middle East, Baltimore 2003

Dietert-Scheuer, A./Cremer, J.: Kurden im Mittleren Osten. Eine systematische Auswahlbibliographie, Hamburg 1999

Dodge, T./Higgot, R. (Hrsg.): Globalization and the Middle East: Islam, economy, society and politics, London 2002

Eelens, F. u. a. (Hrsg.): Labour migration to the Middle East: From Sri Lanka to the Gulf, London 1992

Ehlers, E.: Der islamische Orient: Grundlagen zur Länderkunde eines Kulturraumes, Köln 1990

Eickelman, D.F./Anderson, J.W.: New media in the Muslim World: The emerging public sphere, Bloomington 2004

Eickelman, D.F.: The Middle East and Central Asia. An anthropological approach, Upper Saddle River, N.J., 1998

Eickelman, D.F./Piscatori, J.: Muslim politics, Princeton 1996

El-Gawhary, K.: Tagebuch der arabischen Revolution, Wien 2011

El Hassan bin Talal: Das Christentum in der arabischen Welt, Wien 2003

El-Nawawy, M./Iskander, A.: Al-Jazeera: how the free Arab news network scooped the world and changed the Middle East, Boulder, Col., 2002

El-Sanabary, N.: Education in the Arab Gulf states and the Arab world: An annotated bibliography guide, New York 1992

Emin, A.: Turkey in the world war, New Haven 1930

Emirates Center for Strategic Studies and Research: Education in the Arab world. Challenges of the next millenium, Reading 2000

(The) Encyclopaedia of Islam, Leiden 1960 ff. (New Edition)

Ende, W./Steinbach, U. (Hrsg.): Der Islam in der Gegenwart, 5. Aufl., München 2005

Engdahl, F.W.: Mit der Ölwaffe zur Weltmacht. Der Weg zur neuen Weltordnung, Wiesbaden 1992

Entessar, N.: Kurdish politics in the Middle East, Boulder, Col.,/Lanham 2010

Faath, S. (Hrsg.): Kontrolle und Anpassungsdruck. Zum Umgang des Staates mit Opposition in Nordafrika/Nahost, Hamburg 2008

Faath, S. (Hrsg.): Staatliche Religionspolitik in Nordafrika/Nahost, Hamburg 2007

Faath, S.: Politik und Gesellschaft in Nordafrika, Nah- und Mittelost zwischen Reform und Konflikt. Entwicklungstendenzen bis 2010, Hamburg 2006

Faath, S. (Hrsg.): Demokratisierung durch externen Druck?, Hamburg 2005

Faath, S. (Hrsg.): Politische und gesellschaftliche Debatten in Nordafrika, Nah- und Mittelost, Hamburg 2004

Faath, S. (Hrsg.): Stabilitätsprobleme zentraler Staaten: Ägypten, Algerien, Saudi-Arabien, Iran, Pakistan und die regionalen Auswirkungen, Hamburg 2003

Fandy, M.: (Un)civil war of words: Media and politics in the Arab world, Westport/London 2007

Fansa, M./Hoffmann, D. (Projektleitung und Kurator): Lawrence von Arabien. Genese eines Mythos, Begleitband zur Sonderausstellung »Lawrence von Arabien«, 21. November 2010 bis 27. März 2011 im Landesmuseum Oldenburg, Mainz 2010

Farah, T. (Hrsg.): Pan-Islamism and Arab nationalism, Boulder, Col., 1987

Fisher, S.N. (Hrsg.): Social forces in the Middle East, Cornell, N.Y., 1955

Flores, A.: Die arabische Welt. Ein kleines Sachlexikon, Stuttgart 2003

Flores, A. (Hrsg.): Die Zukunft der orientalischen Christen. Eine Debatte im Mittleren Osten, Hamburg/Berlin 2002

Flory, M./Mantran, R./Korany, B./Camau, M./Agate, P.: Les régimes politiques arabes, Paris 1990

Fromkin, D.: A peace to end all peace. The fall of the Ottoman empire and the creation of the modern Middle East, New York 1989

Fürtig, H. (Hrsg.): Islamische Welt und Globalisierung: Aneignung, Abgrenzung, Gegenentwürfe, Würzburg 2001

Gabrieli, F.: Geschichte der Araber, Stuttgart 1963

Galal, A./Hoekman, B. (Hrsg.): Arab economic integration: Between hope and reality, Washington 2003

Gantzel, K.J./Mejcher, H.: Oil, the Middle East, North Africa and the industrial states, Paderborn 1984

Gellner, E./Waterbury, J. (Hrsg.): Patrons and Clients in Mediterranean Societies, London 1977

Gerber, H.: The social origins of the modern Middle East, Boulder, Col., 1987

Glasser, B.L.: Economic development and political reform: The impact of external capital on the Middle East, Cheltenham/Northampton 2001

Gomaa, A.M.: The foundation of the League of Arab states. Wartime diplomacy and inter-Arab politics 1941–1945, London 1977

Grunebaum, G. E. von (Hrsg.): Die islamischen Reiche nach dem Fall von Konstantinopel, Islam II (Fischer Weltgeschichte, Bd. 15), Frankfurt a.M. 1971

Grunwald, K./Ronald, J.O.: Industrialization in the Middle East, New York 1960

Günther, U.: Die Frau in der Revolte. Fatima Mernissis feministische Gesellschaftskritik, Hamburg 1993

Gilbar, G.G.: Population dilemmas in the Middle East: essays in Middle East demography and economy, Ilford 1997

Haarmann, U. (Hrsg.; fortgeführt von Halm, H.): Geschichte der arabischen Welt, 4., überarbeitete und erweiterte Aufl., München 2001

Hafez, K. (Hrsg.): Mass media, politics, and society in the Middle East, Cresskill, N.Y., 2001

Hafez, M.: Why Muslims rebel. Repression and resistance in the Islamic world, Boulder, Col., 2004

Halliday, F. (Hrsg.): State and ideology in the Middle East and Pakistan, London 1988

Halm, H.: Die Araber. Von der vorislamischen Zeit bis zur Gegenwart. 3. Aufl., München 2010

Halpern, M.: The politics of social change in the Middle East and North Africa, Princeton, N.J., 1963

Hakimian, H./Moshaver, Z. (Hrsg.): The state and global change. The political economy of transition in the Middle East and North Africa, Richmond 2000

Hanna, S.A./Gardner, G.H.: Arab socialism, Leiden 1969

Hansen, G.: Die Kurden und der Kurdenkonflikt. Literatur seit 1990, Hamburg 1994

Hansen, G.: Umweltprobleme im Vorderen Orient. Eine Auswahlbibliographie, Hamburg 1993

Hansen, G.: Massenmedien im Kontext der politischen und gesellschaftlichen Entwicklung des Vorderen Orients. Eine Auswahlbibliographie (seit 1980): Hamburg 1990

Heine, P.: Ethnologie des Nahen und Mittleren Ostens. Eine Einführung, Berlin 1989

Heine, P.: Der Nahe Osten unter kolonialer Herrschaft, in: Steinbach, U./Robert, R. (Hrsg.): Der Nahe und Mittlere Osten, Bd. 1: Grundlagen, Strukturen und Problemfelder, Opladen 1988, S. 97–113

Heine, P.: Die Herausbildung der modernen Staatenwelt, in: Steinbach, U./Robert, R. (Hrsg.): Der Nahe und Mittlere Osten, Bd. 1: Grundlagen, Strukturen und Problemfelder, Opladen 1988, S. 115–133

Henle, H.: Der neue Nahe Osten, Frankfurt 1972

Henry, C.M./Wilson, R. (Hrsg.): The politics of Islamic finance, Edinburgh 2004

Henry, C.M./Springborg, R.: Globalization and the politics of development in the Middle East, Cambridge/New York 2001

Herb, M.: All in the family. Absolutism, revolution and democracy in the Middle Eastern monarchies, New York 1999

Hershlag, Z.Y.: Introduction to the modern economic history of the Middle East, Leiden 1982

Hijab, N.: Womanpower: the Arab debate on Women at work, Cambridge u. a. 1988

Hillel, D.: Rivers of Eden: the struggle for water and the quest for peace in the Middle East, New York 1994

Hirst, D.: The gun and the olive branch. The roots of violence in the Middle East, London 1983

Hofmeier, R./Schönborn, M. (Hrsg.): Politisches Lexikon Afrika, 4. Aufl., München 1988

Holt, P.M. et al. (Hrsg.): The Cambridge history of Islam, Bde. 1–2, Cambridge 1970, in vier Bänden 1977

Hopfinger, H. (Hrsg.): Economic liberalization and privatization in socialist countries. Algeria, Egypt, Syria and Yemen as examples, Gotha 1996

Hottinger, A.: Die Araber vor ihrer Zukunft. Geschichte und Problematik der Verwestlichung, Paderborn 1989

Hourani, A.: Die Geschichte der arabischen Völker. Von den Anfängen des Islam bis zum Nahostkonflikt unserer Tage, Frankfurt a.M. 2001

Hourani, A.: The emergence of the Middle East, London u. a. 1981

Hourani, A.: Minorities in the Arab world, London u. a. 1947

Hourani, A./Khoury, Ph./Wilson, M. (Hrsg.): The modern Middle East, New York 2003

Hudson, M.C. (Hrsg.): Middle East dilemma. The politics and economics of Arab integration, London/New York 1998

Hudson, M.C.: Arab Politics. The Search for Legitimacy, New Haven/London 1977

Huntington, S.: The third wave. Democratization in the late 20th century, Norman, Ok., 1991

Hurewitz, J.C.: Diplomacy in the Near and Middle East; a documentary record: 1914–1956, 2 Bde., Princeton, N.J., u. a. 1956

Ibn-Talal, H.: Christianity in the Arab world, New York 1998

Ibrahim, F./Wedel, H. (Hrsg.): Probleme der Zivilgesellschaften im Vorderen Orient, Opladen 1995

Ibrahim, S.E.: Crises, elites and democratization in the Middle East, in: Middle East Journal, 47(1993)2, S. 292–305

Irabi, A.: Die blockierte Gesellschaft. Die arabische Gesellschaft zwischen Tradition und Moderne, Stuttgart 1996

Ismael, T.Y./Ismael, J.: Politics and government in the Middle East and North Africa, Miami 1991

Issawi, Ch.: An economic history of the Middle East and North Africa, New York 1982

Jabbra, J.G. (Hrsg.): Women and development in the Middle East and North Africa, Leiden 1992

Johansen, B.: Islam und Staat. Abhängige Entwicklung, Verwaltung des Elends und religiöser Antiimperialismus, Berlin 1982

Jürgensen, C.: Demokratie und Menschenrechte in der arabischen Welt. Positionen arabischer Menschenrechtsaktivisten, Hamburg 1994

Jwaideh, W.: The Kurdish national movement: its origins and developments, Syracus, N.Y. 2006

Kamalipour, Y.R./Mowlana, H. (Hrsg.): Mass media in the Middle East: a comprehensive handbook, Westport, Conn., 1994

Kamrava, M.: The modern Middle East: A political history since the first world war, Berkeley 2011

Karsh, E./Karsh, I.: Empires of the sand: The struggle for mastery in the Middle East 1789–1923, Cambridge, Mass.,/London 1999

Kayali, H.: Arabs and Young Turks. Ottomanism, Arabism and Islamism in the Ottoman empire 1908–1918, Berkeley u.a. 1997

Kazemi, F./Waterbury, J. (Hrsg.): Peasants and politics in the modern Middle East, Miami 1981

Kedouri, E. (Hrsg.): The Middle Eastern economy, London 1976

Kedourie, E.: In the Anglo-Arab labyrinth: The MacMahon-Husayn correspondence and its interpreters 1914–1939, Cambridge 1976

Kedourie, E./Haim, S.G. (Hrsg.): Essays on the economic history of the Middle East, London 1988

Kepel, Gilles: Das Schwarzbuch des Dschihad. Aufstieg und Niedergang des Islamismus, München und Zürich 2002

Kerr, M.H.: The Arab cold war: Gamal Abd al-Nasir and his rivals 1958–1970, 3. Aufl., New York 1971

Khadduri, M.: Arab contemporaries. The role of personalities in politics, Baltimore 1973

Khalil, M. (Hrsg.): The Arab states and the Arab League. A documentary record, 2 Bde., Beirut 1962

Khoury, A.Th.: Christen unterm Halbmond. Religiöse Minderheiten unter der Herrschaft des Islams, Freiburg 1994

Khoury, A.Th. (u. a.): Islam-Lexikon: Geschichte, Ideen, Gestalten, Freiburg 1991

Khoury, N./Mignot-Lefebvre, Y. (Hrsg.): Les télévisions arabes à l'heure des satellites (Algérie-Egypte), Paris 1996

Khoury, N.F./Moghadam, V.M. (Hrsg.): Gender and development in the Arab world. Women's economic participation: patterns and policies, London 1995

Khoury, Ph.S./Kostiner, J.: Tribes and state formation in the Middle East, London 1991

Kirk, G.E.: Contemporary Arab politics, New York 1961

Kirk, G.E.: The Middle East, 1945–50, London 1954

Kirk, G.E.: The Middle East in the war, 1939–46, London 1952

Kirk, G.E.: A short history of the Middle East, London 1948

Kissinger, H.A.: Memoiren. 1968–1973, München 1979

Kistenfeger, H.: Maghreb-Union und Golfrat. Regionale Kooperation in der arabischen Welt, Bonn 1994

Kliot, N.: Water resources and conflict in the Middle East, London 1994

Kohn, H. Geschichte der nationalen Bewegung im Orient, Berlin 1928

Korany, B. et al. (Hrsg.): Political liberalization in the Arab world, 2 Bde., Boulder, Col./London 1998

Kostiner, J. (Hrsg.): Middle East monarchies – The challenge of modernity, Boulder, Col., 2000

Koszinowski, Th./Mattes, H. (Hrsg.): Nahost-Jahrbuch 1987–2004, Opladen 1988 ff.

Kramer, M. (Hrsg.): Shi'ism, resistance, and revolution. Boulder, Col.,/London 1987

Kramer, M.S.: An introduction to World Islamic Conferences, Tel Aviv 1978

Kreile, R.: Politische Herrschaft, Geschlechterpolitik und Frauenmacht im Vorderen Orient, Pfaffenweiler 1997

Kreiser, K./Diem, W./Majer, H.-G. (Hrsg.): Lexikon der islamischen Welt, Stuttgart 1974

Kreyenbroek, Ph.G./Allison, Ch. (Hrsg.): Kurdish culture and identity, London 1996

Lacouture, J./Tuéni, Gh./Khoury, G.D.: Un siècle pour rien. Le Moyen-Orient arabe de l'empire ottoman à américain, Paris 2004

Lamloum, O.: Al-Jazira, miroir rebelle et ambigu du monde arabe, Paris 2004

Landau, J./Özbudun, E./Tachau, F.: Electoral politics in the Middle East, London/Stanford 1980

Laqueur, W.Z.: The Middle East in transition, London 1958

Larémont, R.R.: Revolution, revolt and reform in North Africa: The Arab spring and beyond, London 2014

Lawrence, Th. E.: Seven pillars of wisdom – a triumph. The complete 1922 text, hrsg. von Jeremy and Nicole Wilson, 2. Aufl., Fordingbridge 2003

Lawrence, Th.E.: Die sieben Säulen der Weisheit, dt. von Dagobert von Mikusch, 2. Aufl., München 1985

Lee, R.D.: Religion and politics in the Middle East: Identity, ideology, institutions, and attitudes, Boulder, Col., 2009

Legum, C. (Hrsg.): Middle East contemporary survey 1976/77 ff., New York 1977 ff.

Lerch, W.G.: Halbmond, Kreuz und Davidstern. Nationalitäten und Religionen im Nahen und Mittleren Osten, Frankfurt a.M. 1992

Lewis, B.: The emergence of modern Turkey, 2. Aufl., London 1968

Lewis, B.: Die Araber. Aufstieg und Niedergang eines Weltreiches, München 1995.

Lloyd George, D.: Memoirs of the peace conference, New York 1939

Lorieux, Cl.: Chrétiens d'Orient en terre d'Islam, Paris 2001

Luciani, G./Salamé, Gh. (Hrsg.): The politics of Arab integration, London 1988

Lüders, M.: Tage des Zorns.Die arabische Revolution verändert die Welt, München 2011

Lüders, M. (Hrsg.): Der Islam im Aufbruch? Perspektiven der arabischen Welt, München 1992

Mabro, R. (Hrsg.): The 1986 oil price crisis: Economic effects and policy responses, Oxford 1988

MacDonald, R.W.: The League of the Arab States, New Jersey 1965

Markov, W. (Hrsg.): Kolonialismus und Neokolonialismus in Nordafrika und Nahost, Berlin 1964

McDowall, D.: A modern history of the Kurds, London 1996

Maddy-Weitzman, B.: The crystallization of the Arab state system, 1945-1954, Syracuse, N.Y., 1993

Mayer, A.E.: Islam and human rights: tradition and politics, Boulder, Col., 1999

McCarthy, J.: The Ottoman peoples and the end of empire, London/New York 2001

McDowall, D.: A modern history of the Kurds, London 2004

McMurray, D./Ufheil-Somers, A. (Hrsg.): The Arab revolts: Dispatches on militant democracy in the Middle East, Bloomington 2913

Mejcher, H.: Zeithorizonte im Nahen Osten. Studien und Miszellen zur Geschichte im 20. Jahrhundert, Berlin/Münster 2012

Mejcher, H.: The struggle for a new Middle East in the 20th century: Studies in imperial design and national politics, Berlin/Münster 2007

Mejcher, H.: Der arabische Osten im zwanzigsten Jahrhundert, 1914–1985, in: Haarmann, U. (Hrsg.): Geschichte der arabischen Welt, 4. Aufl., München 2001, S. 432–501

Mejcher, H.: Sinai, 5. Juni 1967. Krisenherd Naher und Mittlerer Osten, München 1998

Mejcher, H.: Die Politik und das Öl im Nahen Osten, Bd. 1: Der Kampf der Mächte und Konzerne vor dem Zweiten Weltkrieg, Stuttgart 1980

Mejcher, H.: Die Politik und das Öl im Nahen Osten, Bd. 2: Die Teilung der Welt 1939–1950, Stuttgart 1990

Mensching, H./Wirth, Eu. (Hrsg.): Nordafrika und Vorderasien, Stuttgart 1989

Meriwether, M.L./Tucker, J.E. (Hrsg.): Social history of women and gender in the modern Middle East, Boulder, Col., 1999

Mernissi. F.: Die Angst vor der Moderne. Frauen und Männer zwischen Islam und Demokratie, Hamburg 1992

Miles, H.: Al Jazeera: The inside story of the Arab News channel that is challenging the West, New York 2005

Milton-Edwards, B./Hinchcliffe, P.: Conflicts in the Middle East since 1945, London 2003

Minces, J.: La femme voilée. L'Islam au féminin, Paris 1990

Moore, C.H.: The Mediterranean debt crescent: money and power in Algeria, Egypt, Morocco, Tunisia, and Turkey, Gainesville, Fla., 1996

Muasher, M.: The second Arab awakening: And the battle for pluralism, New York 2014

Müller, L.: Islam und Menschenrechte. Sunnitische Muslime zwischen Islamismus, Säkularismus und Modernismus, Hamburg 1996

Nasr, W.: The Shia revival, New York/London 2006

Natali, D.: The Kurds and the state: Evolving national identity in Iraq, Turkey, and Iran, Syracuse 2005

Niblock, T./Wilson, R.J.A. (Hrsg.): The political economy of the Middle East: economic development, Bd. 1-6, London 1999

Niblock, T. (Hrsg.): Social and economic development in the Arab Gulf, London 1980

Nieuwenhuijze, Ch.A.O.: Paradise lost: reflections on the struggle for authenticity in the Middle East, Leiden 1997

Nohlen, D./Nuscheler, F. (Hrsg.): Handbuch der Dritten Welt, Bd. 6: Nordafrika und Naher Osten, 3. Aufl., Bonn 1993

Nomani, F./Rahnema, A.: Islamic economic systems, London 1994

Norton, A.R. (Hrsg.): Civil society in the Middle East, Bd. 1, Leiden/New York 1994; Bd. 2, Leiden/ NewYork 1996

Noth, A./Paul, J. (Hrsg.): Der islamische Orient. Grundzüge seiner Geschichte, Würzburg 1998

O'Ballance, E.: The Kurdish struggle, 1920-1994, London 1996

Oren, M.B.: Six days of war. June 1967 and the making of the modern Middle East, London 2003

Otto, I./Schmidt-Dumont, M.: Die Wasserfrage im Nahen und Mittleren Osten seit 1985 – eine Auswahlbibliographie, Hamburg 1995

Otto, I./Schmidt-Dumont, M.: Menschenrechte im Vorderen Orient. Eine Auswahlbibliographie, Hamburg 1991

Otto, I./Schmidt-Dumont, M.: Frauenfragen im Vorderen Orient: eine Ergänzungsbibliographie, Hamburg 1989

Owen, R./Pamuk, S.: A history of Middle East economies in the twentieth century, London 1998

Pacini, A. (Hrsg.): Christian communities in the Arab world: the challenges of the future, Oxford 1998

Parra, F.: Oil politics: A modern history of petroleum, New York 2003

Peres, Sch.: Die Versöhnung. Der neue Nahe Osten, Berlin 1993

Perthes, V.: Orientalische Promenaden: Der Nahe und Mittlere Osten im Umbruch, Berlin 2006

Perthes, V. (Hrsg.): Arab elites. Negotiating the politics of change, London 2004

Ploetz, K.: Der große Ploetz. Die Enzyklopädie der Weltgeschichte, 35., völlig neu bearbeitete Auflage, Göttingen 2008

Polk, W.R./Chambers, R.L.: Beginnings of the modernization in the Middle East. The nineteenth century, Chicago 1968

Porath, Y.: In search of Arab unity, 1930–1945, London 1986

Pott, M.: Der Kampf um die arabische Seele. Der steinige Weg zur islamischen Demokratie, Köln 2012

Rathmann, L. (u.a.): Geschichte der Araber. Von den Anfängen bis zur Gegenwart, 7 Bde., Berlin 1974–1983

Rathmann, L./Voigt, M. (Hrsg.): Arabische Staaten. Bilanz, Probleme, Entwicklungstendenzen, Berlin 1988

Reich, B. (Hrsg.): Political leaders of the contemporary Middle East and North Africa: A biographical dictionary, New York 1990

Richards, A./Waterbury, J.: A political economy of the Middle East, 3. Aufl., Boulder, Col.,/London 2007

Rivlin, P.: Arab economies in the twenty-first century, Cambridge/New York 2009

Rodinson, M.: Marxisme et monde Musulman, Paris 1972

Rogan, Eu.: Die Araber. Eine Geschichte von Unterdrückung und Aufbruch, Berlin 2012

Rogers, P./Lydon, P. (Hrsg.): Water in the Arab world: perspectives and prognoses, Cambridge, Mass., 1993

Romano, D.: The Kurdish nationalist movement: Opportunity, mobilization and identity, Cambridge/New York 2006

Rotter, G./Fathi, Sch.: Nahostlexikon, Heidelberg 2001

Sachar, H.M.: The emergence of the Middle East, 1914–1924, New York 1969

Sadiki, L.: The search for Arab democracy. Discourses and counter-discourses, London 2004

Sakr, N.: Satellite realms: transnational television, globalization and the Middle East, London 2001

Salamé, Gh. (Hrsg.): Démocraties sans démocrates. Politiques d'ouverture dans le monde arabe et islamique, Paris 1994

Salamé, Gh. (Hrsg.): The Foundations of the Arab State. Nation, state and integration in the Arab world, London 1987

Sayigh, Y.A.: Elusive development. From dependence to self-reliance in the Arab region, London 1991

Schatkowski Schilcher, L./Scharf, C. (Hrsg.): Der Nahe Osten in der Zwischenkriegszeit 1919–1939, Stuttgart 1989

Scheffler, Th. (Hrsg.): Ethnizität und Gewalt, Hamburg 1991

Scheffler, Th.: Ethnisch-religiöse Konflikte und gesellschaftliche Integration im Vorderen und Mittleren Orient, Berlin 1989

Schlicht, A.: Geschichte der arabischen Welt, Stuttgart 2013

Schlicht, A.: Die Araber und Europa. 2000 Jahre gemeinsamer Geschichte, Stuttgart 2008

Schlumberger, O. (Hrsg.): Debating Arab authoritarianism: Dynamics and durability in nondemocratic regimes, Stanford, Ca., 2007

Schölch, A.: Der arabische Osten im neunzehnten Jahrhundert, 1800–1914, in: Haarmann, U. (Hrsg.): Geschichte der arabischen Welt, 4. Aufl., München 2001, S. 365–431

Schöne, E.: Islamische Solidarität: Geschichte, Politik, Ideologie der Organisation der Islamischen Konferenz (OIC), 1969–1981, Berlin 1997

Scholz, F. (Hrsg.): Die kleinen Golfstaaten, Stuttgart 1985

Schuerkens, U.: Geschichte Afrikas. Eine Einführung, Köln 2009

Schulze, K. E./ Stokes, M./Campbell, C. (Hrsg.): Nationalism, minorities, and diasporas: identities and rights in the Middle East, London 1996

Schulze, R.: Geschichte der islamischen Welt im 20. Jahrhundert, 2. Aufl., München 2003

Schulze, R.: Die arabische Welt in der jüngeren Gegenwart, 1986–2000, in: Haarmann, U. (Hrsg.): Geschichte der arabischen Welt, 4. Aufl., München 2001, S. 605–634

Schulze, R.: Islamischer Internationalismus im 20. Jahrhundert, Leiden u. a. 1990

Schulze, R.: Regionale Gruppierungen und Organisationen, in: Steinbach, U./Robert, R. (Hrsg.): Der Nahe und Mittlere Osten, Bd. 2: Länderanalysen, Opladen 1988, S. 469–476

Seale, P.: Abu Nidal. A gun for hire: The secret life of the world's most notorious Arab terrorist, Hutchinson/London 1992

Sharabi, H.B.: Theory, politics and the Arab world, London 1991

Shaw, St.J./Shaw, E.K.: History of the Ottoman empire, 2 Bde., Cambridge 1977

Shukri, Sh.J.A.: Arab women. Unequal partners in development, Aldershot 1996

Sicker, M.: The Middle East in the twentieth century, Westport 2001

Sluglett, P.: The urban social history of the Middle East 1750–1950, Syracuse 2008

Snami, S. (Hrsg.): Women in Arab society: Work patterns and gender relations in Egypt, Jordan and Sudan, Leamington Spa 1990

Soffer, A.: Rivers of fire: The conflict over water in the Middle East, Lanham, M.D., 1999

Spagnolo, J.P. (Hrsg.): Problems of the modern Middle East in historical perspective. Essays in honour of Albert Hourani, Oxford 1992

Stephanous, A.Z.: Political Islam, citizenship, and minorities: The future of Arab christians in the Islamic Middle East, Lanham 2010

Stein, G./Steinbach, U. (Hrsg.): The contemporary Middle Eastern Scene – basic issues and major trends, Opladen 1979

Steinbach, U. (Hrsg.): Autochthone Christen im Nahen Osten. Zwischen Verfolgungsdruck und Auswanderung, Hamburg 2006

Steinbach, U./Hofmeier, R./Schönborn, M. (Hrsg.): Politisches Lexikon Nahost/Nordafrika, 3. Aufl., München 1994

Steinbach, U. (Hrsg.): Arabien: Mehr als Erdöl und Konflikte, Opladen 1992

Steinbach, U./ Robert, R. (Hrsg.): Der Nahe und Mittlere Osten, Bd. 1: Grundlagen, Strukturen und Problemfelder, Bd. 2: Länderanalysen, Opladen 1988

Steppat, F.: Die arabische Welt in der Epoche des Nationalismus, in : Taeschner, Franz: Geschichte der arabischen Welt, Stuttgart 1964

Stivers, W.: Supremacy and oil: Iraq, Turkey, and the Anglo-American world order, 1918–1930, Ithaca/London 1982

Strohmeier, M./Yalçın-Heckmann, L.: Die Kurden: Geschichte, Politik, Kultur, München 2000

Tamcke, M.: Christen in der islamischen Welt. Von Mohammed bis zur Gegenwart, München 2008

Tachau, F. (Hrsg.): Political Parties of the Middle East and North Africa, London 1994

Tauber, E.: The emergence of the Arab movements, London 1993

Tauber, E.: The Arab movements in World War I, London 1993

Thorau, P.: Lawrence von Arabien. Ein Mann und seine Zeit, München 2010

Tibi, B.: Die Verschwörung. Das Trauma arabischer Politik, Hamburg 1993

Tugendhat, Chr.: Erdöl. Treibstoff der Weltwirtschaft – Sprengstoff der Weltpolitik, Reinbek 1972

Ulrichsen, K.C.: The first world war in the Middle East, London 2014

Vatikiotis, P.J.: The Middle East: from the end of empire to the end of the Cold War, London 1997

Vatikiotis, P.J.: Nasser and his generation, London 1978

Walther, W.: Die Situation von Frauen in islamischen Ländern, in: Ende, W./Steinbach, U. (Hrsg.): Der Islam in der Gegenwart, 5. Aufl., München 2005, S. 635–680

Walther, W.: Die Frau im Islam, Bremen 1980

Warriner, D.: Land reform and development in the Middle East. A study of Egypt, Syria, and Iraq, 2. Aufl., Oxford 1962

Waterbury, J.: Hydropolitics of the Nile valley, Syracuse 1979

Weidnitzer, E.: Soziale Sicherungssysteme und Reformansätze in arabischen Ländern unter besonderer Berücksichtigung islamischer sozialer Institutionen, Berlin 1998

Weiss, W.M. (Hrsg.): Die arabischen Staaten, Heidelberg 2007

Westrate, B.: The Arab bureau. British policy in the Middle East, 1916–1920, Pennsylvania 1992

Winckler, O.: Arab political demography: Population growth, labour migration, and natalist policies, Brighton 2009

Wippel, St. (Hrsg.): Wirtschaft im Vorderen Orient. Interdisziplinäre Perspektiven, Berlin 2004

Yapp, M.E.: The Near East since the First World War: A history to 1995, 2. Aufl., London 1996

Yergin, D: Der Preis. Die Jagd nach Öl, Geld und Macht, Frankfurt a. M. 1991

Geistes-, Kultur- und Religionsgeschichte

Abdel-Malik, A. (Hrsg.): Contemporary Arab political thought, London 1983

Abu-Lughod, L.: Remaking women: Feminism and modernism in the Middle East, Princeton 1998

Abu-Rabi', I.M.: Contemporary Arab thought: Studies in post-1967 Arab intellectual history, London 2004

Abu-Zaid, N.H.: Islam und Politik. Kritik des religiösen Diskurses, Frankfurt a.M. 1996

Ajami, F.: The Arab predicament. Arab political thought and practice since 1967, Cambridge, Mass., 1981

Akhavi, Sh.: The Middle East: The politics of the sacred and secular, London 2009

Al-Azm, S.: Islam und säkularer Humanismus, Tübingen 2005

Al-Azm, S.: Unbehagen in der Moderne – Aufklärung im Islam, Frankfurt a.M. 1993

Al-Azmeh, A.: Islams and Modernities, London/New York 1993

Al-Ğabarti, A.: Bonaparte in Ägypten. Aus der Chronik des Abdarrahman al-Ğabarti, übersetzt von A. Hottinger, München/Zürich 1983

Al-Maaly, Kh./Naggar, M. (Hrsg.): Lexikon arabischer Autoren des 19. und 20. Jahrhunderts, Heidelberg 2004

Alt, E.: Ägyptens Kopten – Eine einsame Minderheit. Zum Verhältnis von Christen und Moslems in Ägypten in Vergangenheit und Gegenwart, Saarbrücken 1980

Anawati, G.C./Borrmans, M.: Tendances et courants de l'Islam arabe contemporain. Bd.1: Egypte et Afrique du Nord, Mainz/München 1982

Anderson, B.S.: The American university of Beirut: Arab nationalism and liberal education, Austin 2011

Arkoun, M.: The unthought in contemporary Islamic thought, London 2002

Arkoun, M.: Islam, Europe and the West, London 1997

Antonius, G.: The Arab Awakening. The Story of the Arab National Movement, Beirut 1969

Arif, N.M.: Western political science in a non-western context: theories of comparative politics in the Arab academia, Lanham, M.D., 2001

Atiyeh, G.N./Oweiss, I.M. (Hrsg.): Arab civilization. Challenges and responses. Studies in honor of Constantine K. Zurayk, New York 1988

Badawi, M.M.: A short history of modern Arab literature, Oxford 1998

Badran, M.: Feminism in Islam: Secular and religious convergences, Oxford 2009

Bakalla, M.H.: Arabic culture through its language and literature, New York 2003

Bellmann, D.: Arabische Kultur der Gegenwart. Rückblicke, Bestandsaufnahme, Zukunftserwartungen, Berlin 1984

Benzine, R.: Les nouveaux penseurs de l'Islam, Paris 2004

Binder, L.: Islamic liberalism: A critique of development ideologies, Chicago/London 1988

Bin Sayeed, Kh.: Western dominance and political Islam. Challenge and response, Albany, N.Y., 1994

Bielefeldt, H./Heitmeyer, W. (Hrsg.): Politisierte Religion, Frankfurt a.M. 1998

Boullata, I.J.: Trends and issues in contemporary Arab thought, Albany, N.Y., 1990

Braune, W.: Der islamische Orient zwischen Vergangenheit und Zukunft. Bern/München 1960

Brugman, J.: An introduction to the history of modern Arabic literature in Egypt, Leiden 1984

Bürgel, J.Ch.: Allmacht und Mächtigkeit: Religion und Welt im Islam, München 1991

Bürgel, J.Ch.: Literatur, in: Steinbach, U./Robert, R. (Hrsg.): Der Nahe und Mittlere Osten, Bd. 1: Grundlagen, Strukturen und Problemfelder, Opladen 1988, S.569–594

Büttner, F. (Hrsg.): Reform und Revolution in der islamischen Welt. Von der osmanischen Imperialdoktrin zum arabischen Sozialismus, München 1971

Buhairi, M.: Intellectual life in the Arab East, 1890–1939, Beirut 1981

Burke, J.: Al-Qaida. Wurzeln, Geschichte, Organisation, Düsseldorf u. a. 2003

Calvert, J.: Sayyid Qutb and the origins of radical Islam, New York 2010

Carré, O.: Le nationalisme arabe, Paris 1993

Carré, O.: L'Orient arabe aujourd'hui, Paris 1991

Carré, O.: L'utopie islamique dans l'Orient arabe, Paris 1991

Carré, O.: Mystique et politique. Lecture révolutionnaire du Coran par Sayyid Qutb, Frère musulman radical, Paris 1984

Charfi, M.: Islam et liberté: Le malentendu historique, Paris 1999

Choueiri, Y.M.: Modern Arab historiography: historical discourse and the nation state, Richmond, Surrey, 2001

Cleveland, W.L.: Islam against the West. Shakib Arslan and the campaign for Islamic nationalism, Austin 1985

Cleveland, W.L.: The making of an Arab nationalist: Ottomanism and Arabism in the life and thought of Sati' al-Husri, Princeton, N.J., 1971

Cook, D.: Understanding jihad, Berkeley u. a. 2005

Damir-Geilsdorf, S.: Herrschaft und Gesellschaft. Der islamistische Wegbereiter Sayyid Qutb und seine Rezeption, Würzburg 2003

Darwisch, M.: Palästina als Metapher. Gespräche über Literatur und Politik, Heidelberg 1998

Dawisha, A.: Arab nationalism in the twentieth century: from triumph to despair, Princeton 2005

Dawn, E.: From Ottomanism to Arabism, Urbana 1973

Delong-Bas, N.J.: Wahhabi Islam. From revival and reform to global jihad, London 2004

Dessouki, A.H.: Arab intellectuals and Al-nakba. The search for fundamentalism, in: Middle Eastern Studies, Bd. 9(1973), S. 187–196

Djaït, H.: La crise de la culture islamique, Paris 2004

Djaït, H.: La personnalité et le devenir arabo-islamique, Paris 1974

Driesch, W.: Islam, Judentum und Israel. Der jüdische Anspruch auf das Heilige Land aus muslimischen Perspektiven, Hamburg 2003

Elger, R. (Hrsg.): Kleines Islam-Lexikon. Geschichte, Alltag, Kultur, München 2001

Enayat, H.: Modern Islamic political thought: The response of the Shi'i and Sunni muslims to the twentieth century, London 1982

Ende, W./Steinbach, U. (Hrsg.): Der Islam in der Gegenwart, 5. Aufl., München 2005

Ende, W.: Arabische Nation und islamische Geschichte. Die Ummayaden im Urteil arabischer Autoren des 20. Jahrhunderts, Beirut/Wiesbaden 1977

Esposito, J.L.: Unholy war: Terror in the name of Islam, New York 2002

Esposito, J.L. (Hrsg.): Political Islam: revolution, radicalism, or reform?, Boulder, Col., 1997

Faath, S. (Hrsg.): Antiamerikanismus in Nordafrika, Nah- und Mittelost. Formen, Dimensionen und Folgen für Europa und Deutschland, Hamburg 2003

Faath, S./Mattes, H. (Hrsg.): Geschichtsschreibung und Identität im Maghreb, Wuquf, Bd. 3, Hamburg 1989

Filali-Ansary, A.: Réformer l'Islam? Une introduction aux débats contemporains, Paris 2003

Flores, A.: Nationalismus und Sozialismus im arabischen Osten: Kommunistische Partei und arabische Nationalbewegung in Palästina, 1919–48, Münster 1980

Francis, R.: Aspects de la littérature arabe contemporaine, Beirut 1963

Fürtig, H. (Hrsg.): Islamische Welt und Globalisierung. Aneignung, Abgrenzung, Gegenentwürfe, Würzburg 2001

Gaebel, M.: Von der Kritik des arabischen Denkens zum panarabischen Aufbruch. Das philosophische und politische Denken Muhammad Abid al-Gabiris, Berlin 1995

Gesink, I.F.: Islamic reform and conservativism: al-Azhar and the evolution of modern Sunni Islam, London 2010

Ghalioun, B.: Islam et politique. La modernité trahie, Paris 1997

Gibb, H.A.R.: Arabiyya: Modern Arabic literature, Encyclopaedia of Islam, 2. Aufl., s.v.

Gibb, H.A.R./Landau, J. M.: Arabische Literaturgeschichte, Zürich/Stuttgart 1968

Gibb, H.A.R.: Modern Trends in Islam, Chicago 1947

Gehrmann, S./Gilzmer, M. (Hrsg.): Geschlechterordnungen in Nordafrika – Umbrüche und Perspektiven in Literatur, Film und Gesellschaft, Mainz 2008

Grunebaum, G.E. von: Modern Islam. The search for cultural identity, Berkeley/Los Angeles, 1962

Gsell, St.: Umm Kulthum. Persönlichkeit und Faszination der ägyptischen Sängerin, Berlin 1998

Hafez, M.M.: Why Muslims rebel: repression and resistance in the Islamic world, Boulder, Col.,/ London 2003

Haim, S. (Hrsg.): Arab nationalism: an anthology, Berkeley 1976

Halm, H.: Der Islam. Geschichte und Gegenwart, München 2000

Hanf, Th.: Die christlichen Gemeinschaften im Wandel des arabischen Vorderen Orients, in: Orient 22(1981)1, S. 29–49

Hanna, S.A./Gardner, G.H.: Arab socialism, Leiden 1969

Hartmann, K.-P.: Untersuchungen zur Sozialgeographie christlicher Minderheiten im Vorderen Orient, Wiesbaden 1980

Heiler, S.: Der maghrebinische Roman. Eine Einführung, Tübingen 2005

Heine, P.: Terror in Allahs Namen. Hintergrpnde der globalen islamistischen Gewalt, Freiburg i. Br. 2015.

Heine, P.: Malerei, in: Steinbach, U./Robert, R. (Hrsg.): Der Nahe und Mittlere Osten, Bd. 1: Grundlagen, Strukturen und Problemfelder, Opladen 1988, S. 617–624

Hermann, R.: Kulturkrise und konservative Erneuerung. Muhammad Kurd `Ali (1876–1953) und das geistige Leben in Damaskus zu Beginn des 20. Jahrhunderts, Frankfurt u. a. 1990

Hopwood, D. (Hrsg.): Arab nation, Arab nationalism, London 2000

Hourani, A.: Die Geschichte der arabischen Völker. Von den Anfängen des Islam bis zum Nahostkonflikt unserer Tage, 4. Aufl., Frankfurt a.M. 2003

Hourani, A.: Arabic thought in the liberal age, 1798–1939, Cambridge 1983 (1962 zum ersten Mal in Oxford erschienen)

Huntington, S.: The clash of civilisations?, in: Foreign Affairs, Sommer 1993, S. 22–49

Huntington, S.: Kampf der Kulturen, Wien 1996

Husaini, I.M.: The Muslim brethren, Beirut 1956

Ismail, S.: Rethinking islamist politics. Culture, the state and islamism, London 2003

Ismael, T.Y.: The Arab left, Syracuse, N.Y., 1976

Jansen, G.H.: Militant Islam, New York 1979

Johansen, B.: Muhammad Husain Haikal. Europa und der Orient im Weltbild eines ägyptischen Liberalen, Beirut 1967

Karpat, K.H. (Hrsg.): Political and social thought in the contemporary Middle East, New York 1982

Kassab, E.S.: Contemporary Arab thought: Cultural critique in comparative perspective, New York 2010

Kaufhold, H. (Hrsg.): Kleines Lexikon des christlichen Orients, 2. Aufl., Wiesbaden 2007

Keddie, N.: An Islamic response to imperialism: political and religious writings of Sayyid Jamal Al-Din Al Afghani, Los Angeles 1968

Kepel, G.: Das Schwarzbuch des Dschihad. Aufstieg und Niedergang des Islamismus, München 2002

Kepel, G.: Intellectuels et militants de l'Islam contemporain, Paris 1990

Kepel, G.: Les banlieus de l'Islam, Paris 1987

Kerr, M.H.: Islamic reform: The political and legal theories of Muhammad Abduh and Rashid Rida, Berkeley 1966

Khalid, D.: Islam und politischer Extremismus: Einführung und Dokumentation, Hamburg 1985

Khalidi, R. u. a. (Hrsg.): The origins of Arab nationalism, New York 1991

Khashan, H.: Arabs at the crossroads: political identity and nationalism, Gainesville 2000

Khatami, S.M.: Religiosität und Modernität, Edingen-Neckarhausen 2001

Khayati, Kh.: Cinémas arabes: topographie d'une image éclatée, Paris 1996

Khir, B.: Islamic political thought, Edinburgh 2003

Khoury, A.T. (u. a.): Islam-Lexikon: Geschichte, Ideen, Gestalten, Freiburg i.Br. 1991

Khoury, P.: Tradition et modernité. Thèmes et tendances de la pensée arabe actuelle, Beirut 1983

Hroub, Kh. (Hrsg.): Political islam. Context versus ideology, London 2010

Kiefer, M.: Antisemitismus in den islamischen Gesellschaften. Der Palästina-Konflikt und der Transfer eines Feindbildes, Düsseldorf 2002

Kippenberg, H./Seidensticker, T. (Hrsg.): Terror im Dienste Gottes: Die »geistliche« Anleitung der Attentäter des 11. September 2001, Frankfurt a.M. 2004

Krämer, G.: Hasan al-Banna, London 2010

Krämer, G.: Gottes Staat als Republik. Reflexionen zeitgenössischer Muslime zu Islam, Menschenrechten und Demokratie, Baden-Baden 1999

Kramer, M.: Arab awakening and Islamic revival: the politics of ideas in the Middle East, New Brunswick, N.J., 1996

Kratschkovsky, I.: Arabien: F. Neuarabische Literatur, Enzyklopaedie des Islam, 1. Aufl., s.v.

Labdaoui, A.: Intellectuels d'Orient et Intellectuels d'Occident, Paris 1996

Landau, J.M.: Studies in the Arab theater and cinema, Philadelphia 1958

Laqueur, W.: Communism and nationalism in the Middle East, London 1956

Laroui, A.: Islam et modernité, Paris 1986

Laroui, A.: The crisis of the Arab intellectual, Berkeley/London 1976

Laroui, A.: L'idéologie arabe contemporaine, Paris 1967

Lerch, W.G.: Denker des Propheten. Die Philosophie des Islam, Düsseldorf 2000

Lewis, B.: Der Atem Allahs. Die islamische Welt und der Westen: Kampf der Kulturen, München 1998

Lewis, B.: Die politische Sprache des Islam, Berlin 1991

Lewis, B./Holt, P.M. (Hrsg.): Historians of the Middle East, London 1962

Löffler, P.: Arabische Christen im Nahostkonflikt. Christen im politischen Spannungsfeld, Frankfurt a.M. 1976

Lüders, M. (Hrsg.): Der Islam im Aufbruch?, München/Zürich 1992

Lüders, M.: Gesellschaftliche Realität im ägyptischen Kinofilm. Von Nasser zu Sadat (1952–1981), Frankfurt a.M. 1989

Mayer, A.E.: Islam and human rights. Tradition and politics, Boulder, Col./London 1991

Meddeb, A.: Die Krankheit des Islam, Heidelberg 2002

Meier, A.: Politische Strömungen im modernen Islam, Bonn 1995

Meijer, R.: Global salafism. Islam's new religious movement, New York 2009

Meuleman, J. (Hrsg.): Islam in the era of globalization. Muslim attitudes towards modernity and identity, London 2002

Milson, M.: Najib Mahfuz. The novelist-philosopher of Cairo, New York 1998

Mitchell, R.P.: The society of the Muslim brothers, Oxford 1993

Mostefaoui, B.: La télévision française au Maghreb. Structures, stratégies et enjeux, Paris 1996

Müller, C. D.G.: Geschichte der orientalischen Nationalkirchen, Göttingen 1981

Musallam, A.A.: From secularism to jihad: Sayyid Qutb and the foundations of radical islam, Westport/London 2005

Naef, S.: A la recherche d'une modernité arabe. L'évolution des arts plastiques en Egypte, au Liban et en Irak, Genf 1996

Na'im, A.A.: Toward an Islamic reformation: Civil liberties, human rights and international law, Syracuse 1990

Neuwirth, A./Pflitsch, A./Winckler, B.: Arabische Literatur, postmodern, München 2004

Nolte, E.: Die dritte radikale Widerstandsbewegung: der Islamismus, Berlin 2009.

Nuseibeh, H.Z.: The ideas of Arab nationalism, Ithaca, N.Y., 1956

Otto, I./ Schmidt-Dumont, M.: Menschenrechte im Vorderen Orient. Eine Auswahlbibliographie, Hamburg 1991

Ourghi, M.: Muslimische Positionen zur Berechtigung von Gewalt. Einzelstimmen, Revisionen, Kontroversen, Würzburg 2010

Pedahzur, A.: Root causes of suicide terrorism: The globalization of martyrdom, New York/ London 2006

Peters, R.: Jihad in classical and modern islam. A reader, 2. Aufl., Princeton u. a. 2005

Peters, R.: Islam and colonialism – the doctrine of jihad in modern history, Den Haag 1979

Philipp, Th.: Ǧurǧi Zaidan. His life and thought, Beirut 1979

Qutb, S.: Milestones, Damaskus 2005

Radke, R.: Im Namen Allahs. Der Islam zwischen Aggression und Toleranz, Bergisch Gladbach 1994

Rahnema, A. (Hrsg.): Pioneers of Islamic revival, London 1994

Reid, D.M.: Arabic thought in the liberal age – twenty years after, in: International Journal of Middle Eastern Studies, 14(1982)4, S. 541–557

Reid, D.M.: The Odyssey of Farah Antun. A Syrian Christian's quest for secularism, Minneapolis/ Chicago 1979

Robbe, M.: Dschihad – Heiliger Krieg: der Islam in Konfliktsituationen der Gegenwart, Berlin (Ost) 1989

Rondot, P.: Les Chrétiens d'Orient, Paris 1955

Rosefsky W. C.: The Muslim brotherhood: evolution of an islamist movement, Princeton/Oxford 2013

Roy, O.: Der islamische Weg nach Westen. Globalisierung, Entwurzelung und Radikalisierung, Bonn 2006

Roy, O.: L'Islam mondialisé, Paris 2002

Roy, O.: L'échèque de l'islam politique, Paris 1992

Rudolph, U.: Islamische Philosophie. Von den Anfängen bis zur Gegenwart, München 2004

Sadoul, G.: Cinéma des pays arabes, Beirut 1966

Sati al-Husri, A. Kh.: The day of Maysalun. A page from the history of the Arabs, Washington D. C. 1966

Scharabi, M.: Architektur, in: Steinbach, U./Robert, R. (Hrsg.): Der Nahe und Mittlere Osten, Bd. 1: Grundlagen, Strukturen und Problemfelder, Opladen 1988, S. 595–606

Scheffler, Th. (Hrsg.): Religion between violance and reconciliation, Beirut 2002

Scholl-Latour, P.: Das Schwert des Islam, München 1992

Schumann, Chr. (Hrsg.): Liberal thought in the Eastern Mediterranean: Late 19th century until the 1969s, Leiden 2008

Sedgwick, M.: Muhammad Abduh, Oxford 2009

Seidenstricker, T.: Islamismus – Geschichte, Vordenker, Organisationen, München 2014

Shafik, V.: Der arabische Film. Geschichte und kulturelle Identität, Bielefeld 1995

Sharabi, H.: Arab intellectuals and the West: The formative years, 1875–1914, Baltimore 1970

Sharabi, H.: Nationalism and revolution in the Arab world, New York 1966

Shiloah, A.: Music in the world of Islam. A socio-cultural study, Aldershot 1995

Sivan, E.: Radical Islam. Medieval theology and modern politics, enlarged edition, New Haven u. a. 1990

Smith, W.C.: Der Islam in der Gegenwart, Frankfurt a.M./Hamburg 1957

Spuler, B.: Gegenwartslage der Ostchristen in ihrer nationalen und staatlichen Umwelt, 2. Aufl., Frankfurt a.M. 1968

Steinbach, U.: Ideengeschichte im Zeichen von Kolonialismus, Unabhängigkeitsbewegung und Modernisierung, in: Steinbach, U./Robert, R. (Hrsg.): Der Nahe und Mittlere Osten, Bd. 1: Grundlagen, Strukturen und Problemfelder, Opladen 1988, S. 135–184

Steppat, F.: Islam als Partner. Islamkundliche Aufsätze 1944–1996, eingeleitet und herausgegeben von Thomas Scheffler, Beirut 2001

Tamimi, A.S.: Rachid Ghannouchi: A democrat within islamism, New York 2001

Tamimi, A.S./Esposito J.L. (Hrsg.): Islam and secularism in the Middle East, London 2000

Tauber, E.: The emergence of the Arab movements, London 1993

Tibi, B.: Der wahre Imam, München/Zürich 1996

Tibi, B.: Der religiöse Fundamentalismus im Übergang zum 21. Jahrhundert, Mannheim 1995

Tibi, B.: Krieg der Zivilisationen, Politik und Religion zwischen Vernunft und Fundamentalismus, Hamburg 1995

Tibi, B.: Im Schatten Allahs: Der Islam und die Menschenrechte, München 1994

Tibi, B.: Islamischer Fundamentalismus, moderne Wissenschaft und Technologie, Frankfurt a.M. 1992

Tibi, B.: Die fundamentalistische Herausforderung. Der Islam und die Weltpolitik, München 1992

Tibi, B.: Die Krise des modernen Islams. Eine vorindustrielle Kultur im wissenschaftlich-technischen Zeitalter, Frankfurt a.M. 1991

Tibi, B.: Vom Gottesreich zum Nationalstaat: Islam und panarabischer Nationalismus, Frankfurt a.M. 1987

Ule, W.: Der arabische Sozialismus und der zeitgenössische Islam, Opladen 1969

Walther, W.: Kleine Geschichte der arabischen Literatur. Von der vorislamischen Zeit bis zur Gegenwart, München 2004

Weidner, St.: Erlesener Orient. Ein Führer durch die Literaturen der islamischen Welt, Wien 2004

Wieland, R.: Religion und Offenbarung und Geschichte im Denken moderner Muslime, Wiesbaden 1971

Wild, St.: Neguib Azoury and his book »Le réveil de la nation Arab«, Beirut 1980

Yonan, G.: Assyrer heute. Kultur, Sprache, Nationalbewegung der aramäisch sprechenden Christen im Nahen Osten, Verfolgung und Exil, Hamburg/Wien 1978

Zaman, M.Q.: Modern Islamic thought in a radical age, Cambridge 2012

Zeine, Z.N.: The emergence of Arab nationalism, 2. Aufl., Beirut 1966

Zogby, J.J. (Hrsg.): What Arabs think. Values, beliefs and concerns. Report of Zogby, International commissioned by the Arab Thought Foundation, Utica, N.Y./Beirut 2002

Zollner, B.H.E.: The Muslim brotherhood: Hasan al-Hudaybi and ideology, London/New York 2009

Ägypten

Abbas Hilmi II.: The last Khedive of Egypt. Memoirs, Reading 1998

Abdel-Fadil, M.: The political economy of nasserism: A study in employment and income distribution policies in urban Egypt, 1952–1972, Cambridge 1980

Abdel-Malek, A.: Ägypten: Militärgesellschaft. Das Armeeregime, die Linke und der soziale Wandel unter Nasser, Frankfurt a.M. 1971

Abdel-Malek, A.: Idéologie et renaissance nationale. L'Egypte moderne, Paris 1969

Abdel Nasser, G.: The philosophy of the revolution, o.O., o.D.

Abul-Magd, Z.: Imagined empires: A history of revolt in Egypt, Berkeley 2013

Aburish, S.K.: Nasser: The last Arab, New York 2004

Adams, Ch.C.: Islam and modernism in Egypt. A study of the modern reform movement, inaugurated by Muhammad Abduh, 2. Aufl., New York 1968

Ahmed, J.M.: The intellectual origins of Egyptian nationalism, London 1960

Al-Ali, N.: Secularism, gender and the state in the Middle East: The Egyptian women's movement, Cambridge 2000

Albrecht, H./Demmelhuber, Th. (Hrsg.): Revolution und Regimewandel in Ägypten, Baden-Baden 2012

Ali, K.A.: Planning the family in Egypt: New bodies, new selves, Austin 2002

Alterman, J.B. (Hrsg.): Sadat and his legacy. Egypt and the world, 1977–1997, Washington 1998

Amin, G.: Egypt in the era of Husni Mubarak, 1981–2010, Kairo 2011

Amin, G.: Whatever happened to the Egyptians? Changes in Egyptian society from 1950 to the present, London 2000

Annesley, G.: The rise of modern Egypt: a century and a half of Egyptian history, 1798–1957, Ely 1994

Arafat, A. A: Husni Mubarak and the future of democracy in Egypt, Basingstoke 2011

Aulas, M.C./Besançon, J./Carré, O. et al.: L'Égypte d'aujourd'hui. Permanence et changements 1805–1976, Paris 1977

Ayubi, N.: The state and public policies in Egypt since Sadat, Exeter 1991

Badr, S.: Frauenbildung und Frauenbewegung in Ägypten. Ihre Geschichte und Probleme, Düsseldorf 1968

Badran, M.: Feminists, Islam and nation. Gender and the making of modern Egypt, Princeton, N.J., 1995

Baer, G.: Studies in the social history of modern Egypt, Chicago 1969

Baer, G.: A history of landownership in modern Egypt 1800–1950, London 1962

Baker, R.W.: Islam without fear. Egypt and the new Islamists, Cambridge 2003

Baker, R.W.: Sadat and after: Struggles for Egypt's political soul, London 1990

Baraka, M.: The Egyptian upper class between revolutions 1919–1952, Reading 1998

Baron, B.: The women's awakening in Egypt: culture, society and the press, New Haven, Conn., 1994

Beattie, K.J.: Egypt during the Sadat years, London 2000

Beinin, J./Lockman, Z.: Workers on the Nile: nationalism, communism, Islam and the Egyptian working class, 1882–1954, Princeton 1988

Berger, M.: Islam in Egypt today. Social and political aspects of popular religion, Cambridge 1970

Bergmann, K.: Filmkultur und Filmindustrie in Ägypten, Darmstadt 1993

Berque, J.: L'Egypte. Impérialisme et révolution, Paris 1967

Bier, L.: Revolutionary womanhood: feminisms, modernity, and the state in Nassers's Egypt, Standford 2001

Bourguet, P. du: Die Kopten, Baden-Baden 1967

Boutros-Ghali, B.: Egypt's road to Jerusalem: a diplomat's story of the struggle for peace in the Middle East, New York 1997

Brattie, K.J.: Egypt during the Nasser years: ideology, politics, and cicil society, Boulder, Col., 1994

Bergmann, K.: Filmkultur und Filmindustrie in Ägypten. Sechzig Jahre ägyptisches Filmschaffen, Darmstadt 1993

Blin, L. (Hrsg.): L'économie égyptienne: Libéralisation et insertion dans le marché mondial, Paris 1994

Brown, N.J.: Peasant politics in modern Egypt. The struggle against the state, New Haven, Conn., 1990

Büren, R.: Nassers Ägypten als arabisches Verfassungsmodell, Opladen 1972

Büttner, F./Büttner, V.: Ägypten, in: Nohlen, D./Nuscheler, F. (Hrsg.): Handbuch der Dritten Welt, Bd. 6: Nordafrika und Naher Osten, 3. Aufl., Bonn 1993, S. 154–189

Büttner, F.: Ägypten, in: Steinbach, U./Hofmeier, R./Schönborn, M. (Hrsg.): Politisches Lexikon Nahost/Nordafrika, 3. Aufl., München 1994, S. 26–47

Büttner, F./Klostermeier, I.: Ägypten, München 1991

Cachia, P.: Taha Husayn, his place in the Egyptian literary renaissance, London 1956

Carter, B.L.: The Copts in Egyptian politics, London u. a. 1988

Chih, R.: Le soufisme au quotidien: confréries d'Egypte au XXe siècle, Paris 2000

Collins, R.O.: The Nile, New Haven 2002

Cook, St.A.: The struggle for Egypt: From Nasser to Tahrir Square, Oxford 2012

Daly, M. W. (Hrsg.): The Cambridge History of Egypt, 2 Bde., Bd. 2: Modern Egypt from 1517 to the end of the twentieth century, Cambridge 1998

Dawletschin-Linder, C.: Die Türkei und Ägypten in der Weltwirtschaftskrise 1929–1933, Stuttgart 1989

Deeb, M.: Party politics in Egypt: The wafd and its rivals, 1919–1939, London 1979

Di-Capua, Y.: Gatekeepers of the Arab past: Historians and history writing in twentieth-century Egypt, Berkeley 2009

El-Ghonemy, M. R. (Hrsg.): Egypt in the twenty-first century, London 2003

El-Mikawy, N./Handoussa, H.: Institutional reform and economic development in Egypt, New York 2002

El-Rayyes, R.N./Nahas, D. (Hrsg.): The October war. Documents, personalities, analyses, and maps, Beirut 1973

Erlich, H.: The cross and the river: Ethiopia, Egypt, and the Nile, Boulder, Col./London 2002

Ferris, J.: Nasser's gamble: How intervention in Yemen caused the six-day war and the decline of Egyptian power, Princeton 2012

Finklestone, J.: Anwar Sadat: visionary who dared, London 1996

Fischer, H.: Bank Misr und ökonomischer Nationalismus in Ägypten (1811–1939), Hamburg 1994

Flores, A.: Säkularismus und Islam in Ägypten, Berlin 2012

Flores, A.: Ägypten, in: Ende, W./Steinbach, U. (Hrsg.): Der Islam in der Gegenwart, 5. Aufl., München 2005, S. 477–489

Gershoni, I./Nordbruch, G.: Sympathie und Schrecken. Begegnungen mit Faschismus und Nationalsozialismus in Ägypten: 1922–1937, Berlin 2011

Gershoni, I./Jankowski, J.P.: Redefining the Egyptian nation, 1930–1945, Cambridge 1995

Gershoni, I./Jankowski, J.P.: Egypt, Islam, and the Arabs. The search for Egyptian nationhood, 1900–1930, New York 1986

Gershoni, I.: Egyptian intellectual history and Egyptian intellectuals in interwar period, in: Asian and African Studies, 19(1985)3, S. 333–364

Gershoni, I.: The emergence of pan-arabism in Egypt, Tel Aviv 1982

Ghali, I.A.: L'Egypte nationaliste et libérale de Moustapha Kamel à Saad Zaglul (1892–1927), Den Haag 1969

Gilsenan, M.: Saint and Sufi in modern Egypt. An essay in the sociology of religion, Oxford 1973

Goldschmidt, A.: Modern Egypt. The formation of a nation-state, Boulder, Col., 1988

Gordon, J.: Nasser: Hero of the Arab nation, Oxford 2006

Gorman, A.: Historians, state and politics in twentieth century Egypt: Contesting the nation, New York 2003

Hamzaoui, H.: Histoire du cinéma égyptien, Marseille 1997

Harders, C.: Frauen und Politik in Ägypten. Untersuchungen zur Situation ägyptischer Politikerinnen, Münster 1995

Harik, I.: Economic policy reform in Egypt, Kairo 1997

Harris, Ch.Ph.: Nationalism and revolution in Egypt: the role of the Muslim Brotherhood, Den Haag 1964

Hasan, S.S.: Christians versus Muslims in modern Egypt: The century-long struggle for Coptic equality, Oxford/New York 2003

Heikal, M.: Das Kairo-Dossier. Aus den Geheimpapieren des Gamal Abdel Nasser, Wien u. a. 1972

Hinnebush, R.A.: Egyptian Politics under Sadat: The post-populist development of an authoritarian-modernizing state, Boulder, Col., 1988

Holt, P.M. (Hrsg.): Political and social change in modern Egypt, London 1968

Hopwood, D.: Egypt – politics and society 1945–1984, London 1989

Howell, P.P./Allan, J.A. (Hrsg.): The Nile: sharing a scarce resource, Cambridge 1994

Husaini, I.M.: The Moslem Brethren, Beirut 1956

Ibrahim, F.N./Ibrahim, B.: Egypt: An economic geography, New York 2003

Ibrahim, F.N.: Ägypten: eine geographische Landeskunde, Darmstadt 1996

Ibrahim F.N./Labib, S./Khella, K./Farag, Y.: Die Kopten, Bde. 1–3, Hamburg 1980–1983

Ibrahim, S.E.: Egypt, Islam, and democracy: Critical essays, with a new postscript, New York 2002

Ibrahim, V.: The Copts of Egypt: The challenges of modernization and the challenges of identity, London 2011

Ikram, Kh.: The Egyptian economy, 1952–2000: Performance, policies, and issues, London/New York 2006

Ismael, T./El-Sa'id, R.: The Communist mouvement in Eygypt, 1920–1988, Syracus, N.Y., 1990

Issawi, Ch.: Egypt at mid-century. An economic survey, London 1963

Jankowski, J.P.: Egypt's young rebels. »Young Egypt«: 1933–1952, Stanford 1975

Kepel, G.: Der Prophet und der Pharao. Das Beispiel Ägypten: Die Entwicklung des muslimischen Extremismus, München/Zürich 1995

Kienle, E.: A grand delusion. Democracy and economic reform in Eypt, London/New York 2001

Kilpatrick, H.: The modern Egyptian novel, Oxford/London 1974

Khoury, M.A.: Poetry, the making of modern Egypt (1882–1922), Leiden 1971

Krämer, G.: Ägypten, in: Steinbach, U./Robert, R. (Hrsg.): Der Nahe und Mittlere Osten, Bd. 2: Länderanalysen, Opladen 1988, S. 9–39

Krämer, G.: Minderheit, Millet, Nation? Die Juden in Ägypten 1914–1952, Wiesbaden 1982

Landau, J.: Parliaments and parties in Egypt, Tel Aviv 1953

Lombardi. C.B.: State law as Islamic law in modern Egypt: The incorporation of the Shari`a into Egyptian Constitutional Law, Leiden 2006

Lutfi Al-Sayyid, M.A.: A short history of of modern Egypt, Cambridge 1985

Mabro, R.: The Egyptian economy 1952–1972, Oxford 1974

Mabro, R./Radwan, S.: The industrialization of Egypt 1838–1873. Policy and performance, Oxford 1976

Marlowe, J.: Anglo-Egyptian relations, 1800–1956, London 1965

Marsot, L.S.: Egypt's liberal experiment: 1922–1936, Berkeley 1977

Mayer, Th.: The changing past: Egyptian historiography of the Urabi revolt, 1882–1983, Gainesville 1988

McDermott, A.: Egypt from Nasser to Mubarak: a flawed revolution, London 1988

Meijer, R.: The quest for modernity: Secular and left-wing political thought in Egypt, 1945–1958, London/New York 2002

Meinardus, O.F.A.: Christian Egypt: ancient and modern, Kairo 1977

Mitchell, R.P.: The society of the Muslim Brothers, London 1969

Moussa-Mahmoud, F.: The arabic novel in Egypt (1914–1970), Kairo 1973

Müller, H.: Marktwirtschaft und Islam: Ökonomische Entwicklungskonzepte in der islamischen Welt unter besonderer Berücksichtigung Algeriens und Ägyptens, Baden Baden 2002

Nasser, H.G.A.: Britain and the Egyptian nationalist movement, London 1993

Osman, T.: Egypt on the brink: From the rise of Nasser to the fall of Mubarak, La Vergne 2011

Oweiss, M.I. (Hrsg.): The political economy of contemporary Egypt, Washington, D.C., 1990

Owen, E.R.J.: Cotton and the Egyptian economy, 1820–1914: A study in trade and development, Oxford 1969

Pawelka, P.: Herrschaft und Entwicklung im Nahen Osten: Ägypten, Heidelberg 1985

Perlmutter, A.: Egypt. The praetorian state, New Brunswick 1974

Pink, J.: Geschichte Ägyptens. Von der Spätantike bis zur Gegenwart, München 2014

Pink, J.: Neue Religionsgemeinschaften in Ägypten. Minderheiten im Spannungsfeld von Glaubensfreiheit, öffentlicher Ordnung und Islam, Würzburg 2003

Podeh, E./Winckler, O. (Hrsg.): Rethinking Nasserism: Revolution and historical memory in modern Egypt, Gainesville, Fla, 2004

Radros, M.: The Muslim Brotherhood in contemporary Egypt: Democracy redefined or confined?, London/New York 2012

Robbe, M. (u. a.): Aufbruch am Nil. Politik und Ideologie in der ägyptischen Nationalbewegung unter Gamal Abdel Nasser, Berlin 1976

Robinson, W.C./El-Zanaty, T.H.: The demographic revolution in modern Egypt, Lanham/Boulder, Col., 2006

Roll, St.: Geld und Macht. Finanzsektorreformen und politische Bedeutungszunahme der Unternehmer- und Finanzelite in Ägypten, Berlin 2010

Sadat, A. as-: Unterwegs zur Gerechtigkeit. Auf der Suche nach Identität, Wien 1987

Sa'dawi, N. as-: Fundamentalismus gegen Frauen. Die »Löwin vom Nil« und ihr Kampf für die Menschenrechte der Frau, Kreuzlingen 2002

Safran, N.: Egypt in search of political community. Analysis of the political evolution of Egypt (1804–1952), Cambridge, Mass., 1961

Sakkut, H.: The Egyptian novel and its main trends (1913–1952), Kairo 1971

Satloff, R.B. (Hrsg.): Army and politics in Mubarak's Egypt, Washington, D.C. 1988

Schamp, H. (Hrsg.): Ägypten. Das alte Kulturland am Nil auf dem Weg in die Zukunft, Tübingen/ Basel 1977

Schölch, A./Mejcher, H. (Hrsg.): Die ägyptische Gesellschaft im 20. Jahrhundert, Hamburg 1992

Schölch, A.: Ägypten den Ägyptern! Die politische und gesellschaftliche Krise der Jahre 1878–1882 in Ägypten, Zürich 1973

Schulze, R.: Die Rebellion der ägyptischen Fallahin 1919. Zum Konflikt zwischen der agrarisch-orientalischen Gesellschaft und dem kolonialen Staat in Ägypten 1820–1919, Berlin 1981

Schwanitz, W: (Hrsg.): 125 Jahre Suezkanal. Lauchhammers Eisenguss am Nil, Hildesheim 1998

Scott, R.M.: The challenge of political islam: Non-Muslims and the Egyptian state, Stanford 2010

Shaarawi, H.: Harem years.The memoirs of an Egyptian feminist, London 1986

Shamir, Sh. (Hrsg.): Egypt from monarchy to republic, Boulder, Col., 1994

Smith, Ch.D.: Islam and the search for social order in modern Egypt. A biography of Muhammad Husayn Haykal, New York 1983

Springborg, R.: Mubarak's Egypt. Fragmentation of political order, Boulder, Col.,/London 1989

Springbord, R.: The political economy of Mubarak's Egypt, Boulder 1989

Springbord, R.: Family, power and politics in Egypt, Philadelphia 1982

Stephens, R.: Nasser. A political biography, London 1971

Steppat, F.: Nationalismus und Islam bei Mustafa Kamil, in: Die Welt des Islams, 4(1956)4, S. 241–341

Sullivan, D.J./Abed-Kotob, S.: Islam in contemporary Egypt: civil society and the state, Boulder, Col., 2000

Tagher, J.: Coptes et Musulmans, Kairo 1952

Talhami, Gh.H.: The mobilization of Muslim women in Egypt, Gainesville, Fla., 1996

Terry, J.: The Wafd 1919–1952. Cornerstone of Egyptian political power, London 1982

Tignor, R.L.: Modernization and British colonial rule in Egypt (1882–1914), Princeton, N.J., 1966

Thielmann, J.: Nasr Hamid Abu Zeid und die wiedererfundene hisba. Shari'a und Qanun im heutigen Ägypten, Würzburg 2003

Tignor, R.L.: Egypt: A short history, Princeton 2010

Tignor, R.L.: Modernization and British colonial rule in Egypt (1882–1914), Princeton, N.J., 1966

Tshirgi, D./Kazziha, W./McMahon, S.F.: Egypt's tahrir revolution, Boulder, Col., 2013
Ule, Ch.: Das Recht am Wasser. Dargestellt am Beispiel des Nils, Baden-Baden 1998
Ule, W.: Der arabische Sozialismus und der zeitgenössische Islam. Dargestellt am Beispiel Ägyptens und des Iraks, Opladen 1969
Vatikiotis, P.J.: The History of Egypt. From Mohammed Ali to Mubarak, 4. Aufl., London 1991
Vatikiotis, P.J.: Nasser and his generation, London 1978
Vatikiotis, P.J. (Hrsg.): Egypt since the revolution, London 1968
Wakin, E.: A lonely minority. The modern story of Egypt's copts, New York 1963
Warburg, G.: Historical discord in the Nile Valley, 1992
Waterbury, J.: The Egypt of Nasser and Sadat. The political economy of two regimes, Princeton 1983
Whidden, J.: Monarchy and modernity in Egypt: Politics, islam and neo-colonialism between the wars, London 2013
Wippel, St.: Islamische Wirtschafts- und Wohlfahrtseinrichtungen in Ägypten zwischen Markt und Moral, Hamburg 1997
Wippel, St.: Gott, Geld und Staat. Aufstieg und Niedergang der Islamischen Investmentgesellschaften in Ägypten im Spannungsfeld von Ökonomie, Politik und Religion, Hamburg 1994
Wurzel, U.G.: Ägyptische Privatisierungspolitik 1990–1998, Münster/Hamburg 2000
Zaki, M.: Civil society and democratization in Egypt, 1981–1994, Kairo 1995

Sudan

Abdin, H.: Early Sudanese nationalism, 1919–1925, Khartoum 1985
Ahmad, H.M.M.: Muslim Brotherhood in Sudan, 1944–1969, Washington, D.C., 1985
Ahmed, A.M./Manger, L. (Hrsg.): Understanding the crisis in Darfur: Listening to Sudanese voices, Bergen 2006
Akol, L.: Southern Sudan, Asmara 2007
Alier, A.: Southern Sudan: Too many agreements dishounered, Exeter 1990
Badal, R.K./Adlan, H./Muddathir, A./Woodward, P.: Sudan since independence: Studies of the political development since 1956, London 1986
Bakheit (Bakhit), J.M.A.: British administration and Sudanese nationalism, 1919–1939, Cambridge 1964
Barnett, T. (Hrsg.): Sudan: state, capital and transformation, London 1988
Bechtold, P.: Politics in the Sudan, New York 1976
Bleuchot, H./Delmet, Ch./Hopwood, D. (Hrsg.): Sudan: History, identity, ideology, Reading u. a. 1991
Burr, J.M./Collins, R.O.: Revolutionary Sudan: Hasan al-Turabi and the Islamist state, 1998–2000, Leiden 2003
Collins, R.O.: A history of modern Sudan, Cambridge/New York 2008
Collins, R.O./ Burr, J.M.: Darfur: The long road to desaster, Princeton 2008
Collins, R.O./Deng, F.M. (Hrsg.): The British in the Sudan, 1858–1956, London 1984
Daly, M.W: Darfur's sorrow: A history of destruction and genocide, Cambridge 2007
Deng, F. M.: War of visions: conflict of identities in the Sudan, Washingon, D.C., 1995
Eitner, K./Ahmed, M.D. (Hrsg.): Republik Sudan. Staat-Politik-Wirtschaft. Probleme eines Entwicklungslandes an Hand ausgewählter Bereiche, Hamburg 1980
El-Affendi, A.: Turabi's revolution. Islam and power in Sudan, London 1991
Faath, S./Mattes, H. (Hrsg.): Sudan, Hamburg 1993
Fontrier, M.: Le Darfour. Organisations internationales et crise régionale 2003–2008, Paris 2009
Garang, J.: The call for democracy in Sudan, London 1992

Gundlach, R. u. a. (Hrsg.): Der Sudan in Vergangenheit und Gegenwart, Frankfurt a.M. 1996

Hale, S.: Gender politics in Sudan: islamism, socialism, and the state, Boulder, Col., 1996

Hamdi, M.: The making of an Islamic political leader: conversation with Hasan al-Turabi, Boulder, Col., 1998

Hill, R.L.: A biographical dictionary of the Sudan, 2. Aufl., London 1967

Holt, P.M/Daly, M.W.: A history of the Sudan: from the coming of Islam to the present day, 4. Aufl., London 1988

Holt, P.M.: The Mahdist state in the Sudan, 1881-1898, 2. Aufl., Oxford 1970

Ibrahim, H.A.: Sayyid Abd al-Rahman al-Mahdi: A study of Neo-Mahdism in the Sudan, 1899–1956, Leiden 2004

Iyob, R./Khadiagala, G.M.: Sudan: the elusive quest for peace, Boulder, Col., 2006

Johnson, D.H.: The root causes of Sudan's civil wars, Oxford 2003

Karrar, A.S.: The sufi brotherhoods in the Sudan, London 1992

Khalid, M.: War and peace in Sudan: A tale of two countries, New York 2003

Köndgen, O.: Das islamisierte Strafrecht des Sudan. Von seiner Einführung 1983 bis Juli 1992, Hamburg 1992

Kok, P.: Governance and conflict in the Sudan, 1985-1995. Analysis, evaluation and documentation, Hamburg 1996

Lavergne, M. (Hrsg.): Le Soudan contemporain. De l'invasion turco-égyptienne à la rébellion africaine 1821-1989, Paris 1989

Layish, A./Warburg, G./van der Heiden, Ch.: The reinstatement of Islamic law in Sudan under Numayri: An evaluation of a legal experiment in the light of its historical context, methodology, and repercussions, Leiden 2002

Leonardi, Ch. u. a.: Dealing with government in South Sudan: Histories of chiefship, community and state, Woodbridge 2013

LeRich, M./Arnold, M.: South Sudan: From revolution to independence, New York 2012

Lesch, A.M.: The Sudan. Contested national identities, Bloomington u. a. 1998

Mattes, H.: Sudan, in: Steinbach, U./Hofmeier, R./Schönborn, M. (Hrsg.): Politisches Lexikon Nahost/Nordafrika, 3. Aufl., München 1994, S. 242–258

Monnot, J.: Le drame du Sud-Soudan. Chronique d'une islamisation forcée, Paris 1994

Niblock, T.: Pariah states and economic sanctions in the Middle East: Iraq, Libya, Sudan, Boulder, Col., 2001

Niblock, T.: Class and power in the Sudan: The dynamics of Sudanese politics, 1898-1985, London 1987

O'Ballance, E.: Sudan, civil war and terrorism, 1976-1999, London/New York 2000

Oeser, E.: Das Reich des Mahdi: Aufstieg und Untergang des ersten islamischen Gottesstaates, 1885-1897, Darmstadt 2012

Shaked, H.: The life of the Sudanese mahdi, New Brunswick, N.J., 1978

Sharkey, H.J.: Living with colonialism, nationalism and culture in the Anglo-Egyptian Sudan, Berkeley/Los Angeles/London 2003

Sidahmed, A.S./Sidahmed, A.: Sudan: A study of the evolution and prospects of its contemporary politics, London 2003

Sidahmed, A.S.: Politics and Islam in contemporary Sudan, Richmond 1997

Soares, B.F./Otayek, R. (Hrsg.): Islam and Muslim politics in Africa, New York u. a. 2007

Stevens, R.P.: Sudan's Republican brothers and Islamic reform, in: Journal of Arab Affairs 1(1981) 1, S. 135–146

Tetzlaff, R.: Staatswerdung im Sudan. Ein Bürgerkriegsstaat zwischen Demokratie, ethnischen Konflikten und Islamisierung, Münster 1993

Tetzlaff, R.: Sudan, in: Steinbach, U./Robert, R. (Hrsg.): Der Nahe und Mittlere Osten, Bd. 2: Länderanalysen, Opladen 1988, S. 371–383

Theobald, A.B.: The Mahdiya, London 1955
Thomas, G.F.: Sudan, 1950–1985: Death of a dream, London 1990
Tourabi, H. al-: Islam. Avenir du monde. Entretiens avec Alain Chevalérias, Paris 1997
Trimingham, J.S.: Islam in the Sudan, London 1949
Tvedt, T.: Southern Sudan. An annotated bibliography, London 2004
Voll, J./Voll, S.: The Sudan: Unity and diversity in a multicultural state, Boulder, Col., 1985
Warburg, G.: Islam, sectarianism and politics in Sudan since the Mahdiyya, London 2003
Warburg, G.R.: Historical discord in the Nile Valley, London 1992
Warburg, G.R.: The Sudan under Wingate: Administration in Anglo-Egyptian Sudan, 1899–1916, London 1971
Westphal, W.: Sturm über dem Nil. Der Mahdi-Aufstand. Aus den Anfängen des islamischen Fundamentalismus, Sigmaringen 1998
Wondu, St./Lesch, A.: Battle for peace in Sudan: an analysis of the Abuja conferences, 1992–1993, Oxford/New York 2000
Woodward, P.: Sudan, 1898–1989: The unstable state, Boulder, Col., 1992
Young, J.: The fate of Sudan: The origins and consequences of a flawed peace process, London/New York 2012

Syrien

Abouchdid, E.E.: Thirty years of Lebanon and Syria, 1917–1947, Beirut 1948
Abu Jaber, K.: The Arab Ba'th Socialist Party, New York 1966
Allan, J.A. (Hrsg.): Politics and economy in Syria, London 1987
Andrea, G.: La révolte druze et l'insurrection de Damas, 1925–1926, Paris 1937
Antoun, R.T./Quataert, D. (Hrsg.): Syria: Society, culture, polity, Albany, N.Y., 1991
Batatu, H.: Peasantry, the descendants of its lesser rural notables, and their politics, Princeton 1999
Beshara, A. (Hrsg.): The origins of Syrian nationhood. Histories, pioneers and identities, London 2011
Bell, G.: Syria. The desert and the sown, NewYork 1973
Bey, S.M.: Syria's quest for independence: 1939–1945, Reading 1994
Böttcher, A.: Syrische Religionspolitik unter Asad, Freiburg i.B. 1998
Brandt, J.: Syrien, Libanon – Renaissance einer nationalen Identität, Dissertation B (unveröffentlicht), Leipzig 1980
Bundeszentrale für politische Bildung: Syrien, in: Aus Politik und Zeitgeschichte, 63(18. Februar 2013)8
Dam, N. van: The struggle for power in Syria: politics and society under Asad and the Ba'th party, London 2011
Devlin, J.F.: The Ba'th Party. History from its origin to 1966, Stanford 1976
Efrat, E.: The Golan heights: Occupation, annexation, negotiation, Jerusalem 2009
Ehteshami, A./Hinnebusch, R.A.: Syria and Iran: middle powers in a penetrated regional system, London 1997
Freitag, U.: Geschichtsschreibung in Syrien 1920–1990. Zwischen Wissenschaft und Ideologie, Hamburg 1991
Grainger, J.D.: The battle for Syria: 1918–1920, Suffolk 2013
Haddad, B.: Business networks in Syria: The political economy of authoritarian resilience, Stanford 2012
Haddad, G.: Fifty years of modern Syria and Lebanon, Beirut 1950
Helberg, K.: Brennpunkt Syrien. Einblick in ein verschlossenes Land, Freiburg/Basel/Wien 2012

Hermann, R.: Kulturkrise und konservative Erneuerung. Muhammad Kurd ʿAli (1876–1953) und das geistige Leben in Damaskus zu Beginn des 20. Jahrhunderts, Frankfurt a.M. u. a. 1990

Heydemann, St.: Authoritarianism in Syria: Institutions of social conflict 1946–1970, Ithaka, N.Y., 1999

Hinnebusch, R.: Syria: revolution from above, London/New York 2001

Hinnebusch, R.: Authoritarian power and state formation in Ba'thist Syria. Army, party and peasant, Boulder, Col., 1990

Hinnebusch, R.: Peasant and bureaucracy in Ba'thist Syria. The political economy of rural development, Boulder, Col., 1989

Hopfinger, H.: Öffentliche und private Landwirtschaft in Syrien, Erlangen 1991

Hopwood, D.:Syria 1945–1986. Politics and society, London 1988

Hosry, M.: Sozialökonomische Auswirkungen der Agrarreform in Syrien, Saarbrücken u.a. 1981

Hourani, A.: Syria and Lebanon. A political essay, London u. a. 1954

Khatib, L.: Islamic revivalism in Syria: The rise and fall of Bathist secularism, London/New York 2011

Khoury, Ph.S.: Syria and the French Mandate. The politics of Arab nationalism 1920–1945, London 1987

Khoury, Ph.S.: The tribal shaykhs, French tribal policy, and the nationalist movement in Syria between two World Wars, in: Middle East Studies, 18(April 1982)2, S. 180–193

Khoury, Ph.S.: Factionalism among Syrian nationalists during the French mandate, in: International Journal of Middle East Studies, 13(1981), S. 441–469

Kienle, E. (Hrsg.): Contemporary Syria: liberalization beween cold war and cold peace, London 1996

Kienle, E.: Ba'th versus Ba'th: The conflict between Syria and Iraq, 1968–1989, London 1990

Kienle, E.: Ethnizität und Machtkonkurrenz in inter-arabischen Beziehungen. Der syrisch-irakische Konflikt unter dem Ba'th-Regime, Berlin 1988

Klaff, R.: Konfliktstrukturen und Außenpolitik im Nahen Osten. Das Beispiel Syrien, Berlin 1994

Koszinowski, Th.: Syrien, in: Steinbach, U./Robert, R. (Hrsg.): Der Nahe und Mittlere Osten, Bd. 2: Länderanalysen, Opladen 1988, S. 385–404

Krämer, G.: Arabismus und Nationalstaatlichkeit: Syrien als nahöstliche Regionalmacht, Eben-hausen 1987

Lawson, F.H. (Hrsg.): Demystifying Syria, London 2009

Lefèvre, R.: Ashes of Hama: the Muslim Brotherhood in Syria, London 2013

Lesch, D.W.: The new lion of Damascus: Bashar al-Asad and modern Syria, New Haven/London 2005

Lobmeyer, H.G.: Opposition und Widerstand in Syrien, Hamburg 1995

Lobmeyer, H.G.: Islamismus und sozialer Konflikt in Syrien, Berlin 1990

Longrigg, S.H.: Syria and Lebanon under French mandate, London 1958

Mahr, H.: Die Baath-Partei. Portrait einer panarabischen Bewegung, München/Wien 1981

Ma'oz, M./Ginat, J./Winckler, O. (Hrsg.): Modern Syria: from Ottoman rule to pivotal role in the Middle East, Portsmouth 1999

Ma'oz, M.: Syria and Israel: from war to peace-making, London 1995

Ma'oz, M.: Asad, the Sphinx of Damascus: a political biography, London 1988

Moubayed, S.: Syria and the USA: Washington's relations with Damascus from Wilson to Eisenhower, New York 2013

Mufti, M.: Sovereign creations: pan-Arabism and political order in Syria and Iraq, Ithaca, N.Y., 1996

Olson, R.W.: The Ba'th and Syria, 1947 to 1982, Princeton, N.J., 1982

Perthes, V.: Syria under Bashar al-Asad. Modernisation and the limits of change, Oxford 2004

Perthes, V.: The political economy of Syria under Asad, London/New York 1997

Perthes, V.: Economic change, political control and decision making in Syria, Ebenhausen 1994

Perthes, V.: Syrien, in: SteinbachU./Hofmeier, R./Schönborn, M. (Hrsg.): Politisches Lexikon Nahost/Nordafrika, 3. Aufl., München 1994, S. 258–270

Perthes, V.: Syrien, in: Nohlen, D./Nuscheler, F. (Hrsg.): Handbuch der Dritten Welt, Bd. 6: Nordafrika und Naher Osten, 3. Aufl., Bonn 1993, S. 489–509

Perthes, V.: Staat und Gesellschaft in Syrien 1970–1989, Hamburg 1990

Philipp, Th./Schumann, Chr. (Hrsg.): From the Syrian land to the states of Syria and Lebanon, Würzburg 2004

Pipes, D.: Greater Syria: The history of an ambition, Oxford 1990

Provence, M.: The great Syrian revolt and the rise of Arab nationalism, Austin 2005

Rabbath, E.: Les États-Unis de Syrie, Aleppo 1925

Rabbath, E.: Unité syrienne et devenir arabe, Paris 1937

Rabil, R.G.: Embattled neighbours: Syria, Israel, and Lebanon, Boulder, Col., 2003

Rabinowich, I.: The compact minorities and the Syrian state, 1918–1945, in: Journal of Contemporary History, 14(1979)

Rabinowich, I.: Syria under the Ba'th 1963–1966, Jerusalem 1972

Ramet, P.: The Soviet-Syrian relationship since 1955: A troubled alliance, Boulder, Col., 1990

Rathmell, A.: Secret war in the Middle East: The covert struggle for Syria, 1949–1961, London 1995

Raymond, A. (Hrsg.): La Syrie d'aujourd'hui, Paris 1980

Reissner, J: Ideologie und Politik der Muslimbrüder Syriens. Von den Wahlen 1947 bis zum Verbot unter Adib aš-Šišakli 1952, Freiburg 1980

Roberts, D.: The Ba'th and the creation of modern Syria, London 1987

Russel, M.B.: The first modern Arab state: Syria under Faysal, 1918–1920, Minneapolis 1985

Schäbler, B.: Aufstände im Drusenbergland. Ethnizität und Integration einer ländlichen Gesellschaft Syriens vom Osmanischen Reich bis zur staatlichen Unabhängigkeit, Gotha 1996

Schumann, Ch.: Radikalnationalismus in Syrien und Libanon: politische Sozialisation und Eliten-bildung, Hamburg 2001

Schweizer, G.: Syrien: Religion und Politik im Nahen Osten, Stuttgart 1998

Seale. P.: Asad of Syria. The struggle for the Middle East, London 1988

Seale, P.: The struggle for Syria. A study of post-war Arab politics, 1945–1958, London 1965

Seurat, M.: L'Etat de barbarie, Paris 1989

Tauber, E.: The formation of modern Syria and Iraq, Newbury Park 1995

Tejel, J.: Syria's Kurds: History, politics and society, London/New York 2009

Tibawi, A.L.: A modern history of Syria, including Lebanon and Palestine, London 1969

Torrey, G.H.: Syrian politics and the military, 1945–1948, Columbus, Ohio, 1964

Voss, G.: Alawiya oder Nusairiya? Schiitische Machtelite und sunnitische Opposition in der Syrischen Arabischen Republik, Hamburg 1987

Wieland, C.: Syria: A decade of lost chances: repression and revolution from Damascus spring to Arab spring, Seattle 2012

Winckler, O.: Demographic developments and population politics in Ba'thist Syria, Brighton/ Portland 1999

Wirth, Eu.: Syrien. Eine geographische Landeskunde, Darmstadt 1971

Yildiz, K: The Kurds in Syria: The forgotten people, London/Ann Arbor, 2005

Zorob, A.: Syrien im Spannungsfeld zwischen der Euro-Mediterranen Partnerschaft und der Großen Arabischen Freihandelszone, Bochum 2006

Libanon

Abul-Husn, L.: The Lebanese conflict: looking inward, Boulder, Col., 1998

Ajami, F.: The vanished Imam, Musa al-Sadr and the Shia of Lebanon, Ithaca/London 1986

Alin, E.G.: The United States and the 1958 Lebanon crisis: American intervention in the Middle East, Lanham, 1964

Bar, L.H. de: Les communautés confessionelles du Liban, Paris 1983

Barak, O.: The Lebanese army: A national institution in a divided society, New York 2009

Barakat, H. (Hrsg.): Towards a viable Lebanon, London/Washington 1987

Binder, L. (Hrsg.): Politics in Lebanon, New York/London u. a. 1966

Brunnhuber, U.H.: Die Libanonkrise 1958. U.S. Intervention im Zeichen der Eisenhower Doktrin, Hamburg 1997

Collelo, T.: Lebanon: a country study, Washington, D.C., 1989

Dib, K.: Warlords and merchants: The Lebanese business and political establishment, Reading 2004

Dubar, C./Nasr, S.: Les classes sociales au Liban, Paris 1976

El-Khazen, F.: The breakdown of the state in Lebanon, 1967–1976, Cambridge, Mass., 2000

El-Solh, R.: Lebanon and Arabism: National identity and state formation, New York 2003

Gellner, E./Waterbury, J. (Hrsg.): Patrons and Clients in Mediterranean Societies, London 1977

Haddad, G.: Fifty years of modern Syria and Lebanon, Beirut 1950

Haddad, S.: The Palestinian impasse in Lebanon: The politics of refugee integration, Brighton/Portland 2003

Halawi, M.: A Lebanon defied: Musa al-Sadr and the Schi'a community, Boulder, Col., 1992

Hamdane, K.: Le conflit libanais. Communautés religieuses, classes sociales et identité nationale, Reading 1997

Hanf, Th./Salam, N. (Hrsg.): Lebanon in limbo: Postwar society and state in an uncertain regional environment, Baden-Baden 2003

Hanf, Th.: Koexistenz im Krieg. Staatszerfall und Entstehen einer Nation im Libanon, Baden-Baden 1990

Hanf, Th.: Libanon-Konflikt, in: Steinbach, U./Robert, R. (Hrsg.): Der Nahe und Mittlere Osten, Bd. 1: Grundlagen, Strukturen und Problemfelder, Opladen 1988, S. 663–679

Hanf, Th.: Erziehungswesen in Gesellschaft in Gesellschaft und Politik des Libanon, Bielefeld 1969

Harik, J.P.: Hezbollah. The changing face of terrorism, London 2004

Hirst, D.: Beware of small states: Lebanon, battleground of the Middle East, New York 2010

Hitti, Ph.K.: A short history of Lebanon, London/New York 1965

Hourani, A.: Syria and Lebanon. A political essay, London u. a. 1954

Ismail, A./Khairallah, Sh.: Lebanon. History of a people, Beirut 1972

Hudson, M.C.: The precarious republic: Political modernization in Lebanon, New York 1968

Johnson, M.: All honourable men: the social origins of war in Lebanon, London 2001

Katholische Akademie Hamburg (Hrsg.): Die Christen im Libanon, Hamburg 1990

Kewenig, W.: Die Koexistenz der Religionsgemeinschaften im Libanon, Berlin 1965

Khalaf, S.: Civil and uncivil violence in Lebanon: A history of the internationalization of communal conflict, New York 2002

Khazen, F. el-: The breakdown of the state in Lebanon 1967–1976, London 2000

Kiwan, F. (Hrsg.): Le Liban aujourd'hui, Paris 1994

Kneissl, K.: Hizbollah: Libanesische Widerstandsbewegung, islamische Terrorgruppe oder bloß eine politische Partei? Eine Untersuchung der schiitischen Massenbewegung Hizbollah im libanesischen und regionalen Kontext, Wien 2002

Kropf, A.: Oppositionsbewegungen im Libanon: zwischen Systemerhalt und Systemveränderung, Frankfurt a.M. 2007

Kuderna, M: Libanon, in: Steinbach, U./Robert, R. (Hrsg.): Der Nahe und Mittlere Osten, Bd. 2: Länderanalysen, Opladen 1988, S. 235–249

Kuderna, M.: Christliche Gruppen im Libanon. Kampf um Ideologie und Herrschaft in einer unfertigen Nation, Wiesbaden 1983

Longrigg, S.H.: Syria and Lebanon under French mandate, London 1958

Mackey, S.: Lebanon: death of a nation, New Yorck 1989

Meininghaus, E.: Musa as-Sadr – schiitischer Geistlicher oder libanesischer Realpolitiker? Das politische Erwachen der Schiiten im Libanon, Hamburg 2008

Moussallem, A.: La presse libanaise. Expression du Liban politique et confessionnel et forum des pays arabes, Paris 1977

Najem, T.P.: Lebanon. The politics of penetrated society, London 2004

Norton, A.R.: Hezbollah. A short history, 5. Aufl., Princeton, N.J.,/Oxford 2009

Norton, A.R.: Amal and the Shia struggle for the soul of Lebanon, Austin 1987

O'Ballance, E.: Civil war in Lebanon, 1975–1992, New York 1998

Owen, R. (Hrsg.): Essays on the crisis in Lebanon, London 1976

Perthes, V.: Der Libanon nach dem Bürgerkrieg. Von Ta'if zum gesellschaftlichen Konsens?, Baden-Baden 1994

Perthes, V.: Libanon, in: Nohlen, D./Nuscheler, F. (Hrsg.): Handbuch der Dritten Welt, Bd. 6: Nordafrika und Naher Osten, 3. Aufl., Bonn 1993, S. 431–449

Picard, E.: Lebanon: a shattered country, New York/London 1996

Picard, E.:Liban, état de discorde: des fondations aux guerres fratricides, Paris 1988

Rabinovich, I.: The war for Lebanon, 1970–1983, London 1984

Randall, J.C.: Going all the way. Christian warlords, Israeli adventurers and the war in Lebanon, New York 1983

Rieck, A.: Libanon, in: Steinbach, U./Hofmeier, R./Schönborn, M. (Hrsg.): Politisches Lexikon Nahost/Nordafrika, 3. Aufl., München 1994, S. 159–174

Rieck, A.: Die Schiiten und der Kampf um den Libanon. Politische Chronik 1958–1988, Hamburg 1989

Rizk, Ch.: Le régime politique libanais, Paris 1966

Rosini, St.: Islamismus bei den Schiiten im Libanon. Religion im Übergang von Tradition zur Moderne, Berlin 1996

Rubin, B. (Hrsg.): Lebanon: Liberation, conflict, and crisis, New York 2009

Saad-Ghorayeb, A.: Hizbullah: Politics and religion, London 2002

Salem, E.: Constructing Lebanon: A century of literary narratives, Gainesville 2003

Salibi, K.: A house of many mansions: the history of Lebanon reconsidered, London 2003

Salibi, K.: The Modern History of Lebanon, London 1965

Salibi, K.: Crossroads to civil war: Lebanon 1958–1976, London 1976

Sanders, W. (Hrsg.): Die Christen im Libanon, Hamburg 1990

Sankari, J.: Fadlallah: The making of a radical Shi'ite leader, London 2005

Sarkis, J.: Histoire de la guerre du Liban, Paris 1993

Schenk, B.: Kamal Ğumbulat. Das arabisch-islamische Erbe und die Rolle der Drusen in seiner Konzeption der libanesischen Geschichte, Berlin 1994

Schiller, D.Th.: Der Bürgerkrieg im Libanon. Entstehung, Verlauf, Hintergründe, München 1979

Schlicht, A.: Libanon; zwischen Bürgerkrieg und internationalem Konflikt, Bonn 1986

Schmucker, W.: Krise und Erneuerung im libanesischen Drusentum, Bonn 1977

Shanahan, R.: The Shi'a of Lebanon: Clans, parties and clerics, London/New York 2005

Sorenson, D.S.: Global security watch: Lebanon, a reference handbook, Santa Barbara 2010

Suleiman, M.W.: Political parties in Lebanon. The challenge of a fragmented political culture, New York 1967

Vocke, H.: Der umstrittene Krieg im Libanon. Samisdats, Zeitungsberichte, Dokumente, Hamburg 1980

Vorländer, D. (Hrsg.): Libanon – Land der Gegensätze. Ein Handbuch zur Geschichte und Gegenwart, Religionen und Kirchen des Libanon, Erlangen 1980

Weiss, M.: In the shadow of sectarianism: Law, Shi'ism, and the making of modern Lebanon, Cambridge/London 2010

Zamir, M.: Lebanon's quest: The road to statehood 1926-1939, London/New York 2000

Zisser, Ey.: Lebanon: The challenge of independence, London 2000

Jordanien

Abdullah ibn Husain: Memoirs of King Abdullah of Transjordan, London 1950

Al-Khazendar, S.: Jordan and the Palestinian question: the role of Islamic and left forces in the foreign policy, Reading 1997

Aruri, N.H.: Jordan: A study in political development, 1921-1965, Den Haag 1972

Ashton, N.: King Hussein of Jordan: A political life, New Haven 2008

Augustin, E.: Jordanien im Spannungsfeld des Palästinakonfliktes: Entstehung und Entwicklungsgeschichte bis in die Gegenwart, Kiel 1987

Bailey, C.: Jordan's Palestinian challenge 1948-1983. A political history, Boulder, Col., 1984

Bligh, A.: The political legacy of King Hussein, Brighton/Portland 2002

Boulby, M.: The Muslim Brotherhood and the kings of Jordan, 1945-1993, Atlanta 1999

Dann, U.: King Hussein and the challenge of Arab radicalism. Jordan 1955-1967, New York/Oxford 1989

Dann, U.: Studies in the history of Transjordan, 1920-1949. The making of a state, Bolder, Col., 1984

Dieterich, R.: Transformation oder Stagnation? Die jordanische Demokratisierungspolitik seit 1989, Hamburg 1999

El-Edroos, S.A.: The Hashemite Arab army, 1908-1979, Amman 1980

Engelleder, D.: Die islamistische Bewegung in Jordanien und Palästina 1945-1989, Wiesbaden 2002

Fathi, Sch.H.: Jordan – An invented nation? Tribe-state dynamics and the formation of national identity, Hamburg 1994

Fishbach, M.R.: State, society and land in Jordan, Leiden/Boston/Köln 2000

Gelber, Y.: Israeli-Jordanian dialogue, 1948-1953: Cooperation, conspiracy, or collusion?, Brighton/Portland 2004

Glubb, J.B.: Jenseits vom Jordan. Soldat mit Arabern, München 1958

Glubb, J.B.: The story of the Arab legion, London 1946

Gubser, P.: Historical dictionary of the Hashemite Kingdom of Jordan, Metuchen, N.J.,1991

Haas, M.: Husseins Königreich. Jordaniens Stellung im Nahen Osten, München 1975

Hussein ibn Talal: Mein gefährliches Leben, München 1962

Joffé, G. (Hrsg.): Jordan in transition, 1990-2000, New York 2001

Khader, B./Badran, A. (Hrsg.): The economic development of Jordan, London 1987

Kirkbride, A.S.: From the wings: Amman memoirs 1947-1951, London 1976

Köndgen, O.: Jordanien, München 1999

Koszinowski, Th.: Jordanien, in: Steinbach, U./Hofmeier, R./Schönborn, M. (Hrsg.): Politisches Lexikon Nahost/Nordafrika, 3. Aufl., München 1994, S. 134-143

Koszinowski, Th.: Jordanien, in: Steinbach, U./Robert, R. (Hrsg.): Der Nahe und Mittlere Osten, Bd. 2: Länderanalysen, Opladen 1988, S.197-213

Krämer, G.: Jordanien, in: Nohlen, D./Nuscheler, F. (Hrsg.): Handbuch der Dritten Welt, Bd. 6: Nordafrika und Naher Osten, 3. Aufl., Bonn 1993, S. 381–398

Lucas, R.E.: Institutions and the politics of survival in Jordan: Domestic responses to external challenges, 1988–2001, Albany 2005

Lunt, J.: The Arab legion 1923–1957, London/North Pomfret, 2000

Lunt, J.: Glubb Pasha: A biography, London 1984

Michal, S.: West Bank/East Bank: The Palestinians in Jordan, 1949–1967, New Haven/London 1978

Nevo, J.: King Hussein and the evolution of Jordan's perception of a political settlement with Israel, 1967–1988, Brighton/Portland 2006

Nyrop, R.F.: Jordan; a country study, Washington, D.C., 1980

Robins, Ph.: A history of Jordan, Cambridge 2004

Rogan, Eu.L./Tell, T. (Hrsg.): Village, steppe, and state: the social origins of modern Jordan, New York 1995

Ryan, C.R.: Inter-Arab alliances: Regime security and Jordanian foreign policy, Gainesville 2009

Salibi, K.: A modern history of Jordan, London 1993

Satloff, R.B.: From Abdallah to Hussein: Jordan in transition, New York 1994

Schwedler, J.: Faith in moderation: Islamist parties in Jordan and Jemen, Cambridge/New York 2006

Shlaim, A.: Lion of Jordan: The life of King Hussein in war and peace, New York 2009

Shlaim, A.: The politics of partition: King Abdallah, the Zionists and Palestine 1921–1951, Oxford 1998

Snow, P.: Hussein – König und Soldat, Düsseldorf und Köln 1973

Sosland, J.K.: Cooperating rivals: The riparian politics of the Jordan river basin, Albany 2007

Susser, A./Shmuelevitz, A. (Hrsg.): The Hashemites in the modern Arab world: essays in honour of the late Professor Uriel Dann, Ilford 1995

Tal, L.: Politics, the military, and national security in Jordan, 1955–1967, New York 2002

Terrill, W.A.: Global security watch: Jordan, Santa Barbara 2010

Vatikiotis, P.J.: Politics and the military in Jordan: A study of the Arab Legion 1921–1957, London 1967

Wiktorowicz, Qu.: The management of Islamic activity: Salafis, the Muslim Brotherhood and state power in Jordan, Albany 2001

Wilson, R. (Hrsg.): Politics and the economy in Jordan, London 1990

Wilson, M.C.: King Abdullah, Britain and the making of Jordan, Cambridge 1988

Palästina

Abu-Amr, Z.: Islamic fundamentalism in the West Bank and Gaza: Muslim Brotherhood and Islamic Jihad, Bloomington 1994

Abu-Ghazaleh, A.: Arab cultural nationalism in Palestine during the British mandate, Beirut 1973

Abu Lughod, I. (Hrsg.): The transformation of Palestine. Essays on the origin and development of the Arab-Israeli conflict, Evanston 1971

Ansprenger, F.: Juden und Araber in einem Land. Die politischen Beziehungen der beiden Völker im Mandatsgebiet Palästina und im Staat Israel, Mainz/München 1978

Aruri, N. (Hrsg.): Palestinian refugees: the right to return, London 2001

Ashrawi, H.: Ich bin in Palästina geboren, Stuttgart 1995

Augustin, E. (Hrsg.): Palestinian women. Identity and experience, London 1993

Avineri, Sh.: The making of modern Zionism. Intellectual origins of the Jewish state, New York 1977

Avneri, U./Bishara, H. (Hrsg.): Die Jerusalemfrage, Heidelberg 1996

Bar-Zohar, M.: Ben-Gurion. A political biography, New York 1978

Bauer, Y.: From diplomacy to resistance: A history of Jewish Palestine, 1939–1945, Philadelphia 1970

Baumgarten, H.: Hamas. Der politische Islam in Palästina, Kreuzlingen und München 2006

Baumgarten, H.: Arafat. Zwischen Kampf und Diplomatie, München 2002

Baumgarten, H.: Palästina. Befreiung in den Staat: die palästinensische Nationalbewegung seit 1948, Frankfurt a.M. 1991

Beck, M.: Friedensprozess im Nahen Osten. Rationalität, Kooperation und politische Rente im Vorderen Orient, Wiesbaden 2002

Beilin, J.: Touching peace. From the Oslo accord to a final agreement, London 1999

Ben-Dor, G. (Hrsg.): The Palestinians and the Middel East conflict, Ramat Gan/London u. a. 1976

Benson, M.T.: Harry S. Truman and the founding of Israel, Westport, Conn., 1997

Ben-Zvi, A.: United States and Israel: the limits of the special relationship, New York 1993

Bernstein, R.: Geschichte des Staates Israel von der Gründung 1948 bis heute, Schwalbach, Ts., 1998

Bethell, N.: Das Palästina-Dreieck. Juden und Araber im Kampf um das britische Mandat 1935–1948, Frankfurt a.M. 1978

Brenner, M.: Geschichte des Zionismus, München 2002

Brown, N.J.: Palestinian politics after the Oslo accords, Berkeley, Cal., 2003

Bunzl, J.: Israel und die Palästinenser. Die Entwicklung eines Gegensatzes, Wien 1982

Caplan, N.: The Israeli-Palestine conflict: contested histories, West Sussex 2010

Carter, J.: Peace not apartheid, New York 2006

Chehab, Z.: Inside Hamas: The untold story of the militant Islamic movement, New York 2007

Cobban, H.: The Palestinian Liberation Organization. People, power and politics, Cambridge 1984

Croitoru, J.: Hamas. Auf dem Weg zum palästinensischen Gottesstaat, München 2010

Diner, D.: Der Krieg der Erinnerungen und die Ordnung der Welt, Berlin 2001

Diner, D.: »Keine Zukunft auf den Gräbern der Palästinenser.« Eine historisch-politische Bilanz der Palästinafrage, Hamburg 1982

Diner, D.: Israel in Palästina. Über Tausch und Gewalt im Vorderen Orient, Königstein 1980

Dombrowski, I.: Wasserprobleme im Jordanbecken. Perspektiven einer gerechten und nachhaltigen Nutzung internationaler Ressourcen, Berlin 1995

Driesch, W: Islam, Judentum und Israel: Der jüdische Anspruch auf das heilige Land aus muslimischer Perspektive, Hamburg 2003

Edig, A. van: Die Nutzung internationaler Wasserressourcen. Rechtsanspruch oder Machtinstrument? Die Beispiele des Jordans und der israelisch-palästinensischen Grundwasservorkommen, Baden-Baden 2001

El-Eini, R.I.M.: Mandated landscape: British imperial rule in Palestine, 1929–1948, London/New York 2006

Elmusa, Sh.S.: Water conflict: Economics, politics, law and Palestinian-Israeli water resources, Washington, D.C., 1997

Elpeleg, Z.: The Grand Mufti. Haj Amin al-Hussaini, founder of the Palestinian national movement, London 1993

Finkelstein, N.G.: Der Konflikt zwischen Israel und den Palästinensern. Mythos und Realität, Kreuzlingen/München 2002

Flapan, S.: Zionism and the Palestinians, London 1979

Flores, A.: Die Entwicklung der palästinensischen Nationalbewegung bis 1848, in: Mejcher, H. (Hrsg.): Die Palästina-Frage, Paderborn u. a. 1993, S. 89–122

Flores, A.: Intifada. Aufstand der Palästinenser, Berlin 1988

Flores,A.: Nationalismus und Sozialismus im Arabischen Osten. Kommunistische Partei und arabische Nationalbewegung in Palästina 1919–1948, Münster 1980

Frangi, A.: Der Gesandte – Mein Leben für Palästina. Hinter den Kulissen der Nahost-Politik, München 2011

Frangi, A.: PLO und Palästina. Vergangenheit und Gegenwart, Frankfurt a.M. 1982

Freedman, R.O. (Hrsg.): The Middle East and the peace process: the impact of the Oslo accords, Gainesville, Fla., 1998

Freedman, R.O.: The intifada: Its impact on Israel, the Arab world and the superpowers, Gainesville, Fla., 1991

Freimark, P: Zum Selbstverständnis palästinensisch-arabischer Nationalität. in: Mejcher, H. (Hrsg.): Die Palästina-Frage, Paderborn u.a. 1993, S. 49–74

Friedman, I.: A twice-promised land?, Bd. 1: The British, the Arabs & Zionism, 1915–1920, London/New Brunswick 2000

Ghanem, A.: The Palestinian-Arab minority in Israel, 1948-2000: A political study, Albany, N.Y., 2001

Gilbert, M.: The Arab-Israeli conflict: Its history in maps, London 1992

Gowers, A./Walker, T.: Arafat. Hinter dem Mythos, München 1994

Gresch, A.: Israel – Palästina. Die Hintergründe eines unendlichen Konflikts, Zürich 2002

Hansen, G.: Jerusalem/al-Quds. Literatur zur Situation in Jerusalem und zu den Lösungsperspektiven der Jerusalemfrage, Hamburg 2000

Hart, A.: Arafat: a political biography, London 1994

Harttung, A.: Zeittafel zum Nahost-Konflikt, Berlin 1979

Herzl. Th.: Wenn ihr wollt, ist es kein Märchen/Der Judenstaat, hrsg. von J. Schoeps, Kronberg, Ts., 1978

Höpp, G. (Hrsg.): Mufti-Papiere. Briefe, Memoranden, Reden und Aufrufe Amin al-Husainis aus dem Exil, 1940–1945, Berlin 2001

Hollstein, W.: Kein Frieden um Israel. Zur Sozialgeschichte des Palästina-Konflikts, Bonn 1973

Hroub, Kh.: Hamas. Die islamische Bewegung in Palästina, Heidelberg 2011

Jamal, A.: Arab minority nationalism in Israel: The politics of indigeneity, London/New York 2011

Johannsen, M.: Der Nahost-Konflikt, 3. Aufl., Wiesbaden 2011

Karmi, Gh./Cotran, Eu. (Hrsg.): The Palestinian exodus, 1948–1998, Reading 1999

Karsh, E.: Palestine betrayed, London/New Haven 2010

Karsh, E./Kumaraswamy, P.R. (Hrsg.): Israel, the Hashemites and the Palestinians: The fateful triangle, London 2003

Kaye, D.D.: Beyond the handshake: Multilateral cooperation in the Arab-Israeli Peace process, 1991–1996, New York 2001

Kayyali, A.: Palestine: A modern history, London 1973

Kedourie, E./Haim, S. (Hrsg.): Zionism and Arabism in Palestine and Israel, London 1982

Khalidi, R.: The iron cage: The story of the Palestinian struggle for statehood, Boston 2006

Khalidi, R.: Palestinian identity: The construction of modern national consciousness, New York 1997

Klein, M.: The shift: Israel-Palestine from border struggle to ethnic conflict, New York 2010

Koltermann, U.: Päpste und Palästina. Die Nahostpolitik des Vatikans von 1947 bis 1997, Münster 2001

Krämer, G.: Geschichte Palästinas. Von der osmanischen Eroberung bis zur Gründung des Staates Israel, München 2003

Krautkrämer, E.: Krieg ohne Ende? Israel und die Palästinenser – Geschichte eines Konflikts, Darmstadt 2003

Landau, J. M.: The Arab minority in Israel, 1967–1991: political aspects, Oxford 1993

Laqueur, W./Rubin, B. (Hrsg.): The Israel-Arab reader: a documentary history of the Middle East conflict, New York 2001

Laqueur, W.: Der Weg zum Staat Israel. Geschichte des Zionismus, Wien 1975

Lesch, A.M.: Arab politics in Palestine, 1917–1939: The frustration of a nationalist movement, Ithaca/London 1979

Lesch, D.W.: The Arab-Israeli conflict: A history, Oxford/New York 2007

Litwak, M.: Palestinian collective memory and national identity, New York 2009

Lowi, M. R.: Water and power: the politics of a scarce resource in the Jordan River basin, Cambridge 1993

Lustick, I.S. (Hrsg.): Palestinians under Israeli rule, New York 1994

Lustick, I.S. (Hrsg.): The conflict with Israel in Arab politics and society, New York 1994

Mandel, N.J.: The Arabs and Zionism before World War I, Berkeley/Los Angeles 1976

Matthews, W.C.: Confronting an empire, constructing a nation: Arab nationalists and popular politics in Mandate Palestine, London/New York 2006

Mejcher, H. (Hrsg.): Die Palästina-Frage 1917–1948. Historische Ursprünge und internationale Dimensionen eines Nationenkonflikts, 2. Aufl., Paderborn u. a. 1993

Mejcher, H.: Palästina in der Nahostpolitik europäischer Mächte und der Vereinigten Staaten von Amerika 1919–1948, in: id. (Hrsg.): Die Palästina-Frage, Paderborn u.a. 1993, S. 189–242

Morris, B.: 1948: A history of the first Arab-Israeli war, New Haven/London 2008

Morris, B.: The birth of the Palestinian refugee problem revisited, New York 2004

Morris, B.: Righteous victims. A history of the Zionist-Arab conflict, 1991–2001, New York 2001

Morris, B.: Israel's border wars 1949–1956. Arab infiltration, Israeli retaliation and the countdown to the Suez war, Oxford 1993

Morris, B.: The birth of the Palestinian Arab refugee problem, 1947–1949, Cambridge 1988

Nadan, A.: The Palestinian peasant economy under the mandate: A story of colonial bungling, Cambridge/London 2006

Nakhleh, Kh./Zureik, E. (Hrsg.): The Sociology of the Palestinians, London 1980

Otto, I./Schmidt-Dumont, M.: Der Nahostkonflikt seit Ausbruch der Intifada. Eine Auswahlbibliographie, Hamburg 1990

Owen, R. (Hrsg.): Studies in the economic and social history of Palestine in the nineteenth and twentieth centuries, London 1981

Pappe, I.: The forgotten Palestinians: A history of the Palestinians in Israel, New Haven/London 2011

Pappe, I.: The ethnic cleansing of Palestine, Oxford 2006

Pappe, I.: A history of modern Palestine: One land, two peoples, 2. Aufl., New York 2006

Pappe, I.: The making of the Arab-Israeli conflict 1947–1951, Cambridge/London 1994

Peleg, I./Waxman, D.: Israeli Palestinians: The conflict within, Cambridge/New York 2011

Peres, Sh.: Die Versöhnung. Der Nahe Osten, Berlin 1993

Porath, Y.: The Palestinian-Arab national movement. From riots to rebellion, 1929–1939, London 1977

Porath, Y.: The emergence of the Palestinian-Arab national movement, 1918–1929, London 1974

Quandt, W.B.: Peace process: American diplomacy and the Arab-Israeli conflict since 1967, Berkeley 1993

Qasimiyya, Ch.: Palästina in der Politik der arabischen Staaten 1918–1948, in: Mejcher, H. (Hrsg.): Die Palästina-Frage, Paderborn u. a. 1993, S. 123–188

Rabinovitch, I.: The lingering conflict: Israel, the Arabs, and the Middle East 1948–2011, Washington 2011

Rabinovitch, I.: Waging peace: Israel and the Arabs, 1948–2003, Princeton, N.J., 2004

Rabinowich, I.: The road not taken: Early Arab-Israeli negotiations, New York 1991

Rieck, A.: Palästinenser und PLO, in: Steinbach, U./Hofmeier, R./Schönborn, M. (Hrsg.): Politisches Lexikon Nahost/Nordafrika, 3. Aufl., München 1994, S. 334–346

Robbe, M.: Scheidewege in Nahost. Der Nahostkonflikt in Vergangenheit und Gegenwart, 2. Aufl., Berlin 1987

Rogan, Eu.L./Shlaim, A. (Hrsg.): The war for Palestine: Rewriting the history of 1948, Cambridge 2001

Rotter, G./Fathi, Sch. (Hrsg.): Nahostlexikon. Der israelisch-palästinensische Konflikt von A-Z, Heidelberg 2001

Rubenberg, Ch.A.: Palestinian women: Patriarchy and resistance in the West Bank, Boulder, Col.,/ London 2001

Rubin, B.: Revolution until victory? The politics and history of the PLO, Cambridge, Mass., 1994

Rubin, B./Rubin, J.C.: Yasir Arafat: A political biography, New York 2003

Rubin, B./Ginat, J./Ma'oz, M.: From war to peace: Arab-Israeli relations, 1973–1993, Brighton 1994

Rubinstein, A.: Geschichte des Zionismus. Von Theodor Herzl bis Ehud Barak, München 2001

Ruether, R.R./Ruether, H.J.: The wrath of Jonah: The crisis of religious nationalism in the Israeli-Palestinian conflict, 2. Aufl., Minneapolis 2002

Sabbagh, S. (Hrsg.): Palestinian women of Gaza and the West Bank, Bloomington, Ind., 1998

Sachar, H.M.: A history of Israel: From the rise of Zionism to our time, New York 1976

Safran, N.: From war to war: The Arab-Israeli confrontation 1948–1967, New York 1969

Said, E.: Peace and its discontents. Essays on Palestine in the Middle East peace process, New York 1996

Said, E.: The question of Palestine, London 1980

Sayigh, Y.: Armed struggle and the search for state: The Palestinian national movement, 1949–1993, Oxford 1997

Schäfer, B. (Hrsg.): Historikerstreit in Israel. Die »neuen« Historiker zwischen Wissenschaft und Öffentlichkeit, Frankfurt a.M. 2000

Schiller, D.Th.: Palästinenser zwischen Terrorismus und Diplomatie. Die paramilitärische Nationalbewegung von 1918 bis 1981, München 1982

Schölch, A.: Europa und Palästina 1838–1917, in: Mejcher, H. (Hrsg.): Die Palästina-Frage, Paderborn u. a. 1993, S. 13–47

Schreiber, F./Wolffsohn, M.: Nahost. Geschichte und Struktur des Konflikts, Opladen 1995

Schreiber, F.: Aufstand der Palästinenser – die Intifada. Fakten und Hintergründe, Opladen 1990

Schreiber, F.: Nahost: Geschichte und Struktur des Konflikts, Opladen 1988

Segev, T.: Es war einmal ein Palästina. Juden und Araber vor der Staatsgründung Israels, München 2005

Shepherd, N.: Ploughing sands: British rule in Palestine 1917–1948, New Brunswick 2000

Shlaim, A.: Israel and Palestine. Reappraisals, revisions, refutations, New York 2009

Shlaim, A.: The iron wall. Israel and the Arab world, London 2001

Shlaim, A.: War and peace in the Middle East. A concise history, New York 1995

Shlaim, A.: The politics of partition. King Abdallah, the Zionists and Palestine 1921–1951, Oxford 1990

Smith, Ch.D.: Palestine and the Arab-Israeli conflict. A history with documents, Boston/New York 2001

Smooha, S.: Arabs and Jews in Israel, Bd. 2: Change and continuity in mutual intolerance, Boulder, Col., 1992

Sosland, J.K.: Cooperating rivals: The riparian politics of the Jordan river basin, Albany 2007

Stein, K.W.: Heroic diplomacy: Sadat, Kissinger, Carter, Begin, and the quest for Arab-Israeli peace, New York/London 1999

Stein, K.W.: The land question in Palestine 1917–1939, Chapel Hill, N.C., 1984

Stein, L.: The Balfour declaration, London 1961
Steininger, R.: Der Nahostkonflikt, Frankfurt a.M. 2003
Sykes, Ch.: Kreuzwege nach Israel. Die Vorgeschichte des jüdischen Staates, München 1967
Tessler, M.: A history of the Israeli-Palestinian conflict, Bloomington 1994
Teveth, Sh.: Ben-Gurion and the Palestine Arabs, Oxford 1985
Vallianatos-Grapengeter, I.M.: Der Nahostkonflikt im Prisma der Wasserproblematik. Wasserpolitk im Jordantal 1882–1967, Hamburg 1996
Wagner, H.: Der arabisch-israelische Konflikt im Völkerrecht, Berlin 1971
Wasserstein, B.: Israel und Palästina. Warum kämpfen sie und wie können sie aufhören?, München 2003
Wasserstein, B.: The British in Palestine: The mandatory government and the Arab-Jewish conflict, 1917–1929, London 1978
Weinberger, P.E.: Co-opting the PLO: A critical reconstruction of the Oslo accords, 1993–1995, Lanham 2006
Wild, St.: Zum Selbstverständnis der palästinensischen Nationalbewegung bis 1948, in: Mejcher, H. (Hrsg.): Die Palästina-Frage, Paderborn u.a. 1993, S. 75–88
Winkelkotte, M.: Der innerpalästinensische Konflikt, Frankfurt a.M. 2009
Wolffsohn, M.: Wem gehört das Heilige Land? Die Wurzeln des Streits zwischen Juden und Arabern, München 1992
Wolffsohn, M.: Israel. Politik, Gesellschaft, Wirtschaft, 2. Aufl., Opladen 1987

Irak

Abdul-Jabbar, F. (Hrsg.): Ayatollahs, sufis and ideologies: State, religion and social movements in Iraq, London 2002
Abdullah, Th.A.J.: Dictatorship, imperialism and chaos: Iraq since 1989, London/New York 2006
Aburish, S.K.: Saddam Husain – The politics of revenge, New York 2000
Al-Ali, Z.: The struggle for Iraq's future: How corruption, incompetence and sectarianism have undermined democracy, New Haven 2014
Alkazaz, A.: Die Entwicklung der irakischen Wirtschaft. Ba'th-Strategie in der Praxis, Hamburg 1981
al-Khalil, S.: Republic of fear. The politics of modern Iraq, Berkeley/Los Angeles 1989
Alnasrawi, A.: The economy of Iraq: oil, wars, destruction of development and prospects, 1950–2010, Westport 1994
Arato, A.: Constitution making under occupation: The politics of imposed revolution in Iraq, New York 2009
Atarodi, H.: Great powers, oil and the Kurds in Mosul, 1910–1925, Lanham 2003
Atiyyah, Gh.R.: Iraq 1908–1921: A socio-political study, Beirut 1973
Baram, A./Rubin, B. (Hrsg.): Iraq's road to war, London 1994
Baram A.: Culture, history and ideology in the formation of Ba'thist Iraq, 1968–89, London 1991
Bashkin, O.: The other Iraq: Pluralism and culture in Hashemite Iraq, Stanford 2009
Batatu, H.: The Old Social Classes and the Revolutionary Movements of Iraq, Princeton 1978
Birdwood, L.: Nuri as-Said: A study in Arab leadership, London 1959
Bögeholz, H.: Der Krieg um Kuwait. Eine Chronologie mit allen UN-Resolutionen, Bielefeld 1991
Dann, U.: Iraq under Qassem. A political history, New York 1969
Dawisha, A.: Iraq: A political history from independence to occupation, Princeton 2009
Dawod, H./Bozarslan, H.: La société irakienne, Paris 2003
Dodge, T: Inventing Iraq: The failure of nation building and a history denied, New York 2003

Farouk-Sluglett, M./Sluglett, P.: Der Irak seit 1958. Von der Revolution zur Diktatur, Frankfurt a. M. 1991

Ferna, R.A./Louis, W.R. (Hrsg.): The Iraqi revolution of 1958. The old social classes revisited, London 1991

Foster, H.A.: The making of modern Iraq: a product of world forces, London 1936

Fuccaro, N.: The lost Kurds. The Yazidis of modern Iraq, London 1997

Fürtig, H.: Kleine Geschichte des Irak, München 2003

Fürtig, H.: Der irakisch-iranische Krieg 1980–1988. Ursachen, Verlauf, Folgen, Berlin 1992

Göbel, R./Guillard, J./Schiffmann, M. (Hrsg.): Der Irak. Krieg, Besetzung, Widerstand, Köln 2004

Gunter, M.M.: The Kurdish predicament in Iraq: a political analysis, New York 1999

Haddad, F.: Sectarianism in Iraq: Antagonistic visions of unity, New York 2011

Haj, S.: The making of Iraq, 1900–1963: capital, power and ideology, Albany, N.Y., 1997

Hamoudi, H.A.: Negotiating in civil conflict: Constitutional construction and imperfect bargaining in Iraq, Chicago 2013

Hansen, G.: Die Lage der Kurden. Literatur seit 1985, Hamburg 1991

Holden, St.E. (Hrsg.): A documentary history of modern Iraq, Gainesville 2012

Hopwood, D. u. a. (Hrsg.): Iraq: power and society, Reading 1993

Hubel, H.: Der zweite Golfkrieg in der internationalen Politik. Mit ausgewählten Dokumenten, Bonn 1991

Ibrahim, F.: Konfessionalismus und Politik in der arabischen Welt. Die Schiiten im Irak, Münster 1997

Ibrahim, F.: Irak, in: Nohlen, D./Nuscheler, F. (Hrsg.): Handbuch der Dritten Welt, Bd. 6: Nordafrika und Naher Osten, 3. Aufl., Bonn 1993, S. 310–339

Ismael, T.Y.: The rise and fall of the Communist Party of Iraq, Cambridge 2007

Ismael, T.Y.: Iraq and Iran. Roots of conflict, New York 1982

Kadhim, A.: Reclaiming Iraq: The 1920 revolution and the founding of the modern state, Austin 2012

Kadhim, A.: The Hawza under siege: A study in the Ba'ath Party Archives, Boston 2013

Karsch, E./Rautsi, I.: Saddam Hussein. A political biography, London 1991

Khadduri, M.: Socialist Iraq. A Study in Iraqi Politics since 1968, Washington 1978

Khadduri, M.: Independent Iraq, 1932–1958, London 1960

Khalil, S.: The republic of fear. The politics of modern Iraq, London 1989

Kienle, E.: Ba'th versus Ba'th, London 1990

Kirmanj, Sh.: Identity and nation in Iraq, Boulder, Col.,/London 2013

Koszinowski, Th.: Irak, in: Steinbach, U./Hofmeier, R./Schönborn, M. (Hrsg.): Politisches Lexikon Nahost/Nordafrika, 3. Aufl., München 1994, S. 71–83

Koszinowski, Th.: Irak, in: Steinbach, U./Robert, R. (Hrsg.): Der Nahe und Mittlere Osten, Bd. 2: Länderanalysen, Opladen 1988, S. 93–113

Krell, G./Kubbig, B.W. (Hrsg.): Krieg und Frieden am Golf. Ursachen und Perspektiven, Frankfurt a.M. 1991

Lerch, W.G.: Der Golfkrieg: Ereignisse, Gestalten, Hintergründe, München 1988

Lukitz, L.: Iraq: the search for national identity, London 199

Marr, Ph.: The modern history of Iraq, 2. Aufl., Boulder, Col., 2003

Metz, H.Ch. (Hrsg.): Iraq – a country study, Washington, D.C., 1990

Mufti, M.: Sovereign creations: pan-Arabism and political order in Syria and Iraq, Ithaca, N.Y., 1996

Musallam, M.A.: The Iraqi invasion of Kuwait: Saddam Hussein, his state and international power politics, London 1996

Nakash, Y.: The Shi'is of Iraq, Princeton, N.J., 1994

Natali, D.: The Kurdish quasi-state: Development and dependency in post-Gulf war Iraq, Syracuse 2010

Niblock, T.: Pariah states and economic sanctions in the Middle East: Iraq, Libya, Sudan, Boulder, Col., 2001
Niblock, T. (Hrsg.): Iraq. The Contemporary State, London 1982
Rohde, A.: State-society relations in Ba'thist Iraq: Facing dictatorship, London/New York 2010
Romero, J.: The Iraqi revolution of 1958: A revolutionary quest for unity and security, Lanham/ Plymouth 2011
Rossi, P.: L'Irak des révoltes, Paris 1962
Sanaal, Kh.: Ehre und Schande. Frauen im Irak, München 1991
Sassoon, J.: Saddam Hussein's Ba'th party: Inside an authoritarian regime, Cambridge/NewYork 2011
Sassoon, J.: Economic policy in Iraq, 1932–1950, London 1987
Shiblak, A.: Iraqi Jews: A history of mass exodus, New York 2005
Sluglett, P./Farouk-Sluglett, M.: Der Irak seit 1958. Von der Revolution zur Diktatur, Frankfurt a.M. 1991
Sluglett, P.: Britain in Iraq 1914–1932, London 1976
Soeterik, R.: The Islamic movement of Iraq (1958–1980), Amsterdam 1991
Stansfield, G.: Iraq: people, history, politics, Cambridge/Malden 2007
Tanenbaum, J.K.: France and the Middle East 1914–1920, Philadelphia 1978
Tauber, E.: The formation of modern Syria and Iraq, Ilford 1994
Tripp, Ch.: A history of Iraq, Cambridge 2000
Visser, R.: Basra, the failed Gulf state: Separatism and nationalism in Southern Iraq, Münster 2005
Wiley, J.N.: The Islamic movement of Iraqi Shi'as, Boulder, Col., 1991

Nordafrika

Abun-Nasr, J. M.: A History of the Maghrib in the Islamic period, Cambridge 1987
Alaoui, M.: La coopération entre l'Union Européenne et les Etats du Maghreb, Paris 1994
Annuaire de l'Afrique du Nord 1962 ff., herausgegeben vom Centre de Recherches et d'Etudes sur les Sociétés Méditerranéennes, Paris 1964 ff., jährlich
Axtmann, D.: Reform autoritärer Herrschaft in Nordafrika. Verfassungs- und Wahlrechtsreformen in Algerien, Marokko und Tunesien zwischen 1988 und 2004, Wiesbaden 2007
Ayache, A. (Hrsg.): Le Maroc: dictionnaire biographique du mouvement ouvrier au Maghreb, Paris 1998
Balta, P.: Le Grand Maghreb, des indépendances à l'an 2000, Paris 1990
Barbour, N.: A survey of North West Africa (The Maghrib), London/New York/Toronto 1959
Bensedrine, S./Mestiri, O.: Despoten vor Europas Haustür. Warum der Sicherheitswahn den Extremismus schürt, München 2005
Berque, J.: Maghreb. Histoire et sociétés, Algier 1974
Bessis, S./Belhassen, S.: Femmes du Maghreb: L'enjeu, Paris 1992
Burgat, F.: L'islamisme au Maghreb. La voix du Sud, Paris 1995
Camau, M.: Le Maghreb, in: Flory, M./Mantran, R./ Korany, B. (Hrsg.): Les régimes politiques arabes, Paris 1991, S. 369–450
Chaker, S.: Berbères aujourd'hui, Paris 1989
Chamiou, N./Nabli, M.K.: Gender and development in the Middle East and North Africa. Women in the public sphere, London 2004
Charrad, M.M.: States and women's rights: The making of postcolonial Tunisia, Algeria, and Morocco, Los Angeles 2001
Chevallier, A./Kessler, V.: Economies en développement et défis démographiques: Algérie-Egypte-Maroc-Tunisie, Paris 1989

Claudot-Hawad, H. (Hrsg.): Touaregs et autres Sahariens entre plusieurs mondes, Aix-en-Provence 1997

Collectif: Penseurs magrébins contemporains, Tunis 1993

Entelis, J.P. (Hrsg.): Islam, democracy, and the state in North Africa, Bloomington, Ind., 1997

Faath, S. (Hrsg.): Islamische Aktuere in Nordafrika, Sankt Augustin/Berlin 2012

Faath, S. (Hrsg.): Politische und gesellschaftliche Debatten in Nordafrika, Nah- und Mittelost. Inhalte, Träger, Perspektiven, Hamburg 2004

Faath, S./Mattes, H. (Hrsg.): Politische Opposition in Nordafrika, Hamburg 1999

Faath, S.: Probleme der Demokratisierung im Maghreb, in: Aus Politik und Zeitgeschichte, Beilage zur Wochenzeitung »Das Parlament«, B 44–45(27. Oktober 1995)

Faath, S./Mattes, H. (Hrsg.): Demokratie und Menschenrechte in Nordafrika, Hamburg 1992

Faath, S./Mattes, H. (Hrsg.): Geschichtsschreibung und Identität im Maghreb, Hamburg 1989

Freund, W.S. (Hrsg.): La presse écrite au Maghreb: réalités et perspectives, Hamburg 1989

Ganiage, J.: Histoire contemporaine du Maghreb, Paris 1994

Gatter, F. Th. (Hrsg.): Protokolle und Generalakte der Berliner Afrika-Konferenz, 1884–1885, Bremen 1984

Geertz, C.: Religiöse Entwicklungen im Islam – Beobachtet in Marokko und Indonesien, Frankfurt a.M. 1988

Gellner, E./Micaud, Ch. (Hrsg.): Arabs and Berbers. From tribe to nation in North Africa, Toronto und London 1972

Gellner, E./Vatin, J.-C. (Hrsg.): Islam et politique au Maghreb, Paris 1988

Grandguillaume, G.: Arabisation et politique linguistique au Maghreb, Paris 1983

Guggenheim, Willy: 3mal Nordafrika. Marokko, Algerien, Tunesien, München/Zürich 1985

Harding, L.: Geschichte Afrikas im 19. und 20. Jahrhundert (=Oldenbourg Grundriss der Geschichte, 27) München 1999

Hermassi, M. E.-B.: Etat et société au Maghreb, étude comparative, Paris 1975

Hofbauer, M./Loch, Th. (Hrsg.): Nordafrika, Paderborn u. a. 2011

Hoffman, K.E./Miller, S.G. (Hrsg.): Berbers and others: Beyond tribe and nation in the Maghreb, Bloomington 2010

Hubel, H. (Hrsg.): Nordafrila in der internationalen Politik: Probleme und Zukunft der südlichen Nachbarregion Europas, München 1988

Julien, Ch.-A.: History of North Africa, London 1970

Kadri, A. (Hrsg.): Parcours d'intellectuels maghrébins. Scolarité, formation, socialisation et positionnements, Paris 1999

Kistenfeger, H.: Maghreb-Union und Golfrat. Regionale Kooperation in der arabischen Welt, Bonn 1994

Laroui, A.: L'histoire du Maghreb, 2 Bde., Paris 1976

Laskier, M.M.: North African Jewry in the twentieth century: the Jews of Morocco, Tunisia, and Algeria, New York 1994

Lawless, R./Findlay, A. (Hrsg.): North Africa. Contemporary politics and economic development, London 1984

Layachi, A. (Hrsg.): Economic crisis and political change in North Africa, Westport 1998

Le Tourneau, R.: Evolution politique de l'Afrique du Nord Musulmane 1920–1961, Paris 1962

Leveau, R.: Le sabre et le turban, Paris 1993

Maddy-Weitzman, B.: The Berber identity movement and the challenge to North African states, Austin 2011

Mattes, H.: Politische Opposition in Nordafrika, Hamburg 1999

Mattes, H.: Wirtschaftsreform, staatlicher Sektor und Privatisierungsdebatte im Maghreb. Mit Dokumentation, Hamburg 1988

Mensching, H./Wirth, E. (Hrsg.): Nordafrika und Vorderasien (=Fischer Länderkunde, 4), Stuttgart 1989

Moatassime, A.: Arabisation et langue française au Maghreb, Paris 1992

Moore, C.H.: Politics in North Africa. Algeria, Morocco and Tunisia, Boston 1970

Ruedy, J. (Hrsg.): Islamism and secularism in North Africa, New York 1994

Ruf, W.: Der Maghreb im Überblick, in: Nohlen, D./Nuscheler, F. (Hrsg.): Handbuch der Dritten Welt, Bd. 6: Nordafrika und Naher Osten, 3. Aufl., Bonn 1993, S. 86–109

Scholl-Latour, P.: Aufruhr in der Kasba. Krisenherd Algerien, Stuttgart 1992

Seddon, D.: Hunger und Herrschaft: Zur politischen Ökonomie der »Brotunruhen« in Nordafrika, Berlin 1988

Seddon, D./Goj, M.: Stamm und Staat. Ansätze zu einer Geschichte des Maghreb, Berlin 1980

Sivers, P. von: Nordafrika in der Neuzeit, in: Haarmann, U. (Hrsg.): Geschichte der arabischen Welt, 4. Aufl., München 2001, S. 502–604

Wagner, H.-G.: Mittelmeerraum, 2. Aufl., Darmstadt 2011

Willis, M.J.: Politics and power in the Maghreb: Algeria, Tunisia and Morocco from independence to the Arab spring, London 2012

Zartman, W.I./Habeeb, W.M. (Hrsg.): Polity and society in contemporary North Africa, Boulder, Col., 1993

Zartman, W.I. (Hrsg.): Political elites in Arab North Africa, New York 1982

Zartman, W.I. (Hrsg.): Man, state, and society in the contemporary Maghrib, London 1973

Zoubir, Y.H. (Hrsg.): North Africa in transition. State, society, and economic transformation in the 1990s, Gainesville 1999

Marokko

Abjean, A.: Histoire d'exils. Les jeunes sahraouis, Paris 2004

Agnoushe, A.: Histoire politique du Maroc: pouvoir, légitimités, et institutions, Casablanca 1987

Attilio, G.: Allal el Fassi, ou l'histoire de l'Istiqlal, Paris 1972

Ayache, A.: Marokko. Bilanz eines Kolonialunternehmens, Berlin 1959

Barbier, M.: Le conflit du Sahara Occidental, Paris 1982

Benhaddou, A.: Les élites du Royaume. Essai sur l'organisation du pouvoir au Maroc, Paris 1996

Berramdane, A.: Le Sahara occidental: Enjeu maghrébin, Paris 1992

Bidwell, R.: Morocco under colonial rule. French administration of tribal areas, 1912–1956, London 1973

Boukhars, A.: Politics in Morocco. Executive monarchy and enlightened authoritarianism, New York 2011

Boukhars, A./Roussellier, J. (Hrsg.): Perspectives on Western Sahara: Myths, nationalisms, and geopolitics, Lanham 2013

Cagne, J.: Nation et nationalisme au Maroc. Aux racines de la nation marocaine, Rabat 1988

Clausen, U.: Westsahara, in: Steinbach, U./Hofmeier, R./Schönborn, M. (Hrsg.): Politisches Lexikon Nahost/Nordafrika, 3. Aufl., München 1994, S. 309–315

Clausen, U.: Von Marokko besetztes Territorium: Westsahara, in : Nohlen, D./Nuscheler, F. (Hrsg.): Handbuch der Dritten Welt, Bd. 6: Nordafrika und Naher Osten, 3. Aufl., Bonn 1993, S. 261–273

Clausen, U.: Westsahara, in: Hofmeier, R./Schönborn, M. (Hrsg.): Politisches Lexikon Afrika, 4. Aufl., München 1988, S. 430–436

Clausen, U.: Der Konflikt um die Westsahara, Hamburg 1978

El Maliki, H.: Trente d'ans d'économie marocaine 1960–1990, Paris 1989

El Ouali, A.: Saharan conflict: Towards territorial autonomy as a right to democratic self-determination, London 2008

El Ouezzani, A.: Pouvoir de la fiction: regards sur la littérature marocaine, Paris 2001

Faath, S./Mattes, H. (Hrsg.): Marokko, Hamburg 1991

Faath, S.: »Le Hassanisme«. Das marokkanische Konzept von Demokratie, in: Wuquf 4–5 (1989–1990), Hamburg 1991

Faath, S.: Marokko. Die innen- und außenpolitische Entwicklung seit der Unabhängigkeit, 2 Bde.: Kommentar und Dokumentation, Hamburg 1987

Findlay, A.M.: Morocco (Bibliographie), Oxford 1994

Geertz, C.: Religiöse Entwicklungen im Islam. Beobachtet in Marokko und Indonesien, Frankfurt a.M. 1988

Gershovich, M.: French military rule in Morocco: Colonialism and its consequences, London/Portland 2000

Hassan II: La mémoire d'un roi. Entretiens avec Eric Laurent, Paris 1993

Hodges, T.: Western Sahara. The roots of a desert war, Westport/Beckenham 1983

Hodges, T.: Historical dictionary of Western Sahara, Metuchen/London 1982

Jensen, E.: Western Sahara: Anatomy of a stalemate?, 2. Aufl., Boulder, Col., 2012

Johannsen, B.: Die feindlichen Städte. Marokkos blockierter Transformationsprozess, in: Das Argument 65(1971), S. 394–423

Farouk-Sluglett, M./Sluglett, P.: Modern Morocco, in: Lawless, R./Findlay, A. (Hrsg.): North Africa, London 1984, S. 50–100

Halstead, J.P.: Rebirth of a Nation – the Origin of Moroccan Nationalism, 1912–1944, Boston 1967

Hart, D.M.: Tribe and society in rural Morocco, Ilford 2000

Hegasy, S.: Staat, Öffentlichkeit und Zivilgesellschaft in Marokko. Die Potenziale der sozio-kulturellen Opposition, Hamburg1997

Hoisington, W.A.: Lyautey and the French conquest of Morocco, New York 1995

Jensen, E.: Western Sahara: Anatomy of stalemate, Boulder, Col., 2004

Julien, Ch.-A.: Le Maroc face aux impérialismes, Paris 1978

Khallouk, M.: Islamischer Fundamentalismus vor den Toren Europas. Marokko zwischen Rückfall ins Mittelalter und westlicher Modernität, Wiesbaden 2008

Kratochwil, G.: Die Berberbewegung in Marokko. Zur Geschichte der Konstruktion einer ethnischen Identität (1912–1997), Berlin 2002

Lafuente, G.: La politique berbère de la France et le nationalisme marocain, Paris 1999

Laroui, A.: Les origines sociales et culturelles du nationalisme marocain (1830–1912), Paris 1977

Leveau, R.: Le Fellah marocain défenseur du trône, Paris 1976

Martin, P.S.: Western Sahara: The refugee nation, Cardiff 2010

Mattes, H.: Die Privatisierung der marokkanischen Wirtschaft. Rahmenbedingungen und Maßnahmen, in: Wuquf 4–5 (1989/90), Hamburg 1991, S. 130–160

Mattes, H.: Armut in Marokko. Das Beispiel der Bidonvilles, in: Wuquf 4–5 (1989/90), Hamburg 1991, S. 167–212

Mohsen-Finan, Kh.: Sahara occidental: les enjeux d'un conflit régional, Paris 1997

Müller-Hohenstein, K./Popp, H.: Marokko: ein islamisches Entwicklungsland mit kolonialer Vergangenheit, Stuttgart 1990

Pazzanita, A.G./Hodges, T.: Historical dictionary of Western Sahara, 2. Aufl., Metuchen, N.Y., 1994

Pennell, C.R.: Morocco since 1830: a history, New York 1999

Roosens, Cl.: Le conflit du Sahara occidental: bibliographie, documents, chronologie, Louvain-La-Neuve, 1990

Ruf, W.: Marokko, in: Steinbach, U./Robert, R. (Hrsg.): Der Nahe und Mittlere Osten, Bd. 2: Länderanalysen, Opladen 1988, S. 269–284

Saint Maurice, Th. de: Sahara occidental, 1991–1999: l'enjeu du référendum d'autodétermination, Paris 2000

Sater, J.N.: Civil society and political change in Morocco, Abingdon/New York 2007

Shelley, T.: Endgame in the Western Sahara: What future for Africa's last colony, London/New York 2004

Tozy, M.: Monarchie et islam politique au Maroc, Paris 1999

Vermeren, R.: La formation des élites marocaines et tunisiennes. Des nationalistes aux islamistes, 1920–2002, Paris 2002

Waterbury, J.: The Commander of the Faithful. The Moroccan political elite. A study of segmented politics, New York 1970

Wegner, E.: Islamist opposition in authoritarian regimes: The Party of Justice and Development in Morocco, Syracuse 2011

White, G.: A comparative political economy of Tunisia and Morocco: on the outside of Europe looking in, Albany, N.Y., 2001

Wolff, J.H.: Marokko, in: Nohlen, D./Nuscheler, F. (Hrsg.): Handbuch der Dritten Welt, Bd. 6: Nordafrika und Naher Osten, 3. Aufl., Bonn 1993, S. 238–260

Zeghal, M.: Islamism in Morocco. Religion, authoritarianism and electoral politics, Princeton 2008

Zartmann, I.W. (Hrsg.): The political economy of Morocco, London/New York 1987

Zoubir, Y.H. (Hrsg.): International dimensions of the Western Sahara conflict, Westport 1993

Tunesien

Allman, J.: Social mobility. Education and development in Tunisia, Leiden 1979

Anderson, L.S.: The state and social transformation. Tunisia and Libya, 1830–1980, Princeton 1986

Belkhodja, T.: Les trois décennies Bourguiba, Paris 1998

Bellin, E.: Stalled democracy: Capital, labor, and the paradox of state-sponsored development, Ithaca 2002

Ben Brik, T.: Une si douce dictature: chroniques tunisiennes, 1990–2000, Paris 2000

Ben Hammouda, H.: Tunisie: ajustement et difficulté de l'insertion internationale, Paris 1995

Ben Ramdhane, M.: Tunisie, mouvements sociaux et modernité, Paris 1998

Bolz, R.: Entwicklung und Abhängigkeit. Zur Entwicklung des peripheren Kapitalismus in Tunesien, Bremen 1981

Camau, M./Geisser, V.: Le syndrome autoritaire. Politique en Tunisie de Bourguiba à Ben Ali, Paris 2003

Camau, M.: La Tunisie, Paris 1989

Clancy-Smith, J.A.: Rebel and Saint. Muslim notables, populist protest, colonial encounters (Algeria and Tunisia), 1800–1904, Berkeley 1994

Darghout, M.A.: Droit et vécu de la femme en Tunisie, Paris 1993

Dridi, M.: Tunesien, in: Nohlen, D./Nuscheler, F. (Hrsg.): Handbuch der Dritten Welt, Bd. 6: Nordafrika und Naher Osten, 3. Aufl., Bonn 1993, S. 274–294

El Machat, S.: Les Etats-Unis et la Tunisie: de l'ambiguité à l'entente, 1945–1959, Paris 1997

El Mechat, S.: Tunisie, les chemins vers l'indépendance (1945–1956), Paris 1992

Erdle, St.: Ben Ali's ›New Tunisia‹ (1987–2009). A case study of authoritarian modernization in the Arab World, Berlin 2010

Faath, S.: Tunesien, in: Steinbach, U./Hofmeier, R./Schönborn, M. (Hrsg.): Politisches Lexikon Nahost/Nordafrika, 3. Aufl., München 1994, S. 270–281

Faath, S.: Herrschaft und Konflikt in Tunesien. Zur politischen Entwicklung der Ära Bourguiba, Hamburg 1989

Faath, S.: Tunesien. Die politische Entwicklung seit der Unabhängigkeit, 1956–1986, 2 Bde.: Kommentar und Dokumentation, Hamburg 1986

Greiselis, W.: Das Ringen um den Brückenkopf Tunesien 1942/43. Strategie der »Achse« und Innenpolitik im Protektorat, Frankfurt a.M. 1976

Honwana, A.: Youth and revolution in Tunisia, London 2013

Hopwood, D.: Habib Bourguiba of Tunisia: The tragedy of longevity, London 1992

King, St.J.: Liberalization against democracy: The local politics of economic reform in Tunisia, Bloomington 2003

Krieken van, G.S.: Khayr ad-din et la Tunisie, 1850–1882, Leiden 1976

Lamloum, O./Ravenel, B. (Hrsg.): La Tunisie de Ben Ali. La société contre le régime, Paris 2002

Liauzu, Cl.: Salariat et mouvement ouvrier en Tunisie. Crises et mutations (1931–1939), Paris 1978

Martel, P.-A.: Habib Bourguiba. Un homme, un siècle, Paris 2000

Martin, J.-F.: Histoire de la Tunisie contemporaine, Paris 1993

Mensching, H.: Tunesien, Wissenschaftliche Länderkunden 1, Wiesbaden 1979

Moalla, M.: L'Etat tunisien et l'indépendance, Tunis 1992

Moore, C.H.: Tunisia since independence. The dynamics of one-party government, Berkeley 1965

Murphy, E.C.: Economic and political change in Tunisia: from Bourguiba to Ben Ali, Basingstoke 1999

Nerfin, M.: Gespräche mit Ben-Salah – eine sozialistische Alternatiuve in Tunesien, Bonn 1976

Perkins, K. J.: A History of modern Tunisia, Cambridge 2004

Preuschaft, M.: Tunesien als islamische Demokratie? Rasid al-Gannusi und die Zeit nach der Revolution, Münster u. a. 2011

Richter-Dridi, I.: Frauenbefreiung in einem islamischen Land – ein Widerspruch?, Frankfurt a.M. 1981

Ruf, W.: Der Bourguibismus und die Außenpolitik des unabhängigen Tunesien, Bielefeld 1969

Schliephake, K.: Tunesien, in: Steinbach, U./Robert, R. (Hrsg.): Der Nahe und Mittlere Osten, Bd. 2: Länderanalysen, Opladen 1988, S. 405–420

Schliephake, K. (Hrsg.): Tunesien. Geographie – Geschichte – Kultur – Religion – Staat – Gesellschaft – Bildungswesen – Politik – Wirtschaft, Stuttgart 1985

Sfeir, A.: Tunisie. Terre des paradoxes, Paris 2006

Sraïeb, N.: Enseignement et nationalisme: le Collège Sadiki de Tunis, 1865–1956, Paris 1993

Toumi, M.: La Tunisie. Pouvoirs et luttes, Paris 1978

Vermeren, R.: La formation des élites marocaines et tunisiennes. Des nationalistes aux islamistes, 1920–2002, Paris 2002

Weber, A.F.: Staatsfeminismus und autonome Frauenbewegung in Tunesien, Hamburg 2001

White, G.: A comparative political economy of Tunisia and Morocco: on the outside of Europe looking in, Albany, N.Y., 2001

Wöhler-Khalfallah, Kh.K.: Der islamische Fundamentalismus, der Islam und die Demokratie. Algerien und Tunesien: Das Scheitern postkolonialer »Entwicklungsmodelle« und das Streben nach einem ethischen Leitfaden für Politik und Gesellschaft, Wiesbaden 2004

Zartmann, I.W. (Hrsg.): Tunisia: The political economy of reform, Boulder, Col., 1991

Algerien

Abucar, M.H.: The post-colonial society: the Algerian struggle for economic, social, and political change, 1965–1990, New York 1996

Ageron, Ch.-R.: Modern Algeria: A history from 1830 to the present, London 1991

Aghrout, A. (Hrsg.): Algeria in transition. Reforms and development prospects, London 2004

Aissaoui, A.: Algeria: the political economy of oil and gas, Oxford 2001

Ait Amara, H.: Le handicap agricole de l'Algérie, Paris 2001

Allouache, M./Colonna, V.: Algérie, 30 ans: Les enfants de l'indépendance, Paris 1992

Altevers, U.: Frankphonie in Algerien: Sprachpolitik und ihre Auswirkungen auf das Schulsystem, Diplomarbeit Gesamthochschule Kasse 1990

Aouragh, Lh.: L'économie algérienne à l'épreuve de la démocratie, Paris 1996

Benachenhou, A.: Formation du sous-développement en Algérie. Essai sur les limites du développement du capitalisme en Algérie (1930–1962), Algier 1978

Benakli, A.: Die algerische Industrialisierungspolitik. Konzeption, Regulierung, Ausbau und Rückwirkungen auf die Landwirtschaft, Bern/Frankfurt a.M. 1992

Bennoune, M.: The making of contemporary Algeria, 1839–1987, Cambridge/New York 1988

Beyssade, P.: La guerre d'Algérie, 1954–1962, Paris 1968

Boukhobza, M.: Ruptures et transformations sociales en Algérie, Algier 1989

Bourdieu, P.: Sociologie de l'Algérie. Paris 1961

Brahimi, B.: Le pouvoir, la presse et les intellectuels en Algérie, Paris 1990

Carlier, O.: Entre nation et djihad: Histoire sociale des radicalismes algériens, Paris 1995

Chaliand, G./Minces, J.: L'Algérie indépendante. Bilan d'une révolution nationale, Paris 1972

Cheurfi, A.: La classe politique Algérienne de 1900 à nos jours. Dictionnaire biographique, Algier 2001

Clancy-Smith, J.A.: Rebel and Saint. Muslim notables, populist protest, colonial encounters (Algeria and Tunisia), 1800–1904, Berkeley 1994

Clausen, U.: Der algerische Sozialismus. Eine Dokumentation, Opladen 1969

Dahmani, A.: L'Algérie à l'épreuve. Economie politique des réformes, 1980–1997, Paris 1999

Dévolui, P./Duteil, H.: La poudrière algérienne. Histoire secrète d'une république sous influence, Paris 1994

Dillman, B.L.: State and private sector in Algeria: The politics of rent-seeking and failed development, Boulder, Col., 2000

Elsenhans. H. : Algerien, in: Nohlen, D./Nuscheler, F. (Hrsg.): Handbuch der Dritten Welt, Bd. 6: Nordafrika und Naher Osten, 3. Aufl., Bonn 1993, S. 190–216

Elsenhans, H.: Algerien. Koloniale und postkoloniale Entwicklung, Hamburg 1977

Elsenhans, H.: Frankreichs Algerienkrieg, München 1974

Entelis, J. P./Philippe, C.N. (Hrsg.): State and society in Algeria, Boulder, Col., 1992

Entelis, J.P.: Algeria: The revolution institutionalized, Boulder, Col., 1986

Esquer, G.: Histoire de l'Algérie, 1830–1960, Paris 1960

Evans, M./Philipps, J.: Algeria. Anger of the Dispossessed, New Haven/ London 2007

Faath, S./Mattes, H.: Algerien – der blockierte Dialog, in: Betz, J./Brühne, St. (Hrsg.): Jahrbuch Dritte Welt 1996, München 1996, S. 102–115

Faath, S.: Algerien, in: Steinbach, U./Hofmeier, R./Schönborn, M. (Hrsg.): Politisches Lexikon Nahost/Nordafrika, 3. Aufl., München 1994, S. 47–63

Faath, S./Mattes, H. (Hrsg.): Algerien. Gesellschaftliche Strukturen und politische Reformen zu Beginn der neunziger Jahre, Hamburg 1992

Fanon, F.: Die Verdammten dieser Erde, Frankfurt a.M. 1967

Gadant, M.: Le nationalisme algérien et les femmes, Paris 1995

Goumeziane, S.: Le mal algérien. Economie politique d'une transition inachevée, Paris 1994

Hadjadj, Dj.: Corruption et démocratie en Algérie, Paris 1999

Hadjseyd, M.: L'industrie algérienne: crise et tentatives d'ajustement, Paris 1996

Harbi, M./Stora, B. (Hrsg.): La guerre d'Algérie, 1954–2004: la fin de l'amnésie, Paris 2004

Harbi, M.: Le FLN – Mirage et réalité, des origines à la prise du pouvoir (1954–1962), Paris 1980

Hasel, Th.: Der Krieg ohne Namen – Der Machtkonflikt in Algerien. Ursachen, Verlauf, Perspektiven. Diplomarbeit Politische Wissenschaft der FU, Berlin 1996

Henni, A.: La colonisation agraire, et le sous-développement en Algérie, Algier 1982

Hermassi, M. E.-B.: Etat et société au Maghreb, étude comparative, Paris 1975

Horne, A.: A savage war of peace. Algeria, 1954–1962, New York 2006

Impagliazzo, M./Giro, M.: Algerien als Geisel zwischen Militär und Fundamentalismus – ein schwieriger Weg zum Frieden, Münster 1998

Joffé, G.: Algeria. The failed revolution, London 2004

Julien, Ch.-A.: Histoire de l'Algérie contemporaine, Bd. 2: 1871–1954, Paris 1979

Kaddache, M.: Histoire du nationalisme algérien. Question nationale et politique algérienne, 1919–1951, Algier1993

Kebir, S.: Zwischen Traum und Alptraum – Algerische Erfahrungen, Düsseldorf 1996

Kratochwil, G.: Die Berber in der historischen Entwicklung Algeriens von 1959 bis 1990. Zur Konstruktion einer ethnischen Identität, Berlin 1996

Labat, S.: Les Islamistes algériens, Paris 1995

Laremont, R.R.: Islam and the politics of resistance in Algeria, 1783–1992, Trenton, N.J., 2000

Lawless, R.I.: Algeria (Bibliographie), Oxford 1994

Lazreg, M.: The emergence of classes in Algeria. A study of colonalism and socio-political change, Boulder, Col., 1976

Leca, J./Vatin, J.-Cl.: L'Algérie politique. Institutions et régime, Paris 1974

Leggewie, C.: Algerien, in: Steinbach, U./Robert, R. (Hrsg.): Der Nahe und Mittlere Osten, Bd. 2: Länderanalysen, Opladen 1988, S. 55–72

Leggewie, C.: Siedlung, Staat und Wanderung. Das französische Kolonialsystem in Algerien, Frankfurt 1979

Le Sueur, J.D.: Uncivil war: Intellectuals and identity policy during the decolonization of Algeria, Philadelphia 2001

Leveau, R./Ruf, W.: (Hrsg.): Migration und Staat, Münster 1991

Liabes, Dj.: Capital privé et patrons d'industrie en Algérie, Algier 1984

Lorcin, P.M.E.: Imperial identities: Stereotyping, prejudice and race in colonial Algeria, London/ New York 1999

Ludwig, G.: Militär, Islamismus und Demokratie in Algerien (1978–1995), Wiesbaden 1998

Mahiou, A./Henry, J.-R. (Hrsg.): Où va l'Algérie?, Paris 2001

Malek, R.: Tradition et révolution, le véritable enjeu, Algier 1996

Martin, C.: Histoire de l'Algérie française (1830–1962), Paris 1963

Martinez, L.: The Algerian civil war 1990–1998, New York 2000

McDougall, J.: History and the culture of nationalism in Algeria, Cambridge/New York 2006

Mengedoht, U.: Frankophonie in Algerien: Gegenwart und Perspektiven, in: Cichon, P. (Hrsg.): Das sprachliche Erbe des Kolonialismus in Afrika und Lateinamerika, Wien 1996, S. 31–44

Merad, A.: Le réformisme musulman en Algérie de 1925 à 1940, Den Haag 1967

Naylor, Ph.C.: France and Algeria: A history of decolonization and transformation, Gainesville 2000

Müller, H.: Marktwirtschaft und Islam: Ökonomische Entwicklungskonzepte in der islamischen Welt unter besonderer Berücksichtigung Algeriens und Ägyptens, Baden Baden 2002

Nimschowski, H.: Algerien – Nationaler Befreiungskrieg, Berlin 1984

Nouschi, A.: La naissance du nationalisme algérien 1914–1954, Paris 1962

Ohneck, W.: Die französische Algerienpolitik von 1919–1939, Köln/Opladen 1967

Ouaissa, R.: La classe-état algérienne. Une histoire du pouvoir algérien entre sous-développement, rente pétrolière et terrorisme, Paris 2010

Pieck, W.: Algerien. Die wiedergewonnene Würde, Hildesheim u. a. 1987

Pierre, A.J./Quandt, W. B.: The Algerian crisis, Washington, D.C., 1996

Quandt, W.B.: Revolution and political leadership, Algeria 1954–1968, Cambridge, Mass., 1969

Raffinot, M./Jacquemot, P.: Le capitalisme d'Etat algérien, Paris 1977

Roberts, H.: Battlefield Algeria 1988–2002. Studies in a broken polity, London 2003

Ruedy, J.: Modern Algeria: The origins and development of a nation, Bloomington 2005

Ruf, W.: Die algerische Tragödie. Vom Zerbrechen des Staates einer zerrissenen Gesellschaft, Münster 1997

Ruhe, E.: Algerien-Bibliographie. Publikationen aus der Bundesrepublik Deutschland, Österreich und der Schweiz 1962–1989, Wiesbaden 1990

Sivan, E.: Communisme et nationalisme en Algérie, 1920–1962, Paris 1970

Stora, B.: Histoire de l'Algérie coloniale (1830–1954), Paris 2004

Temmar, H.M.: Stratégie de développement indépendant, le cas de l'Algérie, Algier 1983

Vatin, J.-C.: L'Algérie politique. Histoire et société, Paris 1983

Virolle. M.: La chanson Raï. De l'Algérie profonde à la scène internationale, Paris 1995

Walter, H.: Widerschein Afrikas. Zu einer algerischen Literaturgeschichte, Wiesbaden 1990

Werenfels. I.: Managing instability in Algeria: Elites and political change since 1995, London 1995

Wöhler-Khalfallah, Kh.K.: Der islamische Fundamentalismus, der Islam und die Demokratie. Algerien und Tunesien: Das Scheitern postkolonialer »Entwicklungsmodelle« und das Streben nach einem ethischen Leitfaden für Politik und Gesellschaft, Wiesbaden 2004

Yefsah, A.: La question du pouvoir en Algérie, Algier 1990

Libyen

Ahmida, A.A.: The making of modern Libya: State formation, colonization, and resistance, 1830–1932, Albany, N.Y., 1994

Al-Kadhafi, M.: Das Grüne Buch. Die dritte Universaltheorie, Bonn 1980

Allan, J.A. (Hrsg.): Libya since independence. Economic and political development, New York 1982

Anderson, L.S.: The state and social transformation. Tunisia and Libya, 1830–1980, Princeton 1987

Ayoub, M.M.: Islam and the Third Universal Theory: The religious thought of Mu'ammar al-Qadhdhafi, London 1987

Badry, R.: Die Entwicklung der Dritten Universaltheorie (DUT) Mu'ammar al-Qaddafis in Theorie und Praxis, Bern/Frankfurt a.M. 1986

Baldinetti, A.: The origins of the Libyan nation: Colonial legacy, exile and the emergence of a new nation-state, London/New York 2010

Baldinetti, A.: Modern and contemporary Libya. Sources and historiographies, Rom 2004

Barbar, A.M.: Economics of colonialism: The Italian invasion of Libya and the Libyan resistance, 1911–1920; a socio-economic analysis, Tripoli 1992

Barthel, G./Rathmann, L. (Hrsg.): Libya. History, experiences and perspectives of a revolution, Berlin1980

Bearman, J.: Qadhafi's Libya, London 1986

Bergs, R.: Erdöl-self reliance-Krise. Der Entwicklungsweg Libyens unter Qaddafi 1969–1988, Frankfurt a.M. 1989

Brill, H.: Libyens Außen- und Sicherheitspolitik. Moammar el Gaddafis Motive und Visionen, Baden-Baden 1988

Burgat, F./Laronde, A.: La Libye, Paris 1996

Chivvis, Chr.S.: Toppling Qaddafi: Libya and the limits of liberal intervention, Cambridge 2014

Chorin, E.: Exit Gaddafi: The hidden history of the Libyan revolution, London 2012

Craig, H./Craig, L.: Libya: Qadhafi's revolution and the modern state, Boulder, Col., 1986

Davis, J.: Libyan politics. Tribe and revolution, Berkeley 1987

Deeb, M.-J.: Libya's foreign policy in North Africa, Boulder, Col., 1991

Deeb, M./Deeb, M.-J.: Libya since the revolution. Aspects of social and political development, New York 1982

El Fathaly, O./Palmer, M.: Political development and social change in Libya, Lexington, Mass., 1980

El-Kikhia, M.O.: Libya's Qaddafi: the politics of contradiction, Gainesville, Fla., 1997

Evans-Pritchard, E.E.: The Sanusi of Cyrenaica, London 1949

Frank, S./Kamp, M. (Hrsg.): Libyen im 20. Jahrhundert. Zwischen Fremdherrschaft und nationaler Selbstbestimmung, Hamburg 1995

Graeff-Wassing, M.: La femme en arme – Kadhafi féministe, Paris 1990

Gurney, J.: Libya. The political economy of oil, Oxford 1996

Joffé, E.G.H./McLachlan, K.S. (Hrsg.): Social and economic development of Libya, Boulder, Col., 1982

Khadduri, M.: Modern Libya: A study in political development, Baltimore 1963

Martel, A.: La Libye 1835–1990. Essai de géopolitique historique, Paris 1991

Martinez, L: The Libyan paradox, New York/Paris 2007

Mattes, H.: Libyen, in: Ende, W./Steinbach, U. (Hrsg.): Der Islam in der Gegenwart, 5. Aufl., München 2005, S. 468–477

Mattes, H.: Bilanz der libyschen Revolution. Drei Dekaden politischer Herrschaft Mu'ammar al-Qaddafis, Hamburg 2001

Mattes, H.: Qaddafi und die islamistische Opposition in Libyen, Hamburg 1995

Mattes, H.: Libyen (Große Sozialistische Libysch-Arabische Volksjamahiriya), in: Steinbach, U./Hofmeier, R./Schönborn, M. (Hrsg.): Politisches Lexikon Nahost/Nordafrika, 3. Aufl., München 1994, S. 174–184

Mattes, H.: Libyen, in: Nohlen, D./Nuscheler, F. (Hrsg.): Handbuch der Dritten Welt, Bd. 6: Nordafrika und Naher Osten, 3. Aufl., Bonn 1993, S. 217–237

Mattes, H.: Libyen, in: Steinbach, U./Robert, R. (Hrsg.): Der Nahe und Mittlere Osten, Bd. 2: Länderanalysen, Opladen 1988, S. 251–267

Mattes, H.: Die innere und äußere Mission Libyens, Hamburg 1986

Mattes, H.: Die Grundzüge der libyschen Außenpolitik, in: Orient 25(1984)2, S. 189–203

Mattes, H.: Die Volksrevolution in der Sozialistischen Libyschen Arabischen Volksğamahiriyya, Heidelberg 1982

Mejcher, H.: Umar al-Muktar and the gihad against Italian colonialism, Benghazi 1979

Naylor, Ph.C.: France and Algeria: A history of decolonization and transformation, Gainesville 2000

Niblock, T.: Pariah states and economic sanctions in the Middle East: Iraq, Libya, Sudan, Boulder, Col., 2001

Operschall, Ch./Teuber, Ch. (Hrsg.): Libyen. Die verkannte Revolution?, Wien 1987

Pack, J.: The 2011 Libyan uprising and the struggle for the post-Qadhafi future, New York 2013

Pargeter, A.: Libya: The rise and fall of Qaddafi, New Haven/London 2012

Ronen, Y.: Qaddafi's Libya in world politics, Boulder, Col.,/London 2008

Santarelli, E./Goglia, L.: Omar al-Mukhtar. The Italian reconquest of Libya, London 1986

Segrè, Cl.: Fourth shore. The Italian colonization of Libya, Chicago 1974

Simons, G.: Libya and the West: From independence to Lockerbie, Oxford 2003

StJohn, R.B.: Libya: From colony to independence, Oxford 2008

StJohn, R.B.: Libya and the United States: Two centuries of strife, Philadelphia 2002

StJohn, R.B.: Historical dictionary of Libya, Metuchen, N.J., 1991

Vandewalle, D. (Hrsg.): Libya since 1969, New York/Basingstoke 2008

Vandewalle, D.: A History of Modern Libya, Cambridge/New York 2006

Vandewalle, D.: Qadhafi's revolution 1969–1994, New York 1995

Wright, J.: A history of Libya, New York 2012

Persischer Golf und Arabische Halbinsel

al-Naqeeb, Kh.H.: Society and the state in the Gulf and Arab Peninsula, London/New York 1990

Anthony, J.D.: Arab states of the Lower Gulf, Washington 1975

Asche, H.: Mobile Lebensformen Südost-Arabiens im Wandel, Berlin 1982

Bahgat, G.: The Persian Gulf at the dawn of the millenium, Commack, N.Y., 1999

Bierschenk, Th.: Weltmarkt, Stammesgesellschaft und Staatsformation in Südost-Arabien, Saarbrücken 1984

Bin Salman al-Saud, F.: Iran, Saudi Arabia and the Gulf. Power politics in transition, London 2004

Bonnenfant, P. (Hrsg.): La péninsule Arabique d'aujoud'hui, Paris 1982

Burrows, B.: Footnotes in the sand: The Gulf in transition 1953–1958, Wilton/Salisbury 1990

Commins, D.: The Gulf states: A modern history, London/New York 2012

Cooke, M.: Tribal modern: Branding new nations in the Arab Gulf, Berkeley 2014

Cordesman, A.H./Wagner, A.R.: Iran-Iraq war, London 1990

Cottrell, A.J. (Hrsg.): The Persian Gulf states. A general survey, Baltimore 1980

Davies, Ch. E. (Hrsg.): Global interests in the Arab Gulf, Exeter 1992

Ehteshami, A./Nonnemann, G./Tripp, Ch.: War and Peace in the Gulf: Domestic politics and regional relations into the 1990s, Exeter 1990

Fenelon, K.G.: The Trucial States, Beirut 1967

Halliday, F.: Arabia without sultans, Harmondsworth 1980

Heard-Bey, F.: Die arabischen Golfstaaten im Zeichen der islamischen Revolution. Innen-, außen- und sicherheitspolitische Zusammenarbeit im Golf-Rat, Bonn 1983

Hiro. D.: The longest war: the Iran-Iraq military conflict, London/Glasgow 1989

Hollis, R. (Hrsg.): Oil and regional development in the Gulf, London 1998

Hopwood, D. (Hrsg.): The Arabian Peninsula: Society and politics, London 1982

Ismael, T./Ismael, J. (Hrsg.): The Gulf war and the new world order, Gainesville 1994

Kamrava, M.: The political economy of the Persian Gulf, New York 2012

Karsh, E. (Hrsg.): The Iran-Iraq war: impact and implications, Basingstoke u. a. 1989

Kazan, F.E.: Mass media, modernity, and development: Arab states of the Gulf, Westport, Conn., 1993

Kechichian, J.A. (Hrsg.): Iran, Iraq and the Arab Gulf States, New York 2001

Kistenfeger, H.: Maghreb-Union und Golfrat. Regionale Kooperation in der arabischen Welt, Bonn 1994

Krämer. G.: Good counsel to the king: The Islamist opposition in Saudi Arabia, Jordan, and Morocco, in: Kostiner, J. (Hrsg.): Middle East monarchies – The Challenge of modernity, Boulder, Col.,/London 2000

Krech, H.: Bewaffnete Konflikte im Süden der Arabischen Halbinsel. Der Dhofarkrieg 1965–1975 im Sultanat Oman und der Bürgerkrieg im Jemen 1994, Berlin 1996

Luciani, G./Hertog, St./Woertz, E./Youngs, R. (Hrsg.): The Gulf region: Economic development and diversification, 4 Bde., Berlin 2012

Long, D./Koch, Ch.: Gulf security in the twenty-first century, Abu Dhabi 1997

Looney, R.E.: Industrial development and diversification of the Arabian Gulf economies, Greenwich, Conn., 1994

Malanowski, A. (Hrsg.): Iran – Irak: »bis die Gottlosen vernichtet sind«, Reinbek 1987

Marlowe, J.: The Persian Gulf in the twentieth century, London 1962

Maull, H./Pick, O. (Hrsg.): The Gulf war, London 1989

Nakhleh, E.A.: The Gulf Cooperation Council: Politics, petroleum and prospects, New York 1986

Niblock, T. (Hrsg.): Social and economic development in the Arab Gulf, London 1980

Otto, I./Schmidt-Dumont, M.: Der Golfkrieg. Eine Auswahlbibliographie, Hamburg 1992

Otto, I./Schmidt-Dumont, M.: Die kleinen arabischen Golfstaaten: bibliographische Einführung in Wirtschaft, Politik und Gesellschaft, Hamburg 1987

Palmer, M. A.: Guardians of the Gulf: A history of America's expanding role in the Persian Gulf, 1833–1992, New York 1992

Pawelka, P./Aves, M. (Hrsg.): Arabische Golfstaaten in der Krise, Frankfurt a.M. 1990

Peterson, J. E.: The Arab Gulf states. Steps toward political participation, New York 1988

Pridham, B.R. (Hrsg.): The Arab Gulf and the Arab world, London 1988

Priestland, J. (Hrsg.): The Buraimi dispute: Contemporary documents 1950–1961, 10 Bde., Gerrards Cross 1992

Ramazani, R. K.: The Gulf Cooperation Council: record and analysis, Charlottesville 1988

Rasheed, M. al-: Politics in an Arabian oasis. The Rashidi tribal dynasty, London 1991

Rasoul, F.: Irak – Iran: Ursachen und Dimensionen eines Konflikts, Wien 1987

Scharfenort, N.: Urbane Visionen am Arabischen Golf. Die »Post-Oil-Cities« Abu Dhabi, Dubai und Sharjah, Frankfurt a.M. 2009

Schliephake, K./Schulz, G.: Die Arabische Halbinsel. Geographische Strukturen und Entwicklung unter dem Einfluß des Erdöls, Würzburg 1988

Scholz, F. (Hrsg.): Die kleinen Golfstaaten, Gotha 1999

Scholz, F. (Hrsg.): Die Golfstaaten. Wirtschaftsmacht im Krisenherd, Braunschweig 1985

Sonbol, A. El-A. (Hrsg.): Gulf women, Syracuse 2012

Steinbach, U. (Hrsg.): Der Golfkrieg – Ursachen, Verlauf, Auswirkungen, Hamburg 1988

Teitelbaum, J.: Political liberalization in the Persian Gulf, New York 2009

Wilkinson, J.C.: Arabia's frontiers: The story of Britain's boundary drawing in the desert, London 1991

Wilson, A.T.: The Persian Gulf, Oxford 1959

Zahlan, R. S.: The making of modern Gulf states: Kuwait, Bahrain, Qatar, the United Arab Emirates and Oman, 2. Aufl., Reading 1998

Saudi-Arabien

Aarts, P./Nonnemann G. (Hrsg.): Saudi Arabia in the balance: Political economy, society, foreign affairs, London/New York 2006

Abdul-Aziz. M.M.: Settling the tribes. The role of the bedouin in the formation of the Saudi state, London 1994

Abir, M.: Saudi Arabia: government, society and the Gulf crisis, London/New York 1996

Abir, M.: Saudi Arabia in the oil era: regime and elites, London 1989

Abu Khalil, A.: The battle for Saudi Arabia. Royalty, fundamentalism, and global power, New York 2004

Aburish, S.K.: Der märchenhafte Aufstieg und Verfall des Hauses Saud, München 1994

Abir, M.: Saudi Arabia in the oil era: regime and elites, London 1988

Alangari, H.: The struggle for power in Arabia: Ibn Saud, Hussein and Great Britain, 1914–1924, London 1998

al-Farsi, F.: Modernity and tradition: The Saudi equation, London 1990

Al-Munajjed, M.: Women in Saudi Arabia today, London 1997

Al-Rasheed, M.: A history of Saudi Arabia, 2. Aufl., Cambridge 2010

Al-Rasheed, M.: Contesting the Saudi state: Islamic voices from a new generation, Cambridge/New York 2006

Al-Tamimi, N.M.: China-Saudi Arabia relations, 1990–2014: Marriage of convenience or strategic alliance?, London 2014

Altorki, S.: Women in Saudi Arabia. Ideology and behaviour among the elite, New York 1988

Arebi, S.: Women and words in Saudi Arabia: the politics of literary discourse, New York 1994

Armstrong. H.C.: Lord of Arabia: Ibn Saud, London 1998

Baker, B.R.: King Husayn and the Kingdom of Hijaz, Cambridge 1979

Barth, H. K./Schliephake, K.: Saudi Arabien, Gotha/Stuttgart 1998

Basbous, A.: L'Arabie Saoudite en question: Du wahhabisme à Bin Laden, aux origines de la tourmente, Paris 2003

Beling, W. (Hrsg.): King Faisal and the modernization of Saudi Arabia, London 1980

Blume, H. (Hrsg.): Saudi-Arabien. Natur, Geschichte, Mensch und Wirtschaft, Tübingen/Basel 1976

Brown, A.C.: Oil, God, and gold: the story of Aramco and the Saudi kings, Boston 1999

Champion, D.: The paradoxical kingdom: Saudi Arabia and the movement of reform, New York 2003

Citino, N.J.: From Arab nationalism to OPEC. Eisenhower, King Sa'ud, and the making of U.S.-Saudi relations, Bloomington 2002

Commins, D.: The Wahhabi mission and Saudi Arabia, London/New York 2006

DeLong-Bas, N.J.: Wahhabi islam: From revival and reform to global jihad, Oxford/New York 2004

Detalle, R. (Hrsg.): Tensions in Arabia: The Saudi-Yemeni fault line, Baden-Baden 2000

Ende, W.: Religion, Politik und Literatur in Saudi-Arabien. Der geistesgeschichtliche Hintergrund der heutigen religiösen und kultur-politischen Situation, in: Orient 22(1981)3, S. 377–390, 23(1982)1, S. 21–35, 23(1982)3, S. 378–393

Fandy, M.: Saudi Arabia and the politics of dissent, New York 1999

Freitag, U. (Hrsg.): Saudi-Arabien: Ein Königreich im Wandel?, Paderborn 2010

Fürtig, H.: Demokratie in Saudi–Arabien? Die Al Sa'ûd und die Folgen des zweiten Golfkrieges, Berlin 1995

Habib, J.S.: Ibn Sa'uds warriors of Islam. The Ikhwan of Najd and their role in the creation of the Sa'udi Kingdom, 1910–1930, Leiden 1978

Hart, P.T.: Saudi Arabia and the United States: birth of a security partnership, Bloomington/Indianapolis 1998

Hegghammer, Th.: Jihad in Saudi Arabia: Violence and pan-islamism since 1979, New York 2010

Holden, D./Jones R.: The house of Saud: The rise and fall of the most powerful dynasty in the Arab world, New York 1981

Howarth, D.: The desert king. The life of Ibn Saud, London 1964

Kechichian, J.A.: Legal and political reforms in Sa'udi Arabia, London 2013

Kechichian, J.A.: Faisal: Saudi Arabia's king for all seasons, Gainesville, Fla., 2008

Kechichian, J.A: Succession in Saudi Arabia, New York 2001

Knauerhase, R.: Saudi-Arabien, in: Steinbach, U./Robert, R. (Hrsg.): Der Nahe und Mittlere Osten, Bd. 2: Länderanalysen, Opladen 1988, S. 329–355

Kostiner, J.: The making of Saudi Arabia, 1916–1936: from chieftaincy to monarchical state, New York 1993

Koszinowski, Th. (Hrsg.): Saudi-Arabien: Ölmacht und Entwicklungsland, Hamburg 1983

Lacey, R.: The kingdom. Arabia and the house of Sa'ud, New York 1983

Lackner, H.: A house built on sand, London 1978

Lacroix, St.: Awakening Islam: The politics of relgious dissent in contemporary Saudi Arabia, Cambridge 2011

Lippmann, Th.W.: Inside the mirage: America's fragile partnership with Saudi Arabia, Boulder, Col., 2004

McLoughlin, L.: Ibn Saud: founder of a kingdom, London 1993: A history, London/New York 2005

Ménoret, P.: The Saudi enigma: A history, London/New York 2005

Niblock, T.: The political economy of Saudi Arabia, London 2007
Niblock, T.: Saudi-Arabia, London 2004
Peterson, J.E.: Historical dictionary of Saudi Arabia, Metuchen, N.Y./London 1993
Pfullmann, U.: Ibn Saud: König zwischen Fortschritt und Tradition, Berlin 1999
Pfullmann, U.: Thronfolge in Saudi Arabien. Wahhabitische Familienpolitik von 1744 bis 1953, Berlin 1997
Pfullmann, U.: Politische Strategien Ibn Sa'uds beim Aufbau des dritten saudischen Staates, Frankfurt a.M. 1995
Philby, H.St.J: Sa'udi Arabia, Beirut 1968
Philipp, H.-J.: Saudi-Arabien. Bibliographie zu Gesellschaft, Politik, Wirtschaft. Literatur in westeuropäischen Sprachen, Bd. 2, München 1989
Posner, G.: Secrets of the Kingdom: The inside story of the Saudi U.S. connection, New York 2005
Quandt, W.G.: Saudi Arabia in the 1980s. Foreign policy, security and oil, Washington 1981
Reissner, J.: Saudi-Arabien, in: Steinbach, U./Hofmeier, R./Schönborn, M. (Hrsg.): Politisches Lexikon Nahost/Nordafrika, 3. Aufl., München 1994
Reissner, J.: Saudi-Arabien, in: Nohlen, D./Nuscheler, F. (Hrsg.): Handbuch der Dritten Welt, Bd. 6: Nordafrika und Naher Osten, Bonn 1993, S. 470–488
Rihani, A.: Ibn Sa'oud of Arabia, London/New York/Bahrain 2002
Safran, N.: Saudi Arabia. The ceaseless quest for security, London 1988
Shanneik, Gh./Schliephake, K. (Hrsg.): Die Beziehungen zwischen der Bundesrepublik Deutschland und dem Königreich Saudi-Arabien, Berlin 2001
Simons, G.: Saudi Arabia: The shape of a client feudalism, New York 1998
Steinberg, G.: Saudi-Arabien. Politik – Geschichte – Religion, München 2004
Steinberg, G.: Religion und Staat in Saudi-Arabien. Die wahhabitischen Gelehrten 1902–1953, Würzburg 2002
Teitelbaum, J.: The rise and fall of the Hashemite Kingdom of Arabia, New York 2001
Vagt, H.: Die Frau in Saudi-Arabien zwischen Tradition und Moderne, Berlin 1992
Vassiliev, A.: The history of Saudi Arabia, London 2000
Vitalis, R.: Counter-narratives. History, contemporary society, and politics in Saudi-Arabia and Yemen, London 2004
Yamani, M.: Changed identities. The challenge of the new generation in Saudi Arabia, London 2000
Yizraeli, S.: Politics and society in Saudi Arabia: The crucial years of development, 1960–1982, New York 2012

Kuwait

Abu Hakim, A.M.: The modern history of Kuwait 1750–1965, London 1983
Al-Dekhayel, A.: Kuwait: Oil, state and political legitimation, Reading 1999
Al-Mughni, H.: Women in Kuwait: the politics of gender, London 2001
Crystal, J.: Kuwait: The transformation of an oil state, Boulder, Col., 1992
Crystal, J.: Oil and politics in the Gulf: Rulers and merchants in Kuwait and Qatar, New York 1990
Finnie, D.: Shifting lines in the sand. Kuwait's elusive frontier with Iraq, London 1992
Hermann, R.: Kuwait, in: Steinbach,U./Hofmeier, R./Schönborn, M. (Hrsg.): Politisches Lexikon Nahost/Nordafrika, 3. Aufl., München 1994, S. 150–159
Hermann, R.: Kuwait, in: Nohlen, D./Nuscheler, F. (Hrsg.): Handbuch der Dritten Welt, Bd. 6: Nordafrika und Naher Osten, 3. Aufl., Bonn 1993, S. 412–430
Ismael, J.: Kuwait. Social change in historical perspective, Syracuse 1982
Joyce, M.: Kuwait 1945–1996: An Anglo-American perspective, London/Portland 1998

Kochwasser, F.H. (Hrsg.): Kuwait. Geschichte, Wesen und Funktion eines modernen arabischen Staates, Tübingen 1969

Schwedler, H.-U.: Kuwait, in: Steinbach, U./Robert, R. (Hrsg.): Der Nahe und Mittlere Osten, Bd. 2: Länderanalysen, Opladen 1988, S. 223–234

Seifert, P./Seifert, A.: Kuwait. Erdöl – Banken – Beduinen, Berlin 1991

Tétreault, M.A.: Stories of democracy: Politics and society in contemporary Kuwait, New York 2000

Bahrain

Adawy, N./Al Hassan, O.: Bahrain: The gateway to the Gulf, London 1996

Alkazaz, A./Gälli, A.: Der arabische Banken-Sektor, München und Hamburg, 1985

Al-Tajir, M.A.: Bahrain 1920–1945: Britain, the Shaikh and the administration, Beckenham 1987

Clarke, A.: Bahrain: Oil and development 1929–1989, London 1991

Joyce, M.: Bahrain from the twentieth century to the Arab spring, New York 2012

Khuri, F.: Tribe and State in Bahrain. The transformation of social and political authority in an Arab state, Chicago/London 1980

Lawson, F. H.: Bahrain: the modernization of autocracy, Boulder, Col., 1989

Matthiesen, T.: Sectarian Gulf: Bahrain, Saudi Arabia and the Arab spring that wasn't, Stanford 2013

Meinel, U.D.: Die Intifada im Ölscheichtum Bahrain. Hintergründe des Aufbegehrens von 1994–98, Münster 2003

Nakhleh, E.: Bahrain: Political development in a modernizing society, Lanham 2011

Nugent, J./Thomas, Th.: Bahrain and the Gulf, Beckenham 1985

Rumaihi, M.G.: Bahrain. Political development in a moderniz'ng society, New Yorck 1976

Schliephake, K.: Bahrain, in: Steinbach, U./Hofmeier, R./Schönborn, M. (Hrsg.): Politisches Lexikon Nahost/Nordafrika, 3. Aufl., München 1994, S. 63–71

Schliephake, K.: Bahrain, in: Nohlen, D./Nuscheler, F. (Hrsg.): Handbuch der Dritten Welt, 3. Aufl., Bonn 1993, S. 296–309

Scholz, F./Zimmermann, J.: Bahrain – Inselstaat mit Erdölmangel, in: Scholz, F. (Hrsg.): Die kleinen Golfstaaten, Stuttgart 1985, S. 62–91

Zimmermann, J.: Bahrain, in: Steinbach, U./Robert, R. (Hrsg.): Der Nahe und Mittlere Osten, Bd. 2: Länderanalysen, Opladen 1988, S. 73–81

Katar

Bauer, F./Stern, W.: Katar, in: Steinbach, U./Robert, R. (Hrsg.): Der Nahe und Mittlere Osten, Bd. 2: Länderanalysen, Opladen 1988, S. 215–222

Crystal, J.: Oil and politics in the Gulf: Rulers and merchants in Kuwait and Qatar, New York 1990

Gray, M.: Qatar: Politics and the challenges of development, Boulder, Col.,/London 2013

Ritter, W.: Katar, in: Nohlen, D./Nuscheler, F. (Hrsg.): Handbuch der Dritten Welt, Bd. 6: Nordafrika und Naher Osten, 3. Aufl., Bonn 1993, S. 399–411

Ritter, W.: Qatar – Ein arabisches Erdölemirat, Nürnberg 1985

Salama, A.M./Wiedmann, F.: Demystifieing Doha: On architecture and urbanism in an emerging city, Farnham 2013

Schliephake, K.: Das Emirat Qatar, in: Shanneik, Gh. (Hrsg.): Die Beziehungen zwischen der Bundesrepublik Deutschland und den Arabischen Golfstaaten (GCC), Bonn 1990, S. 67–87

Schliephake, K.: Katar, in: Steinbach, U./Hofmeier, R./Schönborn, M. (Hrsg.): Politisches Lexikon Nahost/Nordafrika, 3. Aufl., München 1994, S. 144–150
Scholz, F./Stern, W.: Qatar – Wüstenstaat mit industrieller Zukunft?, in: Scholz, F. (Hrsg.): Die kleinen Golfstaaten, Stuttgart 1985
Zahlan, R.: The Creation of Qatar, London 1979

Vereinigte Arabische Emirate

Abdullah, M.M.: The United Arab Emirates: A modern history, New York 1978
Al Abed, I./Hellyer, P. (Hrsg.): United Arab Emirates: A new perspective, London 2001
Al-Fahim, M.: From rags to riches: A story of Abu Dhabi, London 1995
Al-Otaiba, M.S.: The economy of Abu Dhabi: Ancient and modern, 2. Aufl., Beirut 1973
Anthony, J.D.: Arab states of the lower Gulf. People, politics, petroleum, Washington 1975
Blum, E./Neitzke, P. (Hrsg.): Dubai – Stadt aus dem Nichts, Berlin u. a. 2009
Davidson, Ch.M.: Abu Dhabi: Oil and beyond, New York 2009
Davidson, Ch.M.: Dubai: The vulnerability of success, New York 2008
(The) Emirates Center for Strategic Studies and Research: With united strength: H.H. Shaikh Zayid Bin Sultan Al Nahyan. The leader and the nation, Abu Dhabi 2004
Fenelon, K.G.: The United Arab Emirates. An economic and social survey, London 1973
Gabriel, E.H. (Hrsg.): The Dubai Handbook, Ahrensburg 1987
Ghanem, Sh.M.A.: Industrialisation of the United Arab Emirates. Alderschot 1992
Heard-Bey, F.: Die Vereinigten Arabischen Emirate zwischen Vorgestern und Übermorgen, Hildesheim 2010
Heard-Bey, F.: Vereinigte Arabische Emirate, in: Scholz, F. (Hrsg.): Die kleinen Golfstaaten, Stuttgart 1985, S. 189–225
Kanna, A.: Dubai: The city as corporation, Minneapolis/London 2011
Kanna, A. (Hrsg.): The superlative city: Dubai and the urban condition in the early twenty-first century, Cambridge, Mass., 2010
Kechichian, J.A. (Hrsg.): A century in thirty years: Shaikh Zayed and the United Arab Emirates, Washington, D.C., 2000
Khalifa, M.A.: The United Arab Emirates. Unity in fragmentation, Boulder, Col.,/London 1979
Mallakh, R.: The economic history of the United Arab Emirates, London 1981
Maull, Hanns W.: Vereinigte Arabische Emirate, in: Steinbach, U./Robert, R. (Hrsg.): Der Nahe und Mittlere Osten, Bd. 2: Länderanalysen, Opladen 1988, S. 451–467
Morris, C.: The desert falcon. The story of H.H.Sheikh Zayed Bin Sultan Al Nahiyan, London 1974
Morsy, A.M.: United Arab Emirates: A modern history, London/New York 1978
Muhammad, M.A.: The United Arab Emirates. A modern history, London/New York 1978
Pawelka, P./Maho Aves, A. (Hrsg.): Arabische Golfstaaten in der Krise, Frankfurt a.M.
Ramos, St. J.: Dubai amplified: The engineering of a port geography, Farnham 2010
Said Zahlan, R.: The origins of the United Arab Emirates, London 1978
Rugh, A.B.: The political culture of leadership in the United Arab Emirates, New York 2007
Saunders, D.: Dubai. The Arabian dream, London 2004
Schliephake, K.: Vereinigte Arabische Emirate, in: Steinbach, U./Hofmeier, R./Schönborn, M. (Hrsg.): Politisches Lexikon Nahost/Nordafrika, 3. Aufl., München 1994, S. 295–309
Schliephake, K.: Vereinigte Arabische Emirate, in: Nohlen, D./Nuscheler, F. (Hrsg.): Handbuch der Dritten Welt, Bd. 6: Nordafrika und Naher Osten, Bonn 1993, S. 539–557
Tammam. H.: Zayed bin Sultan Al-Nahayyan: The leader and the march, 2. Aufl., Tokio 1983

Wirth, Eu.: Dubai. Ein modernes städtisches Handels- und Dienstleistungszentrum am Arabisch-Persischen Golf, Erlangen 1988

Zahlan, R.S.: The origins of the United Arab Emirates: A political and social history of the Trucial States, London 1978

Ziyad, A.R.: Zayed bin Sultan Al Nahyan: A life of achievement, London 1982

Oman

Allen, C. H./Rigsbee, W.L.: Oman under Qaboos: from coup to constitution, 1970–1996, Ilford 2000

al-Yousef, M.: Oil and the transformation of Oman, 1970–1995, London 1996

Bierschenk, Th.: Weltmarkt, Stammesgesellschaft und Staatsformation in Südost-Arabien (Sultanat Oman), Saarbrücken 1984

Clements, F.A.: Oman. The reborn land, London/New York 1980

Düster, J./Scholz, F. (Hrsg.): Bibliographie über das Sultanat Oman, Hamburg 1980

Eickelman, D.F.: From theocracy to monarchy: Authority and legitimacy in Inner Oman, 1935–1957, in: International Journal of Middle East Studies 17(1985)1, S. 3–24

Ferchl, D.: Jemen und Oman, München 1995

Janzen, J./Scholz, F.: Oman, in: Nohlen, D./Nuscheler, F. (Hrsg.): Handbuch der Dritten Welt, Bd. 6: Nordafrika und Naher Osten, 3. Aufl., Bonn 1993, S. 450–468

Janzen, J./Zimmermann, W.: Oman – Flächenstaat mit Wirtschaftsvielfalt, in: Scholz, F. (Hrsg.): Die kleinen Golfstaaten, Stuttgart 1985, S. 122–165

Janzen, J.: Die Nomaden Dhofars/Sultanat Oman. Traditionelle Lebensformen im Wandel, Bamberg 1980

Jones, J./Rideout, N.: Oman, culture and diplomacy, Edinburgh 2012

Joyce, M.: The Sultanate of Oman: a twentieth century history, Westport, Conn., 1995

Kechichian, J.A.: Political participation and stability in the sultanate of Oman, Dubai 2005

Morton, M.Q.: Buraimi: The struggle for power, influence and oil in Arabia, London 2013

Owtram, F.: A modern history of Oman: formation of the state since 1920, London 2001

Peterson, J.E.: Oman's insurgencies: The Sultanate's struggle for supremacy, San Francisco/Beirut 2007

Philipps. W.: Oman. A history, London 1967

Plekhanov, S.: Ein Reformer auf dem Thron. Sultan Qabus bin Said Al Said, Aichwald o.J.

Rabi, U.: The emergence of states in a tribal society: Oman under Sa'id bin Taymur, 1932–1970, Brighton/Portland 2006

Scholz, F.: Muscat. Sultanat Oman. Geographische Skizze einer einmaligen arabischen Stadt, 2 Bde., Berlin 1990

Scholz, F./Zimmermann, W.: Oman, in: Steinbach, U./Hofmeier, R./Schönborn, M. (Hrsg.): Politisches Lexikon Nahost/Nordafrika, 3. Aufl., München 1994, S. 199–206

Riphenburg, C.J.: Oman: political development in a changing world, Westport, Conn., 1998

Skeet, I.: Oman. Politics and development, London 1992

Townshend, J.: Oman. The making of a modern state, London 1977

Valeri, M.: Oman: Politics and society in the Qaboos state, New York 2009

Wikan, U.: Behind the veil in Arabia: Women in Oman, Chicago 1991

Wilkinson, J.C.: The imamate tradition in Oman, Cambridge 1987

Zimmermann, W./Scholz, F.: Oman, in: Steinbach, U./Robert, R. (Hrsg.): Der Nahe und Mittlere Osten, Bd. 2: Länderanalysen, Opladen 1988, S. 293–304

Jemen

Almadhagi, A.N.K.: Yemen and the United States: a study of a small power and super-state relationship, 1962–1994, London 1995

Al-Saidi, A.K.: Die Oppositionsbewegung im Jemen zur Zeit Imam Yahyas und der Putsch von 1948, Berlin 1981

Bidwell, R.: The Two Yemens, London 1983

Bonnefoy, L.: Salafism in Yemen: Transnationalism and religious identity, New York 2012

Brehony, N.: Yemen divided: the story of a failed state in South Arabia, London 2013

vom Bruck, G.: Islam, memory, and morality in Yemen: ruling families in transition, New York 2005

Buringa, J.: Bibliography on women in Jemen, Tucson, Arizona, 1992

Burrowes, R.D.: The Yemen Arab Republic. The politics of development, 1962-1986, Boulder, Col., 1987

Caton, St.C.: Yemen chronicle: An anthropology of war and mediation, New York 2005

Daum, W. (Hrsg.): Jemen, Innsbruck 1987

Daum, W.: Jemen. Das südliche Tor Arabiens, Tübingen 1980

Day, St.W.: Regionalism and rebellion in Yemen: A troubled national union, Cambridge/New York 2012

Douglas, L.: The Free Yemeni Movement 1935–1962, Beirut 1987

Dresch, P.: A history of modern Yemen, Cambridge 2000

Dresch, P.: Tribes, government and history in Yemen, Oxford 1993

Ferchl, D.: Jemen und Oman, München 1995

Frese-Weghöft, G.: Ein Leben in der Unsichtbarkeit – Frauen im Jemen, Reinbek 1991

Gavin, R.J.: Aden under British Rule 1839–1967, 2. Aufl., London 1975

Glosemeyer, I.: Politische Akteure in der Republik Jemen. Wahlen, Parteien und Parlamente, Hamburg 2001

Glosemeyer, I.: Liberalisierung und Demokratisierung in der Republik Jemen, 1990–1994, Hamburg 1995

Hansen, H.: Arabische Republik Jemen, in: Steinbach, U./Robert, R. (Hrsg.): Der Nahe und Mittlere Osten, Bd. 2: Länderanalysen, Opladen 1988, S. 175–186

Hansen, H.: Demokratische Volksrepublik Jemen, in: Steinbach, U./Robert, R. (Hrsg.): Der Nahe und Mittlere Osten, Bd. 2: Länderanalysen, Opladen 1988, S. 187–196

Ismael, T.Y./Ismael, J.: The People's Democratic Republic of Yemen. Politics, economics and society, London 1986

Joffé, E.G.H. u. a. (Hrsg.): Yemen today: crisis and solutions, London 1997

Kostiner, J.: Yemen: the tortuous quest for unity 1990–94, London 1996

Kostiner, J.: The Struggle for South Yemen, London 1984

Koszinowski, Th.: Jemen, in: Steinbach, U./ Hofmeier, R./Schönborn, M. (Hrsg.): Politisches Lexikon Nahost/Nordafrika, 3. Aufl., München 1994, S. 121–133

Koszinowski, Th.: Jemen, in: Nohlen, D./Nuscheler, F. (Hrsg.): Handbuch der Dritten Welt, Bd. 6: Nordafrika und Naher Osten, 3. Aufl., Bonn 1993, S. 365–380

Lackner, H.: People's Democratic Republic of Yemen, London 1985

Latta, R.: Yemen: unity and modernization, London 1994

Leveau, R./Mermier, F./Steinbach, U. (Hrsg.): Le Yémen contemporain, Paris 1999

Naumkin, V.: Red wolves of Yemen. The struggle for independence, Cambridge 2004

Otto, I./Schmidt-Dumont, M.: Der Jemen seit 1990. Eine Auswahlbibliographie, Hamburg 1997

Petersen, J.E.: Yemen. The Search for a Modern State, London/Canberra 1982

Pridham, B.R. (Hrsg.): Contemporary Yemen: Politics and historical background, London 1984

Schneider, C.: Der südliche Jemen und die Sowjetunion. Großmachtengagement und politische Radikalisierung in der Dritten Welt, Hamburg 1989

Schwedler, J.: Faith in moderation: Islamist parties in Jordan and Jemen, Cambridge/New York 2006

Stevenson, Th.B. (Hrsg.): Studies on Yemen, 1975–1990: a bibliography of European-language sources für social scientists, Westbury, N.Y., 1994

Stookey, R.W.: South Yemen: A Marxist Republic, Boulder, Col., 1982

Stookey, R.W.: Yemen: The politics of the Yemen Arab Republic, Boulder, Col., 1978

Vitalis, R.: Counter-narratives. History, contemporary society, and politics in Saudi-Arabia and Yemen, London 2004

Walker, J.: Aden insurgency: The savage war in South Arabia 1962–1967, Staplehurst 2005

Wedeen, L.: Peripheral visions: Publics, power, and performance in Yemen, Chicago 2008

Weir, Sh.: A tribal order: Politics and law in the mountains of Yemen, Austin 2007

Wenner, M.W.: The Yemen Arab Republic: Development and change in an ancient land, Boulder, Col., 1991

Mauretanien

Balans, J.-L.: Le développement du pouvoir en Mauritanie. Thèse d'Etat, Université de Bordeaux, 2 Bde., 1980

Belvaude, C.: La Mauritanie, Paris 1989

Boubrik, R.: Saints et société en Islam: La confrérie ouest saharienne Fadiliyya, Paris 1999

Centre de Recherches sur les Sociétés Méditerranéennes, Centre d'Etudes d'Afrique Noire (Hrsg.): Introduction à la Mauritanie, Paris 1979

Chassey, F. de: Mauritanie 1900-1975. De l'ordre colonial à l'ordre néocolonial entre Maghreb et Afrique Noire, Paris 1978

Clausen, U. (Hrsg.): Mauretanien. Eine Einführung, Hamburg 1994

Clausen, U.: Demokratisierung in Mauretanien. Einführung und Dokumente, Hamburg 1993

Clausen, U.: Mauretanien, in: Steinbach, U./Robert, R. (Hrsg.): Der Nahe und Mittlere Osten, Bd. 2: Länderanalysen, Opladen 1988, S. 285–292

Clausen, U.: Mauretanien, in: Hofmeier, R./Schönborn, M. (Hrsg.): Politisches Lexikon Afrika, 4. Aufl., München 1988, S. 219–226

Cortese, D./Calderini, S./Webb, J.L.A.: Mauretania, Oxford/Santa Barbara 1992

Désiré-Vuillemin, G.: Histoire de la Mauritanie, des origines à l'indépendance, Paris 1997

Diaw, M.: La politique étrangère de la Mauritanie, Paris 1998

Gertainy, A.G.: Historical dictionary of Mauretania, Metuchen/London 1981

Handloff, R.E. (Hrsg.) Mauretania – A country study, Washington 1990

inamo: Schwerpunktheft Mauretanien, in: inamo – Informationsprojekt Naher und Mittlerer Osten 16(2010)61, S. 4–45

Marchesin, Ph.: Tribus, ethnies et pouvoir en Mauritanie, Paris 1992

Mauretania: Textes élementaires relatifs aux partis politiques et à la liberté de la presse, Nouakchott 1991

Pazzanita, A.G.: Historical dictionary of Mauretania, Lanham, Md.,/London 1996

Robert, D.: Recueils bibliographiques concernant la Mauritanie, Nouakchott 1985

Ruf, U.P.: Ending slavery: hierarchy, dependency and gender in Central Mauretania, Bielfeld 1999

Stewart, C.C.: Islam and social order in Mauretania. A case study from the 19th century, Oxford 1973

Toupet, C./Pitte, J.-R.: La Mauritanie, Paris 1977

Wegemund, R.: Politisierte Ethnizität in Mauretanien und Senegal – Fallstudien zu ethnisch-sozialen Konflikten, zur Konfliktentstehung und zum Konfliktmanagement im postkolonialen Afrika, Hamburg 1991
Weide, H.: Schariarechtliche Tendenzen in der Verfassungsgeschichte Mauretaniens, Hamburg 2000

Somalia

Aves, M./Bechtold, K.-H. (Hrsg.): Somalia im Wandel. Entwicklungsprobleme und Perspektiven am Horn von Afrika. Länderseminar des Instituts für wissenschaftliche Zusammenarbeit mit Entwicklungsländern, Tübingen 1987
Bakonyi, J.: Land ohne Staat: Wirtschaft und Gesellschaft im Krieg am Beispiel Somalias, Frankfurt a.M. 2011
Besteman, C.: Unraveling Somalia. Race, violance, and the legacy of slavery, Philadelphia 1999
Birnbaum, M.: Krisenherd Somalia, München 2002
Bongartz, M.: Somalia im Bürgerkrieg. Ursachen und Perspektiven des innenpolitischen Konflikts, Hamburg 1991
Boutros-Ghali, B.: The United Nations and Somalia 1992–1996, New York 1996
Bradbury, M.: Somaliland, London 1997
Brons, M.: Society, security, sovereignty and the state in Somalia. From statelesness to statelesness?, Utrecht 2001
Brons, M.: Somaliland. Zwei Jahre nach der Unabhängigkeitserklärung, Hamburg 1993
Bruchhaus, E.-M./Sommer, M.M. (Hrsg.): Hot spot Horn of Africa revisited: Approaches to make sense of conflict, Münster 2008
Brüne, St./Matthies, V. (Hrsg.): Krisenregion Horn von Afrika, Hamburg 1990
Cassanelli, L.V.: The shaping of Somali society, Philadelphia 1982
Castagno, M.: Historical dictionary of Somalia, Metuchen, N.J., 1975
Daniels, Chr.L.: Somali piracy and terrorism in the Horn of Africa, Lanham 2012
Decraene, Ph.: L'Expérience socialiste somalienne, Paris 1977
Drysdale, J.: Whatever happened to Somalia?, London 1995
Drysdale, J.: The Somali dispute, London/New York 1964
Feichtinger, W./Hainzl, G. (Hrsg.): Somalia: Optionen – Chancen – Stolpersteine, Frankfurt a.M./Weimar 201
Feyissa, D./Höhne, M.V. (Hrsg.): Borders and borderlands as resources in the Horn of Africa, New York 2010
Ghalib, J.M.: The cost of dictatorship: the Somali experience, New York 1995
Gorman, R.F.: Political conflict on the Horn of Africa, New York 1981
Hashim, A.B.: The fallen state: dissonance, dictatorship and death in Somalia, Lanham 1997
Heinrich, W. (Hrsg.): Entwicklungsperspektiven am Horn von Afrika, Hamburg 1991
Heinrich-Böll-Stiftung (Hrsg.): Somalia. Alte Konflikte und neue Chancen zur Staatsbildung, Berlin 2008
Hess, R.L.: Italian colonialism in Somalia, Chicago 1966
Höhne, M.V.: Somalia zwischen Krieg und Frieden. Strategien der friedlichen Konfliktaustragung auf internationaler und lokaler Ebene, Hamburg 2002
Höhne, M.V./Luling, V. (Hrsg.): Milk and peace, drought and war: Somali culture, society and politics (essays in honour of I.M. Lewis), London 2010
Hofmeier, R./Matthies, V. (Hrsg.): Vergessene Kriege in Afrika, Göttingen 1992
Holzer, G.-S.: Somaliland. Ein Beispiel für erfolgreiche Staatsbildung in Afrika, Frankfurt a.M. 2009

inamo: Schwerpunktheft Somalia, in: inamo – Informationsprojekt Naher und Mittlerer Osten 18(2012)71, S. 3–48

Janzen, J.: Somalia, in: Steinbach, U./Robert, R. (Hrsg.): Der Nahe und Mittlere Osten, Bd. 2: Länderanalysen, Opladen 1988, S. 357–369

Kollmer, D.H./Mückusch, A. (Hrsg.): Wegweiser zur Geschichte: Horn von Afrika, Paderborn 2007

Krech, H.: Der Bürgerkrieg in Somalia (1988–1996). Ein Handbuch, Berlin 1996

Labahn, Th.: Somalia, in: Nohlen, D./Nuscheler, F. (Hrsg.): Handbuch der Dritten Welt, Bd. 5, Hamburg 1982, S. 78–97

Laitin, D.D./Samatar, S.S.: Somalia. Nation in search of a state, Boulder, Col./London 1987

Laitin, D.D.: Politics, language and thought, Chicago 1977

Lewis, I.M.: Understanding Somalia and Somaliland. Culture, history, society, London 2008

Lewis, I.M.: A modern history of Somalia. Nation and state in the Horn of Africa, 4. Aufl., Oxford u. a. 2002

Lewis, I.M.: A pastoral democracy: A study of pastoralism and politics among Northern Somali of the Horn of Africa, London 1999

Lewis, I.M.: Saints and Somalis: Popular Islam in a clan-based society, New Jersey 1998

Lewis, I.M.: Peoples of the Horn of Africa, 4. Aufl., London 1998

Lewis, I.M.: Blood and bone: the call of kinship in Somali society, Lawrenceville, N.J., 1994

Little, P.D.: Somalia: Economy without state, Oxford 2003

Lyons, T./Samatar, A.I.: Somalia. State collapse, multilateral intervention, and strategies for political reconstruction, Washington 1995

Markakis, J.: National and class conflict in the Horn of Africa, Cambridge 1987

Matthies, V.: Kriege am Horn von Afrika. Historischer Befund und friedenswissenschaftliche Analyse, Berlin 2005

Matthies, V.: Somalia: Nation ohne Staat, in: Mathies, V.: Äthiopien, Eritrea, Somalia, Djibouti. Das Horn von Afrika, München 1992, S. 100–121

Matthies, V.: Somalia, in: Hofmeier, R./Schönborn, M. (Hrsg.): Politisches Lexikon Afrika, 4. Aufl., München 1988, S. 333–341

Matthies, V.: Der Grenzkonflikt Somalias mit Äthiopien und Kenia, Hamburg 1977

Njoku, R.Ch.: The history of Somalia, Oxford 2013

Ottaway, M.: Soviet and American influence in the Horn of Africa, New York 1982

Rout Biel, M./Leiße, O. (Hrsg.): Politik in Ostafrika – zwischen Staatszerfall und Konsolidierung, Frankfurt a.M. 2007

Samatar, A.I.: Socialist Somalia: Rhetoric and reality, London 1988

Samatar, S.S. (Hrsg.): In the shadow of conquest: Islam in colonial North-East Africa, Trenton, N. J., 1992

Samatar, S.S.: Somalia – Nation in search of a state, Boulder, Col., 1987

Schicho, W.: Handbuch Afrika. In drei Bänden, Bd. 3: Nord- und Ostafrika, Frankfurt a.M. 2004

Sheikh, A./Weber, M.: Kein Frieden für Somalia?, 2. Aufl., Frankfurt a.M. 2010

Soares, B.F./Otayek, R. (Hrsg.): Islam and Muslim politics in Africa, New York u. a. 2007

Steinbach, U.: Horn von Afrika, in: Steinbach, U./Robert, R. (Hrsg.): Der Nahe und Mittlere Osten, Bd. 1: Grundlagen, Strukturen und Problemfelder, Opladen, S. 707–720

Touati, J.: Politik und Gesellschaft in Somalia (1890–1991), Hamburg 1997

Tripodi, P.: The colonial legacy in Somalia: Rome and Mogadishu: from colonial administration to operation restore hope, Basingstoke 1999

Wohlgemuth, L.: Crisis management and the politics of reconciliation in Somalia, Uppsala 1994

Dschibuti

Coubba, A.: Djibouti. Une nation en otage, Paris 1993

Girrbach, B.: Djibouti, in: Nohlen, D./Nuscheler, F. (Hrsg.): Handbuch der Dritten Welt, Bd. 5, Hamburg 1987, S. 67–77

Janzen, J.: Djibouti, in: Steinbach, U./Robert, R. (Hrsg.): Der Nahe und Mittlere Osten, Bd. 2: Länderanalysen, Opladen 1988, S. 83–91

Hancock, G./Lloyd, S.: Djibouti. Crossroads of the world, Nairobi 1982

Heinrich, W. (Hrsg.): Entwicklungsperspektiven am Horn von Afrika, Hamburg 1991

Laudouze, A.: Djibouti: nation carrefour, 2. Aufl., Paris 1989

Legum, C./Thuan, C.-H./Fenet, A./Halliday, F./Molineux, M.: La Corne de l'Afrique – Questions nationales et politique internationale, Paris 1986

Mathies, V.: Djibouti: Frankophoner Ministaat am »Tor der Tränen«, in: Mathies, V.: Äthiopien, Eritrea, Somalia, Djibouti. Das Horn von Afrika, München 1992, S. 122–132

Matthies, V.: Djibouti, in: Hofmeier, R./Schönborn, M. (Hrsg.): Politisches Lexikon Afrika, 4. Aufl., München 1988, S. 79–85

Oberlé, Ph./Hugo, P.: Histoire de Djibouti: des origines à la République, Paris/Dakar, 1989

Soares, B.F./Otayek, R. (Hrsg.): Islam and Muslim politics in Africa, New York u. a. 2007

Thompson, V./Adloff, R.: Djibouti and the Horn of Africa, Stanford 1968

Wais, I.: Dschibuti – Entwicklungsprobleme und Perspektiven kleiner Staaten – ein Fallbeispiel, Osnabrück 1991

Komoren

Chagnoux, H./Haribou, A.: Les Comores, Paris 1980

Cohen, R. (Hrsg.): African islands and enclaves, Beverly Hills/London 1983

Hofmeier, R.: Komoren, in: Hofmeier, R./Schönborn, M. (Hrsg.): Politisches Lexikon Afrika, 4. Aufl., München 1988, S. 167–174

Jeske, J.: Die Komoren, Hamburg 1986

Levtzion, N./ Pouwels, R.L. (Hrsg.): The history of Islam in Africa, Athens (Ohio) 2000

Marquardt, W.: Seychellen, Komoren und Maskarenen. Handbuch der ostafrikanischen Inselwelt, München 1976

Martin, J.: Comores: quatre îles entre pirates et planteurs, 2 Bde., Paris 1983

Newitt, M.: The Comoro islands. Struggle against dependency in the Indian Ocean, Boulder, Col.,/ London 1984

Ostheimer, J.M. (Hrsg.): The politics of the Western Indian Ocean islands, New York 1975

Otayek, R. (Hrsg.): Le radicalisme islamique au sud du Sahara: da'wa, arabisation et critique de l'Occident, Paris 1993

Ottenheimer, M./Ottenheimer, H.: Historical dictionary of the Comoro Islands, Metuchen, N.J., 1994

Schicho, W.: Komoren, in: Schicho, W.: Handbuch Afrika, Bd. 1: Zentralafrika, Südliches Afrika und die Staaten im Indischen Ozean, Frankfurt a.M. 1999, S. 23–33

Toibibou, A.M.: La transmission de l'Islam aux Comores, Paris 2008

Verrin, P.: Les Comores, Paris 1994

Internationale Politik

Alaoui, M.: La coopération entre l'Union Européenne et les Etats du Maghreb, Paris 1994

Allen, D./Pijpers, A. (Hrsg.): European foreign policy-making and the Arab-Israeli conflict, The Hague/Boston/Lancaster 1984

Amanat, A. (Hrsg.): The United States and the Middle East: Diplomatic and economic relations in historical perspective, New Haven 2000

Amirahmadi, H. (Hrsg.): The United States and the Middle East: a search for new perspectives, Albany, N.Y., 1993

Barrett, R.C.: The Greater Middle East and the cold war: US foreign policy under Eisenhower and Kennedy, London/New York 2007

Benson, M.T.: Harry S. Truman and the founding of Israel, Westport, Conn., 1997

Ben-Zvi, A.: The origins of the American-Israeli alliance: the Jordanian factor, New York/London 2007

Ben-Zvi, A.: Decade of transition: Eisenhower, Kennedy and the origins of the American Israeli alliance, New York 1998

Brands, H.W.: US and the Middle East, 1945–1992, Maidenhead 1994

Breslauer, G.W. (u. a.): Soviet strategy in the Middle East, Boston 1990

Breycha-Vauthier, A.: Österreich in der Levante, Wien 1972

Brown, C.L. (Hrsg.): Diplomacy in the Middle East: the international relations of regional and outside powers, New York 2001

Bunzl, J./Flores, A./ Rasoul, F.: Falscher Alarm? Studien zur sowjetischen Nahostpolitik, Wien 1985

Busch, B.C.: Britain, India and the Arabs 1914–1921, Berkeley 1971

Butt, G.: The lion in the sand: The British in the Middle East, London 1995

Calabrese, J.: China's changing relations with the Middle East, London 1990

Carter, J.: The blood of Abraham: Insights into the Middle East, Boston 1985

Citino, N.J.: From Arab nationalism to OPEC: Eisenhower, King Sa'ud, and the making of U.S.-Saudi relations, Bloomington/Indianapolis 2002

Cohen, M.J./Kolinsky, M. (Hrsg.): Britain and the Middle East in the 1930s. Security problems, 1925–1939, Basingstoke u. a. 1992

Cooper, A.S.: The oil kings: How the U.S., Iran and Saudi Arabia changed the balance of power in the Middle East, New York 2011

Dann, U. (Hrsg.): The Great Powers in the Middle East 1919–1939, New York/London 1988

Darwin, J.: Britain, Egypt, and the Middle East: Imperial policy in the aftermath of war, 1918–1922, New York 1981

Davidson, L.: America's Palestine: Popular and official perceptions from Balfour to Israeli statehood, Gainesville 2001

Davis, M.J. (Hrsg.): Politics and international relations in the Middle East: continuity and change, Cheltenham 1995

Denovo, J.A.: American interests and policies in the Middle East, 1900–1939, Minneapolis 1963

Faath, S. (Hrsg.): Neue geopolitische Konstellationen im Nahen Osten nach dem 11. September 2001, Hamburg 2003

Fansa, M./Hoffmann, D. (Projektleitung und Kurator): Lawrence von Arabien. Genese eines Mythos, Begleitband zur Sonderausstellung »Lawrence von Arabien«, 21. November 2010 bis 27. März 2011 im Landesmuseum Oldenburg, Mainz 2010

Fernau, F.W.: Imperialismus und arabische Frage, Heidelberg 1943

Fiedler, H./Volkert, K.-H.: Deutschland, Europa und der Nahe Osten, Frankfurt a.M. 2003

Freedman, L.: A choice of enemies: America confronts the Middle East, New York 2008

Freedman, R.O.: Moscow in the Middle East, New York 1991

Friedman, I.: The question of Palestine, 1914–1918, British-Jewish-Arab relations, London 1973

Frye, R.N. (Hrsg.): The Near East and the great powers, Cambridge, Mass., 1951

Galpern, St.G.: Money, oil and empire in the Middle East: Sterling and postwar imperialism, 1944–1971, Cambridge 2009

Gendzier, I.L.: Notes from the minefield. United States intervention in Lebanon and the Middle East, 1945–1958, New York 1997

Gillespie, R. (Hrsg.): The Euro-Mediterranean partnership. Political and economic perspectives, Ilford 1997

Glubb, J.B.: A soldier with the Arabs, London 1957

Golan, G.: Soviet policies in the Middle East: from World War II to Gorbachev, Cambridge 1990

Goldberg, D.H./Marantz, P. (Hrsg.): The decline of the Soviet Union and the transformation of the Midddle East, Boulder, Col.: 1993

Hacke, Ch.: Amerikanische Nahost-Politik. Kontinuität und Wandel von Nixon bis Reagan, München 1985

Hahn, P.L.: Caught in the Middle East: U.S. policy toward the Arab-Israeli conflict, 1945–1961, Chapel Hill 2004

Hinnebusch, R.: International politics in the Middle East, Manchester 2003

Hourani, A.: Europe and the Middle East, Berkeley/Los Angeles, 1980

Hubel, H.: Das Ende des Kalten Krieges im Orient. Die USA, die Sowjetunion und die Konflikte in Afghanistan, am Golf und im Nahen Osten, 1979–1991. Auswirkungen auf Europa und Deutschland, München1995

Hubel, H. (Hrsg.): Nordafrika in der internationalen Politik: Probleme und Zukunft der südlichen Nachbarregion Europas, München 1988

Hurewitz, J.C.: The Middle East and North Africa in world politics. A documentary record, Bde. 1 und 2, New Haven 1975 und 1979

Hurewitz, J.C.: Diplomacy in the Near and Middle East; a documentary record, Bd. 2: 1914–56, Princeton, N.J., 1956

Institut für Europäische Politik: Europa und die arabische Welt, Bonn 1975

Ismael, T.Y. (Hrsg.): The international relations of the Middle East in the 21st century: patterns of continuity and change, Ashgate 2000

Issawi, Ch.Ph.: The Middle East economy: decline and recovery: selected essays, Princeton, N.J., 1995

Jacobs, A.: Europa und die arabische Welt. Bestandsaufnahme und Perspektiven der interregionalen Kooperation, St. Augustin 1995

Kedourie, E.: England and the Middle East: The destruction of the Ottoman Empire 1914–1921, London 1978

Kent, M.: Oil and empire: British policy and Mesopotamian oil 1900–1920, London/Basingstoke 1976

Khader, B.: Le partinariat euro-méditerranéen après la conférence de Barcelone, Paris 1997

Kissinger, H.A.: Memoiren. 1968–1973, München 1979

Klieman, A.S.: Foundations of British policy in the Arab world: The Cairo conference of 1921, Baltimore 1970

Kohn, H.: Nationalismus und Imperialismus im Vorderen Orient, Frankfurt 1931

Kumaraswany, P.R.: China and the Middle East: the quest for influence, London 1999

Laqueur, W.: The struggle for the Middle East: The Soviet Union in the Mediterranean, 1958–1968, New York 1968

Layachi, A.: The United States and North Africa: A cognitive approach to foreign policy, New York 1990

Lenczowski, G.: The Middle East in world affairs, 4. Aufl., Ithaca/London 1980

Lesch, D.W.: The Middle East and the United States: a historical and political reassessment, Boulder, Col., 2003

Levey, Z./Podeh, E. (Hrsg.): Britain and the Middle East: From imperial power to junior partner, Eastbourne/Portland, 2008

Lipschits, I.: La politique de la France au Levant 1939–1941, Amsterdam 1963

Little, D.: American orientalism: The United States and the Middle East since 1945, Chapel Hill, 2002

Lockman, Z.: Contending visions of the Middle East: the history and politics of orientalism, Cambridge 2004

Marlowe, J.: Arab nationalism and British imperialism, London 1961

Morris, R.: Uncertain greatness. Henry Kissinger and American foreign policy, New York/ Hagerstown u. a. 1977

Musu, C.: European Union policy towards the Arab-Israeli peace process, London 2010

Nonneman, G. (Hrsg.): The Middle East and Europe. An integrated communities approach, London 1992

Oren, M.B.: Power, faith and fantasy: America in the Middle East 1776 to the present, New York 2007

Othman, O.: Die Nahostpolitik der Europäischen Gemeinschaft im Hinblick auf die Palästinafrage aus arabischer Sicht, Münster 1991

Pawelka, P.: Der Vordere Orient und die internationale Politik, Stuttgart/Berlin/Köln 1993

Pearson, I.G.: In the name of oil: Anglo-American relations in the Middle East, 1950–1958

Petersen, T.T.: Richard Nixon, Great Britain and the Anglo-American alignment in the Persian Gulf and Arabian Peninsula: Making allies out of clients, Portland 2009

Podeh, E.: The quest for hegemony in the Arab world: the struggle over the Bagdad Pact, Leiden 1995

Primakov, Y.: Russia and the Arabs: Behind the scenes in the Middle East from the cold war to the present, New York 2009

Primor, A.: Europa, Israel und der Nahe Osten, Düsseldorf 1999

Quandt, W.B.: Peace process: American diplomacy and the Arab-Israeli conflict, Washington, D. C., 2001

Rizk, Y.L.: Britain and Arab unity: A documentary history from the treaty of Versailles to the end of World War II, London/New York 2009

Ro'i, Y.: From encroachment to involvement: A documentary study of Soviet policy in the Middle East 1945–1973, Jerusalem 1974

Sachar, H.M.: Europe leaves the Middle East, New York 1972

Schumacher, T.: Die Europäische Union als internationaler Akteur im südlichen Mittelmeerraum, Baden-Baden 2005

Shaked, H./Rabinovich, I. (Hrsg.): The Middle East and the United States: Perceptions and policies, New Brunswick. N.J., 1980

Sheehan, E.R.F.: The Arabs, Israelis, and Kissinger: A secret history of American diplomacy in the Middle East, New York 1976

Stavrou, Th.G.: Russian interests in Palestine, 1882–1914, Thessaloniki 1963

Stein, L.: The Balfour declaration, London 1961

StJohn, R.B.: Libya and the United States: Two centuries of strife, Philadelphia 2002

Steinbach, U.: Die Europäische Gemeinschaft und die arabischen Staaten, in: Kaiser, K./Steinbach, U. (Hrsg.): Deutsch-arabische Beziehungen, München/Wien 1981, S. 185–204

Stivers, W.: Supremacy and oil: Iraq, Turkey, and the Anglo-American world order, 1918–1930, Ithaca/London 1982

Takeyh, R.: The origins of the Eisenhower doctrine: The US, Britain and Nasser's Egypt, 1953–57, Basingstoke/London/New York 2000

411

Tanenbaum, J.K.: France and the Middle East 1914–1920, Philadelphia 1978

Taylor, A.R.: The superpowers and the Middle East, Syracuse, N.Y., 1991

Taylor Fain, W.: American ascendance and British retreat in the Persian Gulf, New York 2008

Thorau, P.: Lawrence von Arabien. Ein Mann und seine Zeit, München 2010

Tibi, B.: Konfliktregion Naher Osten. Regionale Eigendynamik und Großmachtinteressen, München 1989

Vassiliev, A.: Russian policy in the Middle East: from messianism to pragmatism, Reading 1993

Weidenfeld, W. (Hrsg.): Herausforderung Mittelmeer: Aufgaben, Ziele und Strategien europäischer Politik, Gütersloh 1992

Watrin, K.W.: Machtwechsel im Nahen Osten. Großbritanniens Niedergang und der Aufstieg der Vereinigten Staaten 1941–1947, Frankfurt a.M. 1989

Winter, H.-D.: Der Nahe und Mittlere Osten am Ende des Ost-West-Konflikts: politische und ideologische Orientierungen der Region zwischen Maghreb und Golf, Berlin 1998

Yaqub, S.: Containing Arab nationalism: The Eisenhower doctrine and the Middle East, Chapel Hill 2004

Yetiv, St.A.: The absence of grand strategy: The United States in the Persian Gulf, 1972–2005, Baltimore 2008

Zippel, W. (Hrsg.): Die Mittelmeerpolitik der EU, Baden-Baden 1999

Deutschland

Abediseid, M.: Die deutsch-arabischen Beziehungen – Probleme und Krisen, Stuttgart 1976

Alkazaz, A.: Die deutsch-arabischen Wirtschaftsbeziehungen: Entwicklung und Zukunftsperspektiven, in: Kaiser, K./Steinbach, U. (Hrsg.): Deutsch-arabische Beziehungen, München/Wien 1981, S. 153–183

Arnoni, M.S.: Arab nationalism and the Nazis, Tel Aviv 1970

Büttner, F./Hünseler, P.: Die politischen Beziehungen zwischen der Bundesrepublik Deutschland und den arabischen Staaten, in: Kaiser, K./Steinbach, U. (Hrsg.): Deutsch-Arabische Beziehungen, München/Wien 1981, S. 111–152

Cao-Van-Hoa, E.: »Der Feind meines Feindes…«. Darstellungen des nationalsozialistischen Deutschlands in ägyptischen Schriften, Franfurt a.M. u. a. 1990

Chubin, Sh. (Hrsg.): Germany and the Middle East. Patterns and prospects, London 1992

De Luca, A.R.: Der Großmufti in Berlin: The politics of collaboration, in: International Journal of Middle East Studies, 10(1979

Dessouki, M.: Hitler und der Nahe Osten, Berlin 1963

Gensicke, K.: Der Mufti von Jerusalem und die Nationalsozialisten. Eine politische Biographie Amin el-Husseinis, Darmstadt 2007

Goren, H. (Hrsg.): Germany and the Middle East: Past, present, and future, Jerusalem 2003

Grobba.F.: Männer und Mächte im Orient, Frankfurt a.M. 1967

Herf, J.: Nazi propaganda for the Arab world, New Haven/London 2009

Höpp, G. (Hrsg.): Mufti-Papiere. Briefe, Memoranden, Reden und Aufrufe Amin Al-Husainis aus dem Exil, 1940–1945, 2. Aufl., Berlin 2004

Höpp, G. (Hrsg.): Fremde Erfahrungen. Asiaten und Afrikaner in Deutschland, Österreich und in der Schweiz bis 1945, Berlin 1996

Höpp, G./Wien, P./Wildangel, R. (Hrsg.): Blind für die Geschichte? Arabische Begegnungen mit dem Nationalsozialismus, Berlin o.J.

Hoffmann, J.: Die Ostlegionen 1941–1943. Turkotataren, Kaukasier und Wolgafinnen im deutschen Heer, Freiburg 1976

Hopkirk, P.: Östlich von Konstantinopel. Kaiser Wilhelms Heiliger Krieg und die Macht im Orient, Wien/München 1996

Hünseler, P.: Die außenpolitischen Beziehungen der Bundesrepublik Deutschland zu den arabischen Staaten von 1949–1980, Frankfurt a.M. 1990

Kaiser, K./Becher, K.: Deutschland und der Irak-Konflikt, Bonn 1992

Kaiser, K./Krause, J. (Hrsg.): Deutschlands neue Außenpolitik, Bd. 3: Interessen und Strategien, München 1996

Kaiser, K./Steinbach, U. (Hrsg.): Deutsch-Arabische Beziehungen, München/Wien 1981

Kenneth, L.: Der Nahostkrieg in der westdeutschen Presse, Köln 1970

Koop, V.: Hitlers Muslime. Die Geschichte einer unheiligen Allianz, Berlin 2012

Kopp, H. (Hrsg.): Jordanien und Deutschland. Festschrift zum 50jährigen Bestehen der Deutsch-Jordanischen Gesellschaft e.V., Wiesbaden 2013

Luay, A.: Die deutsch-arabischen Beziehungen von 1949–1965, Hamburg 1998

Mallmann, K.-M./ Cüppers, M.: Halbmond und Hakenkreuz. Das Dritte Reich, die Araber und Palästina, 2. Aufl., Darmstadt 2006

McKale, D.M.: War by revolution: Germany and Great Britain in the Middle East in the era of World War I, London 1998

McMeekin, S.: The Berlin-Baghdad express: the Ottoman Empire and Germany's bid for world power, 1898–1918, London 2011

Mejcher, H./Schmidt-Dumont, M. (Hrsg.): Franz Frederik Schmidt-Dumont – Von Altona nach Ankara. Ein hanseatisches Leben im Vorderen Orient (1882–1952), Berlin 2010

Mejcher, H.: Saudi-Arabiens Beziehungen zu Deutschland in der Regierungszeit von König Abd al-Aziz Ibn Sa'ud, in: Schatkowski Schilcher, L./Scharf, C. (Hrsg.): Der Nahe Osten in der Zwischenkriegszeit 1919–1939, Stuttgart 1989, S. 109–127

Mejcher, H.: North Africa in the strategy and politics of the Axis powers 1936–1943, in: Cahiers de Tunisie 39(1981), S. 629–648

Müller, H.L.: Islam, gihad (»Heiliger Krieg«) und Deutsches Reich. Ein Nachspiel zur wilhelminischen Weltpolitik im Maghreb 1914–1918, Frankfurt a.M. 1991

Nicosia, F.R.: The Third Reich and the Palestinian question, New Brunswick/London 2000

Nicosia, F.R.: Arab nationalism and national socialist Germany, 1933–1939: Ideological and strategic incompatibility, in: International Journal of Middle East Studies, 12(1980), S. 351–372

Oncken, E.: Panthersprung nach Agadir – Die deutsche Politik während der Zweiten Marokkokrise 1911, Düsseldorf 1981

Perthes, V. (Hrsg.): Deutsche Nahostpolitik. Interessen und Optionen, Schwalbach/Ts. 2001

Popp, H. (Hrsg.): Die Sicht des Anderen – das Marokkobild der Deutschen, das Deutschlandbild der Marokkaner, Passau 1994

Rudolph, E.: Bestandsaufnahme: Kultur- und sozialwissenschaftliche Forschung über die muslimische Welt in der Bundesrepublik Deutschland, Hamburg 1999

Schechtmann, J.B.: The mufti and the fuehrer. The rise and fall of Haj Amin el-Husseini, New York/London 1965

Scheffler, Th.: Die SPD und der Algerienkrieg (1954–1962), Berlin 1995

Schölch, A.: Das Dritte Reich, die zionistische Bewegung und der Palästinakonflikt, in: Wetzel, D. (Hrsg.): Die Verlängerung der Geschichte. Deutsche, Juden und der Palästinakonflikt, Frankfurt a.M. 1983

Schröder, B. Ph.: Deutschland und der Mittlere Osten im Zweiten Weltkrieg, Göttingen 1975

Schwanitz, W.G. (Hrsg.): Deutschland und der Mittlere Osten, Leipzig 2004

Schwanitz, W.G. (Hrsg.): Jenseits der Legenden. Araber, Juden, Deutsche, Berlin 1994

Schwanitz, W.G. (Hrsg.): Berlin-Kairo. Damals und heute. Zur Geschichte deutsch-ägyptischer Beziehungen, Berlin 1991

413

Seidt, H.U.: Berlin Kabul Moskau. Oskar Ritter von Niedermayer und Deutschlands Geopolitik, München 2002

Shanneik, Gh. (Hrsg.): Die Beziehungen zwischen der Bundesrepublik Deutschland und den Arabischen Golfstaaten. Bonn 1990

Shanneik, Gh. (Hrsg.): Die Beziehungen zwischen der Bundesrepublik Deutschland und dem Haschemitischen Königreich Jordanien, Bonn/Irbid 1999

Sinno, A.-R.: Deutsche Interessen in Syrien und Palästina 1841–1898, Berlin 1982

Steinbach, U.: German foreign policy and the Middle East. In quest of a concept, in: Goren, H. (Hrsg.): Germany and the Middle East. Past, present, and future, Jerusalem 2003, S. 85–114

Steinbach, U.: Interessen und Handlungsmöglichkeiten Deutschlands im Nahen und Mittleren Osten, in: Kaiser, K./Krause, J. (Hrsg.): Deutschlands neue Außenpolitik, Bd. 3: Interessen und Strategien, München 1996, S. 189–194

Steinberg, G. (Hrsg.): Deutsche Nah-, Mittelost- und Nordafrikapolitik. Interessen, Strategien, Handlungsoptionen, Berlin 2009 (=SWP-Studie S 15)

Teichmann, G./Völger, G. (Hrsg.): Faszination Orient – Max von Oppenheim: Forscher-Sammler-Diplomat, Köln 2001

Tillmann, H.: Deutschlands Araberpolitik im zweiten Weltkrieg, Berlin 1965

Timm, A.: The Middle East policy of West Germany, in: Goren, H. (Hrsg.): Germany and the Middle East: Past, present, and future, Jerusalem 2003, S. 245–262

Timm, A.: Hammer, Zirkel, Davidstern. Das gestörte Verhältnis der DDR zum Zionismus und Staat Israel, Bonn 1997

Trumpener, U.: Germany and the Ottoman Empire: 1914–1918, Princeton 1968

Vernier, B.: La politique islamique de l'Allemagne, Paris 1939

Wagenhofer, S.: »Rassischer« Feind – politischer Freund? Inszenierung und Instrumentalisierung des Araberbildes im nationalsozialistischen Deutschland, Berlin 2010

Wallach, J.L.: Anatomie einer Militärhilfe. Die preußisch-deutschen Militärmissionen in der Türkei 1835–1916, Düsseldorf 1976

Wallach, J.L. (Hrsg.): Germany and the Middle East, 1835–1939, Tel-Aviv 1975

Weber, F.G.: Eagles on the crescent: Germany, Austria, and the diplomacy of the Turkish alliance 1914–1918, Ithaca/London 1970

Wielandt, R.: Das Deutschlandbild der Araber im Spiegel der Literatur, in: Kaiser, K./Steinbach, U. (Hrsg.): Deutsch-arabische Beziehungen, München/Wien 1981, S. 233–246

Wild, St.: National Socialism in the Arab Near East between 1933 and 1939, in: Welt des Islams, 25(1985), S. 126–173

Will, A.: Kein Griff nach der Weltmacht. Geheime Dienste und Propaganda im deutsch-österreichisch-türkischen Bündnis, Köln 2012